EINE GESCHICHTE DER JUDEN

JOSEF KASTEIN

INHALT

VON DER ENTSTEHUNG DER THEOKRATIE BIS ZUR HERRSCHAFT DES GESETZES

1. Das Motiv	3
2. Kristallisation	6
3. Mosche	10
4. Landnahme	14
5. Theokratie	18
6. Schoftim	23
7. Geburt Der Monarchie	27
8. König Schaul	31
9. König Dawid	36
10. König Schelomo	40
11. Sonderung	45
12. Der Rest Israels	52
13. Prophetie	57
14. Organisation Der Zeitlosigkeit	63
15. Umlagerung	73
16. Gesetz Und Alltag	81
17. Umzäunung	88

VON DER BEGEGNUNG MIT GRIECHENLAND BIS ZUR BEGEGNUNG MIT DEM CHRISTENTUM

1. Griechenland Und Judäa	97
2. Die Makkabäer-Kriege	106
3. Rom Und Judäa	115
4. Die Heroische Zeit	132
5. Die Fremde	145

6. Jeschu Von Nazareth   158
7. Saul Von Tarsus   180

VON DER VERTREIBUNG AUS PALÄSTINA BIS ZUR BESIEDLUNG DES ABENDLANDES

1. Das Bewegliche Zentrum   205
2. Christliche Politik   218
3. Der Talmud   225
4. Der Islam   232
5. Die Karäer   241
6. Passive Geschichte   250

VON DER SPANISCHEN EPOCHE BIS ZUR VERTREIBUNG AUS DEM WESTEN

1. Schöpferische Entwicklung   261
2. In Hoc Signo   274
3. Martyrium Und Mystik   286
4. Austreibung Aus Dem Westen   302

VON DER BESIEDLUNG DES OSTENS BIS ZUR ENTSTEHUNG DER JÜDISCHEN KRISE

1. Die Flucht In Den Osten   327
2. Messianismus   350
3. Herz Und Gehirn   379

VOM KAMPF UM DIE GLEICHBERECHTIGUNG BIS ZUR JÜDISCHEN RENAISSANCE

1. Experimente   403
2. Rechte Und Ideologien   424
3. Antisemitismus   443
4. Zentralisation   466

Epilog

VON DER ENTSTEHUNG DER THEOKRATIE BIS ZUR HERRSCHAFT DES GESETZES

Das Motiv

Von allen Kulturvölkern, die auf der Erde leben, ist das jüdische Volk zugleich das bekannteste und das unbekannteste. Es gehört zu den tragischen Sonderheiten seines Geschickes, daß es niemals ignoriert werden konnte und daß es folglich immer im Urteil der Anderen, der nichtjüdischen Umgebung, bestehen oder versagen mußte. Es ist oft versucht worden, in diesem und jenem Punkte die Verfälschung auszugleichen, die so am Bild des Juden vorgenommen wurde, vorgenommen werden mußte, weil solche Urteile aus Zwecken, Leidenschaften, Feindseligkeiten und Gegensätzen kommen. Das führt zu nichts. Ein Volk von der Lebensintensität des jüdischen darf nicht auf die Apologie angewiesen sein. Es braucht vielmehr die ewige Selbstbesinnung, damit es nicht vergißt, mit welch ungeheurer Verantwortung es in die Welt gestellt worden ist.

Dieses Buch will zeigen, wo die Verantwortung und also der Sinn in der Existenz des jüdischen Volkes liegt. Es will zugleich einer aktuellen historischen Situation des Judentums gerecht werden, die es nötig macht, daß noch einmal in einem großen und gedrängten Zuge das Lebens- und Schicksalsbild des jüdischen Volkes entstehe. Denn dieses Volk steht am Beginn eines neuen Geschichtsabschnittes, vor einem neuen Anfang. Um das deutlich zu machen, müssen wir zwei frühere Zäsuren von eindringlicher Bedeutung in den Vordergrund rücken.

Die eine wurde erreicht, als Rom den Jüdischen Staat zertrümmerte und als das Volk endgültig in die Zerstreuung ging. Von der Zeit an mußte es nicht nur seine eigene Geschichte leben, sondern auch die seiner Umgebung. Es schuf sich seine inneren Begebenheiten und erduldete die äußeren Begebenheiten. Gewalten, die nicht in ihm begründet lagen, insbesondere das Christentum, machten es immer wieder zum *Objekt* der Geschichte. Dagegen stellte das jüdische Volk sein Bemühen, wieder selbstschöpferisch zu werden, sich als Nation in allen seinen Äußerungen fortzusetzen, wieder die subjektive Geschichtsgewalt zu erlangen. Es entledigte sich dieser Aufgabe in ganz anderer Weise, als es sonst Völker zu tun pflegen. Fast alle sichtbaren Vorgänge, die in die Geschichte anderer Völker die Zäsuren bringen, fehlen hier. Es fehlen Kriege, Eroberungen, Kolonisationen, Herrscher, Revolutionen. Krieg ist hier bei den Juden Abwehr gegen Mord und Totschlag; Eroberungen bedeuten Erringung von Lebensmöglichkeit; Kolonisation ist Aufrichtung einer Gemeinschaft in einem neuen Lande; Herrscher sind Gelehrte, Künstler, Rabbiner; Revolutionen brechen im Bezirk des Geistigen aus. Es ist alles vorhanden, aber alles verhängnisvoll um eine Ebene verlagert.

Diese Situation wurde gebrochen, als die europäischen Staaten die Juden mit der bürgerlichen Gleichberechtigung beschenkten. Damit verlor für ein kurzes Jahrhundert das Erringen der subjektiven Geschichtsgewalt seine Bedeutung. Es trat zurück gegenüber der Tendenz der Angleichung an die Umgebung. Das war nicht nur als Reaktion auf die barbarische Unterdrückung von Jahrhunderten verständlich, sondern entsprach auch einem Gesetz, dem die Geschichte der Juden in der Zerstreuung zuneigt. Die geistigen Leistungen des Judentums begeben sich in Abhängigkeit zum Problem der nackten Existenz. Das heißt: je bedrängter die Existenz wird, desto enger und restriktiver zieht sich die geistige Betätigung auf den Innenraum, insbesondere auf die religiöse Grundlage des Volkstums zurück. Dehnt sich der Existenzraum aus, so weitet sich auch automatisch der geistige Raum. Hört das Existenzproblem wirklich oder scheinbar auf, ein spezielles jüdisches Problem zu sein, so tritt die weltliche, an keinen Glauben und an keine Religion gebundene Kulturleistung in den Vordergrund.

So war es auch nach der Emanzipation, als man das Existenzproblem nicht mehr sehen *wollte* und als man andererseits die Bereitschaft der Umgebung, aus dem Gedanken der Emanzipation auch geistig die Konsequenzen zu ziehen, überschätzte. Es ist nämlich zu einem freien, gleichberechtigten Austausch zwischen den emanzipierenden Staaten und den emanzipierten Juden in Wirklichkeit nie gekommen. Soweit die Gleichberechtigung nicht einfach Theorie blieb, wurde sie nur der Ausgangspunkt für neue Spannungen. In diesen Spannungen begann eine Verfälschung des Sinnes der jüdischen Geschichte, und zwar nicht nur durch den Verzicht auf die subjektive Geschichtsgewalt, sondern auch durch das Bemühen, diese Spannungen durch zahllose Konzessionen an die Umgebung zu mildern; sich die bürgerliche, geistige, soziale, künstlerische und sogar die menschliche Gleichberechtigung zu erwerben und zu verdienen; sich in den Motiven und Handlungen in Abhängigkeit vom Urteil und von der Auffassung der anderen zu begeben; ein unauffälliges Judentum zu erzeugen, das heißt: das Judentum als unschädlichen Begriff existieren zu lassen und es als Energie mit völlig eigener und unvergleichbarer Gesetzmäßigkeit abzutöten.

Es ist das Verdienst der zionistischen Ideologie, diese rückläufige Bewegung unterbrochen und eine geistige Verfassung vorbereitet zu haben, welche die eigene Leistung und die eigene Bestimmung des Juden in der Welt vom Urteil wie vom Angriff der nichtjüdischen Welt unabhängig macht. Damit erst ist die Grundlage erneuter Produktivität des Judentums als Träger einer Weltidee wiederhergestellt. Die Geschichte der Juden kann wieder weitergehen. Das ist der Punkt, an dem das Judentum jetzt hält.

Wo diese Produktivität liegt, soll in diesem Buche am Ablauf der jüdischen Geschichte gezeigt werden. Wenn Völker nicht isoliert, sondern wirklich miteinander leben, dann kann schon das Anderssein, die bloße Andersartigkeit Produktivität bedeuten. Darum wird in diesem Buche Wert darauf gelegt, die Eigenart und damit die Andersartigkeit des Judentums zu betonen. Wir meinen dabei, daß nicht die klare Scheidung, sondern nur die wertbetonte Trennung verderblich sei. Die klare Scheidung muß – Hoffnung aller wahrhaft gläubigen Menschen – eines Tages versagen und entbehrlich werden vor einem sittlichen Niveau der Menschheit, das Unterscheidungen nicht mehr erlaubt. Die Trennung hingegen verewigt das Element der Feindschaft und gibt selbst dem sublimsten Glauben den Charakter einer Kampfmeinung.

Über solche Einstellung hinaus muß zu allem Anfang bekannt werden, daß dieses Buch kein neutrales Buch ist. Keiner, der sich aus tiefverwurzelter Leidenschaft gedrängt fühlt, Geschichte zu schreiben, zumal die Geschichte seines eigenen Volkes, kann neutral sein, weil er sie sonst nicht erleben könnte. Und wer Geschichte nicht als Schicksal erlebt, das bis zu ihm dringt und wirkt, bleibt Materialsammler. Soweit aber hinter jedem Erleben die innere Aufmerksamkeit und Ehrlichkeit stehen, erwächst daraus so viel Verantwortungsgefühl vor sich selbst, vor seinem Volk und vor der Umwelt, daß man dem Ergebnis zutrauen darf, es sei im Rahmen des subjektiven Erlebens doch das objektiv Wahre, das zutiefst Richtige aus dem Sinn der Vorgänge erspürt worden.

Kristallisation

Volkswerdung ist immer ein geheimnisvoller Prozeß. Aus Gruppen, Horden und Sippen, aus Einzelheiten, die nur an sich selber denken, erwachsen eines Tages Verbundenheiten, Gemeinsamkeiten der Art und des Schicksals, bekommen Geburt und Tod, Glückseligkeit und Verhängnis einen veränderten Sinn, entstehen neue Gefühle und neue Denkarten, die der Erde ein neues Angesicht aufdrücken. Nichts ist damit gedient, wenn man uns lehrt, dafür gebe es nachweisbare Ursachen: Klima, Ernährung, wirtschaftliche Notwendigkeiten. Das ist richtig, aber unzulänglich. Menschliche Gemeinschaften wachsen so organisch, wie der Mensch als Stück Natur selber wächst. Das Entscheidende daran ist der Gehalt an Seele, Geist, Idee. Das ist das Unbeweisbare und Geheimnisvolle in jeder historischen Entwicklung. Ideen sind nicht zu beweisen. Sie manifestieren sich nur. Ob einer sie annehmen kann oder nicht, ist Sache des Glaubens.

Solche Manifestationen treten schon in der frühesten, noch eben erkennbaren Zeit der jüdischen Geschichte in einem prägnanten Kristallisationsprozeß zutage.

Etwa zu Beginn des Dritten Jahrtausends vor der heutigen Zeitrechnung dehnen sich über Vorderasien Teile jener Volksgruppe aus, die man Semiten nennt und deren Urheimat vielleicht die arabische Halbinsel gewesen ist. Sie dringen von dorther nach Norden, in das Gebiet des Euphrat und Tigris, Mesopotamien genannt, breiten sich im südlichen Babylonien als Akkader aus, sitzen im Westen, an der Grenze Kanaans, als Amurru oder Amoriter, entlassen Abzweigungen nach Palästina hinein und fluktuieren an dessen Südrand bis an Ägypten heran in zahlreichen nomadischen Stämmen. Sie sind ein Gemisch von Nomaden und Bauern. Es sitzt ihnen allen die Unruhe im Blut und doch zugleich das Verlangen, irgendwo seßhaft zu werden. Darum wandern sie viel weiter, als es sonst Nomaden auf ihrer Suche nach neuen Weideplätzen zu tun pflegen. Sie bewegen sich in einem großen, unruhigen, immer drängenden Zuge zwischen den beiden Zentren der damaligen Zivilisation, zwischen Ägypten und Babylonien. Sie durchstreifen immer wieder das Land zwischen zwei Polen: Palästina, diese natürliche Brücke zwischen Asien und Afrika. Gruppe auf Gruppe bleibt hängen und siedelt sich an. Eine Unzahl kleiner Herrschaftsgebiete entsteht und engt den freien Raum des Landes ein. Zugleich strecken die beiden Großmächte aus Norden und Süden die Hand nach diesem Durchgangsland aus. Sie brauchen es als Handelsweg. Schon um das Jahr 2500 hält Babylonien das Land besetzt. Das hat zur Folge, daß die Wanderströme an den Grenzen wie an Deichen künstlich gestaut werden und endlich mit Gewalt in das umwehrte Land einbrechen müssen. Dann dringt Ägypten vor und bemächtigt sich des Landes. Damit schafft es die gleichen Bedingungen, wie die Babylonier sie geschaffen hatten: es staut die Völkerwanderung. Folgerichtig brechen, etwa um 1400, wieder semitische Stämme in Palästina ein. Aber diesmal handelt es sich innerhalb der semitischen Völkerschaften um eine besondere Gruppe: die Hebräer.

Wie und wann sie sich aus der größeren Gemeinschaft abgesondert haben, steht nicht fest. Sie neigten alle zur Absonderung im engeren Rahmen ihrer Familienverbände. Nur aus ihren Namen und dem historischen Kern der Erzväterlegenden läßt sich folgendes sagen: sie werden zuerst am unteren Lauf des Euphrat sichtbar, ziehen dann hinauf nach Mesopotamien und verfolgen den Weg, den alle Gruppen dort und in jener Zeit gingen: nach Syrien, weiter nach Kanaan, in die Randsteppen und – wenn die Hungersnot sie trieb – sogar bis nach Ägypten. Für die, in deren Sichtweite sie traten, kamen sie »von der andern Seite« des Stromes. »Die andere Seite« heißt im Hebräischen ewer. Die von der andern Seite Kommenden sind die Iwrim, oder, in der deutschen Transkription: Ebräer, Hebräer. Das ist etwa zu Beginn des 20. Jahrhunderts.

Diese hebräische Gruppe der Semiten wird zu einem Teil in den Grenzgebieten Kanaans seßhaft. Aber da Seßhaftigkeit und schweifendes Dasein nicht nur begriffliche Gegensätze sind, sondern auch widersprechende Inhalte an Gedanken und Lebensformen haben, muß die hebräische Gruppe sich so notwendig spalten, wie es die größere semitische getan hat. Als ein Teil dieses Spaltungsvorganges steht eines Tages vor uns der Stamm der Bne Jisrael, der Söhne Israel, mithin das

Ergebnis einer doppelten Auslese sowohl aus den Semiten wie aus den Hebräern.

Aber der Differenzierungsprozeß geht weiter. Noch im Gebiete und in Reichweite des Landes Kanaan löst sich der Stamm der Bne Jisrael in zwölf Geschlechtergruppen auf, die sogenannten zwölf Stämme. Nach Ursprung, Sprache und Sitte auf das engste verwandt, sondern sie sich doch zunächst in Wegen und Schicksalen völlig voneinander. Ein Teil bleibt in den Grenzgebieten Kanaans, ein Teil bleibt auf der großen Heerstraße der orientalischen Völker und in den angrenzenden Steppen und Wüsten als Nomaden, ein geringer Teil endlich gelangt, von Hungersnot getrieben, nach Ägypten und wird dort von den Pharaonen unter ihren Schutz genommen.

Für diese Auswanderer nach Ägypten waren alle Voraussetzungen gegeben, sich dort aufzulösen oder sich in anderen semitischen Stämmen zu verlieren. Denn sie siedelten dort nicht allein. Die Landschaft Gosen, in die sie eindrangen, das Deltagebiet zwischen dem östlichen Nilarm und der Wüste, war ein begehrtes und ersehntes Einfallgebiet aller benachbarten semitischen Nomaden und war mit seinen großen Weidestrecken vielfach das Ziel langsamer Infiltration oder stürmischer Einbrüche. Aber es kam weder zu einer Vermischung noch zu einer Auflösung, sondern im Gegenteil zu der ersten prägnanten Herausbildung ihrer Eigenart.

Als Ägypten seine Expansion bis nach Babylonien hin ausführen wollte, mußte es zunächst in seinem beweglichen Randgebiet Gosen stabile Verhältnisse schaffen. Es machte folglich die Insassen zu Untertanen. Ägyptische Untertanen waren aber nach der sozialen Verfassung dieses Landes Unfreie, Sklaven. Den Bne Jisrael geschah also nichts anderes als den übrigen Ägyptern. Aber sie reagierten anders darauf. Sie waren als ein freier Stammesteil nach Gosen gekommen. Ihr Anspruch auf Freiheit und Freizügigkeit war nicht verjährt. Eine Situation, die der ägyptischen Bevölkerung erträglich schien, war für sie, die sich schon durch den fortgesetzten Prozeß der Absonderungen als Individualisten auswiesen, schlechthin unerträglich. Es kam zu einem Aufstand und zu der Erhebung des Anspruches, aus der Untertänigkeit in die Freiheit und in ein anderes Land entlassen zu werden.

Schon in dieser Situation der jüdischen Geschichte sind deutlich drei Elemente sichtbar, die von dauernder und entscheidender Wirkung sind und die schon hier, unter Vorwegnahme späteren Geschehens, geklärt werden sollen. Das jüdische Volk entsteht erst aus einem Jahrhunderte währenden, immer fortschreitenden Isolierungsprozeß. Dieses Isolierungsbestreben geht durch die Jahrtausende bis in die Gegenwart. Es ist ein inneres Merkmal der Rasse, ein metaphysisches Element. Das

Schicksal hat über die jüdische Geschichte ferner das Prinzip der Auslese gestellt. An jedem großen Wendepunkt der Geschichte steht eine Verminderung des Bestandes, ein Herausschälen des Kernes. Wenn diese zwangsweise Auslese zugleich bedeutet, daß sie die widerstandsfähigen Bestandteile am Leben erhält, dann wird begreiflich, daß diesem Volke eine Art vitaler Überlegenheit über jede Umgebung eigen wird. Und endlich: sobald in der Umgebung des jüdischen Volkes Feindseligkeiten auftreten, wird dadurch ein Widerstand ausgelöst, je nach Zeit und Ort ein aktiver oder ein passiver, immer aber ein solcher, der fruchtbar ist, indem er stets erneut Selbstbestimmung und Selbstbeschränkung zur Folge hat und dem Willen zum Dasein unaufhörlich Nahrung gibt.

Isolierung, Auslese und Konzentration sind aber für sich allein betrachtet nichts als Worte für Vorgänge. Die Frage, warum das so sei, ist damit noch nicht geklärt, und doch stellt sie sich schon jetzt, am Ende der ägyptischen Periode, notwendig zur Beantwortung: diese Menschen vegetierten in der Reichweite einer religiösen Idee. Keine historische Entwicklung ist in ihrem Anfang ohne das überwiegende Mitwirken religiöser Kräfte zu begreifen. Jeder historische Ablauf wird genau um so viel für das wahrhaft menschliche Geschehen unwesentlicher, als in ihm das religiöse Moment an Kraft verliert. Das jüdische Altertum lebte viel tiefer und sichtbarer aus religiösem Fundus als spätere Zeiten. Wer das vergißt, wird die Triebkräfte immer falsch einschätzen. Wer in den Begriffen Gott, Glaube, Religion keine Wirklichkeit erkennt, sieht an der entscheidenden Gestaltung dieses Volkskörpers hoffnungslos vorbei.

Mosche

In den Mittelpunkt des Geschehens stellt der biblische Bericht die Gestalt des Mosche, zu deutsch: Moses. Er ist zweifellos eine historische Figur. Aber was ist er und was will er? Er ist kein Religionsstifter. Es gibt keine Religionserzeuger, so wenig wie es einen Revolutionserzeuger gibt. Es gibt immer nur den Menschen, der das verschlossene Gefäß sprengt, in dem die neuen Kräfte schon unter Druck stehen. Mosche ist auch nicht Volksbefreier. Kein Volk bricht in die Freiheit aus, wenn nicht in ihm von langer Hand schon alles für das Erlebnis der Freiheit vorbereitet ist. Aber Mosche war der äußerste, feinfühligste Exponent der Volkskräfte. Welche das sind, lehrt der historische Kern dessen, was über Mosche überliefert worden ist.

Von seinen persönlichen Eigenschaften heben die Quellen nur eine hervor: Sanftmut. Sanftmut ist Güte. Güte ist das Hauptattribut des freien und gerechten Menschen. Unfreiheit und Ungerechtigkeit sind verschwistert. Mosche, der Mann mit dem ägyptischen Namen, der den Hof von Memphis so genau gekannt hat wie seine eigene Stammesgruppe, sieht diese beiden verbündeten Feindseligkeiten in ihrer besonderen Ausprägung als Ergebnis einer Religionsform, fast als notwendige Attribute von Glaubensvorstellungen, die nicht die seinen und nicht die seines Volkes sind. Zu allem Anfang seines Weges muß diese erstmalige Erkenntnis von der Verschiedenheit der Auffassungen von Freiheit, Gerechtigkeit und Glauben gestanden haben. Zum ersten Male in der greifbaren Geschichte der Menschheit entsteht hier aus dem bewußten

Vergleich die Erkenntnis, aus der Erkenntnis die Verpflichtung und aus der Verpflichtung die Zielsetzung.

Zweifellos war die ägyptische Auffassung von Welt und Gottheit schon sehr ausgebildet und kompliziert, während die Bne Jisrael über nicht viel mehr verfügten als über eine stark ahnungsmäßige Vorstellung, daß außer ihnen noch göttliche Kraft existiere, schlechthin das Walten einer Macht, von der ihr Geschick im Guten wie im Bösen abhängig sei. Aber in solcher Unbestimmtheit liegen unendliche Möglichkeiten. Mosche hat seinem Volk diejenige enthüllt, von der seine religiöse Kraft erspürte, daß sie die letzte und endgültige sei. Er hat ihnen ihren Gott benannt und ihn damit erkennbar gemacht. Gott rief Mosche, sagt die Quelle. Rief nicht vielmehr Mosche nach einem Gott? Es rief in ihm, daß der Mensch nicht Tier, der Freie nicht unfrei, der Hinaufblickende nicht der Kriechende werden dürfe. Indem er diese Unabhängigkeiten in eine heilige Abhängigkeit von Gott brachte, dokumentierte sich in ihm zum ersten Male der Begriff der Einordnung und Unterordnung in Freiheit, in Freiwilligkeit. Damit umriß er die Grundbegriffe der jüdischen Theokratie. Er ist der erste Mensch, dessen Idee eine Aktualität von 4000 Jahren besitzt.

Nichts tat er und nichts erdachte er, was seinem Volke nicht gemäß gewesen wäre. Sonst wäre es ihm nie gefolgt. Ein anderes ist es, ob sie sein Denken und Handeln, ob sie die Idee, die sie jetzt zu leben begannen, sogleich in ihrer ganzen Ausdehnung begriffen. Sie taten es nur zögernd und schrittweise; aber wie sie es taten, beweisen sie, daß sie den richtigen Weg einer organischen Entwicklung eingeschlagen hatten; und daß sie es überhaupt taten, beweist die endgültige Qualität Mosches als eines Führers kat' exochen.

Führerschaft ist der eigentliche Sinn seiner Persönlichkeit. Die Quellen nennen ihn einen Propheten. Auch das ist richtig, denn in seinem Denken und Handeln ist die vorausblickende Schau. Der Augenblick, in dem schweifende Völker seßhaft werden, entscheidet über ihr kulturelles Schicksal. Im Entwicklungsgang der Bne Jisrael war der innere Trieb zur Seßhaftigkeit und damit der Beginn ihres kulturellen Geschicks überreif geworden. Aber Mosche erkennt: so, wie der Beginn jetzt gemacht ist, in Gosen und unter seinen örtlichen und geistigen Bedingungen, muß die Entwicklung notwendig fehlerhaft werden. Darum unterbricht er den Siedlungsprozeß. Er reißt das Volk von der kaum erworbenen Scholle fort. Er macht sie willig dazu, indem er ihnen ein Ziel setzt: Landnahme in Kanaan. Eine scheinbar einfache Lösung, denn zahllose andere Semiten- und Hebräergruppen hatten dort gesiedelt. Aber eben diese fortgesetzten Siedlungen hatten das Land überfüllt. Jede neue Siedlung mußte auf Gewalt und kriegerischen Einbruch begründet werden, bedeutete Kampf gegen engere und weitere Stammesgenossen. Gerade diesen Kampf setzt er ihnen als Aufgabe. Er gibt ihnen auch die Begründung: das altererbte Recht der Vorfahren. Es verschlägt nichts, daß die tatsächlichen Verhältnisse in Kanaan dieses Recht längst überholt und illusorisch gemacht haben. Gegen die Tatsachen spielt er eine Idee aus: ein eigenes, unabhängiges, isoliertes Dasein unter einem eigenen, von allen anderen Gottheiten verschiedenen Gotte leben und entwickeln.

Unmöglich, daß das Volk diese Idee sogleich ganz begreift. Aber daß es die Eignung dazu in sich hat, beweist es dadurch, daß es seinem Führer folgt. Es zieht mit ihm in die benachbarte Sinai-Wüste. Dort, in einem der Hochtäler, die von lange her Stätten lokaler Kulte gewesen sein müssen, gibt er ihrem Ziel den Sinn einer Sendung durch die Entfaltung eines grandiosen religiösen Symbols: durch die Schließung eines Bundes mit ihrem Gott.

Wer war dieser Gott? Wie begriffen sie ihn? Die Antwort muß lauten: sie begriffen ihn gar nicht. Die Juden haben nicht explosiv einen Gott aus sich geschaffen; sie haben ihn über viele lichte Höhen und durch viele dunkle Tiefen mühsam und leidvoll aus sich herausgelebt, durch nichts anderes als die Tatsache, daß sie immer von neuem sich zum Menschlichen hinneigten und aus der Summierung aller Erlebnisse und Erfahrungen zu der Erkenntnis vordrangen, daß das nackte Leben an sich, auch wenn es jede Befriedigung und jeden Wohlstand verschafft, nicht Selbstzweck sein könne. Die Möglichkeit, das zu ahnen, hatten sie schon am Sinai. Darum trägt das, was ihnen dort als Norm ihres Verhaltens verkündet wurde, zunächst einmal das Gepräge ethischer Vorschriften, den Sinn von Anweisungen, die den Vorgängen des täglichen Lebens einen geistigen Grund geben; mehr noch: sie unter eine sittliche Verpflichtung stellen. Die Zehn Gebote (der Dekalog) und das »Bundesbuch«, auf die sie sich damals verpflichteten, waren nicht in jeder Einzelheit etwas schlechthin Neues und Originelles. Sie tragen zum Teil Übereinstimmung und Ähnlichkeit mit dem Kodex des babylonischen Königs Hammurapi und ähneln hier und da Formulierungen aus dem ägyptischen Totenbuche des XVI. Jahrhunderts. Aber in Zielsetzung, Ausprägung und Nutzanwendung ist es ihr freies Eigentum. Während noch im ägyptischen Totenbuch die Seele des Abgeschiedenen sich vor dem Gotte Osiris verteidigt: »Ich habe nicht getötet«, brechen aus dem Dekalog die Imperative des sittlichen Verhaltens: Morde nicht! Buhle nicht! Stiehl nicht! Ehre Deinen Vater und Deine Mutter! Begehre nicht das Haus Deines Genossen! Und zu alledem kommt ein Gebot von atemberaubender Wichtigkeit: die Heiligung des siebenten Tages, die Einfügung einer Zäsur in den Ablauf der Alltagsfron, die grundsätzliche Überwindung des Fluches der Arbeit durch das Recht auf Feier und Besinnlichkeit, die Grundlage einer unsterblichen Idee.

Das alles sind Anfänge. Aber sie bekommen ihre entscheidende Entwicklungsmöglichkeit durch einen weit vorausgreifenden Gedanken, dessen Geburtsstunde die Symbolhandlungen am Sinai sind und der das Gesicht der Welt gewandelt hat: durch die Proklamation eines einzigen, nicht sichtbaren und nicht bildlich darstellbaren Gottes. In einer Welt der vielen Götter und Gottheiten entläßt das Judentum aus sich den Monotheismus als Idee und zugleich als Ziel seiner Entwicklung. Damit sind die Bne Jisrael für alle Zeiten aus den umgebenden Völkergruppen abgesondert. Der Isolierungsprozeß hat einen weiteren, entscheidenden Schritt getan.

Wir können uns nicht dazu entschließen, ein präzises, persönliches, göttliches Walten vorauszusetzen. Wir können nur aus dem Ablauf der Tatsachen einen Sinn abstrahieren. Einen Sinn in seiner Bedeutung als: innerer Grund. Gott hat nicht dieses Volk und diesen Sinn des Volkes gewollt. Das Volk wollte diesen Gott und diesen Sinn. Sucht aber einer zu erklären, woher menschliche Fähigkeiten und Eigenschaften, woher Bemühungen und Zielsetzungen überhaupt kommen, landet er entweder beim toten Wort oder bei einem Begriff von Gott. So schließt sich der Kreis.

Landnahme

Jetzt erst, in der Wüste, beginnt Mosche eine Tätigkeit, die nur bewußt als eine erzieherische verstanden werden kann. Die Oasenstadt Kadesch, die schon durch ihren Namen (kodesch – heilig) auf eine Kultstätte hinweist, wird der Mittelpunkt von vierzig Jahren eigenartiger Entwicklung. Das Volk wächst an Zahl. Geschlechtergruppen, die in nächster Verwandtschaft zu den Bne Jisrael stehen, werden aufgenommen. Es entsteht eine neue ethnische Einheit, aus der allmählich, in den vierzig Jahren Wanderung zwischen Kadesch und dem Meerbusen von Ailat, alle diejenigen aussterben, die sich noch erinnern können, daß sie in Ägypten Sklavenbrot gegessen haben. Ein neues Nomadengeschlecht wächst heran, aber nicht eines, das morgen wieder zu schweifendem Leben in die Steppe ausbrechen könnte, sondern eines, über dem der gestaltende Wille des Führers Mosche ruht. Er gibt ihrem Landhunger die Richtung: Kanaan. Er sublimiert den natürlichen Drang nach Seßhaftigkeit durch eine Idee: Kanaan ist verheißenes Land. Er gibt ihnen kein Versprechen, sondern stellt ihnen eine Aufgabe: Eroberung eines Landes unter göttlicher Sanktion.

So wächst dieses Volk auf mit einer eigenartigen Beziehung zu einem Lande, das noch keiner von ihnen gesehen hat und das sie gleichwohl als ihre Heimat ausgeben und begehren. Hier entsteht der Begriff Heimat nicht aus dem Wachstum von Generationen auf einer Scholle, sondern aus einer Idee, aus dem Glauben, daß der zugewiesene göttliche Auftrag nur in diesem bestimmten Lande erledigt werden könne. Dadurch werden Land und religiöses Bewußtsein unlösbar miteinander verkoppelt, eine Verbindung, die bis auf unsere Tage intakt geblieben ist. Sonst wachsen Völker *mit* ihrer Landschaft und zu einem großen Teil *durch* sie. Hier wächst ein Volk, das seine entscheidende seelische Grundlage schon empfangen hat, *einem Lande zu.* Der primitiv naturhafte Teil des Wachstums wird übersprungen. Erst ist die Idee des Landes da, dann erst das Land. Darum spielt das Landschaftliche, das Klimatische eine untergeordnete Rolle. Die Juden haben daher später in jedem Lande und jedem Klima leben können, ohne die Grundzüge ihres Wesens aufzugeben oder zu verlieren.

Dem Lande, das sie erstrebten, könnte man die Bezeichnung »seelische Mittellage« geben. Es ist durch seine Gebirge und durch den Lauf des Jordan fast streng nordsüdlich orientiert und durch die Meeresküste, die fruchtbaren Ebenen und die jenseitige Wüste ebenso streng westöstlich. Auf einem Gebiete von kaum 500 Quadratmeilen sind Bergkuppen mit ewigem Schnee und Gesenke mit subtropischer Wärme, sind saftgrüne Ebenen und sandgraue Wüsten; aber alles ohne den panischen Schrecken »großer« wilder Natur und ohne den Überschwang göttlicher Schönheit. Der Mensch braucht dort weder zu verkümmern noch zu entarten. Wie er dort werden will, ist seiner eigenen Entschließung anheim gegeben.

Dieses Land sucht Mosche mit dem geringsten Aufwand an Mitteln und Kräften zu erreichen. Da fremde Stämme ihm den kürzesten Weg nach Norden sperren, umgeht er den Süden des Landes in einem großen Bogen und gelangt mit der Mehrzahl der Stämme zwangsläufig in die transjordanische Ebene. Aber der Stamm Jehuda bleibt zurück. Es gelingt ihm, in den Süden Kanaans einzubrechen und sich bis in die Nähe des späteren Jerusalem, das im Besitz der Jebusiter blieb, anzusiedeln. Mit ihm geht der Stamm Schimeon. Den übrigen Stämmen in Transjordanien bleibt, wenn sie jetzt nicht in die syrisch-arabische Wüste abgedrängt werden wollen, nichts übrig, als alles zu bekämpfen, was ihnen im Wege steht. Das geschieht mit einem solchen Elan, daß sie in kurzer Frist ganz Transjordanien in der Hand haben. Nun ist der Weg frei für die Eroberung Kanaans. Aber da setzt sich der Spaltungsvorgang fort. Die Stämme Gad, Reüben und ein Teil des Stammes Manasse erklären, daß sie in Transjordanien bleiben wollen. Das äußerste Zugeständnis, zu dem Mosche sie bewegen kann, ist, daß sie für die Aktionen jenseits des Jordan Mannschaften stellen. Im übrigen beginnen sie ihr eigenes Schicksal und ihre eigene Entwicklung. Mosche erlebt den Übergang über den Jordan nicht mehr. Die Führung geht über auf Jehoschua ben Nun (Josua), den Feldherrn. Er setzt über den Jordan, sprengt die Koalitionen amoritischer und nordkanaanitischer Fürsten und bringt eine vehemente, aber unvollkommene Eroberung zustande. Es sind drei Siedlungsgebiete entstanden. Jehuda, im äußersten Süden, ist von allen übrigen jisraelitischen Stämmen durch eingesessene Stämme völlig getrennt. In Transjordanien ist ein geschlossenes Siedlungsgebiet, aber der Jordan grenzt es ab und isoliert es. In der Mitte des Landes, bis zum Norden, dem späteren Galiläa, siedelt der Rest der Stämme, teils zwischen den eingesessenen Kanaanitern, teils sogar in Abhängigkeit von ihnen. Das nördliche Küstengebiet gehörte den semitischen Phöniziern und blieb ihnen. Das südliche Küstengebiet war von Philistern besetzt, Zuwanderern von den ägäischen Inseln her.

Entscheidend für den Abbruch des Eroberungszuges waren aber nicht eigentlich die Widerstände der eingesessenen Völkerschaften, sondern das überschnelle Auseinanderbrechen der Stammesverbände. Mit einer ungewöhnlichen Gier stürzen sie sich auf jedes Stück Land, das sie besetzen können, wie besessen von der Idee, endlich zur Ruhe zu kommen. Jeder Stamm läßt den anderen im Stich, sobald er Land hat. Von gemeinsamen Aktionen ist keine Rede mehr. Sie haben es so eilig, Bauern zu werden, daß sie sich nicht einmal die Mühe nehmen, das eingenommene Gebiet zu sichern. Sie machen den verbliebenen Insassen, wenn sie sich von dem ersten Überfall erholt haben, lieber jedes Zugeständnis, als daß sie von neuem zu den Waffen gegriffen hätten.

In einem solchen Verhalten manifestiert sich ein hemmungsloser Individualismus. Aber er hat eine mächtige Kompensation in der konträren Eigenschaft: einem intensiven Kollektivgefühl. Untergründig sind sie sich bei allen Eigenbröteleien der bewegenden gemeinsamen Idee stets bewußt. Das wird bewiesen durch eine Reihe von präzisen Umständen, die man vergeblich soziologisch zu deuten versucht hat.

Einer der Stämme, Lewi, hat überhaupt kein Land bekommen. Er war auch nicht unter das Patronat eines anderen Stammes gegangen, wie etwa Schimeon unter Jehuda. Er hatte auch nie Ansprüche auf Land erhoben. Im Gegenteil: alle Stämme sind sich darüber einig, daß er kein eigenes Siedlungsgebiet haben soll, daß aber seine Angehörigen das Recht haben, sich in jedem Stamme aufzuhalten, in dem sie wollen. Diesen Lewiten weisen sie priesterliche Funktionen zu, und indem sie ihnen die Landnahme verwehren und damit die Möglichkeit des Erwerbes, übernehmen sie die selbstverständliche Verpflichtung, durch Abgaben für ihren Unterhalt zu sorgen. Sie erkennen also damit im weitesten Umfange an, daß diese priesterlichen Funktionen eine Sache der Gesamtheit bedeuten, die durch keine eigenmächtige Siedlung und Absonderung aufgehoben wird. Es kommt hinzu: wann immer in der Folge sie Krieg führen, um ihren Besitz zu erhalten oder zu erweitern, ob sie nun allein kämpfen oder in größeren Verbänden, bezeichnen sie ihn nicht als Krieg dieses oder jenes Stammes, sondern als »Krieg Jahves«. Wenn es ernst wird, wissen sie um die verpflichtende Gemeinsamkeit der Idee. Der Inhalt dieser Idee war die Verwirklichung der Theokratie.

Theokratie

Jeder Eroberung, bei der der Eroberer sich im Lande niederläßt, folgt das Nachspiel kultureller Kämpfe. Wir wissen, daß oft der Eroberer im Ergebnis der Besiegte ist. Der gleiche Vorgang bahnte sich auch nach der Landnahme der Jisraeliten an. Das Besondere dieses Prozesses ist aber, daß nach einem anfänglichen Schwebezustand weder so noch so eine Ausgleichung zwischen Eroberern und Eingesessenen stattfand, sondern eine verstärkte Eigenentwicklung der Eroberer und eine fortschreitende geistige Isolierung. An sich waren alle Voraussetzungen für eine Angleichung und sogar für eine Vermischung gegeben. Die Jisraeliten waren in der Minderheit. Phönizier, Philister, Aramäer, Idumäer, Moabiter, Amalekiter, Ammoniter, Araber und Halbaraber umgaben sie in einem dichten Kreis und wohnten zum Teil als feste Einsprengsel unter ihnen. Sie waren in Ackerbau, Handwerk und Handel auf einer beachtlichen Stufe der Entwicklung. Sie hatten auch schon ein ausgebildetes religiöses Gefüge, das sich trotz aller lokalen Verschiedenheiten in Sitten und Kulten einheitlich auf älteste babylonische Religionsauffassung bezog.

Die kanaanitischen Kulte waren Bodenkulte, Ausdruck der Naturkräfte, insbesondere der Kraft, die die Erde befruchtet. Diese Kraft oder dieser Gott, Baal genannt – oder auch, dem Gehalt nach der gleiche, Dagon bei den Philistern, Milkom bei den Ammonitern – ist also der Gott des Landbaues und ist damit an den Ort gebunden. Folglich beschützt er auch den *jeweiligen Ort*, der ihn errichtet. Er findet, konsequent aus dem Naturbegriff gedacht, seine Ergänzung in dem weiblichen Prinzip der

Göttin Baala oder Baalti oder Astarte. Die Übertragung des göttlichen Schutzes auf das einzelne Anwesen erzeugt im weiteren eine Reihe von Hausgöttern. Die Untertänigkeitsbeziehung zwischen den Menschen und ihren Gottheiten dokumentiert sich vorwiegend in der Form der Opfer jeden Grades, von Naturalspenden bis zur Darbringung der Jungfrauenschaft und bis zum realen Menschenopfer.

Mit Ausnahme der Philister, die sich schon durch ihre barbarische Behandlung der Gefangenen als Verwandte der Griechen ausweisen, schöpften die kanaanitischen Völker ihre sozialen und rechtlichen Auffassungen aus der gemeinsamen Quelle altorientalischen Rechtes. Von da nahmen auch die beiden großen Gesetzeskodifikationen der Babylonier und der Hebräer ihren Ausgang. Wenn sich also die jisraelitischen Stämme einem solchen numerisch und kulturell starken Gefüge gegenüber behaupten wollten, mußten sie schon beachtliche Kräfte einsetzen. Das taten sie, und zwar sowohl in ihrem ererbten Bestande als auch mit der Stoßkraft der neuen Idee, die in ihnen lebte. Was sie auf ihren Wanderzügen durch Generationen an Kulturgütern gesammelt hatten, war schon sehr früh zu einem derartigen Abschluß gelangt, daß es im »Bundesbuch« fixiert werden konnte. Es kam jetzt darauf an, ob die darin enthaltenen Gesetze sich hier, unter völlig veränderten Bedingungen, bewähren würden.

Auch ihre Religion hatte sich zu bewähren. Ihre religiöse Vorstellung beschränkte sich in den Anfängen auf die Anerkennung einer göttlichen Macht schlechthin. Sie wird durch den Begriff El oder Elohim ausgedrückt. Von Anfang an verhindert die nomadische Lebensweise, daß solcher Begriff sich als an den Boden gebundener Gott materialisiert. Folgerichtig haben die Jisraeliten das Stadium des Polytheismus einfach übersprungen. Es mag jeder Stamm sich diesen Gott nach persönlicher Veranlagung geformt haben, aber in jeder Formung – und das ist das Entscheidende – lagen schon die gleichen Grundelemente des Monotheismus: ein Gott, der nicht durch ein plastisches Bild fixiert und der nicht an den Ort gebunden wird. Jeder Stamm hat *seinen* Gott; aber er ist ein monotheistischer Gott. Sie trieben Eingötterei.

Eine Generation vor der Landnahme erleben sie den entscheidenden Umbruch, der sie für alle Zeiten aus dem allgemeinen Gefüge hebt: sie erfahren *ihren* Gott, der ihnen allen gemeinsam ist. Sie erfahren ihn wie die endgültige Enthüllung einer uralten Erbschaft. Sie erfahren, daß die allgemeine, schwebende Vorstellung einer übermächtigen Gewalt sich im letzten Erlebnis zu einer Idee verdichten läßt.

»Gott redete zu Mosche,
»er sprach zu ihm:

»Ich bin Jahve.
»Ich gab mich Abraham, Jizchak und Jaakob zu schauen
»*(in meiner Eigenschaft)* als den gewaltigen Gott.
»Aber *(in meiner Eigenschaft)* als Jahve habe ich mich ihnen nicht zu erkennen gegeben.«
Das tut er jetzt. Es geschieht in einer besonderen Form und mit einem besonderen Inhalt, beide wichtig, weil sie beide fortdauernd sind. Die Form ist das Bündnis zwischen einem Volk und einer Gottheit. Dieses Bündnis wird freiwillig geschlossen. Niemand zwingt sie dazu, wenn nicht ihr Bedürfnis nach religiöser Ausschließlichkeit. Der Inhalt des Bündnisses ist in der Ausschließlichkeit der Gotteseinheit begründet und in der Aufrichtung sittlicher Verpflichtungen. Es wird von diesem Augenblick an nicht mehr nackt in den Tag hinein gelebt, nach Laune, Zufall und Gutdünken. Es wird fortan die Tat des Alltages wesentlich gemacht, mit sittlichem Gewicht versehen, mit einem höheren Sinn ausgestattet. Es wird ihnen angeboten, sich mit dem Göttlichen zu verbinden. Sie entschließen sich, ja zu sagen. Sie tun es angesichts eines Übermaßes von Verpflichtungen, die ihnen daraus erwachsen, und angesichts vieler Drohungen, die ihnen sagen, daß es kein Zurück mehr gibt, wenn sie einmal ja gesagt haben. Denn dieser Gott, den sie da begreifen, den sie da konzipieren, zu dem hin zu entwickeln sie sich entschließen, duldet weder das Ausweichen noch die Unentschiedenheit. Zwar die Verheißung ist groß:

»Und jetzt, hört ihr gehorsam auf meine Stimme und wahrt ihr meinen Bund,
»dann seid ihr mir
»aus allen Völkern ein Sonderschatz.
»Denn mein ist die ganze Erde.
»Ihr aber
»sollt mir sein
»ein Reich von Priestern,
»ein heiliger Stamm.«

Aber die Erfüllung der Verpflichtungen steht unter der Wachsamkeit eines eifernden Gottes, der nicht mit sich markten läßt. Er betont immer wieder die Ausschließlichkeit seiner Existenz und seiner Forderungen: Er oder niemand, alles oder nichts. Man muß endlich einmal mit dem aus Fehlübersetzung und Fehlbetrachtung geborenen Begriff »Gott der Rache« aufhören. Den hat es nie gegeben. Es gibt den »Gott des Eifers«, und zwar einen, der nichts für sich selbst verlangt. Er ist ja kein Mensch, den man durch Tun oder Versagen kränken könnte. Nicht einmal Opfer sind ihm wesentlich. Er verlangt das unbedingte Verhalten *vom Menschen zum*

Menschen, und von ihm deshalb, damit der *Mensch* eine reine und beseelte Kreatur werde. Es ist dabei nicht entscheidend, daß das Ziel dieses Bundes immer weitab von der Verwirklichung stand. Es genügt, daß das Bemühen lebendig und fruchtbar geblieben ist.

Was sich da vor der Landnahme anbahnt, ist also nichts anderes als die Errichtung der Theokratie. Die Stämme haben wohl jeder für sich eine Führung, aber keiner von ihnen und insbesondere nicht die Gesamtheit der Stämme haben irgendein Oberhaupt für ihre religiösen, politischen und militärischen Angelegenheiten. Ihr Oberhaupt ist vielmehr der Gott, wie sie ihn begreifen und wie sie ihn geschaffen haben. Und er wird ihnen zum Schicksal. Mit der Sekunde des Auftretens Mosches geschehen ihnen unaufhörlich Dinge, die sie in der Besonderheit ihrer jungen innern Einstellung mit wachsendem Bewußtsein erleben, wenn auch nicht immer mit letzter Konsequenz. Das gibt auch ihrem Zusammenstoß mit der neuen Umgebung die besondere Note.

Ihren Landhunger stillen konnte nur die unmittelbarste, nächste Beziehung zum Boden. Sie mußten notwendig Ackerbauer werden. Sie begaben sich damit in tausend alltägliche Berührungen zu den Eingesessenen, waren bei jedem Tausch und Kauf, bei jeder Saat und Ernte von den einheimischen Gewohnheiten und Zeremonien abhängig. Je zerstreuter sie wohnten, desto schwerer wirkte sich die unvollendete Eroberung aus und desto mehr waren sie auf friedliches Zusammenleben mit der Urbevölkerung angewiesen. So nahmen sie nicht nur an ihren Bräuchen und Kulten teil, sondern begannen auch, insbesondere in den Randgebieten, sich durch Eheschließungen mit der Umgebung zu verschmelzen. Sie übernahmen die Kulte der lokalen Baal-Gottheiten, sie legten den Grund zu ihren Jahresfesten aus den bäuerlichen, landhaften Anschauungen der Umgebung, sie bildeten ihre Lebenskultur nach dem Vorbild der Städte, in die sie den Überschuß ihrer Ernten trugen – mit anderen Worten: sie waren unmittelbar nach der Landnahme im Begriff, sich ihrer Umgebung zu assimilieren und in ihr als eine zugewanderte Minderheit aufzugehen.

Daß es nicht dazu kam, sondern bei aller Bedrohung der eigene Kern wuchs, lag zunächst an einem sonderbaren, man könnte sagen: »religiösen Doppelleben«, das sie führten. Alle Hinneigung zu den örtlichen Baalkulten verhinderte nicht, daß alles, was sie als Gesamtheit unternahmen, ihrem eigenen Nationalgott unterstellt wurde. Sobald es um den Zusammenhang und das Ganze ging, gab es nur den einen Gott und die theokratische Idee. Der Baal mochte ihre Ernte segnen und ihre Kaufverträge sichern. Aber die Kriege, in denen sie sich gegen ihre Vernichtung wehrten, führte Jahve. So, während sie Baal dienten, wuchs Jahve weiter in ihnen, blieben sie auf dem Wege zum einmal gesetzten Ziele. Alles, was sie taten, war im eigentlichen Sinne nicht »Abfall« von Gott, sondern Hin-Entwicklung zu ihrem Gottesbegriff. Sie hatten unter sich auch noch eine stets lebendige Repräsentation ihrer Idee, das Priestertum in Silo, wo die Lade des Bundes zur Aufstellung gelangt war. Wenn Silo auch nicht das praktische und politische Zentrum werden konnte, so war es doch ein ideales, imaginäres Zentrum von nicht zu unterschätzender Bedeutung, der sichtbare Ausdruck ihres theokratischen Systems.

Es ist also das, was seit dem Auszuge aus Ägypten an Elementen äußerer und innerer Einigung geschaffen worden ist, in ihnen am Leben geblieben. Als Schutz gegen die drohende Assimilierung kann auch nur ein geistiges Gebot von ungewöhnlicher Kraft begriffen werden. Das kommt nicht nur bei den inneren, sondern besonders stark bei den äußeren Gefahren ihrer Situation zum Ausdruck. Aus vielen Richtungen her bedroht sie der Untergang. Soweit die eingesessenen Völkerschaften sich von dem ersten Ansturm der Eroberung erholen konnten, gingen sie allmählich zum Angriff oder zur Verdrängung der Jisraeliten über. Wo das wegen der Dichte der jisraelitischen Siedlung nicht der Fall war, suchten die einst besiegten Völkerschaften oder in den Randgebieten auf Eroberung ausgehenden Stämme durch Einfälle, Raubzüge und wohlvorbereitete Kriege die gerade zur Ruhe gekommenen Ansiedler zu vernichten. Keine Zugehörigkeit zu irgendeinem Baalkult und keine Form der wirtschaftlichen, politischen und gesellschaftlichen Assimilation schützte die Jisraeliten davor, von der Umgebung als zusammengehörige Gegner angesehen und bekämpft zu werden. Die Verteidigung war also notwendig Sache der jisraelitischen Gesamtheit, ein Umstand, der zur Herausbildung eines Kernes und zur Steigerung des nationalen Ich-Gefühls beitragen mußte, zugleich aber auch zum weiteren Wachstum ihrer religiösen Idee. Ihren sichtbaren Niederschlag findet diese Entwicklung in der Erscheinung der Schoftim oder Richter.

Schoftim

Die äußeren Vorgänge in der Richterzeit haben mit kleinen Varianten alle dasselbe Aussehen; feindliche Angriffe unterwerfen einen oder mehrere der jisraelitischen Stämme und zwingen sie unter eine Botmäßigkeit, die bis zum Halbsklaventum geht. Dann ist eines Tages ein Führer da, der alle Kräfte des Volkes gegen die Bedrückung aufruft und die alte Freiheit in vermehrtem Umfange wiederherstellt. An sich also Vorgänge, die mancher geschichtlichen Entwicklung eigen sind, die einen Schulfall aller nationalen Entwicklung aufzeigen und die doch vom Religiösen her ihre eigentliche Bedeutung bekommen. Nacheinander und mit unterschiedlichen Zeitabständen werden Unterdrückungen durch die Idumäer, Moabiter, Philister, Midianiter und Ammoniter berichtet. Als Retter aus der Not werden Othniel, Schamgar, Balak, Gideon, Jephta und Schimschon (Simson) überliefert. Sie haben alle etwas Gemeinsames: keiner kommt aus irgendeiner Führerfamilie; keiner ist nach Herkunft oder besonderen früheren Leistungen zu seinem Amte vorherbestimmt. Sie kommen schlechthin aus dem Volke, aus dem Dunkel. Jephta ist ein Räuberhauptmann aus Gilead, den seine eigenen Stammesgenossen verjagt haben. Schimschon, an den sich die Sage liebevoll heftet, ist eine Art Rübezahl. Von der zärtlich umhegten Figur der Debora weiß die Quelle nur zu berichten, sie sei die Frau eines Mannes namens Lapidot gewesen. Sie alle werden Schoftim, Richter, genannt; auch Debora. Schon daß sie unter die Zahl der Schoftim gerechnet wird, spricht entscheidend dafür, daß die nackte Übersetzung des Wortes keinen zulänglichen Sinn vermittelt. Sie waren nicht Richter in dem Sinne, daß sie die Rechtsprechung ausübten. Sie waren da, wenn die Not rief; sie tauchten unter, wenn sie vorüber war. Sie richteten etwas aus: die jeweilige Befreiung des Volkes. Wie das Beispiel Deboras zeigt, brauchte es dazu nicht einmal eine Heldentat mit dem Schwert. Es genügte, daß einer ein Wort fand, das ihnen ans Herz ging, das ihre seelischen Kräfte mobil machte. Und eben das ist Deboras Art und Amt. Sie kämpft nicht. Sie gibt die Idee des Kampfes und seine Parole. Wie der Kanaaniter Chazor die Nordstämme unterwirft, spielt sie gegen seine eisernen Streitwagen den Gedanken aus: es muß für Gott gegen Chazor gekämpft werden. Noch begreift die Gesamtheit der Stämme den Gedanken nicht. Jehuda nimmt an diesen Vorgängen überhaupt nicht teil. Andere Stämme sind auf ihre Ruhe bedacht und bleiben abseits. Dennoch gelangt der Rest, der ihr folgt, zu einem Sieg, dessen Umfang und Bedeutung in dem ungewöhnlich reifen und dramatisch gespannten Debora-Lied seinen Niederschlag findet.

»In den Tagen Schamgars, Sohns Anats,
»in den Tagen Jaels
»stockten die Wanderzüge,
»die Straßengänger
»gingen krumme Wanderpfade,
»das Bauerntum, es stockte in Jisrael,
»stockte,
»bis du aufstandest, Debora,
»aufstandest, eine Mutter
»in Jisrael!«

Der Ausgang dieses Liedes umreißt mit kürzester Formel die innere Situation, den Sinn dieser kriegerischen Bemühung:

»So müssen schwinden
»alle deine Feinde,
»Jahve!
»Aber die dich lieben,
»sind, wie die Sonne ausfährt in ihrer Heldenwehr.«

Jeder Kampf hat den gleichen Sinn. Zuweilen ist er in der Parole enthalten, so in der, die Gideon ausgibt: »Schwert für Jahve und für Gideon!« Das Verständnis für solche Parolen wird geweckt und lebendig erhalten durch die Tätigkeit der Lewiten. Sie sind es, die zwischen den inneren und den äußeren Gefahren, zwischen dem Verlust der eigenen Art durch Angleichung an die Umgebung und dem nackten Untergang in Kriegen den geistigen Zusammenhang herstellen und auflichten: alles Unheil ist Folge der vernachlässigten Bundespflicht gegen Gott. Die Lewiten haften nirgends am Boden; sie haben keinen persönlichen Besitz zu verteidigen. Sie bleiben also von den Verlockungen der Angleichung frei. In solcher Freiheit empfinden sie sich als Amts- und Ideenträger. Ungleich anderen Priesterkasten kennen sie keine persönliche Machtstellung, sondern nur Dienst an einer Aufgabe: das Volk soll seelisch wachsen; es soll der Theokratie eine steigende Wirklichkeit bereiten. Sie schaffen die geistige Atmosphäre, aus der allein der Begriff des »Richters« verstanden werden kann, so verstanden, wie das Volk selbst ihn von Mal zu Mal auffaßte und begriff: als jeweils berufenen Vollstrecker eines göttlichen Auftrages.

Die Schoftim sind also weder identisch mit Richtern im üblichen Sinne noch mit Stammesführern, noch sind sie einfach Kriegshelden. Debora hat nie gekämpft. Eli war oberster Priester in Silo; Schemuël (Samuel), der aus dem Kreis der Lewiten in Silo hervorging, war weder Kriegsführer, noch hatte er sonst ein Amt. Dennoch sind sie Schoftim, Richter. Und das ist ihr Sinn, der trotz erkennbarer Redaktion des Buches »Richter« im monarchischen Sinne unangetastet mit seinem wahren Gehalt dasteht: von Mal zu Mal, wenn die Not des Augenblicks das Volk besinnlich macht, entsteht ihm ein Vollstrecker göttlichen Willens, begreift es den Menschen, der sie durch Tat oder Wort führt, als den Beauftragten ihres wahren Oberhauptes: ihres Gottes. Sie verstehen den Richter einfach als den mit einem einmaligen Auftrag belehnten Menschen, als einen Funktionär der Theokratie, als den, der aus höherem Gebot über den Gegner den Auftrag zu vollstrecken, das Gericht abzuhalten hat: Richter, der ihnen das Recht verschafft, indem er das Gericht *über die anderen* vollstreckt. In den Gestalten der Richter realisiert das Volk sein Leben unter der Theokratie. Die Richter selbst – Debora, Eli und Schemuël beweisen es – fassen ihr Amt auch keineswegs als Befreiung im politischen Sinne auf. Es soll nur durch die Befreiung eine immer erneute Möglichkeit zu innerer Selbstbefreiung gegeben werden. Darum erlischt ihre Existenzberechtigung mit dem Vollzug ihres Auftrags. Sie sind einmalig und ohne Nachfolgeschaft. In den Zeiten zwischen ihrem Auftreten ist das Volk wieder sich selbst und der eigenen Auseinandersetzung mit seinem Oberhaupt, Gott, überlassen.

Aber so sich selbst überlassen sein und je und je der eigenen Entscheidung vertrauen müssen, ist in diesem jungen Stadium der Entwicklung für das Volk eine ungewöhnliche Last, die es gerne von sich abwälzen möchte. Jede sichtbare Art der Führerschaft erleichtert die Entschließung, weil sie nichts braucht als den momentanen Gehorsam. Und so wächst das Bedürfnis nach einer bleibenden Institution. Mit Gideon beginnt es schon. Sein Name ist schon in die Parole eingeschlossen. Es scheint, daß man ihm die Königswürde von Seiten der Stämme angeboten hat, denen er Hilfe brachte. Jedenfalls hat er in seinem Heimatsstamme Manasse die Rolle eines Oberhauptes bis zu seinem Tode nicht abgegeben. Aber da beginnen auch gleich die Konflikte, die man als die Wehen des Königtums bezeichnen kann. Abimelech, einer seiner Söhne, läßt – bis auf einen – alle seine Brüder ermorden, um zur Macht zu kommen. Ihn unterstützt der Stamm Ephraim. Aber wie Abimelech von der Macht, die ihm zugefallen ist, wirklich Gebrauch machen will, lehnen sie sich auch gegen ihn auf. Er wird in den Kämpfen, die daraus entstehen, getötet.

Aber die Idee der ständigen Führerschaft, einmal konzipiert, wächst trotz dieses entmutigenden Beispiels weiter. Eine vernichtende Niederlage, die ihnen die Philister bereiten, gibt dem Gedanken neuen Anstoß. In der Ebene Saron gehen schwere Kämpfe zwischen den Philistern und den verbündeten jisraelitischen Stämmen unentschieden hin und her. Um ihren Mut zu heben und um die sichtbare Vertretung ihres Gottes in den eigenen Reihen zu haben, lassen sie die Lade des Bundes von Silo holen und im Lager aufstellen. Es nützt ihnen nichts. Sie werden zurückgeworfen, die Lade wird von den Philistern erbeutet, das Land weit hinein besetzt und gebrandschatzt und der Ort Silo samt seinem Heiligtum zerstört.

Die Zerstörung dieses ideellen Zentrums treibt die Lewiten, die sich dort aufgehalten haben, durch das ganze Land und in alle Stämme hinein. Ihr Wirken ist jetzt im verstärkten Maße auf die Erweiterung des theokratischen Gedankens gerichtet. Das Volk selbst weist ihnen jede erdenkbare Autorität zu, aber in dem Wunsche nach ständiger Führerschaft bleiben sie hartnäckig. Wollen die Lewiten sie durch den Gottesbegriff einigen, so wollen hingegen sie selbst geeinigt sein nach dem Vorbild ihrer Umgebung: durch einen König. Sie wissen: ihre Kraft zur Einigung unter einem gemeinsamen und ausschließlichen Gott ist da. Es fehlt nur einer, der sie immer wieder anruft. Sie sind jung als Volk. Darum wünschen sie sich nicht selbst überlassen zu sein. Sie wünschen sich heimlich jemanden, der ihnen Gewalt antut. Aber sie begreifen völlig richtig, daß in dieser Situation die Erfüllung ihres Wunsches nicht von ihnen selbst abhängt, daß sie nicht einfach zusammentreten und sich einen König wählen können. Der König bedeutet für sie im Grund doch nur das dauernde Richtertum, den erblichen und nicht mehr den einmaligen Vertreter des göttlichen Auftrags. Folglich müssen sie sich an diejenigen wenden, die sie als Diener und Vertreter ihres Oberhauptes anerkennen, und unter ihnen an denjenigen, der durch sein Wesen und Wirken bei ihnen die größte Autorität besitzt. Das ist Schemuël, der unter Eli in das Heiligtum zu Silo gekommen ist.

Geburt Der Monarchie

Schemuël ben Elkanah aus Rama, im Zelttempel von Silo herangebildet und durch dessen Zerstörung ohne festen Wirkungskreis, findet jetzt einen viel weiteren und fruchtbareren, indem er immer wieder von seiner Heimatstadt aus das Land durchzieht, um so zu wirken, wie er die Aufgabe des jisraelitischen Volkes begriff. Er begriff sie streng im Sinne der Theokratie und des Bündnisses, das das Volk vor Zeiten mit dem von ihm erwählten Gott eingegangen war. Alle Gesetze, die von daher datiert waren, und alle Anweisungen, die auf Mosche zurückgeführt wurden, stellt er zur strengsten Befolgung immer wieder in den Vordergrund. Die Kraft seiner Wirkung beruht in der Schlichtheit und zugleich Hartnäckigkeit, mit der er Abwendung von den fremden Kulten und Unterordnung unter Jahve verlangt. Darin ist weit mehr einbegriffen als nur die Vornahme bestimmter Kulthandlungen. Zur Entwicklung eigener kultischer Formen war bislang kaum Zeit und Gelegenheit gegeben. Selbst als Silo noch existierte, war seine Anziehungskraft nicht wesentlich größer gewesen als die anderer lokaler Jahve-Stätten. Nun es zerstört war, konnte es auf den Kult nicht wesentlich ankommen. Es mußte schon einen Richtungspunkt geben, der ohne örtliche Verankerung bestehen konnte. Er ist auch nicht so sehr in der Befolgung der Sittengebote und Rechtssätze begründet, sondern geht geradenwegs auf die Idee hin, daß ein Leben ohne den einmal begriffenen Gott ein Leben ohne gütiges Schicksal sei. Wie er und seinesgleichen dachten, verraten Verse aus dem Gebet, das seiner Mutter Channa zugeschrieben wird:
»Er tötet und belebt,

»senkt zur Gruft, läßt entsteigen,
»Er enterbt und begütert,
»erniedert und hebt auch empor.
»Aufrichtet vom Staub er den Armen,
»den Dürftigen hebt er vom Kot,
»sie zu setzen neben die Edlen,
»eignet ihnen den Ehrenstuhl...
»Er
»hält Urteil über die Enden der Erde,
»daß er seinem König gebe den Sieg,
»den Scheitel seines Gesalbten erhebe.«

Solche Gedanken, die nicht aus einer Betätigung, aus Handlungen kommen können, sondern nur aus einem religiösen Ausgeliefertsein, erzeugen, wenn sie Anhängerschaft bekommen, notwendig den Extatiker. Schemuël selbst gehört nicht zu ihnen. Ihm ist der erkennende, durchschauende Blick eigen. Er ist Seher. Aber der Kreis von Lewiten, der sich um ihn sammelt, hat schon die Form eines Ordens, in dem das extatische, religiöse Erlebnis das glühende Element bildet. Sie ziehen in Gruppen im Lande umher und erregen das Volk, durchsetzen es mit Unrast und Glaubensbereitschaft, rufen es gegen die Sieger zum heiligen Kriege auf. Sie werden zu Propagandisten der Einigung unter den Stämmen, die immer noch bereit sind, ihre eigenen Wege zu gehen. Vielleicht ist es nicht das unmittelbare Ergebnis ihrer Tätigkeit, bestimmt aber fällt es in die Zeit ihrer Wirksamkeit, daß der im Süden isolierte Stamm Jehuda, von Feinden bedrängt, Anschluß an die Gemeinschaft sucht. Dieser Stamm hatte in der Isolierung seine eigene Entwicklung erlebt, zwar aus den gleichen Elementen wie die Mitte und der Norden des Landes, aber weniger zivilisiert, schlichter, bäurisch-gläubiger. Sein Auftreten fördert den Gedanken der Einheit sehr wesentlich.

Aber bei der Errichtung dieser Einheit, die mit dem Gedanken an Machtzuwachs und endgültiger Erledigung der Feinde ringsum unlösbar verbunden ist, gehen Volk und Lewiten doch verschiedene Wege. Wenn die Lewiten, Schemuël an ihrer Spitze, von der Einheit sprechen, verstehen sie darunter eine völlige Durchsetzung der Theokratie: ein politisches Reich mit dem unsichtbaren und nicht darstellbaren Oberhaupt und mit seinem Funktionär, dem Richter. Das Volk will die Einheit, aber mit der ständigen Repräsentation, dem König.

Darum allein geht der innere Kampf in dieser Zeit. In ihrem Beginn steht ein neuer Angriff der Philister. Schemuël vermag es, die Energien des Volkes zu beleben, so daß sie in der Schlacht bei Eben ha Eser siegen können. Er nimmt von da an die Stellung eines Richters ein, aber sein wirklicher Einfluß ist auf die Mitte des Landes beschränkt. Weder im Norden noch in Transjordanien hat er Autorität. So weit sein Machtbereich ging, bereiste er das Land und rief abwechselnd für jedes Jahr eine Versammlung der Ältesten der Stämme nach Bethel, Gilgal und Mizpah zusammen, um Gericht zu halten, die gemeinsamen Interessen durchzusprechen und im Sinne der Einheit nach seinen Begriffen zu wirken. Dennoch wird, wie Philister und Ammoniter erneut angreifen, aus dem Wunsch und der Sehnsucht nach einem Könige eine mit aller Energie und Hartnäckigkeit erhobene Forderung des Volkes. Sie kommen zu ihm und verlangen den König. Sie tragen nicht etwa ihm, der sie doch in Wirklichkeit gerettet und geführt hat, eine solche Würde an, denn sie begreifen die grundlegende Verschiedenheit zwischen Richter und König. Aber von ihm, als dem göttlichen Repräsentanten, verlangen sie den irdischen Führer.

Mag man von der Darstellung des Buches »Schemuël« abziehen, was man will, es bleibt immer noch genug übrig, um aufzuzeigen, daß Schemuël der Antimonarchist kat' exochen gewesen ist. Er wehrt sich aus allen Kräften gegen das Begehren des Volkes und gegen den Untergang der Theokratie. Seine Rede, in der er dem Volke die Konsequenzen darstellt, ist das früheste Manifest gegen das Königtum. Er sprach:

»Dies wird die Gerechtsame des Königs sein, der über euch gekönigt wird:

»Eure Söhne wird er nehmen,

»daß er sie für sich zu seinem Gefährt und zu seinen Reisigen versetze,

»daß sie vor seinem Gefährt herlaufen

»und um sich Obere von Tausendschaften und Obere von Fünfzigschaften einsetzen zu können –

»und um sein Pflugland zu pflügen,

»und seine Ernte zu ernten,

»und sein Kriegszeug und sein Fahrzeug zu machen.

»Und eure Töchter wird er nehmen

»zu Salbmischerinnen,

»zu Schlachtköchinnen,

»zu Bäckerinnen.

»Und eure Felder, eure Weingärten, eure Ölbäume, die besten, wird er nehmen und seinen Dienern geben,

»wird eure Saaten und eure Weingärten bezehnten und es seinen Höflingen und seinen Dienern geben,

»und eure Dienstknechte und eure Mägde, eure Rinder, die besten, und eure Esel wird er nehmen und seiner Wirtschaft übermachen,

»euer Kleinvieh wird er bezehnten,

»ihr selber werdet ihm Dienstknechte sein,
»an jenem Tag werdet ihr euch von eurem König losschreien wollen, den ihr euch erwählt habt,
»und ER wird euch nicht antworten an jenem Tage.«
Dennoch beharrt das Volk auf seinem Willen. Es ist einem Leben ohne Führerschaft nicht mehr gewachsen. Vor der Erkenntnis dieser Unfähigkeit gibt Schemuël nach. Sein Verstand befiehlt ihm Nachgiebigkeit. Aber in aller Nachgiebigkeit sucht er von der Idee noch zu retten, was zu retten ist. Ein König, wie ihn die anderen Völker auch haben, ist für ihn unbegreiflich. Machtvollkommenheit aus Anmaßung oder Erbschaft ist dem jisraelitischen Geiste noch unverständlich. Auch der König als ständiger Führer kann von ihm nur als mit göttlichem Auftrag belehnt gedacht werden. An die Stelle des jeweiligen tritt der Auftrag auf Lebensdauer. Das ist der einzige prinzipielle Unterschied zwischen Richter und König. Dem König von allem Anfang an diese Stellung und diese Abhängigkeit zuzuweisen, ist jetzt Schemuëls Aufgabe. Er wählt den König aus. Das Volk hat ihn nur anzunehmen. Er vollzieht in der symbolischen Handlung der Salbung die Belehnung mit dem Auftrage. Das Volk hat diese Belehnung nur anzuerkennen. Er wird auch für den Rest seines Lebens ein harter, fanatischer Aufseher, der mit letzter Reserve und Lieblosigkeit darüber wacht, daß der erwählte König in den engsten Grenzen der Abhängigkeit und des Gehorsams von der Institution Gott bleibt.

Als später diese Hemmung und diese Kontrolle aus der Verpflichtung, aus dem Geiste her in Wegfall kamen, war dem Königtum von Gottes Gnaden, dem Regiment mit der imaginärsten Verantwortung, die Bahn geöffnet.

König Schaul

In dem Orte Gibea, im Gebiete des Stammes Benjamin, wohnt Schaul ben Kis (Saul), ein Bauer mit Muskeln, ein Draufgänger mit einem empfindsamen Herzen, ein Mann, dessen Gesichtskreis genau so weit geht wie der Umkreis seiner Dorfgemarkung, an die Stille und die Natur gewöhnt, darum schlicht in der Phantasie und der religiösen Empfänglichkeit. Er, wie viele andere, erfährt das Zusammentreffen mit den vagierenden Lewiten. Es wird ihm zum Erlebnis, zur ersten und vielleicht einzigen Nahrung des Herzens. Der Begriff »heiliger Krieg«, diese Vermischung von Glaubensdienst und Bluthandwerk, ist dieser Seele ungemein verständlich.

Da ist, jenseits des Jordans, der Ammoniterkönig Nachasch, der die Stadt Jabes belagert, und wie die bedrängten Einwohner Unterwerfung anbieten, macht er zur höhnischen Bedingung, daß jeder Einwohner sich ein Auge ausstechen lasse. Wie Schaul es hört, schlägt der heilige Jähzorn über ihm zusammen. Er nimmt einen Pflugochsen, hackt ihn in Stücke und schickt die blutigen Teile an die Stämme in der Nachbarschaft. »Da – so will ich euch in Stücke schlagen, wenn ihr nicht alle mit mir nach Jabes hinaufzieht!« Für so rauhe und männliche Botschaft haben sie Verständnis. Sie befreien Jabes und vernichten das Heer des Nachasch. Dann geht Schaul wieder auf seinen Acker zurück und pflügt.

Diesen Mann, diese Mischung von Herkules und Ekstatiker, diesen pathetischen Bauern aus dem geringsten der Stämme wählt Schemuël dem Volke zum König aus. Das ist der Augenblick, in dem das Richtertum endgültig Abschied nimmt. Schemuël tut es mit einer fast hochmütigen,

großen Gebärde, darin ein Unterton von Stolz und Gekränktheit ist. Unbefleckt tritt das Richtertum ab. Aber was wird das Königtum bringen?
»Schemuël sprach zu all Jisrael:
»Da habe ich auf eure Stimme gehört in allem, was ihr zu mir spracht,
»und habe euch einen König gekönigt.
»Und nun,
»da ist der König, einhergehend vor euch,
»und ich bin alt und grau geworden.
»Meine Söhne, – da sind sie, unter euch,
»ich aber bin von meiner Jugend bis auf diesen Tag vor euch hergegangen.
»Da bin ich,
»antwortet wider mich gegenüber IHM, gegenüber seinem Gesalbten:
»wessen Ochsen habe ich genommen?
»wessen Esel habe ich genommen?
»wen habe ich gepreßt?
»wen habe ich geschunden?
»aus wessen Hand habe ich Bestechungsgeld genommen
»und barg darin meine Augen?
»so will ichs euch erstatten!«
Sie müssen bekennen: das Richtertum war rein und ohne Eigennutz. Aber sie wenden sich doch ihrem König zu, diesem Manne, der sie um eines Kopfes Länge überragt. Schemuël geht heim, jetzt nicht mehr Richter, jetzt Seher, Schauer, Prophet, der mit vom Eifer geschärften Blicken mißtrauisch und streng den ersten König des Volkes überwacht.

Dieser König bleibt zunächst das, womit er sich eingeführt und empfohlen hat: Kriegsheld. Er greift die Philister an und siegt. Das Land wird wieder frei. In der Bewunderung des Volkes und der Selbsteinschätzung Schauls wird jetzt erst aus der kriegerischen Führerschaft ein wirkliches Königtum. Schaul beginnt zu herrschen. Er dehnt seine Autorität, die anfangs auf Ephraim und Benjamin beschränkt war, weiter auf die Randgebiete aus. Er schafft ein stehendes Heer. Das Dorf Gibea wird Residenz. Aus der bäuerlichen Lebensführung wächst eine Hofhaltung mit Dienern, Trabanten und Beamten. Ungewöhnlich schnell lernt er die Reize des Selbstherrschers kennen.

Aber in Rama sitzt Schemuël und vergißt nicht einen Augenblick, daß das Königtum nicht Selbstzweck, sondern Instrument sein soll. Was sich da in Gibea an Selbstherrlichkeit entwickelt, ist nicht nach seinem Geschmack. Er besorgt, daß über der Machtentfaltung der Dienst vergessen werden könne. So erteilt er Schaul den Auftrag zu einem Kriege gegen die Amalekiter, zu einem Kriege, zu dem keine politische und keine wirtschaftliche Notwendigkeit vorlag, der ausschließlich den Charakter eines heiligen Krieges tragen sollte gegen das Volk, das zu allem Beginn der jüdischen Geschichte, unmittelbar nach der Flucht in die Wüste, die Jisraeliten befehdet hat. Schemuël erfährt, daß die lewitische Autorität noch intakt ist. Mit aller Selbstverständlichkeit unterzieht sich Schaul diesem Auftrag. Es ist ein mit besonderen Bedingungen belasteter Auftrag: alles Lebendige im Erbfeind Amalek soll ausgerottet werden. Es ist nicht nur ein grausamer Auftrag, sondern auch ein schwer auszuführender, wenn man bedenkt, daß für die Krieger jede Beute an Tier und Menschen ein Ersatz für das bedeutet, was sie durch die lange Abwesenheit auf Kriegszügen versäumen. Man könnte auf den Gedanken kommen, Schemuël habe nicht ohne Bedacht eine Bedingung gestellt, an der der König seinen unbedingten Gehorsam beweisen oder scheitern müsse.

Der Feldzug wird siegreich beendet. Schaul, im Übermaß seines Selbstgefühls, errichtet sich selbst auf der Rückkehr in der Oase Karmel einen Denkstein. Aber die Freude wird schnell gedämpft. Zwischen Schaul und Schemuël kommt es zu einem heftigen und nie wieder ausgeglichenen Zerwürfnis. Lag der Grund in der Verurteilung der cäsarenhaften Gebärde, mit der Schaul sich und nicht seinen Gott als den Sieger feierte? Lag er in der nicht präzisen Ausführung des Auftrags, weil er zuließ, daß seine Krieger lebendige Beute machten? Vielleicht in beidem. Bestimmt aber datiert von diesem Augenblick an Schauls seelischer Zusammenbruch. Noch ist der Zusammenhang zwischen Königtum und göttlicher Unterwerfung stark genug, um den Bruch mit dem Repräsentanten des reinen Jahvismus als drohendes Unheil zu empfinden. Und Schemuël ist es auch, der in der konsequenten Weiterverfolgung seiner Idee den Keim zur Tragödie in das Leben dieses ersten jüdischen Königs senkt. Für das Volk ist Schaul das, was es braucht: ein Kriegsheld. Ihre Klage um ihn bei seinem Tode beweist, wie sie mit ihm zufrieden waren. Aber der Prophet ist nicht zufrieden. Es ist immer noch die Diskrepanz vorhanden zwischen der Anschauung des Volkes und der geistigen Führerschaft. Es ist ein Charakteristikum der jüdischen Geschichte, daß über dem Leben des Alltags stets der Ideenträger mit einer übermäßigen Forderung steht.

An der einmal vollzogenen Königswahl, durch sakrosankten Akt geheiligt, kann Schemuël nichts ungeschehen machen. Aber er kann verhindern, daß aus dem König eine Dynastie entstehe. Er kann schon zu Lebzeiten dieses Königs den Auftrag für die Zukunft an einen anderen vergeben, den er für würdiger hält. Das tut er. Er bestimmt in einem geheimen Beschluß Dawid, Sohn des Isai aus dem judäischen Bethlehem, zu seinem Nachfolger.

Verworfen sein von dem, aus dessen Händen er das Königtum

empfangen hat, ist für Schaul eine Bedrückung, der er zu entrinnen strebt. Von dem Vorwurf der Untreue gegen seinen Gott sucht er sich zu reinigen in einer Anzahl von kleinen Fehden gegen die umgebenden Stämme und die kanaanitischen Überreste in den jisraelitischen Siedlungen. Indem er sie samt ihren Kulten ausrottet, will er seine Glaubenstreue beweisen. Er wird Eiferer des Glaubens aus Unsicherheit. Er fühlt sich dabei zugleich als Träger eines ungarantierten Königtums und braucht ein Symbol, um sich erneut zu bestätigen: er setzt sich eine Krone auf. Aus dem schlichten Schwertmenschen wird eine verängstete Kreatur, die überall Drohung wittert. Aus dem geraden Kriegsführer wird ein mißtrauischer Potentat, der auf persönliche Anerkennung bedacht ist. Und um dem Tragischen die dramatische Wucht zu geben, führt das Schicksal ihm den Mann in das Haus, der schon als der Würdigere nach ihm befunden und erwählt worden ist: Dawid.

Schaul nimmt ihn zu sich, um in seiner Gegenwart die dunklen Bedrohungen zu vergessen. Aber jetzt erst werden sie riesengroß, weil alles, was er an Dawid tut, das Gute wie das Hinterhältige, ihm, Dawid, den sichtbaren Zuwachs an Macht und Ansehen bringt. Zweimal müht er sich, die Umklammerung zu durchbrechen, beide Male durch einen Mordversuch. Beide Versuche schlagen fehl. Dawid flieht. Schaul hetzt ihn mit krankhafter Hartnäckigkeit. Er meint, er könne an seinem Schicksal etwas ändern, wenn er den Vollstrecker seines Schicksals vernichtet. Es gelingt ihm nicht.

So von der Sorge um sein eigenes Schicksal völlig belagert, fehlt Schaul jede Entschlußkraft und Zuversicht, wie er sich einem erneuten Angriff der Philister stellen muß. Die Beziehung zum lebendigen Bezirk der Gläubigkeit, die ihn in seinen Anfängen getragen hat, ist ihm jetzt verschüttet. Er läßt nach alter Sitte die Orakel über den Ausgang des Kampfes befragen. Sie geben keine Antwort. Er bricht tiefer in den mystischen Bezirk ein und wartet auf Träume, die ihm Vorzeichen sein können. Sie stellen sich nicht ein. Und in dem letzten verzweifelten Ringen um die Antwort dessen, der ihn einmal berufen hat, wendet er, der in seinem Glaubenseifer die Tätigkeit der Seherinnen ausgerottet hat, sich an eine solche Frau, die Seherin von En Dor, zu magischer Beschwörung des toten Schemuël. Und in dieser letzten, zu späten Stunde wird ihm eine Erscheinung, ein inneres Erlebnis, eine verzögerte Erkenntnis, eine von den Ereignissen längst überholte Hellsichtigkeit, die in der Prägnanz des Buches »Schemuël« diesen Ausdruck findet:

»Schemuël sprach zu Schaul:

»Warum hast du mich aufgestört, mich emporsteigen zu lassen?

»Schaul sprach:

»Mir ist sehr bang,
»die Philister bekriegen mich,
»Gott ist von mir gewichen,
»er antwortet mir nicht mehr,
»weder durch die Künder, weder durch Träume,
»so rufe ich Dir,
»mich wissen zu lassen, was ich tun soll.
»Schemuël sprach:
»Warum fragst du mich?
»ER ist ja von dir ferngewichen und ist dein Bedränger geworden,
»so hat er dir getan, wie er durch mich geredet hat:
»ER riß
»das Königtum aus deiner Hand
»und gab es deinem Genossen, dem Dawid . . .
»morgen bist du und deine Söhne bei mir . . .«

Am anderen Tage, nach dem unglücklichen Ausgang der Schlacht, setzt Schaul seinem unerfüllten und unerledigten Königtum durch eigene Hand den Schlußpunkt. Er tötet sich selbst.

Was von ihm in der Erinnerung des Volkes fortlebt, ist kein schöpferischer noch irgend ein erfüllender Akt auf dem Wege der politischen oder geistigen Entwicklung des Volkes, sondern nur der Respekt vor seiner männlich-kriegerischen Kraft.

König Dawid

Die liberale Geschichtschreibung gefällt sich darin, das Regnum des Königs Dawid als eine Blütezeit der jisraelitischen Geschichte darzustellen. Das ist falsch. Nur in einem ganz äußerlichen und für das wahrhafte Schicksal eines Volkes nebensächlichen Sinne ist diese Regierungszeit bedeutsam und produktiv: in der Erhebung des Reiches zu einer Großmachtstellung. Aber kein Vorgang in der Geschichte lehrt, daß einem Volke mit seinen Siegen zugleich eine geistige Entwicklung zufalle. Meistens ist es umgekehrt.

In der Regierungszeit Dawids treten vielmehr die gleichen Spannungsmomente auf wie unter Schaul, nur noch vermehrt um zwei Begleiterscheinungen des Königtums: Palastintrigen und Thronfolgestreitigkeiten. Im Sinne einer organischen Weiterentwicklung hat Dawid nur Keime erzeugt, zum Guten wie zum Bösen.

Der Tod Schauls findet ihn als Führer einer Schar von Freibeutern in Ziklag, als Gast des Philisterkönigs. Er begibt sich auf die Nachricht, daß das Königtum vakant geworden sei, sofort nach Hebron im Gebiet des Stammes Jehuda. Niemand hat ihn gerufen. Aber er präsentiert das heimliche Königtum, das Schemuël ihm verliehen hat, als einen Anspruch. Die Judäer, fast immer in der Isolierung, begreifen vielleicht die Idee, einen König für sich allein zu bekommen, besser als die Legitimation, die Dawid vorweist. Sie entschließen sich, ihn zu ihrem König auszurufen.

Die übrigen jisraelitischen Stämme nehmen von Dawid keine Notiz. Sie sind entschlossen, ihr eigenes Königtum fortzusetzen, und rufen Schauls letzten Sohn, Esbaal, zum König aus. Schon hat also der dynastische Gedanke Wurzel geschlagen. Er siegt über das religiöse Königtum. Realiter ist die Spaltung in zwei Reiche schon vollzogen. Alle folgende Geschichte kann den Riß nur verdecken, aber nicht heilen.

Die Spannung zwischen den beiden Staaten entlädt sich in Bürgerkriegen. Aber die Entscheidung fällt nicht durch die Überlegenheit einer Partei, sondern durch private Intrigen und Feindseligkeiten, in deren Verlauf Esbaal ermordet wird. Der Norden hat keinen König mehr. Dawids Gegnerschaft ist beseitigt. Das nördliche Reich muß ihm automatisch zufallen. Wenn es jetzt seine Vertreter nach Hebron schickt und Dawids Regentschaft anerkennt, so ist das ein Akt der Vernunft und der Politik, kein Akt der Liebe oder der Anerkennung des durch den Propheten verliehenen Königtums.

Nach sieben Jahren Herrschaft über Judäa endlich im Besitz der Alleinherrschaft, wendet Dawid seine Macht allerdings folgerichtig an. Er erkennt und verfolgt den Einheitsgedanken mit aller Konsequenz. Das Gebiet der Jebusiter, bislang ein trennender Riegel zwischen Nord und Süd, wird erobert. Damit ist die geographische Einheit des Herrschaftsgebietes hergestellt. In der bisherigen jebusitischen Hauptstadt Urusalim, die von jetzt an Jerusalem heißt, errichtet Dawid das Zentrum des neuen Reiches, indem er dort seine Residenz aufschlägt, Paläste baut, Mauern zieht und der Bundeslade einen provisorischen Tempel errichtet. Das Zentrum ist klein und mehr eine Prätention als eine Tatsache, aber es stellt den Anfang dar, die Keimzelle. Es hat den König, das Heer, die Beamtenschaft und das nationale Heiligtum in seinen Mauern.

Wie ihm das alleinige Königtum durch die Umstände zugefallen ist, gerät ihm auch die politische Ausdehnung unversehens und durch die Umstände bedingt: er muß sich verteidigen. Er ist eine vom Grunde aus passive, dulderische, genießerische Natur. Wird er aber zu einer Aktion gezwungen, stößt er in der Abwehr über ihren Zweck hinaus vor, bis die drohende Gefahr völlig vernichtet ist. Diesen Sinn hatte seine Flucht vor Schaul und das Ausweichen bis dahin, wo er nicht mehr erreicht werden konnte. Diesen Sinn hat jetzt sein Kampf gegen die Philister. Sie greifen wiederholt und mit allen Mitteln an. Das zwingt Dawid zur Verteidigung und zu einem Gegenstoß, der zur Eroberung wichtiger philistäischer Landschaften führt. Gegenüber diesem gefährlichen Machtzuwachs richten die südwestlichen Nachbarn Ammon und Moab zusammen mit aramäischen und syrischen Fürsten eine Koalition auf, gegen die Dawid sich wieder verteidigen muß. Von neuem führt die Übersteigerung der Abwehr zur aggressiven Aktion. Ammoniter und Moabiter werden judäische Vasallen. Zum dritten Male wiederholt sich der gleiche Vorgang im Nordosten des Landes, wo Dawid in der Abwehr einer aramäischen Koalition seine Tributherrschaft bis über Damaskus hinaus ausdehnen kann. Nur die Unterwerfung der Edomiter im Süden wird rein von der Zweckmäßigkeit diktiert: das überschnell gewachsene Reich braucht eine Küste. Es erkämpft sich jetzt den Zugang zum Roten Meere. Nach Abschluß dieser Eroberung erstreckt sich das Reich von Ägypten bis zum Euphrat. Es ist die größte politische Ausdehnung, die es je besessen hat.

Man kann diesen Eroberungen keine andere als eine rein äußerliche Bedeutung zumessen. Die Ausdehnung des Reiches mag politisch organisch gewesen sein; geistig und sozial war sie es nicht. Die patriarchalischen Lebensverhältnisse waren gerade im Begriff zu verschwinden. Die soziale Gliederung konnte den Rahmen eines solchen Reiches noch nicht ausfüllen. Die Interessen der hohen Politik und die Interessen der Volksmassen gingen durchaus getrennte Wege. Während es in Jerusalem um stehendes Heer, Söldnerfragen, Verwaltung eroberter Provinzen, Freundschaftsvertrag mit Phönizien und innerhalb des Palastes schon jetzt um Fragen der Nachfolgeschaft ging, war das Volk im eigentlichen Sinne jetzt erst im Begriff, vom Lande vollen Besitz zu ergreifen. Und diese Entwicklung ist alles andere als eine rein soziologisch bedingte. Ein in der Dauer der Nomadenzeit, dem Kraftaufwand der Landeroberung und den Schwierigkeiten der ersten Besiedlung lange aufgesparter und zurückgehaltener seelischer Besitz kommt jetzt erst zur Ruhe und zu seiner Entfaltung. Sie beginnen, sich das Land innerlich anzueignen. Darum entwickeln sie zum ersten Male die werbende Kraft, die den stammesfremden und bisher abseitigen Teil der eingesessenen semitischen Bevölkerung zu ihnen herüberzieht, so daß sie ihre Eigenart aufgeben und der jisraelitischen Bevölkerung einen ungewöhnlichen Zuwachs an Menschen verschaffen. Die von Dawid veranlaßte Volkszählung weist einen Bestand von etwa sechs Millionen Menschen auf. Diese Menschen füllen den Staat aber nicht als ein geschlossenes Volk aus. Jeder Stamm rivalisiert nach wie vor mit dem anderen, alle zehn Stämme im Norden aber unbedingt mit dem Stamm Jehuda. Alles, was Dawid tut, um diese Differenzen zu verwischen, stößt auf Widerstand. Gegen diese Volkszählung, die wohl Zwecken der Verwaltung und des Heeresdienstes diente, erhob sich die größte Entrüstung. Die Einsetzung eines Oberpriesters in Jerusalem, mit der Dawid die religiös-kultische Einheit herstellen will, wird ignoriert. Im benjaminitischen Gibeon residiert ein zweiter Oberpriester mit der gleichen Autorität. Sie sind auch stets bereit, das Königtum in ihre Interessenkämpfe einzubeziehen und die privaten Zwistigkeiten, die sich an Dawids Hof ergeben, zu Palastintrigen, Konspirationen und Revolten auszunutzen.

Das führt dazu, daß Absalom sich schon zu Lebzeiten seines Vaters als König ausrufen lassen kann. Wie im Anfang seiner Regierung muß sich

Dawid auch gegen das Ende hin seine Stellung durch einen Bürgerkrieg sichern. Aus vielen Wirrnissen, persönlichen Verfehlungen und persönlichen Bemühungen, die ihn als Mensch größer denn als König machen, ernennt er und krönt er selber noch seinen Nachfolger, so wie er selbst schon zu Lebzeiten eines anderen Königs mit dem Amt belehnt wurde.

Aus der Bedrückung durch viele Schicksale hat die rückschauende Phantasie des Volkes später diesen König zu einem Doppelbild von Sänger und Helden gemacht. Der erregte Ablauf seines Schicksals und die Vielfältigkeit seiner Eigenschaften rechtfertigen diese liebevolle Entstellung. In Wirklichkeit war Dawid nur ein »Mensch mit seinem Widerspruch«. Er war tapfer und feige, hartnäckig und schwach, prunkliebend und schlicht, alles das unter einem Kolorit von Lyrik, Sinnlichkeit und Musikalität. Er hat Psalmen gedichtet, die reine Kunstwerke sind. Diese Psalmen – wenn auch längst nicht alle, die ihm zugeschrieben werden – sind das einzig dauernde Vermächtnis, das er seinem Volke hinterlassen hat. Es hat sie noch heute nicht ganz vergessen, und sie tragen heute noch den Sinn von damals: das Bemühen eines Menschen, sein Schicksal im Göttlichen zu verankern. Dawid ist nicht dazu gelangt, den repräsentativen, sichtbaren Ausdruck dafür zu gestalten, nach dem er heimlich Sehnsucht hatte: den Bau eines Tempels. Sein persönliches Geschick zerbricht ihn, ehe er so weit gediehen. Er hockt in den letzten Jahren in seinem Palast, alt, zerschlagen, blutlos, ohne Tempel, ohne Liebe. Noch in Decken gehüllt friert ihn ständig. Da führt man ihm, dem siebzigjährigen Greis, noch voll Erbarmen und Mitleid ein junges Mädchen, Abischag, zu, damit er wenigstens in seinen letzten Tagen die lebendige, körperliche Wärme nicht entbehren möge.

Er stirbt nach einer Regierungszeit von vierzig Jahren.

König Schelomo

Schelomo (Salomo), der Friedreiche, dieses Kind der Liebe und des Begehrens aus der Begegnung eines sinnenfreudigen Königs mit einer hingabebereiten, aber zielbewußten Frau, setzt gleich an den Beginn seiner Regierung seine Willenskundgebung zum absoluten Königtum: drei Morde, die die Umgebung säubern, die seinen einzigen Bruder aus dem Wege räumen und die sein Gewissen nicht im geringsten belasten. Er ist eben nur noch orientalischer König einer Großmacht. Die Probleme, die noch für seinen Vater aus der religiösen Verleihung seines Amtes bestanden, sind für ihn nicht mehr vorhanden. Er hat schlechthin ein Erbe angetreten. Sein Ziel ist, es zu sichern und daraus für sich persönlich und für das Reich als sein Machtgebiet und Machtinstrument den größtmöglichen Ertrag zu ziehen. An das Volk, seinen Eigenwillen, seine Interessen, Sorgen und Probleme hat er immer nur so weit gedacht, als es ihm im Rahmen eines pompösen und absolutistischen Königtums möglich war.

Er hat keine Kriege geführt. Das von seinem Vater eroberte Gebiet war nicht mehr zu erweitern. Er sicherte dieses Gebiet nicht durch die Waffe, sondern durch Eheschließungen. Er heiratete Königstöchter aus den Familien der Ammoniter, Moabiter, Aramäer, Kanaaniter, Chititer, ja sogar eine ägyptische Königstochter, die ihm – die einzige Eroberung Schelomos – die Stadt Gaser in die Ehe brachte. Ein antizipierter Habsburger.

Die Sicherung nach außen versuchte er durch eine Sicherung nach innen zu ergänzen. Hier konnte ihm gefährlich werden, was seinem Vater den Rest des Lebens verbittert hatte: der unentwegte Drang der einzelnen Stämme nach einer denkbar großen Wahrung ihrer Unabhängigkeit, ihr bis zur Eifersucht gesteigerter Dünkel auf ihre Eigenart. Auch war dieser enge Stammesverband immer noch Träger einer patriarchalischen Lebensauffassung und so schon begrifflich ein äußerster Gegensatz zur absoluten Monarchie. Mit tiefem Bedacht unternahm es Schelomo, diese Stammesverbände und die Stammesgrenzen zu zerreißen. Er zerlegte das Land in zwölf Verwaltungsdistrikte mit je einem königlichen Vogt an der Spitze. Er erreichte damit zugleich das weitere Ziel, für seine ungewöhnlichen Anforderungen an Steuern und Naturalleistungen eine übersichtliche Organisation zur Hand zu haben. Über den Distriktsvögten stand ein Obervogt, über die Steuern wachte ein Hauptsteuereinnehmer, über das Heer ein Oberbefehlshaber, zum Oberpriester wurde Zadok ernannt, der Begründer einer tausendjährigen erblichen Priestergeneration. Alle diese Ämter und Ernennungen lagen im direkten Verlauf der Tendenz, den nunmehr aufgelösten Stämmen einen neuen Orientierungspunkt zu geben, und zwar im doppelten Sinne: dem Königtum und der Hauptstadt Jerusalem zu.

Sollte dieses neue Zentrum die anderen, kleineren in der Mitte und im Norden des Landes gehegten Stammeszentren ablösen, so mußte es auch durch die Eindringlichkeit und Prunkhaftigkeit seines Formates alle anderen übertreffen. Das erreichte er in vollem Umfange. In einer Bauzeit von 13 Jahren richtete er Palastgebäude und Repräsentationshallen her, befestigte Jerusalem, ließ von weit her Wasser durch einen Kanal in die Stadt bringen und regte auch die vermögenden Einwohner zu kostspieligen Prachtbauten an.

Endlich richtete er ein Bauwerk auf, das der Zentralisation den Schlußpunkt und für die Zukunft die überragende Bedeutung gab: einen Tempel auf dem Hügel Morija. Dadurch bekamen die kultischen Ideen einen festen Ort und die Möglichkeit, zu einer traditionbildenden Form zu erstarren. Jetzt konnte auch die Rangunterscheidung zwischen Oberpriester, Priester und Lewiten ihre Ausbildung erfahren. Zu den Herbstfesten begann das Volk, diesen Tempel als Ziel seiner Wallfahrt anzunehmen.

Den ungewöhnlichen Aufwand für die königliche Hofhaltung, für das Heer und die Priesterschaft, die Arbeitsleistung für Palast-, Kanal- und Wegebauten mußte natürlich das Volk tragen. Es stand unter der Last von Steuern, Naturalleistungen und persönlichem Arbeitszwang. Daß die Bevölkerung darüber nicht völlig verarmte, war dem Strom des Reichtums zu verdanken, den Schelomo unter Vorwegnahme modernster Methoden des Handels in sein Land dirigierte. Er machte von der Bedeutung Palästinas als Brücke zwischen Afrika und Asien sinnvollen Gebrauch. Indem er nach dem Süden hin seine verwandtschaftlichen Beziehungen und nach dem Norden hin seine politische Macht ausspielte, verschaffte er seiner Kaufmannschaft das alleinige Vertriebsrecht der ägyptischen Waren, insbesondere für Fahrzeuge und Pferde, und zwang die nördlichen Völkerschaften, von seinen Händlern zu kaufen. Soweit er den Transithandel zwischen den Randstaaten nicht auf diese Weise monopolisierte, regte er ihn durch eine Reihe gut ausgebauter Karawanenstraßen mit Rasthäusern an, indem er zugleich davon durch die Erhebung von Binnenzoll seinen Nutzen zog. Das von seinem Vater übernommene Freundschaftsbündnis mit den Phöniziern machte er ebenfalls merkantil fruchtbar. Er beteiligte sich an den phönizischen See-Expeditionen, die bis nach Tartessus im südlichen Spanien führten, während die Phönizier sich an seinen Expeditionen beteiligten, in denen er Schiffe von den Häfen Ezion-Geber und Elat am Meerbusen von Akaba zu den Küstenstädten Arabiens und Indiens, nach dem nicht mehr feststellbaren Goldland Ophir fahren ließ. Tribute der Vasallenstaaten und Ehrengeschenke fremder Fürsten vermehrten das Einströmen von Reichtümern. In Jerusalem residierte ein königlicher Kaufmann.

Dieser wirtschaftliche Aufschwung erfolgte viel zu schnell, als daß die soziale Entwicklung des Volkes damit hätte Schritt halten können. Wohl profitierte davon die städtische Kultur. Sie wurde über Nacht farbig und luxuriös, genußfreudig und verschwenderisch. Es gab so viel Gold im Lande, daß darüber das Silber fast seinen Wert verlor. Es profitierten selbstverständlicherweise davon die Beamten und die Händler. Aber weiter ging es nicht. Die Gegenstände, aus denen der Handelsgewinn kam, wurden nicht im Lande erzeugt (mit Ausnahme von Balsam und Öl). Die Grundlage der Volkswirtschaft war nach wie vor der Landbau. Auf solcher Wirtschaftsverfassung saß der Handelsstand ohne organische Verbindung. Ohne etwas zu vermitteln und auszugleichen, schied er die Bevölkerung scharf in Klassen, die nach Besitz, Lebensweise und Umkreis der Interessen nichts mit einander zu tun hatten. Das Land zerfiel in eine kleine Hauptstadt und eine große Provinz. In der Provinz stöhnt das Volk unter dem nicht nachlassenden Druck von Steuern, härmt es sich um die Zerreißung der Stammeseinheiten, sieht es mit erheblichem Mißtrauen, daß es dem König Schelomo trotz des Tempelbaues mit der Durchsetzung des einheitlichen nationalen Kultes offenbar doch nicht sehr Ernst ist.

Diesen letzten Schluß zogen sie aus der Großzügigkeit, mit der Schelomo allen seinen Frauen und jedem Fremden nicht nur volle Religionsfreiheit ließ, sondern ihnen auch die Errichtung eigener Kultstätten zugestand. Astarte, Moloch und Kemmosch hatten auf den Anhöhen Bildsäulen und Altäre. Schelomos repräsentatives Königtum liebte die kosmopolitische Gebärde. Gegenüber solcher religiösen oder kultischen Toleranz war der Widerstand erheblich. Es war indessen ein Widerstand, der religiöses Bedenken nur zum Vorwande nahm, denn in Wirklichkeit waren auf dem flachen Lande sowohl Jahvestätten wie auch noch Kultstätten der früheren kanaanitischen Lokalgottheiten zu finden. Der tiefere Grund lag darin, daß insbesondere das Gebiet der Zehn-Stämme sich mit dem judäischen Königtum im allgemeinen und der zwar friedvollen, aber überaus drückenden Herrschaft des Schelomo im besonderen nie endgültig abgefunden hatte.

In Silo, dem früheren Standort der Bundeslade, hatte sich noch ein Lewitentum erhalten, das einen prophetenähnlichen Charakter trug. Es hatte keine eigentlichen Funktionen, aber es hatte Einfluß auf das Volk und machte sich darum mit Vorliebe zum Ausdruck von Volksstimmungen. Gegen das Ende der Regierung Schelomos war es der Prophet Ahia aus Silo, der unter Hinweis auf die übermäßige königliche Toleranz den Separatismus der nichtjudäischen Stämme schürte. Er bediente sich dazu der Person Jerobeams. Der ist Ephraimite, zu Beginn seiner Laufbahn so etwas wie Sklavenaufseher, ein Amt, in dem er sich durch Brutalität so auszeichnet, daß Schelomo ihn zum Fronvogt über Ephraim ernennt. In Ahias Händen wird dieser Emporkömmling ein gefügiges Werkzeug des Aufruhrs. Er muß zwar, da Schelomo Befehl zu seiner Beseitigung gibt, flüchten, aber das Signal zur Unruhe ist damit gegeben.

Es gährt im Lande und in den eroberten Provinzen. Schelomos Regiment, zu Anfang energisch, logisch und zielbewußt, hat in den Verlockungen orientalischer Hofhaltung, im Dunst von Bedeutsamkeit und Machtdünkel jede Initiative verloren, die anderem als eben der Existenz als König dient. Die Aramäer wagen ungestraft einen Aufstand. Auch die Edomiter werfen das Joch ab. Sie bekommen Unterstützung von Ägypten, wo nicht mehr Schelomos Schwiegervater herrscht, sondern ein Nachfolger, in dessen Augen die jisraelitische Großmacht nur eine Gefahr darstellt.

Die Drohungen von innen und außen sind zur Katastrophe reif, wie Schelomo im Alter von etwa 60 Jahren stirbt. Mit ihm stirbt auch dieses pompöse Königtum, das keine organische Entwicklung zur Grundlage hatte, sondern nur die übermäßige Ausbeute einer Erbschaft war, die man hätte gestalten müssen, da sie noch nicht reif dafür war, nur genossen zu werden, auch wenn der Genießende mit allen Vorzügen des Geistes und des Körpers – wie Schelomo – ausgestattet war. Die nachschaffende Liebe des Volkes, die Dichtung und Legende hat ihn so gesehen, als habe er in einem Kreise gewirkt, der die schöne, friedliche Welt schlechthin darstellte, und nicht eine Welt, in der Volk wie König, Glaube wie Herrschaft sich erst noch zu bewähren hätten. Die Nachwelt hat seine Möglichkeiten geliebt, nicht seine Wirklichkeiten.

Sonderung

Drei Könige haben über die Gesamtheit der jisraelitischen Stämme geherrscht. Ihre Bedeutung liegt nicht eigentlich in ihren Persönlichkeiten. Sie sind, soweit ihr Wirken in ihrer historischen Zeit in Frage kommt, kaum mehr als Namensträger der einzelnen Zeitabschnitte. Aber jeder von ihnen hat in seiner posthumen Gestaltung sein besonderes Gesicht und seine besondere Bedeutung bekommen, und in diesem Sinne sind sie historische Figuren von großem Format und darüber hinaus fortwirkende historische Energien geworden. An Schaul dem Helden, an Dawid dem Psalmensänger und an Schelomo dem Weisen haben Generationen ihren Lebenswillen erneuert.

Aber die Zeit selbst hat aus dem Königtum keine Energien bezogen. Es hatte nicht einmal so viel Energie, seinen eigenen Bestand zu sichern. Wohl trat nach Schelomos Tod sein Sohn Rehabeam mit aller Selbstverständlichkeit das königliche Amt an, aber er wurde sofort belehrt, daß die erbliche Monarchie für das Gesamt der Stämme keine Selbstverständlichkeit war. Zwar nahmen die Stämme Jehuda und Binjamin ihn als König an, doch mehr aus Treue gegenüber der Dawidischen Dynastie als aus Neigung zu seinen recht mittelmäßigen Qualitäten. Dagegen blieben die Mitte und der Norden des Landes abwartend. Ihre Ältesten versammelten sich in Sichem zur Beratung. Jerobeam, der bei der Nachricht von Schelomos Tod sofort in die Heimat geeilt war, beriet sie dabei.

Es blieb Rehabeam nichts übrig, als auch nach Sichem zu kommen, um die Huldigung der Stämme in Empfang zu nehmen. Sie wurde ihm nicht schlechthin versagt, sondern von Bedingungen abhängig gemacht, die gerecht und billig waren. Sie verlangten Verwaltungsreformen. Es entspinnt sich ein Dialog von unendlicher Aktualität. »Dein Vater hat unser Joch hart gemacht. So erleichtere du deines Vaters harte Arbeit und das schwere Joch, das er uns auferlegt hat. So wollen wir dir dienen.« Nach drei Tagen Bedenkzeit erfolgt die Antwort, vom Größenwahn des Absolutismus diktiert: »Mein Vater hat euer Joch schwer gemacht, aber ich will euer Joch noch schwerer machen. Mein Vater hat euch mit Geißeln gezüchtigt, aber ich will euch mit Skorpionen züchtigen.«

Das Volk tobt. Rehabeam muß fliehen. Die Partie des Absolutisten ist verspielt. Die Ältesten wählen für die Mitte und den Norden des Landes ihren eigenen König: den ehemaligen Sklavenaufseher Jerobeam. Damit zerreißt die Einheit des Reiches. Für zwei Jahrhunderte bestehen fortan zwei Staaten: im Norden das Reich Israel, auch Ephraim oder Samaria genannt, im Süden das Reich Juda.

Rehabeams Versuch, sich die Anerkennung zu erkämpfen, mißlingt. Das Gegeneinander, das Anderssein, das Getrenntsein der beiden Reiche wird in diesen Kämpfen vertieft und bewußter. In kurzer Zeit stehen sich zwei Staaten gegenüber, die in Feindschaft und Freundschaft nicht mehr miteinander zu tun haben als zwei beliebige Staaten, die zufällig aneinander grenzen. Gelegentlich bekämpfen sie einander, gelegentlich schließen sie Bündnisse miteinander, aber sie stehen auf sich und für sich, haben eigene Interessen, treiben eigene Politik und schaffen sich ihr eigenes Schicksal. Diese Schicksale verlaufen in der denkbar größten Gegensätzlichkeit: das Reich Samaria geht unter, verschwindet fast ohne Hinterlassen einer Spur von der Oberfläche der Erde; das Reich Juda wird die Keimzelle einer bis heute unsterblichen Nation.

Um das Schicksal des Reiches Samaria zu erklären, genügt es nicht, darauf hinzuweisen, daß es sich in die damalige internationale Politik eingelassen und folglich das Schicksal der daran beteiligten Völker habe teilen müssen. Der Grund liegt tiefer:

Das besondere religiöse Bewußtsein der Jisraeliten war durchaus intakt geblieben. Alle Angleichung an Sitten, Bräuche, Feste, Kulte und Denkweisen der Umgebung hat den Kern nicht zerstören können, der ihnen einen eigenen Weg der Entwicklung vorschrieb. Im Gegenteil: mit ungewöhnlicher Stoßkraft und Hartnäckigkeit erhebt sich der unbewußte religiöse Trieb zu einer bewußten geistigen Haltung. Sie begreifen immer mehr, daß ihr ganzes religiöses Gefüge, ihre Anschauung von Gott, von der Weltschöpfung, von der Entstehung des Menschen, von seiner sittlichen Verpflichtung im Dasein etwas Besonderes sei, daß es vor allem nach Form und Inhalt eine Existenz verlange, die von der jeder Umgebung grundlegend verschieden sei. Solche Verschiedenheit verträgt auf die

Dauer keine Angleichung. Sie verlangt Sonderung, reinliche Scheidung. Die Tendenz zu dieser Sonderung überstieg gerade in diesen Zeiten die Schwelle des Unterbewußtseins. Sie fing gerade an, eine schöpferische Kraft zu werden. Aber gerade zu dieser Zeit geschahen im Reiche Samaria fortgesetzt Dinge, die diesem Drang entgegengerichtet waren, die darauf abzielten, sich vom Reiche Juda bewußter und sichtbarer abzusondern und sich zugleich den übrigen benachbarten Völkern wachsend anzugleichen. Wohl entstand eine Reaktion, die sich bemühte, die alte Entwicklungslinie fortzusetzen. Aber sie konnte gegenüber der offiziellen Leitung der jisraelitischen Geschicke nichts ausrichten. So verschwanden allmählich die schöpferischen Besonderheiten, die das Volk im Norden von der Umgebung unterschieden. Sie begriffen ihr Schicksal nicht mehr isoliert. Folglich gab es kein Eigenbewußtsein mehr für sie. Die freiwillige, zeugende Sonderung hatte aufgehört und damit auch die besondere Existenzkraft. Die Geschichte des Reiches Samaria besteht für uns nur in den Vorgängen, an denen dieser Gedankengang erkennbar wird.

Gleich im Beginn seiner Regierung fügte Jerobeam zur politischen die religiöse Trennung hinzu. Gegen das Schwergewicht des Tempels in Jerusalem verlieh er zwei Tempeln in Bethel und Dan den Charakter offizieller nationaler Kultstätten. Der Apiskult, den er in Ägypten kennengelernt hatte, fand dort in Stierbildern symbolische Darstellung. Den Unzufriedenen, die sich weder mit der Zentralisation des Gottesdienstes in dem weitab gelegenen Jerusalem noch mit der geläuterten, abstrakten Form des Kultes hatten befreunden können, gab er den privaten Gottesdienst auf Anhöhen, in Hainen oder im Hause frei.

Dieses Zurückführen des Volkes zu seinen halbheidnischen Kulten unterbricht die Entwicklung zum reinen Jahve-Kult. Religiöser Synkretismus ist an sich zwar eine häufige und durchaus nicht auffallende Erscheinung in frühen Stadien religiöser Entwicklung. Aber überwinden kann ihn nur der Wille zur Entscheidung und Ausschließlichkeit. Dieser Wille wurde hier unterbunden, weil der religiösen Haltung das Verpflichtende genommen wurde. Diese Sonderung hat eine andere im Gefolge: ein großer Teil der Lewiten, die den Dienst an den halbheidnischen Kultstätten ablehnen, und viele Laien, die Gegner solcher religiöser Demagogie und Halbheit sind, verlassen das Land und wandern nach dem Reiche Juda aus.

Das Bedürfnis, sich als selbständiger Staat zu behaupten, zwingt zu Auseinandersetzungen mit der Nachbarschaft. So werden Krieg und Politik identische Begriffe. Bedeutung für das Schicksal des Landes hat dabei nicht so sehr der König als vielmehr der Befehlshaber der Truppen. Er ist der eigentliche Träger der Macht. Ihm steht kein geheiligtes

Königtum gegenüber, dem er seine Macht ehrfürchtig und gläubig unterordnet. Der König ist durch Revolte zum Regiment gekommen. So steht ihm die gleiche Möglichkeit offen.

Der erste, der aus solchen Erwägungen die Konsequenz zieht und die Reihe der Königsmörder und militärischen Usurpatoren eröffnet, ist Baasa (Baescha). Er tötet den Sohn Jerobeams und rottet das ganze junge Königshaus aus. Zwanzig Jahre später geschieht seinem Sohne dasselbe Schicksal durch Simri. Gegen ihn ruft das Heer den Feldherrn Omri aus, der zum Begründer einer unheilvollen Dynastie wird (932). Diese Dynastie zieht aus der neuen Entwicklung die Konsequenz. Sie *zwingt* das Volk zur Assimilation. Das seit langem befreundete Phönizien wird Vorbild. Der zweite Omride, Ahab, nimmt die phönizische Prinzessin Isebel zur Frau. Nun wird die Nivellierung systematisch betrieben. Der Kult des Baal und der Astarte wird offiziell eingeführt. In den Tempeln wird phönizischer Gottesdienst abgehalten. Eine Schar phönizischer Priester und Propheten schwärmt über das Land. Phönizier siedeln sich an, vor allem in den Städten. Jeder Widerstand gegen die religiöse Neuordnung wird grausam erstickt. Eine breite Schicht fremden Kultus und fremder Kultur lagert sich über das Land. Neue Sitten bürgern sich ein; neue Lebensformen entstehen aus der Belebung von Handel und Gewerbe; Reichtum, Üppigkeit und Luxus täuschen ein neues Phönizien vor.

In der damaligen Zeit hatten Lebensform und Glaubensform noch ihren tiefen inneren Zusammenhang. Darum ist es gerechtfertigt, Götzendienst und wüstes, zügelloses Leben zu identifizieren. Das taten auch diejenigen, die dieser Entwicklung der Dinge Widerstand entgegensetzten, aktiven und passiven. Der passive Widerstand ist verknüpft mit dem Namen des Jonadab ben Rechab und der nach ihm benannten Richtung der Rechabiten. Sie waren sozialethische Reaktionäre. Gegenüber der gefährlichen Entwicklung, die das Reich Samaria nahm, propagierten sie Schlichtheit der Lebenshaltung, Wohnen in Zeltdörfern, Ablehnung jedes Weingenusses, Verwerfung des Ackerbaus und Rückkehr zur patriarchalischen Haltung des Viehzüchters. Es war mehr ein Kampf gegen die Erscheinung als gegen ihre Gründe. Der dagegen gerichtete Widerstand sammelt sich in einer Persönlichkeit von geheimnisvollem Reiz: dem Propheten Elijahu (Elias). Er erkennt, daß es unter diesen neuen Lebensformen keine Entwicklung gibt, daß dieser religiöse Synkretismus keine Lebensmöglichkeit hat, daß dieser gesteigerte Luxus der Städte ein Verfallselement ist. Mit aller Leidenschaft erstrebt er die Vernichtung dieser Übelstände. Wie ein Sturm rast er durch das Land, predigt, rüttelt auf, droht, warnt, und ist wieder wie ein Sturm verschwunden, der Wüste zu, um von dort unversehens wieder zu neuem stoßweisen

Wirken hervorzubrechen. Seine Losung umreißt zugleich seinen Charakter wie seine Idee: »Gott mit ganzer Kraft wie ein Sklave seinem Herrn dienen.« Er hat Anhänger, die sein asketisches, bedürfnisloses Dasein zum Muster nehmen und die Sekte der Nasiräer bilden. Er erwählt sich, ehe er vom Schauplatz abtritt und spurlos verschwindet, in einem schlichten, großen Symbol seinen Nachfolger Elisa (Elischa). Er hinterläßt in ihm und den Nasiräern eine unfaßbare, unterirdische, sehr wirksame Organisation, die an dem Sturz der Dynastie Omri entscheidenden Anteil hat.

Unter dem letzten Omriden Jehoram ist die von Elijahu und Elischa gestreute Saat so weit gereift, daß ein neuer Feldherr und Usurpator sich als Anwärter auf den Thron präsentieren kann: Jehu. Wie seine Vorgänger rottet er die Mitglieder der Dynastie Omri aus. Er will sich der Prophetenpartei, die seine Ausrufung vorbereitet hatte, und insbesondere ihrem Führer Elischa erkenntlich zeigen.

Darum hebt er den Baalkult auf und veranstaltet unter den Baalspriestern ein grauenhaftes Morden. Damit verschwindet zugleich Phönizien von der Bildfläche des Reiches Samaria. Aber dieser an sich höchst wichtige Umstand vermag keine Wirkung mehr zu erzielen. Aus einem durch zahllose Kriege und ständige innere Wirren ausgeplünderten Volke sind geistige Erneuerungen nicht mehr durch Reformen von außen zu erwarten. Die einzige Blüte, die dieses in seiner Entwicklung gehemmte Volk noch aufbringen kann, ist das Nasiräertum, dieser passive, durch die Lebensführung bekundete Protest gegen das, was tief im Inneren als fremd, feindselig und abträglich empfunden wird. Auch daß einer der Jehuiden, Jerobeam II., das Land noch einmal zu einer Großmacht erhob, die ihr Herrschaftsgebiet vom Euphrat bis zum Toten Meer ausdehnte, blieb ohne Belang und Folge. Um so krasser trat im Inneren nur in Erscheinung, daß dieses Reich sich in nichts mehr von anderen orientalischen oder vorderasiatischen Reichen unterschied, weder in der Kultform noch in der Kultur, weder in seiner Politik noch in seinem sittlichen Denken. Das Korrelat dieser letzten politischen Blüte war das hemmungslose Aufbrechen einer fieberhaften, übersteigerten Genußsucht, die Aufdeckung tief eingerissener sozialer Ungerechtigkeiten und die endgültige Lähmung jeder Widerstandskraft. Geld- und Getreidewucher, Schuldknechtschaft, Bestechlichkeit der Richter und Sittenlosigkeit der Priester sind an der Tagesordnung. Es gibt keine klare Orientierung mehr, weder zu Gott noch zur Welt hin. Es gibt nur noch den letzten grandiosen Protest gegen diese, dem Untergang geweihte Existenzform in den Erscheinungen der beiden Propheten Amos und Hosea. Über sie wird später zu sprechen sein. Ihre Wirkung in der Zeit konnte nur darin bestehen, den Rest derer, die nicht untergehen wollten, auf eine Rettungsmöglichkeit hinzuweisen.

Im übrigen vollzog sich das politische Schicksal unaufhaltsam. Während schon der Nachfolger Jerobeams II. seinen Königsmörder findet, und dieser wieder den seinigen, Menahem, tritt die Macht auf, deren Wachstum die Einsichtigen und die Propheten längst mit Sorge beobachtet hatten: Assyrien. Es war eine seelenlose Macht, eine Macht der Masse, der Eroberungen, deren wesentliche Hinterlassenschaft Inschriften mit prahlerischer Aufzählung zerstörter Städte, geraubter Werte und erschlagener und gefangener Menschen sind. Ihr Expansionsdrang entlädt sich nach Süden mit dem Ziel auf die andere Großmacht, Ägypten, und auf die Mittelmeerküste. Babylonien, Mesopotamien und der größte Teil Syriens werden unterworfen. Der Usurpator Menahem bietet freiwillig Geld und Untertanenschaft an, wenn der assyrische König Tiglat-Pileser ihn nur verschonen und ihn in seinem angemaßten Amt bestätigen will. Es ist der Beginn der Auflösung.

Während in Samaria ein Königsmörder den anderen ablöst, glauben sie noch hohe Politik spielen zu dürfen. Pekach beteiligt sich an einem Bündnis Damaskus-Tyrus-Sidon gegen die Großmacht Ninive. Jetzt schlägt Tiglat-Pileser zu. Die aramäischen Fürstentümer werden überrannt. Galiläa und ganz Gilead werden zu Damaskus geschlagen. Samaria verliert damit die Hälfte seines Gebietes und zugleich die Hälfte seiner Bevölkerung. Sie wird in die Gefangenschaft geführt und irgendwo angesiedelt, verstreut, der Auflösung und dem Untergang preisgegeben. Ein kleiner Vasallenstaat bleibt zurück, angefüllt mit Untergangsstimmung, wild aufgerissen von Morden, Lastern, Verzweiflungen. Sie versuchen einen letzten Widerstand, knüpfen heimliche Beziehungen zu Ägypten an, kündigen den Tribut. Von ihrem erhofften Bundesgenossen im Stich gelassen, trifft Salmanassars V. Angriff sie tödlich. Nur die Hauptstadt Samaria kann sich noch drei Jahre gegen eine Belagerung halten (721–719). Dann wird sie von Sargon eingenommen. Von neuem werden Tausende in die Gefangenschaft gebracht. In den entvölkerten Städten werden Assyrer, Babylonier und Aramäer angesiedelt. Ein geringer Teil Bauern bleibt unter einem Statthalter zurück. Nach einem Jahr, nach einem neuen Aufstandsversuch, werden auch sie verschleppt. Der Rest flüchtet in das Reich Juda.

Sie hatten seit Jahrhunderten in einer Situation gelebt, die Entscheidung verlangte. Dieser Entscheidung waren sie ausgewichen. Damit hörte ihre innere Existenzberechtigung als Sondervolk auf. Das Schicksal sandte ihnen einen Vollstrecker, der sie wieder zu ihrem Ausgangsland zurückführte. Als Kern von dort herausgegangen, kehrten sie zurück als Einsprengsel, als Staub, der nicht mehr nachweisbar ist; so wie im Wirken der Natur der élan vital den mißlungenen Versuch sich selbst und dem Untergang überläßt. So fremd waren diese Menschen einer abgesonderten Entwicklung ihren Stammesbrüdern im Süden schon geworden, daß die Chronik von ihrem Untergang nur kurze, sachliche Notiz nimmt, ohne Klagelied, ohne Heldenepos und ohne Teilnahme.

Der Rest Israels

Während der Norden des Landes sich einer tumultuarischen Entwicklung im Inneren und nach außen überläßt, geht das Leben im Süden, im Reiche Juda, einen ruhigeren, trägeren, stabileren Gang. Zwar fehlt es auch da nicht an Erschütterungen, aber sie dienen einem Aufbau, weil sie von anderen Kräften als im Norden getragen werden.

Die politische Potenz dieses restlichen Reiches ist gering. Es verliert sogar seinen Ausgang zum Roten Meer. Schiffahrt und Binnenhandel, zwei Hauptquellen seines kurzen, übermäßigen Reichtums, entfallen damit. Grundlage der wirtschaftlichen Existenz wird wieder der Ackerbau. Diese wirtschaftliche Verengung geht mit der politischen Hand in Hand. Es ist kein Blick mehr da für die Orientierung in der Umwelt. Selbst Samaria wird abwechselnd bekämpft und abwechselnd zum Bundesgenossen erwählt. Immerhin dient diese politische Belanglosigkeit dazu, daß dem Reiche größere Kriege und damit größere Kraftverluste erspart bleiben. Es entzieht sich auch der Auseinandersetzung mit dem mächtigen Assyrien, und zwar in einer Art, die seiner Machtlosigkeit entspricht. Der König Ahas bietet Tiglat-Pileser die Vasallenschaft an, wenn er ihn von seinen Feinden, der antiassyrischen Koalition des Nordens befreit. Die politische Selbständigkeit Judas ist damit bis auf weiteres erledigt.

Dem entsprach durchaus, daß auch das Königtum in Juda nicht mehr die absolute Führerschaft besaß, sondern seine Autorität von Adel, Priesterschaft und Prophetentum beschränken lassen mußte. Diese drei Gruppen sind jede für sich das Ergebnis einer logischen und organischen

Entwicklung. Der Adel, die »Fürsten Judas«, erwachsen aus dem Übergang patriarchalischer Führerfamilien zu Besitzenden, zu königlichen Beamten, zu Richtern, zur anmaßenden Clique mit eigenen Interessen, die sich um jeden Preis bereichern will und das Königtum nur insoweit respektiert, als es seinen privaten Zielen nicht im Wege steht. Zusammen mit den jeweiligen Verwandten des Königs sind in Wirklichkeit sie es, die sowohl gegenüber dem Volk nach Belieben schalten und walten, als auch die auswärtige Politik jeweils inspirieren.

Die zweite Gruppe, die Priesterschaft, begründet sich selbst historisch durch ihre Ableitung von Aaron, dem Bruder des Mosche. Seit der König Schelomo den Zadok zum Oberpriester eingesetzt hat, ist das Amt in dieser Familie erblich. Es stellt einen Rang dar, der die Position des Königs sehr oft einengt und zuweilen bestimmt. In einer höchst kritischen Situation ist die Fortexistenz der Dawidischen Dynastie überhaupt dem Eingreifen der Priesterschaft zu verdanken. Als im Reiche Samaria die Dynastie Omri durch Jehu vernichtet wurde, fiel dem Massenmorden auch der König Ahasja von Juda zum Opfer. Dessen Mutter, Atalia, Tochter der phönizischen Isebel, rächte sich, indem sie das ganze Dawidische Königsgeschlecht töten ließ. Nur ihr Enkel Joasch wurde von dem Oberpriester Jojada gerettet, heimlich im Tempel erzogen und von ihm mit Hilfe des Heeres später zum König gemacht. Solches Verdienst um die Erhaltung der Dynastie stellt die Priesterschaft fortab gebührend in den Vordergrund. Darüber hinaus wahrt sie auch eifersüchtig die Unantastbarkeit und die Ausschließlichkeit ihrer Position. Sie ist ihr zuweilen wichtiger als die Reinheit und die Ausschließlichkeit der Idee, die sie zu verwalten hat. Als der König Ahas, der freiwillige Vasall Tiglat-Pilesers, in devoter Nachahmungssucht die Aufstellung eines assyrischen Altars im Tempel wünscht, findet er bei dem Oberpriester keinerlei Widerstand. Die Idee des Priestertums war noch nicht zu Ende gewachsen.

Es ist dabei zu betonen, daß das, was wir jüdische Idee oder jüdisches Wesen oder jüdische Weltanschauung nennen wollen, noch im Ringen sowohl um die Form wie um den Inhalt lag. Die Form, soweit sie im Kult ihren Ausdruck findet, war im Tempel zu Jerusalem nur offiziell, aber nicht ausschließlich zentralisiert. Noch bestanden Kultstätten auf den Höhen, noch vollzog sich der Ritus vielfach in entlehnten Formen, und noch war es mehr als einmal möglich, daß von Seiten der Regierenden völlig fremde Kulte in Juda eingeführt werden konnten. Aber es ist für die Zustände im judäischen Reich kennzeichnend, daß – im Gegensatz zu Samaria – immer Reaktionen einsetzen, die teils vom Königtum ausgehen, teils von der Priesterschaft und teils von den Propheten. Fast erschöpft sich die Geschichtschreibung dieser Zeit in dem Anmerken solcher

Vorgänge, die in der religiösen Sprache als »Abtrünnigkeit« und als »Rückkehr« bezeichnet werden. Das hat einen tiefen Sinn. Noch decken sich für den äußeren Schein Kult und Weltanschauung, Brauch und Religionsgesetz, Form und Inhalt. Und doch beleben sich schon die Kräfte, die hier einen Unterschied machen wollen, die zwischen Ritus und Gesinnung, zwischen formalem Gottesdienst und sittlicher Haltung die Kluft sehen.

Es geschieht jetzt ein Doppeltes: der alte, halb vergessene religiöse Bestand wird wieder lebendiggemacht, und der neu erworbene Bestand wird in grandioser Umdeutung der israelitischen Zentralidee angepaßt.

Vermutlich zur Zeit des Oberpriesters Jojada werden die Lewiten angewiesen, das Land zu durchziehen und das Volk mit Inhalt und Bestand seiner nationalreligiösen Überlieferung bekannt zu machen. Das breite Volk wußte kaum noch etwas davon. Die Existenz der biblischen Bücher, soweit sie damals schon abgefaßt oder angelegt waren, war ihnen überhaupt unbekannt. Andere hatten dieses geistige Gut für sie wie eine Erbschaft verwaltet: die Lewiten und die Priester. Jetzt profitierte das Reich Juda von dem, um was Samaria zu allem Anfang verarmt war: von dem Zustrom der Traditionshüter, der Lewiten. Sie – und neben ihnen die Propheten – sind es, die das in der Zwischenzeit angesammelte geistige Gut zu einer besonderen Formung treiben. Sie schaffen dabei nichts grundsätzlich Neues. Sie nehmen die Überlieferung und das, was sie an Möglichkeiten im Volke vorfinden, und zwingen es zu einer Konsequenz, die das jüdische Antlitz und die jüdische Seele geprägt hat. Alles war vorhanden, aber alles war im Chaos. Der Norden fand nicht die Kraft, es zu ordnen. Der Süden hat es getan. Gerade der Umstand, daß gleichzeitig im Norden wie im Süden die zur geistigen Führerschaft Berufenen die gleichen Versuche unternahmen, beweist, daß es sich nicht um irgendwelche priesterliche oder prophetische Konstruktion handelte, sondern nur um das Herausbilden, um die Kraft, aus einem Zustand Folgerungen von zeitloser Tragweite zu ziehen.

Gewiß: man diente dem einmal erkannten Gotte. Baal war verschwunden. Aber seine Formen lebten noch, und der in ihnen angerufene Gott war noch Gott gerade des Stammes, der ihm diente. Aber ihre religiöse Art, zu denken, wird auf die Dauer von einem solchen separatistischen Gotte nicht befriedigt. Wenn es schon eine Macht außerhalb der Erde und außerhalb menschlicher Einflußnahme gab, dann konnte es nur die letzte, die äußerste, die höchste sein; dann ging es nicht um *eine* Macht, um *einen* Gott, sondern um *die* Macht, um *den* Gott. Eine solche Denkart mußte aber notwendig zu der Erkenntnis führen, daß ihr Gott nicht Gott eines Stammes oder eines Volkes, sondern Gott der Welt, des Universums sei. Und während sie ihn, wenn auch nicht in seinem Bilde, so doch in einem

Symbol noch hier und dort darstellten, begriffen sie fortschreitend, daß die Summe aller Machtvollkommenheiten, das ganz und gar Unirdische, sich überhaupt nicht mit der kleinen Technik des Irdischen darstellen, daß es sich vielmehr nur glauben, fühlen, ahnen oder denken lasse. So näherten sie sich dem Prinzip Gott als einer Einheit, einer Universalität und einer nicht darstellbaren Unfaßlichkeit.

Diese Ideenentwicklung bleibt nun keineswegs abstrakt, sondern sie konkretisiert sich sowohl in einem schriftlichen Niederschlag wie auch in ihrer praktischen Auswirkung.

Der schriftliche Niederschlag liegt vor in dem Buche »Reden«, Deuteronomium, dem fünften Buche des Pentateuch. In der Zeit der Sonderung der beiden Reiche hat es seine Herausbildung erfahren, wenn es auch erst später in seiner endgültigen Gestalt der Öffentlichkeit übergeben wurde. Je größer die Gefahr einer Angleichung an die Umgebung wurde, desto lebendiger entfaltete sich – mit dem bewußten Zwecke, das Volk zu erziehen und die religiöse Idee zu steigern – das jüdische Schrifttum. Schon unter Dawid und Schelomo haben die ältesten Bestandteile der Bibel ihre Abfassung erfahren. In der Zeit der Sonderung werden unter dem Einfluß der Propheten die alten Stammessagen gesammelt, belebt, erweitert und umgedeutet, aber nicht mehr willkürlich, nicht nur zu dem Zwecke, Material zu häufen, sondern es insgesamt als repräsentativ für die Idee hinzustellen. Da dies in beiden Reichen geschieht, kommen – bei aller Wahrung des zentralen Gedankens – doch verschiedene Fassungen zustande. So sind bei der späteren Zusammenlegung dieser verschiedenen Fassungen zwei Schöpfungsgeschichten nebeneinandergeraten, eine kosmogonische, die aus dem Chaos in organischem Aufstieg Erde, Pflanze, Tier und Mensch entstehen läßt, und eine geozentrische, in der der Mensch aus dem Staub gebildet wird und in der nach ihm Tiere und Pflanzen entstehen. Auch sonst ergeben die Verschiedenheit des Entstehungsortes und die Verschiedenheit der Tendenz, die der Redaktor aus erzieherischen Gründen befolgen mußte, Abweichungen in dem Bericht von Vorgängen und in der Auswertung von Vorschriften. Diese Entdeckung hat Kritikern zu absonderlichsten Erkenntnissen Anlaß gegeben. Wir brauchen uns damit nicht zu befassen. Es liegen hier nur entwicklungsgeschichtliche Niederschläge vor, die aus Zeit und Anlaß der Entstehung zu begreifen sind und die sich einer tendenziösen polemischen Auswertung entziehen.

Die praktische Auswertung dieses Schrifttums und der Kenntnis, die dem Volke davon vermittelt wird, greift ganz tief in das Dasein der Menschen hinein. Was sie an Sitten und Gebräuchen halten, was sie an Kulten und Riten vollziehen, wird ihnen nicht nur aus der Sphäre der trägen Gewohnheit gerückt, sondern es wird ihnen eindringlich vorgeführt als der notwendige Ausdruck einer Lebenshaltung, einer seelischen und sittlichen Existenz. Die Bräuche, die Sitten, die Kulte, die Lieder, Sagen, Erinnerungen und Feste werden zusammengeschweißt und ergeben anstelle eines Konglomerats eine Weltanschauung. Bisher trieben sie Dinge von einem Tag zum anderen. Jetzt lernen sie: es geschieht nichts ohne Zusammenhang mit einer höheren sittlichen Idee. Geschehen im Leben des Einzelnen und Geschehen im Leben der Gemeinschaften sind nicht zufällig. Es manifestiert sich darin ein ethischer Gedanke oder Gott oder kosmisches Gesetz oder wie man es nennen will. Sie beginnen, den Ablauf der geschichtlichen Ereignisse sinnvoll zu begreifen. Als der Norden, unwillig und unfähig zu dieser inneren Umstellung, vom Erdboden verschwand, als das Gesetz der jüdischen Geschichte von neuem das Prinzip der Auslese über sie verhängte, begriffen die Übriggebliebenen, der »Rest Israels« etwas Ungewöhnliches: es ist nicht wahr, daß Gott mit den stärkeren Bataillonen ist. Aber zuweilen bedient er sich der stärkeren Betaillone, damit die Menschen die innere Aufmerksamkeit nicht vergessen.

So ist das Geschehen, das sich bis zum Untergang Samarias im Reiche Juda vollzog, im wesentlichen ein inneres. Die äußeren Vorgänge haben nichts Bleibendes gestaltet, was den heutigen Menschen noch anginge. Aber es sind Ideen geschaffen worden, die das Gesicht der Erde verändert haben. Diese Ideen waren so mächtig, daß sie sich ihre eigene Repräsentanz erzwangen: die Propheten, dieses geistige Reservat der judäischen Rasse.

Prophetie

Prophetie ist Ahnung, Erkenntnis und Schau dessen, was der Mensch an sittlicher Verpflichtung gegenüber dieser und jener Welt, gegen Gott und Kreatur, in seinem irdischen Dasein leben und verwirklichen soll. Diese Vorausschau kommt aus dem hellsichtigen religiösen Wissen um das, was die Verwerfung der sittlichen Verpflichtungen im Gefolge haben kann und wird. Zu solchem visionären Wissen muß ein innerer Anlaß empfunden werden. Stumpfe Zeiten empfinden ihn nicht. Die jüdischen Propheten empfanden ihn durch Jahrhunderte mit immer neuen Impulsen. Das macht sie einmalig.

Prophetie ist also ein Doppeltes, enthält ein religiöses und ein irdisches Element. Es gibt keine Religion ohne Erde. Es gibt nichts in der Sphäre des Religiösen, was es nicht in der Sphäre des Außerreligiösen auch gäbe. Sonst wäre das Religiöse nur fiktiv und nicht real. Es muß, wenn von Religion gesprochen wird, immer das ganze Leben einbezogen werden. Alles andere ist Haltung der Furcht, der Erlebnisunfähigkeit oder der Unwahrheit. Mag sein, daß die Erfüllung von Dasein und Schicksal erst im Himmel gegeben wird. Aber die Erde ist der Ort des lebendigen Menschen. Es nützt kein Himmel ohne Erde.

Die Propheten sind zugleich eine historische und eine zeitlose Erscheinung. Erkennt man an, wie wir den Begriff der Prophetie zu definieren versuchten, dann muß Prophetie zu jeder Zeit und in jedem Volke möglich sein. Es ist nicht unser Amt, zu erklären, warum die christliche Welt in ihrem eigenen Umkreis eine schöpferische Prophetie unterdrücken mußte. Grundstimmungen, die eine Grundlage für das Auftreten prophetischer Gemüter hätten geben können, sind in der Geschichte zahlreich nachweisbar.

Auch schon vor dem Auftreten der jüdischen Propheten hat es eine Prophetie gegeben. In allen semitischen Sprachen findet sich das Wort Nabi, Verkünder. Es sind Menschen aus einer Umwelt, die in viel näheren, nackteren Beziehungen zur Natur in ihrem sinnlichen und übersinnlichen Gehalt stehen, Hellsichtige, Ahnungsfähige, die die Empfängniskraft haben, das mystische Erlebnis über sich zusammenschlagen zu lassen und aus der religiösen Erschütterung Kunde und Zeugnis abzulegen. Aber während bei den anderen Völkern die Prophetie allmählich zum Handwerk einer Priestergilde herabsinkt und daher eines Tages ganz zur Erstarrung und zum Erlöschen kommt, wächst im Kreis der jisraelitischen und judäischen Kultur die Prophetie nach den Möglichkeiten ihrer Vertreter, nach ihrem Ausdruck und nach ihrem Gehalt. Die Prophetie ist hier an kein Amt gebunden. Die Propheten bilden eine Gruppe ohne religiöse und soziale Abgrenzung. Sie haben kein Vorrecht von Stand oder Geburt. Von den meisten weiß man kaum mehr als den Ort ihrer Herkunft und ihren bürgerlichen Beruf: Ackerbauer, Viehzüchter. Sie kommen aus dem Dunkel und verschwinden im Dunkel. Ihre Person ist nichts, ihr Amt alles. Auch die Umwelt begreift sie nur auf diese Weise. Bei der Niederschrift oder der Übermittlung ihrer Reden wurde der Inhalt, nicht der Urheber vor allem respektiert. Darum sind in den Niederschriften Aussprüche verschiedener Herkunft unbedenklich nebeneinandergestellt und zusammengeworfen, darunter sicher auch Aussprüche von Propheten, die man als Personen und Namen nicht mehr kennt.

Da das Zeitlich-Irdische und das Überzeitlich-Religiöse Elemente der Prophetie sind, versteht es sich, daß die einzelnen Propheten je nach Ort und Zeit ihres Auftretens verschieden sind, verschieden reden und wirken. Bei der Fülle des Gemeinsamen kann man dennoch von einer Entwicklung der Prophetie reden, wenn auch nur in dem Sinne, daß ihre Größe mit der Not und dem Bedürfnis einer Zeit wuchs.

Die Prophetie einer Debora ist noch schlicht, primitiv und erschöpft sich in dem Wunsch nach Einheit des Volkes in der Theokratie. Schemuéls Prophetie ist mehrschichtig. Er ist Wahrsager, Ekstatiker und zugleich leidenschaftlicher Vertreter der Gottespolitik. Als unscharfe Figuren tauchen (unter Dawid) Nathan und Gad auf, etwas klarer in seiner politischen Wirksamkeit Ahia aus Silo (unter Schelomo). Elijahu ist der Mann, den das Volk Wunder tun läßt, der in der Legende so untergeht wie fortlebt und doch schon mit Ziel und Programm wirkt: für schlichtes, nasiräisches Dasein, gegen despotisches Königtum und für Reinheit der kultischen Idee. Sein Nachfolger Elischa komprimiert das alles zu einer politischen Zielsetzung: Beseitigung der Dynastie Omri. Die Herausbildung des großen Formats geschieht dann im achten Jahrhundert mit Amos und Hosea in Samaria und mit Jesaja und Micha in Juda.

Alle Propheten gehen von der gleichen Grundidee aus, von der Idealität der Beziehungen zwischen Diesseits und Jenseits, zwischen dem realen Dasein und seinem Sinn, zwischen Existenz und Sinngebung der Existenz. Sie erkennen, daß der nur vegetative Ablauf eines Daseins eine des Menschen unwürdige Haltung ist. Sie erkennen weiter, daß auch da, wo der Versuch gemacht wird, das Da-Sein durch das Begreifen eines Göttlichen wesentlich zu machen, immer der ewige Widerspruch klafft zwischen plattem Dasein und einem Leben aus der Tiefe des Menschlichen. Es ist ihr unsterbliches Verdienst, das Bewußtsein für diese Differenz geweckt und am Leben erhalten zu haben.

Strebt schon der Mensch, seiner Menschenwürde bewußt geworden, über sich und seinen täglich begrenzten Kreis hinaus, so kann er als das Unbegrenzte, Nicht-Tägliche, Nicht-Irdische nur das Umfassendste begreifen: Gott in seiner Universalität. Das ist die eine Kernidee des Prophetismus. Die andere: wenn ein universaler Gott das Regulativ des Lebens ist, so kann es nur sein, daß er die *Gesamtheit* aller Lebensverhältnisse und aller Lebensformen ordnet; ordnet nach einer Idee, die nicht Zweckmäßigkeit und nicht Nützlichkeit sein kann, sondern das Übergeordnete: Sittlichkeit. So ist die zweite Zentralidee die des ethischen Monotheismus.

Indem sie das Leben in allen seinen Äußerungsformen, in Kult, in Wirtschaft und in Politik diesen Zentralideen unterordnen, stellen sie an jedes dieser Gebiete entscheidende Forderungen. Sie verlangen vom Kult, daß er sich aller heidnischen Formen enthalte. Das ist mehr als die Ziehung einer nur äußeren Trennungslinie zwischen dem eigenen Volke und der Umgebung. Wiederholt ist betont, wie sehr Kult in frühen Stadien religiöser Entwicklung zugleich Inhalt bedeutet, wie sehr Kult Träger von Sinn und Weltanschauung sein kann. Der Sinn der fremden Kulte erschöpfte sich in allen Formen magisch wertbarer Vorgänge, in vielen Abstufungen der Beschwörung. Die Propheten wollten aber im Kult nicht die Magie, sondern das Sakrament. In der Magie wird die Gottheit beschworen, angerufen, angefleht, wird ihr geschmeichelt und verhalten gedroht, wird die magische Handlung eingesetzt mit dem Anspruch, daß darauf eine Erfüllung, eine Belohnung folge. Der Kranke, der betet, erwartet und verlangt die Heilung. Der Mensch, der ein Opfer bringt, will dafür ein vorteilhaftes Geschick eintauschen, erkaufen, ermarkten. Aber der, dem Gebet und Opfer sakramentale Natur darstellen, setzt sich in unmittelbare Beziehung zu Gott, bringt sich selber dar, schließt sich auf für das Geschehen von etwas, was noch nicht geschehen ist und was ihm widerfahren wird infolge seiner Darbringung. Alles Opfer, zur kultischen Handlung erstarrt, stellt das dar, was in der Sprache der Propheten »Lippendienst« heißt. Darum rennen sie gegen den Opferkult überhaupt an. Sie geben die Losung aus: nicht Opfer, sondern Gesinnung. Das ruft der Prophet dem Volke zu: »Eure Neumonde hasse ich, verachte eure Feste und kann eure Feiertage nicht riechen. Eure Gabe nehme ich nicht gnädig auf und die Mahlopfer von euren Mastkälbern sehe ich nicht an. Hinweg von mir mit diesem Geplärre eurer Lieder; das Rauschen eurer Harfen mag ich nicht hören! Möge vielmehr Recht sprudeln wie Wasser und Gerechtigkeit wie ein nimmer versiegender Bach.«

Aus dieser Einstellung ist begreiflich, daß auch zwischen Prophetentum und Priesterschaft eine aus den geistigen Tiefen begründete Spannung herrschen mußte und daß die Propheten den Priestern das Recht der Unterweisung des Volkes streitig machten. Der Priester ist mit seiner Funktion an den Kult gebunden. Er kann nicht unterscheiden, mit welcher inneren Gesinnung ein Mensch zu ihm kommt, der ein Opfer darbringen will. Er muß so oder so das Opfer vollstrecken, auch das magisch gemeinte. Aber die Propheten machen es sich zur Aufgabe, auf die innere Einstellung des Opfernden und des religiösen Menschen überhaupt zu wirken. Sie erstreben die Überwindung des Ritus durch die Idee. In diese Tendenz gehört auch die Einbeziehung der alten Volksbräuche in den höheren Sinn, ihr Umdenken und Umdeuten, das Versehen mit neuen Erlebnisinhalten. Von hier aus werden die Feste, die einst nichts anderes waren als ländliche Feiertage, zu religiös-nationalen Gedenktagen, werden die Amulette und Schutzmittel zu verpflichtenden Symbolen, wird der Sabbat zu einem Feiertag der Seele inmitten des Gleichmaßes der Arbeit.

Aber alle Umdeutung von Festen und Symbolen hätte nichts genützt, wenn die Propheten nicht imstande gewesen wären, dafür den einheitlichen inneren Grund verständlich zu machen. Sie gehen zurück auf das schon zu Beginn der historisch-religiösen Entwicklung geschlossene Bündnis zwischen den Menschen und ihrem Gott. Wenn sie nun diesen Gott als universal darstellen, als aller Welt, allen Völkern gemeinsam, so müßte damit eigentlich die Auserwähltheitsidee des jüdischen Volkes hinfällig werden. Das Gegenteil ist der Fall. Auf die kürzeste Formel bringt es Amos. »Euch allein habe ich auserwählt aus allen Gemeinschaften der Erde, darum werde ich *alle* eure Verfehlungen an euch heimsuchen.« Hier steht das Gegengewicht, hier ist die Noblesse oblige der Auserwähltheit mit äußerster Schärfe betont; und die Propheten unterlassen nichts an Hinweisen, um an jedem Tun des einzelnen Menschen wie der Gemeinschaften die Wirkung dieser Maxime zu demonstrieren. Nichts, was einer tut, ist indifferent, ist gleichgültig im Sinne von Gut oder Böse. Alles ist unlösbar verknüpft mit einer sittlichen Ordnung oder mit Gott oder der Gerechtigkeit (oder was man dafür sagen will). Darum ist auch alles historische Geschehen jenseits vom Zufall. Es trägt seinen Sinn in sich. Es bedeutet etwas; vor allem bedeutet es das, daß der Mensch seinen Ablauf bestimmen und gestalten kann durch seine innere Einstellung, durch seine innere Haltung. Die Geschicke der Welt sind so gut oder so böse wie die Gesinnung seiner Menschen. Das ist bis heute wahr geblieben.

Indem die Propheten das Volk mit solchen Ideen durchsetzen, bewirken sie dieses: an die Stelle der panischen Einordnung in ein gegebenes und übernommenes Weltbild tritt die gefügte Weltanschauung. Die Juden werden so das erste Volk, das sein Schicksal nicht unter dem Gesichtspunkt nationaler Geltung, sondern unter dem Gesichtspunkt der sittlichen Harmonie erlebt.

Das im sittlichen Sinne Unharmonische ergreifen und verurteilen sie, wo sie es finden: im alltäglichen Leben des Einzelnen wie im Leben der Gemeinschaft, im sozialen Tun wie in der Politik. Es ist nur konsequent, daß sie, die Gläubigen eines universalen Gottes, auch über das Geschick *fremder* Völker ihr vorausschauendes Urteil abgeben. Dazu sind sie berechtigt. Sie nehmen ja auch die anderen Völker von den Segnungen eines harmonischen Daseins nicht aus. »Ich werde meinen Geist über alle Kreatur ausgießen.« Die Propheten gehen damit hinaus über jede nationale Grenze. Wenn sie, vor nunmehr zweieinhalb Jahrtausenden, aus tiefster Gläubigkeit »am Ende der Tage« den allgemeinen Frieden auf der Welt erschauen, so erschauen sie ihn für die ganze Welt und für alle Völker. »Und es wird sein am Ende der Tage . . . daß sie zerschlagen ihre Schwerter zu Pflugscharen und ihre Speere zu Winzermessern. Ein Volk wird nimmer gegen das andere das Schwert erheben, und sie werden nicht mehr den Krieg erlernen.« (Jesaja 2, 1.)

Weil sie in historischen Vorgängen den sittlichen Gehalt erkennen, haben sie auch die Fähigkeit zu politischer Schau. Sie haben sie, wenn auch nicht immer mit Erfolg, so doch mit hartnäckiger Unablässigkeit betätigt. Es kommt nicht darauf an, daß alles, was sie geweissagt haben, in Erfüllung gegangen sei. Es kommt einzig darauf an, daß sie der konsequente und lebenswahre Ausdruck dessen waren, was im Volke an Ideen und Idealen noch unsterblich lebte. Sie sind nicht das Orakel des Volkes, sondern ihr innerstes, brennendes Bemühen. Kein Volk erzeugt ein ganzes Geschlecht von Ekstatikern anders als aus seiner Begabung für die Ekstase. Diese jüdische Ekstase ist kein wirkliches Tun, sondern ein Erdulden, ein Ertragenmüssen. Keiner von ihnen *will* Prophet sein. Jeder *muß* es sein. »Es« spricht in ihnen. Es ist ihnen nicht vergönnt, zu schweigen. Sie leiden unsäglich unter dem, was sie ihrem Volke androhen müssen. Sie schließen entsetzt die Augen vor dem, was ihre Hellsichtigkeit sie zu verkünden zwingt. Aber sie sind – in einem viel höheren Maße und Grade als die »Richter« – Funktionäre der Theokratie. Ob sie wirken wollen oder nicht, steht nicht mehr in ihrem freien Entschluß. Sie sind berufen. Sie gehorchen. Sonst immer liegt die wahre Kraft im Tun. Hier liegt sie im Nachgeben. Jahrhunderte nach ihnen konnten noch von dieser Kraft zehren. Jahrhunderte haben in dieser Kraft eine Manifestation des Göttlichen erkannt und haben den Verkündigungen der Propheten das Gewicht von Offenbarungen eingeräumt. Noch heute nimmt das Christentum zur Begründung seiner Existenzberechtigung die jüdische Prophetie für sich in Anspruch. Wenn es um den wahren Sinn dieses prophetischen Bemühens geht, darf jeder Mensch und jede Gemeinschaft sie für sich beanspruchen.

In der damaligen Gegenwart erschöpfte sich ein großer Teil ihrer Tätigkeit in der Bekämpfung sozialer Ungerechtigkeiten. Sie tun es so oft und so hart, daß man meinen könnte, eine derartig ungerechte Gemeinschaft habe es nie und nirgends wieder auf der Welt gegeben. Dem ist nicht so. Es gab soziales Unrecht, wie überall, wo sich ein Adel entwickelt, der sich Macht anmaßt, wie überall, wo über einer mühselig arbeitenden Bauernschaft sich zu schnell ein Stand von reichen Händlern entwickelt, wie überall, wo die städtische Kultur sich hemmungslos ausleben will und in der Wahl ihrer Mittel unbedenklich ist. Es gab die soziale Ungleichheit, die mit solchen Vorgängen verbunden ist, aber nicht – wie beispielsweise in Rom – mit einer gesetzlichen Sanktionierung. Es gab im jüdischen Recht keine gesetzlich sanktionierte Ungleichheit und folglich auch kein zu rechtfertigendes Unrecht. Es konnte nie einer seine Verfehlung auf einen Rechtssatz stützen. Vor Gott, dem Menschen und seinem Gewissen war er stets ein Verbrecher. Und das ist es, was die Propheten mit aller Schärfe betonen. Das Ungewöhnliche an diesem Vorgang ist nicht das soziale Unrecht, sondern seine leidenschaftliche und unerbittliche Bekämpfung und Verurteilung. Immer aber ist in aller strafenden Verwarnung der Unterton einer großen Liebe zu diesem Volk. Sie wissen – weil sie es vorausschauen –, daß es mit einer ungewöhnlichen Last des Schicksals bedacht werden wird. Sie kennen schon das Gesetz der Auslese und wissen, daß es angewendet wird, je und je, bis die Idee, als deren Repräsentant dieses Volk zu dienen hat, sich klar herauskristallisiert hat. Sie wissen daher, daß aus aller Verbannung und Versprengung, aus aller Verminderung und Vernichtung ein unsterblicher Rest erhalten bleiben wird. Schear jaschuw, kündet Jesaja; ein Rest wird zurückkehren.

Organisation Der Zeitlosigkeit

Der Untergang des Reiches Samaria, das spurlose Verschwinden des größten Teiles des jisraelitischen Volkes verhängt von neuem über die jüdische Gemeinschaft das Gesetz der Auslese. Die nicht gefangenen und nicht getöteten Überreste des nördlichen Reiches fliehen nach Judäa und scharen sich dort um den noch verbliebenen Kern. Mit ihnen ziehen Zeugen eines ungewöhnlichen Erlebnisses in das judäische Reich ein. Sie stehen wieder vor der Frage, warum innerhalb der Entfernung von wenigen Meilen sich so verschiedenes Schicksal erfüllt habe. Sie bekommen eine schlichte, eindringliche Antwort aus dem geistigen Wirken der Propheten: äußere Kraft und innere Kraft decken sich nicht. Äußere Kraft, die Gewalt ist, ist zeitlich. Innere Kraft, die Gewaltlosigkeit, ist überzeitlich.

In dem Erlebnis dieses schicksalhaften Gegensatzes verläuft die ganze nunmehr folgende Epoche des judäischen Reiches bis zur Zertrümmerung seiner staatlichen Form. Von den Bne Jisrael, einem Volke von einst sechs Millionen, ist jetzt nur ein winziger Rest geblieben, ein belangloser palästinischer Kleinstaat unter assyrischer Oberhoheit, ganz in seiner Winzigkeit auf sich selbst gestellt. Aber gegen diesen isolierten Rest drücken jetzt von allen Seiten die großen Mächte so der Erde wie des Himmels. Sie sind der Ambos geworden, auf den von Nord und Süd die gewaltigen Hämmer der Völker schlagen.

Rundum haben sich Machtkolosse aufgebaut, die nach dem Imperium als dem Selbstzweck lechzen. Assyrien, dieser Block aus nichts anderem als Eroberungen, kann die unterworfenen Gebiete nicht mehr zusammenhalten. Babylonien, das Mutterland von einst, regt sich wieder und etabliert seine Selbständigkeit als chaldäisches Reich. Ägypten will an der Erbschaft des zerbrechenden Kolosses teilhaben und erneuert seine sinnlosen Vorstöße zum Euphrat hin. Für Ägypten ist Palästina *das* Durchgangsland. Für Babylonien ist Palästina *die* Grenzmark gegen den Rivalen aus dem Süden. So sitzt Judäa als kleines Gebiet zwischen den Grenzen zweier Giganten. Von beiden Seiten her drücken die fremden Gewalten ohne Unterlaß und mit der ständigen Drohung, es zu vernichten. Davon wird die Atmosphäre, in der sie leben, komprimiert, schwer zu atmen, erzeugt eine Steigerung des Blutdruckes, daß sie in Fieberstimmung geraten.

Solche Fieberkrisen entlassen aus sich die Extreme, die Nachgeben und Widerstand heißen. Aber sowohl das Nachgeben wie das Widerstehen tragen in dieser jüdischen Atmosphäre einen ganz besonderen Sinn und eine doppelschichtige Bedeutung. Da ist eine Gruppe von Menschen, die aus den ewigen Schwankungen einer unverbürgten, von übermäßigen Gewalten bedrohten Existenz endlich zur Ruhe kommen wollen. Sie wollen endlich eine Entwicklung abschließen, die sie vor immer neue, ungewöhnliche Aufgaben stellt. Sie wollen der Verpflichtung zu einer Sonderexistenz kein weiteres Opfer mehr bringen. Jeder Kult, jede Kultur ist ihnen recht. Wer sie gerade beherrscht, mag den geltenden Kult bestimmen. Sie treiben Opportunismus aus seelischer Erschlaffung.

Dagegen steht die Auffassung derer, die diese kulturelle Angleichung ebenfalls als erstrebenswertes Ziel ansehen, die aber unter allen Umständen eine nationale Selbständigkeit wieder erringen wollen. Ein in der Geschichte der Juden in dieser flachen Eindeutigkeit bisher unbekannter Begriff des Nationalismus taucht auf. Sie haben von der Umgebung gelernt, daß man bei einer bestimmten geistigen Einstellung sogar einen Staat als Selbstzweck ansehen kann.

Sowohl das Nachgeben wie das Widerstreben faßt eine andere Gruppe von Menschen endlich in einem viel differenzierteren Sinne auf: diejenigen, die zwar nachgeben wollen, aber nur der Macht der politischen Verhältnisse; und die doch Widerstand leisten wollen, aber jenseits der Macht, auf dem Gebiete des Geistes. Ihr Ziel ist geistige Selbsterhaltung unter – wenn es sein muß – Verzicht auf staatliche Selbständigkeit.

Der Niederschlag solcher Extreme im innerpolitischen Leben heißt Parteien. So verläuft diese Epoche scheinbar in dem Kampfe zwischen politisch-religiösen Parteien, während es sich in Wirklichkeit um die Auseinandersetzung zwischen Anschauungen, Welt-Anschauungen im klarsten Sinne des Wortes handelt. Wenn der König Hiskia, der zu Beginn dieser Zeit regiert, eine durchgreifende Beseitigung der gemischten Kulte anordnet und wenn sein Nachfolger die bunteste Mischung aller Kultarten fördert, wenn dann wieder unter dem König Josia ein absoluter Jahvekult zur Geltung kommt, so hat das mit Innenpolitik oder Außenpolitik nichts zu tun, sondern es handelt sich jeweils um eine aus dem Weltanschaulichen allein zu begründende Stellungnahme zwischen den beiden großen Extremen, die sich in dieser Zeit herausbilden und sich so zur Entscheidung stellen, wie schon in der Periode des Reiches Samaria ein nur von innen her faßbares Existenzproblem zur Entscheidung stand. Die strengste Formulierung dieser nach Entscheidung verlangenden Weltauffassung ist wieder Geist aus dem Geiste der Prophetie. Sie ist es, die letzten Endes die Entscheidung über die Fortexistenz dieses Volkes gefällt hat.

Die seelischen Konflikte der Zeit haben einen Brennpunkt in der einzigartigen Gestalt des Propheten Jeremia. Er, der sein Amt ungewöhnlich jung antritt, erlebt es mit einer unvergleichlichen Kraft der Hingabe und Hellsichtigkeit. Auch er ist Amtsträger wider Willen. Er wird überrannt von einer Kraft, der er gehorchen muß, ohne sie zu lieben. Und da das Erdulden seiner Schau so ungewöhnlich stark ist, kann es nicht ausbleiben, daß auch die Wirkung von fast unvorstellbarer Dauer ist. Wenn wir im folgenden von ihm sprechen, meinen wir ihn über seine Persönlichkeit hinaus zugleich als Vertreter der damaligen Prophetie überhaupt.

In Jeremia bekommt die Fragestellung: was wird nun? ihre endgültige Antwort. Er zieht aus den Ereignissen einer krampfhaft belebten Welt die Folgerungen. Er sieht: Volk auf Volk, Staat auf Staat wächst, dehnt sich, bläht sich, breitet sich aus durch Gewalt und Machtanwendung, und bricht eines Tages zusammen vor einem anderen Volk, vor einer anderen Gewaltanwendung. Ihre Existenz beginnt und schließt mit Macht. Sie dauert, bis eine andere Gewalt sie niederschlägt. Das ist ein Vorgang, der in grauenhafter Folge und Eintönigkeit so weitergehen kann. Da Macht sich immer noch übersteigern kann, sei es in Menschenmassen, sei es in Kriegsmitteln, kann auch ein Machtgebilde jeweils von einem anderen, größeren vernichtet werden. Folglich kann die Macht der einzelnen Gemeinschaft nicht dauern. *Wann* sie untergeht, ist eine Frage der Zeit; *daß* sie untergeht, ist eine Frage der Gewißheit.

Der Prophet begreift alle diese Machtverschiebungen nur als lebendige Demonstration dieses Gedankens. Alles, was er sieht und an Erfahrungen sammelt, muß ihm einen Sinn enthüllen. Mit der bloßen Folge der Ereignisse kann er sich nicht zufriedengeben, denn ein Mensch, der von der Idee eines universalen Gottes ausgeht, kann nicht an die Zufälligkeit des Geschehens glauben. Handlungen haben unter allen Umständen ihren

Sinn. Nackte Machtanwendung Gottes ist für den jüdischen Geist nie ein tragbarer Begriff gewesen. Also kann Macht nur Mittel zu einem Zweck sein. Andererseits kann sie, als in sich selbst lebensunfähiges Element, nur durch ihr Gegenteil überwunden werden, durch »Gewaltlosigkeit«, durch »Anarchie« im Sinne des Fehlens jeglicher Gewalt. Da es aber auch in der Gewaltlosigkeit und in der Anarchie ein Regulativ für das Verhalten des Menschen geben muß, kann es nur der Inbegriff dessen sein, was wir Sittlichkeit nennen, Ethik, Haltung des Gebundenseins durch die Entscheidung dessen, was gut und böse ist, was jenseits oder diesseits einer erspürbaren Grenze für die Eigensucht des Einzelnen wie der Gemeinschaft liegt.

Das Ergebnis solcher Erwägungen sind praktische Forderungen. Erstens: Judäa soll jedem politischen Ehrgeiz entsagen. Es soll nicht den Versuch machen, sich mit den Kolossen zu messen. Es soll seine Gemeinschaft nicht auf das zu gründen versuchen, woran die anderen sichtbar scheitern: auf Gewalt. Judäa soll sich der jeweiligen Oberhoheit beugen und seinen nationalen Ehrgeiz mit den richtigen, nicht mit den falschen Inhalten versehen. »In Umkehr und Ruhe liegt euer Heil, im Stillehalten und Vertrauen liegt eure Kraft.«

Das bedingt die zweite Forderung: Judäa soll Widerstand nur leisten aus der Ebene des Geistes her. (Geist soll hier nicht etwas Abstraktes bedeuten, soll nicht der Auftakt sein für die Wiederholung der alten, aber darum nicht minder irrigen Ansicht, die Juden seien ein »abstraktes Volk«. Sie sind nicht abstrakt. Aber sie können abstrahieren.) Geist bedeutet hier Haltung aus dem Geistigen her. Was damit gemeint ist, stellt ein Vorgang klar, der den Zentralpunkt dieser geschichtlichen Epoche bildet.

Im Jahre 621, wie der zum reinen Jahvekult neigende König Josias eine Ausbesserung des Tempels anordnet, wird in den Archiven ein Schriftwerk aufgefunden, das dort – man weiß nicht, wie lange – gelegen hat. Es enthält eine eigenartige Bearbeitung der bislang kodifizierten Gesetze, eine Wiederholung und Neuschöpfung, ein Beieinander von Anweisungen für das Verhalten des Menschen zu Gott und zu seiner Umwelt. Es ist in die Form von Reden gekleidet, die Mosche vor seinem Hinscheiden jenseits des Jordans in den Mund gelegt werden. Wer diese Bearbeitung vorgenommen hat, weiß man nicht. Ersichtlich ist nur, daß sie streng im Geiste der Prophetie erfolgt ist. Dieses sind seine Grundideen: Es besteht noch das alte Bündnis zwischen dem Volke und seinem Gott. Gott hat sich das Volk auserwählt; das Volk hat sich Gott verpflichtet. Von der Einhaltung oder Verwerfung dieser Verpflichtung hängt nunmehr seine Existenz ab. Es kann heute noch nein sagen. Dann ist der Lauf seiner Existenz als eines Sondervolkes abgeschlossen und beendet. Es kann ja sagen –

aber nicht ja mit dem Munde, sondern ja mit der Einsetzung der ganzen Existenz. Dann ist es zeitlos; dann ist es stärker als alle nackte Gewalt. Einsetzung der Existenz heißt hier: seine Beziehungen zum Himmel und zur Erde klar und eindeutig auf die Herrschaft der Seele und des Geistes zurückführen; glauben, daß das Leben nicht ein Zufall sei, den man zu fürchten hat, sondern etwas aus der höchsten Lebenskraft, aus Gott, Entlassenes; etwas, das als ewiges Geheimnis da ist und keine Begründung braucht, sondern nur einen Ausdruck. Dieser Ausdruck, *dem Transzendenten zugewandt*, ist die Anerkennung eines Gottes, der das Universum geschaffen hat und der in seinen eigenen, sakramentalen, bildlosen Formen anerkannt sein will, nicht in entlehnten, magischen, die einen Teil von ihm, die Zeugungskraft, in Symbolen gegenständlich und greifbar machen. Dieser Ausdruck, *der Erde zugewandt*, ist die Gerechtigkeit als gestaltende Norm des menschlichen Zusammenlebens.

Ungerechtigkeit ist der letzte und entscheidende Ausdruck aller Gewalt. Gewalt schafft Ungleichheiten. Die Gerechtigkeit soll sie beheben. Das ist der Kernsatz der sozialen Vorschriften dieses Buches. Sie regeln generell oder allgemein eine Unsumme von Lebensverhältnissen, vom Taglohn des Arbeiters, der ihm nicht bis nach Sonnenuntergang vorenthalten werden darf, bis zum Recht des Jungvermählten, ein Jahr lang Heeresdienst und Abgaben zu verweigern und bis zum Fluch über den, der seinen Vater und seine Mutter gering achtet. Und wann immer die Verschiedenartigkeiten der sozialen Entwicklung eine Ungleichheit entstehen lassen, wird die Pflicht zum Ausgleich begründet, nicht als Wohltätigkeit, die einer üben oder verweigern kann, sondern als Anspruch der Armen, sei es als Recht auf die Nachlese, als Verfall der Schuld, als Rückfall des verkauften Ackers oder in anderer Form. Mit besonderer Eindringlichkeit wird höchste Gerechtigkeit gefordert für Witwen, Waisen und Fremdlinge. Diese Fürsorge für den Fremden hat kein anderes Volk ausgebildet. Die Juden haben es erfahren, als sie später Fremdlinge wurden.

Alle Gesetze, die dieses Buch aufstellt, sind diesseits der Utopie.
»Denn dieses Gebot, das ichselb heuttags dir gebiete,
»nicht entrückt ist es dir, nicht ferne ist's.
»Nicht im Himmel ist es, daß du sprächest:
»Wer steigt für uns zum Himmel und holt's uns
»und gibt's uns zu hören, daß wir's tun?
»Nicht überm Meer ist es, daß du sprächest:
»wer fährt für uns übers Meer hinüber und holt's uns
»und gibt's uns zu hören, daß wir's tun?
»Nein, sehr nah ist dir das Wort,

»in deinem Mund und in deinem Herzen,
»es zu tun.«

Das ist die Begründung des sittlichen Imperativs. Das ist der Auftakt zu einem Leben aus der Gesinnung her und nicht aus dem Interesse. Hier wird von neuem die Erde aufgebaut und mit einem Himmel überwölbt. Hier wird nicht ein Himmel aufgerichtet und mit einer Erde unzulänglich fundamentiert. Hier wächst Religion von der gelebten Wirklichkeit her. Hier entsteht eine leidenschaftliche Bejahung des Daseins mitten aus der Tiefe religiöser Hingebung. Gottes Reich ist von *dieser* Welt und das Reich des Menschen, der sich seinen Gott geschaffen, ist auch von dieser Welt. Hier wächst die entscheidende Widerstandskraft gegen die spätere Idee, die das Judentum aus sich entlassen hat, gegen die Idee des Daseins als eines provisorischen und vorbereitenden Zustandes. Indem sie von hier aus schon das Leben als ein Provisorium ablehnen konnten, vermieden sie es in der Zukunft, in einem konstanten Widerspruch zu einem Dogma leben zu müssen. »Denn nicht dankt dir die Unterwelt, nicht preist dich der Tote; nicht harrt, wer zur Grube gefahren ist, auf deine Treue. *Wer da lebt*, der dankt dir wie ich heute . . .« (Jesaja 38, 19.)

Wenn auf der einen Seite die Verpflichtung steht, so steht auf der anderen Seite die Verheißung. Hier wird ein Punkt berührt, der je und je den Polemiken und den Angriffen neue Nahrung gegeben hat: die Auserwähltheit. Da muß vorweg mit einer Entartung dieser Idee aufgeräumt werden, mit dem Gedanken von der Mission des jüdischen Volkes. Das Judentum hat keine Mission und hat nie Missionare ausgesandt. Aber es ist das lebendige Paradigma für die entscheidenden Grundsätze des Zusammenlebens von Menschen: für die Anerkennung einer sittlichen Ordnung in der Welt, für die Zeitlosigkeit des Geistes und für die zeitliche Begrenztheit der Gewalt, für die Notwendigkeit von Recht und Gerechtigkeit und für den Glauben an einen Zustand des Friedens unter den Kreaturen. Das ist zugleich der Sinn der Auserwähltheit: ein Sich-Bewähren als Vorbild. Es ist eine Auserwähltheit aus der Verpflichtung, nicht aus dem Anspruch. Nicht: wir dürfen; sondern: wir müssen.

»Das Geheimnis
»ist bei IHM, unserem Gott,
»die Offenbarung
»ist bei uns und unseren Söhnen
»auf immer:
»alle Worte dieser Weisung zu tun!«

Mit diesem immanenten Bestande an geistiger Verpflichtung, von den Propheten zuerst bindend formuliert, hat das Judentum durch alle Irrwege und alles zeitliche Versagen bis heute gelebt. Ob es heute noch berufen ist? Vielleicht. Es ist ein Volk, das auf lange Sicht berechnet ist. Noch hat es sich zu bewähren. Noch kann es als Paradigma dienen. Vielleicht wird es eines Tages untergehen dürfen. Aber noch sind seine Energien lebendig. Folglich bedeuten sie etwas. Sie zu töten, hat es kein Recht.

Dieses Gesetzbuch, Deuteronomium genannt (oder Mischne Thora), tritt also in der Schicksalsstunde des judäischen Volkes in die Erscheinung. Der König selbst liest es öffentlich im Tempel vor. Das ist ein grandioser und formeller Akt der Gesetzgebung. Es ist aber auch zugleich ein Aufruf zur Entscheidung, ein Angriff gegen alle chaotischen Gefühle und Empfindungen, die sich in dieser Fiebersituation im Volke angesammelt hatten. Das Volk wird von dieser neuen Erfahrung in einem Zustand betroffen, in dem es – gleich einem Kranken – eine besondere Feinfühligkeit, ein gesteigertes Tastvermögen entwickelt hat. Die fortgesetzte Bedrohung der staatlichen – und damit der individuellen – Existenz züchtet jetzt zum ersten Male das Anklammern an das, was bedroht ist, das Anklammern an die äußere Form ihres Zusammenlebens, an den Staat. Während es früher nur Stammesstolz gab, gibt es jetzt eine erweiterte Ausprägung: die nationale Leidenschaft. Und diese nationale Leidenschaft, auf das Land übertragen, erzeugt den Patriotismus.

Dieser Patriotismus hat eine besondere Färbung. Sie beginnen, dieses Land, das ihren Vorfahren schon eine Heimat bedeutete, ehe sie es betreten oder nur gesehen hatten, mit einer besonderen Seele, mit einem besonderen Grad der Heiligkeit auszustatten. Samaria geht unter, aber der Süden mit Jerusalem und dem Tempel bleibt verschont. Das bedeutet etwas. Der Assyrer Sanherib belagert (701) Jerusalem, aber er muß plötzlich, eine Sekunde vor der äußersten Not, abziehen. Das muß einen Sinn haben. Das muß eine besondere Heiligkeit von Land und Stadt und Tempel zur Ursache haben. Die Skythen, dieser Heuschreckenschwarm braust durch die Länder und frißt alles kahl. Aber Judäa streift er nur am Rande. Stadt und Tempel bleiben verschont. Das bedeutet die Unverletzlichkeit. Sie begreifen ihr Vaterland als beseelt, als heilig. Gott hat mit diesem Lande zu tun. In einer Rede des Jeremia ist ein Aufschrei Gottes über den Lebenswandel des Volkes: »Ihr verunreinigt mein Land!« Das ist in Wahrheit die Geburtsstunde des »heiligen Landes«. Aus solchem Erlebnis ist zu begreifen, wie die Verlesung des Deuteronomiums sie aufwühlte und wie sie doch, von dem Erfahren ihres Landes als beseeltem Wesen überrannt, Insurgenten werden mußten.

Diese geistige Neuorientierung des Volkes durch die Propheten löst das Chaos auf in ein entschiedenes Für und Wider. Alles verläuft hier in Extremen, wie alles auf die Alternative eingestellt ist. Kultmischung wird abgelöst von Kultreinigung. Friedenspolitik wechselt mit Geheimdiplomatie. Babylonische Bacchanale werden gefeiert, während die Propheten blutig verfolgt werden. Alles, was geschieht, ist Fragestellung der Alternative: Isolierung oder Angleichung, Sonderschicksal oder Verzicht, gestaltendes oder genießendes Dasein, Segen oder Fluch.

So, genau so, wie die Zeit empfand, sprach das Deuteronomium:
»Siehe,
»gegeben habe ich heuttags vor dich hin
»das Leben und das Gute,
»den Tod und das Böse ...
»zu Zeugen habe ich heuttags gegen euch den Himmel und die Erde genommen,
»das Leben und den Tod habe ich vor euch hingegeben,
»die Segnung und die Verwünschung,
»Wähle das Leben,
»damit du selber lebst und dein Same ... !«

Das Volk hat also die Wahl. Die Prophetie stellt das unerbittlich klar. Indem sie zur Entscheidung aufruft, organisiert, begründet und motiviert sie die Dauer, die Zeitlosigkeit des jüdischen Volkes. Sie haben nicht umsonst gewirkt. Für ein Volk, seelisch so vorbereitet wie dieses, war den jetzt eintretenden politischen Katastrophen von vornherein die schwerste Schlagkraft genommen.

Die von dem König Ahas freiwillig aufgenommene Oberhoheit Assyriens besteht noch. König Hiskia, mehr Patriot als Politiker, möchte sie beseitigen. Die nationalen Leidenschaften drängen zur Konspiration mit den anderen unterworfenen Kleinstaaten. Das Ergebnis ist nur, daß Sanherib viele Gefangene fortführt und sich zur Belagerung Jerusalems anschickt. Aber Angriffe der Ägypter und Unruhen im eigenen Reiche lassen ihn nicht zum Ziel kommen. Die Bedrohung geht gnädig vorüber. Sie sehen aus der Ferne den assyrischen Koloß in sich zusammenbrechen.

Auch Josias begreift sein Amt und seinen Patriotismus zugleich als die Verpflichtung, die staatlichen Grenzen seines Landes zu erweitern. Er besetzt Striche von Samarien, dem einstigen Bruderreich, und träumt davon, er könne dem Reiche einmal die Grenzen geben, die es unter Dawid gehabt hatte. Schon damals steigert sich der Gedanke, daß die zehn Stämme für immer verschwunden und aus dem Gesamtverband gestrichen sein sollten, zu einer immer wachsenden Hoffnung auf Rückkehr und Vereinigung. Selbst die Propheten verkünden, daß der Norden sich wieder mit dem Süden vereinigen werde. Diese Prophezeiung ist nicht in Erfüllung gegangen. Sie war ein Wunschtraum. Aber das Volk hat zwei Jahrtausende diese Prophetie in seinem Herzen lebendig erhalten. Indem es die Rückkehr der zehn Stämme zur Voraussetzung für eine messianische Erlösung machte, hat es das Ziel seines Daseins von neuem in die absolute Zukunft, in die nicht mehr fixierbare Zeitlosigkeit gesetzt.

Auch Josias Träume scheiterten an der Wirklichkeit. Wie die Ägypter ihren Kampf um den Anteil am Nachlaß Assyriens wieder aufnehmen, verweigert er ihnen den Durchzug. In diesen Kämpfen wird er tödlich verwundet. Das Reich wird der Oberhoheit Ägyptens ausgeliefert.

Die neue Untertänigkeit ist kurz. Sie erfährt ihre Ablösung, wie das neue Babylonien und Ägypten sich über den Besitz der Durchgangsländer Syrien und Palästina auseinandersetzen. Mit dem Siege fällt Babylon auch die Herrschaft über Judäa zu. Wieder reißen im Lande die Extreme auf. Die einen wollen unter allen Umständen Krieg gegen Chaldäa. Die anderen wollen die *innere* Autonomie und die ungestörte geistige Entwicklung. Drei Jahre lang wird die neue Abhängigkeit getragen. Dann wagt es das kleine Reich, den Tribut zu versagen. Nebukadrezzar bricht sofort zu einer Strafexpedition auf. Jerusalem wird kurze Zeit belagert. Der König Jojakin, seine Familie, die adligen Familien, viele begüterte Jerusalemer, die Priester und die Waffenschmiede, insgesamt etwa 10 000 Menschen, werden nach Babylonien verschleppt. Tempel und Paläste werden ausgeplündert. Als Vasall wird ein anderer König, Zedekia, eingesetzt.

Diese erste Verbannung, das Galuth Jehojachin, bringt eine maßlose Aufregung im Volke hervor. Ein übermäßiger Haß gegen Babylonien wächst auf; ein heldenhafter und völlig nutzloser Nationalismus reißt die Lebenskräfte der Nation in eine falsche Richtung. Von Babylonien aus flehen und hetzen und schüren die Verbannten. Sie rufen die Heimat auf, sie zu befreien. Jeremia drängt vergeblich in sie, sich ihrem Schicksal zu fügen. »Baut Häuser und wohnt darin, pflanzt Gärten und genießt ihre Früchte. Nehmt Weiber und zeugt Söhne und Töchter . . . daß ihr euch mehret und nicht weniger werdet! Kümmert euch um die Wohlfahrt des Landes, in das Jahve euch weggeführt hat, und betet für es zu Jahve, denn seine Wohlfahrt ist eure eigene Wohlfahrt.« (Jerem. Kap. 29.)

Sie hören nicht auf ihn. Sie denunzieren ihn als Verräter an der nationalen Sache. In Jerusalem wird er bekämpft und beargwöhnt und die Reinheit seiner Absichten mißdeutet. Er kann nichts aufhalten. Die Menschen sind wahnsinnig geworden. Sie wagen mit ihren lächerlichen Kräften einen militärischen Widerstand gegen die waffenstrotzende, gewaltige Nation der Zeit. Nach neunjähriger Untertänigkeit verweigert Zedekia den Tribut und proklamiert die Unabhängigkeit des judäischen Staates.

Nebukadrezzar rückt von neuem an. Er läßt das Land systematisch verwüsten. Viel Volk flieht nach Jerusalem. Im Winter des Jahres 587 wird die Stadt eingeschlossen. Eine grauenhafte Hungersnot bricht aus. Sie rafft zusammen mit Krankheiten haufenweise die Menschen, schwächt die

Krieger. Am 9. Tamus 586 können die Babylonier in die Stadt eindringen. Sie morden sinnlos. Der König wird geblendet. Seine Söhne, der Oberpriester und viele Würdenträger werden hingerichtet. Alles Volk, soweit es zu greifen ist, wird nach Babylonien verschleppt. Zwischen dem 7. und dem 10. Ab werden die Stadt zerstört, der Tempel und die Paläste verbrannt. Stadt und Land sind verödet und verlassen, ein Trümmerhaufen. Elegien (Kinoth, Ejcha), dem Jeremia zugeschrieben, weinen über den Untergang einer Hoffnung. Noch heute, nach 2500 Jahren, werden diese Elegien am 9. Ab, dem Tischa be'Ab, in den Synagogen aller Welt gebetet.

Der Tragödie folgt ein kurzes Nachspiel. Nebukadrezzar will verhindern, daß seine Provinz Judäa völlig verödet. Er läßt einige arme Winzer und Bauern im Lande und gibt ihnen Gedalja zum Statthalter. Aber Freischärler, die aus ihren Verstecken hervorkommen, stiften Unruhen und ermorden Gedalja. Der verbleibende Rest fürchtet Repressalien Babylons. Darum flieht er nach Ägypten, während Nebukadrezzar auch noch den Rest Menschen zusammenlesen und in sein Reich führen läßt.

Unter den nach Ägypten Fliehenden, denen die Stadt Taphnis gastfreundlich eingeräumt wird, ist Jeremia. Er erlebt noch die Gründung einer jüdischen Kolonie und in ihr die ewige Wiederholung der gleichen Probleme: Angleichung oder Isolierung. Aber die Lösung der Frage hat er nicht mehr erlebt.

So schließt auch diese Epoche mit großen Symbolen ab. Ein Teil des Volkes kehrt, armselige Flüchtlinge, in das Land zurück, aus dem sie einmal in die Freiheit und die schöpferische Lebensgestaltung aufgebrochen waren. Der andere Teil sitzt als Gefangene in dem Landstrich, durch den schon ihre frühesten Vorfahren als Nomaden wanderten. Der Staat ist vernichtet, Hauptstadt und Tempel in Trümmer. Das Land ist entvölkert und verödet. Die Menschen gefangen, zersprengt, vermindert. *Nichts* ist mehr da. Und doch ist noch *alles* da: die geistige Kraft.

Umlagerung

Das babylonische Exil ist für das judäische Volk die Probe auf das Exempel, der Bewährungszeitraum für das, was vorher in Judäa formuliert worden war: Aufrichtung der Existenz aus dem Geistigen her. Das babylonische Exil ist Steigerung, nicht Beginn einer Epoche. Die äußere Situation dieses Zeitraumes stellt sich wie folgt dar: die erste Deportation brachte rund 13 000 Judäer nach Babylonien, die zweite etwa 16 000 und die dritte einen Rest von etwa 1000 Seelen. Abgesehen von der ägyptischen Kolonie, den Versprengten im judäischen Gebiet und den durch Sklavenhandel in die Welt Gejagten ist das der gesamte derzeitige Bestand des jüdischen Volkes.

Die Deportierten genossen innerhalb des Exillandes volle Freiheit der Niederlassung, der Religionsausübung, des Berufes und der inneren Selbstverwaltung. Sie machen von diesen Rechten weitesten Gebrauch, aber mit einem sehr wesentlichen Vorbehalt: sie siedeln sich grundsätzlich in engster räumlicher Nachbarschaft an, und zwar nach Geschlechtern und Landsmannschaften formiert. Sie bilden nach außen hermetisch abgeschlossene Gemeinden, in denen die heimatlichen Bräuche und Gewohnheiten bewahrt werden. Diese Freiheiten und diese Siedlungsart lassen auch ihr soziales Gepräge und ihre soziale Gliederung fast unberührt. Sie treiben Hausbau, Gartenwirtschaft, Ackerbau, Gewerbe aller Art und Handel; nicht anders als in Judäa und mit der unvermeidlichen sozialen Ungleichheit. Im ganzen herrscht ein gemäßigter Wohlstand, so daß jedenfalls ihr äußeres Schicksal ihnen keinen Anlaß zu Klagen geben konnte.

Dennoch nehmen sie überwiegend von vornherein eine abwartende Haltung ein. Schon die Deportierten, die 597 mit dem König Jojakin nach Babylonien gekommen sind, hielten das Exil für ein zeitlich begrenztes Unglück. Sie erwarteten von dieser oder jener politischen Umänderung die Möglichkeit, heimzukehren. Das hinderte sie, mit dem Lande zu verwachsen. Der neue Strom der Exulanten verfährt nicht anders. Während ihre Kolonie sich ständig vergrößert, während sie schon anfangen, ein wirtschaftlicher Faktor zu werden und Stellungen am babylonischen Hofe einzunehmen, dient ihnen doch alles als Mittel zum Zweck, ihre Befreiung durchzusetzen. Aber die babylonischen Herrscher wollen dieses für ihr Land wertvolle Element nicht entbehren. Die Judäer müssen also nach anderen Rettungsmöglichkeiten ausschauen. Sie sehen sie mit richtigem Instinkt in der neuen Macht, die vom Iran her auftaucht und ihren Schatten über die Länder wirft: in den Persern. Kyros löst die Reihe der großen Eroberer ab. Er wächst über Medien und Persien hinaus bis zum Ägäischen Meer und an die Grenzen Griechenlands. Vor ihm her geht ein Ruf von Menschenfreundlichkeit und Toleranz. Zu ihm hin gehen alle Erwartungen der Judäer. Die Propheten verkünden, daß durch ihn die Befreiung kommen werde, ehe er noch zum Angriff gegen Babylonien schreitet.

Die Ereignisse geben ihnen recht. Die Eroberung Babyloniens geschieht mühelos, die Einnahme der Stadt ohne Kampf. Kyros begreift in den Judäern, die ihm begeistert entgegenkommen, den doppelten Vorteil, die verödete Provinz Judäa wieder zu besiedeln und an der Grenze seines Reiches gegen den Feind im Süden, Ägypten, ein aus Dankbarkeit anhängliches und zuverlässiges Volk zu haben. Darum erlaubt er ihnen unmittelbar nach seiner Eroberung Babyloniens, 538, die Heimkehr.

Von dieser Möglichkeit machen jedoch nicht alle Judäer Gebrauch. Ein erheblicher Teil, vorwiegend aus der besitzenden Schicht, unterstützt zwar die Heimkehrenden mit Geld und Gegenständen; aber er beschließt für sich das Verweilen im Lande des Exils. Solche Entschließung kann nicht mit dem Begriff »Assimilation« genügend umschrieben werden; sie ist vielmehr das Nebenprodukt, man könnte sagen das Abfall-Produkt einer sehr konsequenten und sehr weitgreifenden geistigen Umlagerung, die den Sinn des babylonischen Exils überhaupt darstellt.

Nach ihren Voraussetzungen stellt sich die geistige Situation der Judäer in Babylonien wie folgt dar: sie werden in einem Augenblick von der Verschickung betroffen, wie die Mehrzahl ihrer Existenzprobleme in der Turbulenz der äußeren Vorgänge und der Leidenschaftlichkeit der inneren Auseinandersetzungen schon berührt und aufgedeckt war. Sie hatten alles, was ihr inneres und ihr äußeres Dasein garantieren oder vernichten konnte, zwar noch nicht entschieden, aber schon erlebt. Es war ihnen schon zum Bewußtsein gekommen. Sie lebten schon damit als mit einer meßbaren und spürbaren Wirklichkeit. Sie erleben jetzt, daß sie genau so und aus genau den Ursachen von ihrem Schicksal betroffen werden, wie es die Prophetie ihnen vorausgesagt hat. Sie sind also imstande, Schicksalserfahrungen zu sammeln. Sie bringen in das Land ihrer Verbannung dasjenige Gut mit, in dem die Fragestellung ihres Schicksals ihren höchsten Niederschlag gefunden hat: die Schriften ihrer Überlieferungen und die Reden ihrer Propheten, soweit sie überhaupt aufgezeichnet waren. Sie treffen – soweit die zweite und dritte Gruppe der Deportierten in Frage kommen – bei ihrer Ankunft auf den Adel ihres Stammes, der von allem Anfang an in der Hoffnung auf baldige Rückkehr nur eine provisorische Existenz geführt hat, eine Lebensform, die sie sich sogleich zum Vorbild nehmen. Ihre Siedlung in geschlossenen Gebieten und Gruppen ergibt weiter verminderte Reibungsfläche zur Umgebung und dadurch verminderten Anreiz, sich ihr anzugleichen und darin aufzugehen. Nur da, wo der Segen dieser engen Siedlung sich nicht auswirkt, also bei denen, die als Händler auf die Berührung mit der Umgebung angewiesen sind, tritt eine Assimilation ein. Es handelt sich hier nicht um Mischehen. Es ist vorläufig noch das Sich-Hingeben an Bräuche und Gewohnheiten, an Lebensgenuß und Sitte der anderen. Es ist aber schon der Verzicht auf die Zugehörigkeit zu einer Gemeinschaft in seiner Totalität von Art, Glaube, Form, Sprache und Land. Hier tritt in Wahrheit das Assimilationsproblem überhaupt in die jüdische Geschichte ein, und zwar unter Formen, die noch heute ihre Gültigkeit haben.

Assimilation und Reichtum decken sich faktisch, weil sie sich nach einem inneren Gesetz decken. (Reichtum soll hier nur eine bequemere Umschreibung sein für diejenige Besitzposition, in der einer schon sein Geld, sein Kapital arbeiten lassen kann.) Reichtum in diesem Sinne verändert Sinn und Inhalt jeder Gemeinschaft. Geld gibt die Möglichkeit, seine Existenz vom Boden abzulösen. Geld macht nicht nur alles käuflich, sondern ist auch der Maßstab, mit dem jeder Wert gemessen, auf den jeder Wert bezogen werden kann. Geld gibt eine Lebensmöglichkeit, die im Grunde genommen von jeder Gemeinschaft, insbesondere von jeder Lebens-Gemeinschaft unabhängig ist und unabhängig macht. Geld läßt am frühesten und am leichtesten vergessen, daß nur in *diesem* bestimmten Lande und nur unter *diesen* bestimmten Menschen, unter *diesen* Formen und mit *diesen* Inhalten zu leben sei. Es verhilft zu der Erkenntnis, daß auch unter anderen Bedingungen, in anderen Formen und mit anderen Inhalten gelebt werden kann. Die Erfahrung formuliert abschließend: es geht auch so.

Diese Formel entsteht im babylonischen Exil. Sie ist die klare Absage an dieses eine lebenswichtige Element in der Struktur des judäischen Volkes: an die historisch bedingte und religiös begründete Heimat. »Es geht auch so« bedeutet hier: wir bleiben, was wir sind, auch wenn wir nicht nach Judäa zurückkehren.

An sich ist eine solche Auffassung unmöglich, weil sie widersinnig ist. Ein Judäer, der sich selbst als solcher begreift, ist nur vorstellbar in dem Lande, dem er aus der Verheißung her zugewachsen ist, mit dem Tempel, von dem sein Gott gesagt hat, daß er sich dort, und nur dort niederlasse, und mit den Opfern, die nur dort dargebracht werden können. Wenn einer sich ohne diese Elemente noch als Judäer bekennen und empfinden will, dann müssen diese Elemente vernichtet oder umgedacht werden. Das Letztere ist in der Tat geschehen.

Die Judäer finden sich vor ein grundlegend neues Erlebnis gestellt: vor das Erlebnis der Fremde. Fremde bedeutet das Nichtvorhandensein der Lebensbeziehungen, an denen man sich sonst, bewußt und meist unbewußt, orientiert. Wenn hinzukommt, daß die Fremde eine erzwungene ist, dann wird unter diesem Zwang bewußt, woran man eigentlich sich bisher orientiert hat. Man hat bislang nicht um sein eigenes Zentrum gewußt und erfährt es jetzt, wo man räumlich abgerückt ist; den Sinn der täglichen Verrichtung lernt man einsehen, wenn man sie an anderem Orte und unter anderen Bedingungen wieder aufnehmen muß. Verbannung erzeugt zugleich jenes Gefühl aus Stolz und Trotz und Willen zur Selbsterhaltung, wie es ein Dante empfunden und formuliert hat. Verbannung als Loslösung des Menschen von der Scholle läßt überhaupt erst eigentlich seine Individuation beginnen. Der Mensch verliert seinen sicheren und nie nachgeprüften Rückhalt; er wird Lebensverhältnissen unterworfen, die er nicht selber geschaffen hat; er muß sich als Subjekt und Objekt des Geschehens zugleich begreifen; er muß überhaupt alles mit besonderer Intensität begreifen, denn die Energien, die er bislang unter den besonderen Bedingungen seiner Heimat verausgabt hat: an interne Parteikämpfe, wirtschaftliche Spannungen, Bemühungen um militärische und außenpolitische Angelegenheiten, werden jetzt frei. Fallen die alten Beziehungspunkte weg, so müssen die Energien, die bisher darauf verwendet wurden, notwendig für den Angriff auf andere Objekte frei werden.

Die ausführliche Begründung aller dieser Voraussetzungen ist notwendig, um verständlich zu machen, daß in der kurzen Exilsdauer von nur 49 Jahren so radikale Umlagerungen eintreten konnten. Es handelt sich hier nämlich nicht um eine Auswirkung des sogenannten nationalen Selbsterhaltungstriebes, sondern um den grandiosen Versuch, alle bisherigen Lebensverhältnisse auf eine Ebene zu bringen, die ihre Existenz unter ganz anderen Bedingungen gewährleistet. Der geistige Bestand des Judentums erfährt eine Umlagerung, die zugleich seiner Entwicklung einen gewaltigen Anstoß gibt und die denen, die nicht in die Heimat zurückkehren wollen, dennoch ihre Qualität als Juden beläßt.

Die Entwicklung, die dahin führt, ist völlig logisch. Sie vollzieht sich in zwei Etappen; einmal als Umwertung der Lebensbeziehungen, sodann als neue Sinngebung für ihr eigenes Schicksal.

Diesem Volke ist der Tempel genommen worden. Aber da ihnen die Zwiesprache mit Gott notwendig ist, ersetzen sie ihn durch irgendwelche Räume, denen sie dadurch Weihe geben, daß sie sich dort zu gemeinsamer Andacht versammeln. Sie können hier keine Opfer bringen, denn Opfer sind nur auf dem Altar des Jerusalemer Tempels möglich. Darum vollziehen sie ihre Hingebung, ihre opfernde Haltung im Gebet. Solches Verhalten zwingt zu einer wichtigen Folgerung: wenn es möglich ist, Gott nicht nur in seinem Tempel zu begegnen, so muß man ihm schlechthin überall begegnen können, so muß letztlich sein Wohnsitz nicht in einer Halle aus Stein und Holz sein, sondern überall da, wo einer ihn meint und anruft. Gott wohnt also nicht im Tempel, sondern im Herzen eines jeden, der ihn begreift. Und weiter ist zu folgern, daß ihm nicht mit einer kultischen Handlung im Tempel gedient sein kann, nicht durch den formalen Ritus, den der Priester im Namen der Gesamtheit ausübt, sondern durch das Verhalten des Anrufenden, durch die Intensität oder die Lauterkeit der einzelnen Persönlichkeit. Die Individuation wird hier um einen entscheidenden Schritt weiter getrieben. Die kollektive Glaubensübung verliert ihren ausschließlichen Sinn. *Das Individuum wird zum Träger alles religiösen Erlebens und Geschehens.* Und wenn dem so ist, muß auch die Verantwortung für nichtreligiöses, für nichtsittliches Verhalten umgelagert werden. Nicht die Gesamtheit der Gläubigen, nicht das Volk als religiöse Einheit, sondern die isolierte Persönlichkeit ist verantwortlich für das, was sie tut oder läßt. An ihr wird nicht mehr geahndet, was ihre Väter getan haben, sondern was sie selbst tut. »Nur die Seele, welche sich vergeht, die soll sterben; ein Sohn soll nicht die Schuld des Vaters mittragen, und ein Vater soll nicht die Schuld des Sohnes mittragen.« (Jeheskel.) Das ergibt eine weitere Folge: sündigte das Kollektivum, das Volk, die Gemeinde, so mußte es seine Sünde büßen. Sündigt der Einzelne, der für seine Handlung persönlich Verantwortliche, so kann er zwar die Tat nicht ungeschehen machen, aber er kann aus Erkenntnis und Umkehr der Sünde absagen. Diese Absage ist die Reue. »Habe ich denn wirklich Wohlgefallen am Tode des Gottlosen, ist der Spruch des Herrn Jahve nicht vielmehr daran, daß einer sich von seinem bösen Wandel bekehrt und am Leben bleibt? ... Werft ab von euch alle eure Missetaten und schafft euch ein neues Herz und einen neuen Geist.« (Jeheskel.) Hier wird das Unentrinnbare eines kollektiven Geschickes abgelöst durch die freie, verantwortungsvolle Lebensgestaltung der Persönlichkeit.

Alle diese Umlagerungen, obgleich sie streng genommen Fiktionen sind, dienen doch der Konsolidierung der Wirklichkeit. Darum werden weiterhin andere Lebensformen der Heimat darin einbezogen. Anstelle der Autorität der Priester und sonstigen Führer tritt der jeweilige Geschlechtsälteste. Als Ersatz für die verlorene staatliche *Form* dient die Gemeindeautonomie, und an die Stelle der *Staatsgewalt* tritt eine andere von größerer Bewährung und Dauer: die straffe, unerbittliche Zucht, die sich aus der Verpflichtung zur unbedingten Befolgung der Ritualvorschriften ergibt. Hier schon beginnt die Gleichstellung von Ritual und Gesetz. Es ist niemand da, der die Befolgung dieser Gesetze mit staatlichen Machtmitteln erzwingen kann. Daß sie dennoch befolgt werden, beruht auf der Übereinkunft der Menschen, sie befolgen zu wollen. Die Ablösung vom Lande ihrer Heimat bedingt weiter, daß ihre Feste, die einmal ländlichen Charakter hatten, jetzt endgültig als religiös-nationale Feste begriffen werden müssen, weil es sonst keinen Sinn hätte, sie in einem anderen Lande und unter anderen Bedingungen mit den alten Inhalten zu feiern. Zugleich werden geistige Erinnerungszeichen aus dem Geschick des verlorenen Landes aufgerichtet: die vier Tage, die den Beginn der Belagerung Jerusalems, die Einnahme der Stadt, die Zerstörung des Tempels und die Ermordung Gedaljas bezeichnen, werden zu nationalen Trauer- und Fasttagen erhoben.

Diese Umlagerungen bedeuten – wie gesagt – eine Lebensmöglichkeit, nicht einen Verzicht. Heimat bleibt Heimat. Darum wenden sie bei ihrem Gebet ihr Antlitz nach Jerusalem hin. Darum führen sie mit aller Genauigkeit in ihren Gemeinden genealogische Listen, die Herkunft und Abstammung eines jeden klarstellen. Diese Listen sind zugleich eine Buchführung über den Bestand des Volkes.

Am intensivsten ist die Umlagerung da, wo die realen Beziehungen zu dem verlorenen Lande durch geistige ersetzt werden: in der Bearbeitung und Erweiterung des jüdischen Schrifttums. Das gesamte Schriftgut und viele mündliche Überlieferungen waren wie geistiger Hausrat nach Babylonien gebracht worden. Alle Schichten des Volkes beschäftigen sich jetzt damit. In den Andachtsversammlungen werden regelmäßig Abschnitte aus dem Schrifttum vorgelesen, wie es noch in unserer Gegenwart der Fall ist. Die mündlichen Traditionen werden aufgezeichnet und zu Volksbüchern gemacht.

Die größte Bedeutung kommt der Arbeit eines anonymen Redaktors zu, der anhand der vorliegenden Schriften und Traditionen ein pragmatisches Geschichtswerk zusammenstellt, das die Zeit von der Eroberung Kanaans bis zum babylonischen Exil umfaßt. Er bringt nicht eine einfache Aneinanderreihung zustande, sondern verbindet die Teile durch eine einheitliche Idee mit dem Zweck, dem Geschick des Volkes einen Sinn zu geben. Dieses ist der Sinn: die Relation zwischen Volk und Gott, die Bündnisbeziehung, dieses Gegeneinander von Rechten und Pflichten, stellt sich dar als einen Auftrag, den das Volk zu erfüllen und zu realisieren übernommen hat. Dieser Auftrag, das Dasein in der Theokratie, ist weder vom Volke erfüllt worden noch von denen, die in Ablösung der Richter ihn hätten erfüllen sollen: von den Königen. Volk und König haben vor dem göttlichen Auftrag versagt. Es muß von neuem mit dem Bemühen begonnen werden. Das ist nichts anderes als die Forderung, zur reinen Theokratie zurückzukehren.

Damit ist der anonyme Redaktor in voller Übereinstimmung mit denen, die als klarste Repräsentanten der Zeit in die Erscheinung treten: den Propheten. Wieviele in der Zeit gewirkt haben, ist nicht überliefert. Nur von einem weiß man den Namen: Jeheskel (Ezechiel). Von einem anderen kennt man schriftliche Aufzeichnungen. Man nennt ihn hilfsweise den Deutero-Jesaja oder den babylonischen Jesaja.

Jeheskels Prophetie ist eine im höchsten Sinne zeitliche. So lange allein die erste Gruppe der Exulanten in Babylonien ist, steht er mit seiner Prophetie in schärfster Opposition gegen ihre vorschnellen Hoffnungen auf Rückkehr und gegen ihren Hang, ihr Schicksal und seinen Ablauf nur unter dem Gesichtspunkt nationaler Ambitionen zu erleben. Wie die große Katastrophe einsetzt und der Rest des Volkes eintrifft, weitet er sich gewaltig und wird der Tröster seines Volkes. *Er* formuliert die Umwandlungen und Umlagerungen, von denen vorher gesprochen worden ist. Er ist aber zugleich Ausdruck ihrer Sehnsucht nach Rückkehr. Sie ist ihm gewiß, aber ihr Ziel liegt nicht in irgendeinem Nationalismus, sondern in der Errichtung einer Theokratie; nicht in einer nationalen Monarchie, sondern einer theokratischen Republik.

Die wirkliche Zielsetzung für dieses Geschlecht der Verbannten gibt aber erst sein Nachfolger, der babylonische Jesaja. Er beantwortet die Frage derer, die sich keiner individuellen Schuld bewußt sind und über die doch das Geschick der Verbannung und das Erlebnis des Unterganges von Land und Tempel verhängt worden ist, nach dem Sinn dieses Geschickes. Er sieht es so: für den unverbundenen Menschen, der mit nichts und mit niemandem im Zusammenhang steht, ist das Leiden ein roher, sinnloser Vorgang. Für den Menschen, der in einer Verbundenheit lebt, der sich im Zusammenhang mit dem Letzten, mit Gott, weiß, ist Leiden ein Signal, eine Mahnung zum Aufhorchen, daß in ihm oder dem Zusammenhang, in dem er steht, etwas vorgeht, zu dessen Erkenntnis er berufen ist, wenn er nur berufen sein will. Leiden bedeutet ihm: aus der Wandelbarkeit alles äußeren Schicksals das eine Unwandelbare immer wieder erkennen und bestätigen, daß ein Dasein ohne sittliche Haltung den, der es so lebt, unweigerlich am Rande der Lebensstraße liegen läßt wie einen unnützen Gegenstand, den Einzelnen so gut wie die Gesamtheit, heute oder in tausend Jahren, in dieser oder in jener Form. Leiden ist eine Mahnung zur Aufmerksamkeit. Folglich dient es der Erkenntnis.

Das babylonische Exil soll dieses Gesetz den Judäern verständlich machen, und indem sie sich ihm unterordnen, indem sie sich darin bewähren, sollen sie mehr erlösen als nur ihr individuelles Schicksal, sollen sie zugleich als Vorbild für alle Zeiten und für alle Völker dastehen. Hiermit wird ein Doppeltes geboren: die Idee vom Apostelamt des jüdischen Volkes und die Idee von der Erkenntnis der Wahrheit für sich und für andere durch Leiden; die Grundlage der späteren christologischen Lehre von dem leidenden Messias-Erlöser.

Auch bei dem babylonischen Jesaja stehen alle geistigen Konzeptionen im Diesseits, in der Realität, so hoch sie auch in Gott oder im Himmel begründet sein mögen. Auch er wartet auf die politische Wiedergeburt des Volkes. Das bedeutet Erstreben derjenigen Realität, von der aus allein gewirkt werden kann. Das bedeutet weiter, daß zunächst die Möglichkeit geschaffen werden müsse, damit das Volk selbst diese Idee zu Ende *erlebe* und nicht nur zu Ende *denke*. Das ist das Nationale als Mittel zu einem übernationalen Zweck.

Damit die Idee verwirklicht werden kann, muß Gott einen Boten senden, der die Rückkehr des Volkes ermöglicht. Schon lange vor Beginn der Eroberung Babyloniens prophezeit der Prophet, daß Gott sich des großen Königs Kyros bedienen werde, um das kleine Volk zu befreien. Wenn der größte König der Zeit so Instrument des jüdischen Gottes werden muß, so ist daraus nur zu begreifen, daß es ein Gott ist, der des Einen wie des Anderen Schicksal lenkt, also der Schicksalslenker für die Nationen, für die Völker überhaupt. Der Gott der Judäer ist *der* Gott. Es gibt nur einen einzigen Gott. Das zu beweisen, ist Aufgabe des theophorischen Volkes, der Juden. Das ist der Gipfelpunkt dieser Prophetie.

Mit diesen neuen Ideen und vor diese ungeheure Aufgabe gestellt, wird dem judäischen Volke der Weg in seine historische Heimat freigegeben.

Gesetz Und Alltag

Die Exulanten, die im Frühjahr 537 ihre Rückwanderung antreten, treffen auf trostlose Verhältnisse. Jerusalem ist ein Trümmerhaufen, das Land ist verkommen, ganz dünn mit armseligen Bauern besetzt und zum größten Teil von den umgebenden Völkerschaften in Besitz genommen. Es gibt kein wirtschaftliches Gefüge mehr, in das sie hätten eingreifen können. Sie müssen einen Anfang aus dem Nichts auf sich nehmen.

Daß sie alles das nicht von vornherein bedacht haben und daß sie als erste Handlung nach ihrer Heimkehr inmitten der Trümmer des Tempels einen Altar an der Stelle des ehemaligen errichten, kennzeichnet den Sinn dieser Wanderung. Der Wunsch, in ihrem eigenen Lande zu leben, war größer als die Erwägung, wovon sie dort leben sollten. So beginnen sie ein Jahr nach ihrer Heimkehr schon mit der Grundsteinlegung des neuen Tempels, während sie selbst zum größten Teil in und um Jerusalem noch in Zelten wohnen müssen.

Dieser Akt der Grundsteinlegung ist von einer so demonstrativen Bedeutung, daß auch die Umgebung aufmerksam wird und begreift, daß damit der Kern eines neuen Gemeinwesens geschaffen wird. Abgesehen von Jerusalem ist von allen ringsum wohnenden Völkerschaften das Land entweder besetzt oder zu ihrer Interessensphäre erklärt. Sie alle sind Gegner des neuen Gemeinwesens, obgleich es von Menschen ausgeht, deren Anspruch auf das Land seit einem Jahrtausend aus tatsächlichen Gründen nicht mehr zu bestreiten ist. Da aber die neuen Siedler unter dem Schutz des persischen Monarchen stehen, Gewaltanwendung also bedenklich ist, bleibt ihnen die Hoffnung, sich diese kleine Menge von Ankömmlingen zu assimilieren. Die bisher im Lande verbliebenen wenigen Judäer haben nach der Richtung hin keine Schwierigkeiten geboten. Durch vielfache Mischehen ist schon eine bedeutende Angleichung eingetreten.

Eine besondere Stellung nehmen hierbei die Samaritaner ein. Sie sind ein Mischvolk, entstanden aus den Resten der Bevölkerung des ehemaligen Reiches Samaria und den assyrischen Ansiedlern, die Sargon zur Belebung der verödeten Städte dorthin verwiesen hat. Auch ihre Religion ist Mischung zwischen ihren heidnischen Anschauungen und der altsamaritanischen Form des Jahvekults. Nicht anders stand es mit ihrer Sprache. Dieses Volk, aus solchen verschiedenartigen Elementen zu einer Gruppe verschmolzen, betrachtet sich als legitimer Nachfolger der Nordstämme und ist folglich willens, in den Judäern einen verbrüderten und verwandten Stamm zu sehen. Ihr Anführer Sanballat überbringt daher eines Tages das Verlangen seines Volkes, am Aufbau des Tempels teilzunehmen und in die judäische Gemeinschaft aufgenommen zu werden.

Der Entscheid der Volksältesten lautet schroff ablehnend. Die Samaritaner, erbittert und ergrimmt, unternehmen alles, um den Tempelbau zu hintertreiben. Sie haben den richtigen Instinkt dafür, daß sie damit die tragende Idee dieses neuen Gemeinwesens unterbinden. Es gelingt ihnen, durch Beeinflussung persischer Beamter die Einstellung des Baues zu erreichen. Fünfzehn Jahre lang ruht das Unternehmen.

In dem Augenblick, in dem die Idee zum Ruhen kommt, entfällt auch die Spannkraft, die von ihr ausging, werden die Not und die Ungunst der äußeren Verhältnisse spürbar, sind die Judäer gegen die Angriffe des Alltags nicht mehr gewaffnet. Jeder versucht, nach besten Kräften zur Befriedigung seiner persönlichen Bedürfnisse zu gelangen. Da gibt es noch fast alles zu tun und doch für die Mehrheit des Volkes fast nichts zu gewinnen. Der Boden ist in fünfzig Jahren verwildert und vernachlässigt. Von den geringen Erträgnissen müssen Naturalabgaben an zahlreiche Priester und Lewiten geleistet, Zahlungen an den persischen Statthalter bewirkt und soll ein Überschuß für den Bau von Häusern erzielt werden. Solcher wirtschaftliche Aufwand gelingt nur wenigen.

In solchen Momenten schwerster wirtschaftlicher Depression kommen diejenigen in den Vordergrund, denen ihr Besitz an Geld die Ausbeute der Not, die Kommerzialisierung des Elends gestattet. Ein Reicher ohne Idee wirkt im sozialen Gefüge immer weit bösartiger als ein Armer ohne Idee. Darum sind die Auswüchse der wirtschaftlichen Entartung hier besonders hart. Neben die aus alter Tradition angesehenen Familien treten so – fast über Nacht – die Vermögenden, die den Bedürftigen

Geld für Häuserbau, Saatbeschaffung und Steuerleistung leihen können, die sich dafür Äcker, Weinberge, Häuser und selbst die Schuldner oder deren Kinder verpfänden lassen und die bei Verfall der Schuld die Dinge als ihr Eigentum und die Menschen als ihre Sklaven in ihren Besitzkreis ziehen. Das junge Gemeinwesen, ausgezogen, um einen Tempel zu bauen, bekommt als erstes Ergebnis des Wiederaufbaus eine Geldaristokratie. Des Symbols der Idee beraubt, wirtschaftlich überlastet und sozial aufgegliedert in Geldaristokratie und Verarmte, kann auch ihre Verwaltung zu keinem Abschluß kommen. An sich war sie ideal gedacht: ein weltlicher Führer aus dem Dawidischen Hause, ein geistlicher Führer aus dem Hause Zadok, beide gleichberechtigt nebeneinander als Repräsentanten der Theokratie, von Gott abhängig und dem Volke dienstbar. Es kommt aber nichts davon zur Verwirklichung. Es sind nicht sie, die das Regiment ausüben, sondern sie werden von den Interessengruppen adliger und besitzender Familien hin und her geschoben. Die Theokratie bleibt eine ideale Forderung, die gegenstandslos ist, weil an Stelle der Idee das Interesse getreten ist.

Das Dauernde und Gestaltende aber ist allein die Idee, und zwar diejenige, der in irgendeiner Form Glaube an größeren Zusammenhang, an höhere Verpflichtung zugrunde liegt. Ein Volk mag sich welche Aufgabe auch immer stellen, sie wird nicht verwirklicht, wenn sie nicht auf Glauben, auf einer Religion beruht.

Den Versuch, diesen Gedanken zu realisieren, unternehmen die Propheten Haggai und Sacharja. Sie erklären, daß keine äußere Not die Hinausschiebung des Tempelbaues rechtfertigen könne. Es bedarf nur des Auftretens von Ideenträgern, um sogleich eine erneute Bereitwilligkeit des Volkes zu erzeugen. 520 wird der Bau des Tempels fortgesetzt. In vier Jahren ist er vollendet und wird feierlich eingeweiht.

Nach diesem Vorstoß des Geistigen tritt aber, wie die Propheten zu wirken aufhören, wieder eine Erschlaffung ein, und zwar eine gefährliche, weil sie mit Resignation tief durchsetzt ist. Von den Erwartungen der Heimkehrer hat sich fast nichts erfüllt. Sie sind eine kleine, arme, unselbständige persische Provinz, rings von mißwollenden Nachbarn umgeben, ohne Gegenwart und ohne Hoffnungen. Sie neigen immer mehr dazu, ihren Frieden mit der Welt zu machen. Zwar haben sie es endgültig verlernt, in der Nachahmung fremder Kulte einen Anreiz oder eine Zielsetzung für ihr Dasein zu finden, aber sie schaffen sich doch eine erhebliche äußerliche Erleichterung dadurch, daß sie jetzt jeden aufnehmen, der Aufnahme in die judäische Gemeinschaft wünscht, und daß sie durch Eingehung von Mischehen mit den Nachbarn verwandtschaftliche und damit friedliche Beziehungen herstellen. Sie tun damit nichts, was nach dem mosaischen Gesetz in seiner damaligen Struktur verboten war, so wenig wie es König Schelomo verboten war, aus allen erdenklichen Völkerschaften Frauen zu heiraten. Sie trieben nicht Assimilation, sondern Konzession.

Die Folgen eines solchen Verhaltens hätten unübersehbar werden können, wenn nicht aus der gesicherten Distanz, aus Babylonien her, eine Beurteilung dieser Situation erfolgt wäre, die diese Entwicklung der Dinge ein für allemal unterbrach und abschnürte. Die babylonische Judensiedlung war zwar im Verhältnis zu der jetzt wieder etablierten Heimat in die Position einer Kolonie verwiesen, aber sie wiederholt jetzt einen Vorgang, der schon bei der Herausbildung des jisraelitischen Ein-Gottes eine entscheidende Rolle spielte. Damals begriffen die Bne Jisrael im Gegensatz zu ihrer Umgebung einen Gott, der nicht an die Scholle gebunden war. Heute begreifen die babylonischen Juden ein Judentum, das nicht an Palästina, nicht an Jerusalem und nicht an den Tempel gebunden ist. Indem sie die Fiktionen, von denen im vorhergehenden Kapitel gesprochen wurde, zu verwirklichen suchten, indem sie ohne Land, ohne Hauptstadt, ohne König, ohne Hohenpriester, ohne Tempel und ohne seinen verpflichtenden Ritus dennoch eine Gemeinschaft zu sein vorgaben, mußten sie eine generelle Kraft aufrichten, die ihnen alle diese Elemente einer Gemeinschaft ersetzte. Sie fanden die Kraft im Gesetz und seiner Befolgung, das heißt: in der freiwilligen Unterordnung unter die Lehren, Vorschriften, Glaubenssätze und Rechtsnormen, die in ihrem Schrifttum ihren Niederschlag gefunden hatten. Sie nahmen Bücher und verpflichteten sich, ihren Inhalt zu glauben und das Geglaubte im Leben auszuführen. Das bedeutet praktisch, daß in Babylonien die Thora als die eigentliche Gesetzessammlung, als Sammlung der Vorschriften zur Regelung des täglichen Daseins größere Bedeutung erlangt als die Schriften der Propheten. Das jüdische Gesetz war *Niederschlag* des Erlebens. Die babylonischen Juden beginnen, es zum *Inhalt* des Erlebens zu nehmen. Indem sie jetzt diese ihre Lebensart und Weltanschauung auf Judäa übertragen, bringen sie ein konstruktives Element in das Judentum. Sie machen die Entwicklung rückschrittlich. Und doch begründen sie damit ein Werk von unerhörter Einmaligkeit: sie schaffen die Voraussetzungen dafür, daß späterhin, als die jüdische Heimat für fast zwei Jahrtausende verloren ging, die Substanz des Judentums erhalten blieb. Sie bereiteten anstelle des äußeren Ortes den inneren Ort für die Existenz eines Volkes vor.

Die Nachricht von den Zuständen in Judäa entfesselt in Babylonien ungewöhnliche Energien. Man begreift, daß die Heimat in Gefahr sei und daß ihr geholfen werden müsse. An die Spitze der Bewegung stellt sich der Priester Esra ben Seraja, ein Mann von tiefem Wissen, durchdrungen von der Bedeutung seines Volkes und seiner Idee. In Babylonien und Persien wirkt er unermüdlich unter den Juden für die Anerkennung der Thora als verpflichtender Lebenssatzung. Jetzt rüstet er sich zur Übersiedlung nach Judäa. Artaxerxes I. Longimanus gibt ihm offizielle Vollmachten. Mehr als 1500 Personen schließen sich ihm an. Er läßt zur Heimkehr nur diejenigen zu, die durch ihre Geburtsregister einwandfrei nachweisen können, daß sie von judäischer oder ahronidischer oder lewitischer Herkunft sind. Im Herbst des Jahres 458 kommen die neuen Heimkehrer in Jerusalem an.

Die Zustände, die Esra antrifft, entsetzen und erschüttern ihn. Sein Widerstand richtet sich besonders gegen die Mischehen. In ihnen sieht er ein gefährliches Element der Zersetzung. Er hält sie auch nach dem Gesetz für verboten, daher für Sünde. So ehrlich und bezwingend ist sein Schmerz über diese Zustände und so groß sein Ansehen und sein Einfluß, daß ihm aus dem Volke selbst, wie er öffentlich im Tempel die Sünde seines Volkes bekennt, der Vorschlag gemacht wird, man wolle die eingegangenen Mischehen wieder auflösen.

Esra greift sofort zu. Er läßt zum Tempelplatz eine Volksversammlung berufen. Er stellt an die Versammelten zwei Forderungen: Auflösung aller inzwischen eingegangenen Mischehen und grundsätzlicher Abschluß gegen alles Fremde und gegen alle Fremden. Die Zustimmung des Volkes erhebt diese Forderungen zum Beschluß. Es wird aus den Geschlechtsältesten eine Kommission eingesetzt, die die Auflösung der beanstandeten Ehen überwacht.

Diese Maßnahme Esras ist zweifellos reaktionär. Sie erhebt etwas zum Gesetz, was damals nicht in der Thora stand. Aus den Umständen der Zeit allein kann eine Rechtfertigung entnommen werden. Schutz der Rasse und der Religion sind hier gleicherweise bestimmend. Hier wird erkannt, daß die Rasse Träger bestimmter Eigenschaften sein kann. Aber es handelt sich nicht um eine Rassenzüchtung als Selbstzweck, sondern um eine Arterhaltung als ausgesprochenes Mittel zum Zweck. Das Volk war mitten in dem Versuch, eine sehr hoch gespannte Ideologie in einem Leben als Gemeinschaft zu verwirklichen. Dieser Versuch war dicht vor dem Scheitern. Wenn das schon bei einer Gemeinschaft möglich war, die ein Ausleseprodukt darstellte, mußte die Gefahr noch vergrößert werden durch Aufnahme von Gruppen, die ein Mischprodukt in Gattung und Kultur waren. So ist Esra im Recht, wenn er die Isolierung als Erziehungsmittel zweckvoll und methodisch anwendet.

Esras Reform hatte im Prinzip die neue Lebensform des Volkes festgelegt. Aber sie wurde von den Tatsachen vielfach durchbrochen. Sein Rigorismus löste in den Nachbarvölkern, die sich als minderwertig zurückgestoßen fühlten, feindseligen Widerstand aus. Sie zerstörten die

Mauern Jerusalems, verbrannten die Tore und schalteten in der Stadt nach ihrem Belieben. Wieder sind es die adligen Familien, die zuerst freundschaftliche und verwandtschaftliche Beziehungen zur Umgebung wiederaufnehmen. Das Volk zieht es zum großen Teil vor, die ungeschützte Stadt zu verlassen. Die Abgaben für den Tempel werden eingestellt. Viele Lewiten und Ahroniden wandern daher gleichfalls aus. Die Gemeinschaft steht vor einem neuen Zusammenbruch.

Wieder kommt die Hilfe aus der Kolonie Babylonien-Persien. Nehemia ben Hakalja, ein hoher Beamter im Dienste des Artaxerxes, sehr vermögend und einflußreich, noch gesetzesstrenger und rigoroser als Esra, nimmt sich der Verhältnisse an. Er wird von Artaxerxes zum zeitweiligen Statthalter von Judäa ernannt. So kann er seine Hauptqualität, sein Organisationstalent, frei betätigen.

Im Jahre 445 begibt er sich nach Jerusalem. Seine erste Forderung an die Volksältesten ist: Wiederherstellung der Befestigungen, damit das Volk wieder Zutrauen zur Stadt bekommt. Aus allen Schichten der Bevölkerung empfängt er Zustimmung und das Angebot freiwilliger Dienstleistung. Sanballat von Samaria versucht, die Bauarbeiten mit Gewalt zu verhindern. Nehemia organisiert dagegen einen bewaffneten Wachtdienst. In wenigen Monaten ist Jerusalem wieder eine geschlossene und gesicherte Stadt. Aber sie ist fast menschenleer.

Er bestimmt daher, daß jeder zehnte Bewohner der Provinz, durch das Los festgestellt, nach Jerusalem ziehen müsse. Von den Ausgelosten und denen, die freiwillig kommen, prüft er eingehend die Geburtsregister. Wessen Herkunft nicht zweifelsfrei ist, muß draußen bleiben. Sodann trifft er Vorsorge, daß die Weiterentwicklung nicht wie bisher unter dem Druck der eingerissenen Ungerechtigkeiten leide. Er beruft eine Versammlung der besitzenden Gläubiger und verlangt von ihnen kraft seines Amtes und unter Hinweis auf ihre Verpflichtungen gegenüber der Allgemeinheit: Freilassung der Schuldsklaven, Zurückgabe der Liegenschaften und Streichung der Schulden. Er selbst geht mit dem Beispiel voran und erläßt allen, denen er Beträge zur Neusiedlung geliehen hat, die Schuld. Seine Autorität und sein Beispiel bewirken, daß die Gläubiger seine Forderungen annehmen und ihre Bereitwilligkeit durch einen Eid bekräftigen. Die verpflichtende Kraft des Gesetzes siegt über das Interesse.

Nach diesen vorbereitenden Akten macht er einen entscheidenden Vorstoß, der zum Zwecke hat, der Gemeinschaft eine Verfassung zu geben, die auf der Thora als dem Gesetz und der Lebensnorm beruht. Hierzu bedarf er der Mitwirkung Esras. Für das Neujahr 444 wird eine Volksversammlung nach Jerusalem berufen, in der weiter nichts geschieht, als daß Esra Abschnitte aus dem Pentateuch vorliest. Es ist ein Akt, der seine Parallele in der Verlesung des Deuteronomiums durch König Josia hat. Der Eindruck auf die Versammelten ist ungewöhnlich mächtig. Die Aufnahmefähigkeit für den Inhalt ihrer Tradition ist so groß, daß sie anderen Tages eine Fortsetzung der Vorlesungen verlangen. Es geschieht, und es wird so lange fortgesetzt, bis Nehemia erreicht hat, was er wollte: dem Volke einen Begriff davon vermitteln, was eigentlich an geistigem Gut hinter ihm stehe.

Wie das erreicht ist, geht er zum abschließenden Akt über: die Thora, die zum ersten Male durch Esra in vollständiger Fassung vorgelegt wird, wird öffentlich als *das* Gesetz des judäischen Volkes proklamiert. Die Vertreter der Geschlechter und Familien unterzeichnen und siegeln feierlich eine Urkunde, in der sie sich für sich selbst und die ihnen Unterstehenden auf Einhaltung der Thora-Gesetze verpflichten. Das Verbot der Ehe mit Heiden wird dabei ausdrücklich erhoben.

Nach einer wachsamen Tätigkeit von zwölf Jahren kann Nehemia die Verhältnisse als so weit gesichert betrachten, daß er nach Persien zurückkehrt. Aber es setzt noch einmal eine Gegenströmung ein, an deren Spitze die Priesterschaft steht. Sie ist durch Nehemias Reform am schwersten betroffen, denn wenn er ihr auch in der Vertragsurkunde regelmäßige Einnahmen gesichert hat, ist ihr doch die einflußreiche, vermittelnde Stellung dadurch genommen, daß nunmehr jeder Mensch anhand der Thora auch ohne priesterliche Mitwirkung sein Leben kontrollieren, gestalten und verantworten kann.

So muß Nehemia noch einmal zurückkommen, um die wankende Ordnung zu stützen. Er ist jetzt von einer unerbittlichen Strenge. Er säubert die Gemeinschaft restlos von allen, die sich nicht ohne jeden Widerspruch und ohne jede Konzession der Ordnung und dem Gesetz fügen wollen. Er prüft noch einmal zu strengster Auslese die Geburtsregister und streicht sogar ahronidische Familien, deren Listen nicht in Ordnung sind, rücksichtslos aus dem Verbande. Er erzwingt die Auflösung aller wieder eingegangener Mischehen und belegt den Verstoß dagegen mit schweren Drohungen und Strafen. Er verschärft die Vorschriften über die Sabbatruhe. Allen Bewohnern nimmt er einen erneuten Eid auf Beachtung der Gesetze ab. Er nimmt die letzte Sichtung und Scheidung vor, beendet aus der Überzeugung der Notwendigkeit das Werk der Isolierung und hinterläßt, wie er wieder nach Persien zurückkehrt, ein Gemeinwesen, das sich jetzt, da es einheitlich in der Grundstimmung ist, selber weiterhelfen kann. Er hat ihm seinen Alltag organisiert und ihn geistig unterbaut.

Umzäunung

Die *äußere* Geschichte läßt für den jetzt beginnenden Zeitraum das Schicksal der kleinen Provinz Judäa im Halbdunkel. Kein Ereignis und kein Name stellen sich zur Betrachtung dar. Aber die innere Geschichte dieses Abschnittes ist von einmaliger Lebendigkeit. Das Schicksal gibt ihnen ein Jahrhundert Zeit, aus der Summe der Erfahrungen als Volk und Einzelne die Folgerungen zu ziehen. Sie tun es, indem sie zur Verfassung ihres Anfanges, zur Theokratie, zurückkehren; indem sie zur äußeren Abschließung die innere hinzufügen und indem sie die Existenz aus dem Glauben her mit dem persönlichen Schicksal jedes Einzelnen identifizieren.

Als sie in den Anfängen ihrer Volkswerdung sich um eine Theokratie bemühten, wurden ihnen die Gesetze ihres Handelns und ihres Verhaltens nur nach allgemeinen Normen vorgeschrieben, nach den allgemeinen Vorstellungen, wie sie sich damals herausgebildet hatten, und immer von Fall zu Fall durch diejenigen Persönlichkeiten, die als Funktionäre der Theokratie in die Erscheinung traten. Aber seit der Einwanderung in Kanaan sind acht Jahrhunderte vergangen. Das Volk hat gelebt und mit ihm ist die Idee seines Lebens gewachsen. Die inneren und die äußeren Ereignisse haben sich summiert und haben sich in Schriften, in mündlichen Überlieferungen, im Bewußtsein der Masse und in den idealen Forderungen vieler Einzelner niedergeschlagen. Jetzt, nachdem sie die harte Schule Esras und Nehemias durchschritten haben, wenden sie sich diesem Bestand zu und ordnen ihn. Man hat sie auf die Gesamtheit ihrer Glaubenslehre als Staatsgesetz verpflichtet. Es ist also an der Zeit, festzustellen, was Umfang und Inhalt dieser Verfassung ist. In dieser Epoche wird die letzte und endgültige Redaktion der Thora, des Fünfbuches, vorgenommen. Noch einmal überschauen anonyme Redaktoren die Summe dessen, was das Volk gewollt und verweigert, versucht und verfehlt, geglaubt und verneint hat. Indem sie den inneren und äußeren Zustand, in den sie jetzt eingetreten sind, als höchste und letzte Möglichkeit hinnehmen, von der aus sie nun wirklich leben und realisieren können, was Jahrhunderte vor ihnen gefordert haben, geben sie allem historischen Geschehen, allen Traditionen, allen Gesetzen und Bräuchen einen durchgehenden, einheitlichen, streng auf ein Leben in der Theokratie gerichteten Sinn. Alles, was sie jetzt tun, erscheint nach Vollendung der Redaktion schon von allen Urzeiten her so gewollt und so vorausgesehen; und wenn es von aller Vergangenheit schon so gewollt war, muß es notwendig auch für alle Zukunft so gemeint sein. Darum ist die Fassung, die die Thora jetzt erhält, die letzte, abschließende, endgültige, an der nichts geändert werden darf, weder ein Gedanke noch ein Wort noch ein Buchstabe. Durch alle Wirrungen und Schicksale steht von da an die Thora felsenfest, nicht zu erschüttern, als ein nicht mehr auflösbares Zentrum da.

Neben diesem Gesetz, das ihnen vorschreibt, *wie* sie handeln sollen, stehen zugleich die historischen Belege, aus denen sie sich immer erneut klarmachen können, *warum* sie so handeln sollen. Das geschichtliche Material, in der Königszeit aufgezeichnet und in den Prophetenschulen des babylonischen Exils bearbeitet, wird nun noch einmal einer Revision unterzogen. Und von da aus, wo sie jetzt stehen, wird plötzlich alles klar, eindeutig, nach einer durchgehenden Schicksalslinie erkennbar und bestimmbar: es hängt alles davon ab, ob sie sich dem göttlichen Auftrag zuwenden oder sich ihm versagen. Je nachdem neigt sich ihr Geschick zum Guten oder zum Bösen. Das klarzustellen, bemühen sich die Redaktoren, die den Büchern Jehoschua, Richter, Schemuël und Könige die endgültige Fassung geben.

Zwischen Gesetz und Geschichte, zwischen dem inneren und dem äußeren Leben standen von lange her die schöpferischen Interpreten, deren Lebensaufgabe es war, Zusammenhang von Gläubigkeit und Schicksal nachzuweisen: die Propheten. Zu ihren Lebzeiten haben sie oft in den leeren Raum hinein geredet. Jetzt wird jedes Bruchstück von ihnen gesammelt und als kostbares Gut registriert. Es ist nicht immer zu bestimmen, wer dieses und wer jenes gesagt hat, weil ihr Wirken so oft anonym war. Aber da den Redaktoren mehr an dem Material als an der philologischen Gewissenhaftigkeit lag, stellen sie die Aussprüche zusammen, so gut es gehen mag. So werden die Werke der Propheten unter der Bezeichnung

Jesaja, Jeremia, Ezechiel als eine Gruppe für sich kanonisiert, und anschließend daran zwölf »kleinere«.

Diese Schriftwerke sind ihre eigentliche und offizielle Verfassung, nach der sie leben und nach der sie regiert werden. Sie haben keinen König mehr, sondern nur den Hohenpriester als offiziellen Repräsentanten gegenüber der Umwelt. Das ist die logische und formale Folge einer theokratischen Staatsform. Aber nach innen hin ist der Hohepriester nur ein Funktionär, dem, streng genommen, nur noch die Tempelriten unterstehen. Neben ihm wirkt eine Art Senat, ein Rat der Ältesten, eine nicht mehr präzise zu umreißende Körperschaft, die das höchste Verwaltungsorgan und die oberste Gerichtsinstanz darstellt. Eine viel wichtigere Einschränkung erfährt die Priestergewalt aber durch eine Gruppe von Menschen, die, ohne gesellschaftlich oder körperschaftlich organisiert zu sein, der Zeit ihr charakteristisches Gesicht gibt: die Soferim.

Sofer heißt wörtlich nur Schreiber oder Schriftkundiger. Aber hier ist es die Bezeichnung für Menschen einer ganz eigenartigen Veranlagung und Tätigkeit. Sie sind die stillschweigenden Nachfolger Esras und Nehemias; Menschen, denen es ein Beruf wird, dem Volke den Inhalt seines Schrifttums zu vermitteln. Sie sind Lehrer, von niemandem berufen und von niemandem angestellt. Sie werden getrieben von dem Bedürfnis, dem Volke seine geistige Erbschaft aufzuschließen und es damit für das Leben doppelt aufnahmefähig zu machen. Sie sind die stärksten, sichtbarsten Exponenten einer Gesinnung, die mit dem Leben nach dem »Gesetz« Ernst machen will. Sie schätzen dabei richtig ein, daß viele Gesetze nur Rahmenvorschriften sind und daß das Leben in all seinen Formungen ständig wandelbar ist, während das Wort, an dem nichts geändert werden darf, für Zeit und Ewigkeit feststeht. Darum erwächst ihnen die doppelte Aufgabe, in immer neuen Forschungen zu umreißen, was das Gesetz erlauben und was es verbieten will. Wo das Gesetz nicht eindeutig auf die Lebensbeziehungen angewendet werden kann, bemühen sie sich um die Deutung. (Deutung = Midrasch.) Es ist nicht mehr nachweisbar, in welcher Form sie an der inneren Verwaltung teilnahmen, aber es ist durch Tradition ausreichend bezeugt, daß sie die Gestalter der jüdischen Nomokratie sind. Ihre Tätigkeit wird in dem Kernsatz zusammengefaßt: »Seid gelassen im Gericht, stellt viele Schüler aus und macht einen Zaun um das Gesetz.«

Mit der Auswirkung dieses Grundsatzes hat die Entwicklung des Judaismus einen vorläufigen Abschluß erreicht. Dieses Leben aus einem fixierten religiösen Bestand her schließt den Kreis ihrer Individualisierung vorläufig ab. Sie machen nicht nur einen Zaun um das Gesetz. Sie machen auch einen Zaun um sich selbst, indem sie sich noch endgültiger nach außen abriegeln und sich noch ausschließlicher an einen gegebenen Kreis von Gesetzen binden. Es tritt hier vor allem die Individualisierung ein als religiös lebende Einzelmenschen. Denn von dieser Zeit an werden ihnen die Grundlagen ihrer geistigen Existenz ausgeliefert. Sie werden dem Priester aus den Händen genommen, werden vom Tempel abgelöst und in jede Stadt, in jedes Dorf und in jedes Gebethaus hineingetragen. Die aus der Not geborene Einrichtung des babylonischen Exils, sich in Räumen zu gemeinsamer Andacht zu versammeln, wird nach der Rückkehr beibehalten und ausgebaut. Dem Tempel bleibt das Opfer in allen Graden und Abstufungen, aber in den Gebethäusern entsteht der individuelle Gottesdienst. Die *Zeiten* des Gottesdienstes sind ihnen vorgeschrieben. Aber im übrigen ist ihr Gebet, ihre Art; Gott zu dienen und zu erleben, ihnen selbst überlassen.

Dieses Dasein aus der Umzäunung darf aber nicht verstanden werden als eine völlige Abkehr von der Welt und Umwelt. Sie behalten ihre volle Empfängnisfähigkeit für alle Erscheinungen, die von außen an sie herankommen. Sie sind sogar in dieser Zeit imstande, sich eine neue Sprache anzueignen: die aramäische. Sie nehmen zugleich eine neue, einfachere Schrift auf, die Ktab Aschurit, abgeleitet von dem uralten semitischen Alphabet, aus dem allmählich die hebräische Quadratschrift erwächst. Auch neue Monatsbezeichnungen entnehmen sie der assyro-babylonischen und der aramäischen Sprache, ebenso, wie sie nach jenem Vorbild das Neujahr vom Frühling auf den Herbst verlegen. Solche Vorgänge sind für sich allein unwesentlich und uninteressant, aber sie sind symptomatisch für ihre zukünftige Haltung: sie leben in der Umzäunung, aber sie führen kein Leben außerhalb der Welt. Sie assimilieren sich nicht mehr, sondern assimilieren sich die Dinge, für die sie aufnahmefähig sind. Sie grenzen ab, in einer Weise, daß die Umwelt sie als Gesamtheit nicht mehr assimilieren kann. Sie schaffen sich durch diese Lebensart die technische Garantie für ihre Fortdauer. Wenn bisher noch von *Judaismus* gesprochen werden konnte, so kann dieser Vorgang in Wahrheit als die Geburtszeit des *Judentums* bezeichnet werden.

Man muß sogar sagen, daß dieses Leben in der Umzäunung erst wieder zu einer selbständigen Ursache dafür geworden ist, in die Umwelt hinüberzugreifen, denn wenn sie auch ihre Umgrenzung nicht aufgeben wollten, wünschten sie doch, sie tragbar zu machen. Die strenge Folgerichtigkeit eines auf nichts als Sittlichkeit und Heiligkeit gegründeten Lebens sucht sich ein Ventil, sucht für das Übermaß kristallener Helle die halbdunklen Winkel, in denen die Seele Sensation finden kann. Aus der Eindeutigkeit, mit der das Gute und Böse ihres Geschickes – als Folge sittlichen oder ungerechten Verhaltens – ihnen im Ablauf vorgezeichnet ist, suchen sie die Zweideutigkeit, die darin besteht, daß man das Geschehen des Bösen als das Werk von bösen Geistern ansehen kann. Die eranische Religion liefert ihnen die Vorbilder dafür. Da gibt es gute und böse Geister im Überfluß, die guten, die dem Ormuz, und die bösen, die dem Ahriman zugeteilt werden. Zwar lehnen die Juden es ab, die Welt in solchen Dualismus zu zerreißen, aber sie bevölkern doch aus dem gestaltenden Trieb den Himmel mit Engeln und die Tiefe mit bösen Geistern, schaffen sich aus dem Garten Eden ein Paradies und aus dem Tale Hinnom eine Hölle. Beides bedeutet einen Rückschritt gegenüber der klaren geistigen Konzeption. Die Engel sind ein malerischer Überfluß und die bösen Geister ein Ausweg. Indem sie sie akzeptieren, haben sie die Möglichkeit geschaffen, die Entscheidung von sich weg in das dämonisch belebte All zu verlegen. Es ist ja das Entscheidende in dieser Epoche, daß die »Religion« nunmehr jedem einzelnen überlassen und anheimgegeben ist. Daraus, aus diesem Beladensein mit religiöser Verpflichtung und Verantwortung, aus diesem abschließenden Akt der Individuation kann erst die religiöse Problematik entstehen. In der wesentlichen dichterischen Ausdrucksform der Zeit, in den Psalmen, wird nicht nur die stolze Freude besungen, dieser Gemeinschaft anzugehören, sondern es wird auch von der Erfahrung des Einzelnen her geklagt, gezweifelt und gebangt. Und in einem überaus wichtigen Punkte, in dem sie ihre Umzäunung besonders hart und schmerzlich empfinden, entlehnen sie wieder ein Element aus dem Kreise der eranischen Religion: im Begriff »jenseits«.

Schon in dem Buche Hiob, dessen Entstehung in der Zeit des babylonischen Exils wahrscheinlich ist, wird vergeblich und ohne Lösung das Problem aufgeworfen, warum ein Mensch, der nichts Unrechtes begangen hat, leiden müsse, während andere, die keiner Bösartigkeit ausweichen, ihr Leben in Freude und Wohlstand beschließen. Da sie ihren Gott nicht anders als gerecht denken können, suchen sie den Punkt, an dem seine Gerechtigkeit einsetzt. Sie finden ihn bei diesem Tatbestand nicht. Sie finden ihn nicht, so weit sie den Ablauf des irdischen Lebens und Geschehens überblicken können. Und weiter dürfen sie nicht blicken, denn ihre Religion lebt zwar in der wechselnden Einwirkung von Gott zum Menschen und vom Menschen zu Gott, aber sie hat die Erde als ihren Umkreis. Sich vor dem Himmlischen bewähren: ja. Aber hier, nicht dort; diesseits, nicht jenseits. Ist ein Leben abgeschlossen, dann ist es endgültig zu Ende. Es gibt da nichts mehr zu hoffen, zu büßen, zu reparieren. Im ursprünglichen Judaismus wird die Unsterblichkeit des Einzelnen verneint. Unsterblich ist nur das Ganze, die Gesamtheit, und zwar deshalb, weil es kosmisch gedacht und gesehen und erlebt ist. Jetzt aber, wo sie eine so hoch gespannte, so überaus verpflichtende und endgültige Ideologie realisieren müssen, gehen sie doch einen Schritt rückwärts. Unter dem Einfluß der eranischen Religion wird der Rückzug angetreten und der große Gedanke um so viel verkleinert, als die Schwäche des Einzelwesens und seine Furcht vor dem geringen Maß, mit dem man es gegenüber dem Begriff der Ewigkeit mißt, verlangen. Während die Engellehre für sie nur farbiges Beiwerk wird, nehmen sie eine Wiederauferstehung der Toten fast als Dogma auf. Sie kennen nicht das Fortleben des Individuums nach dem Tode. Aber zur Beschwichtigung aller Zweifel verlegen sie an das »Ende aller Tage« die Techiat ha'Methim, die Wiederauferstehung der Toten, als den Vorgang und den Zeitraum, in dem der letzte Ausgleich für alle Unbill des Lebens sich vollziehen wird. Das ist ein Rückschritt, der nur zu begreifen ist durch die Intensität, mit der das persönliche religiöse Erleben sie überfällt und beherrscht. Aber in den Kreis ihrer Umzäunungen einbezogen, rundet es ihre Gesamthaltung ab, aus der sie jetzt in den Stand gesetzt werden, ihre große historische Begegnung mit dem Griechentum siegreich zu bestehen.

VON DER BEGEGNUNG MIT GRIECHENLAND BIS ZUR BEGEGNUNG MIT DEM CHRISTENTUM

Griechenland Und Judäa

Die politische Belanglosigkeit der jüdischen theokratischen Republik gibt ihr zwei Jahrhunderte Ruhe, sich mit ihrer inneren Konsolidierung zu befassen. Dann setzt ein Vorgang ein, von dessen gewaltiger Erschütterung auch Judäa ins Schwanken gerät: der Zusammenstoß des Morgenlandes mit dem Abendland. Griechenland bricht in den Orient ein.

Bis zu diesem Punkte seiner Geschichte ist das Judentum schon vielen Völkern begegnet. Bei jeder Begegnung gab es noch diese oder jene Gemeinsamkeit, sei es in der semitischen Abstammung, der Sprachverwandtschaft, der Gewöhnung aus dem nachbarlichen Zusammenwohnen oder aus dem geschichtlichen Schicksal. Diese letzte Spur von Gemeinsamkeit hört auf, wie Juden und Griechen einander begegnen. Sie sind zwei verschiedene Komponenten des menschlichen Geistes. Sie stehen an den entgegengesetzten Polen der menschlichen Möglichkeit und Entscheidungsfähigkeit. Gerade diese Tiefe des Gegensatzes macht es den Juden unmöglich, auszuweichen oder die neue Macht zu ignorieren. Vor die Alternative gestellt, in dieser Begegnung ihre Individualität zugunsten des Griechen aufzugeben oder sie in erneuter Abgrenzung zu behaupten, stellt sie das Schicksal zugleich vor eine neue Aufgabe, die streng logisch auf dem Wege ihrer Entwicklung liegt: sich nicht nur in ihrer eng abgegrenzten Gemeinschaft, sondern auch in der *Welt* als Menschen theokratischer Verfassung zu behaupten.

Das erste Auftreten des Griechentums nehmen die Juden gleichgültig hin. Sie konstatieren ohne besondere Erregung, daß sie wieder einmal unter eine neue politische Oberhoheit gekommen sind. Sie erfahren, daß Alexander, Sohn des Mazedoniers Philipp, im Begriffe sei, den Traum eines Europa, Asien und Afrika umfassenden Weltreiches unter der Hegemonie der Griechen und des griechischen Geistes zu verwirklichen. Das persische Reich bricht vor diesem Anstoß zusammen. Alexander richtet seinen Zug weiter nach Süden, nach Ägypten. Auf dem Wege dahin, als beiläufiges Ergebnis, wird Judäa kampflos in den Kreis der Eroberungen einbezogen.

Wie nach Alexanders Tode (323) seine Diadochen sich um die Erbschaft des großen Eroberers schlagen, kommt Judäa zusammen mit einem Teil Cölesyriens unter die Botmäßigkeit des Ptolemäus Lagi, der Ägypten besetzt hat und von Alexandrien aus regiert. Vom Libanon bis an die Ufer des Indus richtet ein anderer Diadoche, Seleucus, ein mächtiges Reich auf. Das bedeutet für Judäa einstweilen nur, daß seine nördliche Diaspora politisch von ihm getrennt ist, während die südliche, ägyptische, einen ungewöhnlichen Aufschwung nimmt. Von ihr muß später gesondert gesprochen werden, nicht nur wegen der Verschiedenartigkeit ihres Schicksals, sondern auch um deswillen, weil Judäa und die südliche Diaspora auf den Angriff des Griechentums völlig verschieden geantwortet haben. Judäa paralysierte den griechischen Angriff. Die Diaspora zersetzte das Griechentum.

Judäa ist ein Jahrhundert unter der Botmäßigkeit der Ptolemäer, und es vollzieht sich in dieser Zeit die Begegnung mit dem griechischen Menschen. Der Jude hatte damals schon Kenntnis von seiner Existenz. Er wußte bereits aus den Propheten von den »Söhnen Javans«, den griechischen Sklavenhändlern von den ionischen Inseln her. Jetzt rücken ihm Griechen und griechische Mischlinge in schnellem Tempo näher. Rings um Judäa entsteht ein Kranz griechischer Kolonien. Judäa wird eine Enklave in einer Umgebung, in der die griechische Sprache und griechische Lebensformen sich täglich ausbreiten, nicht nur durch die ständig wachsende Zahl der Kolonisten, sondern auch durch die übergroße Bereitwilligkeit, mit der die nichtjudäische Umgebung sich diesem Ansturm einer neuen Kultur unterwirft. Judäa als geschlossenes Gebiet bleibt zunächst davon unberührt, aber seine Abhängigkeitsbeziehung zum ptolemäischen Ägypten bringt es mit Art, Haltung und Inhalt dieses neuen Kulturkreises in Berührung und läßt zum mindesten die Auseinandersetzung mit der *Lebensform* der Griechen auch für Judäa praktisch werden.

Die Lebensformen, die bei dem Judäer Anstoß erregten: die Verehrung vieler Götter, das leichte, zügellose Leben, Trinkgelage, Homosexualität, erotische Unbedenklichkeit auch auf anderem Gebiete, luxuriöses Leben, Befassen mit weltlichen Dingen und Wissenschaften und letztlich Turnen und Wettkämpfe nackter Männer und Jünglinge besagen natürlich als solche nichts, solange man nicht die seelische Grundhaltung bestimmt hat, aus der sie kamen. Die Judäer waren schon ein viel zu differenziertes Volk, als daß sie nicht hinter diesen äußeren Vorgängen deren tragenden Grund erkannt hätten. Sie erkannten hinter dem griechischen Künstler, dem griechischen Philosophen, dem Lebemann, dem erotischen Verschwender, dem heiteren Trinker, dem pessimistisch-höhnischen Gottverächter das Gemeinsame: den griechischen Menschen.

Hier ist eine grundsätzliche Bemerkung einzuschalten: es ergibt sich eine eigene geschichtliche Perspektive, wenn man einmal darauf verzichten muß, historische Abläufe nach künstlerischen, ästhetischen, literarischen Gesichtspunkten zu betrachten, und sie demjenigen Gesetz unterstellt, das für Wert und Entwicklung der Menschheit eine seit Jahrhunderten gleichbleibende Bedeutung besitzt: dem der menschlich-sittlichen Haltung. Vor solcher Betrachtung zerfallen die phantastischen Gebäude gutwilliger und zweckbetonter Geschichtskonstruktion in ein Nichts. Eine andere Art der Beurteilung ist aber dem Juden nie möglich gewesen. Er hat sie jedem Volk gegenüber zur Anwendung gebracht. Das macht ihn ungerecht gegenüber den einzelnen Erscheinungsformen, aber im höchsten Maße gerecht gegenüber ihrem Sinn.

Wer ist nun dieser griechische Mensch? Als was sieht ihn der Jude? Er kann ihn, wie jedes Volk das andere, nur aus dem Vergleich begreifen, und da ergeben sich lauter Gegensätze, selbst da, wo beide Völker von der gleichen Grundhaltung ausgehen.

Es ist die Grundhaltung beider Völker, daß ihr Leben vom Diesseits ausgeht und daß sie mit vollem Bewußtsein in *dieser* Welt leben. Aber was sie daraus gestaltet haben, liegt an den entgegengesetzten Enden der Möglichkeiten, wohin man auch sieht. Schon die primärste Organisation eines diesseitigen Lebens, die Errichtung eines Staates, verläuft bei den Griechen in einer Summe chaotischer Versuche. Alle ihre Staatsformen sind Experimente, die dadurch, daß sie bis zur überspitzten Konsequenz geführt sind, sich selbst ad absurdum führen. Ob sie eine Aristokratie, eine Tyrannis, eine Demokratie oder einen spartanisch-militärischen Kommunismus als Staatsform versuchen: immer vergewaltigen sie sich letzten Endes selber, immer wird auf einen Teil des Volkes Zwang und Bedrückung ausgeübt, immer ist das – oft geistvolle – Spiel mit der Staatsidee stärker als das Bemühen, eine Grundidee ihres Daseins in einer Staatsform zu realisieren. Mit Recht nennt Nietzsche sie die »Staatsnarren der alten Geschichte«. Die Spanne zwischen der Brutalität der Aristokratie, die das Volk zu einer dumpfen Hintergrundmasse herabzwängt, bis zum verbrecherischen Unfug des Ostrakismus zeigt nicht etwa eine Linie der Entwicklung, sondern die Gegenpole aus der Gesinnung einer Gemeinschaft, in der sich keiner durch den anderen und keiner durch den Begriff der Gesamtheit verpflichtet fühlt.

Dem steht in Judäa gegenüber eine zwar unfarbige und phantasielose, aber aus einer ungewöhnlichen Steigerung des Gemeinschaftsgefühles organisch und in klaren, übersichtlichen Linien erwachsene Staatsform, und, was wichtiger ist: der *Wille* zu einer Staatsform, die wirklich repräsentativ ist für Inhalt und Bemühen der Gemeinschaft.

Griechen und Judäer hatten weiter das Gemeinsame, daß sich bei ihnen Staat und »Kirche« in einem ungewöhnlichen Umfange deckten. Für die Griechen gilt, daß ihr Staat zugleich ihre Kirche war. Für die Juden: daß sie ihre Kirche im Staat realisierten. Aber aus den Funktionen dieses Staates ergibt sich bei den Griechen eine grenzenlose Willkür, die immer mit dem Gespenst der Anklage wegen Gottlosigkeit droht und die es vermag, Sokrates, Protagoras und Anaxagoras, die drei größten Denker des perikleischen Zeitalters, zu fällen, während in Judäa die besten Geister der Nation darauf bedacht waren, Staat und Kirche, Glauben und Gemeinschaftsform zu einer wirklichen und lebendigen Übereinstimmung zu bringen.

Was hier im Untergrunde den tiefen Unterschied ausmacht, ist die religiöse Begabung der beiden Völker und dementsprechend ihre religiöse Produktivität. Dabei ist der gröbste Unterschied nur der, daß aus dem Judentum der Monotheismus erwachsen war, während die Griechen aus ihrer gestaltenden Phantasie den Himmel mit einer Unzahl von Göttern bevölkerten, die, abgesehen von ihren genau abgezirkelten Machtbefugnissen, die Lust und die Unlust, die Vollkommenheit und die Unvollkommenheit, die Sauberkeit und die Gemeinheit des Lebens auf der Erde über den Wolken des Olymp getreulich und in vergröbertem Maßstabe kopierten. Ihr Respekt vor den Göttern war Dämonenfurcht. Dabei durchzog ihre Religion, ganz wie bei den Judäern, ihr gesamtes Dasein. In jedem Vorgang des öffentlichen und privaten Lebens waren die Götter leitend und mitwirkend. Aber eben dadurch bekamen sie die Funktion und die Wertung alltäglicher Gebrauchsgegenstände. Sie griffen sich ab, weil keine überragende und verpflichtende Idee hinter ihnen stand. Aber das Entscheidende war, daß aller Dienst vor den Göttern sie nicht daran hinderte, im Grund ihrer Seele an ihrer Existenz überhaupt zu zweifeln. Man war schon dazu übergegangen, sich die Entstehung ihrer Götter zu erklären, das heißt: ihre Götter rationalistisch zu begründen und ihnen damit den Todesstoß zu versetzen. Während die platonische Schule sich noch mit der ausweichenden Haltung beschied, es sei möglich, daß die Götter existierten, aus welchem Grunde es empfehlenswert sei, bei der bisherigen Götterverehrung zu verharren – erklärt Euhemeros die Götter als Menschen der Urzeit, die für hervorragende Taten in den Olymp versetzt seien, während die Stoiker in den Göttern Allegorisierungen der Naturkräfte erblickten.

Fremd wie das Wesen ihrer Religion und ihrer Gottheiten war zwischen Judäern und Hellenen auch der Sinn ihrer Theologie. Die der Judäer ist hier schon oftmals umrissen worden. Die der Griechen kann sowohl in den eleusischen Mysterien wie in der orphischen oder dionysischen Religion gefunden werden. Aber weder die handgreiflichen Versprechungen von Eleusis – glückliches Dasein und Befreiung vom Hades – noch die verhaltene Schwermut der von Pythagoras verkündeten orphischen Weisheit waren im wirklichen Sinne Volksreligion. Sie waren Angelegenheit einer Gruppe geistiger Menschen. Der griechische Mensch, als einer aus der Masse, also als der wirkliche und wichtige Träger der Religion, war seinem halben Zweifel an der Existenz der Götter und seiner halben Verzweiflung an ihrem Wert, ihrem Nutzen und ihrem göttlichsten Attribut, der Gerechtigkeit, schonungslos ausgeliefert. Seine wirkliche religiöse Begabung bestand in der Fähigkeit, religiöse Unruhe zu empfinden. Diese Haltung des griechischen Menschen war um so begreiflicher, weil schon seinen geistigen Führern, die doch über das Regulativ der Einsicht und der Erkenntnis verfügten, letztlich nur noch die Kraft zum Anklagen, zur Resignation und zum Nihilismus blieb. Von Theognis über Sophokles bis Euripides und Hippokrates geht die Linie des Zweifels, des Sophismus und der Resignation. Die erschütternde Aussage des Chors im Ödipus zwingt noch heute, diese Verzweiflung nachzufühlen: »Wie soll der Mensch in solcher Zeit die Brust vor Frevelmut bewahren? Wenn solches Handeln Ehre bringt, was tanzen wir noch vor den Göttern?«

Von hier aus begegnen sich in dem Griechen und dem Juden die Auflösung der Götterwelt und die Konsolidierung der Gottwelt.

Alle diese Differenzen erzeugen zusammengenommen eine Verschiedenheit, die bei der Begegnung von Völkern besonders in die Augen springen muß: die Verschiedenheit der inneren und der äußeren Lebensform. Über den Einfluß des Glaubens auf die Lebensform von Gemeinschaften braucht nichts Besonderes gesagt zu werden. Der griechische Mensch empfing wohl aus seiner Götterwelt entscheidende Einflüsse auf sein Tun und Lassen, aber er konnte von ihnen, da sie so zerrissen, so zwiespältig, so durchaus ihm und allen seinen Instinkten ähnlich waren, kein *Regulativ* empfangen. Die Lebensform des Judäers, im privaten wie im öffentlichen Zusammenhang, war Dienst an der Idee der Sichbewährung vor dem göttlichen Auftrag. Wem diente letztlich der Grieche? In jeder Form und in jeder Verkleidung: sich selbst; sich selbst in seiner Lebensfreudigkeit, seiner Not, seiner Heiterkeit, seinem Kunstwillen, seinem tiefen Denken und seiner tiefen Ohnmacht vor dem Sinn der Welt und des Lebens. Was ihn regulierte und hemmte, war außer der Dämonen- und Gespensterfurcht nur der Machtbereich des Nebenmenschen, der gleichfalls sich selbst diente. An ihn wurde kein sittliches Gebot, keine Forderung zur Eingliederung in die Interessen des Nächsten und der Gemeinschaft gestellt. Darum besaß der Grieche weder eine Ethik noch eine Moral.

Dieses Volk der subtilen, geschliffenen Denker, dieses Volk einer unerhörten wissenschaftlichen Aktivität, dem in seinen besten Geistern über dem Tun und über dem Ding immer die Idee des Tuns und die Idee des Dinges stand, hat nicht die Kraft und die Möglichkeit gehabt, die Idee einer ethischen Wirklichkeit zu begreifen. Sie besaßen eine ungewöhnliche Begabung für die Harmonie des Leibes, der Sprache, der Bewegung des Raumes, der Form. Sie besaßen nicht die Spur einer Begabung für die sittliche Harmonie. Daß einige ihrer Denker den Sinn einer persönlichen und sogar einer sozialen Ethik erkannt hatten, hinderte nicht, daß die Amoralität einen entscheidenden Charakterzug des griechischen Menschen bildete. Durch nichts gebunden und verpflichtet, was auch nur eine entfernte Ähnlichkeit mit einem Dekalog hatte, konnte ihre Sprache nicht einmal ein besonderes Wort für das ausbilden, was sittlich verwerflich ist. Es kommt hier nicht darauf an, über Moral zu räsonieren, sondern festzustellen, daß die Judäer, das Volk des stärksten moralischen Bemühens, dem Volke begegnen, das für das gesamte Altertum der Prototyp der Verlogenheit, Grausamkeit, Verleumdungssucht, Hinterlist, Faulheit, Eitelkeit, Bestechlichkeit, Habgier und Ungerechtigkeit war. Die Griechen sind das inhumanste Volk der Antike gewesen. Ihr aus dem Geschmack, dem Wissen, dem Intellekt gewiß begründeter Hochmut gegenüber den »Barbaren« hinderte sie nicht an der wildesten Barbarei in der Behandlung von Gegnern und Ländern, sei es fremden, sei es stammesverwandten. Die Eigenschaften, die ihnen ein Sokrates predigte und mit denen er die zwar ungemein farbige und brillierende, aber gänzlich orientierungslose Form des griechischen Lebens auffangen wollte: Tugend und Vernunft, blieben ihnen versagt.

Im übrigen fand die Begegnung der beiden Völker noch unter einem besonderen Aspekt statt, der in der zeitlichen inneren Situation des Griechentums begründet war. Das Hinaustragen der griechischen Kultur aus der Geschlossenheit des heimatlichen Bezirks in die Welt des gesamten Orients war zwar ein Zeichen der Fülle, aber es war eine nervöse, gereizte, labile Fülle, keine Fülle der Kraft und Sicherheit. Es war eine Explosion der Unruhe, nicht eine gelassene Ausbreitung schöpferischer Kraft. Den Judäern, die immer noch in einem mühevollen, oft harten und glanzlosen Aufbau ihrer Existenz und ihrer Formen begriffen sind, begegnet der Grieche, der Hellene, als übersättigter, überreizter, nihilistischer Mensch mit allen Anzeichen der Ermüdung und der Dekadenz. Sie hatten tausend Dinge in die Welt hineingedacht und geformt und erlebt. Die Welt hatte ihnen nichts zurückgegeben, weil der Himmel sich ihnen versagt hatte. Und da sie aus der Unruhe und aus der Unverbundenheit mit einer wahrhaften Gläubigkeit den Himmel einrissen, mußte auch die Erde unter ihren Füßen zerbrechen. Daß sie in dieser Situation einem Volke mit einer gelassenen, zuweilen hölzernen und skurrilen Sicherheit des inneren Besitzes begegneten, Barbaren ohne Skulptur und Lebensart, mußte ihrer Verachtung notwendig einen Einschuß von ohnmächtigem Zorn geben. Aus dieser Haltung des Hellenen mußte folgerichtig das antijüdische Gefühl, der Antisemitismus, geboren werden.

Alle diese Feststellungen sind ohne Werturteil gemeint. Die griechische Kultur konnte, gerade als sie dem Judaismus begegnete, zwar Weltkultur werden. Aber sie vermochte diese eine Kultur, die judäische, die ihr in Palästina und in der ägyptischen Diaspora entgegentrat, nicht zu erobern und aus ihrer Position zu verdrängen. Darum rannte sie, auf ihre überlegene militärische und wirtschaftliche Macht gestützt, mit einem Unmaß von Hohn, Lüge und Grausamkeit dagegen an. Sie ist gleichwohl der unterlegene Teil geblieben.

Das Zusammentreffen des hellenischen und des judäischen Kulturkreises erschöpft sich nun nicht etwa im Angriff des einen und in der Verteidigung des anderen, um zum Schluß den Status quo zu hinterlassen. Wenn Kulturen sich begegnen, muß selbstverständlich etwas daraus entstehen. So bleibt auch der Jude von dieser Begegnung nicht unberührt. Dadurch, daß die griechische Lebensform ihm nicht nur auf Schritt und Tritt begegnete, sondern ihm auch durch nackte Gewalt aufgedrängt werden sollte, wurde in ihm ein Widerstand ausgelöst, der logisch zu Ende gedacht wurde. Da alles das, was für den gemeinschaftsunfähigen Griechen nur Formproblem des Einzelnen oder bestenfalls einer Summe von Einzelnen ist, von dem Juden immer gleich auf die Gemeinschaft als solche bezogen wird, wird ihr eigenes Formproblem: Theokratie oder weltlicher Staat, noch einmal zur Entscheidung und Nachprüfung gestellt, noch einmal einem leidenschaftlichen Austrag anheimgegeben. Bisher handelte es sich um die Bewährung des theokratischen Systems innerhalb des eigenen Umkreises. Durch den Widerstand gegen die gewaltsame Gräzisierung wird die Frage der Bewährung der Theokratie in einer anders gearteten *Umwelt* praktisch. Es siegte letztlich der Geist der Religion, aber die weltlichen Elemente der unter dem Einfluß der griechischen Kultur eingesetzten Entwicklung gingen dabei nicht verloren. Insbesondere die ägyptische Diaspora hielt sie am Leben. So empfing das Judentum bei Wahrung seiner Eigenart vom Griechentum den Zugang zur Weltlichkeit und konnte von da aus über den Bestand des Griechentums hinaus sich die zeitliche Dauer in der Welt sichern.

Der erste Angriff des Griechentums, von Ägypten her importiert, wirkt in Judäa zunächst ohne aggressive Tendenz, lediglich durch die Tatsache der Anwesenheit griechischer Lebensform. Die Reaktion darauf durchläuft alle Grade, von der leidenschaftlichen Ablehnung über das wohlwollende Interesse bis zur begeisterten Zustimmung und zur Nachahmung griechischer Sitten. Es geht dabei von allem Anfang an schon ein unbewußter Zug zur Entscheidung und Sonderung durch das Volk; es entsteht schon der Keim für die Parteien, die sich später so bitter bekämpften. Während sich auf der einen Seite die Zahl derer mehrt, die sich zu der nasiräischen Lebensform aus der Zeit des Propheten Elijahu bekennt und die sich selbst die Strengfrommen, die Chassidäer nennt, entsteht um den Steuerpächter Tobias ben Joseph der Kreis derer, die in der Art des Griechen, sein Leben zu gestalten und zu genießen, ein schönes und wünschenswertes Ziel erblicken. Das bedeutet hier selbstverständlich mehr als nur die Annahme fremder Gewohnheiten, und das ist von den Judäern auch klar erkannt worden. Es bedeutet hier ein Sichbekennen zu dem Sinn, den diese Sitten in sich tragen, und die Aufdeckung einer Differenz, die *diese* Formulierung hat: verpflichtendes oder unverpflichtendes Leben, das Hingeben der Interessen für das Nichts oder für das Etwas, die Wendung des Geistes zum Ich oder zum Du.

Für die wirklich in der Theokratie lebenden Menschen war hier die Frage nach der Berechtigung eines solchen Lebensgenusses gestellt. Sie selber waren ja in allen, auch den geringsten Lebensäußerungen, auf die Enthaltsamkeit verwiesen, und zwar nicht aus der Askese, sondern aus dem biblischen Begriff der »Reinheit« und der »Heiligkeit«. Wenn man hinzunimmt, daß auch bei den Judäern, die sich wegen ihrer Sympathien stolz jüdische Hellenisten nannten, die Nachahmung der griechischen Sitten notwendig eine unvollkommene sein mußte (weil man schließlich eine fremde Art, die organisch zu Entwicklungsgang und Eigenschaften eines Volkes gehört, nicht einfach übernehmen kann), so wird um so mehr begreiflich, daß in der Masse des Volkes sich die Widerstände zu ungeahnten Energien zusammenballen mußten. Es wurde richtig erkannt, daß die Nachahmung griechischer Sitten ein Doppeltes bedeutete: Aufgabe der verpflichtenden Lebensart und damit Auflösung einer der entscheidenden Bindungen an das jüdische Volkstum, sodann, soweit religiöse Momente in Frage kamen, Rückfall in ein Magiertum, in eine längst überwundene Stufe geistig-religiöser Entwicklung.

Die Makkabäer-Kriege

Diese ausführliche Darlegung des Prinzipiellen in der Begegnung der beiden Kulturen scheint notwendig, um das nachfolgende historische Geschehen verständlich zu machen, insbesondere die Makkabäerkriege. Ihnen ist mit landläufigen Begriffen von Heldenmut und Freiheitskämpfen nicht beizukommen. Sie stellen – zum mindesten in ihrer ersten Epoche – etwas Ungewöhnliches dar: das theophorische Volk in Waffen für die Verteidigung der Theokratie; Kampf um des Friedens willen; Gewaltanwendung, um ein Leben in der Gewaltlosigkeit zu garantieren.

Die Einwirkung des Griechentums auf Judäa geht, so lange die Herrschaft der ägyptischen Ptolemäer dauert (320–198), von den Griechen und griechischen Mischlingen selbst nur passiv aus, eben durch die Tatsache ihrer Anwesenheit. Das ändert sich, wie der Seleucide Antiochius III., der Große, die Ägypter aus Cölesyrien vertreibt und Judäa damit ihm zufällt. Nunmehr ist Judäa gewissermaßen die südlichste Provinz Griechenlands geworden, es ist Bestandteil der mazedonisch-hellenistischen Wirkungssphäre im Orient, beherrscht von den Seleuciden, die für die friedliche wie für die gewaltsame Hellenisierung des Morgenlandes die leidenschaftlichsten Vertreter waren. Alle Nachbarschaft Judäas, die Küste, Galiläa, das samaritanische Gebiet und Transjordanien mit seiner Mischung aus Griechen, Syriern und Samaritanern unterliegt einem immer heftiger und schleuniger werdenden Prozeß der Hellenisierung. Die griechische Sprache verdrängt die aramäische. Der griechische Handel durchzieht den

Orient mit seinen Straßen und reißt die alten Grenzen ein. Das Griechentum ist im Begriff, aus dem Orient ein einheitliches kulturelles Gebilde zu machen.

Auch in Judäa verstärkt sich der Hellenisierungsprozeß. Dieses ständige Leben in der Anspannung und Gebundenheit, verschärft um die Strenge des Rituals, verlockt zum Ausbrechen in die Erregungen, Genüsse und Ablenkungen von Kleidung, Tafelfreuden, Theater, Volksbelustigungen, Sport und Wettkämpfen. Es bleibt da nicht bei einer unschuldigen Nachahmung, denn in einer Gemeinschaft wie der judäischen, wo alles auf letzte Konsequenz und auf das Prinzip gestellt ist, ist von der äußeren zur inneren Angleichung nur ein halber Schritt. Die Nachahmung der Sitte wird Assimilation an den Sinn der Sitte. Und diejenigen, die sich ablehnend verhalten, können nicht bei der Ablehnung verharren, sondern müssen sich darin bis zur Aggressivität überschlagen. Während so, im Laufe einer ganz kurzen, aber turbulenten Entwicklung, die Partei der Hellenisten zum völligen Verzicht auf Absonderung und Eigenart, zur bedingungslosen Akzeptierung des Hellenismus bereit ist, verschärfen die Gegner, die Konservativen, die Chassidäer, Schritt um Schritt die bindenden, absondernden Ritualgesetze und verbieten letztlich jede Beziehung und jeden Verkehr mit Griechen und Griechischem überhaupt. Aus der Verschiedenheit von Wertung und Auffassung sind Parteiungen geworden.

Die Umgebung, mit der Judäa lange Zeit nicht mehr gerechnet hat, wird jetzt wieder aus der Feindschaft gegen das abgesonderte, verschlossene, in seiner Selbstsicherheit etwas hochmütige Volk lebendig. Dabei ist zum ersten Male der griechische Einschlag ganz deutlich. Der Grieche beginnt überhaupt jetzt erst, da er den gegen sich gerichteten Widerstand spürt, den Juden zu entdecken. Und es versteht sich, daß er da nur den Barbaren findet, zudem einen Barbaren mit Anmaßung, weil er sich überlegen und ablehnend verhält. Daß der Grieche die ungepflegte, rauhere Sitte, die geringere Lebenskultur, den Mangel an Farbigkeit und Form als verachtenswert empfinden muß, versteht sich weiter. Aber was ihn zornig macht und ihn in einen Paroxismus der Wut treibt, wird aus dem Unterbewußtsein her ausgelöst: der Grieche begegnet in Glaube, in Ethos und in Gemeinschaftsform der anderen Seite, dem Extrem seiner selbst; dem, was er zwar nicht lieben kann, was ihm aber doch versagt ist. Und dieses Gebilde aus den entgegengesetzten Möglichkeiten seines Wesens, das ihm die Erkenntnis nahebringen konnte, wie man sich zu Welt und Himmel verhalten müsse, mußte er aus dem Drang zur Selbsterhaltung mit Notwendigkeit zu zerstören versuchen. Es ist von Historikern dieser Epoche gesagt worden, das Judentum sei für die Aufnahme des Griechentums noch nicht reif gewesen. Die Sache liegt anders: das Judentum bedurfte des Griechentums nicht, und was es dennoch von ihm aufnahm, hatte gegenüber seinem eigenen geistigen Bestand nicht die Kraft, ihm die Gesetze seiner Entwicklung vorzuschreiben. Der *Inhalt* seiner Existenz war dem Judentum längst gegeben. Der Kampf, der jetzt einsetzt, ist ein Kampf um die *Form*.

Der Vollstrecker des griechischen Machtwillens ist zu dieser Zeit Antiochus IV. Epiphanes. Er verbringt die entscheidenden Jahre seiner Entwicklung als Geisel in Rom und wird eine bedenkliche Mischung von Grieche und Römer in seiner ganzen geistigen Haltung. Er benutzt gerne die Möglichkeit, sich in die inneren Verhältnisse Judäas einzumischen. In Jerusalem amtet der Hohepriester Onias III. Sein Bruder Josua, der sich Jason nennt, ist Hellenist und strebt nach dem Amt seines Bruders, weil er zu Recht davon ausgeht, daß sich nur durch Beherrschung dieser Position Entscheidendes für die Gräzisierung tun lasse. Gegen eine entsprechende Geldleistung und die Zusage, in Jerusalem ein Gymnasium einrichten zu wollen, erreicht er (174) seine Einsetzung als Hoherpriester.

Nun dieses Amt einmal den Hellenisten ausgeliefert ist, kann es nicht ausbleiben, daß sie es so auswerten, wie sie es in den fortgesetzten Streitigkeiten ihrer hellenistischen Umgebung sehen: als Grundlage für persönliche Machtentfaltung. Einer der Hellenistenführer, Onias, der sich Menelaos nennt, verspricht Epiphanes eine noch höhere Geldleistung, wenn er Jason absetzen und ihn selbst einsetzen will. Der Seleucide hat kein Bedenken, das zu tun. Da Menelaos die versprochene Kaufsumme nicht leisten kann, bestiehlt er kurzerhand den Tempelschatz. Den verdrängten Hohenpriester Onias III., der ihn wegen Tempelraubes anklagt, läßt er ermorden. Während er sich zu seiner Rechtfertigung zu Epiphanes begibt, setzt sein Bruder Lysimachos in seinem Auftrage den Raub an den Tempelschätzen fort. Das Volk in Jerusalem rebelliert und erschlägt Lysimachos. Der Prozeß vor dem Seleuciden läuft so aus, daß der Tempelräuber und Mörder freigesprochen wird, dafür aber die judäischen Ankläger hingerichtet werden. Judäa bekommt den Geist zu spüren, der dem Leben in der griechischen Polis so oft sein Gepräge gab.

Während Antiochus Epiphanes sich zur Eroberung Ägyptens anschickt und ganz Judäa den Ausgang dieses Zuges mit Spannung erwartet, verbreitet sich die Nachricht von seinem Tode. Sofort ergreift das Volk die Gelegenheit, die Tyrannei schon in den Anfängen zu ersticken. Die Hellenisten wehren sich. In Jerusalem tobt der Bürgerkrieg. Aber Epiphanes lebt noch. Rom hat ihm den energischen Wink gegeben, Ägypten zu räumen. Er zieht ab und entlädt seine Wut über diese Niederlage und über den Widerstand der Judäer durch die Überrumpelung Jerusalems. Der Vollstrecker griechischer Kultur mordet wie ein Wahnsinniger in der Stadt. Er dringt in den Tempel ein und stiehlt, was seine Schützlinge noch nicht gestohlen haben. Aus griechischer Phantasie oder griechischer Verlogenheit läßt er verbreiten, die Judäer beteten in ihrem Tempel einen goldenen Eselskopf an, und er habe dort einen Griechen auf dem Bett gefesselt vorgefunden, der zu Opferzwecken gemästet worden sei. (Später wurden daraus Christenkinder.) Eine syrische Garnison bleibt in Jerusalem zurück, um Menelaos und die Hellenisten zu schützen. Aber damit macht die Hellenisierung noch keine Fortschritte. Im Gegenteil. Epiphanes hat durch seine Barbarei sich und dem Griechentum erbitterte Feinde geschaffen. Immer mehr Menschen entweichen aus Judäa und entfliehen nach Ägypten unter den Schutz der Ptolemäer. Die Anwesenheit der Juden bekommt der Seleucide zu spüren, wie er (168) einen zweiten Feldzug gegen Ägypten unternimmt. Wieder fällt ihm Rom in die Arme, und wieder rächt er sich an den Judäern. Es beginnt unter der Exekutive seines Feldherrn Apollonius ein erneutes Massenmorden in Jerusalem. Frauen und Kinder werden in Haufen auf die Sklavenmärkte geschickt. Die Stadtmauern werden eingerissen. Statt dessen wird inmitten der Stadt ein Festungsbau für die griechischen Truppen geschaffen, die Akra. Denn Epiphanes hat beschlossen, jetzt mit den Judäern und ihrem Widerstand gegen die Hellenisierung Schluß zu machen. Von der Verfolgung der Judäer geht er zur Verfolgung des Judaismus über. Er nimmt Judäa die Autonomie. Er hebt die Staatsverfassung des Landes, die Thora auf. Er verbietet die Befolgung des jüdischen Religionsgesetzes, besonders nachdrücklich die Vornahme der Beschneidung, die Feier des Sabbat und die Einhaltung der Speisevorschriften. Dagegen befiehlt er die sofortige Annahme des griechischen Staatskultes und den Vollzug von Opfern vor den griechischen Göttern. Um den Judäern die griechische Religion eindringlich zu machen, befiehlt er die Opferung von unreinen Tieren, insbesondere von Schweinen. In Jerusalem und allen Städten des Landes werden griechische Beamte eingesetzt, um den Vollzug dieser Maßnahmen zu überwachen und zu erzwingen. Der geringste Widerstand wird mit dem Tode bestraft. Gebethäuser werden zerstört, Thorarollen vernichtet oder verunreinigt, Menschen massenweise ermordet. Das religiöse Märtyrertum hat durch den Angriff Griechenlands auf Judäa seine besondere Form und seinen besonderen Inhalt bekommen.

In Jerusalem wird, im Dezember 168, der Tempel Jahves durch Aufstellen eines Götterbildes dem olympischen Zeus geweiht und ihm zu Ehren ein Schwein geopfert. Vor diesem »Greuel des Entsetzens«, dem

Schikuz meschoman, weichen immer mehr Menschen aus. In ganz kurzer Zeit ist Jerusalem eine halb verödete Stadt. Die griechischen Soldaten und Beamten und die jüdischen Hellenisten sind unter sich.

Aber in den Schlupfwinkeln am Toten Meere, in der Wüste und in den Gebirgshöhlen rüsten sich die Flüchtlinge und die Vertriebenen zu einem leidenschaftlichen Widerstand, ohne Erwägungen über das Mißverhältnis der Kräfte anzustellen. Eine Auseinandersetzung mit der griechischen Religion überspringen sie, weil es bei solch abgründiger Verschiedenheit nur das Ja oder das Nein gibt. Ja sagen die Hellenisten, Nein sagt die große Masse des Volkes, von den Chassidäern zu einem sinnlosen, aber heroischen Widerstand aufgestachelt. So verbreiten sich passive und aktive Gegenwehr über das ganze Land. Immer wieder werden Märtyrer geschaffen, weil sie es ablehnen, sterbenden und sinnlosen Göttern zu opfern. Immer wieder brechen aus den Verstecken Eiferer, die die fremden Altäre einreißen, Beamte verjagen und griechische Soldatentrupps überfallen. Epiphanes läßt ihnen bis in ihre Schlupfwinkel nachjagen und sie vertilgen, wo er sie findet. Er ist jetzt entschlossen, sie auszurotten. Aber durch diese Bedrohung gibt er dem Widerstand erst die rechte Kraft und Organisation. Die Familie der Hasmonäer macht sich zum Mittelpunkt des auf Wiedererlangung der religiösen Unabhängigkeit gerichteten Kampfes gegen Epiphanes und die von ihm vertretene griechische Kultur.

Der Stammvater dieser Familie, der Priester Mattathia ben Jochanan aus Modin, gibt zusammen mit seinen fünf Söhnen durch Tötung des königlichen Beamten und seiner Truppe und Niederreißung des griechischen Altars das Signal zu offenem Aufstand und zur Sammlung der Kräfte. Es wird mit allen im Lande Versprengten die Verbindung hergestellt. Es wird mit Rücksicht auf die vielen Chassidäer, die Strengfrommen, der Beschluß gefaßt, im Interesse der Sache notfalls auch am Sabbat zu kämpfen. Dann ergeht der Aufruf zum heiligen Kriege. Es ist einstweilen ein Kleinkrieg, der in dem schnellen Hervorbrechen und dem schnellen Verschwinden judäischer Kriegstrupps besteht. Aber er wird mit einer solchen Zähigkeit und wachsenden Sammlung der Kräfte geführt, daß Epiphanes sich dazu entschließen muß, ein reguläres Heer unter der Führung des Apollonius ins Treffen zu führen. Die Judäer, von dem Hasmonäer Juda, genannt Juda Makkabäus (der Hämmerer), geführt, nehmen den Kampf auf und bestehen ihn. Ein zweites, noch größeres Heer, das ihnen im gleichen Jahre unter Heron entgegengestellt wird, schlagen sie bei Bethoron (166). Ein drittes Heer unter Georgias, das zur völligen Vernichtung der Judäer bestimmt ist und das in sicherer Erwartung des Sieges gleich Sklavenhändler mit Geldbeuteln und Fesseln ins Lager kommen läßt, wird in der Nähe von Emmaus besiegt. Die Schar des

Juda Makkabäus wächst auf 10 000. Damit kann er im folgenden Jahre, 165, wie Epiphanes ein viertes Kriegsheer unter seinem Vertreter Lysimachos abschickt, bei Bethzur einen entscheidenden Sieg erringen und das ganze Land Judäa säubern. Er ist Herr des Landes. Der Weg nach Jerusalem ist frei. Er besetzt die Stadt, schließt die Hellenisten und den Rest der griechischen Besatzung in der Akra ein und besiegelt den Sinn seiner Kämpfe durch eine feierliche Neueinweihung des geschändeten Tempels. Von da an wird in der Judenheit das Chanuka, das Fest der Einweihung, der Erneuerung gefeiert.

Die Ruhepause, die das syrische Reich ihm infolge des Verlustes von vier Heeren notwendig gewähren muß, benutzt Juda Makkabäus zu einem organisatorischen Akt, der wie ein Symbol der Sammlung und Konzentration gegen die Auflösungstendenz der Hellenisten wirkt. Er schickt seinen Bruder Simon mit einem Teil des Heeres nach Galiläa, um die dort seßhaften, von der griechischen Umgebung bedrückten und befeindeten Juden zu befreien und zur Ansiedlung nach Judäa zu führen. Er selbst zieht mit dem gleichen Ziel zur Befreiung der Juden in das Gebiet von Gilead im Ostjordanland. Nach dieser Konzentration der Kräfte sorgt er dafür, daß das Land vor der aufgehetzten Nachbarschaft Ruhe bekommt. Zuletzt macht er sich an die Eroberung der Akra, der letzten griechischen Position im Herzen Judäas.

Epiphanes ist inzwischen, wahrscheinlich im Wahnsinn, gestorben. Sein Nachfolger, Antiochus V., setzt alles daran, diesen letzten griechischen Stützpunkt, die Akra, zu erhalten. Es rückt das fünfte Heer unter Lysias an. Die Judäer sind dadurch im Nachteil, daß gerade das Schemita-Jahr angebrochen ist, in dem das Feld nicht bebaut werden darf. Folglich sind die Nahrungsmittel knapp, die Truppen geschwächt und der militärischen Übermacht des Lysias nicht gewachsen. Sie müssen eine Belagerung Jerusalems hinnehmen. Immerhin reicht ihr Widerstand bis zu einer Zeit, in der Lysias wegen Unruhen an der parthischen Grenze abziehen muß. Es kommt (163) ein Friedensschluß zustande, in dem alle Verordnungen des Epiphanes aufgehoben werden und Judäa seine volle Religionsfreiheit garantiert wird. Dagegen muß es seine Befestigungen schleifen. Die griechische Besatzung verläßt die Akra; mit ihr ziehen die extremen Hellenisten ab. Die jüdische Theokratie hat de facto seine Widerstandskraft gegen den hellenistischen Polytheismus bewiesen.

Aber damit ist die innere Parteiung noch nicht erledigt. An die Stelle der extremen sind die gemäßigten Hellenisten getreten. Ihr Führer Alcimus veranlaßt erneut die Einmischung Antiochiens, wo jetzt Demetrius die Dynastie führt. Er erreicht unter dem Schutz syrischer Truppen die Einsetzung zum Hohenpriester. Juda Makkabäus antwortet sofort darauf, indem er Jerusalem verläßt und hartnäckig das Land zum erneuten Kampf aufruft. Ein Heer unter Nikanor rückt als Strafexpedition ein. Juda schlägt es bei Kephar-Salama (161). Nikanor kommt mit einem verstärkten Heer zurück. Er wird geschlagen und getötet (160).

Diese beiden letzten Kämpfe, die als solche eine ganz erhebliche militärische Leistung darstellen, bedeuten zugleich den entscheidenden Umbruch in der Zielrichtung der Hasmonäerkämpfe. Mit dem Friedensschluß vom Jahre 163 und der Aufhebung der Religionsbeschränkung hatte an sich das Ziel der Bewegung als erreicht zu gelten. Der frühere Zustand der inneren Autonomie, unter dem sie fast vier Jahrhunderte gelebt hatten, war wiederhergestellt. Insbesondere die Chassidäer vertraten diesen Standpunkt und waren geneigt, sich mit der politischen Oberhoheit der Seleuciden abzufinden, wie sie sich mit den vorhergehenden abgefunden hatten. Aber die Wucht der Reaktion gegen den griechischen Angriff schießt über das Ziel hinaus. Der Begriff der Freiheit wird von den Hasmonäern auf das Gebiet der politischen Freiheit, also der staatlichen Selbständigkeit, ausgedehnt. Während die Formgestaltung aus dem religiösen Prinzip her wachsen will, wächst doch zugleich das weltliche, das antitheokratische Element, also letzthin doch ein griechisches.

Juda Makkabäus leitet dieses Bestreben ein, indem er mit dem römischen Senat ein Schutzbündnis eingeht. Aber ehe es sich auswirken kann, greift ihn, den man jetzt als einen Verletzer des Friedensvertrages und als Rebellen betrachten kann, ein neues syrisches Heer unter Bakchides an. Die Einstellung der Chassidäer bringt ihn um den größten Teil seiner kämpfenden Anhänger. Mit 3000 Mann muß er sich 20 000 Mann zum Kampf stellen. Er unterliegt und fällt bei Alasa (Eleasa) im Frühjahr 160.

Bakchides verfolgt die zersprengten Anhänger bis in die letzten Schlupfwinkel hinein. Aber die Hasmonäer sind eine Familie von unerhörter Zähigkeit. An die Stelle Judas tritt sofort sein Bruder Jonathan. Er ist nicht der Kriegsheros, sondern der gelassene und geduldige Diplomat. Er verschwindet mit dem Rest der Anhänger in den Wüsten am Toten Meer. Er schweigt und sammelt Truppen. Bakchides hält seine Mission für erledigt und zieht ab. Sofort rührt sich Jonathan, verfolgt die Hellenisten im Lande und vermehrt dabei seine Anhänger. Verdrossen muß Bakchides zurückkommen. In einer endlosen Reihe von kleinen Fehden, Angriffen, Hinterhalten und Überrumpelungen wird der Feldherr zermürbt und seine Armee beinahe aufgerieben. Zu einer Schlacht stellt Jonathan sich nie. Drei Jahre treibt er diese Zermürbungstaktik. Dann bietet er dem Syrer Einstellung der Feindseligkeiten an. Der greift gerne zu. Es wird ein Vertrag abgeschlossen, wonach die Hasmonäer die syrische Oberhoheit anerkennen, aber im Inneren von jeder Einmischung frei bleiben, insbesondere von jeder Einwirkung auf das Hohepriesteramt. Nach Jerusalem freilich darf Jonathan nicht hinein. Dort sitzt eine syrische Garnison und beschützt eine Regierung, die keine ist. Die wahre Regierung zieht mit Jonathan in Mikmas ein.

Dort wartet der Hasmonäer und bereitet sich auf die nächste Gelegenheit vor. Sie muß kommen, denn diese zerfahrenen Machtverhältnisse im Seleucidenreich, dieser unorganischen Anhäufung von eroberten und gewaltsam beherrschten Gebieten, müssen Katastrophen hervorbringen. Schon nach wenigen Jahren (153) tritt gegen Demetrius ein falscher Demetrius auf, Balas Alexander aus Smyrna. In diesem Kampf braucht Demetrius die in Judäa zurückgelassenen Truppen. Er gestattet Jonathan eigene Truppenwerbung zum Zwecke der Landesverteidigung. Jonathan nimmt diese Gunst an und besetzt sofort Jerusalem. Aber auch Balas Alexander wirbt um ihn und ernennt ihn zum Hohenpriester. Auch das nimmt Jonathan an. Er vereinigt damit das höchste Amt im Lande mit der Führerschaft der nationalen Partei. In richtiger Abschätzung der Kraftverhältnisse unterstützt er den falschen Demetrius und wird nach dessen Thronbesteigung formell zum Oberhaupt Judäas eingesetzt.

Wie Balas Alexander vom Schauplatz abtritt, ist Jonathans Machtstellung schon so gewachsen, daß der neue Herrscher, Demetrius II., ihn nicht einmal an der Belagerung der Burg Akra zu hindern wagt. Im Gegenteil braucht er die Hilfe des Hasmonäers zur Niederwerfung eines Aufstandes der Bevölkerung in Antiochien. Er verspricht ihm dafür weitere Freiheiten und Räumung der Akra. Da er, aus der ärgsten Bedrängnis befreit, sein Versprechen widerruft, kündigt ihm Jonathan die Gefolgschaft. Mit dem neuen Kronprätendenten Antiochus VI., der von Trypho bevormundet wird, schließt er einen Vertrag, wonach ihm alles gewährt wird, was Demetrius II. ihm versprochen hat. Dagegen hat er dem Prätendenten militärischen Beistand zu leisten. Die Erfolge, die er in Judäa und den angrenzenden Gebieten erzielt, sind so auffällig, daß Trypho ängstlich wird. Er lockt Jonathan unter dem Vorwand freundschaftlicher Verhandlungen in sein Lager, nimmt ihn gefangen und tötet ihn.

Sofort ist der nächste Hasmonäer-Bruder, Simon, auf dem Plan. Er läßt sich vom Volke in Jerusalem offiziell als Führer wählen und wirft Tryphos Heer zurück. Dem Demetrius II. bietet er seine Hilfe an, aber nicht mehr als Vasall, sondern als freier und selbständiger Bundesgenosse. Demetrius nimmt die Hilfe unter der gesetzten Bedingung an. Judäa wird offiziell von jeder Tributleistung befreit. Seine Anerkennung als unabhängiger Staat ist vollzogen (142). Das letzte, an Unfreiheit erinnernde Bollwerk, die Akra, wird belagert und eingenommen (141). Das Volk besiegelt den neugeschaffenen Zustand, indem es Simon zum Hohenpriester ernennt, ihm die weltliche Gewalt der Heerführung überträgt und ihn mit dem Titel »Fürst« an die Spitze des Gemeinwesens stellt.

Damit hat, soweit Judäa in Frage kommt, die Begegnung zwischen Griechentum und Judentum vorläufig ihren Abschluß erreicht.

Rom Und Judäa

Mit dem Aufstieg des Hasmonäergeschlechtes, mit dem siegreichen Kampfe, den ein winziges Volk um der Freiheit seiner Ideale willen gegen eine politische und kulturelle Großmacht der Zeit führt, setzt zugleich die Geschichte der Juden mit einer neuen Phase und mit einem harten dramatischen Akzent ein. Aus dem leidenschaftlichen Willen des Volkes, die Gesetze ihres Werdens und ihres Ablaufs nach der Stimme in ihrer eigenen Brust zu gestalten, entwuchs ihm ein taugliches, heroisches Instrument. Aber in der Sekunde, in der das Ziel erreicht ist, wird dieses Instrument eine selbständige Kraft, wird das bisher Dienende eigenlebig und setzt sich seine eigenen Zwecke. Die Hasmonäer hören auf, Vollstrecker des Volkswillens zu sein; sie werden Anwärter auf das, was ihnen die Umwelt suggeriert: Exponenten des Machtwillens, Imperialisten, Despoten. Aber das Volk hat diese Regenten zu anderem Zwecke aufgerufen. Es wollte den Führer in des Wortes tiefster Bedeutung, den Menschen, der im Sinne und im Geiste der vertrauenden Gefolgschaft vorangeht und hilft. Sie erheben ihn, wie er das Ziel erreicht hat, zum Fürsten. Aber sie verweigern ihm die Gefolgschaft, wie er von dieser Machtstellung aus zu eigener und ihnen fremder Zielsetzung aufbricht. Volk und Regentschaft fallen auseinander. Jedes lebt seine eigene Idee. Ihre Interessen treffen sich nur gelegentlich und zufällig. Das Böse hingegen, das den Regenten aus ihrer falsch aufgefaßten Stellung zum Geschick wird, zermalmt zugleich sie selbst und das Volk und den Staat.

Simon, der Fürst, der letzte der Hasmonäerbrüder, tut an sich nur das, was vernünftige Voraussicht für die Existenz des Staates Judäa bedeutet: er befestigt die Grenzen des Landes. Aber schon sein Nachfolger und Sohn Jochanan Hyrkanus treibt Eroberungspolitik. Er will einen großjüdischen Staat haben. Darum durchbricht er die Umklammerung durch die benachbarten Kleinstaaten und Stadtschaften durch ihre Unterwerfung. Er besetzt den wichtigen Hafen von Jaffa und öffnet seinem Lande wieder den Handelsweg. Wohl war das alles judäisches Gebiet, aber der Teil des Volkes, dem nur an der geistigen Autonomie liegt, läßt selbst diese formelle Legitimation nicht gelten. Zudem tut Jochanan Hyrkanus etwas, was in der Geschichte der Juden sich jetzt einmalig ereignet und was sie mit Mißtrauen und dunklen Ahnungen betrachten: er stellt die Idumäer vor die Wahl, ihr Gebiet zu verlassen oder zum Judentum überzutreten. Diese Bekehrung mit dem Schwerte, die später ein wichtiger Machtfaktor des Christentums und des Islam wurde, löst den berechtigten Gedanken aus, daß Glaube eine Sache der Herzensentscheidung und nicht des geduckten Nackens sei. Der freiwillige Übertritt zum Judentum war ihnen bekannt. Jetzt lernten sie den erzwungenen kennen. Sie mußten dafür die furchtbare Vergeltung des Geschickes entgegennehmen: aus den Idumäern wurde ihnen Herodes gegeben.

Es konnte das Volk nicht versöhnen, daß mit der politischen Macht der Wohlstand des Landes wuchs. Sie waren nicht Untertanen. Sie hatten eine Idee zu vertreten und stellten demgemäß an ihren Regenten bestimmte Forderungen. Aus der mangelnden Übereinstimmung in den Zielen von Volk und Regierung erwuchs jetzt diejenige Aufteilung des Volkes in Parteiungen, die den Rest seiner staatlichen Existenz mit erbitterten und blutigen Kämpfen erfüllte.

Es versteht sich, daß die Hasmonäer ihren Anhang hatten, wie jedes Königtum ihn hat. Er bestand aus der herkömmlich Aristokratie genannten Schicht und aus denen, deren Existenz mit einer Dynastie verbunden ist. Es gehörte dazu aber auch derjenige Teil der Gesellschaft, der aus der Berührung mit der griechischen Kultur die Staatlichkeit einer Nation nur noch nach dem Vorbild der Umgebung begreifen wollte. Alle diese Gruppen, die in ihrer Gesamtheit die Partei der Sadduzäer darstellten und die in ihrer geistigen Verfassung als die Nachfolger der gemäßigten Hellenisten aus der Zeit der seleucidischen Herrschaft bezeichnet werden können, lehnten keineswegs die Religion und die verbindliche Kraft ihrer Gesetze ab, aber sie stellten den Staat unbedingt über die Religion. Darum bekämpften sie diejenige Entwicklung der religiösen Idee, die immer neue Umzäunungen aufrichtete, die in jede Funktion des privaten Alltags, der Politik und der öffentlichen Betätigung hineingriff. Sie erkannten nur das als Gesetz an, was im Pentateuch geschrieben stand, und an mündlichem Gesetz nur das, was sich klar und eindeutig aus dem geschriebenen Wort ableiten ließ. Sie verstanden nicht, daß die ständige Erweiterung des Gesetzes ja nur dem Versuch diente, die ständig wechselnden Lebensbeziehungen im Geiste der überlieferten Lehre zu erfassen und zu gestalten. Gerade diese Dinge wollten sie nach den Gesetzen regeln, die sie aus ihrer Bekanntschaft mit der griechischen Kultur und dem griechischen Denken kennengelernt hatten.

Die Sadduzäer waren eine Minderheit, aber ungewöhnlich stark durch ihre politische Position. Ihnen gegenüber standen die Pharisäer, die man nur in ihrer Eigenschaft als Gegner der Sadduzäer eine Partei nennen kann, weil sie in Wirklichkeit die überwiegende Mehrheit des Volkes darstellten. Sie wurden geführt von den Besten der Zeit, den Gelehrten und den Schriftkundigen, den direkten Nachfolgern der Soferim und Chassidäer.

Der Begriff der Pharisäer ist aus der tendenziösen Darstellung der Evangelien zu einer Vorstellung erstarrt, die völlig falsch ist. Die Pharisäer sind die konsequenten Fortsetzer der theokratischen Idee. Sie haben die Propheten begriffen und aus der Betrachtung des Weltgeschehens und dem eigenen Schicksal immer wieder erlebt, was die Sadduzäer nicht begreifen wollten: daß das Tun des Einzelnen und der Gesamtheit unter allen Umständen an einem festen Maßstabe gemessen werden müsse, wenn anders das Geschehen nicht als sinnbetont, sondern als zufälligsinnlos erscheinen soll. Diesen Maßstab fanden sie da, von wo aus sie lebten: in der Verpflichtung zur Realisierung eines sittlichen Daseins. Erst kommt die Idee des Handelns, dann die Handlung. Nicht umgekehrt. Über allem steht die sittliche Forderung und die Form, in der sie ihren Niederschlag findet: das Gesetz. Auf das Politische übertragen und im Gegensatz zu den Sadduzäern heißt das: der Staat ist nicht Selbstzweck. Mit ihm und für ihn soll nichts geschehen, was über die Notwendigkeiten der Theokratie hinausgeht. Keine Eroberungspolitik, sondern Konsolidierung nach innen. Verzicht auf den Ruhm der politischen Nation zugunsten der geistigen Nation.

Darum entbrennt der Kampf der Parteien zuerst. Es ist vorläufig noch ein reines innenpolitisches Machtproblem, das hier erwächst. Es wirkt sich aus in dem Versuch, auf die Regierung als die repräsentative und auf das Synhedrion als die gestaltende Organisation des jüdischen Staates Einfluß zu nehmen. Die religiösen und kulturellen Differenzen sind erst eine Folgeerscheinung aus der Zeit, da die Grundfesten des Staates schon erschüttert waren und die politische Kontroverse mehr und mehr gegenstandslos wurde. Darüber ist später zu sprechen.

Es entsteht in dieser Zeit, wo es in der Geschichte des jüdischen

Volkes wieder einmal um die Entscheidung geht, noch eine andere Gemeinschaftsform von besonderer Eindringlichkeit: die Essäer. Man kann sie nicht eine Partei nennen, weil ihnen das Element der politischen Betätigung abgeht. Man kann sie auch nicht eine Sekte nennen, weil sie sich nicht aus religiösen Differenzen abgespalten haben. Sie sind eine Gruppe von Menschen, die als erste sich dazu verstanden haben, sich aus dem schweren, dauernd lastvollen Geschick ihres Volkes dahin zurückzuziehen, wo die Seele ihren Frieden mit Gott machen kann, da es ihr scheinbar verwehrt ist, mit der Welt in Frieden zu leben. Sie verneinen weder die jüdische Religion noch das jüdische Volkstum. Aber sie können nicht mehr mitkämpfen. Übermächtig ist in ihnen der Drang geworden, diese Sorge anderen zu überlassen und sich mit der ewig bedrohten Region ihrer Existenz, der Seele, in die Einsamkeit, in die Stille und Betrachtung, in die Mühelosigkeit des »Reiches nicht von dieser Welt« hineinzuflüchten. Alles hat sie enttäuscht und müde gemacht, was da draußen in der Welt in Kriegen und Parteiungen gekämpft worden ist; auch alles, was in solchen Zeiten der Not an Kriegselend, Bedrückung, Religionszwang, Hunger, Verfolgung, Blutvergießen und Unruhen das Land durchtobt hat. Sie knüpfen dort wieder an, wo vor Jahrhunderten die Nasiräer begonnen haben. Sie meiden die Städte und ihre Lebensart. Sie richten am einsamen Rande des Toten Meeres, in Engedi, ihr Zentrum auf, schlicht und streng in Kleidung und Lebensführung, bedürfnislos und ohne persönliches Eigentum. Sie geben alles, was sie besitzen, der Gemeinschaft in Verwaltung. Sie sind die ersten Kommunisten. Sie halten gemeinsam ihre Mahlzeiten, die durch das Gebet eine religiöse Prägung bekommen und Vorläufer des Abendmahles sind. Sie erstreben die Reinheit im biblischen Sinne und symbolisieren sie durch tägliche Tauchbäder, die Vorläufer der Taufe. Sie halten unter sich eine strenge Disziplin, lassen neue Mitglieder nur nach mehrjähriger Prüfungszeit zu und halten sehr darauf, daß der Novize ehelos sei, weil er in der Ehe die Gesetze der lewitischen Reinheit nur sehr erschwert erfüllen kann. So sind sie auch Vorläufer der Ordensbildung, des Klosterlebens und des Zölibats.

Jede Kraft, die nicht den bescheidenen Bedürfnissen des Tages gehört, verwenden sie auf die Erreichung ihres Zieles: der wachsenden Gemeinschaft mit Gott. Sie bilden ihre besonderen Geheimnisse aus, wie man sich ihm nähern könne. Sie kennen mehr als einen Gottesnamen und können ihn auslegen und verwenden, ein Geheimnis, das sie nur den Auserwählten unter ihnen in feierlicher, mystischer Zeremonie ausliefern. Von ihrem mystischen Werben um Gott nehmen sowohl die Kabbala wie auch die christliche Gnosis ihren Ausgang. Sie ziehen viele magische Elemente in ihre Lehre hinein. Sie bevölkern den Himmel und die Erde mit Geistern. Besonders von den bösen Geistern, den Schedim, wissen sie, daß sie Menschen überfallen und sich in ihnen festsetzen. Darum nehmen sie Beschwörungen und Austreibungen vor, die dem schlichten Volke einleuchten und mit denen es schon einen Sinn verbinden kann, wie später Jeschu von Nazareth ein Gleiches tut.

So entwächst diese Gemeinschaft um der individuellen Entfaltung der Seele willen dem lebendigen Dasein des Volkes, entwächst in der mystischen Vertiefung sogar der Welt und sehnt sich nach dem endgültigen Abschluß, dem »Himmelreich«, dem Reiche, das nicht von dieser Welt ist.

Jochanan Hyrkanus, der an sich bereit ist, es mit allen Parteien zu halten, muß erfahren, welche Einschätzung ihm das pharisäisch gesinnte Volk zuteil werden läßt. Man traut ihm nicht zu, daß seine äußere Politik ihm noch Zeit läßt, an das zu denken, was das Volk beschäftigt. Darum legt man ihm nahe, auf die Würde des Hohenpriesters zu verzichten. Das kränkt ihn maßlos. Er stützt sich fortab völlig auf die ihm ergebenen Sadduzäer und besetzt mit ihnen die Position, die den Pharisäern so wichtig ist: das Synhedrion. Damit stehen Regierung und Aristokratie gegen das Volk. Die Pharisäer verzeihen weder dem König noch den Sadduzäern den Einbruch in ihren geheiligten Bezirk. Aus dem Gegensatz von Parteiauffassung wird in einer sehr schnellen Entwicklung der Haß von Gegnern, von wirklichen Feinden, die sich nach dem Leben trachten. Zehn Jahre nach seinem Tode, unter der Regierung des Alexander Jannäus ist bereits der Bürgerkrieg reif. Jannäus ist ein Mann nach dem Herzen der Sadduzäer: griechisch gebildeter Weltmann, Despot, Krieger. Er lebt nur für seine Feldzüge. Das Volk muß zahlen und Soldaten stellen. Seine Funktion als Hoherpriester benutzt er, um das Volk durch Abweichungen von der ihm wichtigen Tradition zu reizen. Er läßt im Tempel während eines Feiergottesdienstes seine Söldner in die Menge einhauen, die nicht mit ihm zufrieden ist. Bis dem Volke die Geduld reißt und es zur Waffe greift. Diesen König wollen sie nicht, selbst wenn er, wie seine Vorgänger, das Staatsgebiet erheblich erweitert. Sie kämpfen sechs Jahre gegen ihn, bis er versteht, daß er gegen die Mehrheit seines Volkes nicht regieren kann, und die Hand zum Frieden bietet. Aber sie wollen nicht mehr. In einem Paroxismus von Wut gegen diesen Soldaten und Philhellenen rufen sie syrische Truppen ins Land, um sich mit deren Hilfe von ihrem König zu befreien. Jannäus wird vernichtend geschlagen und irrt als mittelloser Flüchtling umher. Da erbarmt sich das Volk seiner und jagt die Syrer wieder zum Land hinaus. Aber Jannäus zeigt, daß er die Schule seiner Umgebung absolviert hat. Kaum wieder in seine Rechte eingesetzt, läßt er 800 Pharisäer in Jerusalem kreuzigen. In der Nacht darauf fliehen 8000 Pharisäer in das

Ausland. Bei den gegenseitigen Parteikämpfen sollen 50 000 Mann umgekommen sein.

Der Riß ist unheilbar. Selbst als nach Jannäus' Tode seine Witwe Salome-Alexandra die Regierung übernahm und durch ihr kluges Regiment das Land ruhig und zufrieden machte, nutzen die Pharisäer und die zurückgekehrten Flüchtlinge doch zunächst die Sympathien der Königin und die ihnen eingeräumte Macht dazu, sich an den verhaßten Sadduzäern zu rächen. Die endgültige und katastrophale Verwicklung setzt unmittelbar nach ihrem Tode ein. Sie hat zwei Söhne, Hyrkan und Aristobul. Hyrkan, ein völlig belangloser, unselbständiger Mensch, ist Hoherpriester. Nach dem Tode seiner Mutter muß ihm der Thron zufallen. Aber Aristobul, das Ebenbild seines Vaters, beansprucht ihn für sich. Unter der Drohung eines Heeres, das gegen Jerusalem rückt, willigt Hyrkan in eine Teilung der Funktionen: er beschränkt sich auf das Amt des Hohenpriesters. Aristobul wird König. Die Sympathien des Volkes sind auf seiten Hyrkans, die der Sadduzäer auf seiten Aristobuls.

Aber Sympathie und Antipathie haben keine Bedeutung mehr gegenüber dem Schicksal, das sich hintergründig aufrichtet. Diese Monarchie, die von dem ihr zugewiesenen Wege abgewichen war, mußte notwendig da landen, von wo sie ihre geistige Nahrung bezog: in der Sphäre der Weltpolitik nach griechischem und römischem Muster. Sie hatte folgerichtig sich mit dem gleichen Schicksal abzufinden. Und um den Eindruck gerechten Ablaufs zu vertiefen, mußte ihre eigene Sünde ihr den entscheidenden Stoß versetzen. Die Einmischung Roms in die judäischen Verhältnisse ist bedingt durch die Tätigkeit eines Mannes aus dem Volke, das Jochanan Hyrkanus gewaltsam zum Judentum bekehrt hatte, durch den Idumäer Antipater.

Antipater, Sohn des idumäischen Statthalters Antipas, dieses neue, unfreiwillige Mitglied des jüdischen Staates und der jüdischen Religion, hatte mit vielen anderen Landsleuten den Weg nach Jerusalem gefunden, um von der neuen Situation das denkbar Mögliche an Nutzen zu ziehen. Über die jüdische Aristokratie, die den Proselyten gern empfängt, findet er den Weg zu Hyrkan, dem Hohenpriester. Es entsteht eine unheilvolle Kombination. Hyrkan ist schlaff, unselbständig, gutmütig, dumm. Antipater ist klug, kühl, berechnend, ohne eine Spur von Skrupel. Er begreift sehr bald seinen Einfluß auf diesen Schwächling und die ungeheuren Chancen, die für ihn selbst darin liegen. Er bringt ihn in völlige Abhängigkeit von sich, bis Hyrkan sein totes Werkzeug ist. Alles, was jetzt an katastrophalen Dingen geschieht, entwächst einem Gedanken aus dem Gehirn dieses Mannes, der jede Situation nur danach wertet, was sie ihm persönlich eintragen kann. Aus solchen Erwägungen überredet er sein Mündel, heimlich mit ihm aus Jerusalem zu fliehen, sich die Unterstützung des peträischen Araberkönigs Aretas zu erkaufen und mit dessen Heer und den eigenen Anhängern gegen Aristobul zu ziehen, sich die Königswürde wiederzuverschaffen. Hyrkan gehorcht. Die verbündeten Truppen belagern den König in den Festungswerken von Jerusalem. Der Ausgang dieses Krieges ist ungewiß. Beide Parteien spähen nach Unterstützung aus. Auf ihren Anruf antwortet Rom, der Henker der Welt.

Zwischen Rom und Judäa besteht schon seit einem Jahrhundert, noch von der Zeit des Juda Makkabäus her, ein Bündnisvertrag, einer jener Verträge, die Rom gerne einging, sofern ihm daraus keine Verpflichtungen, sondern Möglichkeiten erwuchsen. Nach Bedarf werden sie auch geleugnet oder übersehen. Dazu ist Rom jetzt geneigt. Es hat sich langsam und systematisch an die Erbschaft des zerfallenden Seleucidenreiches herangeschlichen, hat Mazedonien unterworfen, den Achäischen Bund zerschlagen und Schritt für Schritt in Kleinasien Fuß gefaßt. Jetzt nähert es sich, nach der Unterwerfung Armeniens, den Grenzen Syriens. Im Jahre 65 taucht Scaurus, der Legat des Pompejus, in Damaskus auf. Er hört, in Judäa sei Bruderkrieg. Der Legat mischt sich sofort ein. Beide Brüder sind völlig blind für den Sinn einer solchen Einmischung. Rom hat seine Faust ausgestreckt. Es zieht sie nicht mehr zurück, ehe sie Staat und Volk und Land nicht zerschmettert hat.

In dieser geschichtlichen Situation stellen sich zwei Tatsachen mit aller Deutlichkeit dar. Die eine offenbart das Ergebnis der judäischen Politik. Sie hat sich im Überschwang der Abwehr auf das Gebiet der internationalen Politik begeben, hat die Aspirationen einer Großmacht betätigt, hat Eroberungen vorgenommen und hat sich damit den Weg in eine Welt hinein gebahnt, die zu negieren ihre Aufgabe gewesen wäre. Nun sie sich einmal den Gesetzen dieser Welt ausgeliefert hat, bleibt ihr nichts anderes übrig, als das Schicksal dieser Welt zu teilen. Sodann manifestiert sich eine weitere Tatsache von gesteigertem inneren Gewicht: das Führertum in Judäa hat seinen Sinn verloren. Diese vornehme Aufgabe, aus der einzigartigen Idee der Theokratie geboren, wird nicht nur übersehen, sondern auch verneint. Die Herrscher sind nicht mehr Funktionäre, sondern Regenten nach dem Muster der griechischen und römischen Welt. Ihr Amt ist nicht mehr Dienst, sondern Selbstzweck. Bei dieser Diskrepanz zwischen Amt und Sinn des Amtes, zwischen autokratischer Herrschaft und einem Volke, das in dem Regenten nur den Vertreter ihrer eingeborenen Ideen zu sehen gewillt ist, muß notwendig beides, die Regentschaft wie der Staat, zerbrechen.

Der Zusammenstoß mit Rom bedarf im Gegensatz zu dem Zusammentreffen zwischen Judäa und Griechenland keiner besonderen Auseinandersetzung. Soweit Griechenland in Frage kam, interessierte brennend der griechische Mensch, soweit Rom in Frage kommt, interessiert nur ganz an der Oberfläche die Idee der römischen Politik, die in der Machterweiterung des Imperiums und in der Aufrichtung einer auf politischer Intrige, skrupelloser Verwaltung und Mord in Form von Kriegen beruhenden Weltherrschaft seinen Ausdruck findet. Um deswillen war eine Auseinandersetzung des Judäers mit dem Römer weder möglich noch nötig. Sie hat auch de facto nicht stattgefunden. Judäa begegnete keiner Kultur, die es berühren oder beeinflussen konnte. Es begegnete in jeder Hinsicht so in Rom der Mittelmäßigkeit, wie es in Hellas einer geistigen Überreife begegnet war. Der Umstand, daß Rom einer Welt das Gesetz, die Rechtsnorm gegeben hat, konnte einer Gemeinschaft, deren Gesetze weit tieferer Quelle entsprangen, keinerlei Verpflichtung auferlegen. Darum hat Judäa mit vollem Recht und von allem Anfang an in Rom nichts anderes gesehen als die Repräsentation der geistlosen, brutalen und stumpfen Gewalt. Roms Verhalten gegenüber Judäa vermittelte ihm vor allem ein tiefes Verständnis dafür, daß und warum in der römischen Mythologie der Januskopf figurierte.

Für die jetzt folgende Einmischung Roms lag nicht der Schatten eines Rechtsanspruches vor. Judäa, das durch Freundschaftsvertrag verbündete Land, bekam plötzlich eine Bedeutung zugewiesen als Bestandteil des Syrischen Reiches, als dessen Rechtsnachfolger Rom sich fühlte, obgleich Judäa nur vorübergehend unter syrischer Botmäßigkeit war und der Status quo schon seit geraumer Zeit als erreicht zu gelten hatte. Aber Judäa lag nun einmal im Zuge der römischen Eroberungen und bildete vor allem die Brücke nach Ägypten.

Im Jahre 64 verlegt Pompejus seine Residenz nach Damaskus und befiehlt den Parteien, vor ihm zu erscheinen, damit er den Streit schlichte. Sie gehorchen. Selbstverständlich denkt Pompejus nicht daran, den Streit wirklich zu schlichten. Er konnte es auch nicht, weil er als Römer die Ideengegensätze in Judäa als außerhalb seines Denkbezirkes liegend nicht verstand. So vertröstet er die Parteien auf eine spätere Entscheidung. Seine Absicht geht dahin, zunächst noch zur Sicherung Syriens die peträischen Araber niederzuwerfen, um sich dann in größerer Ruhe mit Judäa befassen zu können. Was dieses Befassen bedeutet, versteht Aristobul im letzten Augenblick. Es ist schon zu spät. Pompejus veranlaßt Aristobul, ihn mit seinem Heere auf dem Feldzug gegen die Araber zu begleiten. Aber während des Marsches schwenkt Aristobul plötzlich ab und wirft sich in die Festung Alexandrium. Pompejus unterbricht seinen Feldzug sofort und läßt seine Armee gegen Alexandrium anrücken. Er verlangt ohne die Spur eines Rechtes die Übergabe der Festung. Unter dem Druck der Gewalt zieht Aristobul ab und begibt sich mit seinem Heer nach Jerusalem. Auch hierhin folgt Pompejus ihm sofort. Aristobul kann angesichts dieser schnellen Verfolgung und der Überlegenheit der römischen Waffen nichts Tatsächliches unternehmen und begibt sich, wie Pompejus schon in Damaskus gewünscht hat, in sein Feldlager. Nun schickt Pompejus einen Gesandten nach Jerusalem, damit er von der Bevölkerung eine Kriegsentschädigung eintreibe. Die Bevölkerung stellt sich auf den einzig erdenklichen Standpunkt, daß niemand in Judäa bislang mit Rom Krieg geführt habe, und läßt den Gesandten folglich schon an den Toren der Stadt abweisen. Pompejus antwortet darauf, indem er Aristobul verhaften läßt und zur Belagerung Jerusalems schreitet.

In der Stadt sind die Meinungen noch in diesem Augenblick geteilt. Die Anhänger Aristobuls sind für Widerstand, die Anhänger Hyrkans sind für Nachgeben. Die Partei des Aristobul zieht sich daher auf den Tempel und seine Befestigungsanlagen zurück. Dort leisten sie gegen Pompejus drei Monate Widerstand, bis er sich im Herbst 63 die strengen Vorschriften über die Sabbatruhe zunutze macht und an einem solchen Tage die Mauern stürmt. Mit einem Gemetzel, in dem 12 000 Judäer erschlagen werden, beginnt er den aktiven Einfluß Roms auf die Geschichte Judäas. Die Führer der patriotischen Partei läßt er hinrichten, die Befestigungen werden geschleift, das Land wird tributpflichtig gemacht und dem römischen Protektorat unterstellt. Dem Hyrkan wird die Königswürde genommen, während man ihm die Würde des Hohenpriesters läßt. Er bekommt den bedeutungslosen Titel Ethnarch. Zum Landesverweser von Roms Gnaden wird der Idumäer Antipater eingesetzt. Der Schein der staatlichen Autonomie ist zwar gewahrt, aber fortan herrscht Rom durch die Kreatur Antipater. Die Hasmonäer spielen nur noch die Rolle von Insurgenten, die in allzu später Erkenntnis dessen, was ihre Aufgabe gewesen wäre, mit ihren schwachen Kräften gegen die größte Macht der Welt um Thron und Herrschaft ringen, vom Glorienschein der Dulder umstrahlt und in dieser Tragik ihres Geschickes vom Volke verzeihend als legitime Repräsentanten aufgenommen und unterstützt. Einstweilen werden Aristobul und seine beiden Söhne Alexander und Antigonus als Gefangene nach Rom geschickt. Während Alexander schon unterwegs entflieht, werden die anderen mit einer Reihe gefangener Krieger zusammen im Triumphzuge vorgeführt, in diesen Veranstaltungen, deren Geschmack und Kultur auf dem Niveau von Tierbändigern stehen.

Keiner der nunmehr folgenden römischen Prokuratoren und Legaten unterläßt es, von seiner Position einen denkbar gewalttätigen Gebrauch zu machen. Unter dem Druck der Macht, die sich fast ausschließlich in Akten der Roheit und Gewalt dokumentiert, wird jeder Vorgang in Judäa, der sich überhaupt noch mit dem äußeren Leben der Nation befaßt, nur noch Reaktion gegen Macht und Gewalt. Die Ungeistigkeit Roms erzeugt auch die Ungeistigkeit der Gegenwehr: den politisch-nationalen Abwehrkampf. Schon mit dem ersten Prokurator Gabinius setzen die Willkür und die ersten Unruhen ein. Er plündert das Land aus, soweit er es eben kann. Daher findet Alexander, der auf seiner Flucht nach Galiläa gekommen ist, sofort die bereitwillige Unterstützung einer Bevölkerung, die aus dem Widerstand gegen das römische Regime über Nacht den Patriotismus aus sich entlassen hat. Es gelingt Alexander, drei Festungen zu besetzen, die er aber sämtlich dem Heere des Gabinius ausliefern muß. Ein Jahr später erscheint auch der inzwischen aus Rom geflüchtete Aristobul, und trotz allem, was gegen ihn einzuwenden ist, stellen sich die Patrioten zu einem erneuten Aufstand ihm zur Seite. Nach schweren Kämpfen wird er verwundet, erneut gefangengenommen und nach Rom verschickt. Ein Jahr darauf sammelt Alexander von neuem die Verteidiger der judäischen Freiheit zu einem neuen Aufstand, aber wieder erliegt er dem Gabinius.

Die politischen Umwälzungen in Rom, die Bildung des Triumvirats beschert Judäa den Crassus. Seine ausschlaggebende Verwaltungshandlung besteht darin, sich aus dem Tempelschatz eine erhebliche Menge Gold zu erpressen, wobei er feierlich sein Wort gibt, nichts sonst anzurühren, und daß er sodann ungeheure Werte daraus stiehlt, um seinen Feldzug gegen die Parther zu finanzieren. Das Volk zittert vor Empörung. In dem Augenblick, in dem es vom Tode dieses eidbrüchigen Diebes erfährt, explodiert von neuem der Aufruhr in Galiläa. Pitholaus, der alte Parteigänger des Aristobul, wird der Führer. Wieder müssen römische Legionen anrücken. Sie kommen unter Cassius, dem späteren Beteiligten an der Verschwörung gegen Cäsar. Der Aufstand wird niedergeworfen. 30 000 Gefangene werden als Sklaven in alle Welt verkauft.

Die Ereignisse sind jetzt in ihrem Ablauf schon alle so schicksalhaft, daß selbst ein von Rom unternommener Versuch, Judäa die Freiheit in die Hände zu spielen, vor dem höheren Plan und der geheimen Sinngebung der Historie versagen muß. Pompejus und Cäsar, die überlebenden Triumvirn nach dem Tode des Crassus, kämpfen gegeneinander um die Macht. Cäsar geht über den Rubikon. Er besetzt Italien, das Pompejus preisgegeben hat. Um im Orient einen zuverlässigen Helfer zu haben, setzt er den gefangenen Aristobul in Freiheit und gibt ihm zwei Legionen, damit er in Syrien gegen Pompejus kämpfen könne. Anhänger des Pompejus durchkreuzen den Plan und vergiften Aristobul kurz vor seiner Abfahrt. Der Prinz Alexander, nach zwei Niederlagen immer noch bereit, gegen Rom zu kämpfen, sammelt Truppen und will zu Cäsar stoßen. Der Statthalter des

Pompejus läßt ihn ergreifen und hinrichten. Von dieser tragischen Vernichtung einer Dynastie, die in der letzten Sekunde durch Heroismus das zu retten versucht, was sie in der unbedachten Nachahmung fremden Vorbildes gefehlt hat, profitiert allein der Idumäer Antipater. Wie die Schlacht bei Pharsalus (48) den Sieg Cäsars entscheidet, stellt er sich sogleich auf dessen Seite. Durch seine Beteiligung mit Geld, Truppen und Beeinflussung der Stimmung in der ägyptischen Judenschaft leistet er Cäsar entscheidende Dienste. Zum Dank ernennt Cäsar ihn zum Epitropos, zum verwaltenden Vormund von Judäa.

Das ist eine Position, die einer wirklichen Regentschaft gleichkommt. Antipater schreitet daher entschlossen zur Grundlegung einer eigenen Dynastie. Er ernennt seinen Sohn Phasael zum Strategen, das bedeutet: zum autochthonen Verwalter des Bezirkes Jerusalem, und seinen Sohn Herodes zum Strategen von Galiläa. Herodes fühlt sich durchaus als Vollstrecker römischen Willens. Er setzt sich daher zur Aufgabe, den Herd der fortgesetzten Aufstände, das Land Galiläa, zur Ruhe zu bringen. Gegen diese Patrioten, die sich unter dem Galiläer Ezechias sammeln und einen erbitterten Kleinkrieg gegen Syrer, Römer und die Freunde des Antipater führen, zieht Herodes aus eigener Entschließung zu Felde, nimmt Ezechias und seine Mitkämpfer gefangen und läßt sie hinrichten. Es bricht ein Sturm der Entrüstung im Lande aus. Noch gab es die autonome judäische Gerichtsbarkeit. Die galiläischen Patrioten unterstanden dem judäischen Gesetz. Sie hätten dem Synhedrion zur Aburteilung überwiesen werden müssen. Die Mütter der Erschlagenen erscheinen in Jerusalem und flehen ohne Unterlaß um Vergeltung, ein euripidäischer Bittgang der Mütter. Aber der römische Statthalter gibt inzwischen Herodes die Möglichkeit, sich seiner drohenden Verurteilung wegen Mordes durch die Flucht zu entziehen.

Wie alles bisher, so dient auch diese Gefahr der Machtentwicklung der Antipatriden. Herodes flieht zu Sextus Cäsar, der ihn zum Strategen von Cölesyrien ernennt.

Nach der Ermordung Cäsars (44) taucht im Orient der Mörder Cassius auf und übernimmt die syrischen Legionen. Das Land hat ihn wegen seiner Hinrichtung des Pitholaus noch in bösem Angedenken. Jetzt verlangt er ungeheure Leistungen an Kriegssteuern von den Judäern. Antipater und Herodes dienen ihm bei der rücksichtslosen Eintreibung mit allen Kräften. Städte, die nicht schnell genug zahlen, werden mit der gesamten Bevölkerung in die Sklaverei verkauft. Die Folge ist eine Verschwörung gegen Antipater, der vergiftet wird. Antigonus, der letzte überlebende Hasmonäer, Sohn des Aristobul und Bruder des Prinzen Alexander, versucht in dieser Situation noch einmal eine Staatsumwälzung.

Aber es gelingt Herodes, diesen erneuten Aufstand niederzuschlagen. Er hat die Stirne, mit seinen Truppen in Jerusalem einzuziehen und zu verlangen, daß man ihn als Sieger feiert. Die Krönung seines Kampfes gegen die Verteidiger der Volksfreiheit vollzieht Hyrkan selbst, indem er seine Enkelin Mariamne, die Tochter des hingerichteten Prinzen Alexander, mit Herodes verlobt. Die Brücke zur Verwandtschaft mit der hasmonäischen Dynastie ist geschlagen.

Angesichts der Entwicklung dieser Dinge versucht das judäische Volk noch einmal auf dem Wege des Rechtes und der vernünftigen Vorstellung bei Rom eine Beseitigung der Antipatriden durchzusetzen. Aber der neue Herr des Landes, der Triumvir Antonius, lehnt nicht nur dieses Verlangen ab, sondern ernennt Herodes und Phasael, diese brauchbaren römischen Werkzeuge, zu Tetrarchen, zu gemeinschaftlichen Regenten Judäas und zu Schutzbefohlenen Roms.

So wird das judäische Volk erneut auf den Weg der Machtanwendung und der Selbsthilfe verwiesen. Die sinnlosen Steuererpressungen des Antonius, der in Ägypten als der königliche Hörige der Kleopatra Unsummen verbraucht, geben einen weiteren Anstoß zur Revolte. Das Unternehmen scheint begünstigt durch eine den ganzen Orient ergreifende Aufstandsbewegung gegen die brutale römische Verwaltung.

Wieder taucht Antigonus auf und wird vom Volke willig als der Erretter von der römischen Sklaverei angenommen. Er dringt mit Hilfe parthischer Truppen in Jerusalem ein. Das Volk geht zu ihm über. Nach einem schweren Kampf in der Stadt verschanzen sich Herodes und Phasael in den Festungswerken. Phasael begeht Selbstmord. Herodes flieht nächtlich mit seiner Familie und begibt sich nach Arabien. Antigonus kann nach Beseitigung der römischen Garnison sich selbst in die Ämter als König und als Hoherpriester einsetzen. Eine Eignung hatte er weder zu dem einen noch zu dem anderen Amt.

Herodes ist nach Rom geflohen. Wieder schlagen Gefahr und Bedrohung für ihn zum Vorteil aus. Antonius ernennt ihn unter Zustimmung Octavians zum König von Judäa, mit dem Auftrage, den Unruhen im Lande ein Ende zu machen. Herodes ist mit anderen Worten darauf verwiesen, sich sein Amt gegen das Volk, das er beherrschen soll, und gegen eine aus dem Erbrecht legitime Dynastie zu erkämpfen. Diese Aufgabe ist nicht leicht. Aber Herodes erzwingt sie in dreijährigen schweren Kämpfen, in denen er immer wieder römische Truppen zur Hilfe erbitten muß. Drei Jahre kämpfen reguläre Truppen gegen Freischärler. Jede seiner Aktionen steigert Repressalien und Gewaltakte der Patrioten. Das ganze Land ist in einem gegenseitigen erbitterten und schonungslosen Gemetzel aufgewühlt. Mit unsagbaren Opfern auf beiden Seiten gelingt es ihm gegen Ende des zweiten Jahres, das Land so weit zu besetzen, daß er im Frühjahr 37 mit Hilfe der römischen Legionen zur Belagerung Jerusalems schreiten kann. Noch während der Vorbereitungen zum Sturm vollzieht er seine Vermählung mit der hasmonäischen Prinzessin Mariamne. Angriff und Verteidigung stehen als das Ergebnis dreijähriger Kämpfe hüben und drüben im Zeichen äußerster Erbitterung. Wie im Juli 37, nach einem fast zwei Monate währenden Sturm, das letzte Bollwerk Jerusalems fällt, wüten die römischen Soldaten wie die wilden Tiere in der Stadt, und Herodes muß den Soldaten Geld versprechen, damit sie ihn nicht zum Herrscher über eine Stadt voll Leichen machen. Antigonus wird gefangen. Herodes bewirkt bei Antonius eine bis dahin selbst in der Geschichte Roms verpönte Hinrichtungsart für einen König: das Enthaupten.

Mit diesem zugleich abschließenden und einleitenden Akt der Brutalität und über 100 000 Tote hinweg betritt Herodes, der Halbjude, tierischer Mensch und tragische Kreatur, den Thron Judäas.

Das Dasein und die Taten des Herodes sind in dieser unmäßig bewegten Zeit von einer schicksalhaften Bedeutung. An seinem Tun und an den Ideen, die dahinter stehen, entzünden sich zugleich die rohesten und die heroischsten und die geistigsten Formen des Widerstrebens aller Gewalt. Er zwingt noch einmal dieses Volk zu der letzten und schwersten Entscheidung über die Sinngebung ihrer Existenz als Einzelne und als Gemeinschaft. Er zeugt den Paroxismus der vaterländischen Verzweiflung, die weltenferne Abkehr von allen Dingen dieser Welt, das leidenschaftliche Begehren, das Zeitliche allein zu meistern durch das Unvergängliche: die sittliche Idee. In der Reaktion auf ihn liegen beschlossen das nationale Schicksal eines Volkes und die seelische Grundstimmung, aus der das übernationale Schicksal einer Religion entsprang. Die Aktualität der messianischen Idee, ihre Spontanität, ihre verhängnisvoll kurze Zeit der Reife weisen auf ihn als denjenigen, den seine Mitwelt, sofern sie Gut und Böse überhaupt begreift, als die Verkörperung und die lebendige Repräsentation des bösen Prinzips auf Erden betrachten durfte.

Zu nahe standen seine Zeitgenossen vor der Großartigkeit und der Ungeheuerlichkeit seiner Manifestationen, um zugleich die vernichtende Tragik seines Lebens begreifen zu können. Was blieb ihm, den die berechnende Zucht seines Vaters auf die Bahn eines Herrschers in Judäa gedrängt hatte, den Rom in seiner Jugend erzogen hatte, der den Sinn von eineinhalb Jahrtausend jüdischer Entwicklung nicht als Erbteil im Blute trug, dem das Volk mit jeder Haltung, jeder Miene und in sinnlos wiederholten Verzweiflungsakten die Beschimpfungen »Halbjude« und »idumäischer Sklave« entgegenschrie, – was blieb ihm anderes übrig, als sich sein Recht immer durch das einzige Mittel zu ertrotzen, das die Natur ihm an die

Hand gegeben hatte: die böse Gewalt. Er war jetzt zur Herrschaft gelangt und war bereit, sie so zu stützen, wie er es in Rom gelernt hatte: durch Hinrichtungen und Proskriptionen. Vor allem mußte er sofort die Hasmonäer beseitigen. Selbst den Schlechtesten von ihnen war das jüdische Volk bereit, aufzunehmen, wenn es dadurch eines Herodes ledig geworden wäre. Aber sie waren seine Verwandten durch seine Gattin Mariamne. Dennoch mußte der Trieb zur Selbsterhaltung siegen. Hyrkan, den amtsentsetzten Hohenpriester, nimmt er zunächst unter seine persönliche Kontrolle. Dann klagt er ihn wegen Hochverrates an und läßt ihn von einem gefälligen Synhedrion hinrichten. Seinen Schwager Aristobul III. läßt er bei einem Familienfeste in Jericho ertränken. Seine Schwiegermutter Alexandra, die wirklich gegen ihn konspiriert, wird hingerichtet. Mariamne, die er bis zum Wahnsinn liebt, wird Ende 29 unter Anklage des Ehebruchs gestellt und hingerichtet. In einem Zeitraum von sieben Jahren hat Herodes somit den Rest der hasmonäischen Dynastie durch schlichten Mord oder durch Justizmord ausgerottet. Die noch verbleibende Verwandtschaft der hasmonäischen Familie wird ebenfalls in einem Zuge hingerichtet. Es vergeht in Herodes Regierung kein Tag ohne einen Akt der rohesten Despotie. Das Geringste ist, daß er unaufhörlich das letzte Stück Eigentum und Besitz aus seinen Untertanen herauspreßt. Er braucht es, wenn nicht für seine sinnlose orientalische Hofhaltung, so für den cäsarischen Bauwahnsinn, den er entwickelt. Er fühlt sich als König eines kulturlosen Barbarenvolkes. Aber der Welt, von deren Gnade er lebt und von deren Anerkennung er abhängt, will er beweisen, daß er ein Mann von Weltkultur ist. Er erbaut eine Reihe neuer Städte nach griechisch-römischem Vorbild. Andere Städte läßt er im gleichen Stile umbauen. Er baut – zwischen Ptolemais und Jaffa – Cäsarea am Meer, den Sitz der römischen Verwaltung, die Zwingburg Judäas. Er stiftet für Tempel und Theater und öffentliche Bauten unzählige Gelder in das Ausland, bis nach Athen und Sparta. Und das alles muß das Volk bezahlen. Dazu kann er sie noch zwingen durch seine Steuereintreiber. Aber er kann sie nicht zwingen, an den Theatervorstellungen, an dem Spiel von Gauklern, an den Kämpfen zwischen Menschen und wilden Tieren teilzunehmen. Sie leisten passiven Widerstand. Nur einmal gehen zehn Jerusalemer Bürger ins Theater, jeder mit einem Dolch unter dem Mantel. Zehn Dolche für Herodes. Ein Spion verrät sie. Sie werden hingerichtet. Das Volk reißt den Angeber in Stücke.

Nun weiß Herodes, daß jeder Patriot im Lande sein Mörder werden kann. Er umgibt sich mit einem weit verzweigten System von Spitzeln und Spionen. Verbannungen, Hinrichtungen, Einkerkerungen, Konfiskationen häufen sich. Es wird schweigsam im Lande. Herodes sieht es mit verbissenem Zorn. Im Ausland gilt er viel. In seinem Lande nur bei denen, die von ihm leben. Aber den anderen möchte er wenigstens Bewunderung abringen. Darum wendet er seine verschönernde Tätigkeit auch seiner Hauptstadt zu. Er baut einen gewaltigen, stark befestigten Palast für sich, für das Volk einen neuen, sehr kostbaren Tempel. Aber selbst hier verdirbt er mit seiner Servilität gegen Rom die mögliche Wirkung auf das Volk: er läßt über dem großen Portal einen römischen Adler anbringen. Das Volk haßt dieses Symbol. Herodes sinkt immer tiefer in Mißtrauen und Verbitterung. Er will sich Anhängerschaft erzwingen und verlangt, daß seine Untertanen ihm den Treueid leisten. Tausende, insbesondere unter den Pharisäern, verweigern ihm den Eid. Er belegt sie mit Geldstrafen. Die Frau eines seiner Hofbeamten bezahlt die Strafe für 6000 Verweigerer. Aber weiter wagt Herodes nicht zu gehen. Sowie das Murren im Volke zu laut und bedrohlich wird, lenkt er ein. Aber er beruhigt nichts dadurch. Sein Thron steht völlig vom Volke isoliert. Thrazische, germanische und gallische Söldner beschützen ihn.

Es wird endlich Zeit für ihn, an seine Nachfolgerschaft zu denken. Von den fünf Söhnen der Mariamne sind zwei, Alexander und Aristobulus, in Rom bei Asinius Pollio erzogen. Er läßt sie jetzt in die Heimat kommen. Das Volk sieht in den beiden Prinzen nur die Söhne der unglücklichen Mariamne und wendet ihnen stürmisch seine Sympathie zu. Herodes wird unruhig. Um seinen Söhnen jede verfrühte Hoffnung zu nehmen, läßt er seinen Sohn Antipater aus einer früheren Ehe ebenfalls an den Hof kommen. Schon beginnt die Palastintrige, das Aushorchen, Mißtrauen, Verleumden, Denunzieren. Es ist ein Gewirre von Lügen und Ängsten, das Herodes endlich auflöst, indem er die beiden Söhne der Mariamne im Jahre 7 vor ein römisches Gericht in Beirut unter Anklage des Hochverrates stellt. Man ist ihm gefällig. Die Prinzen werden verurteilt und gehenkt. Jetzt ist Antipater der erklärte Erbe des Thrones. Aber der König lebt ihm zu lange. Eines Tages entdeckt Herodes einen völlig vorbereiteten Plan, ihn mittels Gift zu beseitigen. Von neuem muß er einen Sohn vor das Gericht stellen. Nur zögert er noch, die erkannte Todesstrafe zu vollstrecken.

Er ist alt und unheilbar krank. Der brennende Wunsch des Volkes, ihn endlich tot zu sehen, komprimiert sich zu dem Gerücht, er sei gestorben. Da explodieren die Leidenschaften. Entfesselte Menschen stürmen zur Demonstration gegen das ganze herodianische Geschlecht zum Tempel, geführt von Juda ben Sariphäus und Matthias ben Margeloth. Der verhaßte römische Adler wird vom Tempeltor gerissen und zertrümmert. Da brechen Herodes' Söldnerscharen in die Masse. Vierzig Führer der Demonstration werden gefangengenommen. Herodes verhört sie persönlich. Eine Welt von kaltem, verachtungsvollem Haß trifft ihn. Auf die Frage, wer sie zu dieser Untat angestiftet habe, antworten sie ihm knapp und mit ungeheurem Gewicht: »Das Gesetz!«

Das zerbricht ihn. Er läßt sie hinrichten, zum Teil lebendig verbrennen. Er fühlt, es geht zu Ende. Schnell gibt er Befehl, noch das Todesurteil an Antipater zu vollstrecken. Wie Octavianus Augustus die Nachricht empfängt, sagt er: »Das ist ein Mensch, bei dem ein Schwein es besser hat als ein Sohn.« Fünf Tage nach diesem letzten Mord verendet Herodes. Thrazische, gallische und germanische Leibwachen geleiten ihn zur Ruhe. Das Volk stöhnt tief befriedigt und erleichtert auf. Es gab ein abschließendes zeitgenössisches Urteil: »Herodes stahl sich zu einem Thron wie ein Fuchs, regierte wie ein Tiger und starb wie ein Hund.«

Aber noch über den Tod hinaus erweist sich Herodes als ein Mensch, der das Land und das Volk als sein persönliches Eigentum betrachtet. Er hat in seinem Testament das Land unter drei seiner Söhne verteilt. Dabei war für Judäa Archelaus als König bestimmt. An ihn wendet sich sofort das Volk mit dem Anspruch auf Senkung der Steuern und Freilassung der politischen Gefangenen. Er erklärt, daß er vor der Bestätigung seines Amtes durch Rom nichts gewähren könne.

Wie die offizielle Trauerzeit für Herodes herum ist, bekundet das Volk ostentativ und mit aufreizender Deutlichkeit seine eigene Trauer. Sie geht nicht um Herodes, sondern um die bei dem Adlersturm ermordeten Patrioten. Die Rufe nach Beseitigung der herodianischen Dynastie sind ganz offen. Neue Forderungen werden gestellt: die verantwortlichen Ratgeber des Herodes sollen bestraft werden. Seine Kreatur im Amt des Hohenpriesters soll entfernt und dafür ein Würdiger gewählt werden. Archelaus bleibt bei dem Hinweis auf die mangelnde kaiserliche Bestätigung.

Das Passahfest des Jahres 4 kommt heran. Große Pilgerscharen ziehen nach Jerusalem. Sie demonstrieren erneut, und zwar im Tempel. Sie bekunden damit den ihnen selbstverständlichen Zusammenhang zwischen dem Staatlichen und dem Religiösen. Es kommt zu Zusammenstößen. Archelaus läßt die gesamte Garnison anrücken. Man zählt 3000 Opfer. Er befiehlt Heimkehr der Pilger. Sie tragen den Aufruhr und die Empörung über das ganze Land.

Während Archelaus sich nach Rom begibt, sendet der syrische Statthalter Quintilius Varus eine Legion nach Jerusalem, weil die Situation so bedrohlich ist. Auch Augustus schickt für die Zwischenzeit vorsorglich den Prokonsul Sabinius nach Judäa. Das Schebuothfest rückt heran und mit ihm unzählige Pilger, denen schon die politische Demonstration die Hauptsache ist. Sie beginnen sofort mit dem Angriff auf die Römer, in drei große Haufen geteilt. Im Tempel wird erbittert gekämpft. Die Soldaten plündern. Der Prokonsul Sabinius beteiligt sich und stiehlt 400 Talente Gold. Dann wirft ihn das Volk samt seinen Truppen in den Königspalast und schließt ihn ein. Er schickt nach Varus und ruft um Hilfe.

Auch die Provinz ist in Aufruhr. In Galiläa erhebt sich Juda, der Sohn des hingerichteten Ezechias, gegen Römer und Herodianer. In Transjordanien steht Simon an der Spitze der Insurgenten. Überall wütet die Anarchie. Jeder Verdacht, mit den Römern zu sympathisieren, und schon jede neutrale Haltung, die sich nicht offen gegen Rom bekennt, wird von den Revolutionären mit Gewalttaten beantwortet. Varus braucht zwei Legionen, um den Aufstand einzuschränken. Sabinius entzieht sich der Verantwortung durch Flucht.

Inzwischen markten in Rom Archelaus, Herodes-Antipas und Philippus um die Erbschaft ihres Vaters. Es ist auch eine Abordnung des Volkes da, die erschütternde Anklagen gegen die Herodianer erhebt und ihre Beseitigung verlangt. Aber Augustus kann die frühere Linie seiner Politik nicht verlassen. Er entscheidet: Archelaus bekommt Judäa, Samaria und Edom mit dem Titel Ethnarch. Herodes-Antipas wird Tetrarch von Galiläa und Peräa, Philippus Tetrarch eines Gebietes am Nordrand Palästinas.

Archelaus setzt die Politik seines Vaters neun Jahre lang fort. Dann geht wieder eine Abordnung von Judäern, dieses Mal von Samaritanern unterstützt, nach Rom und erhebt Anklagen in einer Fülle und Schwere, daß Augustus nicht umhin kann, Archelaus zur Verantwortung zu laden. Die Rechtfertigung gelingt nicht. Er wird seines Amtes enthoben und nach Vienna an der Rhone verbannt. Sein Herrschaftsgebiet wird der Provinz Syrien zugeteilt und unmittelbar der römischen Verwaltung durch einen besonderen Prokurator mit dem Sitz in Cäsarea unterstellt. Aus dem Prokurat ist die unmittelbare römische *Herrschaft* geworden. Es beginnt der Schlußakt sowohl des staatlichen wie des religiösen Dramas.

Die Heroische Zeit

Wenn die Legionen Jerusalem zerstören konnten, das Judentum selbst konnten sie nicht zerstören. (Mommsen)

Wenn wir uns entschließen, die Zeit vom Aufstieg des Hasmonäergeschlechts bis zur Vernichtung des jüdischen Staates durch Rom heroisch zu nennen, sind wir uns bewußt; daß wir damit zugleich Vorgänge glorifizieren, die das reine Bild des Juden, der in der Gewaltlosigkeit und Gerechtigkeit der Theokratie verharren und dem Stumpfsinn der Gewalt die Unüberwindbarkeit des Geistes entgegensetzen will, zuweilen trüben und verzerren. Wir müssen das in Kauf nehmen. Wir spätgeborenen Nachfahren jener Menschen, die wir vom Intellekt und von der Verehrung des Nützlichen in der Welt vielfach berührt sind, schulden als ein Geringes jener Vergangenheit den Respekt, den noch heute eine mindere Entschlossenheit, sich für eine Idee zu opfern, uns abnötigt. Wenn wir es uns auch nicht zum persönlichen Verdienst anrechnen dürfen, in der Reihe von Vorfahren zu stehen, deren Heldenmut in aller Geschichte ohne Vergleich und Beispiel ist, so mag doch hier der rückschauende Blick manches Juden, der sich vor der dümmsten Demütigung seiner Umgebung zu beugen bereit ist, lernen, daß nichts aus seiner ererbten Vergangenheit ihn zu einer solchen Haltung des Verzichts und der Schwäche zwingt. Wir verlangen aber auch, wenn wir von dieser Zeit als einer heroischen sprechen, von denen, die sich mit ihr aus irgendeinem Anlaß beschäftigen, jenes Mindestmaß an Achtung und Ehrerbietung, zu dem ein auch nur geringes menschliches Verständnis verpflichtet und das sie jedem Volke und jedem Befreiungskriege im Übermaß zu geben bereit sind ... wenn es sich nicht gerade um das jüdische Volk handelt. (Hier soll nicht Apologie getrieben werden. Aber hier wird menschlicher Anspruch auch an diejenigen gestellt, deren Glaubenswelt aus dieser Sphäre des Heroischen ihren ersten Ursprung nahm: an die Christen.)

Wenn man die Haltung betrachtet, die das jüdische Volk vom Angriff des Griechentums bis zu diesem Augenblick eingenommen hat, wird verständlich, daß bei diesem Schlußakt der Tragödie die dramatischen Gestalten und Ereignisse sich häufen. Sie gehen weit über das Individuelle hinaus und in das Typische hinein. Was hier gelebt wird, ist nicht Geschichte von Einzelnen, sondern die Geschichte einer Idee. Nur werden mit dem Schicksal, das die Idee erleidet, auch die Menschen dramatischer, tragischer, ungebundener, brutaler und verworrener. In ihnen sind die Zuckungen der Idee, die wilden und unrhythmischen Ausschläge des Pendels nach hüben und drüben. Die Extreme reißen auf. Da ist der Kampf gegen die Römer, die Abwehr der dumpfen, stumpfen, geistlosen Brutalität. Da ist der Versuch, den ewig zeugenden Kern des Volkes dem Wirrsal des äußeren Geschehens ganz zu entziehen und ihn durch Vertiefung und Bindung der geistigen Haltung zu retten. Da ist endlich der Versuch, Welt und Volk ganz zu verneinen und in einem »Reiche nicht von dieser Welt« eine Existenz der Seele zu garantieren.

Die Parteien bekommen eine seltsame Zwischen-Färbung zwischen Politik und Religion. Sie sind an sich noch die gleichen wie in der herodianischen Zeit; aber wollte man sie benennen, müßte man sagen: auf der einen Seite stehen die Theokraten, auf der anderen die Parteigänger Roms. Aber unter den Theokraten differenziert sich wieder die Auffassung vom Sinn des Widerstandes. Die Mehrheit ist noch eine Sekunde vor Ausbruch des Freiheitskrieges für den passiven Widerstand. Eine Minorität ist für den aktiven. Je drückender die Herrschaft Roms wird, je brutaler der Vernichtungswille und die Verachtung alles Menschlichen in die Erscheinung treten, desto schärfer wird das Ausweichen nach den Extremen hin: auf seiten der passiv Widerstrebenden bis zum Messianismus, auf seiten des aktiven Widerstandes bis zu den Sicariern, den Leuten mit dem Dolch im Mantel. Beide haben ihren Heroismus. Beide leisten und tragen das Äußerste für ihre Freiheit und für ihre seelische und geistige Unabhängigkeit. Auch die Dolchverschwörer sind religiöse Patrioten. Wie sie Rom den Krieg erklären, tun sie es mit einer aus dem Gebiete des Religiösen stammenden Manifestation: sie beschließen, von Nichtjuden keine Opfergaben mehr anzunehmen. Das bedeutet praktisch die Verweigerung der Opfer zu Ehren des römischen Kaisers.

Dieselbe Zeit, die aus der seelischen Überbelastung den Menschen hervorbringt, der nur noch den Dolch handhaben kann, bringt auch zugleich den Menschen hervor, der unendlich weit abrückt von aller rohen Technik des Daseins und seinen Willen zu Volk und Welt und Gott in einem wunderbaren Aufblühen der klaren Lebensethik zum Ausdruck bringt. In der Figur des Hillel hat diese geistige Bewegung ihre vollendete Vertretung gefunden. Er sieht, daß das Streben nach Absonderung den Menschen immer mehr mit Vorschriften, Anweisungen, Gesetzen umgibt. Er will verhindern, daß sie Selbstzweck werden. Mit ganz schlichter Gebärde rückt er darum ihr Gewicht an den rechten Ort. Er begriff in dem Nebeneinander von Ethik und Gesetzen die innewohnende Relation von Sinn und Technik, vom Tun und vom Motiv des Tuns, vom Inhalt und von der Form. Das Gesetz hat der Idee zu dienen. Es ordnet das menschliche Zusammenleben und bedeutet erst von hier aus eine Devotion gegen Gott. Darum kommen in der Reihenfolge des Wertes und der Notwendigkeit erst die Pflichten gegen den Menschen und dann erst die Pflichten gegen Gott. Da enthüllt sich, daß die Juden ihren Gott geschaffen haben, um sich selber zu verpflichten; nicht – wie noch die Griechen – um sich in die bedingungslose, nur durch Skepsis und Müdigkeit zuweilen aufgelockerte Abhängigkeit zu begeben. Die Religion ist um des Menschen willen da, nicht um des Gottes willen. In ganz knapper Formulierung hat Hillel diese Gedanken und die darin beschlossene Liebe zu den Menschen ausgedrückt. Nach der objektiven Seite: »Was dir selbst unangenehm ist, das tue keinem anderen. Das ist der Grundgehalt der Thora, alles andere ist nur eine Erklärung dafür.« Und nach der subjektiven Seite: »Wenn ich nichts tue für mich, wer dann für mich? Wenn ich es aber nur für mich allein tue, was bin ich? Und wenn ich es nicht jetzt tue, wann dann?«

Hillel ist kein Neuerer, sondern ein Beschließer. Nur die Formulierung eines schon längst erkannten Prinzips wird jetzt notwendig, weil die Überbetonung des Gesetzes und der Form überhaupt gerügt werden mußte. Die Evangelien hatten höchstens für die Heiden, nicht aber für die Juden, nötig, den Lebenssinn der Pharisäer zu fälschen. Was gegen deren Auswüchse zu sagen war, hat das Judentum selbst in zahllosen Bekundungen der Zeit ausreichend gesagt.

Das Auftreten einer Erscheinung wie Hillel ist schon ein Hinweis auf den Fortgang des lebendigen religiösen Lebens. Der Gestaltungsprozeß ruht nicht, trotz aller schweren äußeren Erschütterungen. Alle Gruppen, selbst die Sadduzäer, sind daran beteiligt. In diesem Jahrhundert sind die »Psalmen Salomos« entstanden, hymnische Dichtungen aus einer Zeit voll Unruhe. Aus ihren Klagen um das Leid der Zeit erhebt sich gläubige Zukunftshoffnung, die Erwartung eines königlichen Messias aus dem Dawidischen Geschlecht. Man merkt: sie haben aus der Geschichte gelernt. Sie formen ihn wieder als einen Funktionär der theokratischen

Idee. »Der Herr selbst ist unser König, immer und ewig.« Sie erwarten von ihm, daß er ihnen den gerechten Vollstrecker seines Willens schicke. »In seinen Tagen geschieht kein Unrecht, weil sie alle heilig sind.« Die Abwehr gegen Rom hat den Blick noch nicht so eng machen können, daß nicht Raum bliebe für eine ungemein farbige Entfaltung der Erlösungsidee. So sinnverbunden, so im Gang einer Weltordnung begründet und so jenseits alles Zufalls oder alles griechisch-römischen Götterneides begreifen die Menschen ihr Geschick, daß sie auch die Auflösung nur in der Ordnung begreifen können, derjenigen Ordnung, die ihnen im Weltplan beschlossen scheint: der Verklärung des Menschen in einer neuen Gemeinschaft, in einem neuen Reiche. Um die Gestaltung dieses Reiches kreisen die gestaltenden Gläubigkeiten und Visionen und Hoffnungen und zuweilen magisch betonten Anrufungen. Die Essäer, vom Leben unberührt und an ihm nicht mehr orientiert, nicht mehr zu ihm hin, sondern von ihm weg lebend, besetzen den Weg zum Himmel oder zu dem kommenden Reiche mit einer Schar von Engeln und Dämonen. Zwischen Mensch und Gott steht hier der Vermittler zum erstenmal auf: der Menschensohn oder der Sohn Gottes, verschiedene Begriffe für die gleiche Rolle; beide auch Bekenntnisse dafür, daß der unmittelbare Zusammenhang zwischen dem Menschen und seinem Gott schon aus der Müdigkeit und Verzweiflung und Weltentfremdung zerbrochen ist und nach der ausgleichenden Kraft einer Mittelsperson sucht. Da setzt eine unjüdische Idee ein. Selbst der Priester war kein Vermittler. In solcher Eigenschaft hatte ihn schon das babylonische Exil als entbehrlich erwiesen.

Fanden sich schon in den Äußerungen eines Jeheskel, eines Sacharia und Daniel aus dem Visionären her eschatologische Elemente, so werden sie in dem dieser Zeit entstammenden Buche »Henoch« noch klarer und sichtbarer. Dieses Werk, aus pharisäischen und essäischen Elementen gemischt, ist in seiner Art auch ein typisches Dokument der heroischen Zeit, des geistigen Heroismus. Denn auch das ist als seelische Haltung heroisch, in dieser Zeit der äußersten Not den Glauben in das Unbedingte hinein zu steigern, aus der Versklavung des Körpers und der Unterdrückung der Seele nicht zu vertiefen, sondern ihre Befreiung zu begreifen und bis zu der Gewalt einer verpflichtenden Glaubenslehre zu steigern. Noch mitten in der Anarchie und mitten in der Unbedenklichkeit politischer Gewaltakte wird die Idee von der menschlichen Willensfreiheit aufrechterhalten. »Die Sünde ist nicht auf die Erde geschickt worden, sondern die Menschen haben sie von sich selbst aus geschaffen.« Dagegen sagt Euripides: »Der Mensch darf sünd'gen, wenn ein Gott es schickt.« Nicht umsonst hat das Christentum gerade dieses Buch mit seinen Bearbeitungen und Einfügungen bedacht. Es lag in seiner Linie des Anfangs.

Aber auch die weltenfernsten Ideen vermögen sich in dieser Zeit dem Angriff der Wirklichkeit nicht zu entziehen, und es kommt ein Tag, an dem die Gewalt des feindlichen Druckes so roh und übermächtig wird, daß sie alle Elemente, auch die nachgiebigen und passiven, zu einem Paroxismus der Gegenwehr zusammenschweißt. Dabei sind die Vorgänge, die dazu führen, von einer quälenden Einförmigkeit. Es geschieht immer dasselbe: ein Volk wird mit einem erstaunlichen Raffinement der Roheit und Dummheit mißhandelt. Es wehrt sich mit jeder Möglichkeit, bis zum Meuchelmord und bis zur Tollkühnheit, bei der der klare Verstand schon ausgeschaltet ist und nur noch die fixe Idee des Widerstandes regiert.

Die römische Verwaltung nimmt ihren Sitz in Cäsarea. Dort stehen die Truppen, die Stütze Roms für die Verwaltung seiner Provinzen. Judäa besitzt zwar noch eine gewisse innere Autonomie, insbesondere auf religiösem Gebiete, aber selbst die wird von den römischen Prokuratoren verletzt. Zum Teil tun sie es aus Schikane, so, wenn sie das priesterliche Ornat zu sich in die Burg Antonia holen und es nur zum jedesmaligen Gebrauch herausgeben, um es dann wieder unter Verschluß zu nehmen. Zum Teil tun sie es aus Verständnislosigkeit, weil sie, diese einwandfreien Besieger der Welt, nicht begreifen, warum dieses winzige Volk so überaus subtile Rücksichtnahme auf seine religiösen Eigenarten verlangt. Auf den jüdischen Münzen darf das Bild des römischen Herrschers nicht sichtbar werden, weil die Bevölkerung die Münzen sonst nicht annimmt. Die römischen Truppen dürfen in Jerusalem ihre Feldzeichen mit den Kaiserbildern darauf nicht öffentlich zeigen. Die Juden erklären sich zwar bereit, für den Cäsaren und das römische Volk im Tempel ein Opfer darzubringen, aber sie bestehen darauf, daß das Betreten des inneren Tempelhofes durch einen Römer oder sonst einen Heiden ohne weiteres mit dem Tode bestraft werde. Das alles sind Dinge, in denen die Römer nur Verachtung und Widersetzlichkeit erblicken müssen. Sie antworten mit Verachtung und Bedrückung. Zu allen hohen Festen begibt sich der Prokonsul mit seinen Truppen nach Jerusalem und stellt während der Feier rings in die äußeren Säulengänge seine Soldaten, weil er nicht nur von jeder Volksansammlung in Jerusalem Unruhen befürchtet, sondern auch weiß, daß die Juden gerade ihren Tempel als Ort der Willensbildung und für die Entfesselung von Unruhen und Revolten benutzen. Im übrigen betrachten sie das Volk als Objekt ihrer persönlichen Bereicherung, so daß selbst Tacitus zugibt, daß schon unter den ersten Prokonsuln das Land völlig ausgesogen gewesen sei.

Der erste Prokonsul leitet sein Amt ein mit der Veranstaltung des

Census, der Ermittlung der Kopfzahl der Bevölkerung und des Grundbesitzes. Da wird den Judäern das Ausmaß ihrer Abhängigkeit sichtbar. Es setzt sofort die Revolte ein. Während in Jerusalem die Vernunft noch einmal siegt, entsteht in Galiläa, diesem Brutherd der judäischen Revolutionen, als Antwort eine neue und für die Zukunft sehr bedeutsame Parteibildung: die Gruppe der Eiferer oder Zeloten. Sie sind die Extremisten und Fanatiker der politischen Freiheit. Von den Pharisäern aller Schattierungen trennt sie nicht die religiöse Idee, sondern die Erwägung, daß nicht darauf gewartet werden dürfe, bis Gott hilft und einen Messias schickt. Man muß sich selber helfen. In ihnen überschlägt sich der Haß gegen die Ungeistigkeit und Brutalität Roms bis zum Paroxismus. Sie werden die Amokläufer im Kampfe zwischen Idee und Gewalt. Es war ihnen auch keine andere Auseinandersetzung möglich. Griechenland hatte wenigstens bei seinem Zusammenstoß mit Judäa etwas geben wollen: Kultur, Religion, Denken, Lebensformung, Kunstgestaltung. Rom hatte nichts zu bieten, es sei denn, man denke an sein Bürgerrecht. Im übrigen forderte es nur aus der hypertrophierten Idee seines Imperialismus. Es forderte Unterordnung, und vor allem Geld. Und dann forderte es Anbetung seiner Kaiser als Gottheiten, eine Idee, die zuerst von dem Schwachkopf Caligula ausging. Die Judäer hatten nicht den mindesten Anlaß, etwa die besondere politische und organisatorische Begabung der Römer als Qualitäten zu schätzen. Wenn die Politik keine andere Idee zum Ziel hat als die Ausübung von Macht zu eigensüchtigen Zwecken, und wenn die Organisation nur dazu dient, aus der erworbenen Macht den denkbar größten Gewinn zu ziehen, erübrigt sich eine Auseinandersetzung vom Geistigen her. Nicht nur bei den Judäern, sondern auch in der gesamten Heidenwelt standen damals ganz andere und weit wichtigere Dinge zur Debatte: das Problem der Verankerung des Menschen im All. Aber das konnte Rom unmöglich verstehen.

Die einzelnen Prokuratoren sind fast ohne Ausnahme von einer unvorstellbaren Geldgier und Gewalttätigkeit, so daß ständig Anlaß zur Unzufriedenheit und zu Unruhen gegeben wird. Eine besondere Rolle spielt der aus den Evangelien bekannte Pontius Pilatus, der eine Willkürherrschaft sondergleichen ausübt und der gegen das ihm überwiesene Volk so voller Mißachtung und Grausamkeit ist, daß nur die Tendenz der Evangelien ihm andichten konnte, er habe Jesu gegenüber »seine Hände in Unschuld gewaschen«. Gegen die religiöse Empfindlichkeit der Juden hat er einen besonderen Haß. Um sie zu reizen, läßt er nachts heimlich Truppen aus Cäsarea mit Kaiserbildern an den Feldzeichen in Jerusalem einmarschieren. Wie diese Verhöhnung am anderen Tage entdeckt wird, begibt sich sofort eine Abordnung nach Cäsarea und verlangt Entfernung der Feldzeichen. Fünf

Tage lang belagern sie sein Haus, dann läßt er sie in die Rennbahn locken, läßt sie von Truppen umstellen und ihnen androhen, daß er sie umbringen lassen werde, wenn sie ihren Einspruch nicht aufgeben. Der Einspruch wird nur noch stürmischer. Pontius Pilatus läßt die Truppen vorrücken. Die Judäer legen sich stillschweigend auf die Erde und entblößen in Erwartung der Schwerter ihren Nacken. Vor dieser Entschlossenheit wird Pilatus feige; er läßt die Feldzeichen entfernen. Er versucht noch ein zweites Mal seinen Willen, indem er im Palast des Herodes goldene Schilde mit dem Namen des Kaisers aufstellen läßt, aber schon dieser Hinweis auf eine Kaiserverehrung genügt, das Volk zum Protest beim Kaiser selbst zu veranlassen. Die Schilde müssen entfernt werden.

Diese Differenzen aus der religiösen Sphäre her verschärfen sich, wie Caligula Kaiser wird. In ihm ist das römische Machtbewußtsein schon einwandfrei Größenwahnsinn geworden. Während Augustus sich noch damit begnügt hatte, die Konsekration seines Pflegevaters Cäsar beim Senat durchzusetzen und ihm den Titel Divus, der Göttliche, zu erwirken, verlangt Caligula schon zu seinen Lebzeiten, daß man ihn Deus, Gott, nenne und als solchen verehre. Aber die Judäer haben weder den Gottmenschen im Kaiser noch in sonst jemandem begreifen wollen. Sie weigern sich auch jetzt, einen römischen Kaiser, zudem einen Menschen von mehr als schwachen Qualitäten, zu verehren. Caligula gibt dem syrischen Statthalter Petronius den Auftrag zur Aufstellung seines Bildes im Jerusalemer Tempel. In richtiger Erwartung des Widerstandes gibt er ihm zwei Legionen bei. Eine Deputation der Judäer zieht Petronius entgegen und erklärt ihm, er könne die Bilder erst dann aufstellen, wenn kein Judäer mehr lebe. Petronius, zwar bedenklich gemacht, aber an seinen Auftrag gebunden, zieht zögernd weiter gegen Jerusalem. In Tiberias muß er vor seinem Hause eine Demonstration von 40 Tagen erleben, die das Volk unter Vernachlässigung der Ackerbestellung vollführt. Auch aus Jerusalem kommt eine Abordnung mit dringenden Warnungen. Da verzichtet Petronius auf eigene Verantwortung auf die Ausführung.

Nur solche unmittelbare Gefahr der Volkserhebungen konnte der Römer einsehen, nicht aber den Sinn dieses erbitterten Widerstandes. Die Judäer leisteten ihn, weil sie begriffen, daß es der Anfang vom Ende sei, wenn sie eine Durchbrechung ihres Prinzipes des bildlosen Kultes zuließen. Seit mehr als einem Jahrtausend hatten sie die Schicksale an sich selbst und an ihrer Umgebung sich erfüllen sehen, die aus dem Leben mit Göttern als Bildwerken erwuchsen. Es waren immer Untergangsschicksale, ein Sterben der Eigenart, dadurch bedingt und beschleunigt, daß nichts aus der Anbetung von Götzen diejenige klare seelische Position ergibt, aus der ein Leben über den Sinn des Einzeldaseins hinaus aufgebaut, begründet und dauernd gemacht werden kann.

Die römische Herrschaft erleidet eine kurze Unterbrechung. Agrippa I., ein Enkel des Herodes, wird von Claudius, dem er wichtige Dienste zur Erlangung der Kaiserwürde geleistet hat, zum König von Judäa ernannt. Selbst dieser letzte Herodianer begreift schon nach kurzer Zeit, um was es im Lande geht und welche ungewöhnlichen Energien hier zur Explosion bereit liegen. Er bemüht sich, das Volk zu beruhigen und es nach seinen Wünschen zu regieren. Er stirbt aber schon im vierten Jahr seiner Regierung, als seine nationale Politik von Rom schon unliebsam vermerkt war.

Nach diesem freundlichen Intermezzo verschärfen sich die Zustände noch mehr. Die geringsten Vorfälle unter den neuen Prokuratoren enden unweigerlich mit Blutvergießen. Nicht das Geringste kann mehr harmlos aufgenommen werden. So geraten Juden und Römer immer mehr in einen Zustand der Überreiztheit. Auch messianische Manifestationen explodieren. Unter dem Prokurator Fadus kann ein Schwärmer namens Theuda große Volksmengen zum Jordan führen, um sie zu Zeugen von Wundervorgängen zu machen. Da die Römer solche religiösen Exaltationen nur als Bestandteil der allgemeinen politischen Volksunruhen verstehen konnten (und im Grunde mit Recht), ließ Fadus diese Wundersüchtigen überfallen und viele erschlagen und hinrichten.

Trotz der Grauenhaftigkeit in der Art der Bedrückung und in der Art der Abwehr ist immer noch eine Übersteigerung nach beiden Seiten möglich. Die drei Namen der Prokuratoren Felix, Albinus und Florus bedeuten eine aufsteigende Linie bösartigster und skrupellosester Roheit. Von Felix sagt Tacitus: »In aller Grausamkeit und Lüsternheit hat er königliches Recht mit sklavischer Sinnesart gehandhabt«, und von Albinus: »Es gab keine Bosheit, die er nicht verübte.« Aber gegen Florus, einen geborenen Griechen, waren seine Vorgänger noch brave und rechtschaffene Leute. Unter ihm setzt eine Massenauswanderung von Judäern ein. Um diesen Verlust an Objekten der Ausplünderung auszugleichen, läßt er Diebe und Räuber straflos, sofern sie nur mit ihm und seinen Agenten die Beute teilen.

Die gewaltsame Verfolgung der Zeloten zeitigt in ihnen eine verhängnisvolle Übersteigerung. Es entstehen aus den Extremisten unter ihnen die Sicarier, die Dolchfreunde, die sich durch geheimen Mord nicht nur an den Römern fortgesetzt rächen, sondern durch das gleiche Mittel die noch widerstrebenden Judäer zum aktiven Kampf gegen Rom zwingen wollen. Gegen ihre Organisation, die in ihrer Heimlichkeit nur immer das

Erfassen von Einzelnen möglich macht, sind selbst die Prokuratoren machtlos.

Die Vorgänge unter Florus bringen endlich den seit langem vorbereiteten allgemeinen Aufstand und darüber hinaus den Freiheitskrieg zum Ausbruch. Der letzte äußere Anlaß lag in den Vorgängen in Cäsarea, wo die alten Differenzen zwischen Griechen und Juden zu blutigen Auseinandersetzungen führen. Florus, zur Intervention angerufen, lehnt sie ab, nachdem er sich zunächst dafür Gelder hat zahlen lassen. Er verlangt im Gegenteil noch Zahlung eines großen Goldbetrages für den kaiserlichen Fiskus. Jeder weiß, daß der Unersättliche Geld für sich haben will. Das erbitterte Volk läßt Körbe durch die Straßen Jerusalems tragen und zu einer Pfennigsammlung für den »armen unglücklichen Florus« aufrufen. Florus kommt mit Truppen, um sich dafür zu rächen. Er hält im Mai 66 (der heutigen Zeitrechnung) ein reguläres Standgericht und läßt viele Juden an das Kreuz schlagen. Aber nun ist die Empörung nicht mehr zu unterdrücken. Die Bevölkerung bewaffnet sich, greift die römischen Truppen an und drängt sie in den Palast zurück. Florus entzieht sich der Verantwortung durch die Flucht. Das ist der Beginn des Freiheitskrieges.

Die Entscheidung über die Aufnahme dieses Krieges, den ein winziges und militärisch nicht organisiertes Volk gegen die Beherrscherin der Welt führen will, zwingt zum Austrag der letzten Parteidifferenzen. Sie müssen in dieser Zeit der allgemeinen Auflösung und der Übersteigerung der Leidenschaften naturgemäß blutig und grausam sein. Es kommt hinzu, und es ist für die gleichzeitige religiöse Bewegung sehr wohl zu beachten, daß die geistige Elite, die sowohl dem Widerstande wie der Meinungs- und Ideenbildung hätte Richtung geben können, entweder ausgerottet oder zur Auswanderung gezwungen war oder sich von jeder Beteiligung an den Dingen der Öffentlichkeit zurückgezogen hatte. Die Frage: Krieg gegen Rom oder nicht, führt unter diesen Umständen einstweilen zum Bürgerkrieg. Die Oberstadt, von den Zurückhaltenden besetzt, und der Tempel mit der unteren Stadt, von den Zeloten besetzt, kämpfen gegeneinander. Die Zeloten bekommen Zuzug durch die Sicarier. Ihre erste Tat in Jerusalem ist gleichsam ein historisch-revolutionäres Symbol: sie verbrennen den Palast des Agrippa, des letzten überlebenden Herodianers, und zugleich das Archiv, in dem die Schuldbriefe aufbewahrt sind. Dann erstürmen sie die Burg Antonia. Die römische Besatzung wird restlos vernichtet (August 66 der heutigen Zeitrechnung), Cestius Gallus rückt mit seinen Legionen und den Hilfstruppen des Agrippa zur Bestrafung an, alles auf seinem Wege verwüstend. Die Zeloten ziehen ihm entgegen, schlagen die Vorhut, besetzen die Pässe und bringen sein Heer in Verwirrung. Cestius nimmt einen neuen Anlauf, überrennt alle Hindernisse und greift die Oberstadt Jerusalems an. Die Abwehr ist so entschlossen, daß Cestius sich zurückzieht. Die Zeloten verfolgen ihn. Die Nachhut wird aufgerieben, das Hauptheer wird in den Schluchten von Bethoron von dem Zelotenführer Simon bar Giora angegriffen und fast vernichtet. Dabei werden alle Kriegsmaschinen erbeutet.

Es gibt jetzt kein Zurück mehr. Für einen Augenblick schweigen die Parteidifferenzen. Die Organisation des Befreiungskrieges beginnt mit der Bildung einer provisorischen Regierung, in der auch die passiven Pharisäer, die Aristokratie und die Tempelpriesterschaft vertreten sind. In einer Volksversammlung werden Vertreter gewählt zur Verteidigung der einzelnen Gebiete. Für das wichtige Aufruhrland Galiläa ist es Joseph ben Matathias, der später als Josephus Flavius in die Geschichte eingegangen ist.

Seine Wahl war ein verhängnisvoller Fehler und vielleicht die entscheidende Ursache für den katastrophenreichen Ausgang des Freiheitskrieges. Josephus stammte aus dem geistigen Bezirk der Pharisäer. Er hatte auch einige Jahre unter den Essäern verbracht. Auch Rom hatte er kennengelernt. Er war ein großer Bewunderer des politischen Genies Roms, zu unleidenschaftlich, um nicht die Chancen eines Widerstandes kühl abzuwägen und daher in seiner Entschlußfreudigkeit von vornherein gehemmt. Man kann von ihm sagen, daß er bewußt der erste römische Staatsbürger jüdischen Glaubens gewesen sei. Diese Zweiteilung seines Wesens ist wohl verantwortlich für die überaus zweideutige Rolle, die er in diesem Kriege spielte. Auch wenn man annimmt, daß seine kühle Vernunft über den Patriotismus siegte, muß er als ein passiver Verräter bezeichnet werden. Eine Volkswehr von 100 000 Mann stand ihm zur Verfügung. Aus Unentschlossenheit und Unfähigkeit und Unwilligkeit hat er diese Kräfte verzettelt. So war Galiläa ohne genügenden Widerstand, als Flavius Vespasian im Jahre 67 als der größte Feldherr der Zeit mit der Führung des Krieges gegen Judäa beauftragt wurde. Vespasian sammelte sein Heer in Antiochia, sein Sohn Titus brachte von Alexandrien aus Legionen heran, so daß sich in Ptolemais 60 000 Mann regulärer Truppen zusammenfanden. Damit konnte Vespasian Galiläa besetzen. Josephus mußte sich zurückziehen. In der Bergfestung Jotapa sammelt sich der Hauptteil der jüdischen Krieger. Auch Josephus zieht sich dorthin zurück. Wie die Festung nach einer Verteidigung von eineinhalb Monaten fällt, beschließen 40 überlebende Krieger, unter ihnen Josephus, sich selbst zu töten, um sich nicht den Römern ergeben zu müssen. Josephus bringt es zuwege, daß die Reihenfolge der gegenseitigen Tötungen durch das Los erfolgt. Dabei gelingt es ihm, der Überlebende zu bleiben. Vielleicht hat das Schicksal ihn aufgespart, damit wenigstens einer die Geschichte seines Volkes aus dieser Zeit schreibe.

Nach ungewöhnlichen Anstrengungen und erbitterten Metzeleien, die sich auf Booten und Flößen im Tiberiassee fortsetzen, erobern die Römer Tarichea und Gamala. Wie dieser Ort erstürmt wird, stürzt der Rest der judäischen Besatzung sich in die Schluchten, um sich nicht den Römern ausliefern zu müssen.

Die schweren Kämpfe haben die römischen Truppen so erschöpft, daß Vespasian sie zunächst in die Winterquartiere führen muß. Inzwischen werden in Jerusalem die letzten Parteistreitigkeiten ausgetragen. Das Beispiel Galiläas hat die Zeloten davon überzeugt, daß die Teilnahme der Aristokratie an dem Freiheitskriege die ganze Bewegung mit einem unzuverlässigen und unentschlossenen Element belastet. Das Ergebnis der Kämpfe in Jerusalem ist die fast vollständige und rücksichtslose Ausrottung der Aristokratie. Jochanan von Gis'chala wird Diktator der Hauptstadt, Simon bar Giora wird Diktator der Provinz. Zwischen diesen beiden entbrennt auch innerhalb Jerusalems der Kampf um die Führung. Erst am Vorabend der Belagerung einigen sie sich zu gemeinsamer Abwehr.

Die Situation für die Judäer ist von allem Anfang an hoffnungslos. Die Verteidiger waren nur zu einem Teil ausgebildete Krieger; die Stadt war überfüllt, da für das Passahfest dieses Jahres (70 der heutigen Zeitrechnung) viele Wallfahrer nach Jerusalem gekommen waren. Bei den Parteikämpfen waren riesige Bestände aufgespeicherter Nahrungsmittel verbrannt. Was übrigblieb, mußte dazu dienen, mehr als eine halbe Million Menschen zu ernähren. Dagegen waren die römischen Truppen mit allem Erdenklichen versehene Berufssoldaten. Mit vier Legionen und vielen Hilfstruppen wurde der Angriff begonnen. Vespasians Angebot der freiwilligen Übergabe wird abgelehnt. Angriff und Verteidigung sind von besonderer Heftigkeit. Hüben und drüben arbeiten Kriegsmaschinen. Der Angriff geht, wie immer, vom Norden aus. Nach einem Sturm von 14 Tagen fällt die Mauer. Hinter ihr sehen die Römer plötzlich eine zweite Mauer aufragen. Der Kampf wird noch erbitterter und geht Tag und Nacht ununterbrochen weiter. Die zweite Mauer wird gestürmt, muß wieder aufgegeben werden und wird von neuem gestürmt. Dann wird der Angriff von vier Legionen auf die Oberstadt und die Burg Antonia gerichtet. Gegenüber der wilden Abwehr läßt Vespasian es noch einmal versuchen, durch Flavius Josephus, der bei ihm im Lager weilt, eine freiwillige Übergabe zu erreichen. Josephus wird niedergeschrien. Nicht einmal die Hungersnot, die inzwischen in der Stadt ausgebrochen ist, kann zum Nachgeben bewegen. Viele Nichtkämpfer, die vom Hunger getrieben aus der Stadt fliehen, werden von den Römern zur Beeinflussung der Stimmung mit abgehauenen Händen in die Stadt zurückgeschickt oder sie werden vor den Mauern ans Kreuz geschlagen, in einer Massenhaftigkeit, daß es bald weder Holz für die Kreuze noch Platz zu deren Aufstellung gab.

Wie alles zum entscheidenden Sturm vorbereitet ist, bricht Gis'chala durch unterirdische Gänge aus und zerstört alle Dämme und Belagerungsmaschinen. Vespasian kommt zu der Erkenntnis, daß er die Eroberung nur durchführen kann unter Zuhilfenahme eines gefährlichen Bundesgenossen: des Hungers. Die ganze Stadt wird mit einem steinernen Wall eingeschlossen. Posten achten darauf, daß niemand die Stadt verläßt.

Dieses Mittel wirkt. In Jerusalem ist ein Massensterben und ein Pestgeruch von verwesenden Leichen. Nach solcher Vorbereitung kann Vespasian den Sturm wagen. Er zerstört die Mauer der Antonia. Aber inzwischen haben die halbverhungerten Krieger eine zweite Mauer aufgerichtet. Wie sie endlich fällt, ziehen sich die Verteidiger in den Tempel zurück und verwandeln ihn in eine Festung. Noch einmal macht Vespasian den Versuch, den Rest der Besatzung zur Kapitulation zu bewegen. Nur einige Priester gehen zu ihm über. Die Kämpfe gehen weiter. Die Belagerten locken die Römer in eine Falle, bei der sie in vorbereitete Scheiterhaufen stürzen. Auch Vespasian arbeitet jetzt mit Feuer. Die Säulengänge des Tempels gehen in Flammen auf. Die Juden ziehen sich in das Innere des Tempels zurück. Am 10. Ab, im August des Jahres 70 der heutigen Zeitrechnung, wird bei einem der jüdischen Ausfälle Feuer in den Tempel geworfen. Er wird vollständig eingeäschert. Die Römer morden sinnlos. Viele Juden, die den Untergang ihres Heiligtums nicht überleben wollen, stürzen sich in die Flammen. Ein kleiner Rest unter Gis'chala kann sich in die Oberstadt hinaufretten, die von Simon bar Giora verteidigt wird.

Angesichts der fast unmöglichen Aufgabe, mit beinahe verhungerten Menschen, die zudem durch die Zerstörung ihres Tempels einen entscheidenden seelischen Choc erlitten haben, noch eine Verteidigung zu führen, erbitten die Führer freien Abzug. Vespasian verlangt Kapitulation. Das wird abgelehnt. Der Kampf geht weiter. Im September des Jahres 70 können die Legionen in die Oberstadt eindringen. Sie ermorden alles, was sie an lebendigen Menschen finden. Haufen von Verhungerten liegen umher. Die Stadt geht in Flammen auf. Bis in die unterirdischen Gänge geht der Kampf. Aus allen Trümmern bleiben nur vom Herodespalast drei Türme stehen und eine Mauer, die Kotel Maarabi, von der die Gläubigen sagen, daß es ein Rest der Tempelmauer sei.

Die Sieger feiern die Niederwerfung dieses kleinen Volkes durch große Festlichkeiten und Gladiatorenkämpfe, bei denen viele Tausende jüdischer Gefangener getötet werden. Ein Teil von ihnen wird in dem großen

Triumphzug mitgeführt, in dem Titus sich und die erbeuteten Tempelgeräte zeigt. Simon bar Giora wird am Tempel des Kapitolinischen Jupiters hingerichtet. Die Kriegsbeute an Tempelgeräten wird dem Tempel der römischen »Friedensgöttin« übergeben.

Noch fast drei Jahre dauert es nach dem Fall Jerusalems, bis das Land von den letzten jüdischen Truppen und Insurgenten gereinigt ist und bis die drei noch von Juden besetzten Festungen (Herodeion, Machärus und Masada) genommen werden können. In Masada haben sich die letzten Fanatiker einen Eid geleistet, sich nicht zu ergeben. Wie den Römern nach langen Angriffen die Einnahme gelingt, finden sie noch zwei Frauen und fünf Kinder lebend vor. Der Rest hat sich selbst getötet.

Vespasian erklärt Judäa zum eroberten Gebiet und zu seinem persönlichen Eigentum, das er an Römer, Griechen, Veteranen und den Rest der noch vorhandenen Bevölkerung verteilt. Er läßt zur Feier seines Sieges besondere Münzen schlagen mit der Aufschrift: »Judaea devicta, Judaea capta«, das besiegte Judäa, das gefangene Judäa. Von seinem Standpunkt als Römer konnte er das sagen, weil er nur den äußeren Sinn der Vorgänge begriff. In Wahrheit hat er nicht den Geist vernichten können, der sich keinem minderen Geiste gefangengibt als dem, der im Sinn dieses Befreiungskrieges beschlossen lag.

Die Fremde

Die erste große Deportation judäischer Massen, der zehn Stämme, war in das Nichts zerflossen. Es waren Menschen ohne letzte Formung, daher ohne entscheidenden Widerstand. Die zweite Deportation, die babylonische, traf vorbereitete Menschen. Daher blieb ihr Bestand gewahrt. Aber darüber hinaus, wie eine Vorahnung dessen, daß einmal das Zentrum des Volkes entscheidend zerstört werden würde und daher ein neuer Aufnahmeraum schon vorbereitet sein müsse, wächst jenseits eigener Staatsgrenzen, in der Fremde, in der Zerstreuung ein Netz von Siedlungspunkten, eine Kette von Orten und Beziehungen, von Bethäusern, Gemeinden, Lehrstätten, Interessen und Verknüpfungen; die Summe dessen, was wir Diaspora nennen oder Galuth. Vorwiegend war es der Vernichtungswille der Umgebung, der diesen neuen Raum schuf. Nach Babylonien kamen die Juden als Deportierte eines besiegten Landes. Nach Kleinasien und den Ionischen Inseln kamen sie zunächst als Sklaven, nach Rom verschleppte sie Pompejus als Kriegsgefangene, und selbst nach der historischen Zufluchtsstätte Ägypten kamen sie unter den ersten Ptolemäern als Kriegsgefangene oder Zwangsansiedler. Aber immer gelang es ihnen, aus Objekten einer übergeordneten Gewalt sich zu einer relativen Freiheit hinaufzukämpfen. Ihr Bewußtsein vom Ich, das wesentlich im Gefühl ihrer geistigen Eigenart wurzelte, gab ihnen in jeder Situation, zu jeder Zeit und an jedem Ort den Auftrieb, der den Verlust ihrer Persönlichkeit verhinderte. Ohne solche Vorbereitung des Weltgeländes durch die bereits zerstreute Judenschaft wäre die Zerstörung des nationalen Kernes in Palästina wahrscheinlich der Tod des Volkes und seiner

Idee gewesen. Wie einst Babylonien, ist jetzt Ägypten zur Erfüllung historischer Mission bereit. Babylonien rettete das Volk. Ägypten rettete die Idee, indem es ihr Eingang in die Welt schuf.

Die erste Siedlung in Ägypten geht wahrscheinlich auf Flüchtlinge während der Zeit des assyrischen Angriffs zurück. Jedenfalls finden die Judäer, die infolge der Zerstörung Jerusalems (586) mit Jeremias dorthin auswandern, schon mehrere Gemeinden vor. Sie treten als selbständige militärische Gemeinschaft in den Grenzschutz ein, der auf der Insel Elephantine (Jeb) gegen die Einfälle der Nubier aus ägyptischen, syrischen, griechischen und palästinensischen Söldnern errichtet worden war. Sie bilden dort eine geschlossene Gemeinschaft, nach der Zugehörigkeit zu den einzelnen Fahnen geordnet, führen ihr eigenes abgesondertes Dasein und errichten sich einen Tempel. Er wurde schließlich durch einen Überfall der ägyptischen Priester zerstört. Dafür lagen mehrere Gründe vor. In der religiösen Absonderung sahen die Ägypter eine Mißachtung und Ablehnung ihres Kultes; ihr Haß gegen Persien, den Lehnsherrn Ägyptens, übertrug sich auf die Juden, weil diese naturgemäß die Partei der Perser ergriffen, die ihrem Volke die Wiederaufrichtung ihres Staates ermöglicht hatten; endlich waren die mangelnde Bereitschaft, sich völlig in Ägypten aufzulösen, das abgesonderte Leben mit eigener Umgangssprache sowie ihre ständige und intensive Beziehung zu Jerusalem Grund zur Feindschaft.

Das sind Divergenzpunkte, in denen schon das ganze Dauerproblem der Diaspora enthalten ist. Divergenzpunkte, die immer wieder auftauchen, wenn auch nach Zeit und Ort leicht variiert. Das Kernproblem ist dieses: den Juden ist in ihrer neuen Umgebung keine völlige Verschmelzung und restlose Identifizierung mit dem Lande möglich. Ihre Interessen werden immer noch bestimmt durch das Gesamtschicksal ihres Volkes; zunächst durch den Kern, den Staat in Judäa, dann nach dessen Auflösung und mit steigender Ausbreitung der Diaspora über die ganze Welt durch jeden Vorgang in jedem Lande, der Juden betrifft. Die innere Notwendigkeit zur Solidarität mit allen Gliedern des Volkes, die notwendige Verpflichtung zur Treue gegenüber dem Volke auch in seiner äußersten Zersplitterung muß die Einheit und Enge der sogenannten staatsbürgerlichen Verknüpfungen notwendig beeinflussen. Aus dem Unwillen der Umgebung, diese Haltung der Treue gegen die eigene Schicksalsgemeinschaft zu begreifen, und oft aus einer trotzigen Übersteigerung der Begriffe Vaterland, Staat und Patriotismus haben sie das Argument der Fremdheit und des minderen Rechtes hergeleitet, in einer Form der Überheblichkeit, die gewöhnlich mit der Enge und Begrenztheit des eigenen nationalen oder oft auch nur territorialen Gesichtskreises wächst.

Nach der Eroberung des Landes durch Alexander den Großen konzentriert sich die ägyptische Judenschaft dort, wo sie das Leben und die Welt spürt: in der unmäßig schnell wachsenden Hauptstadt Alexandrien. Die Juden nehmen dort bald ein ganzes Quartier allein für sich in Anspruch. Es wird ihnen dort für ihre Existenz eine ganz neue Möglichkeit geboten, denn mit dem Einzug des Griechen, des Weltfahrers und Welthändlers, sieht sich der Jude vor eine Betätigung gestellt, die bis dahin mit der sozialen Struktur des Volkes nur an einer dünnen Oberfläche verbunden war: vor den Handel. Griechen und Juden bemächtigen sich in ständig wachsender Konkurrenz sehr bald des orientalischen Handels.

Was aber im besonderen die Anziehungskraft Alexandriens für den Juden ausmacht, ist seine Begegnung mit dem Griechentum. Während wir den gleichen Vorgang in Judäa die Begegnung mit dem *griechischen Menschen* nennen mußten, können wir hier, unter ganz verschiedenartigen Bedingungen, von der Begegnung mit der *griechischen Kultur* oder mit dem Griechentum schlechthin sprechen. Alles Gute und alles Böse aus dem Gesamt der griechischen Welt trat hier dem Juden entgegen, und im Empfangen und Geben, in Zuneigung und Abwehr, in geistiger Durchdringung und mörderischer Feindschaft entstand eine Wechselwirkung von ungewöhnlicher Bedeutung, für das Schicksal des Judentums so gut wie für das Schicksal der ganzen Welt.

Diese Möglichkeit war dadurch gegeben, daß in dieser Diaspora das Existenzproblem des Juden nach anderen Gesichtspunkten aufgebaut war als in Judäa. Der Begriff der Theokratie, dieses Zentralproblem Judäas und des jüdischen Volkes, war hier, wo Heimat, Erbland, Tradition, geschichtliche Verbundenheit und staatliche Form des Zusammenlebens fehlten oder nur Erinnerungswerte, affektive Werte waren, mehr eine Frage des persönlichen Bekennens, der individuellen Bewährung, der persönlichen Problematik. So konnten hier die Probleme von der einfachsten Lebensäußerung bis zur letzten Lebensbegründung von Mensch zu Mensch, von geistiger Gruppe zu geistiger Gruppe diskutiert werden, während Judäa nur abwehren, rebellieren, kämpfen durfte. Judäa durfte verachten. Alexandrien durfte anerkennen, daß es in der geistigen Kultur des damaligen Griechentums einer Blüte begegnete, wenn auch einer überreifen: dem Alexandrinismus. Darum lieferten sich die Juden dem Studium dieser neuen Welt mit einem wahren Heißhunger aus. Sie kannten die Akademie Platos so gut wie das Lyzeum des Aristoteles. Sie waren im »Garten« des Epikur so gut bewandert wie in der »Stoa« des Zenon. Gerade im Stoizismus sahen sie ein dem ihrigen verwandtes ethisch-philosophisches System.

Es ist das Seltsame an dieser Begegnung, daß beide Partner aneinander den Anspruch erheben, sich für besiegt zu erklären. Aber während die Grundhaltung des Juden werbend ist, geht der Grieche nach einer kurzen Pause, die er braucht, um den Juden überhaupt erst zu entdecken, zum Angriff über. Zuerst scheint es, als ob der Jude ausschließlich der Empfangende und damit der unterliegende Teil sei. Nach zwei sehr bedeutsamen Richtungen wird er beeinflußt. Zunächst in der Sprache. In wenigen Generationen ist das Aramäische von der griechischen Sprache so vollständig verdrängt, daß die Juden nicht einmal mehr im Stande sind, ihre weltliche oder ihre heilige Literatur in der Ursprache zu verstehen. Der Verlust der nationalen Umgangssprache erbrachte aber einen doppelten Gewinn. Der eine besteht darin, daß man sich genötigt sah, das literarische Erbgut, vor allem die Bibel und die biblischen Schriften, ins Griechische zu übertragen. Dadurch war der Durchdringung der hellenistischen Welt mit Elementen des judäischen Monotheismus der Weg gebahnt. Der andere ergab sich daraus, daß die heimatliche Sprache, in den Bezirk des heiligen Schrifttums verwiesen, selber auf diese Weise der Heiligkeit teilhaftig wurde, selber sich zu der »heiligen Sprache« ausbilden konnte. Damit war ihre Unverlierbarkeit weit besser garantiert als in der profanen Sphäre, und sie konnte in der Folgezeit eines der geheimen geistigen Bänder darstellen, das die Juden in der Zerstreuung verband.

Die Beherrschung der griechischen Sprache, die Bekanntschaft mit den Zivilisationsformen des griechischen Lebens und die nach dem Vorbild des Griechen gesteigerte Betätigung im Handel erleichterten dem Juden – und das ist der zweite Einfluß – fernerhin ungewöhnlich die Ortsveränderung. Er stieß überall, soweit die griechische Diaspora sich erstreckte, auf ihm bekannte Elemente mindestens des äußeren Lebens. Aber darüber hinaus wurde das, was sonst nur für den Einzelnen gilt, hier für das ganze Volk gültig: ist es erst einmal in Bewegung gesetzt, hat es erst einmal die Schwerkraft seines Zentrums überwunden, so ist ihm der stete Ortswechsel bald vertraut. Auf dem Wege dieser vermehrten Zerstreuung konnte das Paulinische Christentum seine Propaganda entfalten.

Der Wille zum Austausch der geistigen Güter ist bei dem Juden ungleich stärker in die Erscheinung getreten als bei dem Griechen. Das ist aus der psychologischen Situation der beiden Völker verständlich. Der Jude hatte in seiner Tradition eine feste Verankerung. Von dort aus durfte er neue Dinge denken und empfinden, selbst wenn sie den Gestrengen in Judäa zu weltlich und ketzerisch schienen. Eine solche einheitliche Verankerung gab es für den Griechen nicht. Wie seine Götter in hundert verschiedenen Lokalitäten der engeren und weiteren Heimat gewachsen waren, war auch sein Ichgefühl bald hier, bald dort verankert, in Persönlichkeiten, in Schulen, in Systemen, in variierenden Religionsbezirken. Er konnte sich anschließen, wo er wollte. Darum war seine Verankerung eine individuelle, und nicht, wie bei dem Juden, eine generelle. Aber was allen Griechen gemeinsam war, was insbesondere zu dieser Zeit der reifen Entwicklung wie ein unterirdisches Beben ihre Welt durchzog, war die religiöse Unruhe. Sterbende Götter sind in ihrer Agonie furchtbarer als in der Blüte ihres halbmenschlichen Wirkens. Und in dieser alexandrinischen Epoche begannen die olympischen Scharen unter dem Andringen einer fremden, befremdlichen Idee unruhig zu werden und zu zucken. Diese Idee war der judäische Monotheismus. Das vermittelnde Medium war das in das Griechische übersetzte biblische Schrifttum und die neu entstehende jüdisch-alexandrinische Literatur.

Der Grieche entdeckte den Juden, so wie man im Urwald ein Pygmäenvolk entdeckt. Hekatäus versucht ihre Beschreibung zuerst in seiner »Geschichte Ägyptens«. Seine historischen Relationen sind falsch, aber er beweist immerhin das Bemühen, zu begründen, warum dieses Volk in Sitte, Anschauung, Denkweise und Absonderung so fremd, so durchaus ungriechisch sei. Aber schon die nächste nachweisbare Schrift, die des hellenistischen ägyptischen Priesters Manetho, »Geschichte Ägyptens«, ist, wenn auch historisch ein Wirrwarr, in der Tendenz ganz bewußt. Nach ihm sind die alten Israeliten identisch mit in der Legende figurierenden Aussätzigen, die unter einem Pharao Amenophis in den ägyptischen Steinbrüchen Zwangsarbeit haben leisten müssen. Moses verlegt er in die Zeit der Hyksos, der semitischen Hirtenkönige. Er läßt ihn mit deren Unterstützung Ägypten erobern und beherrschen, bis er daraus vertrieben wird. Von Moses, sagt Manetho, stammen Gesetze, nach denen es verboten sei, die ägyptischen Götter zu verehren, und nach denen es geboten sei, ihre heiligen Tiere abzuschlachten.

Diese Argumentationen sind ein Kompendium der Einwendungen, denen die Juden in späteren Zeiten und Umgebungen ausgesetzt waren: die Fremdherrschaft der Juden, ihre endliche Abschüttelung, ihre besondere Religion, die Verachtung anderer Religionen, ihre dem anderen Glauben feindliche Gesetzgebung und die Diffamierung ihrer Art und ihres Herkommens. Das Gemeinsame, was diese Behauptungen zusammenhält und ermöglicht, ist die Verleumdung. Viele Griechen sind später der Methode des Manetho gefolgt. Es handelt sich also um ein psychologisches Phänomen, das tiefer begründet liegen muß; denn während alle anderen Völker, mit denen das Judentum bis dahin feindlich zusammenstieß, es beim nackten Haß, bei der regulären Feindschaft aller Grade bewenden ließ, greift der Grieche zur Verleumdung. Da reicht zur Erklärung auch nicht seine Phantasiebegabung aus, auch nicht seine so vielfach aus der Geschichte zu belegende endemische Verlogenheit. In dieser Situation seines Daseins ist die Verleumdung vielmehr seelische Notwehr. Und dieses ist die Erklärung: das Griechentum, in seiner letzten Herausbildung, trifft vor seiner endgültigen Auflösung noch einmal auf diejenige Kultur, der es aus der Ergebnislosigkeit seines Weges und seiner Anstrengungen notwendig tief innerlich feind sein muß. Der Unterbau ihrer Welt, das religiöse Fundament, war im Zusammenbruch. Die Stoa konnte ein System, eine Lehre werden; aber sie hatte nicht von den Menschen Besitz ergriffen und eine menschliche Gemeinschaft erzeugen können. Neben ihnen und vor ihnen erhebt sich jetzt eine Welt von ungelenken äußeren Formen, aber von einer unheimlichen inneren Weite. Die Krisensituation der Antike wurde sichtbar im Moment ihrer Begegnung mit dem Monotheismus, wie allein das jüdische Volk ihn der Welt als lebendig in der Idee und realisierbar in der Wirklichkeit zu bieten hatte. Wir zitieren Harnack: »Die Bibel schien durch und durch ›philosophisch‹, denn sie lehrte ein geistiges Prinzip, den Vater des Alls. Sie umfaßte einen Schöpfungsbericht, der allen gleichartigen Berichten weit überlegen schien, und eine Urgeschichte der Menschheit, die bekannte Überlieferungen teils bestätigte, teils deutete ... Sie enthielt in den zehn Geboten ein Gesetz, welches durch seine Einfachheit und Großheit den erhabensten Gesetzgeber verriet ... Durch den unerschöpflichen Reichtum des Stoffes endlich, seine Mannigfaltigkeit, Vielseitigkeit und Extensität erschien sie wie ein literarischer Kosmos, eine zweite Schöpfung, der Zwilling der ersten – Unter den Griechen ... war sogar der stärkste Eindruck: daß dieses Buch und das Weltganze zusammengehören und dem gleichen Urteil unterliegen ...«

Dieser Beurteilung vom Eindruck aus steht zur Seite die Wirkung von der Tiefe aus, wie sie den heidnischen Menschen fortschreitend unterwühlte, ihm die Sicherheit seines Besitzes zerschlug, ihn in das Nichts des Zweifels hinausstellte und von seinen Göttern weg nach einem Gott schreien ließ. Jetzt erfuhr er die monotheistische Welt. In ihr war nichts Willkür im Schicksal, nichts dumpfe Unterwerfung unter Götter, die launisch und ungerecht sind. Zum erstenmal erfährt der Heide, daß er glauben und doch sein Schicksal aus der Tiefe seiner besten menschlichen Eigenschaften selbst gestalten darf. Die panische Haltung dieses Menschen, die seine Stellung zu Welt und Allwelt ewig auf niedrigster Stufe halten mußte, wird aufgelockert, und plötzlich ist er dem Recht ausgeliefert, sich als kosmisches Wesen zu empfinden und sich in den großen Zusammenhang zu stellen. Hatte er bisher das Dasein genossen, erlitten, erduldet, so darf er es jetzt erleben und formen. Aus einem Knecht des Himmels wird er der freie, zugleich gebende und nehmende

Widerpart. Mit dem Tode des Heiden und seines Polytheismus beginnen die Geburt eines neuen Menschen und die Wegöffnung für das Christentum. Die Geburts*stunde* ist die Übersetzung der Bibel in die griechische Weltsprache, so wie jede Übersetzung der Bibel in eine neue Form und Sprache einen Umbruch in der Zeit ankündigt, das Aufreißen einer neuen Erkenntnisform, Sprengstoff für in Erstarrung begriffene Denk- und Glaubensformen. Die Septuaginta hat es bewiesen, die Luthersche Bibelübersetzung hat es bewiesen, und die neue Bubersche Übertragung wird es beweisen.

Dieser richtig erkannten Bedrohung seiner Welt setzt der Grieche Feindschaft, Abwehr gegenüber, und aus dem Willen, das zu glauben, was ihm Kraft zum Widerstand geben kann, das letzte Mittel erschreckter und gefährdeter Menschen: die Verleumdung.

Entsprechend diesem psychologischen Ablauf, wie er eben gezeichnet worden ist, stuft sich auch das Ergebnis dieser Begegnung in der jüdischen Geisteswelt in dreifacher Weise: in der freien Schöpfung, die vom Geiste des Griechentums einen Hauch verspürt hat; in den apologetischen Schriften, die das judaistische Weltgebäude gegen den Olymp in Schutz nehmen wollen, und in der aggressiv werbenden Literatur der römisch-alexandrinischen Epoche, in der bewußt Gott gegen Götter und sittliches Leben gegen philosophisches System ausgespielt werden.

Zwei Werke, wenn auch nicht in Alexandrien entstanden, so doch in ihrer Entstehung durch die Berührung mit Hellas begünstigt, ragen aus dieser Zeit hervor, beides weltliche Werke und beide um ihrer Wirkung willen und vielleicht auch schon aus der verklärenden Kraft der Erinnerung dem König Schelomo zugeschrieben: das Schir ha' schirim, das Lied der Lieder, auch das Hohelied genannt, und der Kohelet (Kohelet – wörtlich: versammelnd), auch »Priester« genannt oder nach der lateinischen Bezeichnung: Vanitatum vanitas.

Im Lied der Lieder, dem Wechselgesang zwischen Braut und Bräutigam in ihrer anmutigen und naturverbundenen Einkleidung von Schäfer und Schäferin, kann man der Form und der Gewandung nach auf den Einfluß des Theokrit schließen, den Schüler des Kallimachos. Aber es kann nicht dem mindesten Zweifel unterliegen, daß diese Poesie ein springlebendiges Stück althebräischer Poesie ist, vielleicht der letzte erhaltene Rest von Liebes- und Hochzeitsgesängen, die nie aufgezeichnet wurden oder die in Verlust gerieten, weil die strenge Auswahl der Kanonisierung sie als profan seitwärts liegen ließ. Aber jeder Ausdruck und jedes Gefühl in diesem Liede sind so vollkommen und reif und abgerundet, daß es als einmalige Leistung undenkbar und nur als Ergebnis einer Entwicklung, als Abbild einer wirklich bestehenden Gefühlswelt zu begreifen ist.

Diese Liebe ist in Werben und Abwehr zugleich stürmisch und zart, sie ist keusch im subtilsten Sinne des Wortes, sie ist ein feierliches, leise klingendes und behutsam schwingendes Rezitativ; sie ist so ursprünglich, so naturnahe wie der Beruf der Liebenden; sie ist ein Stück Natur und Kosmos, ewig wie sie. »Denn stark wie der Tod ist die Liebe . . . Große Wasser können sie nicht löschen und Ströme schwemmen sie nicht fort.«

Ganz jenseits dieser naturgefügten, aus dem Erlebnis der Leidenschaft willig anerkannten Welt steht das andere Werk, der Kohelet. Hier hat ein Mensch, der durch das griechische Denken gegangen ist, die Summe seiner Welt- und Lebenserfahrungen gezogen. Er präsentiert das Ergebnis der Fragen, die er an das Dasein und seine tragfähigen Kräfte, an Vernunft, an Glaube, an Lebensgenuß und Enthaltsamkeit gestellt hat. Die Antwort ist eine große Verneinung, eine Skepsis mit dem Unterton verhaltener Wehmut. Alles hat ihn enttäuscht: der Besitz, das üppige Leben, die Beschäftigung mit der Weisheit und der Vernunft. Nichts hat ihm zur Beruhigung und Erkenntnis verholfen. Der Gute lebt, und der Böse lebt, und die Sonne bescheint sie beide. Oft geht es dem Bösen gut und dem Guten böse. Wo ist das Gesetz, das hier gerechten Ausgleich schafft? Gewiß ist nur eines: am Ende steht der Tod, der alles auslöscht, alles gleich macht, alles entbehrlich macht und durch kein Gesetz gehindert ist, den Armen und den Reichen, den Widerstrebenden und Sich-Bemühenden dahinzuraffen. Vor ihm, vor diesem harten Schluß versagt jedes Denken. Darum ist es besser, dem Leben die Fülle seiner Gaben und Möglichkeiten abzugewinnen und auf die Problematik zu verzichten. Genießen, nicht sich bemühen. Epikureismus, nicht Stoizismus. Das ist die Denkart eines Menschen, der sich für eine lange Sekunde in die Seele des Griechen versetzt fand, jenes Menschen, dem die Harmonie verlorenging, der kein Zentrum mehr hatte und dem daher alles zweifelhaft werden mußte. Diese Worte aus dem Chor des euripideischen Herakles könnten wörtlich im Kohelet stehen: »Doch so gaben uns die Götter für das Edle, für das Böse kein bestimmt Erkennungszeichen, sondern alles steigt und sinket, wie das Zeitenrad sich dreht . . .«

Unruhig und betroffen haben spätere jüdische Denker vor diesem Niederschlag eines verneinenden Geistes gestanden. Fast drei Jahrhunderte haben daran gearbeitet und versucht, wie man der Leugnung des Lebenssinnes den Stachel nehmen könnte. Als es endlich in den Kanon der heiligen Schriften aufgenommen wurde, war ihm ein Kapitel angefügt worden, das den Sinn einer Umkehr im letzten Augenblick, einer Selbstbesinnung des Verfassers auf die ewig gültigen Wahrheiten bedeutet. So erhebt sich am Schluß aus allen Trümmern der skeptischen Negation ein feierliches, fast monumentales Bekenntnis zur Idee der Unsterblichkeit der Seele: »Der Staub aber kehret zur Erde, wie's einst gewesen, der Geist aber kehret zu Gott zurück, der ihn gegeben.«

Zwischen diesen originären und keinem gesetzten Zweck dienenden Schriften und der apologetischen Literatur steht unverrückbar als Kern und als Ausgangspunkt ungewöhnlicher Wirkung die Übersetzung der Bibel. Die ersten fünf Bücher, der Pentateuch, werden bereits in der Mitte des III. Jahrhunderts (vor der heutigen Zeitrechnung) übersetzt. Die Übertragung der Propheten und der damals schon kanonisierten Schriften, der Ketubim, nimmt fast das ganze II. Jahrhundert in Anspruch. Über die Übersetzung, deren Vorgang später von der Legende liebevoll bedacht wurde, ist ein Wort zu sagen: bei all ihrer Wichtigkeit ist ihre Mangelhaftigkeit nicht zu übersehen. Auf der einen Seite ergibt das Bestreben nach peinlich wortgetreuer Wiedergabe des hebräischen Sprachgefüges in das Griechische eine Unzahl von unklaren, eigentlich nur dem Philologen verständlichen Stellen; andererseits waltet schon bei der Übertragung die Vorstellung eines Zweckes ob, nämlich der, dem Griechen verständlich zu sein. Das gibt Wortverschiebungen, Sinnänderungen und die vielfache Ersetzung nationaler durch universale Ausdrücke und Vorstellungen. So fand die Polemik der heidnischen und christlichen Welt in einer Reihe von Unklarheiten der Übersetzung ebensoviele Punkte für ihre Angriffe, ein zwar verständliches, aber von Grund aus unehrliches Verfahren.

Die jüdische Literatur, die sich an die Bibelübersetzung anschließt, leitet zur apologetischen Stufe über. Es sind zunächst geschichtliche Werke, Glorifizierungen der judäischen Volksgeschichte, stark mit Legenden durchsetzt, die die tragenden jüdischen Ideen illustrieren sollen. Jason von Cyrene, der fünf Bücher über die Hasmonäerkämpfe schreibt, schmückt sie mit Erzählungen, die den stolzen Widerstand der Judäer gegen die Bekehrungsversuche der Seleuciden schildern, Szenen voll leidenschaftlicher Sicherheit des eigenen religiösen Besitzes und schlicht großem Bekenntnis zur Verpflichtung, für die eigene Wahrheit auch den Märtyrertod zu erdulden. Spätere Schriften sind konzilianter und zugleich komplizierter in der Haltung gegen die griechische Welt. Der alexandrinisch-jüdische Philosoph Aristobul, ein gründlicher Kenner der griechischen Literatur und Philosophie (etwa 150 vor der heutigen Zeitrechnung), verfaßt ein Werk über die »Gesetze Moses«. Sein Ziel ist, zu beweisen, daß alle Lehren der griechischen Philosophen längst in den Schriften der Bibel erkannt und dargestellt seien. Von ihm geht zuerst die Methode aus, die Sachlichkeit der Vorgänge im biblischen Schrifttum in bildhaften Deutungen, in Allegorien dem Geiste des heidnischen oder griechischen Menschen näherzubringen.

Auf dieser Linie der Ideenverknüpfung arbeiten weiterhin eine ganze

Reihe jüdische Schriftsteller. Es mag unter ihnen Eupolemus erwähnt werden, von dem die Behauptung ausging, Moses habe als erster sich der Schrift bedient. Von ihm hätten die Phönizier sie gelernt und von denen wiederum die Griechen. Alle ägyptische Weisheit – das ist ein Hieb gegen Manetho – stamme von den Juden. Ihr Lehrmeister sei Musäus gewesen, der Lehrer des Orpheus, und Musäus sei eben kein anderer als Moses. Hier ist schon der Unterton der Aggressivität spürbar. Aber als ein weit geeigneteres Mittel zur Wirkung auf die griechische Umgebung betrachtete man die Methode, seine Äußerungen und Schriften bekannten Autoritäten zu unterstellen, sie mit falschen Namen zu decken, um von deren Gewicht und Anerkanntheit zu profitieren. Diese Art stellt eine ganze Literatur dar, die pseudepigraphischen Schriften. Es ist weniger eine schöpferische Literatur als vielmehr ein Ausdrucksmittel für die Auseinandersetzungen, die zwangsläufig einen präziseren, härteren, offensiveren Charakter annehmen. Sogar die Sibylle, die Wahrsagerin der griechisch-römischen Welt, wie man sie in Erythräa und in Cumä lokalisierte, muß ihren Namen zur Deckung von Propagandaschriften hergeben. Es taucht eine jüdische Sibylle auf, Sabbe oder Sambethe genannt. Ihr Name deckt eine Reihe von Schriften, die ersteren von jüdischen Verfassern und mit dem Zweck, dem Heidentum im jüdischen Monotheismus einen Spiegel vorzuhalten, die späteren von christlichen Verfassern, um das Dogma von Jesus als einem Gottmenschen zu verteidigen.

Wie in den Entwicklungszeiten des israelitischen Monotheismus die Kulte des Jahve und der lokalen orientalischen Gottheiten sich zu einem Synkretismus formten, so werden jetzt die mythologischen Vorstellungen des Judaismus und Hellenismus synkretistisch kombiniert, um Verständnis zu erwecken und gemeinsamen alten Ursprung vorzutäuschen. Aber immer bleibt das Endergebnis jeder Schrift die Herausformung der jüdischen Geisteswelt, des einen Gottes, der Sittlichkeit als Prinzip der Lebensgestaltung, und dagegen, stolz abgrenzend, scharf und unerbittlich aburteilend und verneinend, die Willkür heidnischen Aberglaubens. Es war eine Werbung, zudem eine, die hier und da in Form und Einkleidung Konzessionen machte, die aber überaus stolz und aggressiv ihren Wert und ihre absolute Überlegenheit betonte. Es war eine Aufforderung an das sterbende Heidentum, vor der Idee des Monotheismus zu kapitulieren.

Das Heidentum hat diese Herausforderung richtig begriffen und hat sich, wie Menschen in einer belagerten Festung, mit allen Kriegslisten und Kriegsroheiten dagegen gewehrt, und letzten Endes doch vergeblich. Es wurde ihnen zwar gesagt, die Offenbarung am Sinai sei für alle Menschen und für alle Zeiten gegeben, und es werde, wenn erst alle Menschen sich dem Gebot der Gerechtigkeit untergeordnet hätten, die

Zeit des Friedens für alle Menschen und Völker eintreten, aber sie begriffen in erster Linie nur die Tatsache, daß sie in der überwiegenden Majorität seien und daß es Sache der winzigen Anzahl von Juden sei, Gesetze zu empfangen, nicht, sie zu geben. Zwar bangten sie heimlich, und gerade in ihren besten Vertretern, nach einer Heimat für das erregte und beunruhigte religiöse Gefühl, aber ihre Weltlichkeit war vielleicht in ihrer Diaspora noch stärker als in ihrer Urheimat. Sie sahen die Differenzen des realen Lebens überscharf, weil keine Beziehung zum Hintergrund aller Lebensverhältnisse ihnen den Blick weitete. Und überall da, wo ihr Leben sich abspielte, war für sie der Jude der Gegner kat' exochen, Gegner aus Lebensart, Sitte, Politik, Wirtschaft und Glaube. Sie hatten in Wesen und Lebensgestaltung kein Element, von dem sie nicht das Gegenteil im Juden fanden oder finden konnten. Darum konnten sie nicht anders, als jede Äußerung des Juden, gleich, aus welcher Sphäre sie kam, als einen gegen sie gerichteten feindseligen Akt betrachten. Als gar zum Wesen des griechischen Menschen das des römischen in Einwirkung und Auswirkung hinzutrat, entstand ein Ausbruch von Haß, Blutgier und Roheit, der ähnlich nur in den Massakern der christlichen Kreuzzüge und dem Kosakengemetzel des 17. Jahrhunderts eine Parallele findet.

Diese Zusammenstöße bereiten sich fast in der gesamten jüdischen Diaspora, wo Juden gegenüber den Griechen eine Minderheit bilden, in gleicher Weise vor. Der Grieche, selbst im eigentlichen Sinne »Zugewanderter«, »Fremder«, gleichwohl in der Tradition seiner Kleinstaaterei und Kleinstädterei verfangen, empfindet die religiöse Autonomie der Juden als etwas, was sich mit der allgemeinen Stellung als Bürger einer Stadt oder einer Provinz oder eines Landes nicht verträgt. Er begriff nur: cujus regio, ejus religio. Daneben war natürlich der Jude sein allzu gelehriger Schüler im Handel und sein grundsätzlicher Gegner im Religiösen. Darum verlaufen in der Diaspora, insbesondere in Syrien und Kleinasien, die Spannungskämpfe zunächst in Angriffen der Griechen auf die Gleichberechtigung und Autonomie der Juden und in der energischen Abwehr der Juden dagegen. Dieses Problem wurde verschleppt, wohin auch immer die Juden kamen; und sie kamen in ganz kurzer Zeit überraschend weit. Schon Strabo, der Zeitgenosse des Herodes, meint, man könne nicht leicht einen Ort in der Welt finden, an dem sich nicht Juden befänden. Bis auf Mesopotamien und Babylonien, die sich dem griechischen und römischen Einfluß entziehen konnten, steht über dem Zusammenleben von Juden und Griechen, beziehungsweise Römern, die Idee, die Cicero bei seiner Verteidigung des Flaccus zum Ausdruck gebracht hat: wo Rom siegt und herrscht, gelten seine Gesetze, auch die Gesetze des Glaubens; und zwar nicht nur weil Rom der Sieger ist, sondern weil die Tatsache des Sieges die Tatsache der besseren Religion, des besseren Glaubens beweist.

Der Zusammenstoß zwischen Rom und Judäa ist für das Gebiet der ganzen griechisch-römischen Diaspora ein Signal zum Austrag der Spannungskämpfe. Indem Judäa sich gegen Rom auflehnt, lehnt es sich gegen das Gesamt des Weltheidentums auf. Da ist es verständlich, daß das Gesamt der heidnischen Welt auf diese Herausforderung reagierte. Wieder ist Alexandrien das Paradigma für die Art, in der solche Zusammenstöße verlaufen. Wie Caligulas Größenwahn die Aufstellung und Verehrung seiner Bilder verlangt, weigert sich auch die ägyptische Judenschaft. Auf Grund ihrer religiösen Autonomie war sie dazu berechtigt. Das gibt für die Griechen einen erwünschten Anlaß. Zwei Demagogen, die Gymnasiarchen Isidor und Lampon, werfen sich zu Volksführern und Vollstreckern eines sogenannten Volkswillens auf. Sie lassen mit Gewalt die Bildnisse des Caligula in den Synagogen aufstellen. Der Pöbel schlägt alles kurz und klein. Der römische Statthalter nimmt ihre Partei, erklärt die Juden, die damals schon eine Bevölkerung von fast einer Million ausmachten, als »Fremde und Zuwanderer«, nimmt ihnen die Religionsfreiheit und verweist sie aus den Stadtvierteln, die ihnen nach seiner Meinung nicht zustehen. An dieser Evakuation beteiligt sich die griechische Bevölkerung durch Plünderung, Zerstörung und Totschlag. Sie demonstrierten damit den ersten praktisch angewandten Antisemitismus. Er tritt gleich mit den für alle Zukunft geltenden Formen auf: Rechtsbeugung, Rechtsverweigerung, verursachende Tätigkeit von Drahtziehern und Demagogen, Aufhetzung der Volksleidenschaften, Roheitsakte, Raub, Mord. Selbstverständlich fehlt nicht das religiöse Argument: die Weigerung, ein Kaiserbild anzubeten. Später waren es nach Bedarf Hostienschändung, Kindermord, die Kreuzigung Jesu, Brunnenvergiftung und so fort. Aber es soll ihnen nicht vergessen werden, daß untergründig das Entsetzen mitwirkte, die entscheidende Erschütterung ihrer Welt verspürt zu haben.

Zwar stellt für den Augenblick Claudius den Status quo wieder her und läßt die Urheber samt den beiden Demagogen hinrichten, aber das löst natürlich die Gegensätze nicht auf. Sie brauchen nur einen neuen Anlaß: den jüdischen Freiheitskrieg. In Cäsarea erschlagen die Griechen zur Antwort an die 20 000 Juden. Die Zeloten erwidern durch einen allgemeinen Aufruf zur Vernichtung der Griechen. Das gegenseitige Massenmorden hebt an. Alexandrien stellt alle übrigen Orte der Diaspora in den Schatten durch ein Gemetzel, bei dem die Zahl der erschlagenen Juden 50 000 betragen haben soll. Und ein neuer Anlaß wird ihnen nach der Zerstörung Jerusalems geboten. Die versprengten Zeloten können ihren Haß gegen Rom nicht sterben lassen. Sie sind bereit, ihn über die ganze

Welt zu tragen, solange man sie nicht erschlägt. Sie kommen nach Alexandrien und wollen die Juden dort zum Aufstand gegen Rom bewegen. Die römischen Behörden nehmen viele gefangen und wollen sie auf der Folter zu einem Treuegelöbnis gegen Rom zwingen. Sie sterben lieber. Viele flüchten nach Oberägypten. Vespasian, in der Befürchtung, es könne ihnen dort die Bildung eines neuen Zentrums für den Aufruhr gelingen, läßt den jüdischen Tempel in Leontopolis schließen. Die Zeloten ziehen weiter nach Libyen, und dort gelingt es ihnen zum letzten Male, Revolte gegen Rom zu erzeugen. Der Aufruhr wird unterdrückt. Ihr Anführer Jonathan wird in Rom verbrannt.

Sie haben alle bis in das Sterben hinein ihre Freiheit bewahrt. Die noch Überlebenden, die endgültig auf ein Dasein in der Fremde angewiesen sind, werden zu Erben dieses Schicksals: sich gegen eine Welt voll Feindschaft die unsterbliche Freiheit des Geistes durch Beharrung, Opfer und Martyrium zu erkämpfen.

Jeschu Von Nazareth

Aus dem Chaos eines Volkslebens, das in schmerzlichen Zuckungen gegen eine dem Tode geweihte heidnische Welt selber dem Tode seiner äußeren Form zustrebt, um dafür das ewige Leben zu gewinnen; aus der Anarchie der Kräfte, die in einer an intensives Leben seit Generationen gewöhnten Gemeinschaft den letzten Grund seelischer Möglichkeiten bloßlegt; aus dem Heroismus der Faust und des Geistes und des Herzens erwächst ein doppelschichtiges historisches Faktum, das ein Gewicht von Welten und Jahrtausenden trägt: die Lebensgeschichte eines Jeschu von Nazareth und die Entstehung eines neuen Glaubensbekenntnisses, des Christentums. Diese beiden Fakten verhalten sich zueinander wie das Typische zum Einmaligen. Das will sagen: die Gestalt eines Jeschu verkörpert in Möglichkeit, Wirken und Schicksal den besten jüdischen Menschen der Zeit, wenn nicht an Wissen und Kenntnissen, nicht an Patriotismus und Freiheitswillen und Unbedingtheit der Arterhaltung, so doch an dem, was die übersteigerten Schmerzen der Zeit lindern konnte: am Erbarmen für die Kreatur, an der wehmütigen Überwindung des Leidens durch Liebe, Stille und durch das ... Ausweichen vor dem Leben, das der Alltag ist. Die Entstehung des Christentums hingegen ist ein einmaliger Vorgang, eingeschlossen in die historischen Notwendigkeiten, die sich aus der Situation des Judentums und des Heidentums in jener Zeit ergaben.

Wir werden daher von *Jesus als einer Gestalt der jüdischen Geschichte* sprechen, ganz ohne Rücksicht auf irgendwelche theologischen oder glaubensmäßigen Vorstellungen, und vom Christentum nur, soweit und solange es noch eine jüdische Angelegenheit war und soweit später – und bis in die Gegenwart – der Jude als Objekt des Christentums, als Haß- und Kampfobjekt dieser Religion es notwendig macht.

Der Hintergrund, vor dem die Tragödie des Menschen Jesus gespielt wird, ist ungemein bewegt und farbig. Es war eine freudlose Zeit der Leidenschaften: eine Zeit, in der das Schicksal des Einzelnen und des Staates und des Glaubens in der Härte der Prüfungen Maßloses ertragen mußte. Die Juden haben nie aufhören können, in Beziehungen zu leben; in dieser Zeit führte jede Betrachtung ihrer Beziehungen zu vernichtenden Resultaten. Sie waren ganz bewußt noch in dieser Epoche, nach Ablauf eines halben Jahrtausends, die Heimkehrer aus dem babylonischen Exil. Dort haben die Propheten sie gelehrt, ihre Aufgabe zu begreifen. Fünf Jahrhunderte hatten sie nun an die Verwirklichung gewendet. Zweihundert Jahre nach ihrer Rückkehr, als sie gerade die Restaurationen eines Esra und eines Nehemia auslebten, wurden sie vom Griechentum überfallen. Der Kampf um die Selbsterhaltung begann. Sie blieben Sieger. Sie träumten sich mit den ersten Errungenschaften der Hasmonäerkämpfe in den Erfüllungsgedanken hinein. Aber mitten in diese Linie eines trügerischen Aufstieges bricht Herodes, bricht Rom, bricht der Koloß Heidentum hinein und will mit seiner Hypertrophie, die schon Zerfall ist, den letzten widerstrebenden Kern von Menschen vernichten. Ihre gesamte materielle und geistige Existenz ist in Frage gestellt. Ihre Vernichtung ist in dem Augenblick beschlossen, als sie ihre Erfüllung vor sich sehen.

In dieser Diskrepanz zwischen Hoffnung und Wirklichkeit, zwischen Bemühen und Ergebnis, zwischen Idee und Gewalt explodiert das jüdische Zentrum, das nie sehr ruhig war, das aber schon zu einer festen Form strebte. Jede Möglichkeit, die damals im Judentum beschlossen lag, findet jetzt in Einzelnen, in Gemeinschaften, Gruppen, Parteien und Sekten ihren Ausdruck, und zwar gleich einen extremen Ausdruck. Jetzt, wo alles in Frage gestellt ist, ist zugleich alles möglich. Aber noch in dieser Explosion, in dieser Aufteilung in Splitter, bewährt sich die erstaunliche Vitalität des Judentums. Alles, was jetzt geschieht, ist der Ausdruck eines ungeheuren Lebenswillens. Selbst in dieser Sekunde des großen Zusammenbruches ist nicht die Spur von Resignation nachweisbar. Selbst die Essäer, die sich von allen Dingen des Tages, seiner Organisation und seiner Ordnung zurückziehen, sind nur der Technik des Daseins müde, nicht aber des Daseins selber. Sie weichen dem Staat aus, weil sie wissen, daß sie damit dem Kampfe und der Gewalt ausweichen. Und sie tun es nicht aus

Feigheit, sondern weil sie von einem staatlichen Leben nichts mehr erwarten. Sie wollen für ihre Seele sorgen. Aber darum wollen sie nicht etwa das Leben auflösen. Nur wie die Not wuchs und der letzte Rest an Freiheit und Menschenwürde unter den Schwertern der Herodianer und der Römer zerstört wurde, begriffen sie das Ende der jüdischen Gemeinschaft sehr weitgehend zugleich als das »Ende der Tage« überhaupt, das Herannahen einer Zeit, in der andere Kräfte als die, die bis dahin versagt hatten, wirksam würden. Sie ließen das irdische Reich fallen und bereiteten sich auf das »himmlische Reich« vor. Aber auch das realisiert sich für sie hier auf der Erde, nicht in einem vagen Himmel, wie denn überhaupt in jener Zeit der Begriff Himmelreich nichts mit einem Reiche im Himmel zu tun hat, sondern nur eine Benennung für Gott ist, für den, in dem sich eben das Himmelreich verkörpert und von dem sie erwarten, daß er es endlich einmal der Erde geben werde. Sie sind nichts anderes als konsequente Pharisäer mit rückwärts gerichteter, auf die Nasiräer rückweisender Tendenz.

Auch derjenige Teil des Volkes, den man passive oder gemäßigte Pharisäer nennen kann, verliert nur den Glauben an die *Technik des Widerstandes*, an das gewaltsame Widerstreben. An das Leben, an ihre Zukunft, an die Dauer und Unsterblichkeit des Volkes glauben sie mit unendlich gesteigerter Kraft. Aber sie wollen, wie es in der Intention der Propheten lag, vom Geiste her Widerstand leisten. Sie wollen die Nation retten durch die religiöse Zucht, durch geistige Absperrungsmaßnahmen, wenn es der Kampf verlangt; und sogar unter Preisgabe der staatlichen Existenz, wenn es nicht anders gelingen will. Mitten im Toben des Befreiungskampfes gründet Jochanan ben Sakkai, der aus der Schule des Hillel kommt, das Lehrhaus in Jabne bei Jerusalem und proklamiert damit die Fortsetzung des Widerstandes gegen die heidnische Welt auf einer anderen Ebene als der, deren Zusammenbruch unter den Angriffen des Vespasian er voraussieht. Über das positive Verhalten der Zeloten und Sicarier braucht nichts Besonderes mehr gesagt zu werden. Sie waren Optimisten bis zur Verzweiflung. Sie resignierten nur, wenn man sie erschlug.

Dieser Wille zum Dasein in allen Schichten und Parteien des jüdischen Volkes und in allen seinen mannigfachen Stufungen und Variationen traf sich zudem in einer gleichen und gemeinsamen und sehr positiven Idee: im Glauben an das Herannahen einer messianischen Zeit. Der Messianismus war Bestandteil des gesamten Volkes. Es gab keine Schicht, die nicht daran glaubte. Selbst der Sicarier, der den Römer und den Römerfreund meuchelte, wußte, daß er für das kommende Reich, für das Reich Gottes mordete! Ob politischer Mord oder geistige Versenkung: es war dieselbe Idee, nur in anderer Formung.

Der Messianismus ist das Zentralproblem der Epoche. Er entsteht nicht etwa erst jetzt, sondern er zerbirst unter dem Druck der Zeiten in Varianten. Ganz klar ist die messianische Idee schon herausgearbeitet im Buche »Daniel«. Hier wird – wie so oft in der Geschichte der Juden – aus den Ereignissen der Welt der Sinn abstrahiert. In seinen Visionen sieht er nach dem Scheitern der vier großen Weltreiche ein fünftes aufsteigen: das Reich des Messias. Dieser Messias ist das jüdische Volk. Es gibt hier noch keinen persönlichen Messias. Aber schon ist der Messianismus universal. Er gilt für die ganze Menschheit.

Der Gedanke wächst und verknüpft sich tief mit den Ideen der Auserwähltheit des Volkes, der Unsterblichkeit der Seele, dem Fortleben nach dem Tode und der Wiederauferstehung der Toten. Es sind umkämpfte Gedanken. Sie bilden, insbesondere was die Unsterblichkeitslehre angeht, Kampfmeinungen im Gegensatz der Pharisäer und Sadduzäer. Aber das intensive religiöse Leben gibt endlich den Ausschlag nach der Seite der unbedingten Gläubigkeit hin. Religiöses Leben bedeutet ja im Gefüge des jüdischen Volkstums und besonders in diesem halben Jahrtausend nach dem babylonischen Exil viel mehr als nur die Befolgung von Ritualgesetzen und kultischen Vorschriften und auch viel mehr als eine Theologie und eine Dogmenlehre. Es gab kein Dogma. Es gab keinen Zwang, etwas zu glauben; nur, etwas zu tun. Das, was die Umzäunung genannt wird und was in seiner Auswirkung die »jüdische Religion« darstellte, war ein völlig in das reale Leben einbezogener Komplex, eine nationale Weltanschauung, eine Kultur mit Philosophie, Rechtswissenschaft, sozialen Problemen, Naturwissenschaft, Technik und praktischer Ethik. Wenn aus solchem Bezirk her ein religiöser Gedanke entstand, so war er nichts Abstraktes, sondern mußte notwendig in der Realität des Lebens, aus der er erwachsen war, begründet sein und wirksam werden. Und andererseits konnte aus dem schöpferischen Leben des Volkes selbst kein religiöser Gedanke entstehen, von dessen Verwirklichungsmöglichkeit das Volk nicht überzeugt war. Das ist eben der entscheidende Grund, warum das jüdische Volk in seiner überwiegenden Gesamtheit die Lehre Jesu, oder besser: die seiner späteren Verkünder, als lebensuntauglich verworfen und verneint hat.

So mußte folglich auch der messianische Gedanke, der das ganze Volk durchzog, als realisierbar gefaßt werden, um den Menschen etwas bedeuten zu können. Die einen sahen in dem Messias den Gesandten Gottes, der sie vom römischen Joch befreien und ihnen die Theokratie wiedergeben sollte. Anderen erschien das nur als ein Nebenergebnis, während ihnen als entscheidend vorschwebte, Gott werde endlich einmal der Gerechtigkeit auf Erden zum Siege verhelfen, er werde ein großes

Gericht, das Weltgericht, abhalten und dann das große Reich des Friedens und der Brüderlichkeit für alle Menschen auf Erden begründen. Dieser Messianismus ist noch irdisch und wartet noch darauf, daß die Katastrophe der Zeit mit einem ausgleichenden Akt der Gerechtigkeit, der nationalen Vergeltung ihren Abschluß finde. Und auch da gibt es Varianten. Alle wissen, daß sie es mit eigenen Kräften nicht mehr schaffen können und daß schon Gottes Hilfe eingreifen muß. Aber die einen glauben, man könne das Ende der Zeiten durch Aktivität beschleunigen. Sie bedrängen die Zeit und das Ende. Die anderen glauben, man müsse den Geist widerstandsfähig machen und auf die Erfüllung warten.

Doch bricht aus dem Übermaß des Erlebens in dieser Zeit ein seelisches Element hervor, das eine entscheidende Abbiegung der messianischen Idee zur Folge hat: der Individualismus.

Wir haben schon anläßlich der Vorgänge im babylonischen Exil darauf hingewiesen, welche Möglichkeiten die Prophetie durch die Betonung eines individuellen Verhaltens zur Religion in die Entwicklung des Judentums hineingetragen hat. Das freie und befreite religiöse Leben des Individuums bedeutet immer einen ungewöhnlichen Fortschritt im religiösen Leben. Aber entscheidend ist für eine Religion, die keine private, sondern eine Gemeinschaftsreligion ist, doch letztlich, wie sich das Individuum zur Gemeinschaft und ihrer Art des Glaubens verhält, zum offiziellen, kollektiven Glauben. Je mehr das Einzelschicksal beansprucht wird und je tiefer das religiöse Bewußtsein den Menschen durchsetzt, desto größer wird die Möglichkeit, aus dem kollektiven Erlebnis ganz und gar auszubrechen. Die Essäer sind die ersten, die diesen Schritt zum Individuum machen. Aber es ist charakteristisch, daß sie sich für die Lebensform des Individuums zugleich die nächste und intimste Gemeinschaftsform auswählen, die der kommunistischen Gemeinde. Mit individualistischen Impulsen geladen ist auch in steigendem Maße diejenige Schicht des Volkes, die sich in Zeiten normaler Entwicklung aus den Einzelbauern, Arbeitern, Taglöhnern, Handwerkern und Kleingewerbetreibenden zusammensetzt. Für sie war die Unzahl der Kriege, Verfolgungen, Verwüstungen, Steuererpressungen und Requisitionen der wirtschaftliche Tod. Sie verarmten und verkamen vollständig. Sie haben am Kollektivum, am Staat, keine Zukunft, keine Stütze und keine Rettung mehr. Es kann ihnen nur noch der andere Mensch, der Nebenmensch helfen, sofern er noch etwas besitzt und guten Willens ist. An Stelle einer sozialen Ordnung, in der sie ihre Existenz finden können, und an Stelle einer Fürsorge, für die eine Gemeinschaft von den Verpflichtungen des Thoragesetzes her verantwortlich zeichnet, tritt der mitfühlende, der mitleidende Einzelmensch; und der ideale Typ, der ihnen helfen kann, wird so der sie erlösende Mensch, der – über jede

Gemeinschaftsbindung hinaus – ihnen von Gott selbst zu diesem Zwecke gesandt wird. Gott ist verpflichtet, ihnen einen Erlöser zu schicken. Ihr Glaube an den Messias berührt vor allem ihr persönliches Problem, aber er ist zugleich eine direkte und notwendige Folge ihres unerschütterten Glaubens an Gott. Sie werden sozialreligiöse Revolutionäre aus dem Glauben her.

Neben ihnen steht ein anderer Kreis von Menschen, der weniger aus der Not des Alltags als vielmehr aus der Not der Seele allem Treiben in der Welt die Gefolgschaft versagt. Es sind die Stillen, Müden, Friedfertigen im Lande, die zur Ruhe kommen wollen. Sie sind ganz auf sich und ihr persönliches Erlösungsbedürfnis gestellt.

Überall, wo das Bekenntnis zum Kollektivum verlassen wird, zu jener Existenzform, die man das Gemeinschafts-Individuum nennen kann, und wo von da aus der Weg zum Einzelnen, losgelösten Individuum gegangen wird, fehlen die Hintergrundskräfte, die Verankerungen im Schicksal der Ahnen, und damit die Stoßkraft der Idee in eine gestaltende Fortsetzung und Zukunft hinein. Was da an Kraft mangelt, muß durch Mystik ersetzt werden und durch Vertrauen auf eine Zukunft, die niemand mehr kontrollieren kann. Folgerichtig zerbricht die messianische Idee, und es entsteht eine Konzeption, nach der die Erfüllung aller Hoffnungen auf Ausgleich, Gerechtigkeit und Frieden sich von der Erde wegbegibt und in einen Himmel hinaufgetragen wird, der sich hinter Mystik und Schwärmerei der Kontrolle dessen entzieht, dem er dienen soll: des lebendigen Menschen.

Zu allen diesen Dingen, die die geistige Situation der Zeit umreißen, ist hinzuzurechnen, was von der politischen Katastrophe der Zeit bereits berichtet worden ist. Damit stehen die Grundfarben und Grundkräfte des Hintergrundes fest, vor dem die Geschichte Jesu sich abspielt.

Welche Möglichkeiten hat nun ein Mensch, ein beliebig ausgedachter Mensch, vor solchem Hintergrunde? Unter allen Umständen nur die, die ihm die Zeit bietet. Er kann andere weder erfinden noch neu schaffen. Jesus beweist es durch sein Leben und seine Taten. Bei der Darlegung, die wir jetzt versuchen wollen, verbieten Raum und Zweck des Werkes eine Darlegung, welche Berichte und Mitteilungen wir für historisch halten und welche nicht und warum das geschieht.

Jesus wurde als Sohn des Zimmermannes Joseph und seiner Frau Maria in der Zeit des Kaisers Augustus, einige Jahre vor unserer Zeitrechnung, in Nazareth geboren. (Man verlegte später seinen Geburtsort nach Bethlehem, um nachweisen zu können, daß er ein Nachkomme Dawids sei. Doch stand diese Idee, der Messias müsse aus dem Hause Dawid kommen, damals keineswegs fest.) Er hatte vier Brüder und zwei Schwestern und lebte mit ihnen das schlichte und arbeitsreiche Dasein galiläischer Menschen. Galiläa und Nazareth insbesondere lagen abseits von der großen Straße des Lebens und weitab von der lebendigen und gestaltenden Atmosphäre der Hauptstadt Jerusalem. Die Gelehrsamkeit in dieser Provinz war nicht sehr groß, aber dafür waren die Menschen einfacher, ungebrochener, weniger mit Gedanken überlastet und in allen ihren Reaktionen sehr stark und primitiv. An Tiefe des religiösen Erlebens gaben sie alle Jerusalem und seinen Gebildeten nichts nach; nur lösten sie manche Frage, die in Jerusalem eine – wenn auch leidenschaftliche – Diskussion entfesselte, mit der Revolte und dem mannhaften Dreinschlagen. So war Galiläa immer der Herd der Unruhen und Revolutionen. Diese Menschen reagierten ungewöhnlich fein und zugleich sehr stürmisch auf die mindeste Bedrückung ihrer inneren und äußeren Freiheit. Aber sie setzten nicht nur die Fäuste in Bewegung. Da sie schlicht und unverbildet waren, trug auch ihr religiöses Gefühl, vom Buchstabenglauben und von der Verehrung des Wortes sehr entfernt, eine sinnende, naturhafte Aufmerksamkeit, mit einem Rhythmus des Herzens, dem die ausgeglichene Schönheit und Vielfältigkeit ihres Landes den Stempel aufgedrückt hatten. Darum waren unter ihnen viele stille und versonnene Gottsucher. Es waren auch sehr viele unter ihnen, die mit ihren psychischen Kräften dem dauernden Ansturm der Kriege und Revolten, der Tagesfron und der Verarmung, der Belastung ihres schlichten Glaubens und der ewig schwankenden Hoffnung auf Wandel und Ende dieser bösen Zeiten nicht gewachsen waren und die seelisch und geistig, mit ihren Nerven und mit ihrer Widerstandskraft zusammenbrachen. Man nannte sie im Volke, da andere Erkenntnisquellen nicht zur Verfügung standen, die von den Dämonen Besessenen, und ihre Heilung gehörte zum schlichten Tageswerk dessen, der ihnen helfen wollte. So waren sie es von den Essäern gewöhnt, und so erwarteten sie es von jedem, den sie als Helfer annahmen.

Es kamen oftmals Menschen, die sich ihnen als Helfer anboten, und sie lieferten sich willig jedem aus, der so zu ihnen kam. Sie trugen in jeden, den sie verstanden und der sie verstand, ihre Hoffnung hinein und waren bereit, ihn als Erlöser, als Messias aufzunehmen. Es war der Messias in der gleichen Form, in der ihr seelisches, ihr religiöses Leben ihn ausgebildet hatte: der König-Messias, derjenige, der Gott, oder – was das gleiche ist – das Himmelreich auf die Erde bringen sollte, damit der Sinn ihres Daseins als Menschen und Juden sich erfülle. Aber es blieb immer beim Glauben und beim Versuch. Die Römer und die Herodianer waren scharfe, mißtrauische Wächter. Sie begriffen völlig richtig, daß auch die religiöseste messianische Erwartung der Zeit, sofern sie sich nicht – wie bei den Essäern – am äußeren Geschehen völlig uninteressiert erklärte, eine reale, gestaltende, irdische und somit eine politische Kraft in sich trage. Darum wurden die Führer und die Erlöser und die Messiasse immer schon im Anfang ihres Beginnens von der Macht ausgelöscht, und es ist für die Entwicklung der Dinge verhängnisvoll, daß immer die Führer, also die Besten, die geistige Elite davon getroffen wurde. So werden sie ständig enttäuscht, und so kommen aus ihren Reihen immer wieder die Fanatiker. Darum ist gerade Galiläa das Land der Freischärler, der Insurgenten, der Freiheitskämpfer, der Räuberbanden, der Mystiker und der Besessenen oder Hysterischen. Darum wird gerade in Galiläa am stärksten neben dem Schwert als Waffe das Wunder als Instrument der Bekundung und der Erlösung verehrt. Das Schicksal der Zeit und des Volkes sandte seine Ströme durch dieses Land mit allen seinen Möglichkeiten von hüben und drüben. In diesem Lande mit offenen Augen und offenem Herzen leben, bedeutete, diese Schicksalsströme mitten durch sich hindurchgehen fühlen.

Was also kann ein Mensch in dieser Zeit, in dieser Umgebung tun, wenn er sich von allen Seiten her berührt und beteiligt fühlt und wenn er die Wehen der Dinge, die da entstehen wollen, nicht ohne Spur und Antwort an sich vorübergehen lassen *kann?* Er muß bekennen, daß die Dinge ihn als *Einzelnen* angehen und daß er als Einzelner, als *Persönlichkeit* mit dafür verantwortlich ist, wie sie verlaufen. Daraus folgt weiter, daß er sich selber in den Zusammenhang stellen muß und daß er zu dem Gefühl reift, von seiner Mitwirkung hänge entscheidend das Geschick seiner Gemeinschaft ab. Nach solcher innerer Entscheidung bleibt für den, der sich angerufen fühlt, nur die Aufgabe, Grad und Umfang und Kraft seiner Berufung zu prüfen. Bejaht er sie, so ist er aus der Verpflichtung des Herzens her zum Handeln gezwungen.

Das und nichts anderes hat Jesus getan. Jesus ist so hundertfach im Judentum seiner Zeit begründet, daß man nichts zu tun brauchte, als die Geschichte der Zeit und der Menschen und des Landes zu schreiben, um alle Elemente seines Wesens und sogar seines Schicksals beisammen zu haben. Was die besondere und tragische Note seines Schicksals bestimmte, war derjenige Teil seiner *Persönlichkeit*, der sich nicht mit den Menschen, denen er dienen und die er erlösen wollte, treffen konnte, die er vielmehr aus der Überbetonung seiner Persönlichkeit und aus dem Versagen vor den Erwartungen, die er selber erweckt hatte, hoffnungslos und tragisch verfehlte und verfehlen mußte. Wenn der Messias aufhört, Führer, Erfüller und Verkünder zu sein und aus dem übersteigerten Ichgefühl Vorbild und Reformator sein will, zerbricht ihm das Amt in den Händen. Das ist Jesu Tragik und der Wendepunkt in seiner Lebensgeschichte. Das ist zugleich – um es vorwegzunehmen – der Kern unserer Darstellung.

Für Jesu Anfänge kann nur aus seinem späteren Tun geschlossen werden, daß er in der Literatur seines Volkes ziemlich bewandert war. Er kannte die Thora, und zwar so genau wie mancher Pharisäer. Er kannte auch die Propheten, die Psalmen, das Buch Daniel und vielleicht auch das Buch Henoch. Sein geistiger Bezirk war der des Juden seiner Zeit. Aber auch sein seelischer Bezirk lag da. Das wird offenkundig, wie das erste große, auslösende und gestaltende Erlebnis in sein Dasein tritt: die Begegnung mit Johannes dem Täufer.

Johannes taucht um das Jahr 28 der heutigen Zeitrechnung im südlichen Transjordanien, am Jordan, in Galiläa und in Peräa auf. Er ist Einsiedler, Asket nasiräischer Richtung und Lebensform, der viele essäische Elemente in sich aufgenommen hat, eine typische Figur der Zeit, der in ihrem Sinne den Ablauf und das Ende der Dinge begreift und verkündet: »Tut Buße, denn das Himmelreich ist nahe!« Das heißt in der Sprache der Zeit: Streift alle eure Halbheiten und Unvollkommenheiten von euch ab, denn es naht die Zeit, wo Gott auf Erden die Herrschaft des Vollkommenen aufrichten wird. Darum verweist Johannes die Menschen darauf, bei ihrem Tagewerk zu bleiben, dem Nebenmenschen Gutes zu erweisen und – indem er die Auswüchse des Pharisäertums geißelt – über der Pflicht gegenüber dem Gesetz nicht die Pflicht gegenüber dem Menschen zu vernachlässigen.

Johannes betrachtet sich keineswegs als Messias, sondern bewußt als seinen Vorläufer, als den, den das Volk in dieser Eigenschaft erwartet: als die Verkörperung des Propheten Elijahu. Und dieses Wissen um die Vorläuferschaft, das das Wissen um die baldige Ankunft des wahren Messias einschließt, gibt seiner religiösen Leidenschaft und seinen Predigten eine besonders drängende Kraft. Viel Volk strömt ihm zu und vollzieht vor ihm die symbolische Handlung des Tauchbades, wie es die Essäer übten und wie es auch die Pharisäer von den Proselyten verlangten. Es unterscheidet ihn von den weltabgewandten Essäern, daß er sich nicht in die mystische Stille zurückzieht, sondern bewußt und werbend nach Anhängerschaft in die Öffentlichkeit tritt, in den Betrieb des Tages, in die Polemik und in die Politik. Die wird ihm dann auch zum Verhängnis. Seine öffentliche Kritik an Herodes-Antipas wegen seiner Heirat mit Herodias, die gegen Johannes' strenge Auffassung der jüdischen Gesetze verstieß, gibt den Ausschlag, ihn zu verhaften und wegen der Gefahr, die sein Wirken im politischen Sinne bedeutet, hinzurichten.

Zu ihm hin in der Masse des Volkes und als einer aus der Masse, von Johannes unerkannt und unbeachtet, kommt auch Jesus, um das Taufbad zu vollziehen. Aber während alle anderen sich gläubig zu Objekten dieses Vorganges machen, macht Jesus sich aus der Erschütterung, die dieses

Symbol in ihm auslöst, zum Subjekt, zum mitwirkenden Faktor dieses Vorganges. Das kann nicht ein plötzlicher Vorgang gewesen sein. Das kann nur der auslösende Choc in einer Entwicklung und einer Betätigung gewesen sein, die schon seit langem eingesetzt hatte. Alle folgenden Ereignisse lassen den Rückschluß zu, was vorgegangen war: Jesus war schon mit allen Kräften, und von allen Kräften aus Volk und Zeit aufgerufen, in ein Amt, in die Verantwortlichkeit eingegangen. Gleich den Predigern, die von den Essäern ausgesandt wurden oder die sich aus eigenem Recht dazu gedrängt fühlten, predigte auch er; ein Rabbi, wie er sich selbst unzählige Male nennt; einer, der im Volke die seelische Grundstimmung vertiefen will, aus der heraus es die kommende Zeit empfangen kann; einer, der sich dafür verantwortlich fühlt, das Volk darauf vorzubereiten. Aber mit keiner Idee denkt er daran, Neuschöpfer zu sein oder gar Auflöser einer alten und Begründer einer neuen Religion. Das lag völlig abseits aller Möglichkeiten, und er hat nichts anderes als das Mögliche in der Zeit angestrebt. Er war ein werbender Mensch; nichts weiter. Was er lehrte, lag ausschließlich im Judentum begründet, und selbst das, was er gegen die Pharisäer im Lande predigte, war das gleiche, was die Pharisäer selbst gegen die überhandnehmende Versachlichung und Veräußerlichung ihrer Auswüchse predigten, gegen die theoretische Ausbuchtung einer Religion, in der das strenge, starre Zeremonial sich dem Kontakt mit dem lebendigen Dasein mehr und mehr entzog, bis aller Dienst in Kult und Ritus, in der sklavischen Befolgung von Normen und Gesetzen hochmütig die lebendige Seele, das Geschöpf, zu Boden trat. In dieser Zeit der Katastrophen, wo das Gesetz nur haltende Form, der Mensch in allen seinen Nöten aber der allein wahre Inhalt sein durfte, war jede andere Haltung ein Verbrechen an der Seele des Menschen und durfte mit Recht bekämpft werden. Das tat Jesus. Das taten auch die Pharisäer, die ihre eigenen Entarteten als die »Plage der Pharisäer«, als die Zewuim, als die Gefärbten, das heißt: als die mit der Tünche der Form Bedeckten, schmähten.

So geht, mehr unbewußt als bewußt, völlig aus der Natur des galiläischen Juden her, wie er eingangs umrissen wurde, sein Bemühen dahin, das Gesetz, unter dem die Menschen lebten und weiterhin leben sollten, aus dem Herzen her aufzulockern. Er trat damit in die Fußspuren des Hillel. Er lehrte Geist von seinem Geiste. Nur tat er es nicht im Rahmen eines Gesetzeslehrers und Forschers, sondern als einzelner und freier Mensch, als einer, der sich aufgerufen fühlt. Wenn man von der Reinheit und von dem menschlichen Adel seiner Intentionen ausgeht, kann man sagen, er sei im besten Sinne des Wortes ein Funktionär der Theokratie gewesen, wie es die Richter, die Propheten und, ihrer Bestimmung nach – wenn auch nicht immer dem Wesen nach – die Könige waren. Und gleich den

Besten von ihnen blieb ihm nicht der Augenblick der Prüfung erspart, zu was und zu welchem Grade er berufen sei.

In der Begegnung mit Johannes lag der ganze Ernst der Situation der Zeit für Jesus beschlossen. In aller Leibhaftigkeit stand der Vorläufer des Messias da. Das war der erste und vielleicht schon der letzte Schritt zur Erfüllung. Das Erscheinen des Messias war eine Frage von Tagen oder kurzen Jahren. Die Entscheidung stand an der Schwelle; und vor dieser Nähe der Verwirklichung war jeder, den es anging, zur Selbstprüfung verpflichtet, ob es mit seinem Tun bis dahin genug sei, oder ob anderes, ob mehr in ihm beschlossen liege; jeder mußte in sich forschen, ob er Rabbi, Lehrer sei oder Erfüller, Messias. Das tat Jesus. Zu dieser Prüfung ging er in die Abgeschiedenheit der Wüste, dahin, wo die Essäer und Menschen von der Art des Elijahu und des Johannes sich zur letzten Schau sammelten.

Drei Anforderungen stellte das Bewußtsein der Menschen in jener Zeit an den Begriff des Messias. Er sollte der König-Messias sein, der Vernichter der heidnischen Welt, als deren nahester Repräsentant Rom sich darbot. Die schweren Schicksale der Freiheitskämpfer in seiner Umgebung können Jesus nicht ermutigen, diesen Weg zu gehen. Vielleicht kann er ihn auch nicht bejahen, weil er mit den gemäßigten Pharisäern an den geistigen und nicht an den materiellen Widerstand glaubt. Die zweite Anforderung an den Messias war, daß er ein großer Weiser der Thora sein müsse, und zwar ein Weiser im Sinne des Jesaja, vom Herzen her und nicht vom Gehirn her. Wenn es nicht die Bescheidenheit in Jesus war, die sich diese Eigenschaft absprach, so war es doch zum mindesten seine Erkenntnis, daß in dieser Zeit das Verstehen notwendiger sei als das Wissen und daß die Entwicklung der Dinge das Wissen arg in Mißkredit gebracht hatte. Die dritte Anforderung war, daß der Messias dem Menschen das irdische Glück, die irdische Sorglosigkeit verschaffen müsse. Darin lag die tiefe Erkenntnis eingeschlossen, daß eine dauernde tägliche Not eine schlechte Grundlage für die freie seelische Entfaltung sei. Aber dem sinnenden Galiläer, der selber in der Bedürfnislosigkeit aufgewachsen war, dem das Beispiel eines in Armut und Askese lebenden Johannes vorschwebte, konnte solcher Gedanke keine Aufgabe und Verlockung sein. Über das Materielle des Lebens ist er auch später leicht hinweggegangen, als Reiche, insbesondere Frauen, ihn und seine Jünger unterstützten.

Diese drei Ideen sind es, die in der Sprache der Evangelien und in ihrer symbolischen Bildhaftigkeit vorgeführt werden. Alle drei muß Jesus verneinen. Das heißt: er fühlt die Möglichkeit, sie alle drei zu erfüllen, nicht in sich. Das Ergebnis dieser Selbstprüfung erscheint als Resignation. Jesus schweigt, und die Berichte schweigen über ihn in der nächsten Zeit.

Dann geht nach einer Weile die Kunde durch das Land, daß Johannes vom Schauplatz seiner Wirksamkeit durch die Gewalt hinweggenommen worden sei und daß das Amt, zu dem er sich bekannte, sein Schicksal an ihm erfüllt habe. Und plötzlich ist Jesus wieder da und predigt. Was ist inzwischen geschehen? Nichts sei geschehen, antworten vorsichtige Historiker. Alles ist geschehen, meinen wir. Denn das, was ihm in der Wüste widerfahren ist, hat untergründig so nachgewirkt, wie alles wahrhafte Erleben nicht wirkungslos bleiben kann. Er hat für den Augenblick und für den Anschein resigniert, und doch sind seine Kämpfe in der Wüste nichts anderes als die Geburtswehen einer Berufung, wie die religiöse Gewalt des Judentums sie unzählige Male hervorgebracht hat. Wohl keinem der Propheten ist dieser Entscheidungskampf der Seele erspart geblieben. Insgeheim hatten sie alle Furcht vor dem großen Amt. Schon Moses vor dem brennenden Dornbusch wehrte sich mit fast weinender Verzweiflung gegen seine Berufung. Auch ein Amos geht nicht freiwillig als Verkünder in die Welt. Aber es stößt ihn so lange, bis er nachgibt: »Der Löwe brüllt, wer sollte sich nicht fürchten? Jahve hat geredet, wer sollte nicht Prophet werden?«

Aus dem ursprünglichen Sich-Verweigern ist jetzt das Nachgeben geworden. Er geht nach Galiläa zurück, aber nicht, um wieder seinen alltäglichen Beruf aufzunehmen, sondern als ein Prediger, der um einer bestimmten, wenn auch noch um einer verheimlichten Wirkung willen predigt. Wie Johannes es tat, wirbt er jetzt um Gefolgschaft. Zwei Brüderpaare gehen mit ihm, Simon und Andreas, und die Söhne des Zebedäus, Jakobus und Johannes. Er zieht durch die Orte und predigt in den Synagogen, und das Volk hört ihm zu, wie es jedem Rabbi zuhört, der ihm etwas zu sagen hat. Aber es ist in dem, was er predigt, schon eine besondere Note, die für das erste Aufhorchen nichts enthält, was mit der Anschauung der Zeit, mit der Idee des Messianismus und mit der verpflichtenden Kraft und Geltung der Thoragesetze irgend in Widerspruch stände. Es ist scheinbar nur eine formale und eine sprachliche Eigenart; die formale derart, daß er die Gleichnisse liebt, die sinnfällige Einkleidung sittlicher Ideen in Vorgänge des Alltags, eine plastische Form, die weit tiefer als die gelehrte Sachlichkeit der Pharisäer in die Herzen eindringen kann. Und die sprachliche Eigenart: daß ungezählte Male die Antithese zu einer These mit den Worten beginnt: »Ich aber sage euch...« und daß er von sich selber immer wieder als »der Menschensohn« spricht.

Das ist nicht mehr sprachliche Eigenart. Das ist schon Bekenntnis; ein verhülltes zwar, aber doch ein Bekenntnis als Messias, weil sonst nicht zu begreifen ist, daß er überhaupt wieder zu predigen beginnt. »Menschensohn«, Ben Adam, heißt zwar seinem Ursprung nach nichts anderes als Mensch schlechthin, besonders im Gegensatz zum Tier und zum Engel. Aber daneben hat sich allmählich ein anderer Sinn herausgebildet, insbesondere seit dem Buch Henoch; und dann bedeutet es eine Umschreibung für »Messias«. Indem Jesus dieses Wort benützt, bald in diesem, bald in jenem Sinn, aber mit betonter Häufigkeit, vermischt er den Begriff »Ich« und den Begriff »Messias«, läßt er die Möglichkeit der Identifizierung zu, verhüllt er und bekennt er zugleich.

Aber es stellt sich sehr bald heraus, daß es sich hier um das Bekenntnis zu seinem Amt als Messias in einem ganz besonderen Sinne handelt, eines Messias nämlich, der nicht mehr die Sehnsucht eines Volkes zu erfüllen gedenkt, sondern der mit einem persönlichen Anspruch auftritt. Zwar hat Jesus in der Wüste resigniert und hat dann doch die Berufung auf sich genommen, aber in jener Resignation hat er sich auch verweigert, hat versagt, verneint. Daß er in dieser Situation der inneren Prüfung verneint hat, ist aus seinem Leben nicht mehr zu streichen. Er erkennt es nicht, aber es wirkt sich aus. Diese Selbstprüfungen in der Wüste nennen die Evangelien »Versuchungen«. Es sind nach allen Gesetzen des seelischen Ablaufs aber doch Prüfungen. Sie mußten nach der Tendenz seiner Nachfolger umgedeutet werden, um den seelischen Bruch in Jesu Leben zu überdecken und zugleich für die Nachkommenden eine gegensätzliche Haltung zu rechtfertigen. Die drei Widerstände Jesu gegen die drei Versuchungen, oder die dreifache Verneinung einer dreifachen Aufgabe bedeuten sein Schicksalsproblem als *Mensch*. Was der Gestaltung seines Schicksals die besondere Note gibt, ist eben, daß er ständig sein Persönliches, sein privates Ich in seine Tätigkeit, in seinen Vorstellungskreis und in seine Willensbildung einbezieht. Das muß er jetzt tun. Er hatte mit der dreifachen Verneinung aufgehört, Funktionär der Idee zu sein. Er konnte den Menschen schon von diesem Augenblick an nicht mehr aus ungebrochener Kraft geben, was von ihm zu fordern sie ein Recht hatten, wenn er sich als Rabbi, als Lehrer und heimlicher Messias vor sie hinbegab. So wuchs die Konzeption seiner messianischen Idee letztlich aus der Flucht vor den Menschen, mit deren Gedanken, Hoffnungen und Gefühlen er sich zu treffen nicht mehr in der Lage war. Er verfehlte das Erlebnis »Gesamtheit« und landete beim Erlebnis »Ich«. Und so, wie er in seiner Beziehung zur Gemeinschaft zerbrach, mußte er auch mit ihrem großen tragenden Untergrund, der Welt, zerbrechen. Er mußte sie letztlich verneinen. Alles, was die Welt ihm zuschickte an Widerstand, Prüfungen, Kränkungen, bezieht er auf sich und weicht zurück, isoliert sich, und isoliert damit seine Lehre gegen die Welt. So isoliert im Wesen und in der Idee und so von seinem Ursprung abgetrennt, ging er zwar seinem Volke verloren; aber dafür konnte ihn eine Zeit, die am religiösen Erleben des »Ich« je und je gescheitert war, für sich in Anspruch nehmen und ihn zum Ziel ihrer gläubigen Unterordnung machen. Aber eine Erlösung konnte ihr nicht zuteil werden, weil sie *in der Welt* leben bleiben mußte.

Er war sich, wie gesagt, dieses Bruches nicht bewußt. Er wollte noch für das Volk und in seinem Volke wirken. Wie er seine Apostel ausschickt, gibt er ihnen ausdrücklich die Anweisung: »Geht nicht auf der Heiden Straßen und zieht nicht in der Samaritaner Städte, sondern geht hin zu den verlorenen Schafen aus dem Hause Israel.« Und wie er den Verfolgungen seiner Gegner ausweicht und selber heidnisches Gebiet betritt, stößt er eine Kanaaniterin, die ihm ihr krankes Kind zur Heilung bringt, rauh von sich und sagt ihr, man dürfe nicht den Kindern das Brot nehmen und es vor die Hunde werfen. Zwar heilt er das Kind auf Flehen der Mutter dann doch, aber er hat sich da in einem eklatanten jüdischen Chauvinismus verraten. Sein Wirken gilt bewußt den Juden. Aber es ist etwas Seltsames um dieses Wirken. Es hat etwas Verschleiertes und doch etwas Drängendes, Werbendes. Es ist an sich, in den Tatsachen selbst, nichts Ungewöhnliches und nichts, was in der Zeit besonders auffällt. Es war methodisch in Übereinstimmung mit den Essäern. Auch sie schickten Prediger aus, weil sie glaubten, man könne das Ende der Zeiten bedrängen durch Buße. Es war ferner in den geistigen Mitteln in Übereinstimmung mit den Pharisäern und ihrer Gesetzestreue. Wie sie legt er Schrift aus, mit ihren Argumenten diskutiert er, er zitiert, was auch sie zitieren. In seinen Taten endlich war er beiden, Essäern und Pharisäern, gleich. Für das Volk waren die Essäer und die gelehrten Pharisäer Heilige und folglich auch Wundertäter.

Über diese Wunder braucht nichts in ihren Einzelheiten gesagt zu werden. Nur das ist wichtig: wie er auf seinen Reisen in seine Vaterstadt Nazareth kommt, dorthin, wo man ihn kennt, wo man den Zimmermann, der mit ihnen den Alltag geteilt hat, nicht recht ernst nehmen will und wo man ihn, besonders von seiten seiner Familie, mehr als Narren denn als Heiligen betrachtet, geschieht etwas Seltsames: er kann keine Wunder tun. Die Menschen glauben nicht an ihn. Das enthüllt blitzartig den Kern der Wunder: Wunder ist alles das, wem der gläubige Mensch sich aus der Tiefe seines Herzens ausliefern will. Darum stehen alle Wunder jenseits der Diskussion. Darum sagen sie auch nichts Entscheidendes aus über die Tatsache Wunder, sondern darüber, daß er sehr viel Glauben fand.

Und er *will* Glauben finden. Er will unter allen Umständen wirken und Erfolg haben. Darum sendet er Apostel aus, die ihn unterstützen sollen. Darum verflucht er die Städte, in denen man ihm nicht glaubt, und droht ihnen Unheil an. Und um den Erfolg nicht zu gefährden, weist er seine

Jünger an, die Städte, in denen sie nicht freundlich empfangen würden, sofort wieder zu verlassen, überhaupt sehr vorsichtig zu sein. »Seid klug wie die Schlangen.« Zugleich aber hat er eine panische Angst vor seinen Erfolgen. Er will nicht, daß man über seine Wunderheilungen spricht. Von seinem ersten Wirkungsort, Kapernaum, der Heimat des Simon, geht er fluchtartig fort, damit keine neuen Wunder von ihm verlangt würden. Daß die Erfolge seiner Jünger die Aufmerksamkeit auf ihn lenken, beunruhigt ihn und treibt ihn nach Bethsaida, wo er sich ohne Anhang aufhält. Und wie seine Gegnerschaft im Lande wächst, stellt er sich ihr nicht gegenüber und bekennt: »Ich bin der Messias«, sondern er wechselt unaufhörlich den Ort und geht sogar für einige Zeit in das Ostjordanland, wo überwiegend Heiden wohnen; und tut es noch ein zweites Mal, indem er nach Cäsarea-Philippi geht. Da nun vollzieht sich etwas Entscheidendes. Der gewohnten Umgebung, dem gewohnten Anhang entrissen, ohne die Resonanz, ohne die er nicht mehr leben kann, fragt er die Jünger: »Was sagen die Menschen von mir? Für wen halten sie mich?« Er weiß es gut, für was die Menschen ihn halten: für einen Rabbi oder für einen Wundertäter oder einen Propheten. Aber er will hier jetzt die Antwort hören, der er bislang mit allen Mitteln ausgewichen war: daß er der Messias sei. Simon gibt sie ihm und wird dafür mit einem Geschenk von unsterblichem Wert belohnt: mit dem Namen Petrus. Und doch verbietet er seinen Jüngern noch, darüber zu reden.

Was bedeutet dies alles: dieser Wirkungswille, dieses Ausweichen vor dem Erfolg, dieses Verheimlichen seiner Berufung und dieses Herausfragen der Bestätigung aus dem Munde seiner Jünger? Das bedeutet, daß immer noch und in ständig wachsendem Maße der Bruch mitschwingt, der aus dem Verneinen und Versagen kam. Aus diesem Bruch kommt die heimliche Angst vor dem offenen Bekenntnis, aus diesem Bruch der gesteigerte, ausgleichende, überkompensierende Wirkungswille, das Bedrängen der Dinge und Vorgänge, aus diesem Bruch der Wunsch, nicht Messias gerufen zu werden, und doch die heimliche Sehnsucht, daß endlich einmal ein Mensch ihn Messias rufen möge und nicht nur Prophet. Dieser Bruch hat die klare Fassung des Menschen als Messias eines Volkes gespalten und hat der Person, der Persönlichkeit, dem Individuum Eingang verschafft. Durch diesen Spaltungsvorgang kann die Tragik in sein Leben eintreten. Von daher züchtet er sich Feindschaften, die nur zum Teil aus sachlichen Gegensätzen kommen und zu einem größeren Teil aus dem Hineinspielen seines privaten Daseins. Wenn der Mensch Jesus enttäuscht wird, zieht sich der Lehrer Jesus aus den Synagogen zurück. Wenn Kritik an dem Rabbi Jesus geübt wird, geht der Mensch Jesus sofort zum Angriff und oft zur Beschimpfung über. Wieviel an Zorn und Feindschaft hat er mit sich herumgetragen und in seinem Tun wirksam werden lassen. Selbst einen Feigenbaum verflucht er, weil er ihm die Nahrung verweigert, und das zu einer Zeit, wo eben nach allen Naturgesetzen noch keine Feigen auf den Bäumen wachsen. Das ist alles menschlich und verständlich, sind Manifestationen eines vom Ichgefühl her zerrissenen Menschen, aber es ist privat und geht in den Bezirk des höchst persönlichen Schicksals ein, das weder Verallgemeinerung noch Nachfolgeschaft verträgt. Das Volk in seiner überwiegenden Masse konnte in einem so durchaus persönlich gestimmten und betonten Schicksal keinen Zwang zur Nachahmung und vor allem kein allgemeingültiges Vorbild erblicken.

Er selbst war es, der ihnen die Vorbildlichkeit seines Wandels zweifelhaft machte. Zwar war er ein treuer Hüter der Volksgesetze, zwar zahlte er den Schekel für den Tempel und hält noch im Absinken seiner letzten Tage das vorgeschriebene Passahmahl; zwar sagt er: »Ich bin nicht gekommen, das Gesetz aufzulösen, sondern es zu erfüllen«, aber doch liegt in der Art, wie er es handhabt und auslegt, wie er es begreift und gelten lassen will, der tiefe Keim einer Verneinung. Und in dieser Zeit das Gesetz verneinen, heißt die Lebensgrundlagen dieser Menschen verneinen. Diese Gesetze sind eben keineswegs kalte, paragraphierte Normen. Sie sind nur Ausdruck, Kristallisationsformen einer Lebenswelt und einer Weltanschauung. Sie sind im Wandel aller Lebensbedingungen Wege der Persönlichkeit zum Nebenmenschen und zum Göttlichen. Sie sind insbesondere in dieser Zeit Mittel zum Zweck: zur Herbeiführung der Erlösung, der Herrschaft Gottes. Sie haben als Unterweisungen (Thora heißt Weisung) bei aller nationalen Besonderheit die große universalistische Zielrichtung: zu *allen* Menschen, zur *ganzen* Welt. Bei Jesus sind die Verneinungen oft nur Bejahungen von einem tieferen Verständnis für die Psyche her, und immer dann ist er tausendfach im Recht gegenüber denen, die das Gesetz um des Gesetzes willen lieben, und tausendfach in Übereinstimmung mit denen, die gleich ihm den lebendigen Menschen über das Gesetz stellen. Wenn er mit Zöllnern und Sündern verkehrt und wenn seine Gegner ihm daraus einen Vorwurf machen, darf er ihnen zu Recht antworten: »Die Gesunden bedürfen keines Arztes, sondern die Kranken«, und er muß feststellen, daß seine Gegner sich mit diesem Argument zufriedengeben. Aber das ist ein fast einmaliger Vorgang, der überdeckt wird von allen denjenigen Vorgängen, in denen er, wenn vielleicht nicht immer der Sache nach, so doch der Form und vor allem seiner Reaktion nach im Unrecht ist. Immer, wenn an seinem Verhalten Kritik geübt wird, sei es wegen der Verletzung der Sabbatruhe oder der Speisegesetze, sei es, weil er, während andere dem Aufruf zur Buße folgen, zu Trinkgelagen geht, immer dann geht er zum Angriff über. Er ist jeder anderen Auffassung gegenüber von einer erstaunlichen, undemütigen Unduldsamkeit, von einem fanatischen Hochmut. Was er tut, verlangt er bedingungslos anerkannt. Während er Milde und Liebe predigt, schimpft er seine Gegner Heuchler, Otterngezücht, Schlangen und seinen Jünger Simon einen Satan, und die Heiden Hunde, verflucht den Feigenbaum und verflucht Städte, verneint, verachtet, verwirft hemmungslos alles, was ihm nicht huldigt, und wenn es seine eigene Familie ist. Und jeder Widerstand treibt ihn rückwärts, in die Auflösung, in die tiefere Verneinung.

So steht hier die Verneinung dessen, was die Menschen auf Grund seines Wirkens von ihm erwarten dürfen, in einer dreifachen Schichtung: in dem Unvermögen, die Gesetze und die Gesetzmäßigkeiten des Kollektivums Volk zu erkennen, in der Flucht vor dem Anfordern der Wirklichkeit und dem Zurückweichen in ein Reich, das nicht von dieser Welt ist, und endlich in der Übersteigerung seiner persönlichen Reaktionen, die letztlich eine Identifizierung seines Berufungsamtes mit seinem privaten Dasein sind. Aber was dem Menschen erlaubt ist, kann dem Messias durchaus untersagt sein. Unter diesen Umständen kann es nicht ausbleiben, daß das Volk, gewiß unter dem Einfluß seiner Gegner, ihm die anfängliche Gefolgschaft versagt und sich enttäuscht von ihm abwendet. Er muß auf der Höhe seines Wirkens einen überschnellen Abstieg erleben. Er hat sich nicht bewährt. Er mag für das Volk noch ein Prophet sein, aber er ist nicht der Mann, der es wagen durfte, sich ihm als der in der Zeit berufene Messias zu präsentieren.

Das ist der innere Sinn der Vorgänge in Cäsarea Philippi, und das ist der eigentliche Grund, warum er beschließt, nach Jerusalem zu gehen, um in das Zentrum der jüdischen Welt verzweiflungsvoll hineinzustoßen und um die Erfüllung seiner Mission zu berennen und zu erzwingen. Das ist ein Vorgang von beklemmender menschlicher Tragik, ein Entschluß, der ohne Freudigkeit und Hoffnung gefaßt wird, der schon überlagert ist von dunklen Ahnungen, es möchte ihm auch dort verweigert werden, was ihm hier nicht zur Erfüllung gediehen ist. Und es ist noch weit tragischer, daß das Volk selbst an diesem Entscheidungskampfe seines Rabbi und seines Propheten keinen Anteil mehr nimmt. Es hat ihn schon fast vergessen, nimmt keine Notiz mehr von ihm. Alles geht seinen Gang aus ihrem eigenen Geschick weiter. Die lebendigen Probleme des Volkes bleiben unvermindert und ungelöst bestehen. Ihr Streben und ihre Erwartungen verdichten sich zum Freiheitskriege gegen Rom und für das Reich der Theokratie, als habe Jesus nie gelebt, als sei nicht die Spur einer Zielsetzung von ihm ausgegangen. Der Historiker notiert nur, daß die ersten Anhänger der neuen Glaubensform am Vorabend dieser großen Entscheidungsschlacht, eine Sekunde vor dem Fallen des Vorhanges, aus Jerusalem flohen und sich vom Schicksal ihrer Brüder lossagten.

Während so der Messias seine Rolle schon ausgespielt hat und es doch nicht wahr haben will, beginnt in aller Wirklichkeit und Schwere der Leidensweg des Menschen. Da er dieses Leiden ahnt, spricht er seinen Jüngern davon, und es ist nur folgerichtig, daß er den Ausdruck der Zeit »Cheble moschiach jabo le'olam«, Geburtswehen der Welt, die den Messias erwartet, nicht, wie es allein möglich ist, auf die Leiden des ganzen messianischen Zeitalters bezieht, sondern nur auf sich persönlich. Auch nur aus dem Leidgefühl, aus der Beklemmung, er möchte in Jerusalem ganz verlassen dastehen, ist zu erklären, daß er seinen Jüngern, wenn sie ihm nur folgen wollen, große Ehren in dem Reiche verheißt, das er jetzt herbeiführen will. In solcher Verheißung erscheint sein messianisches Ideal noch einmal in all seiner Mischung von geistigen, materiellen und politisch-weltlichen Elementen, also rein jüdisch-messianisch. Er stellt sich auch noch einmal bewußt in die jüdische Tradition hinein. Auf den Einwand, es müsse vor dem Messias ein Vorläufer, Elijahu erscheinen, erklärt er, daß Elijahu bereits in der Gestalt des Johannes erschienen sei. Er wählt auch für seine Reise bewußt die Zeit des Passah, des Befreiungsfestes der Juden und nicht der Heiden etwa.

Er schlägt sein Quartier in Beth Phage, der äußersten Vorstadt Jerusalems, auf. Sein Wille zur Wirkung verlangt jetzt symbolische Demonstrationen. Da nach der Prophetie des Secharja der Messias der Juden demütig und auf einem Esel reitend erscheinen wird, hält er in dieser Weise seinen Einzug in Jerusalem. Die Legende hat den Vorgang verklärt. In Wirklichkeit wurde er kaum wahrgenommen. Hier und da gab es unter den zusammengeströmten Wallfahrern Menschen, die ihn als den Propheten aus Nazareth kannten. Er kann sich zum Tempel begeben – wie es übrigens seine Pflicht als Jude war – und kann ihn wieder verlassen, ohne daß irgend etwas geschieht. Abends zieht er sich wieder nach Beth Phage außerhalb der Stadtmauern zurück. Er erscheint am zweiten Tage wieder, um sich in einer neuen symbolischen Handlung auszuwirken. Im Vorhofe des Tempels wurden möglicherweise – es ist historisch durchaus nicht belegt – Tauben für Opfer verkauft und Münzen eingewechselt, weil die Münzen mit dem römischen Kaiserbildnis im Tempel wegen des Bilderverbotes unmöglich verwendet werden durften. Es wird an dieser praktischen Vorrichtung niemand Anstoß genommen haben, so wenig wie heute, wo an zahllosen heiligen Stätten des christlichen Kults Handlungen mit Devotionalien aufgeschlagen sind. Aber Jesus geht mit seinen Jüngern zum Angriff über und verjagt Händler und Wechsler mit Gewalt von ihren Plätzen. Es ist eine Symbolhandlung von recht zweifelhaftem Wert. Aber dennoch gefällt sie dem Volke. Solche Prediger und Führer und Anwärter auf das Amt eines Messias, die mit fester Hand Dinge geschehen lassen, kennt es und begrüßt es immer von neuem, denn jede Tat ist gut, die Energie verspricht und Aktivität gegen den Unterdrücker Rom. So hat Jesus viel Sympathie gesammelt, wie er abends wieder nach Beth Phage ausweicht.

Es ist ein Ausweichen, denn er kann nicht darüber im Unklaren sein, daß solche Handlungen Widerspruch hervorrufen müssen. Er bekommt sie am anderen Tage zu spüren, wie er wieder in den Tempel geht. Die Priester fragen ihn nach der Autorisation seines gestrigen Tuns. Er weicht aus. Er stellt, ganz ein Pharisäer, eine Gegenfrage und verweigert, da sie ihm nicht antworten können, selber die Antwort und das Bekenntnis. Sie diskutieren mit ihm, offenbar in der Absicht, etwas Verfängliches von ihm zu hören. Beide, Jesus vor allem, bedienen sich dabei der üblichen, pharisäischen Methode. Jesus bekennt sich in Gleichnissen als der Messias, aber er vermeidet jede Präzision. Er weicht allen Schlingen sorgfältig aus. Aber gerade in diesem Ausweichen fängt er sich. Sie fragen ihn, ob man dem Kaiser Tribut zahlen dürfe. Das Volk erwartet die Antwort des Revolutionärs: Nein! Jesus sagt: »Gebt dem Kaiser, was des Kaisers ist, und Gott, was Gottes ist.« Das sagen auch die gemäßigten Pharisäer, und sie handeln sogar danach. Aber das Volk begreift nur: der da ist doch nicht der Messias, der uns von der Welt der Heiden erlöst. Damit hört auch in Jerusalem das Interesse für ihn bei der Volksmenge auf. Niemand liebt ihn. Das Volk ist gleichgültig. Die Priester und die extremen Pharisäer sind seine Gegner. Gegner sind auch die Sadduzäer, die die eigentliche Macht in der Stadt haben und von den ewigen Revolten und Unruhen, die ihnen immer neue Repressalien der Römer eintragen, nervös und gereizt geworden sind. Und jetzt kommt noch ein persönlicher Gegner hinzu, Judas Isch Kerijoth, Judas Js'charioth in abgekürzter Aussprache. Er ist der einzige Jünger, der von Judäa her zu ihm nach Galiläa gekommen ist. Er glaubte leidenschaftlich an diesen Messias. Jetzt sieht er, daß es ein Irrtum war. Vor ihm steht keine leuchtende Bereitschaft, kein glühender Erfüllungswille, sondern ein Wirkungswille, ein Mensch in Not mit Unklarheiten und Ausweichen und stolzer Anmaßung und ohne klare Zielsetzung für das Volk, aus dem er hervorgegangen ist. Er ging aus, einen Messias zu suchen. Er fand einen Menschen. Aber Menschen, auch leidende, von Tragik umwitterte Menschen gibt es in dieser Zeit genug. Dafür braucht er nicht Jesus; und in seinem Herzen bricht er mit ihm.

Es kommt der nächste Tag und mit ihm der Abend, an dem das Passahmahl einzunehmen ist. Jesus nimmt es mit seinen Jüngern in Jerusalem ein, streng nach allen Gebräuchen der Gesetze. Er fügt sich auch dem Brauch, daß diese Nacht, die auf das Mahl folgt, in Jerusalem selbst verbracht werden muß. So darf er nicht wieder nach Beth Phage zurückkehren. Er geht auf den Ölberg und nächtigt dort mit seinen Jüngern in einem Garten. Dicht neben ihm ist die Stadt, von der er weiß, daß er keinen Freund und fast nur Feinde darin hat, daß er ihr ausgeliefert ist, weil er sie mit Worten und Taten dazu aufgerufen hat, für ihn oder gegen ihn Stellung zu nehmen. Er mußte es tun, weil es der Zweck seines Kommens war, der abschließende Zweck. Aber daß er gescheitert ist, dringt in ihn mit brennender, tödlicher Angst ein. Sein Glaube, zur Erfüllung gesandt zu sein, sinkt unter Todesfurcht zusammen. Und in dieser Furcht bricht der Trieb des Menschen zur Selbsterhaltung elementar aus. Der Galiläer in ihm ringt sich durch. Er will, daß seine Jünger sich Schwerter kaufen und daß sie kämpfen, wenn seine Gegner kommen, um ihn zu fangen. Es ist die Ekstase dessen, den sein Amt nicht mehr trägt und dem es folglich keinen Frieden mehr geben kann. In dieser reinsten menschlichen Stunde seines Daseins bricht der Notschrei der gequälten, unvollendeten Kreatur in die Nacht hinein: »Mein Vater, ist's möglich, so gehe dieser Kelch von mir.« Aber da er ringsum keine Spur und kein Anzeichen von Hilfe sieht, da selbst die Jünger neben ihm eingeschlafen sind, beugt er sich zum erstenmal mit wahrer Demut unter das Geschick: »Doch nicht wie ich will, sondern wie du willst.«

Inzwischen haben die Sadduzäer, die damals im Synhedrion die Majorität hatten, sich mit den Priestern beraten. Sie beschließen, den Mann aus Galiläa vor das Gericht zu stellen, nicht nur wegen der bisherigen Handlungen, sondern auch wegen Erklärungen, aus denen sie keinen Sinn und damit jeden bedenklichen Sinn entnehmen können, etwa derart, er werde den Tempel niederreißen und einen anderen aufbauen. Also wird er verhaftet. Zeugen sagen gegen ihn aus, ohne etwas Entscheidendes zu bekunden. Jesus bleibt stumm. Nur als der Hohepriester Joseph ben Kaiapha ihn fragt, ob er der Messias sei, antwortet er: ja, er sei der Menschensohn, der »zur Rechten der Kraft« sitzen werde. Da zerreißt der Hohepriester sein Kleid, das Symbol, mit dem einer auf das Anhören einer Gotteslästerung antwortet. Er ist dazu im Recht; Jesus hatte nichts bisher gesagt, getan oder bewirkt, was zu seiner Anerkennung hätte zwingen können. Sein stärkstes Argument war immer gewesen: »*Ich* aber sage euch . . .« Dieses Argument hatte für die, an die es gerichtet war, keine überzeugende und verpflichtende Kraft. So blieb nur die Anmaßung, oder – in der religiösen Sprache gefaßt – die Gotteslästerung.

Das Synhedrion hat sich auf diese Voruntersuchung beschränkt. Sie war nicht gerade gründlich. Das ist verständlich in Zeiten der latenten Revolutionen. Sie ging auch weder vom Volke noch von den Pharisäern aus, sondern von den Oligarchen, den Sadduzäern, die gerade in diesen Tagen den Aufstandsversuch eines Barnabas erlebt hatten. Sie zogen aus den politischen Vorgängen der Zeit die Konsequenz, enthoben sich der peinlichen Notwendigkeit, so oder so ein Urteil zu fällen, und lieferten Jesus dem römischen Landpfleger Pontius Pilatus aus. Das jüdische Volk hatte von da an mit Jesus nichts mehr zu tun. Daß die christlichen Berichte hier den Tatbestand ändern und auch den Rest der Verantwortung den Juden auferlegen, ist aus ihrer Furcht heraus, Rom die Wahrheit ins Gesicht zu sagen, verständlich, wenn auch nicht verzeihlich.

Vor Pilatus spielt sich das letzte Verfehlen und Mißverstehen ab. Es ergeht die berühmte Frage: »Bist du der König der Juden?« Für den jüdischen Begriff der Zeit, für den Begriff König-Messias liegt hier ein ganz anderer Sinn beschlossen als für den Römer. Für ihn ist die Benennung so oder so die Anmaßung eines Amtes und einer Befugnis, die gegen die römische Autorität gerichtet und folglich Hochverrat ist. Wenn Jesus antwortet: »Du sagst es«, so ist das ein Bekenntnis und ein Ausweichen zugleich, jedenfalls etwas, womit er sein Schicksal beschloß und sich ihm auslieferte.

Und so erschlug ihn das Geschick, das ein Geschick des Juden war, das Geschick einer Zeit und das Geschick eines Menschen aus der Zeit, der seinem Volke nach seinen besten Kräften hat dienen wollen. Es ist nicht sein Verdienst, sondern seine Tragik, daß das Persönliche, das Subjektive, das Individuelle und Private in seinem Wesen die Begegnung mit seinem Volke, die er aus der Tiefe seines Herzens ersehnte, verfehlt haben. Aber über seinen Tod hinaus ist das Geschick ihm gnädig gewesen und hat ihm im Geiste derer, die sich seine Nachfolger nannten, in anderen Welten und anderen Bezirken die Unsterblichkeit verliehen.

Das Volk aber mußte sich ihm verweigern. Nach dem Schicksalsgesetz seines Volkes mußte er eine unvollendete Laufbahn unter Qualen abschließen. Sie haben ihn fallenlassen als einen Menschen der unzureichenden Erfüllung und haben ihn Rom und seiner Art der Strafe überlassen. Er wurde gekreuzigt. Er schrie in seiner letzten Not zu Gott den Vorwurf hinauf, warum er ihn verlassen habe. Er schrie es in den Mutterlauten seiner galiläischen Heimat, der aramäischen Sprache. Aber er schrie nicht allein. Hunderttausende schrien in dieser Zeit, und viele Tausende der Besten auch am Kreuze. Er litt ein schweres Schicksal. Andere litten es auch. Der Schrei des Einen, der Schrei der Hunderttausende – die Martern des Einen, die Martern der Hunderttausende: nach welchem Recht wiegen der Schrei und das Schicksal des Einen mehr als die der Hunderttausende? Wo liegt das menschliche oder das himmlische Recht, nach dem für den Tod des Einen seine Nachfolger millionenfachen nackten Mord auf sich geladen haben? Vor Gott und vor dem Sinn jedes Daseins, vor der Gerechtigkeit im All und im Sinn der Welt ist Schmerz gleich Schmerz und die Not der Seele das erhabene Schicksal jeder Kreatur. Für die Juden ist das Schicksal Jesu in die Tragik ihres eigenen Lebens und Erlebens einbezogen. Nostra res agitur. Es geht hier um *unsere* Dinge.

Saul Von Tarsus

Jesus von Nazareth war tot. Seine persönlichen Anhänger, die diesen tragischen Ausgang eines edlen, aber unerfüllten Daseins unmöglich voraussehen konnten, flohen erschreckt und verwirrt nach Galiläa, woher sie gekommen waren. Ihre Situation war eine verzweifelte. Mit dem Tode Jesu war zugleich ihre eigene seelische Existenz in Frage gestellt. Sie hatten sich aus dem drängenden Begehren dieser Zeit entschlossen, gerade *diesen* Menschen als den Messias des jüdischen Volkes anzunehmen, gerade auf *ihn* ihre Hoffnung zu übertragen, daß er das Reich Gottes auf Erden herbeiführen werde. Nach ihren jüdischen Vorstellungen konnte der Messias unmöglich etwas anderes sein als der erfüllende Mensch. Er hatte es ihnen auch selber zugeschworen: »Wahrlich, ich sage euch, es stehen etliche hier, die nicht schmecken werden den Tod, bis daß sie des Menschen Sohn kommen sehen in seinem Reich.« Und zum anderen Male: »Wahrlich, ich sage euch: dieses Geschlecht wird nicht vergehen, bis daß dieses alles geschehe.«

Was aber war statt dessen geschehen? Nichts: keine Erfüllungshandlung, kein Wandel der Zeit, nicht das kleinste Anzeichen für das verheißene Reich Gottes. Hingegen die Auslieferung an die weltliche Gerichtsbarkeit, die Verurteilung eines Verbrechers, die Klage des Sterbenden am Kreuze, daß Gott ihn verlassen habe . . . und die endgültige und nicht zu widerlegende Tatsache seines biologischen Todes.

Gegenüber einem solchen niederschmetternden Ausgang gab es nur zwei Verhaltungsweisen. Sie hatten die eine Möglichkeit, den Tatsachen ins Auge zu sehen, ihren Irrtum nachträglich einzugestehen und ihre messianische Hoffnung auf einen neuen Anwärter des Amtes zu übertragen, wie es in jener Zeit des öfteren geschah. Eine solche Entschließung wäre natürlich nicht möglich gewesen ohne eine Selbstzerstörung ihres Glaubens. Dann wäre Jesus ein Messias gewesen, der etwas Unwahres verkündet oder zum Mindesten sich zu Unrecht als den Messias bezeichnet hätte. Wenn aber – wie in diesem Volke und in dieser Zeit – die Glaubensfähigkeit und Glaubenswilligkeit ein so ungeheures Maß erreicht hat, steht auch die andere Möglichkeit offen: das Faktum Tod zu leugnen oder ihm einen anderen Sinn zu geben; dieses neue und einmalige Faktum in das Gebäude ihrer Glaubenswelt einzuordnen, damit es nicht zusammenbreche. In ihnen allen war das Stöhnen des einen Jüngers auf dem Wege nach Emmaus: »Wir aber hofften, er sollte Israel erlösen.« Damit das Wahrheit werden konnte, mußte die Idee umgebogen werden; und das taten sie. Sie glichen ihre Idee nicht der *Wirklichkeit* an, weder dieser noch jener, weder der irdischen noch der himmlischen, sondern ihrer seelischen Notlage. Nie in der Geschichte ist bisher so wie in diesem Falle – von der heidnischen Mythologie abgesehen – der Tod eines Menschen Ausgangspunkt seines Lebens geworden. Da ihre Vernunft den Tod des Messias nicht leugnen konnte, verlangte ihr Glaube seine Wiederauferstehung. Zwischen die unleugbare und endgültige Tatsache seines biologischen Todes und sein Fortleben in anderer Sphäre stellt sich diejenige Kraft, für die das Unmögliche keine Unmöglichkeit bedeutet: der Glaube. Dieser Glaube wuchs aus der religiösen Kraft jüdischer Herzen. Er hätte auch aus keiner anderen Kraft erwachsen können, weil keine andere *schöpferische* religiöse Kraft in jener Zeit bereitlag.

So ergab sich nach geraumer Zeit die Legende – die dasselbe ist wie die Wahrheit im Bereich dessen, was einer glaubt – daß Jesus von Nazareth wieder auferstanden und alsdann in den Himmel entrückt worden sei. Durch diese ungewöhnliche Glaubenstat war nicht nur die Fortexistenz des Messias gewährleistet, sondern auch ein Zentrum geschaffen, auf das Jesu Anhänger allen Glauben in allen seinen Wandlungsformen rückwärtsbeziehen konnten. Sie erfüllten damit zugleich die Aufgabe, eine Persönlichkeit, die zu ihren Lebzeiten nur geringe Kreise gezogen hatte, in eine Sphäre zu rücken, wo kein Maßstab der Wirklichkeit sie mehr einordnen und beurteilen konnte, wo ihre Wirkung folglich so unbeschränkt war wie die Möglichkeit eines Glaubens.

Die Träger dieses Glaubens waren, wie es nicht anders sein konnte, Juden. Sie stellten weder eine bestimmte Partei noch eine bestimmte Richtung dar. Es war eine Gruppe von Einzelnen, die an Jesus als den bereits erschienenen Messias glaubten. Soweit sich in diesem Augenblick überhaupt schon eine klare *Sonderidee* herausgebildet hatte – und das war erst in schwachem Maße der Fall –, unterschied sich die Lehre Jesu von der jüdischen Grundauffassung eigentlich nur durch die Minderung des Gedankens von der realen Messias-Erfüllung und durch die Betonung des persönlichen, des individuellen Moments im gläubigen Menschen und im Messias. Für etwas anderes, insbesondere für die Heilslehre, war noch gar kein Raum. Wenn Jesus zu seinen Lebzeiten eine solche Idee wirklich konzipiert und gepredigt hätte und wenn ihr wirklich als Idee und in Jesu Lehrgebäude eine solche fundamentale Bedeutung zugekommen wäre, wie will man es dann erklären, daß das Judentum, zum Bersten voll von dem Verlangen nach einer religiösen Auflösung und Befriedung, diese Idee nicht aufgegriffen hat? Warum wurde sie dann nur von Einzelnen aufgenommen? Etwa, weil das Judentum in seiner Gesamtheit dafür noch nicht reif war? Aber es war doch ein Jude, ein Volljude, der diese Idee gepredigt haben soll. Oder sollte etwa der Heide, der Götzendiener von gestern, solche Gedanken besser begreifen als der Erbe von zwei Jahrtausenden religiöser Tradition? Es gibt da nur eine mögliche Auflösung: die Heilsidee hat zu Jesu Lebzeiten noch keine Rolle gespielt. Andere Differenzen trennten ihn und sein Volk.

Keine Partei als Ganzes konnte sich zu ihm bekennen. Die Pharisäer mußten mindestens gegen das »Reich nicht von dieser Welt« Widerstand empfinden, weil sie nicht bereit waren, auf die nationale Grundlage ihres Glaubens und ihrer Messiashoffnung zu verzichten, selbst wenn sie begriffen, welch ungeheure universale Potenz darin beschlossen lag. Die Zeloten waren zu sehr der politischen Leidenschaft ausgeliefert, um zu einer geistigen Variante des Erlösungsproblems überhaupt Stellung nehmen zu können. Die Sadduzäer, Opportunisten aus weltlicher Verfangenheit, waren an einer lebendigen Religiosität überhaupt zu wenig interessiert, um hier anders als abwehrend Stellung zu nehmen. Am nächsten standen der Ideenwelt Jesu noch die Essäer, und es unterliegt keinem Zweifel, daß sie von ihrem mystischen Fundus einen erheblichen Teil an den christlichen Glauben abgegeben haben. Aber die Idee der Vergottung eines Menschen und seine Mittlerstellung zu Gott lehnten auch sie ab. Sie begriffen Gott im unmittelbaren Verkehr, wenn auch unter vielen Mysterien.

So sind Jesu erste Anhänger Versprengte aus allen jüdischen Parteien, Einzelmenschen, die sich auf dem Boden des Judentums um eine ihnen gemeinsame Hoffnung scharen. Sie leben unter dem jüdischen Gesetze wie bisher. Sie ordnen sich einer der Erscheinungsformen unter, die der jüdische Messianismus erzeugt hat. Sie schließen sich in einer brüderlichen Gemeinschaft auf kommunistischer Basis zusammen, wie es die jüdischen Essäer längst taten. Aber sie hatten sich in dem Glauben, der Messias sei bereits erschienen, einen Sondergedanken geschaffen, und in dem Glauben, der gestorbene Messias sei wieder auferstanden, ein Zentrum für diesen Glauben. Sie erfüllten also alle Wesensmerkmale einer Sekte.

Als solche stellten sie innerhalb des Judentums ein wichtiges Element dar. Was für Jesus als Persönlichkeit gesagt worden ist, gilt natürlich auch für diejenigen, die an ihn glaubten, nämlich: daß in aller Einstellung zu den Dingen der Welt und des Himmels das individuelle, auf persönliche Erfüllung gerichtete Moment überwog und das Gemeinschaftliche, das Kollektive übersehen oder abgelehnt wurde. Aber es ist ein Irrtum, hierin nichts als die Gegensätzlichkeit sehen zu wollen. Es ist keineswegs so, daß auf der einen Seite, auf seiten der Anhänger Jesu, ausschließlich der religiöse Individualismus gestanden hätte und auf der anderen Seite, auf seiten der Juden, der absolute Kollektivismus. Die Auflösung des kollektiven religiösen Gefühls durch das freie, persönliche Religionsempfinden war ja den Juden nicht von Jesus wie eine Heilsbotschaft gebracht worden, sondern sie hatten sie schon vor Jahrhunderten durch die Propheten gelernt. Und sie standen gerade jetzt mit den besten ihrer Geister im Kampf um einen neuen Realisierungsversuch. Es ist vielmehr so, daß auf beiden Seiten das Individuelle und das Kollektive miteinander in Konflikt lagen, daß beide Teile versuchten, zu einer Synthese zu gelangen, und daß keiner von beiden das Ziel in der übermäßig kurzen Spanne der Entwicklung erreichte. Jesus, der zu Recht im Religiösen die Persönlichkeit in den Vordergrund rückte, verlor dabei den Boden unter den Füßen, aus dem Glaube als Weltbild, als wahrhaft gestaltende Welt-Auffassung entspringt: die Gemeinschaft aus dem gelebten Alltag und aus dem Nebeneinander von Menschen. Die Judäer, die die Einmündung übermächtiger Gesetzesbestimmungen in die freiwillige Anerkennung ihrer sittlichen Grundlage durch die ganze Menschheit ersehnten, fürchteten zu Recht, sich in einer Religiosität zu verlieren, die die schönsten und erhabensten Forderungen nicht greifbar und wirklich machen kann; denn nur auf einer überaus hohen Stufe der Entwicklung kann religiöses Gefühl zu seiner Umsetzung in das Leben der vom Leben selbst geprägten Formen entraten.

Dieses also war die innere Beziehung zwischen dem Judentum und dieser jüdischen Sekte. Wenn diese Sekte von den übrigen Juden verfolgt wurde, so geschah dies nicht ihrer welterschütternden Bedeutung wegen oder wegen einer umstürzenden Gegensätzlichkeit, die ihr gar nicht zukam. Es geschah vielmehr, weil in diesem Schicksalskampfe des Volkes jede Absonderung eine Schwächung und Gefährdung bedeutete, gegen die jede Notwehr erlaubt und geboten war. Aber in dieser Sekte wohnte auch die Leidensidee, die Jesus zum erstenmal von der jüdischen Gesamtheit hinwegnahm und auf sich selber übertragen hatte, und so wurde es möglich, daß die Sektierer an dem Leid der Verfolgungen wuchsen. Aber außer dieser rein passiven Haltung des Gläubigseins und des Erduldens lag nichts in ihr, was sie aus der Umzäunung des Judentums heraus und zu weiterer Wirkung vor die Tore hätte treten lassen können. Andererseits hatte das Judentum keine Energie frei, sich diese Sekte wieder zu resorbieren. Der Impuls, der den nationalen Freiheitskampf begonnen hatte, war noch nicht abgelaufen. Er verzehrte alle freien Kräfte.

Im übrigen gab es in den ersten Jahrzehnten nach Jesu Tod noch nicht das, was man später Christentum nannte. Es setzt sich vielmehr mit verstärkter Energie ein Prozeß fort, der schon seit langem eingesetzt hatte: die allmähliche Ausstrahlung jüdisch-geistiger Energien in Richtung auf eine heidnische Umwelt. Wie das sich im alexandrinischen Bezirk anbahnte und vollzog, ist schon dargestellt worden, und gerade dort und in jener Zeit versucht ein alexandrinischer Jude von eminenter Bildung und ungewöhnlichem Formgefühl, zwischen dem judäischen Monotheismus und dem griechischen Heidentum eine Brücke zu schlagen: Philo von Alexandrien. Tief im Judentum verankert, hatte er doch alle Ströme griechischen Denkens in sich eingehen lassen. Er empfand sie als zwei schöpferische Gewalten, die fürderhin nicht mehr getrennt oder gar feindselig in der Welt wirken durften. Er unternahm den hoffnungslosen Versuch – hoffnungslos deshalb, weil der gewaltigste philosophische Gedanke ohnmächtig ist gegenüber der geringsten Bereitwilligkeit des Gefühls – durch Schriften, die an die internationale Intelligenz der Zeit gerichtet waren, dem Juden den philosophischen Gehalt seiner Lehre und dem Griechentum die Bedeutung des jüdischen Monotheismus nahezubringen. Da er aber seine Philosophie von Griechenland bezog, mußte er sie auf dem Umwege über die Allegorie in die Bibel hineingeheimnissen, statt sie aus den inneren Gesetzen ihres Werdens abzuleiten. Das nahm ihm den Einfluß auf die Juden, die nicht bereit waren, auf den realen Inhalt ihrer heiligen Überlieferungen zu verzichten; und da er andererseits das jüdische Volk als »Priester und Prophet« für das gesamte Menschengeschlecht begriff und den Griechen zumutete, sich dem mosaischen Gesetz als dem wahren Naturgesetz unterzuordnen, sich dem von ihm erspürten Universalismus des Judentums zu unterwerfen, konnte er bei ihnen nur auf die Zustimmung derer rechnen, die seine gedankliche Konzeption gerade akzeptierten. So blieb er ein Mensch großen Wissens, edlen Willens, und doch eine nutzlose Größe. Späterhin lasen ihn die Kirchenväter, sonst niemand. Andere als die, die er aufgerufen hatte, betraten die von ihm geschlagene Brücke: die ersten Christen, als sie an die Ausgestaltung ihres Dogmas gingen; denn in ihm glaubten sie eine Bestätigung dafür zu finden, daß Gott einen leiblichen Sohn aus sich entlassen könne. Sie irrten sich. Er hatte es anders gemeint, als er die Lehre von der göttlichen Emanation und vom Logos aufstellte. Da Philo, mit griechischer Weisheit überladen, sich auch mit ihr auseinandersetzen mußte, nahm er gegen den Pantheismus der Stoiker Partei für die Lehre Platos von den schöpferischen Ideenprototypen. Zwischen Gott, den er gedanklich, unendlich und ohne Attribut begriff, und die Welt stellt er die von Gott ausgehende, von Gott ausstrahlende Schöpferkraft. Er erlaubt ihm nicht das Handwerk der Schöpfung selbst, sondern läßt ihn zu allem Anfang, »am ersten Tage«, die Welt der Ideen schaffen; nicht die Dinge selbst, sondern die Urbilder der Dinge. Nach diesem Urbilde, nach diesem »Vorbilde Gottes« ist dann die irdische Welt entstanden. Das ist die Lehre von der Ausstrahlung, der Emanation, und von ihrer schöpferischen Kraft. In vielen Bildern und Vergleichen sucht er diese Kraft und diesen Vorgang anschaulich zu machen, bald als Werkzeug, mit dem Gott bildet und schafft, als Demiurg, bald als vermittelnde Gestalt, als »Erzengel«, als »Erstgeborener Sohn Gottes«. Denen, die ihn benutzten, gab er damit den Beweis für die Existenz eines Gottessohnes.

Dort aber, wo nicht, wie in Alexandrien, die Intelligenzen aufeinanderstießen und die Auseinandersetzung zwischen Kulturen in die Spekulation und die Literatur abdrängten, vollzog sich allmählich, aus Anschauung und Beispiel des gelebten Alltags, eine Hinwendung der heidnischen, insbesondere der griechischen Umwelt zu den Grundanschauungen und Grundlehren des Judaismus. So war es in Rom, wo Horaz, Fuscus, Ovid und Persius sich über das Eindringen jüdischer Anschauungen beklagen; wo Seneca den Sabbat beschimpft, weil damit der siebente Teil des Lebens der Arbeit verloren gehe, und wo er feststellt: »Die Bräuche dieser verbrecherischen Nation nehmen so sehr überhand, daß sie bereits in allen Ländern ihre Anhänger haben, und so zwingen die Besiegten den Siegern ihre Gesetze auf.« So war es in Italien, Syrien, Griechenland und Kleinasien. Übertritte zum Judentum waren an der Tagesordnung. Da aber die Fülle der Gesetze, insbesondere die Beschneidung, einem formalen Massenübertritt hinderlich war, bildete sich überall ein zahlreicher Judenanhang, Gruppen von Menschen, die sich »Gottesfürchtige« oder »Gottverehrende« nannten, und die sich zum einzigen Gott, zum Sabbat und zum Ritus des jüdischen Gottesdienstes bekannten. Mit der Bildung solcher Anhängerschaft war aber auch auf der anderen Seite die Auflösung des heidnischen Kults immer näher gerückt. Gerade in Kleinasien war das

Gefüge der griechischen Religion am stärksten mit orientalischen Elementen durchsetzt. Götter aller Grade und Gegenden hatten sich zu einem chaotischen Synkretismus zusammengedrängt und fanden oft nur in orgiastischen Kulten ihre zwingende Kraft.

Der Judaismus, der hier mit den ersten und entscheidenden Angriffen eingesetzt hatte, war für eine konsequente und systematische Verfolgung des Angriffs in seinen Kräften zu sehr gebunden. Aber judaistische Elemente allein konnten hier als Welt gegen eine Welt auftreten. Darum war es die jüdische Sekte der Jesusanhänger, die, durch das Schicksal ihres Volkes nicht mehr gebunden, gerade hier ihr Feld fand. Das ist folgerichtig. Denn damit eine im Judentum geborene und im Judentum beharrende Sekte überhaupt in die Welt eintreten und wirken konnte, mußte sie ihren Erbbestand mit sich bringen; und das wiederum aus dem Grunde, weil – was auch der Menschheit an religiöser Kraft zugetragen werden sollte –. immer zwei unerläßliche jüdische Urelemente die Grundlage bilden mußten: der Monotheismus und die Forderung nach sittlicher Haltung des Menschen. Das vollzog sich auf dem Wege, den die jüdischen Kolonien begrenzten, und mit den Mitteln des Judentums. »Im Schatten der jüdischen Gemeinschaft breitete sich das Christentum aus.« (Hoenicke.)

Hätte es sich aber um weiter nichts gehandelt als um die Propagierung dieser beiden Kernideen, dann wäre die Entwicklung nicht beim Christentum gelandet. Dazu war es nötig, daß aus dem jüdischen Umkreis weiterhin umkämpfte mystische Elemente und aus dem Heidentum Elemente gleicher Prägung den beiden Kernideen hinzugefügt wurden. Endlich war es nötig, daß durch eine besondere Energie die im Judentum ruhende universale Potenz frei gemacht wurde, zugleich aber auch der Nährboden dieser universalen Potenz, das im Nationalen gewachsene Gefühl der religiösen Verantwortung für die ganze Menschheit, verneint und als feindlich deklariert wurde. Das alles geschah im Laufe eines Menschenalters durch den Juden Saul aus Tarsus.

Wir wiederholen unsere Auffassung, daß es keine Religionsgründer gibt, sondern nur Menschen, die es vermögen, eine schon bereite Kraft auszulösen. Aber Saul kommt dem Typ des Religionsstifters am nächsten. Er verrät auch am stärksten und sichtbarsten die Möglichkeiten, die damals im Judentum lagen. Unter den Explosionsergebnissen der damaligen Judenheit ist er das vehementeste. Er hat auch so stark wie selten einer und mit einem ungemein geschärften Instinkt das Verbindende und das Trennende im Verhältnis von Judentum und Heidentum zueinander erkannt und genützt.

So wenig wir oben die inneren Verhältnisse, das heißt: die Beziehung des Judentums zu dieser jüdisch-christlichen Sekte, als einfach gegensätzlich bezeichnen konnten, so wenig verlaufen auch die äußeren Verhältnisse, das heißt: die Beziehung des Judentums zur heidnischen Umwelt schlechthin, im Gegensätzlichen. Beide, Judentum wie Heidentum, lebten in der äußersten religiösen Unruhe. Das Judentum zerbarst an dem Übermaß religiösen Wollens. Das Heidentum lag erdrückt unter dem Übermaß religiösen Versagens. Eine übersteigerte positive und eine übersteigerte negative Kraft standen einander gegenüber. Als solche konnten sie sich treffen, und zwar letzten Endes *beide* im Versagen. Der Jude versagte – unter der Überbelastung durch das äußere Geschehen – vor dem Versuch, die Wirklichkeit weiterhin zu sublimieren. Der Heide versagte vor seinen Göttern, indem er sie mit seiner eigenen ungeformten und durch keine religiöse Zielsetzung gebundenen Wirklichkeit überbelastete. Indem der Jude in eine andere geläuterte Wirklichkeit auszuweichen suchte und der Heide aus einem geborstenen zu einem ewigen Himmel zu fliehen suchte, wurde eine Zwischenatmosphäre geschaffen, in der das Christentum Tatsache werden konnte.

Heidentum und Judentum stehen sich also gegenüber in der Haltung der Verzweiflung: bei dem Juden aus der übermäßigen Erwartung einer Erlösung, bei dem Heiden aus der übermäßigen Erwartung einer Auflösung. Das bedeutete bei beiden zugleich die Flucht vor ihrer bis dahin gelebten Realität; beim Juden Flucht vor der immer erneut aufbrechenden Diskrepanz zwischen Ideal und Wirklichkeit; beim Heiden Flucht vor einem Lebensablauf, der niemals im Geistigen, Seelischen, Religiösen aufgefangen und aufgelöst und befriedigt wurde. Der Jude lebte seine Wirklichkeit unter einem Übermaß von Gesetzesbindungen, der Heide unter einem Übermaß der Götterwillkür, oder, was das gleiche ist: der Gesetzlosigkeit. Der Jude hatte sich in das Selbstvertrauen der Erlösung durch seinen Glauben zu tief hineingesteigert. Der Heide hatte jegliches Vertrauen auf eine Beruhigung seiner Innenwelt noch zu vergeben. Für beide war die Fortsetzung ihrer religiösen Existenz verbunden mit dem Begriff der Erlösung. Beider innere Situation verlangte gebieterisch nach einem Messias. Das Judentum brauchte einen Messias, um zur endgültigen Realisierung seiner Ideologie zu kommen. Das Heidentum brauchte einen Messias, um aus der erwürgenden Umklammerung einer zusammenbrechenden Götterwelt den Zugang zu einem geistigen, das heißt: menschlich-sittlichen Dasein zu finden. Das sind an sich gewiß zwei grundverschiedene Dinge. Es ist die schöpferische Leistung des Saul, die hier vermittelte und dem Heidentum gab, nicht, was ihm die Erfüllung bringen konnte, aber was es noch nicht besaß.

Unter denen, die in Jerusalem und Palästina die neue Sekte verfolgen, ihre Propaganda unterbinden wollen und ihnen das öffentliche Predigen im Tempel untersagen, ist ein junger Jude, Saul, aus Tarsus im kleinasiatischen Cilicien gebürtig, der nach Jerusalem gekommen ist, um dort unter dem Lehrer Gamaliel zu studieren. Er bezeichnet seine Art und Herkunft einmal sehr eindeutig mit den Worten: »Ich bin ein Pharisäer und eines Pharisäers Sohn.« Dabei sind es nicht eigentlich die Pharisäer, die die neue Sekte verfolgen, sondern die Sadduzäer, dieselben, deren Eingreifen auch das Geschick Jesu bestimmt hat. Als Petrus und andere Führer der Sekte wegen ihrer Propaganda vor das Synhedrion gebracht und unter Anklage gestellt werden, sind es gerade die Pharisäer, die ihre Freilassung mit der Begründung bewirken, daß diese Leute doch eigentlich strenggläubige Juden seien. Auffällig ist der fanatische Eifer, mit dem Saul die Sektierer verfolgt. Wie die Jesusanhänger von Juden aus dem griechischen Sprachgebiet, die nach Jerusalem übersiedeln, Zuwachs bekommen und die vermehrte Propaganda Zusammenstöße erzeugt, wird einer von ihnen, Stephanus, wegen seines aufreizenden Verhaltens vor dem Synhedrion vom Volke gesteinigt. Seine persönlichen Anhänger fliehen, setzen aber in der nahen und weiteren jüdischen Diaspora, in Samaria, in Phönizien, in Antiochia, in Damaskus, auf Cypern ihre Werbung fort. So wie Saul unter den Verfolgern des Stephanus war, erbietet er sich jetzt freiwillig zur Verfolgung seiner Anhänger. Zur Vernichtung der Sektierer, der »Ketzer« macht er sich darum auf den Weg nach Damaskus.

Auf dem Wege dorthin geht ein entscheidender Gesinnungswandel in ihm vor. Wir wissen nicht, was ihn plötzlich veranlaßte, die Verfolgung der Jesusanhänger aufzugeben und sich mit ihnen solidarisch zu erklären. Vielleicht hat er wirklich eine Vision gehabt. Vielleicht ließ sie etwas in ihm aufbrechen, was da schon vorbereitet lag; vielleicht war dieser Fanatismus der Ketzerverfolgung von allem Anfang an nur die verdrängte, in ihr Extrem verwandelte Zuneigung zu dem Mystizismus des Jesus-Messias. Jeder Versuch, den Vorgang selbst zu erklären, wird unzulänglich bleiben. Man kann nur darauf hinweisen, daß er in einem jüdisch-hellenistischen Milieu aufgewachsen ist, in dem Kulturen und Anschauungen sich berührten und in äußerster Mannigfaltigkeit Zwischenprodukte und Mischprodukte schufen. Aber im übrigen ist dieser Vorgang in einer religiös so erregten Zeit weder ungewöhnlich, noch kommt ihm die grundlegende Bedeutung zu, die ihm oft beigelegt wird. Denn es hat sich hier einstweilen nichts anderes vollzogen, als daß ein pharisäischer Jude sich zur jüdischen Sekte der Jesusanhänger bekennt. Mit keinem Worte, keinem Gedanken und keiner Handlung wird hier auch nur angedeutet, daß auf dem Wege nach Damaskus aus Saul, dem Juden, Paulus, der Judenbekämpfer, geworden sei. Er hat sich mit seiner inneren oder äußeren Umstellung in keinen anderen Gegensatz zum Judentum begeben als in denjenigen, den die Sekte der Jesusanhänger überhaupt darstellte. Erst auf einer späteren Stufe seiner Entwicklung sehen wir Saul in ein Gelände ausbrechen, das sich einem Menschen seiner religiösen Begabung als hoffnungsvoll darstellte und das er eroberte, indem er die latente Gegnerschaft zweier Welten zu einem auf Gott und Jesus zurückbezogenen Dogma umdachte und umformte.

Ein Mensch von der Aktivität Sauls konnte sich nicht damit begnügen, innerhalb der Sekte einer unter anderen zu sein. Die Unermüdlichkeit, die ihn bisher getrieben hatte, treibt ihn weiter. Wenn er bisher leidenschaftlich verfolgte, so beginnt er jetzt leidenschaftlich zu predigen. Von allem Anfang an ist in ihm sichtbar, was in Jesus sichtbar wurde: der unbedingte und absolute Wille zur Wirkung: Alle Sektiererschaft, in dem Bewußtsein, den einzig wahren Weg des Heils gefunden zu haben, geht auf Werbung aus und auf Zuwachs, und während die Staatsreligionen zum Zwecke der Bekehrung mit dem Schwerte dreinschlagen, wirbt die Sekte, solange sie nicht Macht hat, mit allen anderen Mitteln, ob sie gerade seien oder nicht. »Was tuts aber« sagt Paulus, »daß nur Christus verkündet werde allerleiweise, es geschehe zum Vorwand oder in Wahrheit, so freue ich mich doch darüber und will mich auch freuen.« Ihm kann es nicht schaden, ihm kann es nicht von innen her das Amt zerbrechen, wenn er den Willen zur Wirkung so fanatisch vorwalten läßt. Denn er ist nicht Messias. Er stützt sich vielmehr auf einen schon erschienenen Messias. Darum ist seine Position viel gefestigter. Er braucht durch sein Leben und seine Taten nichts mehr zu erzeugen, nichts mehr zu beweisen. Er kann schon behaupten und Folgerungen ziehen, und das tut er mit einer steigenden Vehemenz, der man die Genialität nicht absprechen kann.

Antiochia wird in der Folge das Zentrum, von dem aus die Propaganda betrieben wird, und zwar methodisch, zielbewußt. Hier, innerhalb dieser Gruppe von Juden und Heiden, die glauben, daß Jesus der Messias der Juden gewesen sei, taucht in wörtlicher Übersetzung des Wortes Moschiach (Messias) das griechische Wort »Christos« auf, und die bis dahin unbenannten Gläubigen nennen sich zum ersten Male Christen. Aber diese Christen sind immer noch eine jüdische Sekte, und man kann immer noch von ihnen aussagen, womit die Pharisäer Petrus vor dem Synhedrion verteidigt haben: es seien strenggläubige Juden. Aber gerade diese Strenggläubigkeit, die ein national-religiöses Leben erzeugt hat, erschwerte so den Übertritt zur *Sekte*, wie sie den völligen Anschluß der »Gottverehrenden« und »Gottesfürchtigen« an das *Judentum* erschwert hatte.

Diese Erschwerung aus dem Wege zu räumen, macht Paulus zu seiner nächsten Aufgabe. Aus eigener Machtvollkommenheit erklärt er denen, um die er wirbt, es sei nicht nötig, sich allen Gesetzen des Judentums zu unterwerfen, um Christ zu werden und um damit zu denen zu gehören, für die der Messias bereits erschienen sei. Er erklärt es den Heiden und den Juden, und während er so den Heiden eines der größten Hindernisse, die Zeremonie der Beschneidung abnimmt, gibt er zugleich vielen Juden in der Diaspora eine Befreiung. Der verschärfte Druck der Zeiten hatte den verschärften Druck der Gesetze mit sich gebracht. Der Druck der Zeiten unterlag Schwankungen. Der Druck des Gesetzes blieb konstant; er wuchs sogar. Er konnte die Schwankungen des äußeren Druckes, also auch die Erleichterungen nicht mitmachen. Viele, die in dem Druck der Gesetze nicht eine auf weite Sicht berechnete Maßnahme sehen konnten, sondern sie höchstens als zeitlich begrenzten Notwehrakt begriffen, entzogen sich diesen Druckschwankungen und damit generell dem ständig wachsenden Druck. Sie waren der ungewöhnlichen Belastungsprobe nicht gewachsen.

Mit steigendem Unbehagen wird diese Art der Propaganda von der christlichen Gemeinde in Jerusalem empfunden. Was hatte doch Jesus gesagt? »Denn ich sage euch wahrlich: bis daß Himmel und Erde zergehen, wird nicht zergehen der kleinste Buchstabe noch ein Tüttel vom Gesetz, bis daß alles geschehe. Wer nur eines dieser kleinsten Gebote auflöst und lehrt die Leute also, der wird der Kleinste heißen im Himmelreich.« Somit tat Paulus, was nicht Absicht und Lehre ihres Messias war, und daran mußten sie ihn hindern. Paulus lehrte: »So halten wir nun dafür, daß der Mensch gerecht werde ohne des Gesetzes Werke, allein durch den Glauben.« Diesem großen, verpflichtenden Wort stellte Jakobus ein nicht minder großes und gewichtiges gegenüber: »Was hilft's, liebe Brüder, so jemand sagt, er habe den Glauben, und hat doch die Werke nicht? ... Also auch der Glaube, wenn er nicht Werke hat, ist er tot an ihm selber.«

Aus diesem Gedanken und aus der Berufung auf das, was Jesus gelehrt hat, setzt eine Gegenwirkung ein. Die Gemeinde Jerusalem sendet eine Abordnung nach Antiochia, unter Führung des Jakobus, Jesu Bruder. Dadurch wird aber nicht Klärung geschaffen, sondern nur vermehrte Verwirrung. Paulus sieht sein begonnenes Werk gestört. Aber er ist nicht der Mann, der sich ohne Gegenwehr seine Wege durchkreuzen läßt. Im Gegenteil: jeden Angriff pariert er durch eine verdoppelte Abwehr. Dieses überfeine Reagieren auf jeden Widerstand hat er mit Jesus gemeinsam. (Das ist ein Merkmal jüdischer Menschen, die zu oft angegriffen worden sind.) Aber im Gegensatz zu ihm flüchtet sein Wirkungswille sich nicht in eine Unzahl von Verneinungen, sondern in eine Unzahl von übersteigerten Konsequenzen. Jesus lebte in einem gebundenen Milieu, in dem er allein Erfolg haben oder versagen konnte. Paulus hingegen hat die Möglichkeit, Kräfte gegeneinander auszuspielen. Wenn der jüdische Teil der Sekte sich ihm oder seiner Zielsetzung versagt, kann er sich dem heidnischen Teil zuwenden. Jesus stand in einem gewachsenen und geschlossenen Kreise. Paulus steht in einem Ausfalltor, das in die unermeßliche Ebene des Heidentums führt. Es endgültig aufzureißen, war nur eine Frage der Konsequenz. Er hat sie eines Tages gezogen.

Einstweilen begibt er sich nach Jerusalem, um vor den dortigen Gemeindeführern, den Aposteln, seine Sache zu vertreten. Er hat ein Argument, dem sich die Gemeinde nicht verschließen kann: den Erfolg, und zwar vor allem: den Erfolg unter den Heiden. Dieser Erfolg wird gefährdet, wenn man seine Art, zu lehren und vom Gesetz zu dispensieren, unterbindet. Richtig folgert Jakobus: »Darum urteile ich, daß man denen, so aus den Heiden zu Gott sich bekehren, nicht Unruhe mache.« Die Sekte braucht Wachstum. Das ist entscheidend. Darum will man den Heiden die Verpflichtung des Gesetzes ersparen. Aber drei Gebote, gegen die ein Verstoß nach jüdischen Begriffen von unvorstellbarer Schwere ist, sollen unter allen Umständen auch von den Heiden gehalten werden: sie sollen keine Götter, keine Götzen mehr anbeten; sie sollen nicht Unzucht oder Blutschande treiben; sie sollen nicht das Fleisch erstickter Tiere und kein Blut genießen. (Das letztere um deswillen nicht, weil nach uralter jüdischer Anschauung das Blut der Sitz der Seele ist.) Daß es sich hier um nichts anderes handelt als um eine Haltung der Zweckmäßigkeit, beweist der Brief, der von den Aposteln an die Heiden nach Antiochia, Syrien und Cilicien gerichtet wird: »Denn es gefällt dem Heiligen Geist und uns, euch keine Beschwerung mehr aufzulegen als diese nötigen Stücke.«

Saul, jetzt schon Paulus, hat von da an nur eine einzige Aufgabe: die Erfolgsmöglichkeiten zu sichern, die ihm durch diesen Beschluß gewährt sind. Es geht ihm im Grunde genommen noch nicht um die *Aufhebung* der Gesetze, sondern um den *Erfolg*. Wo er es für den Erfolg opportun betrachtet, wendet er das Gesetz unbedenklich an. Den Timotheus, Sohn eines griechischen Vaters und einer jüdischen Mutter, läßt er beschneiden »um der Juden willen, die an den Orten waren; denn sie wußten alle, daß sein Vater war ein Grieche gewesen«. Und er bekennt selbst: »Den Juden bin ich geworden wie ein Jude, auf daß ich die Juden gewinne. Denen, die unter dem Gesetz sind, bin ich geworden wie unter dem Gesetz, auf daß ich die, die unter dem Gesetz sind, gewinne. Denen, die ohne Gesetz sind, bin ich ohne Gesetz geworden, auf daß ich die, die ohne Gesetz sind, gewinne.« Das ist eine Unbedenklichkeit im Wirkungswillen, die sich später, als er unter Anklage gestellt wird, zu einer Haltung steigert, von der man zweifeln kann, ob sie die Sophistik eines gelehrten Pharisäers oder schlichte Lüge sei. Vor dem Synhedrion in Jerusalem erklärt er: »Ich werde angeklagt um der Hoffnung willen und der Auferstehung der

Toten.« Das ist nicht wahr. Wahr ist, daß er eine Spaltung unter den Juden hervorrufen will, weil er weiß, daß die Sadduzäer im Rat nicht an die Auferstehung glauben. Und wie er sich vor dem Landpfleger Felix zu verantworten hat, wiederholt er nicht nur diese Unwahrheit, sondern erklärt mit der Sophistik des extremen Pharisäers: »Das bekenne ich aber dir, daß ich nach diesem Wege, den sie eine Sekte nennen, diene also dem Gott meiner Väter, daß ich glaube allem, was geschrieben steht im Gesetz und in den Propheten.« Und um endlich jeder Auseinandersetzung mit den Menschen seines Glaubens und seines Volkes auszuweichen, beruft er sich stolz auf sein römisches Bürgerrecht und appelliert in dieser Eigenschaft an das kaiserliche Gericht in Rom. Er kannte keine Hemmung, wenn es um die Wirkung und das Ziel ging.

Auf seinen Propagandareisen, die er mit unermüdlichem Eifer fortsetzt, fällt ihm der Erfolg nicht immer so schnell zu, wie sein leidenschaftliches Drängen es sich wohl wünscht. Dabei enthüllt sich eine weitere auffallende Ähnlichkeit mit Jesus, wie wir ihn sehen. Auch hier, bei Paulus, steht neben dem übernommenen Amt das Persönliche, Individuelle, Private mit übermäßiger Bedeutsamkeit und Wirkung. Da, wo man ihm glaubt und ihm folgt, ist er milde, väterlich, wohlwollend, gütig. Aber da, wo er Widerstand spürt, ist er von einer überschnellen, aggressiven Gereiztheit. Noch predigt er, seinem Prinzip getreu, Juden und Heiden in gleicher Weise; aber er hat bei den Juden trotz seiner pharisäischen Gelehrsamkeit einen ungleich schwereren Stand. Sie widersprechen ihm. Es ist, als ob Paulus auf diesen Widerspruch gewartet hätte, als sei er sich bewußt gewesen, daß in diesem Stadium seine Sekte noch in einem Zwitterzustand lebe, der reinliche Scheidung verlange; denn zu zwei Malen bricht jäh und mit völlig unchristlichem Hochmut eine Erklärung aus ihm heraus, die spontan und doch von langer Hand ungeduldig vorbereitet erscheint. Er sagt den Juden: »Euch mußte zuerst das Wort Gottes gesagt werden; nun ihr es aber von euch stoßet und achtet euch selbst nicht wert des ewigen Lebens, siehe, so wenden wir uns zu den Heiden.« Und zum anderen Male: »Da sie aber widerstrebten und lästerten, schüttelte er die Kleider aus und sprach zu ihnen: »Euer Blut sei über euer Haupt! Rein gehe ich von nun an zu den Heiden.«

Gewiß, man kann diese Erklärung so deuten, als habe er nur für sich selbst das Feld seiner Betätigung abgrenzen wollen. Während er Petrus als den Apostel unter den Juden bezeichnet, bezeichnet er sich als Apostel unter den Heiden. Aber das bedeutet in Wirklichkeit mehr als Abgrenzung der Kompetenzen. Das bedeutet eine weitere Konsequenz in seinem Verhalten auf seinem Wege, ein weiteres, dieses Mal entscheidendes Abrücken vom Judentum, aus dem er hervorgegangen war. Dem steht auch nicht entgegen, daß er im Römerbrief seine Hoffnung auf Bekehrung der Juden ausdrückt, wenn erst die Fülle der Heiden sich zum Christentum bekehrt habe. Das ist ein Wechsel auf ferne Zukunft, den er ausstellen mußte, um dem Heiden verständlich zu machen, daß eine aus dem Judentum entsprungene Lehre von den Juden selbst verworfen wurde. Paulus hat vom Judentum eine schwerwiegende Erbschaft übernommen: das Gefühl der Verpflichtung gegenüber dem Gedanken. Und so bindet er sich selber nicht nur an das, was in ihm das Ergebnis eines Denkprozesses ist, sondern auch an das, was der Widerstand gegen seinen Wirkungswillen spontan aus ihm hervorgestoßen hat. Es ist nirgends geschrieben oder verheißen, die Erkenntnis des Heils müsse zuvor vergeblich den Juden gepredigt werden. Das ist eine Blasphemie gegen das Gottesvolk kat' exochen. Noch in ihrem Versagen waren sie ein heiliges Volk, denn es war ein Versagen im Bemühen um die höchste Fassung des Gottesbegriffes. Aber Paulus hat eine Behauptung aufgestellt, die ihn zum Beweis verpflichtet; und er führt den Beweis.

Es ist hier nicht der Raum, auf diese Beweisführung im einzelnen einzugehen. In der Methode ist sie eine Höchstleistung des pharisäischen Geistes, ein bedenkenloses Übersetzen und Umdeuten, ein willkürliches Allegorisieren, sehr klug, sehr schön und sehr privat. Selbst die Psalmen, diese individuellen Ergüsse gläubiger Einzelmenschen, diese liturgischen Gesänge aus der schöpferischen religiösen Potenz des Judentums, deutet er ohne Hemmung als Weissagungen um, die sich auf das Erscheinen Jesu beziehen. Aber entscheidender als Beweis und Beweismethode ist die innere Haltung, aus der eine solche Beweisführung überhaupt möglich wurde. Diese Haltung wird im Laufe einer kurzen Entwicklung immer sichtbarer, besonders weil er nicht nur in einem Gegensatz zu den Juden steht, sondern auch mit fortschreitender selbstherrlicher Wirkung in einem Konflikt mit den Christen. In Syrien und Kleinasien herrscht offener Kampf zwischen den judenchristlichen Aposteln und den Heidenaposteln. Paulus agitiert in aller Offenheit gegen Petrus, den »Fels der Kirche«. Offiziell geht der Kampf weiterhin um die Frage: Gesetz oder nicht. Aber indem Paulus sich *gegen* das Gesetz entscheidet, kann er sich gegenüber den wohlbegründeten Angriffen seiner Gegner nicht mehr auf das negative Moment berufen, daß das Verlangen nach dem Gesetz den Erfolg gefährde. Er muß etwas Positives dafür ins Treffen führen; er muß den Heiden und den Juden unter den Christen beweisen, daß gerade die Verneinung des Gesetzes das Positive sei, daß gerade die Ablehnung und Verwerfung des Gesetzes der Ausgangspunkt sei, von dem her allein sie zu ihrer Erlösung kommen könnten.

Hier kommt es auf das Grundsätzliche des Begriffes »Gesetz« an. Die übliche Übersetzung des Wortes »Thora« mit »Gesetz« ist ungenau. Thora heißt Weisung, Unterweisung, Anweisung; nicht aber Gesetz im Sinne von Rechtsnorm. Das Gesetz in diesem Sinne war also nichts Selbständiges, nichts an sich und durch sich selbst Verpflichtendes. Nie war es Selbstzweck, sondern unter allen Umständen Mittel zum Zweck, die Herrschaft Gottes, die Theokratie zu verwirklichen und damit Vollendung und Erlösung des Menschen und der Welt herbeizuführen.

Ein Unterschied oder ein Gegensatz zwischen Gesetz und Glaube konnte also im Judentum niemals begriffen werden. Daß das Leben solchen Gegensatz in mannigfacher Form hervorbrachte, beweist nichts gegen die Idee, sondern nur etwas für die menschliche Schwäche, und ein flüchtiger Blick in die Apostelbriefe beweist, daß die Christen die letzten waren, die hier die Makellosigkeit für sich in Anspruch nehmen durften. Aber Paulus brauchte diesen Gegensatz, um zu rechtfertigen, daß Juden und Juden-Christen gegen ihn in Opposition standen. Darum schuf er den Gegensatz. Er schuf ihn mit vielfacher Begründung, aber mit einer unheimlichen, dämonischen, bis an das Geniale streifenden Konsequenz. Die Vernachlässigung des Gesetzes als Propagandamittel hört auf. Die Verneinung des Gesetzes als Prinzip setzt ein. Die Auflockerung aus dem Individuellen her, die Jesus und die Pharisäer anstrebten, wird übersteigert zur Vernichtung des Gesetzes um des Individuellen willen. Er greift auf den Kardinalsatz zurück, der ausgesprochen und nicht ausgesprochen das Fundament der jüdischen Sittenlehre bildet: »Liebe deinen Nächsten wie dich selbst.« Dieser Kernsatz, als Gedanke und als Formulierung, ist nicht Paulus' Produkt, sondern altes jüdisches Erbgut. Aber indem er diesen einen Satz herausgreift, tut er weit mehr, als nur die Summe der »Gesetze« auf eines und auf den Ursprung zurückzuführen. Er greift damit in das Zentrum des Judentums, er greift die universale Potenz an, die darin ruht; die Kraft, die darum universal ist, weil schon mit der jüdischen Gottesanschauung der Begriff des Universalen unlösbar verbunden ist; weil es nur *einen* Schöpfer gibt, folglich nur *eine* Schöpfung und nur *eine* Menschheit; und endlich, weil die Verdichtung des Transzendentalen zu einem einzigen göttlichen Begriff durch das Mittel sittlichen Verhaltens auf die ganze Menschheit anwendbar ist und von der ganzen Menschheit angenommen werden kann.

Stellte auch dieses Herausgreifen eines universalen Gedankens an sich eine Bestätigung und Bejahung des Judentums dar, so mußte es sich in dem gleichen Augenblick in ein Anderes verkehren, wo dieses Herausgreifen nicht nur in der Absicht geschah, diesen Gedanken auch den Heiden zugänglich zu machen, sondern ihn von seinem Ursprung abzulösen und ihn dem Heidentum zuzuwenden; dem Judentum die weitere

Vertretung der Gotteserkenntnis abzusprechen und das Heidentum an seine Stelle treten zu lassen. Das gerade ist es, was Paulus jetzt tut. Er unternimmt den Versuch, die universale Potenz des Judentums im Heidentum zu realisieren. Es ist folgerichtig, daß er das unter Vernachlässigung des Nationalen und der aus diesem nationalen Leben erwachsenen Gesetze tut. Wenn der Judaismus sich universalistisch auswirkt, muß er selbstverständlich den nationalen Rahmen sprengen. Aber das wäre noch nicht Grund und Anlaß gewesen, Christentum und Judentum in einen feindlichen Gegensatz zu bringen. Das hätte höchstens zu einem Wettbewerb mit gleichen Mitteln zu gleichen Zielen, wenn auch mit verschiedenem Grade religiöser Begabung führen können. Aber Paulus wollte nicht das Gleiche auf anderer Ebene; er wollte das durchaus Andere, das durchaus Gegensätzliche, das durchaus Feindliche, das seiner persönlichen Feindschaft entsprach und ihr die tiefste Rechtfertigung gab.

Auf dieser Stufe seiner individuellen Entwicklung setzt nun seine schöpferische religiöse Begabung mit einer unerhörten Kraft, Konsequenz und Feinfühligkeit für die unbefriedigten Bedürfnisse der Heidenwelt ein. Die Heiden hatten es längst begriffen und längst leidenschaftlich und mit verhaltenem Neid bekämpft, daß die Juden Träger eines göttlichen Auftrages, einer Mission seien. Jetzt erklärt Paulus den Heiden: den Juden ist ihre Mission genommen; sie ist auf euch übergegangen. Damit ist den Heiden das Odium erspart, die Erbschaft eines fremden Volkes antreten zu müssen und Dank zu schulden. Sie treten vielmehr die Nachfolge kraft besonderen göttlichen Auftrages an. Aber damit war es nicht getan. Erbschaft oder Amtsnachfolge: es fehlte dem Heiden im einen wie im anderen Falle an der Tradition, mit der er die neue Botschaft hätte auffangen und fortsetzen können. Wer war das: der einzige Gott? Wie konnte man zu ihm gelangen? Konnte man zu ihm gehen wie zum marmornen Bildnis im Götzentempel? Und was war das: ein Messias? Ein Mensch? Ein Gott? Und wie sah das neue Reich aus, das er herbeiführte?

Indem es Paulus unternahm, diese Fragen zu beantworten, schuf er das Christentum als eine Ordnung chaotischer jüdisch-heidnischer Glaubensanschauungen. Zwar den Begriff der Theokratie konnte Paulus nicht auf die heidnische Welt übertragen, aber soweit Glaube an individuelle Bedingungen geknüpft ist, gelang ihm ein genialer Kompromiß. Er stellte theoretisch, der Idee nach, für das Heidentum die seelische Gleichheit aller Menschen her, indem er sich *ihren* seelischen Bedingungen anpaßte (im Gegensatz zum Judentum, das Anpassung verlangte). Er begriff ihre seelische Situation vollkommen. Die heidnische Götterwelt zerbröckelte. Die Frage, was nun kommen werde, mußte sich zwangsläufig ergeben. Da ließ Paulus das Christentum vor sie hintreten mit der Predigt: Es kommt das

Ende; es kommt die große Abrechnung. Eine solche Folgerung konnte nur aus einem Volke kommen, das das Ende der Zeiten und eine Abrechnung als den Ausgleich verletzter Gerechtigkeit kennt. Aber so abstrakt konnte der Heide diesen Gedanken nicht begreifen und ihn folglich nicht aufnehmen. Auch dafür fehlte ihm die Tradition. Er konnte ihn nur aus der Furcht her begreifen, in der er schon lebte und die von einer neuen Furcht noch überwuchtet werden mußte, um reif zu werden für die Auflösung in einen Trost. Es mußte ihm die furchtbare Drohung von der Auslese gegeben werden, die am Ende der Tage vor sich gehen wird. »Ich sage euch: in derselben Nacht werden zwei auf einem Bette liegen; einer wird angenommen, der andere wird verlassen werden. Zwei werden mahlen miteinander; einer wird angenommen, der andere wird verlassen werden.«

So werden sie vor ein neues Schicksal gestellt, mit neuer Furcht, aber nicht ohne Hoffnung. Es wird nur von ihnen verlangt, daß sie an den Christos glauben. Doch der Wechsel ihrer religiösen Haltung, der damit verbunden ist, wird ihnen nicht als Pflicht auferlegt, sondern als eine *Gnade* zur Verfügung gestellt. Wenn sie die Gnade annehmen, wandelt sich ihr Schicksal. »Drum gedenket daran, daß ihr zu derselben Zeit waret ohne Christum, fremd und außerhalb der Bürgerschaft Israels und fremd den Testamenten der Verheißung; daher ihr keine Hoffnung hattet und waret ohne Gott in der Welt.« Darauf kam es an: daß sie keine Hoffnung hatten und ohne Gott in der Welt standen; und aus dieser Verlassenheit wird ihnen jetzt die Heimat geboten: »So seid ihr nun nicht mehr Gäste, Fremdlinge, sondern Bürger mit den Heiligen und Gottes Hausgenossen.«

Dieser Christos, dieser Messias, der das bewirkt, muß natürlich ein ganz anderer sein als der, den das Judentum herausgebildet hatte. Schon die Zwecke waren verschieden. Für das Judentum war die Erwartung eines Messias keineswegs das Ende, sondern ideenmäßig der Höhepunkt seiner Entwicklung. Für das Heidentum war der Messias das Ende einer alten Welt und der Beginn einer völlig anderen, einer grundlegend verschiedenen. Darum löst Paulus die Messiasidee sowohl von ihrem geistigen wie von ihrem nationalen Ursprung ab. Aus Jesus, der der Messias der Juden hat sein wollen, wird Christos, ein himmlisches Wesen, ein wirklicher Sohn Gottes, der nur vorübergehend auf die Erde kam und dort menschliche Gestalt angenommen hat, um die Nichtjuden zu erlösen. Zwar verlangt ein solches Vermischen des Menschlichen mit dem Göttlichen ein Maß von mystischer Bereitwilligkeit, wie es unter gewissen Bedingungen und zu gewissen Zeiten gewisse Menschen wohl aufbringen können und wie es die Menschheit in ihrer Totalität nie hat aufbringen können und nie aufbringen wird. Aber der heidnischen Welt war solcher Vorgang aus ihren Göttermythen her wohl vertraut. Sie wußten nicht nur, daß Götter Söhne von irdischen Frauen haben und daß ein Mensch ein Gott werden kann, sondern auch, daß ein Gott sterben und wiederauferstehen kann. Gerade in Antiochia, dem Sitz der christlichen Propaganda, feierten die Heiden in einem Frühlingsfest das Sterben und das Wiederauferstehen des Adonis. Tarsus, die Heimat Paulus', kannte das gleiche Fest. Über ganz Syrien und Kleinasien breiteten sich die Mysterienkulte um Adonis und Attis, in denen solche Vorstellungen verwoben waren.

So empfing das Heidentum eine Gestalt, die ihm der Idee nach vertraut war, in sublimierter Form, und gerade die Vorstellung von einem realen Gottessohn ermöglichte eine schnelle Rezeption des Christentums durch die heidnische Welt. Das ist um so mehr der Fall, als nicht nur die Gestalt ihrem Verständnis angeglichen war, sondern auch seine Idee, seine reale Bedeutung, der Sinn seines Kommens und Sterbens. Wenn das Heidentum eine Welt, in der es gescheitert war, in der es aber seit endlosen Zeiten gelebt hatte, wirklich abschließen, erledigen und überwinden sollte, so mußte ein verständlicher und greifbarer Abschluß gefunden werden, eine Erledigung des Gestern, die beruhigte und nicht die Furcht wieder aufkommen ließ, daß die verlassenen Götter sich rächen könnten. Denn ihr Götterhimmel war zwar geborsten, aber noch waren nicht alle Götter tot, und noch schrien gegen des Paulus' Predigt die Heiden zu Ephesus in einem hartnäckigen Chor von Stunden: »Groß ist die Diana von Ephesus!« Wer befreite sie nun von dem Vergehen der Abtrünnigkeit? Denn sie wurden mit der Annahme des Christentums unweigerlich Renegaten. Sie wechselten den Gott und den Glauben. Ihnen konnte nur einer die Erlösung vermitteln, der mit ihnen das gleiche Schicksal teilte: Paulus. So gewiß Paulus in seinen Anfängen nur Sektierer war, so gewiß macht ihn die Konsequenz des Sektierers zum Renegaten. Indem er den Bruch mit dem Judentum vollzieht und die völlige Sonderung durchführt, macht er alle, die er zum Glauben an seine Predigt verpflichtet, zu Renegaten im weitesten Sinne, Juden wie Heiden. Wir haben an anderer Stelle formuliert: der Renegat ist nur fortgegangen von seinem Gott; nie ist er endgültig entlassen. Aus dem Gedanken an solche schicksalhafte Bindung zuckt ihm ständig die Hand, um zu einem Schlage auszuholen: Haltung der Notwehr.

Von hier aus wird auch verständlich, warum Paulus – wie Jesus – die Pharisäer und nicht die Sadduzäer bekämpft. Der Renegat bekämpft das Verwandte, das ihn Bindende. Vom Gegensätzlichen und Fremden braucht er sich nicht erst zu lösen.

Für diese Sünde der Abtrünnigkeit und für die Verfehlungen einer sündigen Vergangenheit und endlich für alles, was überhaupt Sünde ist, bringt Paulus der heidnischen Welt die Gestalt Jesu in seiner Funktion als

Christus. Jesus, lehrt er, sei in die Welt gesandt, um die Menschen von ihren Sünden zu erlösen. Und es gibt viel Sünde, es gibt eigentlich nur Sünde auf der Welt. »Sie sind allesamt abgewichen und untüchtig geworden . . . sie sind allzumal Sünder . . . und werden ohne Verdienst gerecht aus seiner Gnade durch die Erlösung.« Und wie diese Idee zu Ende gedacht wird, steht plötzlich etwas Furchtbares, etwas Erdrückendes auf: die Erbsünde. Schon mit dem ersten Menschen, mit Adam, ist die Menschheit sündig geworden; nicht erst gestern, durch die Anbetung von Götzen. Hier wird die Sünde so unwiderruflich an den Anfang gestellt, daß kein Ausweichen nach rückwärts mehr möglich ist, sondern nur noch die Flucht nach vorne aus einem Dasein, dem man die Existenzberechtigung abspricht. Und da steht Paulus und sagt: »Wie nun durch Eines Sünde die Verdammnis über alle Menschen gekommen ist, also ist auch durch Eines Gerechtigkeit die Rechtfertigung des Lebens über alle Menschen gekommen.« Damit ist der Kreis geschlossen. Es gibt keine Sünde mehr, wenn alle Menschen nur glauben wollen, daß Jesus als Sohn Gottes auf die Erde gekommen und mit seinem Tode alle Sünde auf sich genommen habe. So führt Paulus die Menschen zu Jesus, noch ehe er sie zu Gott führt.

Denn Gott muß begriffen werden als ohne Anfang und ohne Ende, als das Unzeitliche, als ewig. Was aber ist dem Heiden ewig? Hier und da eine philosophische Spekulation, aber nie er sich selbst als seelentragendes Geschöpf. Wer nicht als Heros in den Himmel entrückt wird und teilhat an einer zweifelhaften und bezweifelten Zeitlosigkeit, der stirbt. Er kennt das Chaos, aber nicht die Auflösung und Befriedigung. Er hat einen furchtbaren Feind: den Tod. Und auch diesen Feind unterfängt sich Paulus für besiegt zu erklären, denn das ist seine Lehre: Jesus ist nicht nur gestorben und hat die Sünde erlöst; er ist auch auferstanden und hat den Tod besiegt. Dieses: die Auferstehung der Toten oder das ewige Leben sind Kardinalpunkte in der Furchtwelt der Heiden. Darum ist es auch ein Kardinalpunkt im paulinischen Christentum. »Ist aber Christus nicht auferstanden, so ist unsere Predigt vergeblich, so ist auch euer Glaube vergeblich.« Damit tut er das, wozu das Judentum sich nicht entschließen konnte: er macht aus der Wiederauferstehung Jesu das Dogma von der Wiederauferstehung der Toten.

An sich ist dieses Sterben und Wiederauferstehen eine urjüdische Idee, nämlich als ein Wandel der Existenz, wie er in der Salbung zum klaren Ausdruck kommt. Da tritt eine Verwandlung ein, die den Menschen, gleichgültig, wer und was er bislang gewesen sei, zu einem neuen und erhöhten Dasein umwandelt. Hier im paulinischen Christentum tritt nun das Neue ein, daß zum ersten Mal der reinen Idee ein

Faktum ein für allemal zugrunde gelegt wird, ein greifbares, materielles, durch angebliche Zeugen belegtes tatsächliches Ereignis: der Vorgang der Kreuzigung eines Menschen und seiner Wiederauferstehung. Von diesem materiellen Vorgang wird nun ihrerseits wieder die Idee abstrahiert. Aber da hat sie schon eine entscheidende Verschiebung erlitten. Der »Gesalbte« bleibt Instrument der Theokratie; der Christos wird vergöttert. Der Gesalbte vertritt die jeweilige Manifestation des Göttlichen. Der Christos ist die endgültige, abschließende Manifestation und wird fortan – gleichsam unter Ausschaltung Gottes – für Zeit und Ewigkeit deren Repräsentant. Von hier aus, von dieser Eigenschaft als Repräsentant, ergibt sich logisch und notwendig Jesu Eigenschaft als Vermittler.

Diese Idee des Vermittlers erwächst aus allem vorweg Gesagten als selbstverständliche Folge. Das Judentum nahm nicht einmal seine Hohenpriester als Vermittler auf. Die heidnische Welt hatte zu dem Gott, den sie gestern noch nicht kannte, keinen anderen Weg. »Denn es ist ein Gott und ein Mittler zwischen Gott und Mensch, nämlich der Mensch Jesus Christus.«

Aber da die Furchtwelt des Heiden mit ihm gewachsen war und er mit ihr, konnte sie nicht durch ein neues Gebot, durch ein Diktat des Glaubens in das Nichts zergehen, und während das paulinische Christentum noch vorgab, sie aufzulösen, verhalf es ihr aus anderer Doktrin her zu einem neuen und nicht minder furchtbaren Eingang: durch die Aufrichtung des Gegensatzes von Fleisch und Geist, von Leib und Seele. Es ist verständlich, daß Paulus überall bei seinen heidnischen Anhängern auf die Erbschaft der antiken Kultur traf, auf das ungehemmte sexuelle Tun. Er mußte erleben, daß das Abendmahl oder Liebesmahl, das von ihm eingesetzte Symbol der Annäherung an Christus, in sexuelle Orgien ausartete. Während er mit der Gebundenheit und Empfindlichkeit des Hebräers dagegen eiferte, landete sein Wille zu Konsequenzen nicht da, wo das Judentum gelandet war: bei der Anerkennung der göttlichen Einheit von Körper und Seele und bei der Heiligung, der Sublimierung von beiden – sondern bei dem Extrem: bei der absoluten Sündhaftigkeit des Fleisches, bei der Ehe als einem schlechten Notbehelf und bei der Predigt der Askese. Hier wird eine Lebensquelle verunreinigt und verdächtigt, und was von da aus nicht Furcht und Gewissensnot gab, empfing es ohne Unterlaß aus Erbsünde und Hölle und Teufel und Fegefeuer von neuem. So stand ihnen, noch ehe sie das Diesseits überwunden hatten, die Vorstellung von einem Jenseits mit neuen Schrecken gegenüber. Es schloß sich eine Klammer um sie. Aus diesem Druck entstehen durch Jahrhunderte hin immer wieder Fieberschauer und Ausbrüche, bis der religiöse

Impuls resigniert und – in unseren Tagen – bis an die Grenze des Versiegens gebracht ist.

Immer weiter treibt Paulus die Konsequenz der Angleichung, und aus jeder Konsequenz erwächst ein neues Dogma. Wenn er den Heiden einen Glauben vermittelte, den er als den allein wahren, seligmachenden bezeichnete, dann war er zugleich genötigt, sich mit seinem eigenen Volk von gestern und mit der Idee der verpflichtenden Auserwähltheit des jüdischen Volkes auseinanderzusetzen. Er weicht auch davor nicht zurück. Kraft eigener Entschließung und Auslegung erklärt er, das Judentum habe seine Mission erfüllt. Es habe Jesum nicht angenommen, folglich habe es den Anspruch auf die Auserwähltheit verloren. Es sei ein Werk der freien Gnade Gottes, jetzt die Juden zu verwerfen und die Heiden an ihrer Stelle zu erwählen. »Ihr aber seid das auserwählte Geschlecht, das königliche Priestertum, das heilige Volk.« Aber eine solche Begründung, die selbst im Theologischen durchaus unzureichend ist, kann ihm nicht genügen, und mit der sublimen Technik des Pharisäers greift er zur Krönung seines Werkes wieder auf den Anfang seiner werbenden Tätigkeit zurück: auf den von ihm ins Leben gerufenen Gegensatz zwischen Gesetz und Glaube. »Denn Christus ist des Gesetzes Ende; wer an ihn glaubt, der ist gerecht.« Gewiß: das Judentum hat sich um Gott bemüht; aber mit Unverstand und indem es sich Gesetze gab, in denen es Gott auf Erden verwirklichen wollte. Jetzt aber und für den neuen Glauben gilt eine andere Weise: »Denn so man von Herzen glaubt, so wird man gerecht; und so man mit dem Munde bekennt, so wird man selig.« Und zum Beweise für das eine wie das andere bedient sich Paulus – wie es nicht anders sein kann – der Belege aus der höchsten Stufe der jüdischen Gotteserkenntnis, wie sie das Deuteronomium bietet: »Denn dieses Gebot, das ichselb heuttags dir gebiete . . . sehr nah ist dir das Wort, in deinem Mund und in deinem Herzen, es zu tun.«

Mit diesem Wirken während eines Jahrzehnts hat Paulus der neuen Sekte eine Mythologie und eine Dogmatik geschaffen und sie zu einer Religion erhoben. Das war ein mühevolles Werk, denn diese Dogmen, die gegeben und nicht gewachsen waren, lassen eben wegen dieses organischen Fehlers ihres Anfangs immer noch das Ausbrechen der Gläubigen in Sonderauffassungen und in Sondersekten zu. »Ich sage aber davon, daß unter euch einer spricht: ich bin paulisch, der andere: ich bin apollisch, der dritte: ich bin kephisch, der vierte: ich bin christisch. Wie? Ist Christus nun zertrennt?« Aber nicht nur dagegen hat Paulus anzukämpfen, sondern auch gegen den persönlichen Kult, gegen die ständige Sucht, den Glauben an einzelne Personen anzuheften. Das war aber unausweichlich, weil die neuen Bekenner in der Mehrzahl aus dem griechischen und orientalischen Polytheismus kamen und weil Paulus selbst durch die Vergöttlichung der Person Christi solchen Personenkult lehrte. Er selbst entging auch nicht der Gefahr, Merkurius genannt zu werden, und sein Mitapostel Barnabas gar Jupiter. Aber das alles sind schon Kämpfe, die in eine Zeit hineinspielen, da das Christentum sich vom jüdischen Ursprung völlig abgelöst hat, und die folglich außerhalb der jüdischen Geschichte und dieser Darstellung stehen.

Aber eines, dessen Auswirkung die Dauer von Jahrhunderten bekam, greift tief und mit verheerender Wirkung fortan in die Geschichte des Judentums ein: die Feindschaft des Christentums als Religion gegen das jüdische Volk und gegen die jüdische Religion. Auch dazu hat Paulus den Grund gelegt. Durch ihn wurde aus einer Differenz der Lehrmeinung der bewußte Gegensatz zwischen Christentum und Judentum. Durch ihn wurde aus einer Andersartigkeit eine Anderswertigkeit. Sein ganzes Wirken ist durchsetzt mit Werturteilen. Er vermag die neue Lehre nicht so auf sich selbst zu stellen, daß er die Verächtlichmachung derjenigen Religion glaubt entbehren zu können, aus der sie ihre grundlegenden Begriffe empfangen hat. Es geht ihm nicht um das Anderssein und um den Respekt davor, sondern um das Bessersein. Wenn aber schon *gewertet* werden darf, dann muß es dort geschehen, wo es auf das Maß der Anforderungen an den Einzelnen ankommt und auf die Frage der Bewährung dort, wo Religion sich zu bewähren hat: in der Situation des Menschen zur Welt *und* zu Gott, nicht zu einem von beiden. Der Unterschied zwischen Judentum und Christentum kommt nicht aus der Verschiedenheit der Lehrmeinungen, sondern aus der Sinngebung, die mit dem Begriff der Erlösung verbunden ist. Das Christentum kennt das Heil, die einmalige und endgültige Befreiung des Menschen von der Sünde durch die Taufe. Der Jude kennt keine Erbsünde, und wenn er sündigt, steht ihm kein Akt der Gnade zur Verfügung. Das Judentum kennt nur das in jedem Augenblick erneute Bemühen um die Verwirklichung seiner Sendung: seiner Vollkommenheit als Geschöpf Gottes. Es ist ein Unterschied, ob solches Bemühen in einem einzigen Akt der Entschließung und des Bekennens aufgefangen wird, oder ob es auf ein Menschenleben und darüber hinaus auf die Kette der Generation ausgedehnt wird. Im Judentum ist auf zeitlose Dauer ein Anruf an den Menschen gerichtet. Diesem Anruf folgt das kämpfende Bemühen, wie die Wirkung der Ursache folgt. Hier liegt der Lebenskern für die noch lange nicht erstorbene Schöpferkraft der jüdischen Religion. Aber Religionen gegen einander abwägen und abwerten? Wie vergeblich! Wie überflüssig! Denn es bleibt ihnen allen nicht erspart, daß sich ihre Wahrheit am lebendigen Dasein zu erproben hat.

Das Judentum hat keinen systematischen Versuch gemacht, sich der

Ausbreitung des neuen Glaubens zu widersetzen. Die Polemik zwischen Juden und Christen, die später einsetzte, war letzten Endes unfruchtbar, weil mit verschiedenen Argumenten von verschiedenen Ebenen her gekämpft wurde. Sie wurde vollends sinnlos, als das Christentum sich unter staatlicher Führung auszubreiten begann und die Verschiedenartigkeit der Methode, Formulierung, Dogmatik und Propaganda erkenntlich wurde.

VON DER VERTREIBUNG AUS PALÄSTINA BIS ZUR BESIEDLUNG DES ABENDLANDES

Das Bewegliche Zentrum

Unmittelbar vor dem Augenblick, in dem die größte Nation der damaligen Welt sich gegen die kleinste zum entscheidenden Sturm rüstete, verließen zwei Gruppen von Menschen Jerusalem. Die eine, die nach ihrer Aussage auf göttlichen Befehl handelte, bestand aus Anhängern des Jeschu von Nazareth. Sie überließ ihr Volk seinem Schicksal. Die andere, einige Menschen aus der Gruppe der »Friedfertigen«, Lehrer, Gelehrte und Erzieher, begab sich nach Jabne. Sie nahmen das Schicksal ihres Volkes auf sich, um es in die Jahrhunderte hinein zu verantworten. Während in Rom dem Titus ein Triumphbogen gebaut wurde, der die Inschrift trug: »Der Senat und das römische Volk dem Imperator Titus ... zum Dank dafür, daß er ... das jüdische Volk unterwarf und die Stadt Jerusalem zerstört hat, die alle Feldherren, Könige und Völker früherer Zeiten vergeblich angegriffen haben« – zur selben Zeit errichtete Jochanan ben Sakkai unter Mitwirkung seiner Anhänger in Jabne die zentrale Körperschaft für die Verwaltung und Leitung des jüdischen Volkes.

Wenn sonst Völker in einem solchen Umfange besiegt werden, wie das hier geschehen war, gehen sie unter. Das jüdische Volk ist nicht untergegangen. Es hatte schon 500 Jahre zuvor die Energie kennengelernt, die eine Erhaltung möglich macht: den Geist. Dieser Geist band sich wohl an die Wirklichkeit, aber nicht an Tatsachen. Den Umtausch der Funktionen hatten sie schon im babylonischen Exil kennengelernt. Sie nahmen ihn auch jetzt vor.

Zwar die Christen triumphierten laut und sahen in dem Fall Jerusalems einen Beweis dafür, daß die Rolle des jüdischen Volkes ausgespielt sei. Die Juden-Christen setzten sofort mit verstärkter Propaganda ein, weil ihnen doch mindestens das schlichte Volk jetzt zufallen mußte. Aber sie verstanden nicht, was hier vorging. Sie verwechselten das Ende des Nationalstaates mit dem Ende eines Volkes, dem der Staat zwar eine wesentliche Form, aber kein unentbehrlicher Inhalt war. Und so wie der Staat preisgegeben werden konnte, konnte auch der Tempel preisgegeben werden. Seine Existenz war für die religiöse Erlösung des Volkes nicht nötig. Das babylonische Exil hatte es bewiesen; die Propheten hatten es bewiesen; und jetzt beweisen es Jochanan ben Sakkai und sein Kreis zum dritten Male.

Als Erstes wird in Jabne ein Beth-din geschaffen, eine Institution, der die Gesetzgebung, Verwaltung und Rechtsprechung untersteht und die in dieser neuen Fassung nichts anderes ist als das bisherige Synhedrion. Daneben – und in engem Zusammenhang – entsteht das Beth-hamidrasch, die Akademie, als Ersatz und Zusammenfassung der bisherigen Schulen. Diese beiden Institute gehören auch begrifflich zusammen. Die Juden haben noch auf nichts verzichtet, und da sie nach wie vor aus dem Geiste der Thora leben wollen, müssen sie auch von daher die Ordnung ihres Tages, ihres Zusammenlebens und ihrer Beziehung zur Umwelt regulieren. Ihr Staat ist zerstört, aber sie rücken sofort diejenige Kraft in den Vordergrund, welche als Idee jedem Staat zugrunde liegt: die auf Übereinkunft beruhende, verpflichtende Kraft des Gesetzes. Solche Gesetze gewinnen ungewöhnlich an Lebenskraft, wenn sie ohne jedes Machtmittel dennoch als verpflichtend anerkannt werden. Die überwiegende Mehrheit des jüdischen Volkes hat durch viele Jahrhunderte und bis in die Gegenwart hinein einem Gesetz gehorcht, nicht, weil es ihm gehorchen *mußte*, sondern weil es ihm gehorchen *wollte*.

Gesetze binden nicht nur, sie uniformieren auch. Das war unvermeidlich. Das jüdische Volk mußte den Tod des Kollektivums Staat mit der Uniformierung im Verhalten der Einzelpersönlichkeit beantworten, mit dem Generalangriff auf das Individuum, den Träger der christlichen Jenseitslehre. So wurden die Juden zu einem Volke, in dem der Begriff Disziplin seine höchste Auswirkung erlangte. Diese Disziplin war starr bis zur Tödlichkeit, was den Einzelnen anlangt, und zugleich, was das Gesamt angeht, von einer erstaunlichen Flexibilität. Das Gesetz schuf nach außen eine unbesiegbare Mauer. Jenseits dieser Mauer konnte neben dem sublimen Glauben selbst der Aberglaube gedeihen.

Die erste Aufgabe dieser neuen Selbstverwaltung bestand darin, den Bestand an Menschen zusammenzuhalten und ihn gegen jede Gefährdung abzuschließen. In diesem Bestreben ging man dazu über, sich nach

Möglichkeit Proselyten fernzuhalten. Man wollte weder mit ihrer Assimilierung Energie verschwenden, noch sich der Gefahr aussetzen, daß die Übergetretenen mit ihren Resten heidnischer Anschauung Verwirrung schufen. Verwirrung war auch von den Juden-Christen zu befürchten, und darum wurde der Trennungsstrich zwischen ihnen und dem Judentum schärfer und schärfer gezogen; bis es dem Juden verboten war, von ihnen Fleisch, Wein oder Brot zu kaufen, mit ihnen Geschäfte zu tätigen oder ihnen auch nur den geringsten Dienst zu leisten.

Dieses der Absonderung zugeführte Dasein enthält nun aus der Autorität von Jabne für jeden einzelnen Tag und für das gesamte Jahr zwei Zäsuren von einschneidender Bedeutung: die Gebetsordnung für den Tag und die Festzeiten für das Jahr. Für den Tempelritus, der dahin war, wurde die Formel des Gebetes gesetzt. Es war dreimal täglich in den gleichen Stunden zu sagen, in denen einst der Tempelgottesdienst stattgefunden hatte. Das Jahr hingegen bekam seine Gliederung durch die Feste, und da sie je nach ihrem Charakter gemäß dem Stand der Sonne oder des Mondes, nach Sonnenjahren oder nach Mondjahren bestimmt und angesetzt wurden, übernimmt fortan zur einheitlichen Regelung für die Judenschaft der ganzen Welt das Beth-din zu Jabne diese Aufgabe.

So wie der Bestand des Volkes gesammelt und gebunden wurde, mußte auch die Norm gesammelt und gebunden werden, nach der sein Dasein fortan zu regeln war. Es gab – außer der Thora – kein geschriebenes Gesetz. Was das Leben, der Alltag, besondere Umstände und Einzelfälle an gesetzgeberischer Materie, an Verordnungen, Bestimmungen und Anweisungen auf jeglichem Lebensgebiet erzeugt hatten, lebte im Gedächtnis und wurde von der Theorie auf die Praxis und vom Lehrer auf den Schüler übertragen. Respekt vor der Heiligkeit des geschriebenen Thorawortes hinderte die schriftliche Fixierung der nur aus ihnen abgeleiteten Gesetze. Schon jetzt war dieser Stoff beträchtlich und kaum noch zu übersehen. Manches war auch überlebt oder nicht mehr anwendbar. Aber da der alte Streit der Lehrmeinungen zwischen den Richtungen eines Hillel und eines Schammai auch im Lehrhaus von Jabne weiterlebte – als sei nie inzwischen ein mörderisches Geschick über das Volk hereingebrochen – herrschte darüber keine Einstimmigkeit. Einstimmigkeit mußte aber unter allen Umständen erreicht werden, wenn nicht ein über die ganze damalige Kulturwelt zerstreutes Volk hoffnungslos der Willkür und dem Separatismus verfallen sollte. Also wurde zur Abstimmung geschritten. Erhielt ein Gesetz die Majorität, so galt es. Opponenten drohte der Bann (Nidduj), die Ausstoßung aus der Gemeinschaft für bestimmte Zeit.

Man sollte meinen, daß mit solcher Maßnahme ein starrer und unabänderlicher Kodex geschaffen wäre, der fortan jede gesetzgeberische Arbeit entbehrlich machte. Das Gegenteil war der Fall. Auch die Summe der Gesetze stellte eine Weisung, eine »Thora« dar, und scheute man sich gleich, sie aufzuzeichnen, so trug sie doch um ihrer Ableitung willen nicht minder heiligen Charakter und stand neben der schriftlichen als die »mündliche Thora«. In dem Augenblick, in dem dieser Begriff zu einer festen Bildung gelangt war, begann die Eigenlebigkeit des mündlichen Gesetzes. Wie einst die Thora Quelle der Ableitungen geworden war, wurde jetzt die mündliche Lehre, die Mischna, Quelle neuer Ableitungen. Damit bahnt sich eine Eigenart an, die dem Geistesleben des Juden für mehr als ein Jahrtausend eine unvertilgbare Prägung gab. Die Thora, als sittliche Grundnorm, konnte Gesetze aus sich entlassen. Das Gesetz, das schon einen realen Tatbestand brauchte, um existieren zu können, mußte sich notwendig mit einem möglichen, gedachten, hypothetischen Tatbestand behelfen, wenn man aus ihm weiterhin etwas ableiten wollte. So entstanden Gesetze als Selbstzweck; so entstand das ernsthafte Spiel mit der Möglichkeit; so entstand die talmudische Methodik, noch ehe der Talmud selbst sich geformt hatte.

Nach dieser Bindung und Umschließung von Volk und Gesetz blieb noch ein Letztes und Entscheidendes zu tun übrig: der rückwärtigsten Quelle eine eherne Fassung zu geben; zu bestimmen, was Heilige Schrift sei und was nicht; den Kanon für alle Zeiten festzulegen. Nach zwei Seiten war abzugrenzen: gegen das eigene jüdische Schrifttum und gegen das neu entstehende christliche Schrifttum. Auf beiden Gebieten hatte die religiöse Erregtheit der Zeit Schriften über Schriften zutage gebracht. Besonders im christlichen Bezirk wuchs die Literatur in einem ungewöhnlichen Maße. Der Heide hatte vom Judentum neben vielem anderen noch eine wichtige Erbschaft übernommen: das Buch. Zum erstenmal bekommt er jetzt Schriften in die Hand über das, was seinen seelischen Bezirk angeht. Sein Drang zur Werbung und Mitteilung, von Paulus zum erstenmal in ein System gebracht, überschlägt sich in der Produktion zahlloser Briefe, Schriften, Offenbarungen und Evangelien. Es wird in Hebräisch, Griechisch und Syrisch geschrieben. Es entstehen mehr als 40 Evangelien, ein besonderes für jede Sekte; es wird im Namen Adams geschrieben, im Namen des Enoch, des Mosche, der Erzväter, des Jesaja. Die Psalmen Dawids werden nachgeahmt, und es werden die undenkbarsten Namen erfunden, um mit diesen ein Schriftwerk zu decken und ihm Autorität zu verleihen. Selbst die Thora in ihrer griechischen Übersetzung, die Septuaginta, wurde in dem Bestreben, möglichst viele Beweise für das Erscheinen und das Amt Jesu zu erbringen, ohne Bedenken in einer ganzen Reihe von Stellen gefälscht. Alle diese Schriften, unter welchem Deckmantel sie auch erschienen und welchen Grad der Altehrwürdigkeit sie sich auch beilegten, mußten ein für allemal aus der Nähe des jüdischen Schrifttums entfernt werden.

Mit gleicher Strenge wurde gegen jedes jüdische Schrifterzeugnis verfahren, das in der Ideenführung nur im geringsten vom klaren Monotheismus abwich und nur die geringsten Spuren jenes Synkretismus aufwies, der für das christliche Schrifttum charakteristisch war. Es schützte eine Schrift nicht, daß sie mit tiefstem Ernst und aus der tiefsten Gläubigkeit nachspürte, aus welchem Grundgedanken des Judentums, aus welcher Verheißung oder welcher Verfehlung sich das Schicksal des jüdischen Volkes bestimmen lasse und was demnach am »Ende der Zeiten« stehen müsse. Solche Werke, ausgesprochene Apokalypsen, entstehen zahlreich. Aber auch die besten von ihnen, »Das vierte Buch Esra« und die »Apokalypse des Baruch«, beide weit grandioser als die »Offenbarung des Johannes«, hatten außerhalb zu bleiben. Das gleiche Schicksal erfuhren weit ältere Werke, wie die »Psalmen Salomos«, die »Weisheit des Ben Sira«, das »Erste Makkabäer-Buch« und andere. Der Kanon wurde – anfangs des II. Jahrhunderts – so festgelegt, wie er noch heute seine Gültigkeit hat.

Damit war der Mittelpunkt eines Kreises unverrückbar festgelegt und der Kreis selbst als Gesetz, als Umzäunung, geschlossen. Der Jude nahm die Uniformierung durch das Gesetz auf sich; aber dort, wo es nicht seine Existenz betraf, sondern sein Gemüt berührte, schuf er sich ein Ventil: den mystischen Messianismus als Denkweise und die Haggada als Sagweise. Es ist, als wollte die Volksseele, ehe sie sich von neuem einem schweren Dasein auslieferte, noch einmal Umschau halten und sich Gewißheit darüber verschaffen, wo dieser Weg des Leidens endete, wann und in welcher Form die Erlösung komme, und, wenn die Erlösung nicht mehr zu ihren Lebzeiten kommen sollte – was den Einzelnen nach seinem Tode erwartete.

Die empfindsame und dichtende Volksseele war da völlig sich selbst überlassen. Das offizielle Judentum weigerte sich – im Gegensatz zum Christentum – entschieden, diese Dinge aus dem Umkreis des messianischen Zeitalters, der kommenden Welt, der Wiederauferstehung der Toten, der Vergeltung im Jenseits zu einem Dogma erstarren zu lassen. Das widersprach dem Gedanken der Theokratie, denn Theokratie ist in erster Linie Erfüllung, und erst auf diesem Wege Erlösung. So durfte das Volk jenseits von gelehrtem Wissen und Glaubenszwang forschen und dichten. Darum hielt es auch keine Ordnung in der Aufeinanderfolge von messianischer Zeit und jenseitiger Welt. Aber an Schwermut und Untergangsstimmung der Zeit und ihres Schicksals nahmen sie auf, was ihnen gerade erreichbar war. Aus der ständigen Nachbarschaft einer Unzahl werbender und predigender christlicher Sekten sickerten Vorstellungen von Hölle, Jüngstem Gericht und Fegefeuer in ihre Gedankenwelt. Ihre eigenen Leiden übertrugen sie auf die »Leiden der letzten Zeiten«. Resignation breitet sich über das Weltbild. »Denn die Schöpfung wird schon alt und ist über die Jugendkraft schon hinaus.« Aus gleicher Stimmung der Resignation tun sie auch das, was das paulinische Christentum hat tun müssen, als Jesu Voraussage von der Nähe der Erlösung sich nicht erfüllte: sie schalten Verzögerungen ein, um an ihrem eigenen Glauben nicht ungläubig werden zu müssen. So entsteht der Messias aus dem Hause Joseph, der dem Messias ben Dawid vorangehen muß, der gegen Gog und Magog, die Feinde des jüdischen Volkes, kämpft, der in diesem Kampfe fällt, aber eben dadurch dem Dawidischen Messias den Weg zur Wirksamkeit öffnet. Doch dichten sie in alle Verzögerung noch ein Stück Wirklichkeitsnähe hinein: der Messias ist schon da. Unter Bettlern und Aussätzigen hockt er vor den Toren Roms und wartet auf seine Stunde. Oder sie verweisen ihn – überzeitlich – in den Himmel, wo er alle Leiden seines Volkes mitleidet und wartet, bis das Maß voll ist.

So kommt neben der Unerbittlichkeit der Gesetzeswelt auch der mystische Bezirk zu seinem Recht. Neben das Gesetz, die Halacha, stellt sich die Meinung, das Fühlen und Glauben, das Visionäre und das Legendäre, das Erdichtete und das Abergläubische: die Haggada. Aber alle mystische Ausweitung der messianischen Idee war noch nicht in der Lage, den starken politischen Kern zu zerstören, der darin lag. Immer wieder geht es um die Idee, daß in der kommenden Zeit die Herrschaft Roms durch die Herrschaft Judäas abgelöst werde, das Regiment der Gewalt durch die Herrschaft des Rechts. Rom war ihnen der Inbegriff dessen, was aus der Welt verschwinden müsse. Gegen Rom und seine Devise: arma et leges, richteten sie einen unmenschlichen Haß. Rom hatte leges, Gesetze, wie sie selbst. Aber in diesem Gleichen lag das Trennende; denn diese leges waren nur die Nutzanwendung der arma, der Waffen; sie komplettierten nur eine Formel, die jeder Servilität so imponierend erschien. Aber auch losgelöst von den Waffen waren diese leges leere Formeln, die mit Gerechtigkeit statt mit juristischem Recht zu füllen kein Mensch aufstand.

Dieser Widerstand, diese Selbstbehauptung gegen Rom fand eine letzte, wenn auch schwache Stütze in der politischen Selbstverwaltung, die sie in wenigen Jahren mit zäher Arbeit aufbauten. Judäa war eine unterworfene Provinz, aber die Juden blieben als Nation bestehen und anerkannt. So schufen sie sich in der Person des Patriarchen die offizielle Vertretung gegenüber der Außenwelt, insbesondere gegenüber Rom. Es war die Fiktion einer staatlichen Repräsentanz, eine Fiktion, die so weit ging, daß sogar noch die Gesetze über die Heiligkeit des Bodens beibehalten wurden, als gehöre ihnen das Staatsgebiet noch wie früher. Aber so viel Lebenskraft ruhte doch in dieser Institution, daß sie die Energie für noch eine, für die letzte und verzweifelte Revolte gegen Rom, für den letzten Versuch der Rückeroberung nationaler Freiheit erzeugen und zusammenraffen konnte.

In der Gestalt des Rabbi Akiba erwuchs der Nation der zugleich geistige und politische Sammler. Er war Gelehrter großen Formats, der erste Ordner der mündlichen Lehre; er war aber auch ein großer Hoffender, der den nationalen Impuls seines Volkes für noch nicht beendet hielt und neben den Gelehrten insgeheim die Empörer um sich versammelte und an sich band. Empörer aber war jeder, der die römische Bedrückung unerträglich fand; und das war jetzt das ganze Volk, und zwar nicht nur in Palästina, sondern auch in der Diaspora. Für Palästina genügte zu einem unaufhörlichen Widerstand die Tatsache, daß die bisherige Tempelsteuer unter der neuen Bezeichnung Fiscus Judaicus jetzt für den Tempel des Jupiter Capitolinus in Rom eingezogen wurde; und für die Diaspora war Rom das Volk, das den Tempel zerstört und den Verstreuten die Wallfahrt nach Jerusalem genommen hatte. Nimmt man hinzu, was über den allgemeinen geistigen Gegensatz zwischen Rom und Judäa gesagt worden ist, so wird begreiflich, daß die gesamte jüdische Welt in einen Paroxismus des Widerstandes ausbrach, als Rom seine Hand nach demjenigen Teil der Diaspora ausstreckte, der bislang von ihm verschont geblieben war.

Das geschah unter Trajan, der ein anderer Alexander sein wollte, dem aber dafür sowohl die Persönlichkeit wie die Idee fehlte. Im Jahre 114 begann er seinen Angriff auf Asien und besetzte im folgenden Jahre das nördliche Mesopotamien und das dicht mit Juden besiedelte Reich Adiabene. Schon hier stieß er auf den Widerstand der Juden. Er griff weiter nach Babylonien über, um hier erneut, insbesondere in den Provinzen Nisibis und Nehardea, auf Juden zu stoßen, für die der Widerstand gegen Rom den Charakter eines heiligen Kampfes trug. Sie riefen zum allgemeinen Aufstand auf. Im Rücken der römischen Truppen revoltiert Adiabene und zwingt Trajan, seine Eroberung von neuem zu beginnen. Er hat sie noch nicht beendet, da ist von Mesopotamien aus der Aufruhr schon übergesprungen nach Palästina, nach Ägypten, nach Libyen, nach der Cyrenaika und bis auf die Insel Cypern. Das geschieht mit einer unheimlichen Schnelligkeit und Präzision, so daß an einer einheitlichen Führung nicht zu zweifeln ist, mindestens nicht an einer völlig einheitlichen Grundstimmung. Aber im Rasen dieses Aufruhrs verliert sich plötzlich die Idee eines Freiheitskampfes gegen Rom, und es explodiert eine Welt von Haß und Rache und Abwehr und Verzweiflung gegen das ihnen Feindliche überhaupt, gegen das Heidentum schlechthin. Der ganze jüdische Orient tobt wie in letzten Todeszuckungen gegen Römer, Griechen und Hellenisierte. Eine unmenschliche und barbarische Schlächterei setzt ein, ein Morden von Stadtvierteln, Städten und Landschaften gegeneinander. Noch einmal besiegen die Juden ein römisches Heer unter dem Feldherrn Lupus. Sie machen die Stadt Salamis zu einem Trümmerhaufen. Sie sollen in der Cyrenaika und auf Cypern je über 100 000 Römer und Griechen erschlagen und Libyen so dezimiert haben, daß es von neuem besiedelt werden mußte.

In diesem sinnlosen und hoffnungslosen Aufstand wurde zum letztenmal sichtbar, wie tief sich die unaufhörlichen Angriffe einer Welt, die Angriffe von Ägyptern, Assyrern, Babyloniern, Persern, Griechen und Römern in die jüdische Volksseele mit dem fanatischen Willen zur Selbsterhaltung eingenistet hatten. Aber sie lieferten sich nur einen neuen Beweis, daß sie das Mittel der anderen: die Gewalt, nicht benützen durften. Trajan antwortete ihnen durch die Entsendung römischer Armeen nach Afrika und Asien. Die ägyptische Diaspora empfing ihren Todesstreich. Sie verkümmerte, nachdem die Soldaten des Martius Turbo ihre Arbeit dort verrichtet hatten. Auf Cypern blieb kein Jude am Leben. Lucius Quietus schlug den Aufstand in Asien mit zahllosen Opfern nieder (117).

Quietus ist im Begriff, auch Palästina zu unterdrücken. Da stirbt Trajan. Sofort versucht eine Reihe von Provinzen sich frei zu machen. Hadrian, der Nachfolger, sucht auf dem Wege der Verständigung und des scheinbaren Nachgebens zum Ziele zu kommen. Auch mit den Juden wird verhandelt. Er stellt ihnen den Wiederaufbau Jerusalems, die Wiederherstellung eines Tempels in Aussicht. Da strecken sie die Waffen. Aber Hadrian ist Römer. Er läßt den Bau der Stadt beginnen; doch ist bald ersichtlich, daß diese neue Stadt eine rein heidnische und keine jüdische werden soll. Es gährt im Volke. Die Erbitterung wächst. Im Jahre 131 kommt Hadrian selbst nach Palästina, und nun enthüllt er seine Absicht: das neue Jerusalem soll ein Zentrum römischer Kultur im Orient werden, zwar mit einem Tempel, aber mit einem Jupitertempel. Wie er das Land verlassen hat, tauchen sogleich im ganzen judäischen Gebiet bewaffnete Scharen auf. Sie greifen die römische Besatzung einzeln und in schwierigem Gelände an. Sie sind nicht zu fassen, weichen jeder Truppenverstärkung elastisch aus und reiben sie im Kleinkrieg auf.

Rabbi Akiba wird der geistige Leiter dieser Erhebung. Er organisiert überall, ist überall auf Reisen, bis nach Parthien hin. Jede Stadt mit Mauern, jeder Schlupfwinkel im Gebirge verwandelt sich in eine Festung. Es sind plötzlich in dem besiegten und entwaffneten Lande Waffen, Nahrungsmittel, Verbindungswege vorhanden. Von weit her aus der

Diaspora strömen kriegstaugliche Männer zum letzten Kampfe gegen Rom. Und neben dem geistigen Organisator steht plötzlich der militärische, durch die Autorität des Rabbi Akiba erwählt und vom Volke aufgenommen: Bar Kosiba, den das Volk den Sternensohn, Bar Kochba nennt. Seine Armee betrug nach jüdischen Quellen 400 000 Mann, nach Angabe des Dio Cassius sogar 580 000 Mann.

Bar Kochba schlägt los, ehe Rom noch den Umfang der Erhebung begriffen hatte. Der Feldherr Tinnius Rufus, ein Menschenschlächter, wird überrannt. Neue Verstärkungen können nichts aufhalten. Auch die Hilfe des syrischen Statthalters ist unwirksam. Binnen Jahresfrist hat Bar Kochba in Samaria und Judäa über 50 feste Plätze und 985 Ortschaften und Städte erobert, darunter Jerusalem.

Da muß Hadrian sich dazu entschließen, seinen größten Feldherrn, den Bezwinger Britanniens: Julius Severus, mit einer großen Armee nach Judäa zu entsenden. Severus wagt keine offene Schlacht. Er reibt unter unendlichen römischen Opfern nach und nach die einzelnen Abteilungen auf. Er braucht für dieses winzige Land drei und ein halbes Jahr Krieg und mehr als 50 Schlachten, um endlich den Führer Bar Kochba mit dem Rest seiner Mannschaft in Bethar einzuschließen. Ein volles Jahr belagert er die Festung. Sie fällt endlich durch den Verrat von Samaritanern im Jahre 135. Das Gemetzel, das der Sieger veranstaltet, ist selbst nach römischen Begriffen grauenhaft. Dio Cassius gibt die Zahl der Gefallenen auf über eine halbe Million an.

Ihre eigenen Verluste haben die Römer verschwiegen. Wie Hadrian dem Senat von der Beendigung dieses Krieges Nachricht gibt, wagt er nicht, die in solchem Falle traditionelle Formel zu gebrauchen: »Ich und das Heer befinden uns wohl.« Aber er wird zu Ehren dieses Sieges zum zweiten Mal zum Imperator ernannt.

Ein gewaltiger Auswanderungsstrom setzt ein. Das Land verödet zusehends. Der Rest versprengter Krieger wird in mählicher Arbeit aufgerieben. Aber auch gegen die, die nicht mehr Waffen tragen, führt Hadrian Krieg; Krieg im Sinne des Antiochus Epiphanes. Er erkennt sehr richtig, daß diese ewige Kampfbereitschaft der Juden nicht Ergebnis eines imperialistischen Machtwillens ist, sondern die Reaktion einer Idee auf feindliche Angriffe. Darum setzt er sich das Ziel, die Idee abzutöten. Er vollendet die heidnische Stadt Aelia Capitolina, mit einem Jupitertempel, mit Götterbildern, Theater und Zirkus, und besiedelt sie mit Römern, Griechen und Syrern. Den Juden wird die Ausübung ihres Kultes, insbesondere die Beschneidung, das Halten der Sabbatruhe und die Beschäftigung mit dem jüdischen Gesetz bei Todesstrafe verboten. Tinnius Rufus, ein unfähiger Feldherr, aber ein fähiger Menschenschinder, wird zur

Aufsicht bestellt. Seine Spitzel durchsetzen das ganze Land und führen zahllose Menschen zum Martertod, darunter Rabbi Akiba. In dieser Zeit fassen die jüdischen Gelehrten in geheimer Versammlung zu Lydda folgenden Beschluß: ein Jude darf – wenn auch nur zum Scheine – sein Judentum verleugnen, wenn es unter Bedrohung mit dem Tode von ihm verlangt wird. Aber in drei Fällen ist er verpflichtet, den Märtyrertod auf sich zu nehmen: wenn man Götzendienst, Unzucht oder Mord von ihm verlangt. Diesem Gesetz hat späterhin das Christentum durch Jahrhunderte zu einer schauerlichen Aktualität je und je verholfen.

Mit der Aufhebung der Hadrianischen Edikte durch seinen Nachfolger Antonius Pius setzt das jüdische Leben sofort mit dem gleichen Rhythmus wieder ein, den der Befreiungsversuch unterbrochen hatte. Sie waren zwar bereit, die Arbeit der geistigen Verankerung sofort zu unterbrechen, wie sich auch nur ein Schatten der Möglichkeit bot, die staatliche Wirklichkeit durch einen Aufstand wiederherzustellen; aber nach dem gescheiterten Versuch sind sofort wieder die verantwortlichen Führer da und nehmen das Geschick ihres Volkes in die Hände.

Der Süden des Landes, das ehemalige Judäa, war von den Juden verlassen. Soweit sie nicht ausgewandert waren, hatten sie sich im Norden, in Galiläa konzentriert. Dort finden sich auch die geflüchteten oder vertriebenen Lehrer und Gelehrten ein. In der galiläischen Stadt Uscha bilden sie ein neues Synhedrion und stellen das Patriarchat wieder her. So überragend ist die Autorität, die man dieser Institution freiwillig zuerkennt, daß die babylonischen Juden ihr eigenes Patriarchat, das sie sich während des Bar-Kochba-Krieges geschaffen hatten, auf Verlangen von Uscha ohne Widerspruch auflösen. Die Judenschaft Palästinas war zwar die geringste, aber sie wohnte in der historischen Heimat, und aus ihnen war die Regierung hervorgegangen. Sie respektierten diese Regierung fast noch mehr als früher ihre Könige. Die vergaßen sie überschnell. Nicht einmal in ihren Sagen verschwendeten sie einen Gedanken daran. Sie bewahren sich überhaupt mit einer leidenschaftlichen Unbedingtheit ihre selbständige Auffassung von dem, was sie unter Geschichte verstehen: den Versuch, ihre eigene Idee zu realisieren. Nur aus diesem Gesichtspunkt kann verstanden werden, daß sie nach dem Scheitern aller politischen und militärischen Aktionen sich nicht nur völlig auf ihr inneres geistiges Leben beschränken, sondern von den äußeren Vorgängen keine Notiz nehmen. Es ist sehr bedeutsam, daß von dieser Zeit an, vom II. Jahrhundert bis in das XI. Jahrhundert hinein, fast nichts an jüdisch-historischen Quellen vorhanden ist und selbst die Chronologie kümmerlich und unzuverlässig ist. Das beruht nicht darauf – wie manche Historiker meinen – daß sie nun plötzlich nicht mehr imstande gewesen wären, Geschichte zu schreiben, oder daß sie nichts mehr an äußerer Geschichte erlebt hätten. Sie hatten weit mehr als jedes andere Volk zu erleben. Aber sie entziehen sich geflissentlich der Kenntnisnahme der äußeren Vorgänge. Sie erledigen sie, ohne sie der Aufzeichnung für wert zu halten, einfach durch die praktische Unterordnung unter die jeweils gegebenen Verhältnisse. Ein Volk weigert sich hier, Geschichte zu notieren, die nicht seine eigene ist und die ihm von außen her diktiert und aufgezwungen wird.

Diese Idee läßt sich bis in jede Einzelheit verfolgen und leitet zu einer Gesetzmäßigkeit über: die jüdische Geschichte wird nach der endgültigen Vernichtung der Staatlichkeit von der jeweiligen Umgebung abhängig; aber die Gestaltung nach innen hin bleibt selbständig. Folglich treten in der jüdischen Geschichte fortan doppelte Zäsuren ein: materiell-geschichtliche und geistes-geschichtliche; äußere und innere. Sie fallen zuweilen zusammen, meistens aber nicht.

So setzt also die palästinensische Judenschaft ihre Linie der inneren Entwicklung gleichmäßig fort. Die äußeren Umstände lassen ihnen dafür 200 Jahre Ruhe. Sie benützen sie zur erneuten Ordnung und Prüfung der mündlichen Lehre. Die Tradition, nichts davon aufzuzeichnen, mußte aber der Unmöglichkeit weichen, diese Unsumme von Stoff dem Gedächtnis anzuvertrauen. Zu Beginn des III. Jahrhunderts faßt Jehuda ha Nassi, zugleich Patriarch, Vorsitzender der Synhedrions und Leiter der Akademie, alles Material zu einer großen Enzyklopädie zusammen, der bis auf uns gelangten Mischna. Sie war kein Gesetzbuch, sondern ein Sammelwerk, nicht Kodex, sondern Studienmaterial, das auch nicht mehr gültige Gesetze enthielt. Erst viel spätere Zeiten haben in dem Bestreben, sich immer mehr nach rückwärts zu verankern, diesem Werk kanonische Heiligkeit beigelegt.

In dem Maße, in dem das Gesetz den Juden Halt nach innen gab, wurden sie frei, die Vorgänge in der Welt zu betrachten und zu beurteilen. Dort herrschten chaotische Zustände. Schon jetzt standen drei Glaubensformen deutlich nebeneinander: Judentum, Heidentum und Christentum. Während das Judentum sich abgrenzte und immer restriktiver wurde, zerflatterten Heidentum und Christentum in eine Unzahl von Richtungen, Kulten, Sekten. In Rom begann schon mit Commodus der Verfall der kaiserlichen Autorität, und immer erneut bringen die Legionen ihre Männer zur Herrschaft. Damit wird allen heidnischen Kulten des Orients ein Weg nach Rom geöffnet. Alle Mischformen des Heidentums gelangen da zur Entfaltung, so wie auf dem Boden des jungen Christentums zahlreiche Sekten entstanden. In der Zwischenschicht aller drei Glaubensformen standen die Gnostiker, Menschen stärkster religiöser Unruhe aus allen drei Religionswelten, die das Wesen Gottes und seiner Beziehung zu

Welt und Dasein ergründen wollten und denen es – so nahe den heidnischen Kulten – nicht anders gelingen wollte als durch das Zerbrechen des einheitlichen Gottesbegriffes in einen Dualismus. Aber Christentum und Heidentum hatten auf dieser Stufe der Entwicklung eines gemeinsam, was ihre spätere Annäherung und Verschmelzung begünstigte: den religiösen Synkretismus. Einstweilen befeindeten sie sich noch, bis durch den Übertritt eines einzelnen Menschen, des Kaisers Constantin, dem jungen Christentum ein Danaergeschenk von schicksalhaftem Ausmaß zufiel: die staatliche Gewalt.

Für die Juden standen die heiden-christlichen Sekten von allem Anfang an außerhalb ihrer Interessen und ihrer Gesetzgebung. Nur die Juden-Christen, die Minäer (Ketzer) konnten sie aus ihren Reihen ausschließen und sie mit einer Gebetsformel verwünschen, da sie sich nach Art der Renegaten gern als Angeber für die Spione des Hadrian hergaben. Aber auch ohne eigenes Dazutun riß die Kluft zwischen Judentum und Christentum immer weiter auf. Die synoptischen Evangelien (Markus, Matthäus, Lukas) hatten die Erbschaft des Paulus angetreten, und in dem »Brief an die Hebräer«, der zu Beginn des 2. Jahrhunderts in Italien entstand, kam die neue Note in die Auseinandersetzung hinein: die Polemik.

Das junge Christentum brauchte Bestätigung, folglich die Polemik; und da es sich in einer Welt des Aberglaubens durchsetzen wollte, erhob es auch gegen das theophorische Volk den Anwurf, sein Glaube sei ein Aberglaube. (Hier zieht die Kulturgeschichte eine Grimasse.) Es waren gerade die Juden, die dem Christentum die Vermenschlichung der Gottheit als Gotteslästerung und als Vernichtung des reinen Monotheismus vorwerfen konnten. Aber die polemische Tendenz des Christentums war schon deswegen natürlich, weil nicht nur die starke Anziehungskraft des Judentums für den unverbildeten, gefühlsmäßig-religiös eingestellten Menschen immer wieder in Übertritten zum Judentum ersichtlich wurde, sondern auch deswegen, weil das Christentum zur Ausbildung seines Kultes gar keine andere Möglichkeit hatte, als auf das Judentum zurückzugreifen. Wie Taufe und Abendmahl in ihrem Ursprung jüdisch sind, so werden auch die Gebete und Feste, die Gemeindeeinrichtungen und die Erziehungsmethoden des Christentums vom jüdischen Brauch abgeleitet und teils einfach – bis zur wörtlichen und sachlichen Nachahmung – übernommen. Dennoch predigten sie: »Wir sollen keinerlei Verkehr mit diesen Leuten pflegen, damit wir uns ihnen nicht angleichen ...« Aber die apostolischen Väter predigen ein schwach variiertes Judentum, und ihre Moral ist die des Alten Testamentes.

Aus der Polemik erwuchs die Diskussion. Aber dabei geriet das Christentum in eine gefährliche Situation; und noch Jahrhunderte hindurch, fast ein Jahrtausend lang, als an Stelle der christlichen Religion längst die christliche Kirche regierte, hat ihre Gesetzgebung sich immer wieder diesen Punkt herausgegriffen, um durch das Verbot jeder Diskussion zwischen Juden und christlichen Laien ihre immer gefährdete Position zu verteidigen. Denn die Diskussion ging um das Dogma, und das Dogma war überaus verletzlich, besonders deswegen, weil das Christentum für seine Dogmen unter allen Umständen einen Beweis haben wollte, ob es nun für das Amt Jesu war oder die heilige Dreieinigkeit. Diesen Beweis konnten sie nur aus den jüdischen Schriften führen, und das war ohne eine Reihe gewaltsamer und falscher Auslegungen nicht möglich. Gerade das machte die Diskussionen mit Juden schwer und wenig erfreulich.

Übrigens hatte das halachische Judentum, das wir das offizielle nennen können, mit solchen Diskussionen nichts zu schaffen. Das war Sache des haggadischen, des inoffiziellen Judentums. Sein typischer Vertreter war der Darschan, der Wanderprediger, dessen Wirken das religiöse Bewußtsein des Volkes ordnete und lebendig erhielt.

Es kam dann der Augenblick, in dem solche Diskussionen zwar nicht ihre Bedeutung verloren, in dem aber das Christentum ein wirksames Mittel in die Hand bekam, sie jeweils zu ihren Gunsten zu entscheiden: die Staatsgewalt, das Gesetz, das Schwert. Um das »Reich nicht von dieser Welt« herbeizuführen, verschmähte das Christentum keine Mittel dieser Welt. Es gelang ihm auch, den Juden die historische Heimat zu rauben und die schöpferische Bedeutung dieser Heimat für das Gesamtjudentum auf Jahrhunderte hinaus zu vernichten.

Christliche Politik

Bis zum Beginn des 4. Jahrhunderts der heutigen Zeitrechnung nahmen das Judentum und das Christentum im Verband des römischen Staates eine durchaus verschiedene Stellung ein. Hinter dem Judentum stand ein einheitliches Volk, eine anerkannte Nation, dessen Religion eine religio licita, ein erlaubtes Bekenntnis war. Der Patriarch in Judäa war das von Rom anerkannte Oberhaupt aller Juden des römischen Reiches. Das Christentum hingegen gehörte zu den verbotenen Sekten, sein Kult zu den unerlaubten, geheimen Kulten. Der Übertritt von Heiden zu dieser Sekte war im rechtlichen Sinn Abfall von der geltenden Staatsreligion und wurde zeitweise auch als solcher bestraft.

Der Übertritt des römischen Kaisers Konstantin (312–337) zum Christentum veränderte die Lage insofern, als nun das Christentum Staatsreligion wurde, entsprechend dem Grundsatz: cujus regio ejus religio; der Herrscher bestimmt die Religion seiner Nation. Mit diesem Staatsakt gab es plötzlich Hunderttausende von Christen; ein Ergebnis, das dem Judentum hätte gleichgültig sein können, wenn es Konstantin gelungen wäre, seine Ideen und Zwecke zu verwirklichen. Soweit sein Übertritt zum Christentum nicht persönliche Zuneigung war, waren es Staatsinteressen, die ihn dabei leiteten, nämlich die Möglichkeit, sich in dem Kampfe gegen seine Mitregenten auf den christlichen Teil seines Heeres stützen zu können. Welche Abmachungen hier vorlagen, ist unklar; daß sie vorlagen, ist psychologische Notwendigkeit. Noch im Edikt von Mailand (313) bestätigt er allen Bürgern des römischen Reichs die Gewissensfreiheit. Zwei Jahre später war sie für die Juden aufgehoben. Er hat die ursprüngliche

Idee, Judentum und Christentum gleichzustellen, aufgeben müssen. Er hat in seiner Haltung gegen die Juden lange geschwankt, um gegen Ende seiner Regierung entschieden gegen sie Stellung zu nehmen, ohne daß sie in ihren Verpflichtungen als römische Bürger gegen ihn, den Kaiser, im geringsten fehlten.

Das stellt klar, daß er sich dem Christentum gegenüber verpflichtet hatte: Waffenhilfe gegen Religionshilfe. Er begab sich damit in Abhängigkeit von den Repräsentanten des Christentums, der Geistlichkeit. Die Entstehung von Legenden um seinen Übertritt ist nicht zufällig. Sie müssen sehr oft dazu dienen, die schwache Begründung eines Vorganges zu stärken.

Für die jüdische Geschichte interessiert nicht Konstantins Wechsel des Glaubens, sondern der Wechsel seiner Haltung gegenüber dem Judentum. Als er noch Heide war, respektierte er andere Religionen. Als er Christ geworden war, verfolgte er sie aus keinem anderen Grunde als dem, daß sie etwas anderes glaubten als er. In diesem Verhalten liegt nicht der freie Wille, sondern der Zwang, den die christliche Geistlichkeit auf ihn ausübte. Die Gewissensfreiheit, die er zur Grundlage seines Reiches machen wollte, lag nicht im Sinne des christlichen Klerus. Die Möglichkeiten, die in der plötzlichen Erhebung einer Sekte zur Staatsreligion lagen, mußten ausgenützt werden. Es konnte dem Klerus nicht genügen, jetzt nur gleichberechtigt mit dem Judentum zu sein. Der stille und der offene Kampf, den er seit seiner Herausbildung gegen das Judentum geführt hatte, mußte jetzt zu Ende geführt werden. Nichts war einfacher, als sich dafür der staatlichen Mittel zu bedienen. Sie nahmen damit dieselbe Stellung der Macht und der Unduldsamkeit ein, die ihre Vorgänger, die heidnisch-römischen Priester, in der Verteidigung des Staatskultes und ihrer eigenen Machtposition betätigten. Sofort mit dem Beginn der Staatlichkeit des Christentums setzt die Gegnerschaft des Klerus mit einem Elan ein, der aus religiösem Fanatismus allein nicht zu verstehen ist, sondern eher aus der Nachfolgerschaft der römischen Staatspriester. Die noch gestern verfolgte Sekte beginnt als Staatsreligion sofort mit Intoleranz und Verfolgungen. Zur praktischen Erweisung ihres religiösen Gehaltes fühlt sie sich einstweilen nicht veranlaßt.

Schon die Sprache seiner Edikte ist voll Anmaßung und hemmungsloser Beschimpfung. Gleich die erste Konstantinische Kundgebung gegen das Judentum, das Edikt von 315, trägt die Sprache der christlichen Polemik und enthüllt den Sinn, aus dem heraus sie sich der Staatshilfe bedient: den Juden, dieser »schändlichen Sekte«, wird verboten, ihre Sklaven durch die Beschneidung dem Judentum zuzuführen, und ferner –

unter Verletzung ihrer autonomen Rechte – über ihre eigenen Volksgenossen Strafen wegen Abfall vom Judentum zu verhängen.

Diese Maßnahmen tragen einstweilen einen ausschließlich religionspolitischen Charakter, und sie sind auch nur von da aus zu begreifen. Der überwiegenden Mehrzahl der Christen war die neue Religion schließlich durch einen Staatsakt zugeführt, der mit einer persönlichen Bekehrung nichts zu tun hatte. Sie alle binnen kurzer Zeit zu bekehren, war unmöglich, zumal einstweilen für die neue Religion viel dringendere Aufgaben zu erledigen waren. Eine Rechtsbeschränkung der Juden verminderte also die Gefahrenquelle, die sowohl in der Unzuverlässigkeit der neuen Christen lag als auch insbesondere in der inneren Spaltung und Zerrissenheit. Indem das Konzil zu Nicäa (325) sich bemühte, hier Ordnung zu schaffen und die Dogmen, die fortan für das Christentum zu gelten hatten, einheitlich festzulegen, wurde zugleich die Abgrenzung zwischen Juden und Christen verschärft. Das Osterfest, das die asiatischen Gemeinden bislang mit dem jüdischen Passah gleichzeitig feierten – was logisch war, wenn man sich an die Evangelien hielt – bekam seine eigene Datierung. Dabei interessiert weniger das Faktum als die Begründung: »Unwürdig wäre es, daß wir bei diesem heiligen Fest den Sitten der Juden folgten, die ihre Hände mit dem ungeheuerlichsten Verbrechen befleckten und geistig blind blieben...«

Das Konzil zu Laodicea fügt der rituellen Abgrenzung die persönliche hinzu. Es untersagt dem Christen, mit dem Juden gemeinsame Mahlzeiten einzunehmen, seine Feste mitzufeiern, an seinen Riten, besonders an seinem Sabbat teilzunehmen. Das Christentum mußte sich konsolidieren und brauchte den Abschluß seiner Gläubigen, um eine Annäherung an das Judentum, die nach wie vor im gleichen Umfange wie früher fortbestand, nach Möglichkeit zu verhindern. Aber es begnügte sich nicht mit der Abgrenzung. Die Macht, die ihm zugefallen war, hypertrophierte sofort. Was gestern Religion war und um Seelen warb, ist heute Kirche und treibt Politik. Das Gesetz von 339, unter Constantius erlassen, verhängt die Todesstrafe oder Verbannung über den Juden, der seine Sklaven zum Judentum bekehrt und damit dem Christentum Abbruch tut. Der Erwerb christlicher Sklaven wird den Juden verwehrt, mit der Begründung, ein Christ dürfe nicht unter der Autorität eines Juden stehen. Mischehen zwischen Juden und Christen werden gleichfalls unter Strafe gestellt. Das Gesetz von 357 formuliert: »Sollte jemand noch nach Veröffentlichung dieses Gesetzes aus einem Christen zu einem Juden werden, sich nachweislich ihren gotteslästerlichen Versammlungen anschließen, so befehlen wir, sein gesamtes Vermögen zu Gunsten des Staatsschatzes einzuziehen.«

Die christliche Politik bekommt hier also schon eine besondere psychologische Note: die Verächtlichmachung des anderen, des Gegners; die Tendenz, über die Andersartigkeit hinaus Haß zu erzeugen und sich dieses Hasses als eines weiteren Instrumentes der Machtausübung zu bedienen. Die christlichen Pilger, die jetzt systematisch nach Jerusalem hin gelenkt werden, gehen nicht nur dorthin, um zu beten, sondern auch – unter der Führung und dem Einfluß ihrer geistlichen Leiter – um Exzesse gegen die Juden zu verüben. Der Respekt vor anderem religiösen Empfinden ist so gering, daß man den Juden zwar die Erlaubnis gibt, an dem schicksalschwersten Tage ihrer Geschichte, dem 9. Ab, in Jerusalem zu beten, daß man sie aber für dieses Privileg bezahlen läßt. Da triumphiert der heilige Hieronymus: »Noch sind ihre Augen voll Tränen, noch zittern ihre Hände und ihre Haare sind zerzaust, und schon fordert ihnen die Wache den Lohn ab für die Erlaubnis, weiter Tränen zu vergießen...«

Immer, wenn Gruppen ohne Verdienst und gleichsam über Nacht zum Regiment gelangen, verfallen sie zunächst der Haltung des Parvenue.

Es ist verständlich, daß das Christentum seine Angriffe gegen die Juden zunächst auf Palästina konzentrierte. Dieses Land beanspruchte es als sein »Heiliges Land«. Juden und jüdische Institutionen waren daher nach Möglichkeit auszurotten. Unter Constantius, der für seinen persischen Feldzug eine Heeresabteilung in Palästina einquartierte, preßten die Unterdrückungen und Chikanen doch noch einmal die letzten Energien zu einem Aufstand zusammen, bei dem viele Tausende von Juden den Tod fanden. Das Patriarchat erfährt eine Einschränkung nach der anderen. Die Hadrianischen Edikte werden erneuert. Es hilft nichts, daß Julian, dem die Kirche wegen seiner Hochachtung vor jeder Form des Glaubens den gehässigen Beinamen des Abtrünnigen, Apostata, gab, den Juden die Wiedererrichtung ihres Tempels versprach; es half auch nichts, daß Theodosius I. sich auf den Rechtsstandpunkt stellte, das Judentum müsse nach wie vor als erlaubte Religion behandelt werden. Die christliche Geistlichkeit zwang ihn, umzulernen und sich ihrem Willen zu fügen, daß es ein gottgefälliges Werk sei, Synagogen zu zerstören. Sie bekamen endlich, als durch die Spaltung des römischen Reiches Palästina unter die Botmäßigkeit von Byzanz kam (395), freiere Hand. »Das Himmelreich wird durch Gewalt erschlossen, und die Gewalt gebrauchen, reißen es an sich.« (Matth. 11, 12.) Nach diesem Grundsatz diktieren sie die Gesetzgebung der christlichen Herrscher. Als Theodosius II. dekretierte, daß zerstörte oder durch Gewalt in Kirchen verwandelte Synagogen wiederherzustellen und gestohlenes Kultgerät zu ersetzen sei, erhob sich leidenschaftlicher Protest. »Eine große Trauer ergriff darauf alle Christen.« Theodosius mußte das Dekret zurücknehmen. Es blieb bei der früheren Fassung, daß beschädigte Synagogen repariert, aber zerstörte nicht wieder aufgebaut werden dürften. Gelang es dem von der Geistlichkeit fanatisierten Pöbel also, eine Synagoge gänzlich zu zerstören, so hatte es dabei sein Bewenden.

Neben der Zerstörung von Kultstätten galt das Interesse der Geistlichkeit vor allem der Zerstörung des jüdischen Verwaltungszentrums. Alle Gesetze zielen darauf ab, dem jüdischen Patriarchat nach und nach jede Autorität zu nehmen. Durch die Gesetzgebung vom Jahre 429 wird dann auch praktisch seine Bedeutungslosigkeit herbeigeführt. Damit war zwar das geistige Leben noch nicht völlig erdrosselt, aber es verliert doch unter den unaufhörlichen Angriffen des Christentums seinen wissenschaftlichen Charakter. Noch langte die Kraft dazu, die Ergänzungen zur Mischna zu einem Sammelwerk (Tosephta) zu vereinigen. Selbst das, was an Deutungen und Erläuterungen zur Mischna entstand, wurde aus der Sorge, es könne in Vergessenheit geraten, kodifiziert. (Gemara.) Der Zusammenschluß von Mischna und Gemara ist der Talmud, und zwar der palästinensische, von dem aber nur die ersten vier Teile erhalten sind.

So wichtig diese Arbeiten für die späteren Jahrhunderte waren, so stellten sie doch nicht das eigentliche geistige Leben der Zeit dar. Diese Zeit litt Not. Für die Juden Palästinas war schon das Mittelalter angebrochen. Ihr geistiges Leben mußte sich also in intimere Bezirke zurückziehen, die nicht so sehr den Angriffen ausgesetzt waren. Aus der Akademie verschiebt sich das Zentrum in die Synagoge. Dort wird nicht nur gebetet, sondern auch gepredigt und damit gelehrt. Die Synagogen bekommen die Nebenbezeichnung Beth ha-midrasch, Haus der Predigt. Diese Predigten, Midraschim, legen die heiligen Schriften aus, erklären sie mit Sinnbildern, Legenden, Vergleichen, schmücken sie aus, versehen sie jeweils mit den Notwendigkeiten und Bedürfnissen der Volksseele, sei es durch Nutzanwendungen, durch politische Anspielungen, durch Polemiken oder tröstliche Erdichtungen über künftige messianische Zeiten. Von diesem Midraschim haben sich verschiedene Sammlungen bis heute erhalten. Ihre Wirksamkeit für die damalige Zeit belegt nichts sinnfälliger als die Tatsache, daß die christliche Literatur für ihre Propaganda diese Art nachahmte, teils einfach kopierte.

Im Bezirk der Midraschim schuf das Volk sich eine Ausweichstelle für den äußeren Druck, der immer härter und systematischer wurde. Aber auch dieser Bezirk blieb nicht unangetastet. Besonders der Kaiser Justinian, ein eifriger Kirchenpolitiker, der sich die Ausrottung aller »falschen« Religionen zum Ziel gemacht hatte, sah in dem Rest des religiösen Lebens der Juden eine Gefahr für das Christentum. Er mußte die Erfahrung machen, daß überall da, wo Heiden oder christliche Sekten der Staatsreligion Widerstand leisteten, sie ihre moralische und geistige Unterstützung von Juden und von jüdischen Gedanken empfingen. Das zu unterbinden, boten sich zwei Wege: die Verächtlichmachung der Juden, um ihren Argumenten die Autorität zu nehmen, und die Knebelung ihrer religiösen Betätigung, um sie geistig abzutöten. Zu diesem Zwecke wird eine ganze Serie von Gesetzen erlassen. Eines der ersten – das Dekret von 537 – schließt die Juden von Staatsämtern aus, legt ihnen aber die Pflicht auf, an den städtischen Verwaltungen, also bei unbezahlten und sehr verpflichtenden Ämtern, mitzuwirken. Die Motivierung ist ganz ungeschminkt: »Mögen diese Leute die ganze Last der städtischen Verwaltung tragen und unter ihrer Bürde stöhnen, nur dürfen sie hierbei keinerlei Ehren genießen...«

Zur geistigen Knebelung wird auf frühere, bewährte Mittel zurückgegriffen. Den Juden wird vorgeschrieben, sich bei den öffentlichen Vorlesungen der Thora in der Fassung der Septuaginta zu bedienen, jener Fassung also, die von der christlichen Propaganda schon entsprechend bearbeitet war. Vor allem aber verbot er die Ergänzung des Gottesdienstes durch Predigten und Auslegungen. Der Sinn ist klar.

Diese unaufhörlichen Bemühungen erreichen ihren Zweck. Das geistige Leben der Juden in Palästina verkümmert. Sie haben keine geistigen Waffen mehr, sind also machtlos. Aber die Machtlosen konnte das Christentum noch ungestörter knebeln. Es schuf sich damit den Beweis, den es seinen Anhängern gegenüber brauchte: daß Gott die Juden für ihre hartnäckige Ablehnung Jesu gestraft habe. Schon hier beginnt und unterhält die Kirche ein Verfahren, das sie Jahrhunderte hindurch fortgesetzt hat: sie schafft mit ihren überlegenen staatlichen Machtmitteln Ausnahmezustände und erniedrigende Bedingungen für die Juden, um sich dann dieser von ihr selbst geschaffenen Bedingungen und Zustände als eines Beweises gegen die Juden zu bedienen; ein Verfahren von ungewöhnlicher Methodik.

Daß solches Verfahren selbst in den bedrückten Juden Palästinas ein Unmaß von Verbitterung und Haß anhäufen mußte, wird zu verstehen sein. Es kam zum Ausbruch, als zu Beginn des 7. Jahrhunderts die Perser ihren Kampf gegen Byzanz nach Palästina vortrugen. Von allen Seiten stoßen bewaffnete Juden zum persischen Heer. Sie erhalten das Versprechen, daß ihnen Jerusalem zurückgegeben werde. Das spornt sie zu besonderen Leistungen an. Mit ihrer Hilfe gelingt (614) die Einnahme Jerusalems. An dem Blutbad, das die Perser unter den Christen veranstalteten, beteiligten sich auch die Juden mit der Wut derer, die sich für die Knechtung dreier Jahrhunderte rächen wollen.

Die Herrschaft der Perser in Palästina dauerte 14 Jahre, ohne daß sie den Juden die geringste Erfüllung der gegebenen Versprechen brachte. Sie waren also sehr bereit, mit dem Kaiser Heraklius zu verhandeln, als dieser sich zur Wiedereroberung Palästinas anschickte. Für die Aufgabe ihres Widerstandes sagte er ihnen verschiedene Begünstigungen zu und beschwor ihnen vor allen Dingen für den Fall seines Sieges Straffreiheit für alles, was in dem vorangegangenen Kampfe geschehen war. Als er aber in Jerusalem einziehen konnte (629), bestürmte ihn sofort die Geistlichkeit, sich an den Juden zu rächen. Heraklius wies darauf hin, daß er durch ein Gelübde gebunden sei. Die Geistlichkeit erklärte sich bereit, ihn von diesem Gelübde zu entbinden. Sie legte ihm dafür als Buße auf, in der ersten Woche der großen Fasten nicht nur kein Fleisch, sondern auch keinen Fisch und keine Eier zu genießen. (Die ägyptischen Kopten haben dieses »Fasten des Heraklius« noch bis zum 10. Jahrhundert gehalten.) Nach dieser Vorbereitung begann in ganz Palästina ein großes Gemetzel unter den Juden, verbunden mit zwangsweiser Bekehrung zum Christentum.

So schafft sich der Glaube durch Enthaltsamkeit die Legitimation zum Mord.

Erst mit dem Jahre 638, als der Kalif Omar Palästina besetzte, wurde es für einige Jahrhunderte von der christlichen Herrschaft befreit. Aber auch ohne diese Ablösung der Gewalten kam das Christentum nicht zu seinem Ziele: der Vernichtung des Judentums. Für das zerstörte geistige Zentrum in Palästina hatte sich längst ein anderes geöffnet, das die Tradition der nationalen Selbstverwaltung fortführte und – keinem christlichen Einfluß erreichbar – das geistige Schöpfertum einer neuen Blüte zuführen konnte: Babylonien.

Der Talmud

Zum zweiten und entscheidenden Mal in der Geschichte des Judentums entfaltet die babylonische Judenschaft nach der Zerstörung des Nationalstaates durch Rom und der Vernichtung des palästinischen Zentrums durch die christliche Kirche ihre Funktion als Erhalterin des Volkskörpers und der Volkskultur. Daß in der Zerstreuung die erhaltenden Energien aufgespeichert liegen, mag man mit politischen und wirtschaftlichen Argumenten verständlich machen; es bleibt dennoch Schicksal.

Babylonien war von den großen Entscheidungskämpfen des Orients im wesentlichen unberührt geblieben. Die jüdische Kolonie blieb intakt, obgleich sie – von der Rückkehr der Deportierten nach Jerusalem bis zur Zerstörung des Staates – keine eigentliche Entwicklung aufzuweisen hatte. Es genügte schon, daß sie von der sie umgebenden Mischkultur unbeeinflußt blieb und daß sie die politischen Auseinandersetzungen mit der Umgebung durch ihre kompakte Masse, gestärkt durch ihre wirtschaftliche Unentbehrlichkeit, ohne Schaden überstand. Sie war in ihrer politischen Ausgestaltung weitgehend autonom und hatte sich in dem Exilarchen, dem Exilsfürsten aus Dawidischem Geschlecht, die Repräsentation ihrer Selbständigkeit erhalten.

Zu zwei Malen, nach der Zerstörung Jerusalems und nach dem unglücklichen Ausgang des Barkochba-Aufstandes, empfing die babylonische Kolonie durch die Flüchtlinge aus Palästina eine sehr wichtige Vermehrung sowohl an Zahl als auch an geistiger Energie. Sie hatte immer schon – wie alle andern Länder der Diaspora – Palästina durch allen

Wechsel der politischen und staatlichen Zustände als Heimat und als das richtunggebende Zentrum betrachtet. Der Austausch von Gelehrten war an der Tagesordnung. Das war selbstverständlich, denn es gab kein Land der Diaspora, in welchem die Juden nicht für die Befriedigung ihrer geistigen Bedürfnisse Hochschulen oder sonstige, den gleichen Zwecken dienende Lehranstalten gehabt hätten. (Dieser Zustand hat angedauert, bis die westeuropäische Gesetzgebung den Juden die bürgerliche Freiheit brachte.)

Schon zu Beginn des 3. Jahrhunderts hatte Babylonien bedeutende Hochschulen. Die zu Sura war eine getreue Fortsetzung der palästinischen Lehrtradition. An ihr wirkte Abba Aricha, der in Palästina ausgebildet war und von dorther den Text der Mischna, die Grundlage des babylonischen Talmuds, mitgebracht hatte. Auch Nahardea war ein bedeutendes Lehrzentrum. Als letzte und wichtigste entstand die Hochschule in Pumbadita, der die Hegemonie und die entscheidenden schöpferischen Leistungen zufielen.

Unter diesen Umständen konnte Babylonien vornehmlich der Ort werden, an welchem zu erweisen war, ob das Judentum in seinen nationalen und religiösen Eigenschaften trotz Vernichtung seiner staatlichen Existenz weiterhin bestehen könne. Diese Aufgabe wurde gelöst, und zwar in einem doppelten Sinne: sowohl für die babylonische Kolonie als solche als auch für die Weltjudenheit; für die babylonische Kolonie durch das Bestehen der Kämpfe mit dem Parsismus und dem Islam, und für die Weltjudenheit durch die Abfassung – oder richtiger: durch die Zusammenstellung des babylonischen Talmud.

In Babylonien war der Parsismus Staatsreligion. Seine Repräsentanten waren die Magier. Nach der Ablösung der Asarcidenherrschaft durch das altpersische Geschlecht der Sassaniden versuchten auch sie, gleich den Klerikern des römischen Reiches, zugunsten ihrer Machtposition und aus den Mitteln ihrer Machtposition die einzelnen Nationen ihres Staates das glauben zu machen, was sie bisher nicht glaubten. Das führte in der zweiten Hälfte des V. Jahrhunderts zu Reibungen, Aufständen und blutigen Verfolgungen, vor denen viele Juden nach Indien und Arabien auswichen. Aber auf die Länge erwies sich die materielle und geistige Energie der babylonischen Juden als stärker als der Parsismus. Sie konnten sich behaupten, bis der Islam das Land eroberte und die geistige und politische Atmosphäre beeinflußte. Die Begegnung mit dem Islam konnte – aus Gründen, die später zu erörtern sind – für das Judentum sogar produktiv werden, ein Vorgang, der sich in keiner Begegnung zwischen Judentum und Christentum nachweisen läßt.

Daß hier in Babylonien – über die Selbsterhaltung hinaus – die Abfassung des Talmud möglich wurde, liegt nicht etwa in einer besonderen geistigen Verfassung der babylonischen Juden begründet, sondern ausschließlich in dem Umstand, daß sie seit einem Jahrtausend nach jeder Richtung hin Traditionsträger sein konnten. Sie hatten ihre nationale und geistige Absonderung nie aufgegeben. Sie hatten nach außen hin nur diejenigen Konzessionen gemacht, die für ihre wirtschaftliche Betätigung und für den reibungslosen Ablauf ihrer Existenz unbedingt notwendig waren. Darunter war allerdings ein Zugeständnis von weittragender Bedeutung: die von Samuel Jarchinai im 3. Jahrhundert aufgestellte Grundregel: Dina de' malchuta dina, das Gesetz des (jeweiligen) Landes ist (gültiges) Gesetz. Dieser Grundsatz bezog sich auf alles, was nicht die Religion anging, und schaffte für die über die ganze Welt zerstreute Judenheit eine klare und einheitliche Einstellung zur Obrigkeit.

Nach innen hin – wie gesagt – blieben sie Traditionsträger, und zwar auf der gleichen Stufe, die ihnen durch die Umlagerung aller Funktionen als Folge der babylonischen Deportation vorgezeichnet war. Das bedeutete praktisch, daß sie sich sehr betont als nationale Einheit fühlten und sich auch als nationale Einheit organisierten. Der religiöse Bestand wird zwar nicht geringer und durchsetzt nach wie vor das ganze Leben des babylonischen Juden und jede seiner Lebensfunktionen; aber er muß den größten Teil seiner schöpferischen Kraft an die Arterhaltung abgeben, an die Regelung des Alltags. Das Gesetz, das in der jüdischen Theokratie seinem Ursprung nach Mittel zur Verwirklichung eben dieser Theokratie war, wird allmählich Mittel zur Regulierung eines Volkslebens. Die Gesetze bleiben dem Wesen nach religiöse Gesetze; aber sie werden der Wirkung nach staatliche Gesetze. Aus dieser Doppelschichtigkeit von Ursprung und Nutzanwendung erwächst ein seltsames Zwischenreich, wie es die Kulturgeschichte keines Volkes aufzuweisen hat: das Studium des Gesetzes als Selbstzweck; das Forschen in der Religion mit dem Ergebnis, daß theoretische Gesetze für das Alltagsleben eines Volkskörpers daraus erwachsen; die Einordnung bestimmter Lebensfunktionen unter das Gesetz, und zwar nicht nach gesetzlichen, sondern nach religiösen Gesichtspunkten. Und da schließlich alles, was die tausendfältigen Lebensbeziehungen dieses Volkes mit seiner ausgedehnten wirtschaftlichen und sozialen Tätigkeit regulierte, im letzten Ursprung auf das Wort oder den Sinn der Thora zurückgeführt wurde, gab es weder profane noch triviale Gesetze. Noch das Einfachste und Alltäglichste, noch das Nüchternste und Skurrilste trug den Schimmer der verpflichtenden Heiligkeit.

Eine solche geistige Situation ergab zwangsläufig den ständigen Machtzuwachs, den die Vorsteher der Akademien, die Rosche metibta, erfuhren. Sie bestimmten schließlich, was Gesetz sei, und damit brachten sie den

Exilsfürsten, den Rosch gola, in Abhängigkeit von sich. Hieraus erwächst ein Kampf zwischen der geistlichen und der weltlichen Macht, der in gewisser Weise seine Parallele im Kampfe des Papsttums gegen das Kaisertum des Mittelalters findet. Der Kampf endet damit, daß der Exilarch ein pompöses, prunkhaftes Dekorationsstück wird, während die Leiter der Akademie dem Volke und darüber hinaus der gesamten Judenschaft Anweisungen für ihre Lebensführung gaben.

Denn mit einer Selbstverständlichkeit, die nur eine jüdische Auffassung von Tradition und Disziplin zuwege bringen kann, erkannten die Juden der ganzen Welt die Akademien in Babylonien als das autoritative Zentrum der jüdischen Welt an. Was dort als Gesetz erlassen wurde, war für sie verpflichtend. Dorthin richteten sie ihre Anfragen, wenn irgendeine Vorschrift ihnen unverständlich war oder wenn neue Lebensverhältnisse sich ihrer Auffassung nach nicht zweifelsfrei unter ein Gesetz subsumieren ließen. Die Antworten der Akademien, gaonäische Responsen genannt, bekamen Weltbedeutung.

Die Tätigkeit der babylonischen Akademien muß als eine ungewöhnlich intensive gedacht werden, denn sie hatten Lebensbeziehungen zu regeln, die keineswegs primitiv waren, sondern schon so entwickelt, daß zwischen damals und heute nur ein gradueller, aber kein prinzipieller Unterschied besteht. Die wirtschaftliche Gliederung war schon vollendet und reichte vom Geldgeber, der nur noch sein Kapital arbeiten ließ, bis zum Bettler, der durch die Stadt zog und Almosen *einforderte*. Der Ackerbau war so hoch entwickelt, daß er die Grundlage für den Handel abgeben konnte. Handwerke waren weitgehend ausgebildet, und es galt als ehrenvoll für einen Gelehrten, ein Handwerk neben seiner Gelehrsamkeit und als ihre materielle Grundlage zu betreiben. Aber durch alle Schichten des Volkes zog sich gleichmäßig und einheitlich der Drang nach geistiger Betätigung. Die Aristokratie bestimmte sich nach der Gelehrtentradition der Familien, nicht nach dem Besitz oder nach dem Stamm. Lernen, lernen dürfen war die noblesse oblige eines jeden, dem der Existenzkampf dafür nur die geringste Zeit ließ. Daß für die Kinder schon vom 5. oder 6. Lebensjahr an Schulzwang bestand, war selbstverständlich. Das Kind war schon immer ein Gegenstand der Liebe im jüdischen Empfinden, nicht zuletzt deswegen, weil es die Fortsetzung der Nation und damit die Erfüllung der Verheißung garantierte. Nun die Verheißung durch den Untergang des Staates wesentlich in die geistige Zone gerückt war, wurden die Kinder zum Inbegriff der geistigen Zukunft. Es geht ein tiefer Spruch aus jener Zeit: »Tagtäglich sendet Gott seine Engel aus, um die Welt zu zerstören. Doch ein einziger Blick Gottes auf die Schulkinder und die Gelehrten genügt, um seinen Zorn in Erbarmen zu verwandeln.«

Ein solcher Kult des Lernens und der Gelehrsamkeit mußte natürlich mehr Ergebnisse zeitigen, als das Leben für seine Regulierung verbrauchen konnte. Es ergab sich ein Überschuß, der nirgends verankert war als allein in den Gehirnen, der mit dem Leben keinen Zusammenhang hatte, der auch nicht mehr religiöses Denken war, sondern Wissensstoff, hinter dessen Herausbildung keine Notwendigkeit mehr stand, sondern die nackte Kasuistik. Sonst immer lassen Gemeinschaften jeden Überschuß an geistiger Energie abströmen in die Gebiete des allgemeinen Wissens, der freien Forschung, der Dichtung, der Naturwissenschaft, der Technik. Die babylonischen Juden – zu dieser Zeit die Weltjudenheit überhaupt – hatten sich diesen Weg versperrt. An wirklichem Wissen und wirklicher Bildung hatte die Epoche nichts anderes aufzuweisen als das, was aus dem griechischen Kulturkreis kam; und dagegen richtete sich der instinktive Widerstand aus den Erfahrungen der Jahrhunderte. Von der Zeit des Antiochus Epiphanes an war ihnen das wirklich, das heißt: aus dem Geiste her, Feindliche immer in irgendeiner Form im griechischen Gewande entgegengetreten, als Alexandrinismus so gut wie als Christentum in seinen Schriften griechischer Sprache und seinem religiösen Synkretismus. Der Begriff »griechische Weisheit« bekam für die Welt des jüdischen Wissens eine verächtliche Bedeutung. Das »profane« Wissen blieb aus den Schulen und Lehrhäusern verbannt.

Dennoch kam es nicht zu einer geistigen Erstarrung. Im Volke selbst lebten die Energien, die den jüdischen Geist aus der gefährlichen Einengung in eine universale Weite ausbrechen ließen. Um sie wirksam werden zu lassen, mußte allerdings zuvor ein Kreis von gewaltigen Ausmaßen und von gewaltiger Spannkraft um sie gezogen werden: der Talmud.

Wie in Palästina 200 Jahre zuvor die Mächtigkeit des Stoffes zur Sichtung und Fixierung gezwungen hatte, geschah das gleiche, um die Mitte des IV. Jahrhunderts, auch in Babylonien. Hier war aus den Deutungen und Auslegungen der palästinischen Mischna die Gemara erwachsen. Auch sie drohte unübersehbar zu werden. Man mußte sie nicht nur als Stoff ordnen, sondern auch – da sie doch nur Ausdeutung der Mischna war – in ihrem organischen Zusammenhang mit der Mischna. Die Vereinigung dieser beiden Werkgruppen zu einem System ergibt den babylonischen Talmud. Diese gigantische Arbeit wurde in der zweiten Hälfte des 4. Jahrhunderts begonnen und etwa um das Jahr 500 abgeschlossen, stellt mithin das Kollektivergebnis von mehr als einem Jahrhundert geistiger Anspannung dar.

Selbst wenn der Jude unserer Gegenwart den Talmud völlig vergäße – was nicht erstaunlich wäre, da die Mehrzahl ihn in Wirklichkeit gar nicht kennt – so würde die Welt um ihn her ihm immer wieder die Erinnerung auffrischen. Denn dieses Buch hat seit einem Jahrtausend in der Vorstellungswelt des Nichtjuden eine erhebliche Rolle gespielt. Es wurde das große Reservoir der Angriffe gegen das Judentum. Es wurde in den Händen derer, die die Existenz des Judentums nicht gleichmütig als Tatsache hinnehmen konnten, ein böses, gefährliches, unheimliches, verbrecherisches und gotteslästerliches Buch. Es galt in seinem gesamten Inhalt als das geheime und unverbrüchliche Gesetz für alle Juden bis in unsere Tage. Ihm wurde der Prozeß in aller Form durch die Inquisition gemacht; es wurde zur Todesstrafe verurteilt und öffentlich verbrannt; es wurde sinnlos zerpflückt und gedeutet; es wird noch heute mit einer Unkenntnis der Zusammenhänge zitiert und ausgewertet, daß man jeden Kampf gegen diese Methode als aussichtslos betrachten muß. Aber zu begreifen ist diese Einstellung. Alle ungewöhnlichen Leistungen, die ihre Lebenskraft geheimnisvoll vermehren, je wilder sie bekämpft werden, stehen eines Tages mit dem Nimbus des Erhabenen und des Unheimlichen da. So wurde der Talmud in der Entwicklung von Jahrhunderten für die Juden ein fast heiliges und für die Nichtjuden ein fast verwerfliches Buch.

Was aber ist der Talmud in Wirklichkeit? Er ist – seiner äußeren Gestalt nach – ein zwölfbändiges Werk, in sechs Hauptteilen, die in 63 Traktate zerfallen. Er ist – seinem Inhalt nach –das fixierte Leben eines über die ganze Erde zerstreuten Volkes aus einem Zeitraum von rund einem Jahrtausend, das heißt: vom Abschluß des Pentateuch bis zum Beginn des 6. Jahrhunderts der heutigen Zeitrechnung. Was in diesem Zeitraum je an Gesetzen erlassen wurde und aus der Erinnerung noch reproduziert werden konnte, ist darin vermerkt. Strafrecht, Schuldrecht, Sachenrecht, Familien- und Erbrecht, alles ist aufgezeichnet, ob es noch gültig war oder nicht, ob es überhaupt Gesetz wurde oder nur gesetzgeberischer Vorschlag, de lege ferenda, war. Aber auch wenn etwas nur irgendwo Brauch oder Sitte war, sogar wenn über ein Gesetz oder einen Brauch eine wichtige theoretische Erörterung in irgendeiner Schule oder von einem bedeutenden Gelehrten angestellt war, fand es seine Aufzeichnung. Was je in den Akademien im Zusammenhang der Gesetzesforschung an Dingen aus dem Gebiete der Medizin, der Hygiene, der Landwirtschaft, der Naturwissenschaft, der Sitte und Sittlichkeit diskutiert worden ist, fand seinen Vermerk, knapp, schlagwortartig, als konzentriertes Protokoll. Das religiöse Gebot steht neben der sittlichen Ermahnung; das dürre Gesetz neben der haggadischen Legende; der sublime Gottesbegriff neben dem wüsten Aberglauben, den das Volk den Magiern abgelauscht hatte; die weltumspannende Bedeutung einer Meinung oder Lehre neben einer trivialen Kleinigkeit. Der Talmud ist genau so groß und genau so klein, wie es ein Volksleben in seiner Höhe und Tiefe ist; genau so still und genau so laut; genau so friedlich und genau so aggressiv. Er ist die Enzyklopädie einer Zeit und eines Daseins, der keiner gerecht wird, der nicht den guten Willen aufbringt, sie aus den Bedingungen ihrer Art und Entstehung zu begreifen.

Niemand hat bei der Entstehung des Talmud daran gedacht, ihn zu einem verpflichtenden oder auch nur repräsentativen Gesetzeskodex zu machen. Er war ausschließlich Stoffsammlung, für den Gebrauch der Schulen und Akademien bestimmt. Erst viel später wurde er aus einem doppelten Grunde repräsentativ nicht nur für die geistige Leistungsfähigkeit des nachbiblischen Judentums, sondern für das Geistesleben des Judentums überhaupt. Der eine Grund lag darin, daß die Gesetze des Talmud sich als ein überaus wirksames Mittel erwiesen, das jüdische Volk in der zunehmenden Zerstreuung und Bedrückung zu erhalten. Der andere Grund lag darin, daß nach dieser Sammelleistung eine Erschöpfungspause eintrat, die erst überwunden wurde, als der Talmud schon seinen Zug durch die Welt angetreten hatte. Der wirklich entscheidende Grund aber, warum das Judentum sich so stark und leidenschaftlich an den Talmud geklammert hat, liegt in einer innern Gesetzmäßigkeit dieses Volkes, die schon in dieser Zeit erkennbar und wirksam wird: in dem Maße, in dem sich die zentrifugalen Kräfte der *Judenheit* unter dem Druck des Schicksals notgedrungen ausbilden, wachsen die zentripetalen Kräfte des *Judentums* und verlangen nach einem Mittelpunkt, zu dem sie sich in Abhängigkeit begeben können. Je stärker Not und Verfolgungen sie an die Peripherie des Daseins schleudern, desto panischer wird die Furcht, eines Tages kein Zentrum mehr zu haben, um das der Sinn oder die Sinnwidrigkeit ihres Geschickes als Einzelne und als Glieder einer Gesamtheit schwingen könnte. Jedes Stückchen wirklicher Heimat, das ihnen auf ihren Wanderzügen entrissen wurde, ersetzten sie durch ein Stückchen fiktiver Heimat aus der Welt des Talmud, bis die Grenzen flüssig wurden, bis die Funktionen sich vertauschten und der Ort, in dem sie sich aufhielten, Wohnort, der Talmud aber, den sie überallhin mit sich trugen, Heimat geworden war.

Der Islam

Der Abschluß des babylonischen Talmud stellte die geistigen Führer und die Akademien vor eine seltsame, beängstigende Situation: ihr Arbeitsgebiet war erschöpft. Noch gab es hier und da zu feilen, Ergänzungen zu vermerken, Stilkorrekturen anzubringen. Aber eines Tages stand das Werk fertig da. In dem gleichen Augenblick begann es, von dem konzentrierten Leben, das darin eingefangen war, Kräfte abzugeben, so wie ein radiumhaltiger Körper – scheinbar ohne Substanzverlust – unaufhörlich Energie ausstrahlt. Der Talmud wurde eigenlebig. Er formte die Menschen, im Guten wie im Bösen.

Zwar konnte er, da man neue Gesetzesableitungen nicht für zulässig hielt, nicht wieder neues Gesetz aus sich entlassen; aber er konnte etwas weit Wichtigeres tun: er konnte seinem Bestand an wirklichen und möglichen Gesetzen zur Realisierung verhelfen; er konnte sie wie ein dicht geknüpftes Netz über alle Juden legen, über ihren Feiertag und über ihren Alltag, über ihren Handel und über ihre Gebete, über ihr ganzes Leben und jeden einzelnen Schritt. Diese Funktion übte er aus, und ihr verschrieben sich auch die Gelehrten und die Akademien. Sie regulierten die Anwendung des Talmud auf das Leben.

Ein seltsames Leben kam da zustande. An der Wolga und am Rhein, an der Donau und an den Küsten des mittelländischen Meeres feierten Juden die gleichen Feste, am gleichen Tage mit gleichen Riten, fertigten sie Eheurkunden nach gleichen Normen an, aßen und tranken sie nach gleicher Vorschrift, nahmen sie in den Bund auf und trugen sie zu Grabe nach gleichem Gesetz und Brauch. Nichts in ihrem äußeren Dasein war mehr der Willkür und der Zufälligkeit anheimgegeben. Der Prozeß, der mit der Zerstörung des Nationalstaates begonnen hatte, wird konsequent fortgesetzt: die Uniformierung im Verhalten der Einzelpersönlichkeit. Der Talmud wurde die übermäßig harte Rinde um einen Kern, der erhalten bleiben wollte. Er überkrustete das Herz des Juden mit einer Geistigkeit, die sehr kalt, aber sehr konservierend war.

Überall dort, wo die Juden auf ungünstige Lebensverhältnisse stießen, zogen sie sich ohne Widerstand hinter die Schutzmauern des Talmud zurück und fühlten sich da geborgen. Aber überall da, wo das äußere Leben leichter und reibungsloser ablief, konnten sie die Frage nach der Notwendigkeit und Berechtigung dieser straffen Fesselung stellen. Das ergab eine stille Haltung der Opposition; aber sie betraf – und das ist charakteristisch – meist nicht das Gesetz als solches, sondern die Befugnis, den Geist auch außerhalb des Gesetzes schöpferisch werden zu lassen. Aus solcher Haltung sind zwei wichtige Bewegungen im Judentum entstanden: die Abspaltung der Karäer im 9. Jahrhundert und der große Kulturkampf des 13. und 14. Jahrhunderts; jene als Kampf um das Gesetz, dieser als Kampf um die geistige Freiheit; jene als in sich vergeblicher Versuch, da das Gesetz Lebenselement war, dieser mit mächtigen Erfolgen, da ebenso die schöpferische geistige Freiheit integrierender Bestandteil des Judentums war; jene in Babylonien, dieser in Spanien mit der Angriffsrichtung auf die ganze übrige jüdische Welt; beide aber in der Reichweite einer neuen geistigen Einheit: des Islam.

Der Islam als eine zugleich nationale und religiöse Einheitsbewegung nimmt seinen Ausgang von semitischen Volksstämmen, die bis zum Beginn des 7. Jahrhunderts unserer Zeitrechnung von der Geschichte gleichsam vergessen schienen. Sie lagen nicht an der großen Straße, auf der die Weltkulturen sich trafen und sich auseinandersetzen mußten. Von drei Seiten umgab sie absonderndes Meer. Nur der nördliche Teil Arabiens war von Kulturgebieten flankiert, westlich vom byzantinischen Syrien und Palästina, östlich vom persischen Babylonien. Während die Mitte der großen Halbinsel noch von nomadisierenden Beduinen besetzt war, hatten sich in den Randgebieten schon Städte und Reiche gebildet, am Roten Meer im Norden Hedschas, im Süden Jemen, im südlichen Babylonien Irak, im südlichen Syrien das Reich der Ghassaniden.

Durch diese Randgebiete vermochte die Kultur der Umgebungen konzentrisch in das Land einzudringen und die Kräfte, die dort bereit lagen, zu einer vehementen Auslösung zu bringen. Die Qualitäten aller dieser Stämme, Gruppen, Verbände, Stadtschaften und Reiche waren bei aller Verschiedenheit der Betätigung, Lebensweise und Nähe zu anderen

Kulturkreisen doch in den Grundlinien einheitlich bestimmt durch zwei Elemente: durch ihr Semitentum und ihr noch intaktes Nomadentum.

Das Semitentum hat bestimmte religionsschöpferische Qualitäten. Sie bestehen in der Möglichkeit, die Summe aller kosmischen Beziehungen zu Ende zu denken und zu erleben, daraus eine übergeordnete, einheitliche Idee abzuleiten, sie zu einer monotheistischen Gottesauffassung zu verdichten und sich den Verpflichtungen, die aus diesem Gottesbegriff erwachsen, mit aller Strenge, bis zum Fanatismus unterzuordnen. Daher bekommt ein Nomadentum, wenn es mit solchen geistigen Möglichkeiten versehen ist, eine besondere pathetische Färbung, die ihr Kolorit aus dem Widerspruchsvollen empfängt. Ein solcher Nomade liebt die Freiheit bis zum Exzeß und kennt den unterwürfigen Gehorsam bis zur sklavischen Haltung; er liebt den Edelmut der Wahrheit über alles und verehrt den Listigen um seiner geistigen Beweglichkeit willen; er ist duldsam und intolerant; er schenkt mit großer Gebärde und sieht in einem Raubzug etwas Heldenhaftes; er dichtet über Freundschaft und treibt die Blutrache bis zur Erschöpfung ganzer Geschlechter; er kann über ein Liebeslied in Erschütterung geraten und kann mit der brutalsten Grausamkeit morden. Er ist ein naturnahes Kind unmittelbar vor seinem Erwachen zur Verantwortlichkeit.

Diese einheitliche Haltung des Arabers war zu der Zeit, die uns hier angeht, schon durch vielfache Einflüsse aufgelockert und labil gemacht. Sie waren zwar noch Polytheisten und hatten sich in Mekka einen Sammelpunkt aller ihrer Gottheiten geschaffen, aber sie kannten daneben – oder darüber – auch schon einen unsichtbaren Gott, der der Vater aller anderen Götter war: Allah. Ihn verehrten sie in einem großen Stein, um den ein Tempel errichtet war. Aber die Araber im Irak schlossen sich schon entweder den babylonischen Juden oder den persischen Feueranbetern an. Die Ghassaniden sympathisierten mit dem Christentum, und auch von Syrien und Äthiopien her betrieb Byzanz im südlichen Arabien mit Missionaren und Soldaten seine Propaganda mit diesem und jenem Erfolg. Daß Juden wie Christen wie Perser bei ihrer absichtlichen oder unabsichtlichen Werbung Erfolge erzielen konnten, beweist, daß die bisherige religiöse Denkform der Araber bereits in der Auflösung begriffen war.

In einem sehr wichtigen Punkte war sie im übrigen schon seit Jahrhunderten nicht mehr eigenes Erzeugnis; in bezug auf ihre historische Tradition. Sowohl die nördlichen wie die südlichen Stämme führten ihre Geschlechter auf Gestalten der jüdischen Überlieferung zurück; der Norden auf Ismael, den Sohn der Hagar, der Süden auf Joktan, den Sohn des Eber. Damit war nicht nur ihre stammesmäßige Verwandtschaft mit den Juden angedeutet, sondern zugleich eine religiöse Affinität, weil im semitischen Nomadentum die stammesmäßige mit der glaubensmäßigen Tradition fast stets identisch ist. Diese Nähe wurde aufrechterhalten und unterstützt durch die Tatsache, daß ganz Arabien von langen Zeiten her mit jüdischen Siedlungen durchsetzt war. Die arabischen Juden unterschieden sich – bis auf ihre Religion – kaum von ihrer Umgebung. Sie lebten in Stämmen, die sich, wie die Araber, auch gegenseitig befehdeten; sie wohnten in befestigten Ortschaften, teils in größeren Verbänden, die sogar im 6. Jahrhundert zur Bildung des himyaritischen Reiches in Südarabien führten; sie trieben Karawanenhandel, Gartenbau, Handwerk; sie sangen und dichteten und kämpften wie die Araber; sie waren in ihrer ganzen Lebenshaltung assimiliert. Ihr einziges Übergewicht bestand in ihrer Religion und in dem Umstande, daß sie erst den Arabern eine Tradition gegeben hatten. Darum waren Übertritte zum Judentum sehr häufig.

Ein solcher Übertritt stellte nicht etwa einen sehr wichtigen Akt der Entscheidung und Umkehr dar; er lag sehr nahe, einmal aus der übernommenen nationalen Tradition her, sodann, weil die Araber doch immerhin den Begriff des einen, übergeordneten Gottes gebildet hatten; und wenn sie Allah auch viele andere Götter in Gefolgschaft gaben, so hatten sie alle diese Götter doch wiederum zu einem Pantheon in Mekka vereinigt und damit zum mindesten eine lokale Konzentration geschaffen. Sie waren Polytheisten an der Grenze des Monotheismus. Nimmt man hinzu, daß es auch unter ihnen Männer gab, die sich um die religiöse Verworrenheit und Nachlässigkeit ihres Volkes ernste Sorgen machten, so wird begreiflich, daß der prinzipielle Übergang des Arabers vom Polytheismus zur Anerkennung des einen Gottes sich in sehr kurzer Zeit und – was Arabien selbst betrifft – ohne wirklich große Aktionen vollziehen konnte. Es fehlte auch hier nur der Mensch, der den auslösenden Akt vornahm. Er bot sich dar in der Person des Mohammed.

Mohammed ist der zwiespältigste aller Religionsauslöser gewesen, den die Geschichte aufzuweisen hat. Er war von einem starken religiösen Impuls beseelt; aber dieser Impuls wird völlig richtungslos, sobald er sich nicht irgendwo anlehnen kann, und er wird schwach, sobald er nicht in der Person des Trägers, in Mohammed selbst, neue Triebkräfte finden kann. Er begreift sich als Träger einer neuen Botschaft, aber er kann sie nur begreifen, indem er sich nach rückwärts fundiert und alle Erzväter der jüdischen Geschichte und zugleich Moses und Jesus als seine Vorgänger betrachtet. Die Idee der Tradition hypertrophiert. Zugleich hypertrophiert bei ihm die Idee der Führerschaft, also die entgegengesetzte Richtung der Tradition; er begreift sich als den letzten und gültigen Verkünder einer Wahrheit, die Anspruch darauf hat, die ganze Welt zu erobern. Das sind die zwei Hauptrichtungen des Religionsgebäudes, das er aufführt. Dazwischen liegt der Versuch, mit alten Begriffen eine neue Glaubenswelt zu errichten. Das war kein leichtes Beginnen. Die Welt, die ihm und seiner Vorstellung und seiner Zeit erreichbar und begreiflich war, war schon in Religionen aufgeteilt. Ein Bedürfnis nach einer neuen, wie auch immer geformten Religion bestand nicht. Es war auch keine der bestehenden Religionen für eine Umformung mehr aufnahmefähig. Das Judentum, in seinen Grundideen längst vollendet, hatte gerade die umschließende Mauer des Talmud errichtet. Das Christentum hatte schon als Glaube wie als Kirche seine mangelnde Eignung für das Semitentum erwiesen. So mußte sich also das im Orient, was nicht mehr Götzendienst sein wollte und was doch von der Entwicklung des Monotheismus gleichsam vergessen war, jetzt eine eigene Formung schaffen. Diese Formung ist das ausschließliche Werk Mohammeds. Die Elemente dazu entnahm er allem, was ihm erreichbar und begreiflich war: dem Judentum, dem Christentum und der religiösen Überlieferung der arabischen Stämme. Er konnte nicht lesen noch schreiben, aber er war angefüllt mit Berichten und Erzählungen und Legenden aus Bibel und Evangelien, aus talmudischen Legenden und christlichen Apokryphen. Sie nahmen zuweilen in seiner Vorstellung und besonders in seiner Wiedergabe recht krause Gestalt an, aber er abstrahiert von ihnen doch folgerichtig diejenigen Grundideen, mit denen er den Koran versieht: die Idee des *einen* Gottes; die Pflicht, ihm zu dienen und ihm keine anderen Götter zur Seite zu setzen; die Idee der Gerechtigkeit und der Glaube an ein Jenseits und an eine Wiederauferstehung der Toten. Die Gruppierung dieser Ideen und die Folgerungen, die daraus gezogen werden, bestimmen sich aber ausschließlich nach den Eigenschaften, wie sie in der Persönlichkeit Mohammeds begründet sind, nach seinem Herkommen, seiner geistigen Befähigung, seinem Glauben und seiner Phantasiekraft, seinem Erfolg und Mißlingen, seinem Haß und seiner Liebe und endlich – wie bei Jesus und Paulus – nach seinem persönlichen Wirkungswillen und Geltungsbedürfnis. Damit ist nicht gesagt, daß der Islam, wie er endlich Gestalt annahm, identisch sei mit Mohammed. Wo es gläubige Menschen gibt, kann eine Religion immer größer werden als ihr Führer.

Im Jahre 610, nach einer langen Vorbereitung durch Einsamkeit, Gebet, Nachtwachen und Askese hat Mohammed die erste Vision (die ersten fünf Verse der Sure 96, »Das geronnene Blut«), die ihm der Erzengel Gabriel verkündet. Drei Jahre darauf wird ihm die zweite Vision (Sure 74, »Der Bedeckte«). Die erste Offenbarung enthielt nichts als die Deklaration des einen Gottes, der den Menschen erschaffen hat. Aber in der zweiten erscheint diese Deklaration schon an ihn persönlich gerichtet, erwächst ihm sein Amt als Verkünder dieser Wahrheit, als der Prophet Allahs. Durch alle Wandlungen hält er an dieser Idee fest: er ist nicht ein Messias, er ist nur der Bote, der Gesandte, der Verkünder Allahs. Dieser Allah ist ihm nicht der Nationalgott der Araber, sondern Gott schlechthin, der gleiche Gott, wie ihn die Juden und die Christen haben. Also ist Mohammed zu denken als ein jüdischer oder christlicher Prophet? Keineswegs, sondern als der Nachfolger sowohl von Moses wie von Jesus. Aber diese beiden haben sich doch schon als Vertreter bestehender Glaubensformen erwiesen; was ist da Mohammeds besondere Aufgabe? Seine Aufgabe begründet er genau so, wie Paulus die Aufgabe Jesu begründet hat, als er erklärte: dem Judentum ist das Amt genommen; es ist auf das Christentum übertragen. Mohammed sagt: dem Judentum und dem Christentum ist das Amt genommen; es ist auf den Islam übertragen. »Jede Prophezeiung hat ihre bestimmte Zeit« (6, 66). Paulus erklärte die Aufhebung des Gesetzes und seine Erfüllung in den Evangelien. Mohammed verkündet die Aufhebung aller früheren Offenbarungen und ihre Erfüllung im Koran. »... und herab sandte *er* (Allah) die Thora und das Evangelium zuvor als eine Leitung für die Menschen, und er sandte (nun) die Unterscheidung (den Koran)« (3, 2). »Jedes Zeitalter hat sein Buch« (13, 38). Paulus erklärt die schwerwiegende Frage, warum das so sei, mit der Begründung: es sei Gottes freier Entschluß. Mohammed erklärt: Allah tut, was er will. Die Apostel zu Jerusalem erklären auf Paulus' Vorhalt wegen des Gesetzes den Heiden: wir wollen euch nicht unnötige Erschwerungen auflegen. Mohammed erklärt: »Allah wünscht es euch leicht und nicht schwer zu machen« (Sure 2, 181). Paulus leitet alle wahre Gläubigkeit zurück auf Abraham. Mohammed tut das gleiche. »Abraham war weder Jude noch Christ, vielmehr war er lauteren Glaubens, ein Moslem...« (3, 60).

Aber Mohammed kann trotz dieser vielfachen Übereinstimmung nicht darauf verzichten, das Christentum in einen klaren Gegensatz zum Islam zu stellen. Die Lehre von der Dreieinigkeit, ja schon der Gedanke an einen »Sohn Gottes« erscheint ihm als Vielgötterei und als eine Herabminderung der Einheit Allahs. Dagegen polemisiert er wiederholt. »Wahrlich, ungläubig sind, die da sprechen: Siehe, Allah ist ein Dritter von Drei. Aber es gibt keinen Gott denn einen einzigen Gott!« (5, 77). »Der Schöpfer des Himmels und der Erde, woher sollte er ein Kind haben, wo er keine Gefährtin hat?« (6, 101).

Weniger aus solchen prinzipiellen als aus persönlichen Gründen hat er gegen die Juden – nicht gegen das Judentum – heftige Vorwürfe zu erheben. Sie hatten ihn enttäuscht und darüber hinaus verspottet. Die Erfolge seines Anfangs waren gering. Seine eigene Familie erkannte ihn nicht an, so wenig wie Jesum die seinige. Vor den Koreischiten in Mekka, die durch seine Propaganda ihre Einnahmen von den Pilgern bedroht sehen, muß er bis nach Abessinien fliehen. Um nur rückkehren zu dürfen und seine Anerkennung als Prophet zu erreichen, ist er bereit, neben Allah noch drei andere Gottheiten aus dem Pantheon zu Mekka gelten zu lassen. Aber er nimmt dieses Zugeständnis wieder zurück und ändert die schon darüber erlassenen Koranverse (53, 19–22). Günstiger gestalteten sich seine Aussichten erst, als es ihm gelang, einen Teil der Einwohner der Stadt Jathrib für sich zu gewinnen. Jathrib war bis zum Ende des V. Jahrhunderts eine befestigte jüdische Stadt, dann eroberten es die arabischen Stämme der Aus und Chasradsch, ohne aber die Juden zu vertreiben. Mit Pilgern dieser beiden Stämme tritt Mohammed in Unterhandlung. Da die Koreischiten davon Kenntnis bekommen, muß er aus Mekka nach Jathrib flüchten (Juni 622). Von da an datiert der offizielle Islam, und von der Zeit her trägt Jathrib den Namen Medinat en-Nabi, Stadt des Propheten, oder abgekürzt: Medina.

Mit der Beherrschung dieser Stadt bekommt Mohammeds Stellung ein gewisses Gewicht, zugleich aber auch eine veränderte Note. Sein Prophetentum bekommt die Nebenbedeutung des Führers, des wirklichen Anführers mit seinem vollen politischen Sinn und Gehalt. Hier in Medina tritt zuerst das gesetzgeberische Moment in den Suren hervor und wird in ihnen sichtbar, daß er – um der Wirkung und um des Erfolges willen – nicht nur religiöse Propaganda, sondern bewußte Politik auf der Basis von Verhandlungen treibt. Dabei geht vor allem sein Bemühen dahin, sich die Anhängerschaft der Juden Medinas zu erwerben. Er argumentiert von sich, wie Paulus von Jesus argumentiert hat: sein Kommen sei längst in der Schrift, das heißt: in der Thora, vorausgesagt. Folglich müssen die Juden ihn anerkennen. Er ist auch – abgesehen von seiner Fortsetzung der jüdischen Tradition – bereit, ihnen Zugeständnisse zu machen, die sich auf die religiöse Form beziehen. Darum bestimmt er die Kiblah, die Gebetsrichtung, nach Jerusalem hin; darum nimmt er Jerusalem wie die Juden (und die Christen) zur heiligen Stadt an; darum nimmt er den feierlichsten Tag ihrer Feste, den Versöhnungstag, als den Hauptfesttag des Islam an; er übernimmt die Reinheitsvorschriften, die Gebetsordnung, das Verbot, Schweinefleisch zu essen, und manches andere. Aber der Erfolg ist gering. Nur wenige Juden bekennen sich zum neuen Glauben. Viele verspotten ihn einfach, weil ihr übersteigerter Respekt vor dem Wissen diesen halbgebildeten Beduinen nicht genügend achten kann. Er ist auch in seiner privaten Lebensführung zu hemmungslos ein primitiver, pathetischer Araber, um ihnen als Repräsentant eines so hohen Amtes glaubhaft zu sein. Für die meisten Juden aber erledigt sich das Problem aus einer einfachen Erwägung: dort verlangt man von ihnen den Glauben an Jesus, hier den Glauben an Mohammed. Beide erklärten das Judentum als aufgehoben. Beide behaupteten, im Besitz der alleinigen Wahrheit zu sein. Der Jude konnte sie also nur beide ablehnen.

Mohammed begann zu drohen, wie Paulus gedroht hatte. Er warf den Juden vor, sie hätten die Thora gefälscht, damit sein – Mohammeds – Erscheinen daraus nicht mehr zu beweisen sei. Dasselbe warfen die Christen den Juden vor. Mohammed nahm auch die wichtigsten Konzessionen: die Kiblah nach Jerusalem und das Fasten am 10. Tischri, wieder zurück. Bald verkündete er im Koran (5, 85): »Wahrlich, du wirst finden, daß unter allen Menschen die Juden und die, welche Allah Götter zur Seite stellen, den Gläubigen am meisten feindlich sind . . .« So werden die Juden von ihm in einem Atem mit den Götzendienern genannt, wie es auch die Apostelbriefe taten; und – wie dort – werden immer wieder Drohungen gegen sie ausgesprochen.

Unter diesen Umständen kann es nicht ausbleiben, daß die religiöse Gestaltung des Islam – aus den Erfordernissen der Zeit und aus den individuellen Auslegungen eines einzelnen Menschen – auch vom alten heidnischen Bestand her Nahrung empfängt. Wie das Christentum die heidnische Götterwelt der Griechen und Römer aufzufangen und aufzulösen hatte, bestimmte Mohammed den Islam dazu, die Reste der semitischen Götterwelt einzufangen in seinen Begriff vom Monotheismus. Beide Religionen konnten daher nicht anders als auf dem Umwege über den religiösen Synkretismus zu ihrem Ziel gelangen. In seiner endgültigen Ausbildung ist aber der Islam wesentlich im Nationalen verhaftet geblieben.

Was die nur religiöse Propaganda Mohammed versagt hatte, wächst ihm jetzt allmählich zu aus der wachsenden Betonung des Führergedankens. Er nimmt die Kämpfe auf, die zwischen Medina und Mekka bestehen, und es ist sein Verdienst, ihnen aus dem Religiösen her einen Sinn, den Sinn heiliger Kämpfe gegeben zu haben. In dem Waffenstillstand, der zwischen ihm und Mekka im Jahre 628 vereinbart wird, ist seine Stellung mindestens so sehr politisch wie religiös betont. So oder so ist es die Idee der Führerschaft, die da wächst. Was der *Gesamtheit* der Araber unbekannt war: die einheitliche Führung, war umsomehr in jeder einzelnen Provinz, jeder Stadt, jedem Stamm und jeder Sippe ausgeprägt. Überall gab es Führer, die Macht besaßen, Macht ausübten und auf den Kampf gegen andere Macht ausgingen. Solange solche Kräfte im Lande gebunden waren, mußten sie sich in dem Kreislauf von Fehden und kriegerischem Heldentum erschöpfen. Wurden sie aber zusammengefaßt und wurde ihnen ein Weg nach außen in die Welt gewiesen, so mußte sich die Idee der Führerschaft notwendig in die Stoßkraft des Eroberers umwandeln.

Den Beginn dazu machte Mohammed schon in dieser Zeit, wie der Führergedanke in ihm zu wuchern begann und in Manifesten explodierte, in denen er Persien, Byzanz, Abessinien, die ganze ihm erreichbare Welt aufforderte, sich zum Islam zu bekennen und sich ihm – Mohammed – als den Boten Allahs zu unterwerfen. Er erntet Spott, aber er macht in seiner nächsten Umgebung immerhin den Beginn. Einzeln greift er in den Jahren 624–628 die freien jüdischen Stämme in ihren befestigten Ortschaften an und vertreibt sie oder schlachtet sie ab. Ein Jahr nach der Einnahme von Mekka (630) ist seine Gefolgschaft schon so stark, daß er zum heiligen Krieg gegen die Ungläubigen aufrufen kann. Was an religiösen Möglichkeiten, an kriegerischem Geist, an unverbrauchter nomadischer Kraft in den Arabern enthalten lag, wandte sich ihm zu, als dem Einzigen überhaupt, der aus dem Gewirr von Gruppen und Sonderinteressen mit einem einheitlichen Gedanken und einer einheitlichen Zielsetzung herausragte. Diese Zielsetzung hatte einen universalen Zug. Sie bedeutete die Zusammenfassung aller arabischen Stämme und Gruppen zu einem Volke gleicher Führung und gleichen Glaubens, sodann die Ausbreitung dieses Glaubens, dieser nationalen Religion über die ganze Welt. Die Eroberung der Erde für den Islam war das Vermächtnis, das Mohammed hinterließ und dem er durch seine Einfügung in den Koran den Charakter der Heiligkeit gab, als er im Jahre 632 starb. Erst nach seinem Abtreten von der Bildfläche konnte das zur Auswirkung gelangen, was man gleicherweise islamisches Arabertum oder arabischen Islam nennen kann. In jedem Falle war es eine Kultur, deren Schöpfer nicht Mohammed war, sondern eine aufgesparte und vom Leben der Kulturwelt noch unberührte Gestaltungskraft. Es geschah ihr nichts anderes, als was jedem Volke geschieht: daß es einmal im Laufe seiner Entwicklung seine Kräfte an der *Welt* messen muß.

Dazu ging jetzt der Islam über.

Die Karäer

Die Eroberungen, die die islamische Welt nach dem Tode Mohammeds beginnt, sind mehr als nur ein politischer Vorgang und mehr als eine rein kriegerische Aktion. Sie sind der Rückstoß des Orients gegen die abendländische Welt, die mit Hellas und Rom in Asien eingebrochen war. Orient und Okzident sind mehr als geographische Verschiedenheiten, sie sind Kräfte verschiedener Begabung. Alle Versuche in der Geschichte, der einen das Übergewicht über die andere zu geben, sind gescheitert. Ihre Bestimmung liegt nicht in der Überzwingung der einen durch die andere, sondern im Austausch und in der gegenseitigen Befruchtung; selbst da, wo ihre Eigenschaften unversöhnlich scheinen. Aus solcher Gesetzmäßigkeit kommt die Pendelbewegung zwischen Abendland und Morgenland zustande. Aber das einzige Volk, das die ganze Schwingungsweite dieser Pendelbewegung besetzt und nicht wieder verlassen hat, sind die Juden. Darum wird für sie der Einbruch des Islam von überragender Bedeutung; und zwar verständlicherweise zunächst da, wo sie in kompakten Massen siedelten und wo sich das Zentrum ihrer Verwaltung befand: in Babylonien.

Der Elan des Islam, in dem sich religiöser Fanatismus und die Raublust des Beduinen vereinigten, erledigte die Eroberung Babyloniens in kurzer Zeit (633–638) und unterwarf auch das übrige Persien sehr schnell (644–656). Dem byzantinischen Reich werden Syrien, Palästina, Ägypten und die Küste Nordafrikas entrissen. In wenig mehr als einem Jahrhundert entsteht ein Reich von derart riesenhaften Ausmaßen, daß es an seiner eigenen Größe in Teile zerbrechen mußte. Aber gerade diese Ausdehnung der islamischen Herrschaft bringt zugleich einen gewaltigen Teil der jüdischen Diaspora unter dem Zeichen gleicher politischer Oberhoheit miteinander in Kontakt. Wo der Islam eine Grenze überschreitet, fällt auch für den Juden eine Grenze. Diese Einbeziehung des Juden in das islamische Weltreich bekommt sehr reale Stützpunkte zugleich durch die wirtschaftliche Expansion des Orients. Der Islam verbindet Afrika und Asien mit der europäischen Welt. Es geht eine große und bedeutsame Handelsstraße von Basra über Bagdad nach Arabien, an das Rote Meer, über Suez, über die Häfen Ägyptens, Byzanz', Italiens, Spaniens bis in das fränkische Reich und weiter nach Osteuropa und in die slawischen Länder. Überall auf diesen Wegen haben die Juden Stützpunkte und Kolonien. Sie ziehen als die wichtigsten Vertreter des Welthandels auf diesen Straßen hin und her.

Diese vermehrte Handelsbetätigung war nicht ganz freiwillig, sondern zum Teil eine Folge der islamischen Eroberung. Der Islam mußte in dem Augenblick, in dem er in die Welt hinaustrat, einsehen, daß das religiöse Gefüge der übrigen Menschheit schon zu dicht war, um ihr in ihrer Gesamtheit eine neue Glaubensform aufzwingen zu können. Vor den politischen Notwendigkeiten, die jede Eroberung mit sich bringt, trat denn auch das religiöse Moment immer wieder zurück. Man konnte eine Welt erobern; aber man konnte sie nicht bekehren. Das Beispiel der christlichen Welt, wo das Kreuz immer erst in Gefolgschaft des Schwertes auftrat, konnte dem Islam nicht dienen, weil er die internationale Hierarchie des Klerus nicht kannte. So mußte sich Omar darauf beschränken, wenigstens das eigentliche Arabien zu einem rein muselmanischen Lande zu machen, indem er die Christen zum Aufgehen in dem Islam veranlaßte und den Rest der Juden durch Ausweisung und Verpflanzung nach Syrien beseitigte. Im übrigen baute er die muselmanische Gesetzgebung auf dem Unterschied zwischen Gläubigen und Ungläubigen, zwischen Moslems und den Bekennern eines andern Glaubens auf. Den Ungläubigen ließ der Islam – im Gegensatz zum Christentum — völlige wirtschaftliche Freiheit und autonome Selbstverwaltung, aber er brachte die Unterscheidung zwischen dem wahren und dem falschen Glauben und zugleich die Tatsache der Unterwerfung durch eine exzessiv hohe Besteuerung zum Ausdruck. Für manche Kalifen erschöpfte sich der Sinn ihres Regiments in der Ausarbeitung genauer Vorschriften und Gebote, um alle steuerpflichtigen Personen und Vermögen zu erfassen.

Ein großer Teil der jüdischen Landwirtschaft in Babylonien konnte die Bodensteuer nicht aufbringen. Sie und auch andere, die mit ihrem bisherigen Beruf nicht die nötigen Beträge für die Kopfsteuer erarbeiten konnten, gingen aus diesem Grund zum Handel über. Aber auf den gleichen

Straßen zogen auch diejenigen, die vor dem wirtschaftlichen Druck und den Kriegswirren überhaupt auswichen und nach Europa auswanderten. So setzt also mit dem Zug des Islam zugleich der Zug des Judentums ein. Die jüdische Welt, die sich für eine Zeitlang gesetzt hatte, kommt von neuem in Bewegung; und es handelt sich hier nicht nur um die nackte Ortsveränderung, um die geographische Bewegung, sondern überhaupt um eine neue Bewegtheit, um das Wiedererwachen der dynamischen Kräfte, um das Einbrechen lebendigen Orients in den Zaun, den das babylonische Judentum um sich und die von ihm beherrschte Welt errichtet hatte.

In der Sinnfolge der jüdischen Geschichte war Babylonien nach dem doppelten Choc des staatlichen Zusammenbruches und des vehementen Angriffs des Christentums auf die jüdische Heimat das Refugium, in dem die Widerstandskräfte ausgebildet werden konnten. Das geschah mit starker geistiger Produktivität in der Schaffung des Talmud; das wurde – schon ohne jedes Schöpfertum, schon mit den Funktionen einer religiösen Bürokratie – fortgesetzt durch die Ausdehnung des Talmud und seiner Gültigkeit über die jüdische Welt. Damit war aber die jüdische Geistigkeit an der Grenze angelangt, an der sie ihren eigenen Sinn: Dienst an der Theokratie, in das Gegenteil verkehren und Dienst an sich selber, Dienst am Gesetz um des Gesetzes willen werden mußte. Es stellte sich heraus, daß Talmud und Judentum nicht identisch waren, daß der Talmud nur eine der geistigen Möglichkeiten des Judentums kodifizierte und daß er wohl ein Führer der *Lebenshaltung*, aber nicht ein Führer der *Lebensanschauung* sein konnte.

Das war auch weder seine Aufgabe noch seine Absicht. Er regulierte das Tun, nicht das Glauben. Er kannte Vorschriften, aber keine Dogmen. Er befriedigte jede religiöse und rituelle Skrupulosität, aber nicht die untergründigen Bedürfnisse des Herzens. Er ließ die Kluft zwischen Religion und Religiosität unberührt. Die Opposition des Herzens gegen das Gesetz mußte eintreten schon als Prüfstein dafür, ob die religiöse Kraft des Judentums noch intakt war.

Sie hatte es nicht leicht, sich zu behaupten. Was damals für die Judenheit in Babylonien repräsentativ auftrat, lag entweder auf dem Gebiete der Weltlichkeit oder auf dem der geistigen Systematisierung. Die Institution der Exilarchen, die sich von der islamischen Eroberung an Nassi, Fürst, nennen, bekommt eine gesteigerte Bedeutung. Sie wird die offizielle Vertretung der jüdischen Bevölkerung gegenüber dem Kalifen. Der Nassi ist Vasall des Kalifen, und je mächtiger und glanzvoller der Vasall ist, desto ehrenvoller für den Kalifen, dem er untersteht. Die Kalifen waren also aus Gründen der eigenen Reputation daran interessiert, die Macht und das

Ansehen der Exilarchen zu heben. Sie verweltlichten sie aber vollends dadurch, daß sie dieses Amt käuflich machten und damit die Amtsträger veranlaßten, die Kosten durch Besteuerung der jüdischen Gemeinden wieder einzubringen.

In gleicher Weise brachte die Stärkung der autonomen Verwaltung die Akademienvorsteher zu vermehrter Geltung. Die Akademien von Sura und Pumbadita, deren Leiter sich Gaonim nannten, übten die gleichen Funktionen aus wie das frühere Synhedrion. Von ihrer Sanktion war der Nassi abhängig, und ihre Autorität mußte bei der Ähnlichkeit der weltlichen und religiösen Gesetze des Judentums immer wieder mit der des Exilarchen zusammenstoßen. Wenn sich auch beide Institutionen, das Exilarchat und das Gaonat, ihrer Aufgabe für das Volk bewußt blieben, so waren sie doch letzten Endes nur Funktionäre der Verwaltung, oberste Beamte eines fiktiven Staates. Die eine war abhängig von der politischen Konstellation, die andere von der religiösen Entwicklung. Darum ging das Exilarchat zusammen mit dem Kalifat unter, während das Gaonat seinen eigenen Zweck nicht überleben konnte.

Jedes Gesetz unterliegt eines Tages der Frage nach seiner Legitimation; auch das jüdische Gesetz. Aber diejenigen, die jetzt unter dem Überwuchern talmudischer Vorschriften vom unbedingten Gehorsam zur Fragestellung übergingen, lehnten sich nicht dagegen auf, daß das Gesetz streng war und sie unterjochte; ihr Zweifel ging vielmehr dahin, ob das Gesetz, wie es heute über ihnen stand, wirklich das war, als was es die Gelehrten und Gesetzgeber ausgaben: als die Fortsetzung einer Tradition, die in der Kette der Überlieferungen bis auf den frühesten Ursprung, bis auf Mosche, zurückzuführen sei. Also nicht der Zwang beunruhigte sie, sondern die Frage nach der Heiligkeit des Zwanges. Die Bibel war ihnen die offenbarte Satzung. Es gab nichts außer der Bibel, es sei denn, es lasse sich ohne weiteres aus ihr ableiten.

Überall da, wo auf diese Weise Gesetze in Frage gestellt werden, geschieht es, weil neben der Anerkennung des notwendigen Zweckes sich ein stärkeres Gefühl erhebt: die Frage nach dem Objekt des Gesetzes, dem Menschen. Das Gesetz mag gut sein; die Frage ist, ob es dem Menschen dient. Und diese Frage wieder nach der Dienlichkeit für den Menschen wird von daher angeregt, von wo überhaupt die Frage nach gut oder ungut angeregt wird: von der Religion, vom Faktum Glauben her.

Die Welt des Glaubens lag – streng genommen – außerhalb des Talmud. Der Glaube ging seine eigenen Wege. Während gerade der Talmud seine Wirksamkeit, seine Potenz zur Erhaltung und fast Verewigung der Diaspora entfaltete, brach der ewig bereite Wille des Volkes zur Beendigung der Diaspora in verschiedene messianische Bewegungen aus.

Rom und Arabien waren ihnen nicht nur politische, sondern auch apokalyptische Begriffe. Rom war das Edom, Arabien war der Ismael der Bibel. Edom wurde jetzt von Ismael abgelöst. Zwar sollte nach vielen Verheißungen Rom durch Judäa abgelöst werden, aber auch das Zwischenreich konnte der Erfüllung dienen und das Ende der Zeiten, das heißt: die Wiedererrichtung der Theokratie in der alten Heimat und ihre Ausbreitung über die Welt, bringen.

Abu-Isa, ein Jude aus Ispahan, erklärt sich für den Vorläufer des Messias und sammelt Gruppen, mit denen er einen Aufstand gegen das Kalifat versucht (Ende des VII. Jahrhunderts). Seine Erbschaft ist eine Sekte, die sich als Isawiten in Resten bis zum X. Jahrhundert in Damaskus erhält. Fast gleichzeitig, im Beginn des 8. Jahrhunderts, ruft sich in Syrien Zonarias als Messias aus und proklamiert die Wiedereroberung Jerusalems. Selbst aus Spanien wandern ihm Juden zu. Nach einigen Jahren verfällt die Bewegung.

Wenn dieses offenbare messianische Bewegungen sind, so stellen die weiteren Vorgänge dieser Zeit latente oder verkappte messianische Bewegungen dar. Das gilt insbesondere von den Sektenbildungen, denen allen gemeinsam ist, daß sie durch das Herausstellen irgendeines Extrems ihrem Ziel, der religiösen Erfüllung, näherkommen wollen. Das gilt von den Isawiten wie von der Sekte eines der Jünger Abu-Isas, den Judghaniten und den wiederum von ihnen abgeleiteten Al-Muschkania. Das, was man in der Geschichte gewöhnlich die Sekte der Karäer nennt, ist ursprünglich nicht Sekte gewesen, sondern Vertretung dessen, wovon bis jetzt gesprochen wurde: die Gläubigkeit in Opposition zum Gesetz aus dem Zweifel an seiner religiösen Legitimation; latenter Messianismus; zugleich ein Beleg dafür, daß Antitalmudismus und Messianismus wesensverwandte Begriffe sind. Die auslösende Gebärde zu dieser Bewegung geht von Anan ben David aus, der um die Mitte des 8. Jahrhunderts vergeblich um die vakant gewordene Würde eines Exilarchen kandidierte. Er galt denen, die seine Wahl ablehnten, schon vorher als ketzerischer Ansichten verdächtig. Nach diesem Mißerfolg geht er offen in Opposition gegen die Siegelbewahrer des talmudischen Gedankens. In seiner Idee, alle »mündlichen Überlieferungen« als unverbürgt abzulehnen und die Gestaltung des Lebens durch das Gesetz wieder der lebendigen Quelle zu nähern, der allein sie entsprang: der Bibel, steckt der Beginn einer reformatorischen Bewegung. Aus dieser Tendenz her fand er auch seine große Anhängerschaft. Die Ananiten stellten eine Volksbewegung dar, nicht eine Sekte. Und sofort bricht auch aus dieser Volksbewegung wieder die messianische Idee durch. Die Sehnsucht nach Zion, die vor 1200 Jahren im gleichen Lande das Judentum erschütterte, lebt wieder auf. In strenger Askese, in verschärften Reinheitsgesetzen und gläubiger Lebensführung sehen sie die Vorbedingungen für das Heranbringen der Erfüllungszeit. Ihre Opposition gegen den Talmud und ihre Hinwendung zur Bibel war nicht Selbstzweck. Sie erstrebten die Heimkehr zur Bibel vor der Heimkehr nach Jerusalem. Viele zogen daraus die Konsequenzen und wanderten nach Palästina aus. Sie bezeugen als die ersten ein Gesetz der Judenheit in der Zerstreuung: überall, wo das Judentum seine religiösen Impulse vermehrt, erhebt sich der messianische Gedanke. Jüdischer Glaube und Messianität sind nicht mehr voneinander zu trennen.

Wie konnte es nun geschehen, daß eine Bewegung mit einem so richtigen Kern und einer so bedeutsamen Zielsetzung nicht eine erfüllende Kraft aus sich entließ, sondern eines Tages als isolierte Partei dastand und – wenn auch nach einem zähen und jahrhundertelangen Kampfe – ihr Leben als Sekte beschließen mußte? Das mußte geschehen, weil sich im Religiösen als der edelsten Form des Lebens alles unorganische Beginnen noch schwerer rächt als in anderen Erscheinungsformen des Lebens. Organisch, sogar logisch war ihre rückwärtige Tendenz zum Ursprung des Glaubens; aber die Methode war unorganisch, und sie wurde ihr Untergang. Schon der Kernsatz, in dem Anan ben David sein Wollen und seine Zielsetzung zusammenfaßt, enthält das Wahre und das Verfängliche: »Forscht sorgsam in der Heiligen Schrift!« Seine Nachfolger forschten in der Bibel, und sie forschten bald nicht anders, als es die Talmudisten taten. Es entsteht eine ganze Reihe ritueller Änderungen und Neuerungen, und sie sind fast alle eine wesentliche Erschwerung der bisherigen Gesetze. Der Sabbat erfuhr eine Belastung mit Vorschriften, die ihn zu einer Tortur mehr als einem Feiertag machten. Das Verbot der Verwandtschaftsehe wird erweitert, die Zahl der Fasttage vermehrt, die Kalenderberechnung durch Rückkehr zur alten Methode erschwert, die rituelle Reinheit verschärft: alles mit der Begründung aus der Bibel her; alles mit der unausweichlichen Richtung auf die Herausbildung eines neuen Talmud. Selbst die letzte mögliche Quelle religiöser Produktivität, die Poesie, wird aus dem Gottesdienst der Ananiten verdrängt. So nehmen sie sich jede Möglichkeit der geistigen Auflösung. Die Opposition, von der sie ausgingen, überrennt sie und fesselt sie mit den Stricken der Opposition. Sie gelangten gar nicht wirklich bis zur Bibel. Sie wurden schon auf halbem Wege Talmudisten. Sie waren zur Sekte verurteilt, als sie darangingen, nicht nur den Anteil der Seele am religiösen Leben zu erhöhen, sondern das durch die Tradition Gegebene rückwärtszudrehen und an einem ihnen genehmen Punkte anzuknüpfen. Sie beweisen damit, daß das Formale das Kriterium und der Tod der Sekte zugleich ist. So entglitt ein Teil des Volkes dem verpflichtenden Anspruch des Talmud durch einen andern

Talmud. Aber ein nicht minder großer Teil entglitt ihm, nicht weil er die Gesetze nicht respektierte, sondern weil er sich ein religiöses Eigenleben, einen privaten Bezirk der Gläubigkeit geschaffen hatte, der so weit in die Mystik und in die Theosophie, in die plumpe Anthropomorphisierung Gottes, in Geheimlehren, Wunderkuren, Glauben an Geheimmittel und Talismane, kurz: in jede Form eines profunden Aberglaubens abirrte, daß ein Leben in solchem Umkreis schon einer Verneinung des Gesetzes samt ihrer Grundlage, der Bibel, gleichkam.

Die Ananiten, die sich später die »Bibeltreuen«, Karäer, nannten, finden weithin in der jüdischen Welt Anhänger. Im 10. Jahrhundert reicht ihre Gemeinde von Persien bis Spanien. Aber sie gedeihen weder zu einer einheitlichen Wirkung noch zu einer klaren Idee. Sie werden vom offiziellen Judentum streng ferngehalten. Dennoch bleiben sie nicht ohne Einfluß. Sie haben mit ihren Angriffen die Frage nach dem Sinn des Gesetzes, nach seinem Gehalt an Sinn erhoben, und sie ist für lange Zeiten nicht wieder verstummt. Diese Frage wurde zu einer Zeit erhoben, als neben dem Judentum und in seiner nachbarlichen Reichweite ähnliche Fragen gestellt und umkämpft wurden: vom Islam her, der jetzt überall auf den Stationen seiner Eroberungen die Stationen seiner Entwicklung nachholen mußte. Mohammed konnte den Islam propagieren, aber nicht gestalten. Die gestaltenden Kräfte wuchsen erst im 8. und 9. Jahrhundert, und sie erst enthüllen in der unverbrauchten Kraft des arabischen Semitentums bedeutende kulturelle Energien. Die politischen, geistigen und religiösen Auseinandersetzungen der islamischen Welt spielen sich in Babylonien in spürbarer Nähe der jüdischen Welt ab. Die scharfe Trennung zwischen Gläubigen und Ungläubigen blieb, von wenigen reaktionären Kalifen abgesehen, Wunschtraum muselmanischer Priester. In Wirklichkeit vollzog sich die Begegnung zwischen Juden und Arabern mit dem größten Nutzen für beide. Die Juden nehmen die allgemeine Auflockerung, die der Vorstoß des Islam dem Orient verschaffte, mit solcher Intensität auf, daß ihr geistiger Umkreis wieder in die Welt der allgemeinen Kulturgüter hinübergreift; und bald sind sie es, die dem Islam die bislang so furchtsam gemiedene »griechische Weisheit« vermitteln können. Sie tun es sogar in arabischer Sprache, die das Aramäische völlig zurückdrängt. Vom 9. bis in das 12. Jahrhundert kann so eine hebräisch-arabische Literatur entstehen, die in Spanien eine Höhe von besonderer Farbigkeit und Kraft erreichte.

Neben dem geographischen Wanderweg nehmen die Juden Babyloniens jetzt auch den geistigen Weg auf, der vom orientalischen Islam her in die Welt weist. Ganz ähnlich der jüdisch-hellenischen Kultur entsteht eine jüdisch-arabische Kultur. Dort wie hier erschließen sich Gebiete des

Wissens und der Forschung, die der konservative Teil des Volkes aus Furcht vor jeder übermäßigen Angleichung perhorreszierte. Gleichsam als Reaktion auf die unfruchtbare geistige Spekulation wird überall die Naturwissenschaft studiert. Juden übersetzen nicht nur Aristoteles und Plato und Ptolemäus ins Arabische, sondern auch die griechischen Mathematiker und Naturforscher. Es entstehen auch unter ihnen selbst bedeutende Mathematiker und Mediziner, von denen einer, Isaak Israeli aus Kairuwan, als einer der Schöpfer der mittelalterlichen Medizin gilt. Und wie sich die hellenistischen Juden dem Christentum annäherten, so die Juden der islamischen Geisteswelt – mangels eines bestimmten angleichungswerten Objektes – an das Wissenschaftliche, Freigeistige überhaupt. So haben wir schon hier die Ansätze zu dem späteren Kulturkampfe des 13. und 14. Jahrhunderts vor uns: hie aufgeklärte Rationalisten, hie Mystiker aller Schattierungen bis zum wüsten Aberglauben.

Wenn aber in einem Volke solche extremen Spaltungen eintreten, wenn das religiöse Bewußtsein sich entweder jeder Bürde entlädt oder jede erdenkliche seelische Knechtung auf sich nimmt, dann ist immer von der schöpferischen Mitte her ein Gleichgewicht gestört; dann ist immer im religiösen Ablauf eines Volkes etwas versehen und gefehlt worden. Um auf die Frage des Glaubens nur noch impulsiv und spontan, nur noch aus der schlichten Nähe eines Naturkindes reagieren zu können, war das Judentum längst nicht mehr jung genug. Um alle Gläubigkeit nach Schemen und Normen zu erledigen, war es noch nicht alt genug. Es brauchte diejenige geistige Kraft, die dem Herzen und dem Verstand Genüge tat, und zwar beiden im Hinblick auf ihr Gemeinsames: den Glauben. Der Talmud war eine Erhaltungsmöglichkeit, aber keine Erfüllungsmöglichkeit. Wenn er sich das Ziel gesteckt hatte, einem Volk die Sinngebung zu bringen, so war er schon jetzt gescheitert. Es mußte also zu einem neuen Realisationsversuch der jüdischen Idee geschritten werden, und zwar, nach dem oben Gesagten, aus der Ebene des Geistes, der geistigen Begründung her. Auch das Christentum hatte sich um eine geistige Begründung von allem Anfang an bemüht. Der Islam stak mitten in dem Kampf um seine geistige Motivierung. Jetzt unternimmt das Judentum das gleiche.

Die Gestalt, in der ein solches Bemühen den sichtbaren Ausdruck gefunden hat, ist Saadia ben Joseph aus Fajum in Oberägypten (882–942), ein Geist von enzyklopädischer und universeller Weite, der schon mit 20 Jahren die Übertragung der biblischen Schriften ins Arabische beginnen konnte. Das frühe Ansehen, das er genoß, verschaffte ihm bald einen Ruf nach Babylonien. Hier gerät er in Konflikt mit dem herrschenden Exilarchen und wird in den Bann getan. Aber diese erzwungene

Zeit der Zurückgezogenheit und seine Beobachtung der geistigen Kämpfe lassen ihn zu einer bedeutenden literarischen Produktion reifen. Er wird, insbesondere mit seinem Traktat Emunoth we' deoth, Glaubenslehren und Beweisführungen, ein neuer Orientierungspunkt für den jüdischen Geist. Was die Rationalisten des Islam, die Mutaziliten, ausgesprochen hatten (die Willensfreiheit als Grundlage der religiösen Ethik), was Philo an Synthese zwischen Judentum und Philosophie zu geben versucht hatte und was aus den Lehren des Aristoteles und des Plato sich in sein monotheistisches Weltbild fügen wollte, schuf er zu einem System zusammen, mit dem er den Zweck verfolgte, Rationalisten wie Mystikern den mittleren Weg zu weisen, Talmud und religiöses Bedürfnis zu versöhnen, die einen nicht an der Vernunft und die anderen nicht am Glauben scheitern zu lassen. Er begründet: »Ich sah, wie die einen im Meer des Zweifels untergehen, während die anderen im Abgrund des Irrtums versinken.« Er gibt ihnen beiden ein System als Richtungspunkt, ein philosophisches Lehrgebäude. Es hat Grundsätze, aber auch keine Dogmatik. Er stellt in den Anfang die Schöpfung aus dem Nichts durch den Entschluß eines Gottes, der absolut und einzig ist. Die Krone der Schöpfung ist der Mensch, denn er allein hat eine Seele und damit das Vermögen, Gut von Böse zu unterscheiden, nach freiem Willen sündig oder rein zu sein. Das Gesetz ist dem Menschen als Offenbarung gegeben, damit er sich ein Maß verschaffe, das er in sich nicht besitzt. Aber die sittliche Entscheidung bleibt doch bei ihm. Die Sünde wird erst von ihm geschaffen, je nach seinem Verhalten. Sie ist nicht von Anfang an in der Welt. Darum ist sein Geschick nicht gebunden, sondern er bereitet es sich zur Verdunkelung seiner Seele mit schlechten und zur Läuterung seiner Seele mit guten Taten. Erst das Jenseits gleicht das Für und das Wider aus. Es wird eingeleitet durch den Tod, der das Leben nicht abschließt, sondern der nur überleitet zu einem neuen Schicksalsweg der Seele.

Mit der Fixierung und Systematisierung solcher Ideen öffnet Saadia der jüdischen Welt von neuem den Durchbruch in die Freiheit des Denkens. Von Saadia an darf man um den Talmud kämpfen und um das Gebiet der religiösen Dogmen. Er gab der Zeit zu ihrem Abschluß eine Möglichkeit. Zu einer Vollendung konnte die babylonische Epoche nicht gedeihen. Sie stellt eine Etappe dar, die zwei Gegensätze begrenzen und einschließen: das Gesetz und das Herz, die Halacha und die Haggada. Schon da stehen sie einander gegenüber und sind doch beide aus einer Quelle und füreinander bestimmt. Eines haben sie in aller Ewigkeit gemeinsam: das Sichbemühen um Gott.

Passive Geschichte

Zur gleichen Zeit, da Babylonien dem Judentum eine neue Aktivität vermittelte, beginnt für das Judentum in den europäischen Ländern, soweit sie sie damals besiedelt hatten, der passive Zeitraum. Passiv bedeutet hier: man zwang die Juden, Geschichte zu erdulden. Eine fremde Macht: die christliche Kirche – nicht die christliche Religion – trat ihnen bei jeder Begegnung in den Weg und versuchte, sie zu bekehren, und wo ihr das nicht gelang, sie zu vernichten, mindestens aber, sie auf die geringste denkbare Stufe der Existenz herabzudrücken.

Die Vorgänge wiederholen sich in größter Eintönigkeit in allen europäischen Ländern und immer mit dem gleichen Ablauf des Geschehens. Zunächst wohnen die Juden und die eingesessenen Völker nebeneinander in allem Frieden und mit den normalen nachbarlichen, beruflichen und geistigen Beziehungen. Sobald die christlichen Missionare erscheinen, ändert sich das Bild. Ihre werbende Tätigkeit ist nicht nur darauf abgestellt, Heiden zu Christen zu bekehren, sondern zugleich, sie mit allen erdenklichen Mitteln von den Juden fernzuhalten und sie in einen Gegensatz dazu zu bringen. Das war nicht immer leicht, denn die vielfache Verknüpfung menschlicher und wirtschaftlicher Interessen war sehr oft stärker als der Gehorsam gegen die neue Religion. Aber was der Glaube nicht bewirkte – genauer: was der Glaube gar nicht bewirken durfte, wenn er sich selbst als »Religion der Liebe« nicht ad absurdum führen wollte – bewirkte die Kirche, das heißt: das Christentum in seiner Ausgestaltung als politische Institution.

Über ihre Entstehung ist schon gesprochen. Wir haben es jetzt für die jüdische Geschichte mit ihrer Auswirkung zu tun. Es wird damit eines der dunkelsten und leidvollsten Kapitel in der Geschichte von Menschen überhaupt berührt. Wenn man die Unzahl der Grausamkeiten, Martern, Verfolgungen, Morde, Schlächtereien, Rechtsbeschränkungen und Quälereien an sich vorüberziehen läßt, die das Judentum seit ewigen Zeiten vom Christentum hat hinnehmen müssen, dann muß man sich sehr ernsthaft die Frage stellen, ob man dafür das Christentum als Religion, als religiöse Idee, überhaupt verantwortlich machen kann. Tut man es, glaubt man den Christen, die da sagten, daß sie im Namen ihres *Glaubens*, im Namen Jesu handelten, dann muß man die reale Tragfähigkeit der ethischen, der sozialen, der mitmenschlichen Idee im Christentum schlechthin in Abrede stellen. Aber der Respekt des Juden vor jedem Glauben als einem Ausdruck des höchsten inneren Erlebens und der jüdische Wille zum menschlichen Ausgleich eröffnen eine andere Möglichkeit der Beurteilung: der größte Teil der Manifestationen, die sich mit dem Decknamen des Christentums bekleidet haben (und bekleiden), sind – jenseits wahrer Religion – politische Akte und Ergebnisse.

Diese Kirche hat, in Italien wie in Gallien, im fränkischen Reich wie in Spanien, den Kampf gegen das Judentum aufgenommen. Die Brutalität des Kampfes wächst in dem Maße, wie der Kampfplatz von Rom entfernter ist. Man kann ihm – als politischem Kampf – nicht die Berechtigung und Logik absprechen. In dem jungen Papsttum hatte die Idee der Ausschließlichkeit der christlichen Religion ihre Verkörperung erfahren. War die Religion ausschließlich, so mußte auch das Herrschaftsgebiet ausschließlich sein, das heißt: es mußte die ganze Welt umfassen und mußte in dieser ganzen Welt niemanden dulden, der sich nicht der Herrschaft, dem Christentum, unterwarf. Aus diesem imperialistischen Gedanken kommt die enorme Stoßkraft der christlichen Propaganda. Wo das Wort nicht bekehrte, tat es das Schwert. Aber es gab überall eine Gruppe von Menschen, die weder vor dem Wort noch vor dem Schwert kapitulieren wollten: die Juden. Sie waren der lebendige Gegenbeweis gegen das Recht der Kirche, sich die Ausschließlichkeit der Herrschaft anzumaßen. Dieser Gegenbeweis mußte vom Christentum widerlegt und, wo das nicht ging, beseitigt werden.

Die Macht dazu besaß es. In einer Zeit, die den Zusammenbruch des römischen Weltreiches, die Völkerwanderungen, die Entstehung neuer Reiche, die Auflösung aller bisherigen Gewalten und das Ringen um die Bildung neuer Gewalten erlebte, war allein das junge Christentum mit einer einheitlichen, durchgehenden und im wesentlichen gleichbleibenden Idee auf dem Kampfplatz. Mit Ost- und Westrom als christlichen Staaten im Hintergrunde konnte es methodisch und systematisch die politischen Kräfte gegeneinander ausspielen und sich dienstbar machen. Der Exekutor war der Klerus.

Hatten die Juden bisher nur die Botmäßigkeit fremder Könige zu ertragen, so erwuchs ihnen jetzt im Klerus eine neue. Waren die fremden Könige je nach Einsicht, Gesittung und Laune gut oder schlecht zu den Juden, so konnte der Klerus offiziell nur eine feindselige Haltung einnehmen. Von allem Anfang an war das christliche Priestertum mit Macht begabt, ursprünglich aus eigenem Recht her, dann steigend aus der Idee der Nachfolgerschaft Christi. Wenn die Religion die politischen Grenzen eines Landes überschritt, tat die Geistlichkeit den gleichen Schritt, aber sie fühlte sich zu einer übernationalen Organisation gehörig. Die Macht, die ihnen nach und nach über die Menschen, über die Seelen eingeräumt wurde, weil nur durch die Vermittlung des Priesters der Mensch zu seinem Heil gelangen konnte, stärkte diese Organisation rückwirkend wieder, weil alle ihre Mitglieder der ihnen eingeräumten Macht wegen an der Quelle der Macht, eben der Organisation, stark interessiert waren. War schon sonst in national abgerundeten Ländern das Priestertum eine Kaste mit strengem Abschluß, so ergab sich für das Christentum bei jeder Überschreitung der politischen Grenzen eine Geistlichkeit als übernational organisierte Gemeinschaft, eine Kaste, die von der Macht lebte, die sie selbst innerhalb der Kaste erzeugte. Von daher ist zu verstehen, daß in allen Ländern der Klerus einheitlich reagierte. Nur Geldinteressen brachten die einzelnen Vertreter zu einer abweichenden Haltung. Die Könige hingegen, als isolierte, nicht durch Organisation verbundene und gestützte Macht, konnten je nach ihrer politischen oder menschlichen Begabung tun, was sie wollten. Sie durften unter Umständen ihrer besseren menschlichen oder auch nur staatsmännischen Erkenntnis folgen und taten es zuweilen im offenen Kampf gegen den Klerus. Dem Klerus aber hätte eine solche Einstellung der Todesstoß der Organisation und damit seiner Macht bedeutet. Darum ist ihre geistige Reaktion zielstrebiger, hartnäckiger, bösartiger gewesen und für die jahrhundertelange Vertierung und Knechtung der Menschen verantwortlicher.

Die Juden boten sich als Objekte der Macht von allem Anfang an als geeignet dar. Sie waren ungefährlich, weil sie keine effektive Gewalt besaßen. Die Gewalt, die sie nach innen durch ihre Selbstverwaltung besaßen, brach man in Italien und Byzanz schon 398 dadurch, daß man ihnen die eigene Gerichtsbarkeit nahm. Damit lieferte man sie und ihre Lebensverhältnisse dem Zugriff des Staates und der Geistlichkeit aus. Dennoch waren sie gefährlich, denn die Loslösung der neuen Christen von ihren vielfachen Beziehungen zu den Juden geschah nicht spontan genug, um eine stille Gegenpropaganda der Juden unter den Heiden von gestern unmöglich zu machen. So wie das Christentum das Judentum zur Voraussetzung hatte und wie es in seinen Anfängen und für seinen Aufbau überhaupt nur aus jüdischen Formen leben konnte, so war auch noch in dieser Zeit eine Summe von inneren Abhängigkeiten vorhanden, die sehr viele Christen in Anschauung, Bräuchen und Lebensformen zu den Juden hinneigen ließ. Christen wohnten dem Gottesdienst in den Synagogen bei. Sie hielten mit den Juden die Fasttage, den Sabbat, das Neujahr, das Passah- und das Laubhüttenfest. Wenn in Prozessen ein Eid zu leisten war, zog man es vor, ihn in der Synagoge leisten zu lassen, weil er feierlicher und verpflichtender sei als der in der Kirche geleistete Eid. So hatte die Kirche nicht nur gegen die Heiden zu kämpfen, sondern auch gegen die Judaisierenden in ihren eigenen Reihen.

Dieser Kampf ließ sich auf zwei Wegen führen: auf dem der künstlichen Absonderung der Juden von den Christen und auf dem der Bekehrung der Juden. Beide Wege wurden abwechselnd und gleichzeitig beschritten. Eine Unzahl von Beschlüssen auf den verschiedenen Konzilien befaßt sich mit Vorschriften über die Absonderung der Juden von der christlichen Umwelt. Von der Mischehe bis zur gemeinsamen Mahlzeit wird jeder Verkehr unterbunden. Schon im 6. Jahrhundert wird im Frankenreich der Merowinger die Vorschrift ausgeheckt, daß sich die Juden Ostern vier Tage lang nicht auf der Straße sehen lassen dürfen.

Eine solche Verfügung ist sehr aufschlußreich. Wenn die Absonderungsmaßnahmen wirksam werden sollten, brauchten sie für das schlichte Volk eine ausreichende Begründung. Politische und theologische Erwägungen reichten dafür nicht aus. Es mußte an den Instinkt appelliert werden, an den religiösen Fanatismus, an die Bereitwilligkeit der Menschen, sich selbst als Auslese und die anderen als Aussatz zu empfinden. Darum wurde nichts versäumt, was den Juden durch Ausnahmevorschriften in den Augen der neuen Christen verächtlich machen konnte. So lange und so eindringlich hat die Kirche diesen Gedanken in die Gehirne ihrer Gläubigen gehämmert, bis sie in den Ereignissen der Kreuzzüge, des Schwarzen Todes, der Pastorellenzüge und der spanischen Inquisition die blutige Ernte einbringen konnte.

Gewiß: das Judentum, durch seine Eigenart an sich schon zur Absonderung geneigt, hatte sich bei den vielen Kämpfen gegen eine übermächtige Umgebung immer von neuem und in immer anderer Form isoliert. Und doch besteht zwischen dieser freiwilligen Absonderung und dem erzwungenen Abschluß ein Unterschied wie zwischen Notwehr und

Verbrechen. Die Absonderung dort ist auf Freiheit der Überzeugung gerichtet und auf das Verlangen, in der Selbständigkeit der eigenen Überzeugung respektiert zu werden; hier dagegen auf Verachtung und Vernichtung des Menschlichen. Erst das Christentum hat in die Absonderung durch systematische Züchtung die verhängnisvolle Note gebracht.

Aber unabhängig davon bestand der Versuch, das Judenproblem durch Bekehrung zu lösen. Das junge Papsttum stand auf dem Standpunkt, man solle den Juden ihre bisherigen Rechte lassen, solle sie nicht bedrücken, sondern nur scharf darauf achten, daß sie keine jüdische Propaganda unter den Christen treiben, und vor allem sollte man ihnen den Besitz christlicher Sklaven untersagen. Im übrigen würden sie schon von selbst zur Vernunft kommen. Die Meinung Gregors I. ging dahin: »Wir gewinnen, wenn auch nicht sie selbst, so doch gewiß ihre Kinder.« Die einzelnen Länder hatten aber ihre eigenen Gedanken über die Bekehrung. Byzanz, das fränkische Reich und später auch Spanien bewiesen den unbedingten Willen, die Juden zu bekehren. Dafür gab es drei Mittel: besondere Prämien und Vergünstigungen für den Übertritt, wirtschaftliche Nachteile für die Widerstrebenden und endlich Gewaltanwendung gegen die durchaus Hartnäckigen.

Für die wirtschaftliche Pression war die Hauptwaffe die Handhabung des Gesetzes über Sklaven. Die Wirtschaft der damaligen Zeit, insbesondere die Land- und Gartenwirtschaft, war durchaus auf der Verwendung gekaufter menschlicher Arbeitskräfte aufgebaut. Man verbot also den Juden bei Verwirkung schwerster Strafen den Besitz christlicher Sklaven. Als die Juden dazu übergingen, heidnische Sklaven zu verwenden, wurde verordnet, daß jeder heidnische Sklave, der zum Christentum übertrat, dadurch frei würde; das heißt: entlassen werden müsse. Es versteht sich, daß viele heidnische Sklaven von dieser Möglichkeit Gebrauch machten, freie Menschen zu werden. Es geschah auf Kosten der Juden.

Wo auch diese Untergrabung und sehr oft Vernichtung der wirtschaftlichen Existenz keine Bekehrung zuwege brachten, griff man zur Gewalt; das heißt, man schleppte die Juden in die Kirche und taufte sie. Man stahl ihnen die Kinder und brachte sie zwecks Erziehung im christlichen Geiste in Klöstern oder in christlichen Familien unter.

Diese Vorgänge finden sich einheitlich überall da, wohin das Christentum kam. Wenn wir uns auf die Darstellung der Vorgänge in Spanien beschränken, so geben wir damit das Paradigma und setzen zugleich den Bericht über die zeitliche Folge der Ereignisse fort.

In Spanien besaßen die Juden schon seit dem 1. Jahrhundert Siedlungen, die nach Zahl, wirtschaftlicher Bedeutung und kulturellem Einfluß sehr stark waren. Gerade diese Bedeutsamkeit veranlaßte die spanischen

Bischöfe dazu, als erste den Angriff gegen die Juden zu eröffnen. Schon 306, also noch ehe das Christentum im römischen Reich Staatsreligion wurde, beschließen sie auf einem Konzil anläßlich der Beratung über die Heidenbekehrung die scharfe Absonderung der Christen von den Juden, insbesondere das Verbot von Mischehen. Erst durch das Eindringen der Westgoten zu Beginn des 5. Jahrhunderts wird diese Kampfaktion unterbrochen. Die Westgoten waren Arianer, standen also zum orthodoxen Katholizismus in einem dogmatischen Gegensatz. Es ist nicht uninteressant, anzumerken, daß die Arianer (also diejenigen, die an die Wesensähnlichkeit Christi und Gottes und nicht an ihre Wesensgleichheit glauben) gegen Andersgläubige immer tolerant waren. Auch bei dem Ostgoten Theoderich war es so. Erst mit dem Bekenntnis zum Athanasianismus flammt der religiöse Fanatismus auf und entlädt sich gegen alles Andersgläubige.

Nicht anders war es bei den Westgoten in Spanien, als sie sich (unter Reckared I., 586–601) vom Arianismus lossagten. Da explodierte in ihnen der Größenwahn der Macht zugleich mit dem religiösen Fanatismus. Das war möglich, weil hier zum erstenmal Kirche und König zusammenwirkten, die Autorität beider Gewalten identisch war und Beschlüsse der Konzilien folglich zugleich Staatsgesetze waren. Die Gesetzgebung, die sich daraus ergab und die Montesquieu »kindische, bizarre und blödsinnige Elaborate« genannt hat, wollte die Einheit von Staat und Kirche mit jedem verfügbaren Gewaltmittel erzwingen. Da die Juden auch bei schärfster Anwendung der Gesetze nicht Christen werden wollten, wurde ihnen 613 (unter Sisebut) das Ultimatum gestellt: Taufe oder Auswanderung. Ein Teil der Juden, der mit seinem Grundbesitz verwachsen war, trat zum Scheine zum Christentum über. Ein anderer Teil wanderte nach Nordafrika aus. Diejenigen, die nach dem fränkischen Reich auswanderten, gerieten in die Hände des Merowingers Dagobert, der sie vor die gleiche Alternative stellte: die Taufe zu nehmen oder weiterzuwandern. Es scheint, daß sie im Christentum aufgegangen sind.

Der nächste König, Swintila, der sich mehr um die Politik seines Landes als um die Kirche kümmerte, ließ es zu, daß die Scheinchristen wieder zum Judentum zurückkehrten. Das war eine Niederlage der Kirche, und sie nahm grauenhafte Rache dafür, natürlich nicht an dem König, sondern an den Juden. Als sie wieder das freie Regiment erhielt (unter Sisemant), stellte sie auf dem 4. Konzil zu Toledo das Problem dieser Juden zur Diskussion. Das Ergebnis war dieses: es darf fortan kein Jude mit Gewalt getauft werden; ist er aber einmal getauft, wenn auch mit Gewalt, so muß er Christ bleiben.

Um festzustellen, ob solche Täuflinge nicht doch insgeheim sich der

Befolgung ihres wirklichen Glaubens schuldig machten, wurden sie den Bischöfen in einem Umfange zur Kontrolle ausgeliefert, der sie zu willenlosen Gegenständen machte. Die Bischöfe quälten und erpreßten sie hemmungslos, und an dem Konzil, das diese unmenschlichen Erpressungen mit dem Kirchenbanne bedrohte, nahmen die größten Erpresser selber teil. Es beginnt schon hier das seelische Martyrium, das später in dem Kampfe der spanischen Inquisition gegen die Marranen, die jüdischen Scheinchristen, übermenschliches Format bekam.

Aber das war erst der Beginn. König Chintilla (636–640) leistet bei seiner Thronbesteigung den Eid, daß er alle gegen die Juden gerichteten Kanons treu befolgen werde. Die zwangsgetauften Juden, neue Vergewaltigungen befürchtend, unterbreiten ihm und den Bischöfen ein Bußschreiben, ein Placitum, in dem sie geloben, gute Christen sein zu wollen und mit Juden nicht einmal mehr verkehren zu wollen.

Das befreite sie nicht. Sie wurden darüber hinaus noch in den Kampf einbezogen, den König Recesswint (649–672) auch gegen die noch nicht getauften Juden eröffnete. Er erklärt vor dem 8. Konzil (653): »Während der allmächtige Gott in unserem Lande alle Irrlehren ausgerottet hat, ist allein diese gotteslästerliche Sekte noch immer unvertilgt, und so muß sie entweder durch die Kraft unserer Frömmigkeit auf den rechten Weg geführt oder aber mit dem Stock der Rache zu Boden geschlagen werden.«

Die Kraft der Frömmigkeit scheint zur Vernichtung der Juden nicht ausgereicht zu haben, denn der nächste Westgote, Erwig (680–687), mußte zum Stock der Rache greifen. In seiner Eröffnungsrede zum 12. Konzil von Toledo beschwört er die Bischöfe: »Ich beschwöre euch, rafft euch doch endlich auf! Reißt mit der Wurzel die jüdische Pest aus!« Es ergeht ein Gesetz, wonach die jüdische Religion für verboten erklärt wird. Den Juden wird befohlen, sich binnen einem Jahre taufen zu lassen. Wenn sie es nicht tun, trifft sie folgende Strafe: hundert Peitschenhiebe, Ausreißen der Kopfhaare, Verweisung aus dem Lande, Einziehung des Vermögens für den König.

Vor dieser Bedrohung fliehen viele Juden nach Nordafrika, wo sie sich den Arabern anschließen. Das Gesetz kam aber nicht zur Durchführung, weil die Statthalter der Provinzen und die Lehensherren gegen diesen wirtschaftlichen Selbstmord opponierten. Als Schlußpunkt der westgotischen Gesetzgebung tritt dagegen im Jahre 694 das Gesetz des 17. Konzils in Kraft: Alle Juden in Spanien sind von jetzt an Leibeigene des Königs. Er kann über sie wie über einen toten Gegenstand verfügen.

Die christliche Politik mußte noch sechs Jahrhunderte warten, bis sie das Ideal des nationalchristlichen Einheitsstaates verwirklichen konnte.

Einstweilen mußte sich das Westgotentum vor dem Einbruch des Islam für lange Zeit in die Bedeutungslosigkeit zurückziehen. Die Juden, denen das Los von Sklaven zugedacht war, konnten inzwischen Träger einer Weltkultur werden.

VON DER SPANISCHEN EPOCHE BIS ZUR VERTREIBUNG AUS DEM WESTEN

Schöpferische Entwicklung

Der Impuls, der aus den entfesselten Kräften des semitischen Arabertums über Syrien, Palästina und Ägypten nach Nordafrika einbricht, empfängt dort einen erneuten Anstoß durch die eingesessenen Völkerschaften, insbesondere die Berber, und durch die Juden, die vor den königlichen und klerikalen Barbaren des westgotischen sowohl wie des byzantinischen Reiches dorthin geflohen waren. Die Berber verhelfen dem arabischen Expansionsdrang zum Hinübergreifen nach Spanien. Die Juden stärken dieses Unternehmen militärisch und finanziell. 711 dringen die Berber unter Tarik über die Meerenge und besetzen Andalusien. Während die Juden im Lande Wach- und Besatzungstruppen stellen, vollendet Musa (712) die Eroberung von Süd- und Mittelspanien.

Die eroberten Gebiete gelten als afrikanische Provinz des Omajadenkalifats. Der Charakter dieser Invasion als eines reinen Eroberungszuges drückt den Verhältnissen der nächsten Jahrzehnte seinen Stempel auf. Juden und Christen werden im gleichen Umfange von den Eroberern ausgebeutet, die zudem in vielen kleinen Gruppen miteinander in Streit liegen. Aber schon unter dem Omajaden Abdurrahman klären sich die Verhältnisse. Er ruft sich (756) zum unabhängigen Emir von Spanien aus. Es beginnt der Übergang des eroberungssüchtigen Nomadentums zur Ordnung und Seßhaftigkeit. Das Land erhält eine Verwaltung, die, soweit die Andersgläubigen in Betracht kommen, zwar auf ihrer Duldung, aber doch auf ihrer Sonderbesteuerung aufgebaut ist. Das Problem der verschiedenen Religionen erfuhr durch den massenweisen Übertritt von

Christen zum Islam eine Vereinfachung. Die Motive waren Steuerersparnis, die Möglichkeit, zu Staatsämtern zugelassen zu werden, und endlich ein wirtschaftlicher Grund. In Umkehrung des gegen die Juden gerichteten christlichen Gesetzes war ein arabisches Gesetz ergangen, daß jeder Sklave eines Christen, der zum Islam übertrat, freigelassen werden müsse. So zogen die Christen es vor, Muselmanen zu werden, und es entstand eine ganze Bevölkerungsschicht christlicher Renegaten, die sich, um ihre besondere Rechtgläubigkeit zu betonen, bei den Aufständen der klerikalen muselmanischen Partei gegen die Regierung immer zur Orthodoxie hielten. Wirtschaftlich, politisch und kulturell spielen die Christen fortan keine Rolle, was für die Ausgestaltung des jüdischen Kulturlebens von größter Bedeutung ist.

Die Juden ertrugen das Los eroberter Völker, aber nicht mehr. Sie konnten sich langsam von den Angriffen des christlichen Westgotenreiches erholen. Als Abdurrahman III. sich zum Kalifen ausrief (929) und seinem Lande den Rang eines europäischen Großstaates gab, war die innere Konsolidierung der Juden bereits so weit vorgeschritten, daß sie an einen produktiven Ausbau ihrer Existenz gehen konnten. Man ließ ihnen dafür im arabischen Spanien zwei Jahrhunderte Zeit und Luftraum. Sie haben sie voll ausgenutzt. Wenn die Leistungen dieses Zeitraumes von einem Volke hervorgebracht worden wären, das einen anderen Namen als den von Juden getragen hätte, so wäre ihnen in der Kulturgeschichte der Welt ein markanter Platz eingeräumt worden.

Man hat die geistigen Bemühungen der spanischen Epoche eine jüdische Renaissance genannt. Das ist ungenau. Hier wird nicht wiederholt und nachgeahmt und nichts Vergangenes zum Vorbild genommen. Hier wird vielmehr von einem Volke der Versuch gemacht, seine Totalität aus eigener Gesetzmäßigkeit zu leben. Unter Totalität muß hier wirklich jede Funktion verstanden werden, die ein Volkskörper nur aus sich entlassen kann: Organisation der Volksgemeinschaft, Wirtschaft, Religion, Kunst, Philosophie. Alle diese Gebiete werden mit einem unerhörten élan vital angegriffen und gestaltet. Sie finden eine Resonanz von ungewöhnlicher Weite. Die Befreiung der spanischen Juden vom westgotischen Christentum wirkt sich sofort für die Juden der ganzen Welt aus. Alles, was auf dem Wege des arabischen Riesenreiches liegt, alles, was es an Juden zwischen Bagdad und Cordova gibt, ist jetzt wieder miteinander in Kontakt gebracht. Die Einheit des jüdischen Weltbestandes, der mangels eines eigenen Landes immer von der politischen Weltlage abhängig blieb, wird in einem erheblichen Umfange wiederhergestellt. Dieses Weltjudentum hat immer die Tendenz, die verlorene staatliche Gemeinschaft durch eine fiktive zu ersetzen, hat folglich immer das Bestreben, sich nach einem gemeinsamen Zentrum hin zu orientieren. Die erzwungene Beweglichkeit führt zur Ausbildung eines beweglichen Zentrums. Sie akzeptieren es immer da, wo die geistige Auslese sitzt; nie da, wo die wirtschaftliche oder politische Macht sitzt. (Nur praktisch war es so, daß wirtschaftliche und politische Freiheit den Juden auch immer geistige Möglichkeiten gegeben hat.) Sie akzeptieren es jetzt in Spanien. Sie verlegen die nationale Hegemonie vom Osten nach dem Westen. Wie einst Babylonien sich rechtzeitig zur Ablösung Palästinas auftat, so tut sich jetzt Spanien rechtzeitig zur Ablösung Babyloniens auf. Denn Babylonien hatte als Zentrum der Judenheit keine Lebensmöglichkeit mehr. Alles, was dort hatte geschehen können, war geschehen: es war die Fesselung geschaffen worden, in die das Individuum sich begeben konnte, wenn es von der Umwelt nicht verschlungen werden wollte: der Talmud. Es war aber zugleich – als Ergebnis der messianischen Zuckungen, der Karäerbewegung und der Philosophie eines Saadia – der Weg gezeigt worden, auf dem diese Fesselung nicht nur unschädlich, sondern sogar produktiv werden konnte. Babylonien hatte das Judentum so weit vorbereitet, daß es jetzt erneut in die Welt eintreten konnte. Allerdings kam ihm dafür ein Stück Orient, ein Stück heimatlicher Atmosphäre in Gestalt des Arabertums zur Hilfe. Es muß immer wieder betont werden, daß solche Chancen, solche Existenzmöglichkeiten dem Judentum vom Christentum niemals geboten worden sind. (Dieses Gesetz erfährt nur eine Ausnahme für die wenigen Fälle, in denen sich das Christentum jenseits dogmatischer Bindungen auf das rein Menschliche und Geistige beschränkte.)

Dieses neue Zentrum bekommt notwendig ein ganz anderes Gesicht als alle früheren. Nur in einer ganz äußerlichen und formalen Ähnlichkeit wiederholen sich die alten babylonischen Institutionen des Exilarchats und des Gaonats. Da ist der Arzt Chasdai ibn Schaprut (910–970), der politische Berater und Außenminister Abdurrahmans III. und Hakims II., den die Juden seines Einflusses und seiner persönlichen Qualitäten wegen mit Nassi, Fürst, anreden. Da ist ferner die von ihm in Cordova angeregte Akademie, die jüdische Gelehrte aus der ganzen Welt zu sich heranzieht und in der man gerne das Gaonat verkörpert sah. Aber beider Position und Bedeutung beruht nicht mehr auf der offiziellen Anerkennung seitens der Regierung als Repräsentanten, sondern auf dem Entschluß der Judenheit, hier ihre Repräsentanten zu sehen. Auch die Inhalte dieser Ämter mußten notwendig andere werden. Zwar trieb man in der Akademie zu Cordova noch eifrig und eingehend das Studium des Talmud, und es ist wohl in Spanien kein jüdischer Dichter oder Philosoph oder Wissenschaftler entstanden, der nicht in seiner Jugend durch die Schule des Talmud gegangen wäre. Aber der Talmud hat für die geistige Atmosphäre, die da entsteht, längst nicht mehr diese überragende Bedeutung. Er ist nicht mehr Selbstzweck, sondern ein Stück ihres geistigen Bestandes. Sie wollen sich ihm nicht mehr ausliefern, sondern wollen ihn verwenden; und nur zu diesem Zwecke gehen sie daran, ihn übersichtlicher, faßbarer, geordneter zu machen.

Das sind in der Tat die beiden Grundtendenzen, denen das jüdische Leben dieser spanischen Epoche untersteht: Ordnung und Gestaltung. Ordnung, um den geistigen Bestand, die geistige Erbschaft, die geistigen Möglichkeiten übersehbar und verfügbar zu haben; und Gestaltung, um aus dieser Übersicht her die Welt hell, freudig und menschenwürdig zu machen. Darin ist schon zugleich Ausgangspunkt und Ziel dieses geistigen Lebens enthalten: Ausgangspunkt ist das Nationale, Endziel ist die Welt, die Menschheit, das Universale. Nimmt man hinzu, daß das verhältnismäßig ungestörte Leben sie auch wirtschaftlich ungemein förderte (schon aus dem schlichten Grunde, weil sie – hier wie überall – der wirtschaftlichen Entwicklung der Umgebung um einen, um den entscheidenden Schritt voraus waren), so wird begreiflich, daß sie ein ungewöhnliches Niveau auf jedem Gebiet erreichten. Es gab bis zum Ausgang des 12. Jahrhunderts in der Welt, die damals Geschichte machte, überhaupt nur zwei produktive Kulturvölker: die Araber und die Juden.

Grundlage der Gestaltung wird diejenige Form der Bildung, die man im Rahmen allgemeiner Kulturgeschichte als Humanismus bezeichnet. Nur setzt sie bei den Juden Spaniens vier Jahrhunderte früher ein als in Italien. Schon im 9. und 10. Jahrhundert wird diese Bewegung lebendig. Ein starkes Bedürfnis nach Wissen und Erkenntnis und Orientierung macht sich überall spürbar. Sie verankern dieses Wissen sehr gründlich nach rückwärts, in dem Element, das ihnen zum Ausdruck dient: der Sprache. Es entsteht eine Grammatik, es entstehen analytische Wörterbücher, es wird die Struktur der hebräischen Sprache erforscht und erkannt, es wird ihre Form, ihr Ausdrucksgehalt lebendig gemacht und umkämpft. Schlechtes Hebräischsprechen oder -schreiben entfesselt bald den bittersten Hohn und den galligsten Spott. Das Wissen um die hebräische Sprache wird eine Wissenschaft, ihre Anwendung eine hohe Kunst, sie selbst ein Ausdrucks- und Gestaltungsmittel von vollendeter klassischer Schönheit.

Mit der Sprache als Element können sie es auch wagen, ihre letzte rückwärtige Verankerung, die Bibel, neu zu lesen und das aus der Sprachform oder aus fehlerhafter Überlieferung Dunkle aufzuhellen und für das Verständnis aufzuschließen. So entstehen schon zu Beginn des 12. Jahrhunderts die ersten regulären Bibelkommentare. Das setzt ein intensives Interesse für die Bibel voraus. Solche vermehrte Beschäftigung mit der

Bibel bedeutet aber in der jüdischen Zerstreuung fast immer, daß zugleich die Beschäftigung mit dem Talmud zurücktritt, ja daß darin sogar eine stille (oft auch sehr betonte) Opposition gegen den Talmud liegt. Hier in Spanien bekommt der Talmud sein Gegengewicht vom Herzen her. Den starren, verpflichtenden, unbiegsamen Riten des Talmud wird gegenüber gestellt, was der Mensch in den ewig wechselnden Situationen des Lebens sich von innen, vom Herzen her, diktieren lassen muß. Herz gegen Talmud, Steigerung der inneren Religiosität: das ist der Sinn des volkstümlichen Buches »Herzenspflichten«, das Bachja ibn Pakuda Anfang des 11. Jahrhunderts verfaßt.

Das Übergewicht des Talmud erfuhr auch schon dadurch eine Beschränkung, daß das Ordnungsbestreben sich auch dieses gewaltigen Stoffes bemächtigte und ihn unter Ausschaltung alles Unwesentlichen und Verwirrenden systematisch bearbeitete und darstellte. (»Der kleine Talmud« von Isaak Alfarsi, 1013–1103.) Alles drei zusammen: Sprachforschung, Systematisierung des Stoffes und die Verweisung des Talmud auf seinen eigentlichen Bezirk konnten erst diejenige schöpferische religiöse Tendenz frei machen, die schließlich auch dem Talmud selbst zugrunde liegt. Was unter anderen Lebensbedingungen Haggada werden und Midrasch bleiben mußte, konnte hier Dichtung und Philosophie werden. Damit sind zugleich die wirklichen Kräfte von Haggada und Midrasch enthüllt.

Solche systematische Fundierung der ererbten Geisteswelt mußte natürlich das Niveau der allgemeinen Bildung ganz beträchtlich heben. Es gab kein Gebiet des damaligen Wissens, das nicht bearbeitet und beherrscht wurde: Medizin, Naturwissenschaft, Mathematik, Astronomie, Sprachforschung, Literatur, Poesie, Moral- und Religionsphilosophie. Es gibt nur ein Gebiet, das die spanischen Juden nicht bearbeitet haben: Historie; nicht einmal ihre eigene. Das hat seinen tiefen Sinn und einen ganz anderen Grund als den, aus dem heraus die Juden in der babylonischen Zeit keine Geschichte getrieben haben: sie waren noch genügend geistig verankert; sie hatten keine Neugier nach rückwärts; sie suchten Anschluß an den Weltgeist und an die Weltseele; sie durchforschen und durchdenken und durchdichten die Welt nach ihren zukünftigen Möglichkeiten; sie hören erst da zu schaffen auf, wo die Spannweite ihrer Erkenntnis aufhört. Und diese Spannweite war ungewöhnlich groß.

Philo im hellenischen Alexandrien und Saadia im talmudischen Babylonien waren zwar jeder der präzise Ausdruck von Zeit und Ort ihres Wirkens, aber sie waren doch vereinzelte Erscheinungen. In der spanischen Epoche dagegen werden die philosophischen Gestalter so zahlreich, daß man in Versuchung gerät, eine Geschichte der jüdischen Philosophie statt einer Geschichte des jüdischen Volkes zu schreiben. Da diese Philosophie aus einer ungewöhnlichen Lebensfülle erwächst, ist mehr oder minder jeder Gebildete ein Philosoph und jeder Philosoph darüber hinaus noch auf einem anderen Gebiete schöpferisch oder doch tätig. Schon der erwähnte Außenminister Chasdai ibn Schaprut ist ein Mann mit gründlicher philosophischer Durchbildung, und da sein Amt ihm zur produktiven Tätigkeit keine Zeit läßt, verwendet er wenigstens sein beträchtliches Vermögen zu einem großzügigen Mäzenatentum.

Ihm gleich als Staatsmann und Mäzen, nur wissenschaftlich und philosophisch noch tiefer geschult ist Samuel ha Nagid in Granada (982–1055). Er ist zugleich Dichter klassischer, wenn auch im Stile etwas mühsamer Werke. Er ist der erste jüdische Dichter Europas, der auch weltliche Motive in seine Dichtung einbezieht. In seiner Mischung von philosophischer Schulung und dichterischer Betätigung stellt er den Übergang dar zu denjenigen geistigen Größen, von denen man nur ungenau aussagen kann, ob sie überwiegend Dichter oder Philosophen oder beides im gleichen Maße gewesen seien.

Der erste dieser Reihe, in seiner Tiefe und Reichweite im 11. Jahrhundert völlig einsam, ist Salomon ibn Gabirol (etwa 1020–1070). Hier dichtet ein Mensch, der souverän über Form und Inhalt seines Dichtens verfügt, in aller Wirklichkeit das Ganze, das Gesamt seines Daseins: von der Not und Last seines privaten Geschickes bis zur gläubig-vertraulichen Zwiesprache mit Gott und bis zur metaphysischen Begründung der Welt. Mit stiller Resignation sagt er von sich: »Ich bin das Kind mit dem Herzen eines Achtzigjährigen; mein Leib wandelt auf der Erde, auf den Wolken schwebt mein Geist . . .«

Aber alles Unruhige und Zerrissene seiner privaten Existenz wird still und ausgeglichen, wenn er mit seinem Gott spricht oder seinen Gott mit seinem Volk sprechen läßt.»Gedulde dich noch eine Weile, du Erbarmungswürdige, bis ich meinen Boten hinaussende, daß er den Weg für mich bahne – dann will ich auf dem Berge Zion meinen König krönen.«

Ganz still und ausgeglichen wird er endlich da, wo es um seine Einbeziehung in den größten Zusammenhang, um sein Begreifen von Welt und All geht. Da stößt er bis zum »Quell des Lebens« vor, und diesen Titel trägt auch sein philosophisches Werk, in dem er vom höchsten, notwendigseienden Prinzip bis zur niedersten Kreatur die Stufenleiter einer ununterbrochenen Harmonie aufbaut. Makrokosmos und Mikrokosmos unterstehen dem gleichen Gesetz und der gleichen Kraft. »Die Kraft (des göttlichen Willens) reicht bis an den äußersten Saum der niedrigsten Kreatur.« Und wie das Göttliche Kraft aus sich entläßt, um alles, von der Urmaterie bis zum kleinsten Lebewesen, damit zu durchdringen, entläßt –

hinauf gerichtet – das menschliche Leben den ewigen Drang zu Gott als dem »Quell des Lebens«. So ist auch da die Harmonie der Bewegung geschlossen.

Ibn Gabirol ist der erste beachtliche Philosoph des Mittelalters in Europa. Die christliche Scholastik hat ausgiebig aus seinem Werke geschöpft. Sie wußte nämlich nicht, daß der Verfasser ein Jude sei. Albertus Magnus, Thomas von Aquino und Duns Scotus benützten das Werk »Fons vitae« von einem gewissen Avicebron. Das ist kein anderer als Ibn Gabirol.

An der Wende vom 11. bis zum 12. Jahrhundert steht dann eine ganze Schar von Dichtern und Philosophen. Sie haben in aller Verschiedenheit das Gemeinsame, daß sie in ihrem nationalen Herkommen wurzeln und von dort aus das Universale suchen; und während sie als Dichter, als mit dem Herzen Schaffende, das Hebräische bis zur letzten Feinheit meistern, schreiben sie als Philosophen, als mit dem Intellekt Schaffende, ein nicht minder klassisches Arabisch. So betonen sie auch mit dem wichtigen Medium des Ausdrucksmittels ihren Willen, ein Sondervolk und doch ein Weltvolk zu sein. So entläßt diese Epoche aus sich *das* Paradigma für die Stellung der Juden in der Welt.

Man hat die Leistungen dieser Denker – zu Unrecht – in eine innere Abhängigkeit gebracht von der gleichzeitigen arabischen Philosophie. In Wirklichkeit ist in beiden Völkern nur zur gleichen Zeit das gleiche Problem akut geworden. Jede Philosophie trägt einen Keim von Selbstherrlichkeit in sich, der traditionsfeindlich ist und somit eines Tages im Gegensatz zur Überlieferung, zur Religion stehen kann. Zwischen Bagdad und Spanien, zwischen den Orthodoxen und den Rationalisten unter den Arabern entstand im 12. Jahrhundert der Meinungskampf, ob der Glaube der Vernunft oder die Vernunft dem Glauben unterzuordnen sei. Für das Judentum war dieses Problem als eine Frage der Entwicklung fällig. Glaube, in seiner Ausprägung als Religion eines bestimmten Volkes, kann in Wirklichkeit immer nur den Menschen gerade *dieses* Volkes binden. (Darum gibt es in Wahrheit keine »Bekehrung«.) Zwischen zwei Gläubigen aus zwei verschiedenen Völkern gibt es daher keine Verständigung auf der Ebene ihrer Religion, sondern nur auf einer dritten, beiden übergeordneten Ebene. Wollte also die geistige Elite des damaligen Judentums den Schritt vom Nationalen zum Universalen wirklich und wirksam machen, mußte sie sich mit der Frage befassen, ob ihr Spezielles, die Religion, die Tradition, auf das Allgemeine, auf die jedem Menschen zugängliche Erkenntnis anwendbar sei. Darum war die Vorfrage zu erklären, wie Glaube und Vernunft, Religion und Philosophie zueinander ständen.

Es beginnen sehr lebendige Kämpfe um dieses wichtige Problem. Kein

Denker oder Dichter von Format geht daran vorüber. Da ist Moses ibn Esra (etwa 1070–1138), so reich als Dichter, daß sein Herz noch an einer unglücklichen Liebe brechen kann. Hunderte von Hymnen und Gebeten stammen von ihm, der schwermütige, religiöse Ausgleich für ein Leben, dem man eine lebendige und freudige Jugend zu früh zerstört hat. In seiner Philosophie sucht er nach einer Vermittlung zwischen Vernunft und Glaube, zwischen dem Bedürfnis, geistig klar zu erkennen, und der inneren Notwendigkeit, an das überlieferte religiöse Gut als Offenbarung zu glauben.

Da ist weiter Abraham ibn Esra (1092–1167), ein Polyhistor und Weltwanderer, bald in Ägypten, bald in Rom, in London, in Narbonne, Dichter, Grammatiker, Bibelexeget, Philosoph, ein Virtuose des Intellekts und ein armer Teufel, der von Mäzenen leben muß. Er ist gläubig und traditionsgebunden, aber er macht doch dem Rationalismus hie und da Konzessionen. Während er an die Gestaltung des Geschickes durch die freie Willensbestimmung des Menschen glaubt, glaubt er nicht minder überzeugt an den mystischen Pythagoräismus und an die Einwirkung der Gestirne auf menschliches Schicksal.

Sind diese beiden (und manche andere) Philosophen noch nicht für das Ja oder Nein entschlossen, so sind die beiden größten und farbigsten Gestalten dieses Jahrhunderts um so prächtiger und eigenwilliger im Entscheid, der eine für die unbedingte Vorherrschaft des Glaubens, der andere für die unbedingte Vorherrschaft der Vernunft, der eine im tiefsten Sinn national, der andere im tiefsten Sinn international, der eine Jehuda Halevi, der andere Moses ben Maimon, Maimonides genannt.

Jehuda ben Samuel Halevi, mit seinem arabischen Namen Abul-Hassan, 1085 in Cordova geboren, aber im südlichen arabischen Spanien ausgebildet, ist in seinem bürgerlichen Berufe Arzt, in seiner geistigen Berufung der lebendige, vibrierende Ausdruck der jüdischen Seele. Wenn Kunst ein Erschaffen von Werken ist, die uns so erregen, als ständen wir dem Geheimnis der Schöpfung selbst gegenüber, dann ist Jehuda Halevi ein sehr großer Dichter. Noch heute, 800 Jahre nach ihrer Entstehung, ist weder vom Glanz noch von der Kraft seiner Gedichte, Epigramme und Elegien etwas schwach geworden. Das konnte geschehen, weil bei ihm das Nationale und das Universale, das Private und das Allmenschliche, das religiös Gebundene und das geistig Entfesselte eine Harmonie von wunderbarer Einmaligkeit gebildet haben. In dieser Harmonie war ein Element, das ihr die Ruhe gab, und ein anderes, das ihr die Bewegung verlieh; das unbedingt gläubige Wurzeln in seinem Judentum als das Ruhende, die ewige und unstillbare Sehnsucht nach einer Erlösung seines Volkes als das Bewegende.

Bei solchen Elementen seines Wesens mußte das, was er an philosophischen Gedanken zu äußern hatte, notwendig judäozentrisch sein und in diesem Kreise dem Glauben die unbedingte Vorherrschaft über die Vernunft einräumen. Sein Buch »Kusari« (der Chazar) enthält sein System. Schon der arabische Titel ist ein Programm: »Buch der Beweise zur Verteidigung des gedemütigten Glaubens«. Der Beweis wird geführt in einem Gespräch zwischen einem Chazarenkönig, einem Philosophen, einem Christen, einem Muselmanen und einem Juden. Das ist die Idee, die Halevi den Juden gegen Aristoteles, gegen Plato, gegen die Verkettung des menschlichen Geschickes mit einer unentrinnbaren Vorsehung, gegen die Dreieinigkeit, gegen den Koran als die letzte gültige Offenbarung aufstellen läßt: das Judentum ist nicht Produkt philosophischer Spekulationen, sondern Ergebnis religiöser Offenbarungen. Als solches steht es weit über jeder Philosophie, und seine Gesetze sind übervernünftigen Ursprungs. Es sind Gesetze, die nicht nur, wie im Christentum und im Islam, den Glauben, die Anerkennung des Dogmas verlangen, sondern die ein Bekenntnis im Tun, im Handeln und in allen Lebensäußerungen verlangen. Zu solcher Erkenntnis und zu solchem Handeln sei das jüdische Volk als erstes ausersehen. Darum stehe es im Zentrum der Menschheit. Alle Philosophie könne höchstens dazu nützen, dieser Religion zu dienen, deren Wesen die Offenbarung und deren Merkzeichen die Prophetie sei. Diese Begnadung für das prophetische Erkennen sich immer neu zu erringen, sei die Aufgabe des jüdischen Volkes, die sie zu erfüllen habe bis in die Tage des Messias hinein.

Wie der Messianismus der Schlußpunkt seiner Philosophie ist, so ist er auch der Kernpunkt seiner Hymnen und Elegien. Und damit ist er keine isolierte Erscheinung. Je tiefer das Wissen und je reicher die Dichtungen dieser spanischen Epoche werden, desto leuchtender und inniger wird die Liebe zum Gedanken der Erlösung. Kein Wohlstand und kein wirtschaftliches Erblühen, keine Ehrenämter und keine geistige Befreiung haben das Bewußtsein dafür töten können, daß Spanien Fremde sei und Jerusalem Heimat, daß es prächtige Synagogen gibt, aber keinen Tempel, daß es geschlossene Siedlungen gibt, aber kein einheitliches Siedeln des Volkes, und daß rings in der Welt der Jude in einem unvorstellbaren Übermaß der Not und des Elends lebt. Man sieht Jehuda Halevi weinen, wenn er leise singt:

Zion! Nicht fragst du den Deinen nach, die Joch tragen,
Rest deiner Herden, die doch nach dir allein fragen?

Übermächtig wächst in diesem liebevollen Herzen die Sehnsucht des Heimkehrers, der Schmerz einer Verbundenheit, die noch nicht erfüllt ist.

Mein Herz im Osten, und ich selber am westlichen Rand.

Wie schmeckte Trank mir und Speis! wie? dran Gefalln je ich fand?
Weh, wie vollend ich Gelübd? wie meine Weihung? da noch
Zion in römischer Haft, ich in arabischem Band.
Spreu meinem Aug alles Gut spanischen Bodens, indes
Gold meinem Auge der Staub, drauf einst das Heiligtum stand!

Wie mit dem Tode seiner Gattin die letzte Bindung an die zweite Heimat entfällt, macht er sich, ein Mann von 55 Jahren, auf die beschwerliche Wanderung nach Jerusalem. Wunderbare Dichtungen reifen auf dem Wege. Man weiß, daß er in Ägypten gewesen ist und daß er den Boden Palästinas betreten hat. Dann weiß man nichts mehr. Man sagt, ein Sarazene habe ihn vor den Toren Jerusalems überritten und getötet. Nach Jahrhunderten hat ihm ein Jude, dessen Sehnsucht so zwiespältig war, wie die Halevis zielstrebig war, Heine, ein Danklied gesungen:

Rein und wahrhaft, sonder Makel
War sein Lied wie seine Seele.
Als der Schöpfer sie erschaffen
Diese Seele, selbstzufrieden,
Küßte er die schöne Seele,
Und des Kusses holder Nachklang
Lebt in jedem Lied des Dichters,
Das geweiht durch diese Gnade.

War Jehuda Halevi noch bereit, das Schicksal seines Volkes zu tragen, so ist Moses ben Maimon gewillt, das Schicksal seines Volkes zu gestalten. Der Erduldende ist auf den Glauben verwiesen; der Gestaltende auf die Erkenntnis. Jener singt Hymnen; dieser sagt Grundwahrheiten. Jener will eine Vergangenheit fortsetzen; dieser will eine Zukunft begründen.

Maimonides (1135–1204) war der größte synthetische Geist seiner Zeit. Wie er in sich alle denkbaren Disziplinen des Wissens zu einer leistungsfähigen Einheit verband: Sprachen, Philosophie, Mathematik, Astronomie, Naturkunde, Medizin, Geschichte – so zwang er auch die philosophischen und die religiösen Elemente im Judentum zu einer Einheit. Sein Ziel war, die ewige Differenz zwischen Glauben und Wissen zu versöhnen. Er lebte in einer Umwelt, in der der Geist, von keinem Christentum belastet und geknebelt, frei zu werden begann. Er wollte für sein Volk bewirken, daß dies geschehe ohne Verlust für den Glauben, ja: unter Steigerung des Glaubens.

Naturgemäß mußte er für solches Beginnen auf das Werk zurückgreifen, in dem das vielfältige Denken und Bemühen des Judentums seinen Niederschlag gefunden hatte: den Talmud. Er verfaßt einen Kommentar zur Mischna. Das haben viele jüdische Gelehrte getan. Aber dieser Kommentar hat ein Ziel: er will in der Wirrnis der Einzelheiten die

Zusammenhänge aufdecken; er will das Studium des Talmud aus den Händen des Fachmannes erlösen und seinen Sinn für jeden aufschließen; er will lebendig machen, was die Kommentatoren vor lauter Akribie nicht mehr sahen: die Ethik und die Dogmatik des Judentums; er will dem bunten Konglomerat die ordnenden, systematisierenden Kräfte entlocken, um sie für eine philosophische Betrachtung und Ausbeutung frei zu machen. Sein großer Irrtum, das Endziel aller philosophischen Orientierung sei Aristoteles, hat weder der Wirkung dieses Kommentars Abbruch getan, noch mindert es den Wert der geistigen Leistung. Denn noch heute werden in der Morgenandacht des religiösen Juden die 13 Glaubensartikel aufgesagt, mit denen Maimonides dieses Werk abschloß und die zum Inhalt haben: die Existenz eines Gottes, der die Welt erschaffen hat, eines Gottes, der absolut, einzig, der unkörperlich und unwandelbar ist, ewig und unzeitlich; die Pflicht des Menschen, nur zu diesem Gott zu beten; die Wahrheit der biblischen Prophetie und der Offenbarungen Mosches; die Unverfälschtheit und Unabänderlichkeit der Thora; der Glaube an die Allwissenheit Gottes, an die Gerechtigkeit seiner Vergeltung, an das Kommen eines Messias und an die Wiederauferstehung der Toten.

Das zweite Werk ist gedanklich und stofflich eine Steigerung. Es kommentiert nicht mehr den Talmud, sondern hämmert in dieses ungefüge Werk selbst eine neue Ordnung und eine Sinngebung hinein, so daß fast ein neuer Talmud entsteht. Das Werk heißt »Mischne-Thora« oder mit einem anderen Titel »Jad ha'chasaka« (Die starke Hand). Was Jahrhunderte am Talmud geformt und was seit Saadia darüber gedacht und spekuliert worden ist, verfällt hier in der Tat der »starken Hand« eines genialen Ordners. Geschliffen und geformt sind Anfang und Ende. Der Anfang: »Der Hauptgrund und die Säule aller Weisheit ist, zu erkennen, daß es ein Urwesen gibt, welches alle Kreatur ins Dasein gerufen hat.« Das Ende: »Die Erde wird einst voller Erkenntnis werden, wie das Wasser den Meeresgrund bedeckt.« Und zwischen Anfang und Ende die präzise Definition eines geschulten Rationalisten über Gotteserkenntnis und Offenbarung, über Ethik und Messianismus, über Gebotenes und Verbotenes. Alles, was im Talmud in Kontroversen oder in abweichender Form auftritt, stellt er außerhalb der Tradition, weil echte Tradition nur einheitlich und eindeutig und nicht umstritten sein könne. Aber allem unbestrittenen Gesetz verleiht er ohne Rücksicht auf Zeit und Ort verpflichtenden Charakter. So tut er im Effekt ein Doppeltes: er gibt im Umkreis der Halacha das ordnende, der Vernunft unterworfene Denken frei, aber er schließt zugleich diesen Umkreis gegen jede weitere Entwicklung ab. Sein Werk ist eine Kodifizierung. Der Talmud war eine Sammlung. Der Talmud war so uferlos wie die Glaubensfähigkeit eines Menschen. Sein

Talmud war so weit und so eng wie die Erkenntnisfähigkeit des Menschen.

Er hat gespürt, daß hier der Keim zu den größten Gegensätzlichkeiten lag. Darum versuchte er in einem großen abschließenden Lebenswerk von hoher Ebene aus vorzubeugen und Philosophie und Judentum in Übereinstimmung zu bringen, universale und jüdische Philosophie auf die gleichen Begriffe zu bringen. »More nebuchim«, Führer der Irrenden, heißt das Werk. Er setzt voraus: soll Glaube wirklich zu klarer Gotteserkenntnis führen, dann muß er mit den Anforderungen der Vernunft übereinstimmen; denn nicht nur der Glaube, sondern auch die Vernunft ist eine Quelle der Offenbarungen. Die eine ist ihm in der Bibel verkörpert, die andere in der Philosophie des Aristoteles. Er schafft, um beide zu versöhnen, seine eigene Metaphysik, abweichend von Aristoteles, aber von ihm beeinflußt, im Glauben an die creatio ex nihilo und in der Überzeugung, daß das ganze Weltall nichts anderes darstelle als verwirklichte Ideen Gottes. In allem Anfang steht Gott. Zwischen ihm und der sinnlich wahrnehmbaren Welt stehen, aus der göttlichen Vernunft entlassen, die körperlosen Geister. Durch sie ist also die Materie mit dem Ewigen verbunden. So ist in allem Irdischen beides: Form und Materie; so auch im Menschen beides: Leib und Seele, das Zeitliche und das Ewige. Da beides im Menschen ist, hat er die Gabe, sich zu bemühen, vollkommen zu werden, sich in »erworbene Vernunft« zu verwandeln. Die Seele des Menschen vergeht mit ihm, weil sie nichts anderes ist als seine organische Lebenskraft. Aber sein Geist ist unsterblich, weil er Ausfluß unsterblicher göttlicher Vernunft ist.

Maimonides' Werke sind von einer tiefen Nachhaltigkeit für die geistige Entwicklung des Judentums geworden. Sie wurden mit fanatischer Begeisterung und mit fanatischer Feindseligkeit aufgenommen. Sie warfen einen Zündstoff in die Welt des jüdischen Geistes und eröffneten einen Kulturkampf großen Formats. An diesem Kulturkampf wird zugleich die schicksalhafte Belastung des Weltjudentums sichtbar. Es hätte – wären den Juden normale, ja nur menschliche Lebensbedingungen eingeräumt worden – zu einem Abschluß dieser maimonidischen Philosophie kommen müssen. Es war ja auch alles andere zu einer abschließenden Entwicklung gediehen. Die Sprache wurde eine Wissenschaft, die Poesie eine Kunst, der Talmud eine Disziplin, die Philosophie ein schöpferischer Lebensausdruck. Nur hier, in diesem metaphysischen Bezirk, wo es um die endgültige Neuorientierung in dieser und jener Welt ging, löste alles sich auf in ein leidenschaftliches Für und Wider; gab es kein Darüberhinaus. Maimonides hatte doch durch seine Metaphysik das Judentum für es selbst und für die Mitwelt mit einem Ruck ideenmäßig und der geistigen Potenz nach in die Aktualität hineingesetzt. Er hatte doch erst der christlichen Scholastik des Mittelalters, die seine Werke eifrig benützte, die Augen geöffnet über die Möglichkeit, sich im Widerstreit von Glauben und Metaphysik zurechtzufinden. Aber die jüdische Umwelt durfte Maimonides nicht annehmen; sie konnte es nicht. Sie hatte nicht die geistige Freiheit Spaniens. Sie hatte die denkbar tiefste Not. Sie brauchte noch Gott als eine aus dem überschweren Herzen her anredbare Person, mit dessen Wirken nicht die absolute Schöpferkraft verbunden war, sondern die absolute Liebe und die absolute Gnade.

Wie sehr sie dieser Liebe und Gnade bedurfte, wird ein Blick auf die Umwelt jener Zeit lehren.

In Hoc Signo

Das Eindringen der Juden in Westeuropa und die Begründung von Niederlassungen kommt mit dem 8. Jahrhundert zu einem einstweiligen Abschluß. Die Stoßkraft der Bewegung aus dem Orient her verwandelt ihre Energie in Arbeit zum Ausbau. Das Judentum hält Umschau in der neuen Umgebung; beginnt sich zu orientieren; schätzt die Kräfte ab, mit denen oder gegen die es zu leben hat.

Von allem Anfang an ergibt sich eine sehr enge Basis ihrer Existenz. Sie sind auf die wirtschaftliche Prosperität verwiesen. Geistige Berührungspunkte mit der Umgebung bestehen nicht, soweit sie über ein freundschaftlich-nachbarliches Verhältnis hinausgehen. Wenn in Spanien noch die arabische Theologie Probleme bearbeitete, die den Juden berührten, so geschieht hier in Westeuropa auf dem Gebiet des Geistigen nichts, was den Juden angeht. Der mittelalterliche Mensch der Umgebung war in jeder Beziehung, politisch wie wirtschaftlich, religiös wie kulturell in den Stadien eines ersten, sehr primitiven und sehr mit nackten Instinkten durchsetzten Anfanges. (Wir werden anläßlich der Besprechung der Kreuzzüge eine Analyse des mittelalterlichen Menschen versuchen.) Der Jude hingegen war schon Exponent einer langen Entwicklung, deren Problematik feststand und die nur noch anzuwenden, nicht aber mehr zu begründen war.

Doch selbst die wirtschaftliche Prosperität, die Aufrichtung und Fortsetzung der nackten Existenz, war nicht dem freien Spiel der Kräfte überlassen, sondern war in steter Abhängigkeit von dem jeweiligen Zustand der

Umgebung, und zwar mehr vom politischen als vom wirtschaftlichen. Der wirtschaftliche Zustand eines Landes – mochte es Frankreich oder Deutschland oder England sein – war wohl eine wichtige Voraussetzung für die Tätigkeit der Juden, aber sie konnten auch diese Funktionen nicht erfüllen, wo ihnen die Politik entgegenstand. Denn von allem Anfang an besteht unter den Gewalten, die die damalige Welt beherrschten, der Kirche und dem Staat, der Streit darüber, als was man den Juden einzuordnen habe: als Ungläubigen, der unter der Botmäßigkeit der Kirche steht, oder als Landfremden, über den der Staat das Verfügungsrecht hat. Siegt die Kirche, so wird der Jude unter allen Umständen unterdrückt. Siegt der Staat, so ist zwar damit nicht das Gegenteil gewährleistet, aber doch die Möglichkeit gegeben, daß der Regent eben im Interesse der Staatsgewalt eine Schwächung der ihm zur Verfügung stehenden wirtschaftlich nützlichen Kräfte nicht zuläßt.

Diesen Standpunkt vertritt Karl der Große. Er ist Repräsentant einer staatsbildenden Idee. Darum nutzt er die Kräfte, die dafür dienlich waren. Er schätzt die Juden richtig als die bewegenden Kräfte des Welthandels ein. Ihre Beziehungen reichten vom fränkischen Reich bis nach Indien und China. Sie hatten überall Stützpunkte in den über die Welt zerstreuten jüdischen Gemeinden, waren von ungewöhnlicher Sprachgewandtheit und eigneten sich vorzüglich für die Vermittlerrolle zwischen Orient und Okzident. Ludwig, Karls Nachfolger, betonte sowohl sein ausschließliches Recht auf die Juden wie seine Absicht, sie als aufbauende Kräfte des Staates zu schützen, durch Errichtung eines besonderen Systems der Vormundschaft. Er nahm einzelne Juden und ganze Gemeinden unter seinen persönlichen Schutz und verlieh ihnen Rechte, zu deren Beachtung er einen besonderen Magister judaeorum einsetzte. Mit irgendeiner Zuneigung zu den Juden hat dieses Verfahren selbstverständlich nichts zu tun; aber schon die politischen Motive genügen, um die Kirche dagegen auf den Plan zu rufen. Schon unter Karl dem Großen beschwerte sich Papst Stephan III. bei dem Bischof von Narbonne (im südlichen Frankreich): »Von Kummer ergriffen und zu Tode geängstigt, empfingen wir von dir die Kunde, daß das Judenvolk ... auf christlichem Grund und Boden und in voller Gleichberechtigung mit den Christen Allodien in den Städten und Vorstädten sein eigen nennt ... Christen und Christinnen wohnen unter einem Dach mit diesen Verrätern und besudeln Tag und Nacht ihre Seelen durch Worte der Gotteslästerung ...« An den gleichen Adressaten wendet sich unter Ludwig der Bischof von Lyon: »Seltsam mutet es an, die unbefleckte, Christus anverlobte Jungfrau mit einer Hure bei gemeinsamem Mahl sitzen zu sehen. Ist es doch so weit gekommen, daß manche Christen, die mit den Juden versippt sind, auch deren Sabbat feiern...«

An solchen Äußerungen interessiert nicht der ungeschliffene, polternde Ton, sondern die Tendenz. Es wird die Parole ausgegeben, daß die Religion eines ganzen Volkes durch einige tausend Juden bedroht sei. Aber durch den Versuch, die Sklavengesetzgebung wieder zur Anwendung zu bringen, wird zugleich das wirtschaftliche Motiv solcher Hetze sichtbar. Nicht, daß die Kirche es an sich auf die wirtschaftliche Position des Juden abgesehen hätte; sie hat es vielmehr auf die Existenz des Juden überhaupt abgesehen. Darum ist die Richtung, von der aus sie angreift, wechselnd. Immer aber bedient sie sich unter der Losung, die Religion sei in Gefahr, des gefährlichsten Werkzeugs: der ungebildeten Masse des Volkes. In Gehirne, die noch aufnahmebereit sind für alles, wird immer das gleiche Argument gehämmert. Es kann nicht ausbleiben, daß sie es eines Tages begreifen und aus Nachbarn zu Feinden des Juden werden. Damit hat die Kirche den einen überragenden Vorteil erreicht, daß solche Entwicklung und Einstellung der Volksmasse sich unabhängig von der jeweiligen politischen Situation behaupten kann. Das erweist sich in dem Zeitabschnitt nach der Teilung des fränkischen Reiches (843). Diese Teilung des Reiches bedeutet Aufteilung des früher einheitlichen Machtbezirkes und damit Minderung der staatsbildenden Idee, Beginn des Separatismus, Egoismus der Einzelherrscher. Das Lehenswesen gewinnt an Macht und schafft innerhalb des aufgeteilten Reiches wieder einzelne, kleinere Machtgebiete, in denen Grafen und Bischöfe die Gewalt haben. Diese kleinen Herrscher sind daran interessiert, ihren Bezirk nach Kräften fruchtbar zu machen. Die Juden bekommen, besonders in Südfrankreich und Deutschland, völlig freie Möglichkeit der Betätigung. Dafür wird natürlich aus ihnen herausgepreßt, was möglich ist, ohne sie zu ruinieren. Selbst für die Bischöfe besteht bei solcher Lage der Dinge ein religiöses Problem nicht mehr. Der Bischof Rüdiger von Speyer ist nicht der einzige, der sich um den Besitz von Juden ausdrücklich bemüht. Mit der Absicht, am Rhein ein neues Industriezentrum zu errichten, überläßt er den Juden besonderes Land zur Ansiedlung (1084). Er erklärt dabei, daß dies »der Gegend nur zu größerem Ruhm gereichen könne«.

Gleichwohl haben schon zu dieser Zeit die Judenverfolgungen als Ergebnis der kirchlichen Einwirkung eingesetzt. Unter dem Regime der Kapetinger werden in Frankreich (1007) schon Juden ermordet und zwangsweise zur Taufe geführt, weil man ihnen vorwarf, sie hätten den Kalifen Hakim dazu angestiftet, Kirchen in Palästina zu zerstören. 1065 ziehen in Südfrankreich Freischärler gegen die spanische Grenze und ermorden Juden. Wenn man dem ersten Anstoß zu solchen Vorfällen nachgeht, trifft man fast ohne Ausnahme auf die verursachende Tätigkeit von Mönchen oder Priestern. Aber für sich allein genommen bedeuten solche Vorfälle nichts. Es ist vielmehr das Charakteristikum dieser ganzen mittelalterlichen Epoche, daß auf den Juden immer die Gesamtheit der Lebensverhältnisse aus der Umgebung her drückt, nie ein abgesonderter Teil davon. Das hat eine doppelte Folge. Es erschwert die Orientierung des Juden in der Umwelt außerordentlich. Die Kräfte, die mit politischer oder wirtschaftlicher oder religiöser Motivierung gegen ihn ausgespielt werden, kommen zuweilen aus ganz anderen Bezirken, und es ist nie sicher, ob die gleiche Konstellation in der Umgebung auch die gleiche Wirkung auf die Juden zeitigt. Aber was schlimmer ist: es macht den Juden wehrlos.

Nach innen, im Gefüge des Mittelalters, entwickelt sich zwar eine vielfache Schichtung. Es bildet sich die Lehensverfassung in ihrer letzten Konsequenz heraus, der Feudalismus wächst, es entstehen die Handelsgilden und die Zünfte. Aber dieser Schichtung im Gefüge des mittelalterlichen Lebens steht keine Differenzierung im Anschauungsvermögen des mittelalterlichen Menschen gegenüber, folglich keine Vergleichsmöglichkeit und keine Einsicht und kein Fortschritt. Das Leben des Mittelalters war seiner Potenz nach durchaus bereit, neue Formungen zu erzeugen und die Anfänge zu überwinden, in denen alles noch stak, Wirtschaft wie Politik wie Religion. Aber es war dem Menschen nicht vergönnt, diese Dinge zu erleben und zu gestalten, sie als ein Stadium oder als eine Stufe der Entwicklung zu begreifen. Wohin er sich auch wandte, trat ihm überall der gleiche Gedanke entgegen: der Staat steht unter der Kirche. Ist das der Fall, dann ist auch alles, was das staatliche Gefüge aus sich entläßt, alle Politik und alle Wirtschaft, vom Religiösen gestreift, ist Erscheinungsform des Religiösen und ist als Religiöses hinzunehmen. Im Religiösen aber, wie es das Christentum dem mittelalterlichen Menschen vermittelte, war dem Dogma wie der Idee nach alles auf den Dualismus abgestellt: Papst gegen Kaiser, Kirche gegen Staat, Himmel gegen Erde, Christus gegen Satan. Da gab es kein Ausweichen. Alles, was an natürlichen, der menschlichen und geistigen Entwicklung fähigen Kräften in den Völkern steckte, wurde von der Kirche künstlich gestaut. »Die Sitten des Volkes ersetzten die Riten der Kirche, die heiligen Schriften vertraten die Geschichte des Volkes, die Feste waren die des kirchlichen Jahres, für jede geistige Äußerung hatte das heilige Latein die Stammessprache verdrängt und für die Gemeinschaft des Stammesblutes setzte die Kirche das Blut des Erlösers.« Es wurde nur ein einziger Weg in die Auflösung des Dualismus gewiesen: *eine*

Kirche, die katholische; *ein* Kaiser, der vom Papst gekrönte; *ein* Recht, das römische; *eine* Wissenschaft, die Theologie; *ein* Ausdrucksmittel, der gotische Stil.

In diesem Rahmen ohne Freiheit und Ausgang hatte der Mensch zu leben. Wenn er sich äußern wollte, konnte er es nur ohne jede Differenzierung tun, weil er doch keine Vergleichsmöglichkeit hatte. In allem, was geschah, äußerte sich alles, was da zusammengepreßt lag. Und das ist den Juden zu einem grauenhaften Schicksal geworden.

Sie begriffen zunächst nur einzelne Wirtschaftsvorgänge in der Umgebung. Durch den Feudalismus wurden sie von Grund und Boden verdrängt. Durch die Zünfte wurden sie vom Handwerk ausgeschlossen. Durch die Handelsgilden wurde ihnen die kaufmännische Betätigung gemindert. Das alles waren Einzelerscheinungen, die sie nach besten Möglichkeiten auszugleichen suchten. Aber gegen das, was mit den Kreuzzügen über sie hereinbrach, waren sie völlig ohne Waffen. Es war nichts anderes als die Explosion von Menschen, die unter einem übermäßigen Druck standen. Für den äußeren Anschein allerdings handelt es sich um eine Manifestation des christlichen Fanatismus. Aber das Christentum war hier nur Medium, wenn auch ein in hohem Maße verantwortliches. Es ist eine verhängnisvolle Verkettung, daß das Morden aus den Instinkten eines halb barbarischen Volkes hier und oft in der Folge im Namen des Christentums geschah.

Die Proklamation der Kreuzzüge geschah zur Befreiung Jerusalems von den Muselmanen. Man sagte ihnen nach, sie hätten die heiligen Stätten entweiht. Man verbreitete Gerüchte von massenhaften Opfern des muselmanischen und des jüdischen Fanatismus. Wer sich bereit erklärte, das Kreuz zu nehmen, galt als unverletzlich. Alle Sünden, auch die zukünftigen, waren ihm vergeben. Die Richtung dieses Unternehmens, dem Osten zu, gab ihm eine besondere Stoßkraft. Die religiöse Unruhe, die noch die gleiche war wie bei den Griechen, als sie den Zusammenbruch ihrer Götterwelt gewahrten, bekam ein Ventil. Die östlichen Elemente der christlichen Religion wurden wach, und der suchende Trieb wollte sie an ihrer Quelle aufspüren. Frömmigkeit und Enthusiasmus bekamen eine Wirkungsmöglichkeit. Die harte Glanzlosigkeit des mittelalterlichen Lebens sehnte sich nach der warmen, farbigen romantischen Auflockerung. War dem Frommen die Sündenvergebung wesentlich, so war es dem Bauern die Möglichkeit, sich vom Frondienst freizumachen; dem Ritter, sich Ruhm, Abenteuer und Beute zu verschaffen; dem Abenteurer und Verbrecher, sich ungefährdet und hemmungslos in Raub und Mord zu ergehen; und dem Klerus, seine politische Macht zu erweitern. Im ganzen waren die Kreuzzüge die Möglichkeit zu einer grandiosen Entfesselung von Ort, Zeit und Lebensdruck. Dabei werden auch die primitiven Instinkte entfesselt, das unsublimierte Tier im mittelalterlichen Menschen.

Noch ehe die Sammlung des Heeres beendet ist, bilden sich unter der Führung von Mönchen, Rittern und Abenteurern Trupps und Scharen, die sengend, plündernd und mordend in Schwaben, Lothringen und an den beiden Rheinufern den inneren Kreuzzug eröffnen. Von Frankreich her, wo sie in Rouen die Juden totschlagen, die nicht die Taufe annehmen wollen, fallen irreguläre Kreuzfahrer über Flandern her in die Rheinprovinz ein. Zusammen mit einheimischen Christen überfallen sie zunächst die Juden von Speyer. Eine Reihe von Juden, die sich weigert, das Christentum anzunehmen, wird kurzerhand erschlagen. (3. Mai 1096.) Dann wird Worms angegriffen. Ein Teil der Juden erkauft sich vom Bischof Adalbert das Recht, sich in seinem Schlosse zu verteidigen. Gegen die anderen, Ungeschützten, Waffenlosen entlädt sich das Gemetzel. Die wenigen, die sich taufen lassen, werden verschont. Der Rest wird erbarmungslos massakriert, sofern er es nicht vorzieht, der Wahl zwischen einem grauenhaften Tod und einem mit Gewalt aufgezwungenen Glauben dadurch zu entgehen, daß er sich vorher selber umbringt. (18. Mai 1096.) Einige Tage darauf erklärt der Bischof den Juden in seinem Schloß, er könne sie nicht mehr schützen. Er rät ihnen, die Taufe zu nehmen. Die Juden erbitten Bedenkzeit. Wie die Frist verstrichen ist und die Tore geöffnet werden, stellt man fest, daß sich fast alle gegenseitig umgebracht haben. Den Rest metzeln die Kreuzfahrer nieder und schleifen die Leichen als Trophäen durch die Straßen. (25. Mai 1096.) Am nächsten Tage stehen Kreuzfahrer vor Mainz unter dem Grafen Emmerich. Der Bischof Ruthard verspricht den Juden Schutz in seiner Burg. Über 1300 Juden übergeben ihm ihr Vermögen und kommen vertrauensvoll zu ihm. Wie der Graf vor der Burg erscheint, weigern sich die Wachen, gegen die Kreuzfahrer zu kämpfen. Der Bischof sucht das Weite. Die Kreuzfahrer können eindringen. Ein Teil der Juden wird getötet. Der größere Teil, Männer, Frauen, Kinder, tötet sich gegenseitig. Der Bischof und der Graf teilen sich das Vermögen der Juden. (27. Mai 1096.)

Am 30. Mai wird Köln angegriffen. Aber die Bürger und der Bischof (Hermann III.) verbergen die Juden. Die Kreuzfahrer müssen sich mit der Zerstörung der jüdischen Häuser begnügen. Wie einige Wochen darauf die Zufluchtsstätten der Juden entdeckt werden, beginnen neue Massenmorde und Zwangstaufen. Die Zahl der Selbstmorde steigt erschreckend. (24. Juni bis 1. Juli 1096.)

In Deutschland rührt sich keine Hand gegen diese Vorgänge. Die meisten Chronisten verschweigen sie. Vielleicht schämten sie sich.

Die Morde pflanzen sich ungestört mit dem Zug der Scharen fort. Aufzeichnungen darüber liegen vor aus Metz, Regensburg, Prag und anderen Orten Böhmens. Albert von Aachen, einer der wenigen christlichen Chronisten über diese Vorgänge, vermerkt: »Und nun setzten, beladen mit der jüdischen Beute, Emicho, Clarebold, Thomas und diese ganze unerträgliche Gesellschaft von Männern und Weibern ihre Fahrt nach Jerusalem fort . . .« Sie wurden erst an den Grenzen Ungarns von dem König Koloman als Räuber und Plünderer zurückgeschlagen und zerstreut.

Insgesamt sind in der Zeit von Mai bis Juli 1096 in den Rheinprovinzen rund 12 000 Juden getötet worden. Schon einer wäre zu viel gewesen. Aber es kommt nicht auf die Zahl an. Die Juden sind größere Zahlen gewohnt. Wichtig ist vielmehr, festzustellen, welche Einwirkung auf die seelische Verfassung von lebendigen Menschen diese Vorgänge gehabt haben; und insbesondere: welches der innere Zustand eines Menschen gewesen sein muß, der sich lieber selbst umbringt, ehe er sich von einem christlichen Kreuzfahrer auch nur anrühren läßt. Denn diese massenhaften Selbstmorde, dieses grauenvolle Schlachten mit dem Messer, von Mensch zu Mensch, von der Mutter am Kind vollzogen, dieses In-die-Flammen-Springen, dieses Sich-ins-Wasser-Stürzen, einen Stein um den Hals gebunden, ist ein seelisches Phänomen. Zwar der mittelalterliche Mensch war nicht verantwortlich dafür, daß man seine Instinkte aufpeitschte und jeden Beginn menschlicher Haltung in das Tierische zurückriß. Aber vor der Begegnung mit dieser Tierhaftigkeit weicht der Jude in den Selbstmord aus. Diese Selbstmorde sind wie eine Gebärde übermäßigen Ekels vor der Berührung mit Mordbrennern, die das Signum des Kreuzes auf dem Gewande tragen. Doch war das nur die eine Reaktion, die aus dem Gefühl und von den Nerven her. Es gab eine andere, die tiefer begründet lag. Der Talmud schreibt dem Juden vor, daß er wegen dreier Hauptsünden, die ihm aufgezwungen werden sollen, den Märtyrertod erdulden müsse: wegen Götzendienst, wegen Unkeuschheit und wegen Mord. Daran hat sich der Jude gehalten. Für ihn war das Christentum Götzendienst. Die Anbetung von Bildern, die Verehrung toter Gegenstände als Reliquien war für ihn heidnischer Kult, und selbst das Beten zu Heiligen begriff er nur aus dem Vergleich mit der Anbetung heidnischer Heroen und Halbgötter. Da war im übrigen in den Äußerungsformen der christlichen Kirche nichts, was ihn zu objektiver Vergleichung oder auch nur zum Respekt hätte zwingen können. Sollte es etwa Eindruck auf ihn machen, daß der Papst Völker vom Eide gegen ihre Obrigkeit entband, daß er sie zum Kaisermord aufforderte? Sollte ihm diese ungebildete, habsüchtige und in ihrer Lebensführung weitgehend verkommene Geistlichkeit Achtung abnötigen? Oder etwa eine kirchliche Erziehung, die nicht verhindern konnte, daß im Namen der Religion der Liebe Mord und Leichenschändung geschahen? Und sollten sie wirklich einsehen können, daß man für den Tod Jesu ein Jahrtausend lang das Gesetz der Blutrache in Geltung halten müsse und jeder Gassenjunge Vollstrecker eines religiösen Auftrags werden dürfe? Niemand stirbt willig für eine Sinnwidrigkeit; und es ist sinnwidrig, Jesu Tod als notwendigen und wichtigen und erlösenden Akt in einer Glaubenslehre zu verankern und gleichwohl für diesen Akt, mit dem das Lehrgebäude steht und fällt, immer wieder durch Jahrhunderte Menschen zu ermorden.

Alldem hat der Jude nur eines entgegenzusetzen: die Treue. Er besiegelt seine Treue zu Gott durch den Opfertod. Er tut es für den Kiddusch ha'schem, um der Heiligung des Namens Gottes willen. Er tut es willig, wenn auch nicht freudig. Denn mit dieser Katastrophe ist der letzte Funke von Lebensfreude im Juden erschlagen. Es wächst ein dumpfes, verängstigtes Geschlecht heran, das immer mißtrauisch nach dem nächsten Unheil auspäht. Es meldet sich mit den Vorbereitungen zum zweiten Kreuzzug. Das »Königreich Jerusalem«, dieses unorganische Produkt einer religiösen Politik, war in Gefahr. Man brauchte eine neue Armee, um es zu schützen. Papst Eugen III. erläßt eine Bulle und verspricht den Teilnehmern, daß sie ihren Gläubigern für entliehene Kapitalien keine Zinsen zu zahlen brauchten, wenn sie das Kreuz nähmen. Damit ist ein mehrfach gottgefälliges Werk getan, denn er gewinnt nicht nur Streiter für die heilige Sache, sondern schädigt auch die Juden. Aber nach der Richtung hin überbietet ihn der Mönch Peter von Cluny. Er schlägt vor, das gesamte Vermögen der Juden für die Finanzierung des Kreuzzuges einzuziehen. Es ist nicht dazu gekommen. Trotzdem hat der Kreuzzug, noch ehe er begann, die Juden den größten Teil ihres Vermögens gekostet. Zwar kam es nicht mehr zu solchen generellen Metzeleien wie beim ersten Kreuzzug. Die Könige in Frankreich verhinderten aus Gründen der Staatsräson derartige, besonders für die königliche Schatzkammer schädliche Unruhen. Auch in Deutschland wehrte sich Konrad III. dagegen; aber er besaß keine Autorität. Die wirkliche Herrschaft über das Volk hatte der Mönch. Der wirksamste Vertreter war der Mönch Rudolph. Er zieht im Lande umher und predigt Ausrottung der Juden oder ihre Bekehrung. 1146 setzen infolge seiner Tätigkeit am Rhein wieder Überfälle gegen die Juden ein. Die Juden erkaufen sich von den feudalen Herren gegen Zahlung ungeheurer Summen das Recht, sich in festen Plätzen gegen das Totgeschlagenwerden zu verteidigen. Aber wer von ihnen auf den Landstraßen angetroffen wird, wird niedergemacht. Die Propaganda des Mönchs Rudolph steigert sich so, daß selbst die Kirche sich endlich veranlaßt sieht, ihm seine Tätigkeit zu untersagen. Sie hat trotzdem nicht verhindern können, daß es im Februar 1147 zu Metzeleien und Zwangstaufen in Würzburg kam. Ihr Protest gegen Rudolph hatte nur ein geringes Gewicht gegen die Saat, die sie seit Jahrhunderten ausgestreut hatte. Sie muß sich also auch die böse Ernte anrechnen lassen.

Diese Ernte nähert sich in der Zeit zwischen dem zweiten und dritten Kreuzzug der Reife. Schon taucht die Blutanschuldigung auf. Das, was früher die Römer den Christen vorwarfen, daß sie das Blut von Heiden beim Abendmahl benützten, wirft jetzt der Christ dem Juden vor: er nehme Christenblut für das Passahmahl. In Blois beginnt es. Ein Jude wird von einem Knecht beschuldigt, die Leiche eines christlichen Knaben in den Fluß geworfen zu haben. Der Richter prüft die Anklage genau: er setzt den Ankläger in einen mit Weihwasser gefüllten Kahn. Der Kahn geht nicht unter. Dadurch ist die Schuld des Juden bewiesen. Da die Juden es ablehnen, sich taufen zu lassen, werden (am 26. Mai 1171) 38 Juden in einen hölzernen Turm gesperrt und verbrannt. Dieser Fall sei mitgeteilt als Paradigma für alle anderen und späteren. Sie unterscheiden sich voneinander nur durch Details in der Grauenhaftigkeit der Ausführung. Daß solche Blutbeschuldigungen entstehen konnten, beruht zwar sicherlich auf der niedrigen Kulturstufe des mittelalterlichen Menschen und hat vielleicht seine Wurzel in einer erotischen Variante altheidnischer Vorstellung vom Opfertode; aber die Betätigung dieses Triebes und die Zielrichtung kommen aus dem religiösen Haß, den die christliche Kirche gezüchtet hat. Sonst hätten die Ritualmordprozesse nicht bis in das 20. Jahrhundert hinein gedauert.

Dieser Haß verfolgt die Juden, wohin sie auch kommen. Mit ihm verpflanzt sich die Blutbeschuldigung auch nach England. Dorthin sind die Juden in größerer Zahl nach der normannischen Eroberung (1066) ausgewandert. Die Kreuzzüge lassen weitere Scharen folgen, zumal hier eine wirtschaftliche Möglichkeit lockt. Die normannischen Eroberer wünschten ihren Tribut in barem Gelde zu erhalten. In einer Bevölkerung, die sich in feudale Herren und Leibeigene aufteilte, fehlte aber die vermittelnde und realisierende Finanzkraft. Darum wurde die Einwanderung der Juden begünstigt. Sie bekommen von Heinrich I. (1100–1135) einen sehr weitgehenden Freibrief, müssen dafür aber dem König von jedem Handels- und jedem Kreditgeschäft eine Abgabe zahlen. Zuweilen erpreßt er auch große Summen von ihnen, so im Jahre 1130 die Summe von 80 000 £ heutigen Wertes. Stirbt ein Jude, dann beerbt ihn der König. Die gewaltigen Anforderungen der Regierung muß der Jude durch enorme Zinsen ausgleichen. Je mehr die Könige sie ausplündern, desto mehr plündern sie ihre Schuldner aus, bis sie dem Volke nur noch als die verhaßten Geldgeber erschienen.

Auch diese wirtschaftliche Spannung wird auf das religiöse Gebiet geleitet, wie die Normandie, Anjou, Maine und Bretagne an England fallen und der französische Klerus so die engere Fühlung mit dem englischen aufnehmen kann. Plötzlich ist auch die Blutbeschuldigung da. Ist nicht aufzuklären, wie ein Mensch umgekommen ist, so hat es der Jude getan. Der Tote wird zum Märtyrer. Reliquien entstehen und neue Andachtsstätten. Das religiöse Geschäft blüht.

Wirtschaftliche Spannungen und kirchliche Hetze ergeben dann bei der Krönung Richards I. Löwenherz (3. September 1189) und bei seinem Auszug zum dritten Kreuzzuge die ersten systematischen und großangelegten Judenmassaker und Judenselbstmorde. Damit ist das Niveau der übrigen Länder auch in England erreicht.

Für die deutschen Juden verläuft der dritte Kreuzzug ohne besondere Erschütterung. Friedrich Barbarossa hatte die rheinischen Juden vorsichtshalber bis zum Abzug der heiligen Streiter in verschiedenen Burgen untergebracht. Selbstverständlich kostete das die Juden ein Vermögen. Das Verhalten Barbarossas lag im übrigen im Rahmen seines Kampfes gegen die Kirche um die Freiheit des Staates von der kirchlichen Bevormundung. Wieder spielt, wie schon zur Zeit der Karolinger, die Frage hinein, ob die Juden dem Staate oder der Kirche unterständen. Barbarossa erhebt den staatlichen Anspruch unter Benützung und Ausbau der Idee, daß schon die römischen Kaiser die Vormundschaft über die Juden ausgeübt hätten und dieses Amt auf die deutschen Kaiser als Rechtsnachfolger der römischen übergegangen sei. Die Juden sind also nicht Untertanen, sondern Mündel, Schützlinge. Sie stehen nicht unter dem Gesetz, sondern unter Protektion. Sie gehören, wie Barbarossa sagt, »unserer Hofkammer« an. Daher leitet sich die Bezeichnung Kammerjude ab. Es ist der Beginn der Verdinglichung, wie Friedrich II. sie vollendet hat. Die Juden waren Gegenstand geworden.

Sie hatten dafür kein Gefühl. Die juristische Konstruktion ihres Daseins interessierte sie nicht. Es interessierte sie nur die Frage, wie dieses mörderische Unglück über sie hatte kommen können. Man hat versucht, die Ereignisse der deutschen Kreuzzüge als Schuld der Juden umzudeuten, als Folge ihres Geldhandels. Das trifft nicht zu. Dafür bestand in ihrer damaligen Wirtschaftslage weder ein Anhalt noch ein Anlaß. Und sie waren schließlich auch in aller relativen Freiheit noch Objekte, nicht Subjekte des Geschehens. Aber sie selbst nahmen die Schuld auf sich, in einem ganz anderen und viel tieferen Sinne. Die Völker sind verschieden begabt, um auf Unglück zu reagieren. Die einen antworten mit dem Ressentiment und mit dem Haß auf die Urheber; die anderen antworten mit Einkehr in sich selbst. Zu jenen gehören die Deutschen; zu diesen die Juden. Sie begreifen erneut: Unglück ist Schuld; nicht Schuld gegen den anderen, sondern gegen sich selbst oder gegen die religiöse Verpflichtung, gegen Gott. Vor dieser Erkenntnis ziehen sie sich immer tiefer in den Bezirk des Gebetes und der Buße zurück. Eine vermehrte Frömmigkeit engt das Leben ein. Es konnte keine fröhliche, keine innerlich heitere Frömmigkeit werden, sondern eine düstere, mit Schwermut behangene, mit Askese belastete, eine Frömmigkeit der Elegien, eine Selbstgeißelung durch verschärfte, umschnürende und abgrenzende Gesetze. Sie flüchten in den Talmud. Sie berauschen sich am Pilpul und an der Kasuistik; sie nähern sich, da ihr Gefühl keinen Eingang mehr findet in das Leben des Alltags, den mystischen Bezirken. Nur da, wo sie ihren Toten, den wahren Märtyrern, in den Martyrologien ein Denkmal setzen, bricht in der Erinnerung an das unmenschliche Morden die geschändete Kreatur in Worte ohnmächtigen Hasses aus. So werden ihre Dichtungen ohne Schönheit; aber dafür sind sie von einer grauenvollen Tatsächlichkeit.

Was konnte ein solches Volk mit solcher seelischen Grundstimmung an kulturellem Gut aus sich entlassen? Weder etwas Neues noch etwas Originäres. Von keiner Kultur der Umgebung gebunden und angeregt, aber tausendfach unter dem Druck der sie umgebenden Unkultur, versuchen die deutschen und die französischen Juden unter sich eine kulturelle Einheit herzustellen. Frankreich wird das geistige Zentrum auch für Deutschland. Während Südfrankreich noch von dem freien Leben Spaniens profitieren kann, werden Mittel- und Nordfrankreich Stätten vermehrten talmudischen Studiums. Wie einstmals über der Mischna die Gemara erwuchs, aus Deutungen, Auslegungen und Ergänzungen, so entlassen die französischen Talmudschulen aus sich Zusätze zur Gemara, Tossafoth. Man nennt sie daher Tossafisten. Aus diesen Schulen einer extremen konservativen Haltung gehen zahlreiche Rabbiner für Frankreich, Deutschland und England hervor. Sie werden zu Trägern eines engen, bedrückten, wenn auch scharfsinnigen Geistes; eines Geistes, an den ein von der Welt zurückgeschreckter Jude sich klammern und in dem er eine unstörbare Fiktion der Welt finden konnte.

Freilich: für das Gemüt konnte dieser Geist keine Kraft freimachen. Die ewige Zweiteilung zwischen Halacha und Haggada, zwischen Gehirn und Herz, tritt verdoppelt auf. Volkstümliche Schriften kommen auf, wunderliche Mischungen von Religiosität und Aberglaube, von Lebensweisheit und Dämonenfurcht, von hoher Sittlichkeit und Gespenstergeschichten. Solche Bücher werden zur Lieblingslektüre des mittelalterlichen Juden. Sie zeigen, wie verschlossen und verängstigt und verwirrt er war . . . und wo er sich Trost suchte. Aber in einem verborgenen Winkel seiner Seele hauste doch ein Vorwurf gegen Gott. Aus dem Hymnus: »Wer ist wie du, Herr, unter den Göttern?« wandelt er das Wort »unter den Göttern«: ba'elim, zu ba'ilmim, und nun heißt es: »Wer ist wie du, Herr, unter den Stummen . . .«

Martyrium Und Mystik

Im 13. Jahrhundert wird dem Judentum in Frankreich, England, Deutschland und Spanien die Möglichkeit gegeben, zwei Eigenschaften seines Wesens besonders intensiv zu entwickeln: die passive Resistenz und die Fähigkeit, geschichtliche Vorgänge zu ignorieren. Während der Druck von außen beständig wächst und immer mehr barbarische Formen annimmt, während sie gepreßt, geschunden, gefoltert, verbrannt und verjagt werden, fechten sie unter sich einen leidenschaftlichen geistigen Kampf, einen regulären Kulturkampf aus. Während man sie zu Leibeigenen macht und mit krankhafter Wut auf ihnen herumtritt, entziehen sie sich still und unaufhaltsam einer ungarantierten Wirklichkeit und entgleiten in eine tiefe Welt der Mystik, in eine andere Wirklichkeit, wo das Martyrium ein freiwilliges und somit kein zerstörendes, sondern ein erhaltendes, schöpferisches wird. Es ist ein Versuch vom Geistigen her, die subjektive Geschichtsgewalt wiederzuerlangen.

Was jetzt in der Außenwelt geschieht, ist verhältnismäßig gleichgültig, weil die Entladungen dieses Geschehens auf den Juden die gleichen bleiben wie die, von denen schon berichtet worden ist. Nur die Methoden der Verfolgung sind zugleich vergröbert und verfeinert. Man mordet und plündert auf der einen Seite hemmungsloser, während man auf der anderen Seite sehr diffizile Diskussionen führt und mit allem Raffinement der Gelehrsamkeit Prozesse gegen jüdische Bücher führt. Wenn eine Unterscheidung für die einzelnen Länder gemacht werden soll, läßt sie sich etwa so formulieren: in Frankreich und England kommt der Druck von oben, in Deutschland und Spanien von unten. Immerhin sind in diesem rohen Knäuel der Willkür Gesetzmäßigkeiten aufzuspüren. Der innere Kreuzzug, den die Kirche nach dem Versagen der äußeren Kreuzzüge eröffnen mußte, traf nicht nur diejenigen Christen, die in eine religiöse Freiheit ausbrechen wollten, sondern auch die Juden, die schon durch die Tatsache ihrer Existenz eine Widerlegung der kirchlichen Allmacht waren. Die andere Gesetzmäßigkeit wirkt sich darin aus, daß man die Juden kurzerhand aus dem Lande treibt, wenn aus ihnen nichts mehr herauszupressen ist. Endlich wirkt sich an ihnen der wirtschaftliche Fortschritt, beziehungsweise die wirtschaftliche Verfassung der Umgebung aus.

Ihre Stellung nach außen hin (man kann nicht sagen: ihre staatsbürgerliche Stellung, denn sie waren keine Bürger) ist im Prinzip überall die gleiche. Sie gehören dem jeweiligen Herrscher zu Eigentum. Sie sind lebendes Inventar. In Deutschland erklärt Friedrich II. sie zu servi camerae nostrae. Sie sind Sachen, an denen Rechte bestehen. Wie es ein Zollregal und ein Salzregal gibt, so gibt es auch ein jüdisches Regal, und man verfügt in gleicher Weise darüber wie über Zoll und Salz. Die Funktion der Juden besteht darin, dem Kaiser oder dem jeweiligen Inhaber des jüdischen Regals Geld zu zahlen. Das macht verständlich, daß es wegen des Besitzes von Juden oft Differenzen gibt und daß sich besonders während des Interregnums Bischöfe und Städte erbittert um den Besitz von Juden streiten. In ihrer Eigenschaft als Gegenstände dürfen die Juden natürlich nicht ohne besondere Erlaubnis den Ort wechseln. Wie mit dem Regime der Habsburger die Erpressungen besonders stark einsetzen und die rheinischen Juden auszuwandern beginnen, läßt Rudolph von Habsburg ihnen ihr Vermögen wegnehmen mit der Begründung: »Alle Juden sind samt und sonders unsere Kronknechte.« Daß unter solchen Bedingungen die Juden nur eine Luftexistenz führten, ist selbstverständlich; noch mehr allerdings, daß ihre Begriffe von sozialem Recht und Unrecht nicht gerade verfeinert wurden. Zwischen ihnen und der Umwelt bestand im günstigsten Falle eine durch Geld ausdrückbare Relation. Wie – um ein Beispiel zu geben – der in der damaligen Judenheit berühmte Rabbi Meïr von Rotenburg auswandert, wird er festgehalten und gefangengesetzt. Die Juden bieten 20 000 Mark damaligen Geldes für die Auslösung. Rudolph verlangt mehr. Inzwischen stirbt Rabbi Meïr. Die Herausgabe der Leiche wird verweigert. 14 Jahre später kann ein reicher Jude die Leiche endlich auslösen. So wird in solcher Umgebung noch ein toter Rabbiner Gegenstand eines einträglichen Geschäftes.

Die Herrscher in Frankreich waren nicht minder begabt in der Ausbeute der Juden. Philipp-August (1181–1223) kann als der offizielle Teilhaber eines jeden von einem Juden abgeschlossenen Geschäftes bezeichnet werden. Er bezog ungeheure Einkünfte von ihnen und stritt leidenschaftlich mit den feudalen Freiherren und Grandseigneurs um den Besitz von Juden. Ihn übertrifft aber bei weitem Philipp der Schöne (1285–1314), ein leidenschaftlicher Bekämpfer der Inquisition, die ihm bei der Ausplünderung der Juden unerwünschte Konkurrenz machte. Er treibt einen ausgedehnten Schacher mit jüdischen Seelen und läßt jedes Geschäft überwachen, bis er sich eines Tages völlig zum Inhaber aller jüdischen Geschäfte macht. Er läßt nach gründlicher und geheimer Vorbereitung im Juli 1306 in fast allen Ortschaften die Vertreter der Gemeinden verhaften, die jüdischen Geschäftsbücher und das gesamte Eigentum beschlagnahmen und weist die Juden an, binnen einem Monat unter Hinterlassung der beweglichen und unbeweglichen Habe das Land zu räumen. Aller Besitz fällt ihm zu. Alle Außenstände zieht er für sich ein. Das Land verarmt.

In England waren die Verhältnisse die gleichen, nur waren sie, wenn möglich, unverhüllter. Auf diese primitiven Könige Frankreichs und Englands machte die wirtschaftliche Fähigkeit, Geld zu akkumulieren, sichtbaren Eindruck. Die Differenz zwischen der wirtschaftlichen Fähigkeit der Juden und der der Umgebung gleichen sie für sich persönlich in der einfachsten Weise aus: durch gesetzlich formulierten Raub und Erpressung. Schon Richard I. läßt alle jüdischen Finanzgeschäfte registrieren und ordnet an, daß jede Schuldverschreibung im Staatsarchiv deponiert werde. Johann ohne Land verschafft sich die für ihn nötigen Summen durch Einkerkerung und Folter. Heinrich III. erhöht die regelmäßige Steuer für die Juden auf ein Drittel ihres Vermögens und konzentriert sie zwecks besserer Überwachung ihrer Geschäfte auf diejenigen Städte, in denen sich ein Archiv (für die Hinterlegung von Schuldurkunden) befindet. Im Jahre 1254 bitten die Juden endlich um Erlaubnis, auswandern zu dürfen. Das wird verweigert; aber ihre Abgaben werden auf das ermäßigt, was sie gerade geben können. Die Juden wiederholen ihr Gesuch um Auswanderung. Sie werden statt dessen an italienische Bankiers verpfändet. Eduard I. holt den Rest des Vermögens aus ihnen heraus. Er erpreßt von ihnen durch Verhaftungen 12 000 £. Am 18. Juli 1290 verfügt er sodann ihre Ausweisung bis zum 1. November des Jahres. Ihre bewegliche Habe dürfen sie mitnehmen.

Die Juden warten diesen Termin nicht erst ab. Schon im Oktober 1290 besteigen über 16 000 Juden die Schiffe und wandern nach Frankreich, Flandern, Deutschland und Spanien aus.

Eigentum des Königs sind die Juden auch in Spanien, wo das Interesse und die wirkenden geschichtlichen Vorgänge sich jetzt auf die beiden christlichen Königreiche Kastilien und Aragonien konzentrieren. In beiden Reichen müssen die Juden ungeheure Leistungen aufbringen; aber gleichwohl herrschen andere Methoden. In ihrem Kampf gegen die Muselmanen haben die christlichen Königreiche sich seit langem um die Hilfe der Juden beworben. Sie zogen sie systematisch in ihre Reiche, als in den Süden, in das eigentliche arabische Spanien, von Afrika aus die strengorthodoxe Gruppe der Almohaden einbrach und die Juden als Andersgläubige bedrängte. An den entscheidenden Kämpfen des christlichen Nordens gegen den islamischen Süden nahmen die Juden auf Seiten der Kastilier und Aragonier erheblichen aktiven Anteil. Aber sie ermöglichen auch weiterhin die Ausnutzung dieser Siege und den Ausbau der beiden christlichen Staaten durch ihre finanzielle Kraft. Sie werden erpreßt, aber sie bekommen dafür Freiheiten. Die jüdischen Gemeindekassen verwandeln sich allmählich in Finanzinstitute für Könige und Infanten, aber die Gemeinden erhalten dagegen eine weitgehende Autonomie mit eigenen administrativen und richterlichen Behörden. Und wie der Klerus in beide Länder seinen Einzug hält und sofort mit der Hetze gegen die Juden beginnt, verwandelt sich die Beziehung zwischen König und Juden in ein Geschäft auf Gegenseitigkeit: der König schützt den Juden, der Jude finanziert den König.

Dieser Schutz der Könige versagte oft auch da, wo er ernst gemeint war, gegenüber der Gewalt, die im 13. Jahrhundert gegen den Staat und über dem Staat ihren Gipfelpunkt erreicht: dem Papsttum. Die Idee der kirchlichen Herrschaft hypertrophiert so in der Gestalt eines Innozenz III., wie sie auf Seiten der staatlichen Herrschaft zugleich in dem gewaltigen Widerpart Friedrich II. einen einmaligen Höhepunkt erreicht. Aber für den Papst wie für den Kaiser ist das jüdische Problem ein politisches, zudem eines, in dem sich die Interessen feindlich beggenen. Beide wollen die Herrschaft über die Juden, und beide üben sie de facto aus. Aber während Friedrich II., wie in Sizilien und Süditalien etwa, noch seine persönlichen Ideen von der wirtschaftlichen Eingliederung der Juden in sein Reich realisieren kann, gibt es für das Papsttum nur schlechthin die Fortsetzung der alten Idee, daß das Christentum über das Judentum siegen müsse. Zwar steht Innozenz anfangs noch auf dem Standpunkt, die Christen dürften die Juden nicht zu sehr bedrücken, »denn durch sie wird die Wahrheit unseres eigenen Glaubens bestätigt«, aber diese relative Toleranz muß notwendig versagen vor dem Kampf, den die inneren Verhältnisse dem Papsttum aufnötigen. Denn zum erstenmal wagen sich die zentrifugalen Kräfte in kompakten Massen ans Tageslicht. Sie lehnen sich, wie die Waldenser, gegen die Verfassung der Kirche überhaupt auf; sie verneinen, wie die Albigenser, die bindende und lösende Kraft der priesterlichen Funktionen; sie erstreben, wie die judaisierenden »Wanderer«, eine innerliche Rückkehr zum Alten Testament. Alles das verneint und leugnet die Grundlage, auf der die kirchliche Macht sich als etwas, was nicht nur rein geistig ist, aufbaut. Und alles das geschieht in bedenklicher Nähe jüdischer Siedlungen und steht sehr oft gedanklich in starker Abhängigkeit vom Judentum. Innozenz erkennt richtig ein Doppeltes: die schwankende Grundlage, auf der in der breiten Masse der Katholizismus überhaupt ruht, und die gefährliche geistige Überlegenheit der Juden. Darum geht folgerichtig seine und seiner Nachfolger Politik nach innen und nach außen. Nach innen durch Krieg gegen die Ketzer, Propaganda der katholischen Lehre unter dem breiten Volk, Kampf gegen die sittliche Verkommenheit der Geistlichkeit; nach außen durch eine verschärfte Gesetzgebung gegen die Juden, durch Polemik gegen alle Staaten, die ihnen Rechte einzuräumen wagen, und endlich durch Attacken gegen den Talmud.

In dem inneren Kreuzzug (1209–1229) tobt 20 Jahre lang ein entfesselter Klerus in der Provence und hinterläßt 20 000 erschlagene Ketzer. Das gab dem Juden eine Ahnung von dem, was ihn erwartete. Es begann mit der Diffamierung und endete vor dem Inquisitionsgericht. Die berühmte 4. Lateransynode (1215) macht den Beginn. Diese Synode, die weithin sichtbare Demonstration der päpstlichen Macht, sagt den Juden erneut den Kampf an. Es wird gefordert, daß die Geistlichkeit fortan die jüdischen Kreditgeschäfte überwache. Es wird für Juden und Muselmanen ein besonderes Abzeichen an der Kleidung vorgeschrieben. Es wird eine Serie alter Kirchenkanons erneut in Geltung gesetzt. Es wird endlich – als Auftakt zu unerhörten Blutgreueln – für die zum Christentum Übergetretenen, die nicht an ihrem neuen Glauben festhalten, das heißt in der überwiegenden Mehrzahl aller Fälle: gegen die unter Todesdrohungen zum Christentum übergetretenen Juden, der »heilbringende Zwang« angeordnet.

Zur Ausführung dieses heilbringenden Zwanges werden zwei Institutionen ins Leben gerufen: die »heilige Inquisition« und der Dominikanerorden, der Orden der predigenden Brüder. Ihre ursprüngliche Aufgabe, Laien den katholischen Glauben zu predigen, übernimmt später der gleichzeitig gegründete Orden der Franziskaner. Sie, die »Bettelbrüder«, gehen unter das Volk. Die Dominikaner übernehmen die Verfolgung der Ketzer und Andersgläubigen, also im wesentlichen der Juden. Unter Ludwig dem Heiligen von Frankreich entfaltet sich ihre inquisitorische Tätigkeit und dehnt sich auch auf die Juden aus. Sie wurden die Domini canes laterantes, die bellenden Hunde des Herrn, genannt. Sie erhalten ein erweitertes Tätigkeitsgebiet durch die von Clemens IV. erlassene Bulle Turbato corde (1267), worin befohlen wird, zum Judentum verführte

Christen samt ihren Verführern vor das Tribunal zu ziehen. Auch die »zum Judentum verführten Christen« sind überwiegend zwangsgetaufte Juden. Das Verfahren ist geheim und bedient sich der Folter zur Ermittlung der Wahrheit. Die Verurteilten werden zur Vollstreckung des Urteils den weltlichen Behörden ausgeliefert, denn die Kirche verabscheut das Blutvergießen: Ecclesia abhorret a sanguine. Und so flossen Ströme von Blut.

Neben diesen blutigen richterlichen Funktionen bemühen sich die Dominikaner – wenn auch ohne so handgreifliche Erfolge – noch auf einem spirituellen Gebiete: der Disputation. Diese Wortkämpfe zwischen Juden und Christen hat es seit je gegeben. Mit dem Ausgang des 12. Jahrhunderts vermehren sie sich; nicht weil davon vermehrte Übertritte zum Christentum zu erwarten waren, sondern weil sich immer von neuem eine Rechtfertigung des eigenen Glaubens vor den eigenen Gläubigen als notwendig erwies. Tausend Jahre kirchlicher Erziehung hatten nicht verhindern können, daß gerade aus dem Gebiet des Religiösen her immer wieder spontan Zuneigungen zum Judentum auftauchten. Gregor IX. wendet sich scharf dagegen, daß in Deutschland christliche »Sklaven« zum Judentum neigten und daß auch freie Menschen es aus eigenem Antrieb taten. Um die Gefahr zu vermindern, verbietet er religiöse Disputationen überhaupt (1223), und in Frankreich ergab sich die Notwendigkeit, das Wohnrecht der Juden auf größere Ortschaften zu beschränken, damit sie die schlichten Landbewohner nicht in ihrem Glauben gefährden (1283).

Im Eifer für die Ausbreitung des rechten Glaubens forcieren die Dominikaner jetzt solche Disputationen. Es sind immer zwei Hauptthemen: die christlichen Dogmen und die Messianität Jesu. Es hat nie auf der Welt etwas Törichteres gegeben als diese Versuche der Belehrung und Bekehrung. Ein Dogma entsteht, wenn eine religiöse Denkform zum Lehrsatz erstarrt. Das ist immer dann der Fall, wenn das schöpferische religiöse Erlebnis von einer Institution, einer Kirche, eingefangen und abgedrosselt wird. Es muß also ein Mensch, der ein Dogma akzeptieren soll, sowohl in dieser religiösen Denkform leben als auch im Glauben an die Institution, in der die Denkform versteinert. Es hätte gar nicht der ewig feindlichen Einstellung der christlichen Kirche gegen den Juden bedurft, um für ihn beide Voraussetzungen unmöglich zu machen. Abgesehen davon gab es im Judentum bis dahin überhaupt keine Dogmen im kirchlichen Sinne. Was gar die Messianität Jesu anging, war das Beginnen noch hoffnungsloser. Messianität als Erlösungsgedanke wird wohl in jeder Gemeinschaft mit religiöser Begabung ruhen. Als Form des religiösen Denkens und Erlebens ist sie ein jüdisches Produkt, entstanden aus dem Ablauf einer national-religiösen Geschichte. Wann dieser Ablauf zu beschließen sei und wie er zu beschließen sei, was Erlösung bedeutet und was nicht, war ausschließlich Sache der Juden und konnte niemals Sache einer Disputation sein. Gegenüber den Bedürfnissen des Herzens ist jedes theologische Raffinement immer eine stumpfe Waffe.

Es ist nicht das Verdienst der Juden, sondern eine natürliche Folge ihrer geistigen Tradition, daß sie in solchen Disputationen die Oberhand behielten. Sie waren, da es hier nur um eine Angelegenheit des Gehirns ging, überaus gut gerüstet. Wollte man sie also besiegen, mußte man ihnen ihr Rüstzeug nehmen. Man suchte danach und fand, es liege im Talmud. Man inszenierte eine ohnmächtige Tragikomödie: den Prozeß gegen den Talmud.

Der Dominikaner Nikolaus Donin, ein getaufter Jude, denunziert bei Gregor IX. den Talmud wegen Verleumdung Jesu und der Christen und wegen seiner unsittlichen Lehren. Der Papst gibt den Bischöfen in Frankreich, England und Spanien Anweisung, bei den Juden alle erreichbaren Talmudexemplare zu beschlagnahmen und ein Gericht zu konstituieren. Dieses Gericht tagt unter Teilnahme der Dominikaner und im Beisein vieler Würdenträger am 12. Juni 1240 in Paris. Die Anklage umfaßt 35 Punkte, sämtlich aus dem haggadischen Teil des Talmud, also aus jenem Gebiet, in dem Jahrhunderte eines Volkslebens mit allen guten und bösen Reaktionen ihren Niederschlag gefunden haben. Die jüdischen Gelehrten, die die Anklage widerlegen sollen, sind in einer schwierigen Lage. Für sie ist alles heilig, was im Talmud steht, auch die Legende, selbst die Anekdote. Das verhilft den Mönchen zu einem Triumph. Sie stellen fest, daß die Rabbiner selbst viele anstößige Stellen zugeben (obgleich sie selbstverständlich niemals die Anstößigkeit irgendeiner Stelle zugegeben haben werden), und verurteilen das Buch zum Feuertode. Das Urteil wird 1242 vollstreckt. 24 Wagenladungen voll Talmudexemplaren werden öffentlich in Paris verbrannt. Zwei Jahre später wird derselbe Prozeß für die Provinz veranstaltet. 1248 und 1250 wird die Komödie erneuert. Sie stellt sich im übrigen auch als lukrativ heraus, weil die Verbrennung sehr oft durch Geld abgewendet werden kann. Immerhin war damit erreicht, daß das Studium des Talmud für längere Zeit mangels Lehrmaterial behindert wurde; und das war ja der in Wirklichkeit erstrebte Erfolg.

Dennoch wird auf die Disputation nicht verzichtet. Wieder geht sie von Dominikanern aus, und wieder schicken sie einen getauften Juden vor, Paulus Christiani, genannt Fra Pablo. Er wirkt in Aragonien, dem Dorado der dominikanischen Inquisition. Im Juli 1263 wird unter Teilnahme des Königs vier Tage lang in Barcelona disputiert. Fra Pablo hat sich einen Gegner ausgesucht, dessen Name in der jüdischen Welt erhebliche Geltung besaß: Rabbi Moses ben Nachman (abgekürzt: Ramban) aus Gerona. Pablo stellt vier Thesen auf über die Messianität; und wieder will er beweisen, daß der Messias der Juden längst erschienen sei. Mit Recht kann Ramban das bestreiten und darauf hinweisen, daß nichts im Verhalten der Welt und der Menschen darauf schließen lasse, daß wirklich einmal ein Messias erschienen sei. Aber er geht weiter. Er deckt den tieferen Grund auf, warum der Jude in der Opposition bleibt: die Verschiedenartigkeit in der Auffassung des göttlichen Wesens. Wenn – erklärt Ramban – Gott und Jesus wesensgleich seien, Jesus also göttlich sei, dann verstoße es für die jüdische Auffassung wider die Natur und wider die Vernunft, sich vorzustellen, ein göttliches Wesen werde im Leib einer jüdischen Mutter geboren, um dann nach Ablauf eines ganz irdischen Lebens hingerichtet zu werden, wieder aufzuerstehen und in seinen göttlichen Zustand zurückzukehren. Solche Argumentation erweist die Zwecklosigkeit des Wortstreites. Die offizielle Disputation wird abgebrochen, aber dann in der Synagoge fortgesetzt. Da erklärt Pablo, das Dogma von der Dreieinigkeit sei ein so tiefes Mysterium, daß es selbst für die Engel undurchdringlich bleibe. Ramban erwidert ihm, daß man dann die Menschen auch nicht dafür verantwortlich machen dürfe, wenn sie es nicht begreifen.

Man muß zugeben, daß diese Art der Kirche, gegen das Judentum zu kämpfen, wenigstens im Prinzip den Versuch einer geistigen Auseinandersetzung darstellt. Darum wurden aber keineswegs die gröberen Mittel vernachlässigt, und unter diesen Mitteln werden zwei besonders bevorzugt: die Anklage wegen Ritualmord und die wegen Hostienschändung. An diese beiden Verbrechen glaubte das Volk. Die verantwortliche Geistlichkeit glaubte nicht daran, aber sie begünstigte und benützte solche Anklagen vielfach und vielerorts in majorem dei gloriam. Von dieser Blutschuld kann nichts sie freisprechen.

Deutschland steht im 13. Jahrhundert mit derartigen Anklagen an der Spitze. Schon 1221 spielt sich ein Ritualmordprozeß in Erfurt ab. 1235 taucht die Anschuldigung massenweise auf. Unter ihnen mag der Vorfall von Fulda wegen seiner prinzipiellen Bedeutung Darstellung finden. Am ersten Weihnachtsabend 1235 brennt in Fulda das Haus eines Müllers ab. Die Eltern sind fort; nur die Kinder sind daheim. Sie kommen bei dem Brand um. An Stelle jeder Erwägung, wie dieses Unglück geschehen sein könne, tritt sofort die Behauptung, die Juden hätten den Kindern das Blut abgezapft und dann das Haus angezündet. 32 Juden werden daraufhin verhaftet, so lange gefoltert, bis sie eingestehen, was gewünscht wird, und dann von gerade anwesenden Kreuzfahrern totgeschlagen. Die Leichen der Kinder werden als »heilige Märtyrer« erklärt. Friedrich II., der sich in der Nähe aufhielt, erklärte angesichts der Erschlagenen: »Verscharrt sie, sie sind zu nichts anderem mehr zu gebrauchen.« Aber darüber hinaus beschließt er, dem die Gründe solcher Anklagen nicht verborgen sind, eine prinzipielle Aufklärung. Er setzt eine gelehrte Kommission ein, die der Frage des Ritualmordes auf den Grund gehen soll. Die Kommission war geteilter Meinung. Friedrich greift weiter aus. »Diese (die Kommission), da sie verschieden waren, äußerten verschiedene Meinungen über den Fall, und da sie sich unfähig zeigten, über die Sache einen hinreichenden Beschluß zu finden, wie es sich gehörte, so sahen wir aus unseres Wissens geheimen Tiefen voraus, daß nicht einfacher gegen die des genannten Vergehens beschuldigten Juden einzuschreiten sei, als durch solche Leute, die Juden gewesen und zum Kult des christlichen Glaubens bekehrt waren, die gleichsam als Gegner nichts verschweigen würden, was sie hierüber gegen jene oder gegen die mosaischen Bücher oder mit Hilfe der Reihe des Alten Testaments wissen konnten. Obwohl nun unsere Weisheit durch die vielen Bücher, die unsere Erhabenheit kennengelernt, die Unschuld genannter Juden vernünftigerweise für erwiesen hielt, so haben wir doch zur Genugtuung nicht weniger des ungebildeten Volkes als des Rechtes aus unserem voraussichtigen heilsamen Entschluß und im Einverständnis mit den Fürsten, Großen, Edlen, den Äbten und Kirchenmännern über diesen Fall an alle Könige der abendländischen Zonen Sonderboten entsendet, durch die wir aus ihren Königreichen im Judengesetz erfahrene Neugetaufte in möglichst großer Zahl vor uns beschieden haben.«

Nach langer Beratung ergab sich der selbstverständliche Schluß, daß aus den jüdischen Schriften nur das strengste Verbot jeglicher Blutopfer festzustellen sei. Friedrich II. stellte daraufhin den Juden eine Sentenz aus, die jede derartige Beschuldigung für das ganze Reich in Zukunft untersagte. Diese Sentenz war aber gegenüber dem Volksglauben und gegenüber der unterirdischen Tätigkeit des Klerus wirkungslos. Noch zu Friedrichs Lebzeiten sah sich Innozenz IV. (1247) veranlaßt, eine Bulle an die Bischöfe von Frankreich und Deutschland zu richten, die zugleich den Grund solcher Anklagen hinreichend aufklärte. »Wir haben die flehentliche Klage der Juden vernommen, daß manche kirchlichen und weltlichen Würdenträger wie auch sonstige Edelleute und Amtspersonen in Euren Städten und Diözesen gottlose Anklagen gegen die Juden erfänden, um sie aus diesem Anlaß auszuplündern und ihr Hab und Gut an sich zu raffen. Diese Männer scheinen vergessen zu haben, daß es gerade die alten Schriften der Juden sind, die für die christliche Religion Zeugnis ablegen. Während die Heilige Schrift das Gebot aufstellt: Du sollst nicht töten! und ihnen sogar am Passahfest die Berührung von Toten untersagt, erhebt man gegen die Juden die falsche Beschuldigung, daß sie an diesem Feste das Herz eines ermordeten Kindes äßen. Wird irgendwo die Leiche eines von unbekannter Hand getöteten Menschen gefunden, so wirft man sie in böser Absicht den Juden zu. Es ist dies alles nur ein Vorwand, um sie in grausamster Weise zu verfolgen. Ohne gerichtliche Untersuchung, ohne Überführung der Angeklagten oder deren Geständnis, ja in Mißachtung der den Juden vom apostolischen Stuhl gnädig gewährten Privilegien beraubt man sie in gottloser und ungerechter Weise ihres Besitzes, gibt sie den Hungerqualen, der Kerkerhaft und anderen Torturen preis und verdammt sie zu einem schmachvollen Tode ... Solcher Verfolgungen wegen sehen sich die Unglückseligen gezwungen, jene Orte zu verlassen, wo ihre Vorfahren von alters her ansässig waren. Eine restlose Ausrottung befürchtend, rufen sie nun den apostolischen Stuhl um Schutz an ...«

Solche Erklärung, dazu vom Papsttum ausgehend, erspart dem Historiker die Motivierung.

Aber auch diese Bulle, ausklingend in die Forderung an die Christen, den Juden »freundlich und wohlwollend zu begegnen«, versagt vor der allgemeinen Auflösung der Ordnung in Chaos, die die Zeit des Interregnums kennzeichnet. Zwischen 1264 und 1267 sind Judenmetzeleien an der Tagesordnung. Nach dem Regierungsantritt der Habsburger mehren sich die Ritualmordprozesse. (Mainz 1283, München 1286, Oberwesel 1288.) Es tritt jetzt auch das Märchen von der wunderwirkenden Hostie, der hostia mirifica auf. Juden stehlen oder kaufen Hostienoblaten und durchstechen sie, damit symbolisch den Leib Christi durchstechend. Aus vielen solcher Hostien strömt dann heilkräftiges Blut. So geschah es 1287 in Pritzwalk in Brandenburg. An der Stelle, wo man diese wundertätige Hostie aufgefunden hatte, wurde ein Frauenkloster erbaut, das sich reichen Besuches der Kranken und reicher Gaben erfreute. In der Folge wurde das Hostienwunder des öfteren in Szene gesetzt und das heilspendende Blut fabriziert, bis selbst von Rom dagegen Protest erhoben wurde.

1298 wurde den Juden des Städtchens Röttingen in Bayern zur Last gelegt, eine Hostie gefunden und in einem Mörser zerstoßen zu haben. Ein Edelmann mit dem beziehungsreichen Namen Rindfleisch erklärte sich vom Himmel berufen, Rache dafür zu nehmen. Er sammelte eine Bande um sich, schlug alle Juden der Stadt tot, zog mordend und plündernd durch das Land, vernichtete die Gemeinde Würzburg fast vollständig, überfiel dreimal die Gemeinde Rotenburg und konnte bis zum Herbst 1298 fast 140 jüdische Siedlungen und Gemeinden vernichten. Unter seiner Einwirkung taucht die wunderwirkende Hostie auch in Österreich auf.

Das ist, in groben Zügen umrissen, die Welt, in der der Jude des 13. Jahrhunderts zu leben gezwungen ist. Die Welt, in der er freiwillig lebt, die religiöse, kann sich unmöglich einer solchen Massenhaftigkeit und Brutalität der Vorgänge ganz entziehen. Das religiöse Dasein hat endlich den Punkt erreicht, in dem es von der Ungunst der materiellen Existenz so angenagt und unterhöhlt wird, daß die Bruchstelle sichtbar wird: das Aufhören der lebendigen, im Leben schöpferischen Tradition. Ihr Dasein enthüllt sich jetzt als das, was es von Anfang an war: als Fiktion. Es war eine grandiose Fiktion, die kein Volk in der Welt auch nur annähernd in dieser Weise aufgestellt und zur realen Lebensgrundlage für Menschen gemacht hat. Da diese Menschen aber mit ihren eigenen inneren Gesetzen und Bedingungen fortgesetzt im Angriffsbereich fremder Kräfte leben mußten, da ihre äußeren Bedingungen in absoluter Abhängigkeit von fremden, durchweg feindlichen Gewalten standen, lebten sie sich selbst, konnten sie sich selbst leben nur in jeweiliger Anpassung oder Abwehr, wobei die Grundlage religiösen Lebens: organische Gemeinschaft, mehr ein Zwangszustand der Abschließung als ein gewachsener Zustand des Zusammenschlusses war. Der Versuch, auf dieser anormalen Grundlage als Juden zu leben, das heißt: in der Gegenwart zu wirken, aus der Vergangenheit die Traditionskraft zu empfangen und in eine gestaltende Zukunft hineinzuhoffen – dieser Versuch riß den unüberbrückbaren Gegensatz zwischen Gläubigkeit und gedanklicher Konzeption, zwischen Gehirn und Herz so mächtig auf, daß er für Jahrhunderte das eigentliche Problem ihrer volklichen Existenz wurde.

Gerade an der geistigen Gestaltung, die das spanische Judentum als seine letzte Blüte hoffnungsfreudig aus sich entlassen hatte: an den Werken eines Maimonides, wird diese Diskrepanz zwischen Wirklichkeit und Lebensgestaltung offenbar. Maimonides hatte ein Ziel: die Synthese zwischen Philosophie und Glaube. Die geistige Strömung, die sich zu seinen Lebzeiten und nach seinem Tode an ihn heftete, begriff vor allem das Beglückende freier geistiger Entfaltung mit einer starken, national und religiös fundierten Weltanschauung im Hintergrunde. Man brauchte nichts von dem zu leugnen, was frühere Geschlechter als religiöse Offenbarungen empfunden hatten, nicht einmal das, was der Vernunft widerspricht und nur im Glauben an das Geschehen von Wundern seine Begründung findet. Die Vernunft, die philosophische Haltung blieb unverletzt, wenn man die Legenden und Wundertaten und das Anthropomorphe im Tun Gottes als Ausdrucksform, als Bild, als Symbol gelten ließ. Und eines Tages, ehe sie sich dessen versahen, war alles, was nur von der Vernunft her nicht zu begreifen war, aufgelöst in Bilder und Symbole. Es hatte seine zeugende religiöse Wirksamkeit eingebüßt. Sie spalteten das einheitliche Gefüge der religiösen Tradition. »In der Heiligen Schrift«, erklärt ein Maimonist, »ist das eine für die Lippen, das andere fürs Herz bestimmt. Der innere Sinn ist dem Weisen, der äußere dem Einfältigen zugedacht.« Damit war die Idee der Maimonidischen Synthese in ihr

Gegenteil verkehrt. Wenn der »Weise« den Sinn des Religiösen aus seinen persönlichen philosophischen Möglichkeiten begreift und ihn nicht erspürt aus dem Gefühl, im Rahmen, in der Kette, im Verbande zu stehen, dann wird das, was er als Auswirkung in das Leben hineinträgt, privat, unverbunden und für den Begriff einer Gemeinschaft auflösend. Es entsteht die zwiespältigste aller geistigen Haltungen: die liberale. Liberalismus im religiösen Bezirk ist ein Freiheitsbegriff, der aus der Unfähigkeit kommt, sich für das Ja oder für das Nein zu entscheiden.

Die Konsequenz eines solchen Liberalismus war die wachsende Vernachlässigung der Ritualgesetze, ein allmähliches Abstreifen aller Bindungen und die vielfache Schließung von Mischehen. Aber es hätte nicht einmal solcher Vorgänge bedurft, um eine ständig wachsende Opposition in die Erscheinung treten zu lassen. Den Anruf, das von Maimonides aufgeworfene Problem zu lösen, vernahm die ganze Judenheit, soweit ihr damals die Zeit und der Ort ihres Aufenthaltes überhaupt eine geistige Existenz ermöglichten. Aber schon die Voraussetzung, von der Maimonides ausgegangen war: die Notwendigkeit, Religion und Philosophie zu versöhnen, wurde von einem großen Teil der Juden überhaupt nicht anerkannt. Ihnen genügte, daß sie glaubten. Mehr noch: ihnen war nur wichtig, daß einer glaube. Es waren insbesondere die Juden in Deutschland und Frankreich, die diesen Standpunkt vertraten. Ein Doppeltes ließ sie diesen Standpunkt einnehmen: das Schicksal, das ihnen bereitet wurde, und die Sorge um das Schicksal des ganzen Volkes.

Was diente ihnen, deren Schicksal in diesem Abschnitt dargestellt wurde, die Vernunft, die Philosophie, die rationalistische Begründung ihres Glaubens? Hätte aller Verstand das lähmende Gefühl der Ohnmacht verjagen können, mit der sie allem Unguten aus Zeit und Umgebung ausgeliefert waren? Hätte man sie – wie in Spanien – auch nur an einer Spur von Freiheit und Lebensfreude teilnehmen lassen? Zwischen ihrem Schicksal und dem Sinn ihres Schicksals konnte niemals die Vernunft eine Relation herstellen. Das wäre Selbstmord gewesen. Da aber ihr Lebenswille wie durch ein Wunder immer noch intakt war, konnten sie nur fortleben, wenn sie ohne Frage und ohne Gedanken, ohne Zweifel und ohne die Krücke der Vernunft sich der Welt ihres Glaubens auslieferten. Wenn ihr Schicksal überhaupt einen Sinn tragen sollte, mußte er ganz rückwärts, ganz in Gott und seinen Gesetzen beschlossen liegen. Brach man die kleinste Lücke in dieses Gefüge, ließ man die mindeste Lockerung auch des geringsten religiösen Gebotes zu, so hob man die Welt aus den Angeln, in der sie lebten.

Von hier aus mußte das Ergebnis entstehen, daß die orthodoxe, die konservative Tendenz unter ihnen ständig wuchs. Aber von hier aus begriffen sie auch die Vorgänge in der Welt des Maimonides. Sie sahen, daß sich in der Hand des Rationalisten jedes Stück der Tradition in ein Symbol verwandelte. Das war die Anarchie; das war die Auflösung des Gesetzes. Sie sahen, daß in den Synagogen Spaniens und der Provence eine begeisterte Jugend ihre Ideen von geistiger Freiheit verkündete. Sie sahen, daß dort der Talmud nicht mehr wichtiger war als Plato und Aristoteles. Sie verstanden das alles als die äußerste Gefahr, als den Beginn der Auflösung des jüdischen Volkes. Darum sagten sie der geistigen Richtung, die sie dafür verantwortlich hielten, der Philosophie, den Kampf an.

Die jüdische Welt spaltete sich in Rationalisten und Antirationalisten. Doch bleibt noch Raum für eine seltsame Mittelstufe, für eine Denkform, die sich zum unbedingten Glauben wie zur unbedingten Vernunft nebeneinander bekennt und so, da ihr die Synthese nicht gelingen will, zum Dualismus ihre Zuflucht nimmt. Es ist die Lehre von der »doppelten Wahrheit«, wie ein Isaak Albalag sie formuliert hat: »Denn auf Grund meiner wissenschaftlichen Einsicht bin ich oft davon überzeugt, daß sich etwas mit Naturnotwendigkeit auf eine bestimmte Weise verhalte, und doch glaube ich auf Grund der Worte der Propheten, daß sich auf unnatürliche Weise das Gegenteil zugetragen habe.« Es ist bemerkenswert, daß diese Kampfstellung zwischen zwei Extremen samt der Zwischenstufe von der »doppelten Wahrheit« sich zu gleicher Zeit auch im Christentum einstellte. Die Scholastik unternahm den gleichen Versuch, den Maimonides schon vorher unternommen hatte: die Lehre der Religion mit der Lehre eines Aristoteles zu versöhnen. Während Thomas von Aquino sich dahin entschied, die Philosophie habe die »Dienstmagd der Theologie« zu sein, entschlossen andere sich für den Dualismus der doppelten Wahrheit, eine Einstellung, die dem Bannfluch verfiel. Solche Gleichzeitigkeiten, wie sie uns auch späterhin bei der Kabbala begegnen werden, beweisen, daß es – bei aller Verschiedenheit der Ebene – doch ein Fluidum geistiger Gemeinsamkeit gibt. Darin liegt eine der stärksten Hoffnungen für die zukünftige Gestaltung des Menschengeschlechts, auch wenn tausend Kräfte bemüht sind, sie zu zerstören.

Für den Kampf, den die Orthodoxie jetzt eröffnet, stehen ihr nicht nur in Deutschland und in Frankreich, sondern auch in Spanien und in der Provence Kräfte zur Verfügung. Kein Aufschwung des philosophischen Denkens hatte verhindern können, daß der Einfluß des Talmud und die seit langem geübte Art dieses Studiums ständig auch in Spanien wuchsen. Es ist, als habe der Instinkt der Juden dieser frühen Blüte einer geistigen Freiheit nicht getraut und habe auf die Kraft der überkommenen und so vielfach bewährten Sicherungen nicht verzichten wollen. Spanien besaß in dem schon erwähnten Ramban eine Autorität der rabbinischen Wissenschaften, in Salomo ben Adret (Raschba) in Barcelona einen großen tossafistischen Dialektiker und gegen Ende des 13. Jahrhunderts in dem von Deutschland zugewanderten Ascher ben Jechiel (Rosch) einen Vertreter des engsten deutschen Rabbinismus.

Der Kampf beginnt mit einem Bann, den R. Salomo ben Abraham vom Berge aus Montpellier in der Provence zusammen mit dem Rabbiner von Gerona, Jona Gerondi, über alle verhängt, die sich mit profanen Wissenschaften und Philosophie befassen, insbesondere mit den Werken des Maimonides. Andere provenzalische Gemeinden antworten, indem sie Salomo in den Bann erklären. Saragossa und einige andere Gemeinden verhängen den Bann über Montpellier. In dem Hin und Her spitzen sich die Gegensätze so zu, daß Salomo die Werke Maimons bei dem Inquisitionsgericht denunziert. Es versteht sich, daß das Gericht sowohl das »Buch der Erkenntnis« wie den »Führer der Irrenden« zum Scheiterhaufen verurteilt (1232).

Die wilde Entrüstung darüber in Spanien und der Provence bringt wohl den Denunzianten zu tiefer Reue, aber die Gegensätze sind dennoch für die Dauer aufgezeigt und verlangen ihren Austrag. Zu Beginn des 14. Jahrhunderts (1303) eröffnet wieder Montpellier unter Führung des Don Astruc de Lunel den Feldzug. Sein Verbündeter wird Raschba in Barcelona. Dort wird (1305) als der Abschluß erbitterter Auseinandersetzungen folgender Bannfluch verkündet: »Wir haben angeordnet und es uns und unserer Nachkommenschaft zur Pflicht gemacht, unter Aufbietung des Cherem darauf zu bestehen, daß kein Gemeindemitglied unter 25 Jahren, heute und fürder fünfzig Jahre lang, sich mit dem Studium von griechischen Büchern über Naturkunde und Theologie ... befassen soll ... Von dieser Verordnung ist nur das Studium der Medizin ausgenommen ... weil die Thora die Ausübung der ärztlichen Kunst ausdrücklich gestattet.«

Der Philosoph und Astronom Jakob ben Machir, Dekan der philosophischen Fakultät von Montpellier, in der mittelalterlichen Wissenschaft bekannt als Profiat oder Profatius, ist Führer der Opposition. Sie erläßt einen Bann gegen jeden, der es wagt, Maimonides zu verketzern oder Menschen am philosophischen Studium zu hindern. Zur Verteidigung der Wissenschaft und des Rechts auf Wissen erheben sich überall Gelehrte. Aber der Kampf kann nicht ausgetragen werden. In seinen Höhepunkt fällt die Ausweisung der Juden aus Frankreich. Wieder unterbrechen fremde Gewalten die organische Entwicklung im jüdischen Bezirk und zwingen die Juden, mit der Last unausgelebter Probleme weiterzuexistieren.

Doch in einem anderen Bezirk, in dem nicht gekämpft, sondern heimlich und stetig aufgebaut wird, stellt das Problem: Philosophie oder Religion, Vernunft oder Glaube, sich erneut zur Beantwortung. Hier wird Antwort gegeben nicht aus der Helle und nicht aus der Dunkelheit, sondern aus dem Zwielicht, aus dem geheimnisvollen Leuchten: aus der Mystik. Da ist die Vernunft ein schwacher Begriff und der Glaube in seiner traditionellen Form unzureichend. Denn es gibt etwas, was der Vernunft nicht zugänglich ist und was auch der schlichte Glaube nicht erfaßt: das Geheimnis, in dem das Wesen Gottes und Aufbau und Sinn von Himmel und Welt beschlossen liegen. Die Welt, in der solches erkannt werden kann, ist die der Kabbala.

Die Kabbala teilt mit dem Talmud das Geschick, als abgegriffenes Wort in aller Mund zu sein und ihre Beurteilung zu erfahren nach dem Wissen aus zehnter Hand. In der marktgängigen Bewertung liegt der Ton auf Auswüchsen, die man als sinnlos und verspielt bezeichnet. Dabei bleibt unbeachtet, daß die Kabbala in ihrer Entstehung ein Bedürfnis war. Vom Menschlichen aus gesehen: weder der Rationalismus noch der Talmudismus konnten das Bedürfnis nach fortdauernder religiöser Gestaltung und religiösem Erleben befriedigen. Es darf nicht einen Augenblick außer acht gelassen werden, daß im Judentum durch die Jahrhunderte und ohne Unterbrechung das wirkliche Bedürfnis nach solchem religiösen Erleben bestand. Ein Jude ohne religiöse Triebkraft – gleich in welcher Form sie sich äußert, ob als Treue gegen das jüdische Gesetz oder als Treue gegen die jüdische Idee – ist eine Sinnwidrigkeit und ein Zerfallprodukt. In der Kabbala hat sich, mit dem 13. Jahrhundert sichtbar werdend, das Judentum einen Bezirk geschaffen, in dem das religiöse Erleben sich sogar ungestört von der Kontrolle der Vernunft und der nichts als verpflichtenden Härte der talmudischen Welt entladen konnte.

Kabbala bedeutet: Überlieferung für den Eingeweihten, Geheimlehre für den, der hinter Wort und Ausdruck der Bibel die verborgene Schicht sieht. Noch aus der Zeit der Erzväter und Mosches ist auf geheimen Wegen solch tieferer Sinn übermittelt. Er enthüllt, daß im Anfang alles Seins Gott steht, En Sof, der Endlose, der Grenzenlose, der Unendliche. Er hat keine Eigenschaften und keine Attribute. Er ist Urkraft, die Ausstrahlungen, Emanationen aus sich entläßt, schöpferische Energien, in der Sprache der Kabbala Sefiroth genannt. Sefira heißt an sich Zahl; aber hier soll das Wort mit Klang und Sinn sich dem Begriff »Sphäre« des Aristoteles annähern. Die erste Sefira, aus Gott selbst entlassen, hat wieder die zweite aus sich entlassen, die wieder die dritte und so fort bis zur zehnten. Diese Sefiroth haben die Welt erschaffen und halten sie in Ordnung. Jede von ihnen hat eine besondere Funktion, die einen für die höchste geistige Weltordnung, andere für die sittliche Weltordnung und wieder andere für die Welt der Sinne. Diese Sefiroth sind theosophische Welten, und die

Mystik, die in das Geheimnis der Schöpfung eindringen will, begreift sie als Stufen des Schöpfungswerkes, als die Kategorien, in die die Welt des sinnlich Wahrnehmbaren geordnet ist, als Wege auch des Menschen zu Gott, denn er kann durch sein Gebet auf die Sefiroth einwirken und sich auf diese Weise in unmittelbare Beziehung zu Gott setzen. Die Sefiroth sind, auf ihre Urkraft Gott bezogen, ihm wesensähnlich, aber nicht wesensgleich...

Da stehen wir plötzlich vor Begriffen der christlichen Gnosis. Das haben die Gegner der Kabbala schon sehr früh erkannt und ihren Anhängern den Vorwurf gemacht, daß sie die christliche Dreieinigkeit durch eine Zehneinigkeit ersetzten; daß sie an Stelle der klaren Gliederung Gott – Weltschöpfung – Weltexistenz eine gnostische Geschichtsphilosophie stellten, die mit dem Judentum nichts zu tun habe. Hier entsteht in aller Deutlichkeit ein ungemein wichtiges Problem der jüdischen Theologie; denn wenn auch die frühen Kabbalisten den Begriff der Einheit Gottes sehr konsequent wahrten, konnten die Spätern nicht verhindern, was das Schicksal aller gnostischen Ideen ist: daß die Kräfte, die als Auswirkungen gedacht sind, eine immer wachsende Selbständigkeit bekommen. Eines Tages überwuchern die Mysterienwelten, eigenlebig geworden, sogar ihren Ursprung: Gott. Das ist ein erregender Prozeß. Wie der Versuch, aus Ratio und Offenbarung eine Synthese zu schmieden, bei der unauflösbaren Antithese von beiden landete, so endete der Versuch, aus der mystischen Versenkung Gott zu finden, bei der Notwendigkeit, ihn von neuem suchen zu müssen. So ist das religiöse Leben des Juden aus seiner eigenen Bewegtheit heraus immer von neuem vor einen Anfang gestellt.

Wir können im Rahmen dieses Überblicks den Einzelheiten in der Entwicklung der kabbalistischen Welt und Lehre nicht nachgehen. Wir müssen uns vorerst damit begnügen, aufgezeigt zu haben, daß das Judentum imstande war, noch in der Überbelastung seiner äußeren Existenz die innere Existenz zu retten. Die mystische Welt der Kabbala empfing ihre ersten Ausprägungen und literarischen Gestaltungen in der Provence und in Spanien, in diesen beiden Gebieten, von denen man als den letzten sagen konnte, daß sie dem Juden noch einen tragbaren Lebensraum gewährten. Wir werden uns bald mit Spanien als dem Lande zu beschäftigen haben, in dem für den Juden der apokalyptische Begriff der Hölle seine Verwirklichung fand.

Austreibung Aus Dem Westen

Das christliche Abendland, mit Italien als der einzigen Ausnahme, hat gegenüber dem jüdischen Problem, das sich ihm darstellte, keine andere Lösung gefunden als die, die Träger, die Objekte des Problems zu vertreiben. Am Ende des 13. Jahrhunderts vertreibt England seine Juden, am Ende des 14. Jahrhunderts Frankreich, am Ende des 15. Jahrhunderts Spanien und Portugal, und in der ganzen Zwischenzeit ist Deutschland der Schauplatz freiwilliger und erzwungener Auswanderung.

Immer ist es ein Komplex von Gründen, nie ein präziser Einzelgrund, der diese Vertreibungen verursacht. Aber deutlich in ihrer Verknüpfung bleiben zwei Faktoren: der Glaube und die Wirtschaft; und diese beiden Faktoren sind wieder unter sich unlösbar verbunden. In zahllosen Fällen lassen sich die religiösen Skrupel durch Geld beschwichtigen, und in ebenso vielen Fällen maskiert sich der wirtschaftliche Grund mit Argumenten des Glaubens. Unter allen Umständen aber gibt es eine radikale Lösung des Problems, die auch überall in gleicher Weise von der Umgebung angestrebt wird: den Übertritt des Juden zum Christentum. Von Paulus bis Martin Luther geht dieses fanatische Missionsbestreben durch alle Grade der Überredung und Gewalt. Aber nicht allein der Jude wurde davon betroffen, sondern auch jeder von der offiziellen Lehre abweichende Christ und jeder Andersgläubige, der unter die christliche Herrschaft fiel. So stellt sich das jüdische Schicksal in dieser Zeit, von der passiven Seite aus gesehen, von neuem dar als ein politisches Problem der christlichen Umwelt. Eine andere Ausdrucksform für die Herrschaft als die der Machtanwendung gab es nicht. Und selbst um die armseligen Ergebnisse der Macht nicht zu verlieren, muß die Macht sich selber steigern bis zu einer Grausamkeit, die man heute als Sadismus, jedenfalls als eine schwere psychische Erkrankung bezeichnen würde. Das demonstriert die Inquisition, die als Organisation das letzte Machtmittel der katholischen Kirche und als System die letzte Möglichkeit menschenwidriger Behandlung darstellt.

Die Vertreibung der Juden aus England ist bereits dargestellt worden. In den letzten Nöten der Bedrückung und Ausweisung entfaltete sich die Werbung der »Predigenden Brüder« und konnte eine, wenn auch geringe Ernte für die Kirche einbringen. Frankreich hatte ein gleiches Ergebnis aufzuweisen, nur daß an Stelle des indirekten der direkte Zwang trat. Was für England der große Franziskaner Johannes Duns Scotus, wegen seiner subtilen Geistigkeit »doctor subtilis« genannt, vorschlug: den Juden ihre Kinder mit Gewalt wegzunehmen und sie zu taufen, fand auch in Frankreich Anklang. Dort entsteht von neuem eine Judenfrage. Die Austreibung der Juden im Jahre 1306 hatte sich nämlich nicht bewährt. Die Einziehung der jüdischen Forderungen war so schwierig, daß Philipp der Schöne sich Juden zur Unterstützung kommen lassen mußte. Seine Art der Eintreibung war so rigoros, daß das Volk sich die jüdischen Gläubiger zurückwünschte, zumal es ihm an dem für die Wirtschaft nötigen Kredit fehlte. Auch die Staatskasse war leer. Darum begann Ludwig X. schon 1315 mit den vertriebenen Juden in Verhandlungen zu treten. Sie verlangten Garantien. Es kommt ein eigenartiger Vertrag zustande, bemessen auf 12 Jahre mit einjähriger Kündigungsfrist. Die Juden bekommen freies Recht der Niederlassung, des Handels und des Gewerbes, ein Neuntel der noch nicht vom König eingezogenen Außenstände, ferner die ihnen abgenommenen Bücher, mit Ausnahme des Talmud. Synagogen und Friedhöfe, soweit sie noch vorhanden sind, können sie zurückkaufen. Aber sie müssen auf Disputationen mit Laien verzichten. Die Rückberufung der Juden entsprach gemäß dem Inhalt des Vertrages der »commune clamour du peuple«, der allgemeinen Volksstimme.

Es ist grotesk und zugleich erschütternd, daß so etwas wahr sein kann und daß zugleich diese clamour du peuple, wird sie nur richtig aufgerufen, das Mordgeschrei anstimmt. Es ist eben niemand da, der ihnen zeigt, wo der Weg zwischen Mensch und Mensch verläuft. Es sind nur Kräfte da, die ihrer unwissenden Ruhelosigkeit ein Objekt zeigen.

So entlädt sich von neuem auf den Juden, der mühsam und kümmerlich eine neue Existenz aufbaut, alles, was im Volk an wildem Aberglauben, religiösem Fanatismus, wirtschaftlicher Not und an panischer Angst vor äußerem Unglück vereinigt ist. Es versteht sich, daß Ritualmordprozesse und solche wegen Hostienschändung fortdauern und mit Verbrennungen enden. Sie werden aber in dieser Zeit zum Ausgangspunkt einer Reihe von Katastrophen, die hätten vermieden werden können und die nicht vermieden zu haben das Schuldkonto der christlichen Kirche ungeheuer belastet.

1320 verbreitet sich das Gerücht, Philipp V. werbe zu einem neuen Kreuzzug. Gleich sind alle Unruhen und Erregungen wieder da, die das Volk vor solchen Unternehmen empfindet. Ein junger Hirte erzählt den Bauern, ihm sei eine Jungfrau erschienen und habe ihm aufgegeben, ein Heer zu sammeln. Und er sammelt ein Heer: aus Hirten, Bauern, Landstreichern, Bettlern. An die Spitze dieses Heeres, der »Pastorellen«, stellen sich zwei aus der Kirche ausgestoßene Geistliche. Es wird ein »innerer« Kreuzzug, der sich in Südwestfrankreich gegen die Juden austobt, sie massenweise erschlägt (soweit sie es nicht, wie in den deutschen Kreuzzügen, vorziehen, sich selbst zu töten), ihnen die Kinder stiehlt und sie zu Christen macht und 120 Gemeinden zur Strecke bringt. Papst Johann XII. greift erst ein und läßt die »Kreuzfahrer« zerstreuen, wie ihr Rauben und Morden auch für die Geistlichkeit und den Adel gefährlich zu werden beginnt.

Zur gleichen Zeit sind Epidemien im Lande, vielleicht die Vorläufer des »Schwarzen Todes«. In Südfrankreich erkranken und sterben Menschen nach dem Genuß von Wasser aus Brunnen und Flüssen. Das Volk begreift nur einen Grund: das Wasser ist vergiftet. Wer kann das getan haben? Man verfällt auf die Aussätzigen, die weit draußen vor den Städten ein elendes Leben führen. Man fängt einige und foltert ihnen das Geständnis ab, Brunnen und Flüsse vergiftet zu haben. Man foltert weiter, bis man den Beweis der eigenen Vermutung hat: die Juden haben sie dazu angestiftet. Die Kette der Beweise wird geschlossen durch die Produktion gefälschter Briefe, nach denen maurische Fürsten aus Granada und Tunis den Juden Geld und Gifte geschickt haben, um die Christen auszurotten. Auch die Juden gestehen auf der Folter und werden der verdienten Strafe zugeführt. Allein in Chinon werden 160 Brunnenvergifter verbrannt. Im ganzen erlitten an die 5000 Juden diesen Tod. Da das Vermögen der Verurteilten dem Staat zufällt, ordnet der König in Tours eine genaue Nachprüfung an. Das Urteil lautet: die Anklagen sind völlig unbegründet. Daraufhin wird den Juden eine Geldstrafe von 150 000 Livres auferlegt. Auch ihre Unschuld verdient Strafe. Die Einziehung dieser gewaltigen Summe treibt die Mehrzahl der Juden aus dem Lande (1322).

Das war ein unerwünschtes Ergebnis, besonders für die Staatskasse, die durch den englischen Sukzessionskrieg erschöpft war. Das Volk, übermäßig ausgebeutet, ist in Aufruhr. (Die Jacquerie.) Der Dauphin, später

Karl V., sieht die Rettung in erneuter Zulassung der Juden. Der Vertrag, der mit ihnen abgeschlossen wird, charakterisiert ihre Lage und Lebensbedingungen: sie dürfen für 20 Jahre zurückkommen, um den verrotteten Finanzen wieder aufzuhelfen. Dafür gewährt man ihnen das Recht auf Handel und Kreditgeschäfte und verspricht ihnen Schutz gegen die Willkür königlicher und richterlicher Beamten. Es wird ein gardien général des juifs zu diesem Zwecke eingesetzt. Im übrigen sind die steuerlichen Belastungen von Anfang an so schwer, daß nur sehr reiche Juden sich den Luxus der Rückkehr leisten können, und angesichts der Leistungen, die von ihnen für den Staat verlangt werden, bleibt nur das nackte Wuchergeschäft als Mittel, sich zu erhalten. Daneben preßt die Regierung das Volk aus, daß es endlich in Paris revoltiert und den Staatsschatz beraubt. Im Anschluß daran wird das Judenviertel überfallen. Viele Juden werden ermordet und viele jüdische Kinder zwangsgetauft. Die Juden verlassen in Scharen Paris. Der Rest steht unter dem steigenden Druck von Steuern und der Hetze des Klerus. Da sie aber unter diesen Umständen keinen ausreichenden Gewinn mehr abwarfen, wurden sie wegen »Vergehens gegen den heiligen Glauben und Mißbrauch der Privilegien« im September 1394 aus den königlichen Provinzen Frankreichs ausgewiesen. Verschont blieben nur die Dauphiné, ein Teil der Provence und das päpstliche Avignon. Hierhin flüchtet ein Teil der Auswanderer, der Rest nach Savoyen, Italien, Deutschland und Spanien. Aber das sind unständige Aufenthalte. Wie die Dauphiné Frankreich angegliedert wird (1456), wandern die Juden freiwillig aus. In der Provence, in der uralten Judensiedlung schon aus gallischen Zeiten her, bewirkt der Zustrom einen verschärften wirtschaftlichen Kampf mit der Umgebung, besonders in Marseille. Die Geistlichkeit tut das ihrige. Sie betreibt unter den Immigranten eifrige Mission, verbunden mit Wegnahme und Zwangstaufe jüdischer Kinder. Die Abtretung des Landes an Ludwig XI. und die Einbeziehung in den Geist der französischen Kronlande wirkt sich alsbald in Massenausschreitungen aus, der viele Einzelne und Gemeinden zum Opfer fallen. Die freiwillige Auswanderung setzt ein. Den Rest weist Karl VIII. (1496) aus, nachdem er sie durch Erlaß der christlichen Schulden wirtschaftlich ruiniert hatte. Damit ist Frankreich bis auf weiteres judenrein.

Auch das, was sich in dem gleichen Zeitraum in Deutschland abspielt, tritt nach außen und den Juden gegenüber mit einer Brutalität, Dummheit und Barbarei auf, daß es dem historisch Betrachtenden fast den Blick auf die Ursache verstellt: auf die Fieberstimmung des mittelalterlichen Menschen, der eine Zeit zu Ende gehen spürt, ohne für eine neue Zeit, für die Neuzeit, gerüstet zu sein. Aber alle Erkenntnis von diesem unbe-

305

wußten Ringen, alles Verständnis für die Krankheitssymptome einer der Auflösung anheimgegebenen mittelalterlichen Denk- und Lebensform befreit den Juden nicht von der Feststellung, daß die Schmerzen solcher Geburtswehen, die ihn nichts angingen, sich gegen ihn entluden, ihm zum Schicksal wurden, ihm eine schaurige Wirklichkeit bedeuteten und in seiner Seele die Spuren einbrannten, die zu verwischen man ihm dann selber überließ und die nicht völlig verwischen zu können ihm die Erben jener mittelalterlichen Menschen zum Vorwurf anrechnen.

Der Jude im Deutschland des 14. und 15. Jahrhunderts steht in der unlösbaren Kette von Druck und Gegendruck. Immer ungezügelter toben sich gegen ihn die suchenden Instinkte der Umgebung aus. Immer von neuem müssen sie dagegen den Schutz ihrer »Vormünder«, der Könige, anrufen. Immer höher lassen sich die Herrscher ihr von Rom ererbtes nobile officium bezahlen. Von allen Ständen und Zünften ausgeschlossen und doch in einer primitiven Wirtschaft noch als Kreditgeber notwendig, bleibt ihrem Beruf, dem Geldhandel, nur die Form des Wuchers übrig. Gegen den Wucherer richtet sich der Haß derer, die gegenüber der Unzulänglichkeit ihrer eigenen Wirtschaftsform beim jüdischen Kredit Zuflucht suchen mußten. Diese fortgesetzten Entladungen eines undifferenzierten Hasses treiben den Juden immer weiter in die Absonderung und Isolierung, und diese Isolierung läßt den Argwohn und das Mißtrauen, die abergläubische Furcht und die beschränkte Gutgläubigkeit der Umgebung in wilden Hetzen explodieren. Es ist ein geschlossener Kreis, aus dem es kein Entrinnen gibt. Alles, was geschieht, muß der Jude wehrlos über sich ergehen lassen. Nirgends findet er Zuflucht als in seinem Glauben, und er macht ihn, wie er sich tiefer und tiefer hineinwühlt, hineinverkriecht, aus der einstmaligen Klarheit zu einem Irrgarten, zu einem talmudischen Labyrinth. Jetzt bewährt der Talmud eine seiner stärksten Funktionen, und um dieser Funktion willen ist alles, was in ihm enthalten ist, tausendfach und gegen jeden Widerspruch gerechtfertigt: der Talmud wird der psychische Rückhalt des Juden gegen die übermäßige Verunglimpfung durch die christliche Kirche und gegen die übermäßigen Roheitsexzesse einer in Gährung begriffenen Umwelt. Wenn die Umwelt ihn verneinte, fand er sich im Talmud immer von neuem bestätigt und bejaht. Der nackte Raum zum Leben, draußen verwehrt, wird in die vier Wände verlegt. Und da sitzt das Volk, mit einer Lehre, die das Leben abriegelt, verengt, umschnürt, aber in seiner Verengung noch mit einer tragischen Unerschütterlichkeit der Hoffnung und des Selbstgefühls, in seinen messianischen Erwartungen vom Hauch der Zeitlosigkeit umwittert. War das Leben des Christen provisorisch in der Erwartung eines Himmelreiches, so war das Leben des Juden provisorisch in der Erwartung eines Gottesreiches. Mit gleichem Richtungssinn von der Idee her: welche weltentiefe Verschiedenheit in der Wirklichkeit!

In dieser Wirklichkeit sahen die Juden nichts, was nicht gegen sie gerichtet war. In Franken wüten die »Judenschläger«, Exekutoren eines inneren Kreuzzuges (1336). Im Elsaß sammelt der Schankwirt Zimberlin Leute mit einem »Armleder« um sich, um »Rache für den Gekreuzigten« zu nehmen. Verwüstung elsässischer Gemeinden, Selbstmorde und Zwangstaufen dauern 1337 und 1338 an, bis die feudalen Herren, selber bedroht, Halt gebieten. Zur gleichen Zeit bricht eine neue Epidemie der Hostienprozesse aus, in Bayern, Österreich, Böhmen. Die geschäftliche Seite dieser Veranstaltungen wird gar nicht mehr bemäntelt. Ein Versuch Benedikts XII., durch eine nochmalige Untersuchung das Grundsätzliche dieser widersinnigen Anklage zu klären, scheitert am Widerstand des Klerus und der Stadtbehörden. Die Stadtbehörden ziehen daraus einen doppelten Verdienst: sie nehmen die Juden jeweils gegen hohe Zahlungen in Schutz und gewähren den Mördern gegen Zahlung Amnestie. Ein eindringliches Dokument der Zeit ist der Vertrag, den Ludwig der Bayer mit den elsässischen Städten wegen der Ermordung der Juden schließt: »Für den Verzicht auf alle unsere Ansprüche, die wir gegen sie wegen der Ermordung von Juden von Mülhausen oder der diesen zugefügten Verluste und Schäden geltend machen könnten, stellen sie uns tausend Pfund in alter Baseler Münze zur Verfügung. Um indessen den bezeichneten Bürgern die Aufbringung des von ihnen zu leistenden Betrages zu ermöglichen, überlassen wir ihnen das ganze Hab und Gut der in der Stadt ermordeten Juden: Haus, Hof, Pfänder und sonstiges Gut . . .« Auch andere Städte erhalten in dieser Weise Absolution.

Unter solchen Bedingungen nähert sich das Martyrium des Juden allmählich seinem Höhepunkt, wie sich neben der Epidemie des menschlichen Geistes eine andere, aus der Natur geborene über ihn entlädt. Der »Schwarze Tod« rast über Europa, das »große Sterben« an der Pest, die Krankheit, die so erschreckend in das Bild jenes europäischen Menschen, seines Geistes, seiner Lebensform, seiner religiösen Gebrochenheit, seiner Dumpfheit und seiner Panik sich einfügt. Sie kam vielleicht aus dem Orient und war vielleicht die Bubonenpest. Sie hielt keinen bestimmten Weg inne, sondern sprang schlagartig hier und dort auf, erlosch, kam wieder, tauchte in weiten Zwischenräumen auf, überschlug Städte und einzelne Häuser und war in dieser Ungewißheit des Erscheinens ebenso fürchterlich und Entsetzen erregend wie in der Ernte, die sie hielt: an die 25 Millionen Menschen. Eine Panik ergriff die Welt. Woher dieses Unheil? Sie ahnten mit ganz richtigem Instinkt, daß auch solche kosmischen Katastrophen nicht Zufall sind, sondern im Rhythmus irgendeines Geschehens stehen. Aber sie verlangten, um überhaupt etwas von dem Unglück begreifen zu können, nach einem faßbaren Kausalzusammenhang, nach einer Schuld. Sie fanden viele Gründe: die Sündhaftigkeit der Welt, die Stellung der Gestirne, die Verdorbenheit des Klerus und die Juden. Aber die Sterne kann man nicht zur Verantwortung ziehen, und für den einzelnen Geistlichen gilt, was Innozenz III. für sich und allen Klerus stabilierte: er ist als Träger heiligen Amtes sakrosankt, auch wenn er als Mensch das Verwerflichste tut. Hingegen sich selbst als den sündigen Menschen konnte man angreifen, sich selber strafen, sich selber Buße auferlegen. So wälzen sich Züge von Flagellanten durch das Land, religiös aufgewühlte Menschen, Exaltierte des Glaubens, Hysteriker, Bettler, Verbrecher, Geisteskranke, die sich bis aufs Blut geißeln und zur Buße aufrufen. Aber sie rufen auch auf zur Bestrafung des anderen Schuldigen, der so leicht und gefahrlos zu erreichen ist: des Juden. Wieder steht, wie so oft in der Geschichte der Religion, neben dem religiösen das erotische Moment. In dem Wüten gegen sich selbst ist es noch deutlich Selbstquälerei; aber in dem Wüten gegen den Juden wird es jetzt zur Bestialität.

Der Grund zur Judenverfolgung war schnell gefunden und noch schneller bewiesen. Die Juden haben Brunnen und Quellen und Flüsse vergiftet, um alle Christen auszurotten. (Vom »Schwarzen Tod« bis zu den »Weisen von Zion« ist *ein* Weg.) Man erwog nicht, daß die Pest auch wütete, wo es keine Juden gab, und daß da, wo es Juden gab, auch Juden an der Pest starben. Das begriff man nur in den nichtchristlichen Ländern, die von der Epidemie heimgesucht wurden. Unter den christlichen Ländern liefert den ersten Beweis der Herzog Amadeus von Savoyen. Er foltert den Chirurgen Belavigny so lange, bis er die Vergiftung des Wassers zugibt und darüber hinaus die Zusammensetzung des Giftes. Es bestand aus einer Mischung von Schlangen, Fröschen, Skorpionen, Hostienoblaten und Christenherzen. Nach dieser Aufklärung werden massenweise Juden verbrannt. Als nächstes Land rächt die Schweiz das jüdische Verbrechen. In Zürich, Konstanz, Schaffhausen, Überlingen und anderen Städten am Bodensee werden Juden verbrannt, gerädert, gehenkt. Das Verfahren greift auf Deutschland über. Nur wenige Städte wehren sich gegen dieses Morden. In anderen dienen sie dazu, alte Differenzen auszutragen. So im Elsaß, wo unter den Parteien Streit herrscht über die Begleichung der Schulden, die durch die Ermordung von Juden entstanden sind. Eine Versammlung der Magistrate, des Adels und der Geistlichkeit beschließt (Januar 1349): die Juden sind vogelfrei; sie sind aus den elsässischen und rheinischen Städten zu vertreiben. Das geschieht. In Straßburg werden 2000 Juden in einen Holzverschlag getrieben und verbrannt. Das jüdische Vermögen wird unter die christlichen Bürger verteilt. In Colmar, Schlettstadt, Benfeld, Mülhausen, Oberehnheim werden Juden verbrannt, ihr Vermögen verteilt, die Synagogen zum städtischen Eigentum erklärt. Die Gemeinde Speyer wird fast vernichtet. In Worms werden alle Juden zur Verbrennung verurteilt. Sie verbrennen sich vorher in ihren Häusern selbst. In Mainz kämpfen die Juden, bis sie nicht mehr können. Dann verbrennen sich an die 6000 selbst. In Köln und Erfurt werden die Judenviertel vernichtet. In Frankfurt a. M. stecken sie ihr Viertel in Brand und werfen sich zu Haufen in die Flammen. So geht es weiter, durch ganz Bayern, tief in Deutschland hinein bis nach Breslau und Königsberg. Im ganzen sind bei Beendigung der Seuche fast 300 jüdische Gemeinden endgültig vernichtet und ihre Mitglieder erschlagen oder verbrannt. Ein Strom von Juden flüchtet nach Österreich, Böhmen und Polen. Es ist der Beginn der Räumung des Westens. Der Zug nach dem Osten setzt ein.

Im Osten bleiben die meisten Flüchtlinge, auch als nach Beendigung der Epidemie dem Staate der jüdische Steuerzahler und dem Volke der Kredit fehlte und man daher vielerorts die Ausweisungen widerrief. Überall bewerben sich Städte, Feudalherren und Bischöfe um das Recht, »Juden zu besitzen«, das heißt: Leibeigene, die ihnen statt Naturalleistungen Geld liefern. In der Goldenen Bulle von 1356 wird den Kurfürsten das Recht auf Ausbeutung von Juden neben dem Recht auf Ausbeutung von Erz- und Salzgruben verbrieft. Die Bedingungen der Rückkehr übten geringen Anreiz. Sie durften keinen Grundbesitz mehr erwerben, waren beschränkt in Tätigkeit und Aufenthalt, hatten hohe Abgaben zu leisten und mußten selbstverständlich auf Ersatz des ihnen zugefügten Schadens verzichten. Den Sinn der erneuten Zulassung enthüllt das Statut des Magistrats München von 1400: »Die Juden dürfen sich mit nichts anderem als mit Ausleihen von Geld gegen Zinsen befassen...« So weit geht dieses Bedürfnis nach dem Besitz der jüdischen Hörigen, daß zum Beispiel der König Wenzel mit den Vertretern von 38 rheinländischen und schwäbischen Städten einen Vertrag schließt, wonach sie das Recht bekommen, Juden mit Gewalt an ihren Wohnort zu binden, und die Vertragsparteien sich gegenseitig die Auslieferung von geflüchteten Juden verbürgen. Dieses Privileg war den Städten 40 000 Gulden wert, die sie an Wenzel zahlten. (Ulm 1385.)

Die Fortexistenz der Juden in Deutschland ist unter solchen Umständen nur das Ergebnis eines Zufalles und zugleich eines blinden Heroismus, der in Wirklichkeit die Dumpfheit der Verzweiflung ist. Der Zufall drückt sich darin aus, daß jede Konstellation in der Umwelt jede mögliche Auswirkung auf die Juden haben konnte. Was das ausgehende 15. Jahrhundert in Deutschland an Geistigem erzeugte, was Reuchlin, Sebastian Brant, Thomas Murner, Hans Sachs sagten und sangen, was

Adam Krafft, Martin Schongauer, Matthias Grünewald, Dürer formten und malten, was Thomas a Kempis und Nicolaus Cusanus philosophierten – stand gewiß im Zeichen schöpferischen Menschentums; aber selbst das, was darin nicht rückwärtig gebunden, sondern zukunftweisend war, gestaltete und formte und milderte nicht um das geringste diejenige Wirklichkeit, die dem Juden zugänglich war. Er, als dem Alltag seiner Umwelt verhaftet, stand in einem fortschrittsfeindlichen Bürgermilieu, das engherzig und intolerant und einem sittlich überaus verkommenen Klerus anhänglich war. Von diesen Bürgern und diesem Klerus konnte jede feindselige Wirkung ausgehen, und sie ging von ihm aus, mit Hostien- und Ritualmordprozessen, mit Erpressungen und Ausweisungen, alles das in einem Umfange und mit einer Vehemenz, daß zu Beginn der sogenannten »Neuzeit« Deutschland nur noch einen geringen und zerstreuten Bestand an Juden aufzuweisen hat.

200 Jahre war dieser Vernichtungskrieg über sie hinweggegangen. Er hatte auch ihre geistige Existenz völlig in den Raum der Selbsterhaltung zurückgedrängt. Nicht die Spur schöpferischen Denkens ist nachzuweisen. Sie hatten genug zu leisten, um nur das Bewußtsein aufrechtzuerhalten, daß sie trotz allem ein in der Religion begründetes Volksleben zu führen hatten. Nur mit einem einzigen Gewinn gingen sie aus dieser Zeit hervor: sie lernten den verstärkten und vertieften Zusammenhang untereinander kennen. Niemand war auf der Welt, auf den sie sich verlassen konnten, als ihre eigenen Genossen. So verlassen und verstoßen ist nie ein Volk auf der Erde gewesen. Selbst der Paria hatte ein Stück Boden, auf dem er hauste. Der Jude hatte, auch wenn er heute alles besaß, nichts gesichert. Es ist die grauenhafteste Heimatlosigkeit, die je aus Ursachen der Geschichte und des Menschenherzens ihren Weg in die Wirklichkeit gefunden hat.

Am schärfsten und präzisesten tritt die Problematik so der Juden wie der nichtjüdischen Umwelt in diesen beiden Jahrhunderten in Spanien in die Erscheinung. Die subjektive Geschichtsgewalt, die die Juden dort unter den günstigen Lebensbedingungen des muselmanischen und anfangs auch der christlichen Reiche entfalten konnten, erwies sich, als die christlichen Reiche (Aragonien, Kastilien, Portugal, Novarra) zur Ausbildung einer eigenen nationalen Politik und Wirtschaft übergingen, als belastet mit dem ewigen Mangel ihres Geschickes: der Heimatlosigkeit, der Fremdheit, dem Fehlen eines Rückhaltes in irgendeinem staatlichen Gefüge. Das ergab sich ganz deutlich, als der spanische Adel im Verein mit dem spanischen Klerus und unter seiner Leitung den »Heiligen Krieg« gegen die Ungläubigen im Lande predigte. Da ging es an sich gegen die Juden und gegen die Mauren. Aber die Vorsichtigen unter den Christen begriffen, daß die Mauren immer noch in Granada und in Nordafrika eine tatsächliche Macht darstellten und daß sie, wenn ihren Volksgenossen in Spanien etwas geschah, sich zur Wehr setzen könnten. Darum rührte man den Muselmanen nicht an. Aber den Juden konnte man ohne jedes Bedenken anrühren. Man hatte von niemandem auf der Welt Repressalien oder auch nur Vorwürfe zu befürchten. Daher der heldenhafte Mut in diesem heiligen Kriege.

Zwar waren die Juden mit dem Wirtschaftsleben Spaniens sehr eng verbunden. Aber ihre wirtschaftliche Stärke trug eben doch die Belastung der Fremdheit, stand doch in Abhängigkeit nicht von der Wirtschaft als solcher, sondern von der Einstellung der Bevölkerung zur Wirtschaft. Was verstand der Spanier des 14. und 15. Jahrhunderts davon, was seiner Wirtschaft nützte und was ihr schadete? Nichts. Er begriff nur, wie er sich aus der Wahrnehmung seiner Interessen zu Ständen zusammenschloß, daß gegenüber diesen Standesinteressen jeder Landfremde das Feld zu räumen habe. Die Städte schlossen sich zu Verbänden, Hermandades, zusammen. Der Adel fand in den Cortes seine Interessenvertretung und seine ständische Repräsentation. Jene bekämpften die Wirksamkeit der Juden im allgemeinen Wirtschaftsleben, diese die Stellung des Juden in der Staatsverwaltung, in Finanz und Politik. Dabei war es gerade die Stellung der jüdischen Staatsfinanziers, die aufwies, daß es ein einheitliches jüdisches Problem im Verhältnis zur Umwelt gar nicht mehr gab. Gewiß: die spanischen Könige brauchten die jüdischen Finanzminister. Selbst ein Judenschlächter wie Heinrich II. mußte die Regelung des Steuerwesens durch einen Juden besorgen lassen. (Was ihn nicht hinderte, Juden zwecks Geldbeschaffung als Sklaven zu verkaufen!) Auch Aragonien, das alle antijüdischen Kirchenkanons treu befolgte, hielt sich für die Ordnung seines Staatshaushaltes an den Juden. Aber die nicht zu leugnende Machtstellung solcher jüdischen Staatsbeamten ist eine völlig isolierte. Sie stehen nicht als Spitzenerscheinung in einer soziologischen Gemeinschaft, sondern bedeuten im Wettbewerb einer Minderheit um ihre Existenz innerhalb einer größeren Gruppe das schneller, besser, machtvoller Vorwärtsgekommen-Sein. Ihre Position ist also nicht die höchste Stufe einer Schichtung, sondern der Erfolg des Außenseiters. Die Juden in ihrer Gesamtheit hatten nichts von diesen Glücksrittern; nichts als das, was sie bis in unsere Gegenwart davon haben: die Belastung für ihre Verfehlungen.

So nähert sich die Stellung des spanischen Juden der des Juden in Deutschland: er wird Objekt eines Wirtschaftskampfes. Seine geistige Problematik, seine Auseinandersetzungen mit der von Maimonides eingeleiteten Bewegung, ist längst im reaktionären Sinn entschieden. Wie in Vorahnung der kommenden Ereignisse und unter dem Einfluß der aus Deutschland zugewanderten Rabbiner verfällt jede spekulative Theologie, zieht alles Denken sich in den Bereich der Gesetzesstrenge zurück, in den Talmud, der schon nicht mehr talmudisches Lehrgebäude ist, sondern Rabbinismus. Verpönt ist alles freie Denken. Ein Chasdai Crescas predigt ihnen, woran sich auch ein Mensch in äußerster Not klammern konnte und viele Tausende sich klammern mußten: zwischen der Vernunft, die das menschliche Gehirn erzeugt, und der Offenbarung, die vom Himmel gegeben wird, gibt es keine Verständigung und keinen Ausgleich. Die Vernunft des Menschen hat sich dem Vernunftwillen Gottes zu fügen. Die Beziehung zu Gott liegt nicht in der intellektuellen Erkenntnis, sondern in der tätigen Liebe. Der sittlich vollkommene, nicht der geistig vollkommene Mensch kann näher zu Gott finden.

Solche Lehren waren nicht nur die Vorbereitung für die kommende Leidenszeit, sondern die Folge der Erkenntnis, daß der steigende wirtschaftliche Druck und der aus dem maimonidischen Gedankenkreis erwachsene Liberalismus eine Assimilation erzeugten, der nur durch vermehrte geistige Absperrung zu begegnen war. Diese geistige Enge, die aber zugleich geistige Beharrlichkeit ermöglichte, war auch der unfreiwilligen Assimilation gegenüber das einzige Mittel, gegenüber dem ständigen Versuch der Geistlichkeit, durch Mission und Propaganda und Disputation neue Christen aus den Reihen der Juden zu gewinnen. Denn wie Adel und Bürgerschaft sich ständisch organisierten und sich zum Angriff gegen den wirtschaftlichen und politischen Konkurrenten rüsten, begann auch der spanische Klerus sich in seiner Eigenschaft als Stand mit politischer Zielsetzung zu betätigen. In den Anfängen der Reiche Kastilien und Aragonien hatte er viel gegen den Widerstand der Könige zu kämpfen, die das Aufblühen der Staaten nicht kirchlicher Erwägung zum Opfer bringen wollten. Aber mit dem 14. Jahrhundert erobert sich der katholische Klerus allmählich die kastilische Gesellschaft und beherrscht in steigendem Maße Aragonien. Das ist auf keine religiöse Entwicklung zurückzuführen, sondern war die Fortsetzung der schon früher dargestellten Machtpolitik der Kirche. Nur hatte sich in Spanien leichter als in anderen abendländischen Reichen die Möglichkeit ergeben, das Internationale mit dem Nationalen zu verknüpfen, nach Rom zu tendieren und doch eigene Interessen der Herrschaft, der Politik zu vertreten. Die »Heilige Inquisition«, an sich schon ein Machtinstrument kirchlicher Politik, wird hier in Spanien ganz einfach Werkzeug im Kampfe eines nationalen Standes, der sich, soweit diese seine Position in Frage kommt, in steigendem Maße von Rom unabhängig macht und sogar Rom die Stirn bietet.

Da es sich bei der klerikalen Politik um eine Mischung wirtschaftlicher, politischer, kirchlicher und religiöser Elemente handelt, konnte ihre Betätigung natürlich nicht so unkompliziert sein wie die der anderen

Stände. Sie manifestierte sich in vielen Schichtungen; in den Konzilien als Faktoren der Gesetzgebung, am Hofe in der Tätigkeit als Berater und Beichtvater, in der Gesellschaft als Beeinflussung, Intrige und verwandtschaftliche Einwirkung, im Volke, unterirdisch oder mit hemmungsloser Offenheit, als Aufreizung der Instinkte, in den Missionen als Überredung und Verlockung, und endlich in den immer wieder erzwungenen Disputationen als Versuch, auf dem geistigen Schlachtfelde zu siegen.

Was alle diese einzelnen Betätigungen zusammenhielt, war die von der Geistlichkeit ausgegebene und vom Adel aufgenommene Parole des einheitlichen christlichen Spanien, eine vorweggenommene Monroe-Doktrin: das christliche Spanien den christlichen Spaniern. Es wiederholt sich die geistige Einstellung der westgotischen Zeit in der Idee und im Mittel. Die Geistlichkeit hatte aus dem produktiven Zusammenleben dreier Rassen und Religionen nichts gelernt. Was an Verständigung aus dem Menschlichen her zwischen Juden, Christen und Mohammedanern im Laufe von Jahrhunderten möglich gewesen war, ist durch ihre aktive und aggressive Politik immer wieder und mit allen Mitteln der kirchlichen und weltlichen Macht unterbunden und vernichtet worden. Vom Ausschluß vom Gottesdienst bis zum Tod auf dem Scheiterhaufen mußte jede denkbare Strafe als Sühne für die Zwischenwirkung von Mensch zu Mensch dienen. Und gab es für die Idee vom einheitlichen Staat eine andere Motivierung als die, Herrschaft, Macht, Gewalt ausüben zu können? Acht Jahrhunderte muselmanischer Besetzung und acht Jahrhunderte Zusammenleben mit ihnen und mit den Juden schaffen doch historische Fakten. Oder schaffen sie es nicht? Ist das Nationale, wenn es sich einem religiösen Prinzip unterordnet, jenseits aller realen Wirklichkeit? Das ist in der Tat der Fall, sobald eine Religion sich und ihr eigentliches Wesen verleugnet, um sich, statt im Glauben, im Herrschen darzustellen.

Das Streben nach dem Einheitsstaate wird so betätigt, wie es immer geschieht: nicht durch organische Einfügung des Abweichenden, sondern durch seine Vernichtung. Spanien predigt den »Heiligen Krieg« gegen Mauren und Juden im eigenen Lande. Es ist schon dargelegt, aus welchen Gründen man sich nicht an die Mauren wagte. Gegen die Juden wurde der Krieg mit der Parole »Tod oder Taufe« eröffnet. Sein Propagator ist Ferrand Martinez, Archidiakonus von Sevilla. Er predigt den Terror. Rom verbietet ihm diese Agitation. Er predigt weiter. Er wird zur Strafe seines Amtes entsetzt. Die spanischen geistlichen Behörden ernennen ihn zum Trost und als Belohnung zum stellvertretenden Erzbischof von Sevilla. In dieser Eigenschaft sendet er Rundschreiben an seine Diözese, die Synagogen zu zerstören und ihm die kultischen Geräte als Zeichen des Sieges zu bringen. Das geschieht an vielen Orten. Für Sevilla leitet er das

Unternehmen selbst (März 1391). Es mißlingt, weil die Juden und die Stadtbehörden Widerstand leisten. Nach drei Monaten wird der Versuch wiederholt; dieses Mal mit vollem Erfolg. Eine Gemeinde von rund 30 000 Köpfen ist zerstört, darunter 4000 Tote, viele Zwangsgetaufte, viele »Gefangene«, die als Sklaven verkauft werden. Ein Rest kann sich durch die Flucht retten.

Nach diesem beispielhaften Sieg gibt Martinez weithin seine Kriegsorder: die Juden, die nicht Christen werden wollen, totschlagen. So wird es gehalten. Die Kriegsfurie führt dem Christentum neue Bekenner zu. Es wird in ungewöhnlichem Umfange geplündert. Viele Juden begehen Selbstmord. 70 Gemeinden werden vernichtet. Dann greift die Agitation nach Aragonien über: Valencia, Barcelona, Gerona, Lerida, bis nach Mallorca. Auch da das gleiche Ergebnis: Tote, neue Christen, Selbstmorde, Plünderungen. Die Zahl der in diesem heiligen Kriege zum Christentum »Bekehrten« betrug einige Zehntausend.

Das war Politik. Aber das war zugleich Religion. Für eine historische Perspektive genügen die Elemente aus Zeit und Umgebung nicht immer. Dem Einzelnen wie der Gesamtheit wird doch eines Tages zugerechnet, auch was sie aus der Ungunst verfehlt haben. Vor dem Sinn des Weltgeschehens muß es ihnen zugerechnet werden. Dem Juden ist es stets zugerechnet worden, besonders von denen, die es sich nicht zurechnen lassen wollen.

Mit dem Teilsieg der spanischen Politik war allerdings ihr Endziel nicht erreicht. So wurde der Krieg fortgesetzt durch Zwangstaufen, Austreibungen und soziale Bedrückung. Der Dominikaner Vicente Ferrer zieht mit einer Schar Flagellanten durch Kastilien und Aragonien, predigt den »heiligen Haß« gegen die Andersgläubigen und zwingt in zahlreichen Städten die Juden durch den brutalsten Terror zur Annahme des Christentums (1412–1413). An die 20 000 Juden werden getauft. Zugleich setzt die Pression durch wirtschaftliche und bürgerliche Entrechtung ein. Der Rabbiner Salomo Halevi, 1391 getauft und in schnellem Aufstieg zur Würde eines Bischofs und Mitglied des Regentschaftsrates für den minderjährigen Juan II. gelangt, ist der geistige Urheber der »Ordonnanz der Donna Catilina«, einer Verordnung, die durch Abschluß des Juden von der Umgebung und durch Drosselung seiner wirtschaftlichen Freiheit ihn zu einem verarmten und verachteten Geschöpf macht. Das einzige Hilfsmittel, das dem Juden zur Verfügung stand, die Auswanderung, wurde in dieser Ordonnanz unterbunden.

Aber weder der heilige Krieg noch der heilige Haß vermochten die Folge zu vermeiden, die sich aus dieser brüsken Störung der nun einmal entstandenen und bestehenden Lebensordnung ergab. Die einzigen, die wirklich davon profitierten, waren die Plünderer. Aber die Verarmung der Juden, ihre massenweise Abwanderung, ihr Verschwinden aus Handel und Industrie beseitigte eine unerwünschte Konkurrenz, ohne daß Mittel und Kräfte zur Verfügung standen, den Ausfall zu ersetzen. Viele spanische Städte, viele Industrien und Handelszweige sind ruiniert, und vor allem: die Staatskassen sind leer. Das macht es nötig, den heiligen Haß einstweilen zurückzustellen. Maria, die Reichsverweserin von Aragonien, sucht mit allen Mitteln und Versprechungen, die Juden im Lande zu halten. Kastilien setzt sie – unter Juan II. – wieder in ihre alten Rechte ein. Aber diese aus der Not geborene Restauration nützt weder den Juden, noch bewahrt sie Juden wie Christen davor, sich plötzlich vor einer Situation zu sehen, in der sich die Unbestechlichkeit und ausgleichende Gerechtigkeit des Weltgeistes enthüllt und darüber hinaus ein seelisches Phänomen von tragischer Wucht enthüllt.

Durch die politische Säuberungsaktion war der Bestand der spanischen Juden erheblich vermindert, zugleich aber war der spanischen Gesellschaft ein nicht unbedeutender Zuwachs an Bekehrten, Conversos, an Neuchristen beschert. Diese Conversos erschienen zunächst für das Volk und für die Gesellschaft als eine einheitliche Gruppe, in denen besonders Adel und Klerus Zeugen ihres Sieges erblicken und die sie darum in dem ersten Elan stolzer Genugtuung in ihre Kreise aufnehmen. Conversos betreten in Massen die offenen Türen, die in die spanische Gesellschaft und den spanischen Klerus führen; und wie es bald noch kaum eine Adelsfamilie gibt, die nicht mit jüdischem Blut durchsetzt ist, tauchen auch auf den hohen und höchsten Posten der klerikalen Organisation ehemalige Juden, Conversos, auf. Auch an den königlichen Höfen und in den Cliquen, in denen die Politik des Landes gemacht wird, tauchen sie auf. Das war an sich eine natürliche und normale Entwicklung, ein Ergebnis, das ja gerade durch den heiligen Krieg und den heiligen Haß angestrebt worden war. Die Conversos waren gleichberechtigte Mitglieder der spanischen Gesellschaft geworden; aber in dieser Eigenschaft verloren sie keineswegs ihre Qualitäten von gestern. Sie hatten gestern ihre besonderen Fähigkeiten als Kaufleute, Industrielle, Finanziers und Politiker erwiesen. Sie erwiesen sie auch heute, nur mit dem Unterschied, daß sie das alles innerhalb und nicht außerhalb der spanischen Gesellschaft betätigten. Man hatte sie gezwungen, zu kommen. Man wollte dadurch einen gefährlichen Außenseiter erledigen. Jetzt saß er im neuen Hause. Das Problem war von außen nach innen verschleppt. Was hatte denn schließlich der Akt der Taufe bewirkt? War er etwa geeignet, die geistigen oder wirtschaftlichen Fähigkeiten zu ersticken? War er etwa dazu angetan, die Haltung der Nächstenliebe so hypertrophieren zu lassen, daß sie dem anderen keine Konkurrenz mehr machten? Hatte doch gerade das Christentum zur Zeit eines Vicente Ferrer *geistig* eine ungewöhnlich geringe Anziehungskraft. Die Taufe war nicht höher anzuschlagen, als der Sinnspruch eines jüdischen Apologeten jener Zeit es ausdrückte: »In drei Fällen ist das Wasser unnütz vergeudet: das Wasser bei einer Judentaufe, das Flußwasser im Meer und das Wasser im Wein.«

Aber die Folgen griffen noch tiefer. Gerade diejenigen Conversos, die den Akt der Zwangstaufe als einen endgültigen und abschließenden hinnahmen, waren durchaus gewillt – und mit vollem Recht – aus der neuen Situation den denkbar größten Nutzen für sich zu ziehen. Sie suchten ihn da, wo auch ihre Überzwinger ihn fanden: in der hohen Gesellschaft des Hofes, des Adels und der Geistlichkeit. Ihr Ziel war weniger wirtschaftliche als gesellschaftlich-politische Einwirkung. Die Entrechteten von gestern als die Einflußreichen von heute: das war etwas, was alle Kreise der Bevölkerung mit einer geheimen Unruhe erfüllte. »Die ich rief, die Geister, werd' ich nun nicht los.« Man begriff den einfachen und logischen Zusammenhang nicht, und wo man ihn begriff, insbesondere in den Reihen des Klerus, wollte man ihn nicht begreifen, wollte man in der peinlichen Ernüchterung unter allen Umständen den Folgen des eigenen Tuns entgehen, wollte man sich mit allen Mitteln von dem Vorwurf reinigen, gerade dieses Ergebnis herbeigeführt zu haben.

Die Möglichkeit, hier von neuem Alarm zu rufen, ergab sich aus der geheimen Tragik jener Zwangsbekehrten, die nicht ihren Frieden mit der Welt und dem Katholizismus machen wollten, die in der grauenhaften Not des Terrors und des Blutvergießens nicht die Kraft zur Selbstaufopferung, sondern nur die zu der rettenden Gebärde gefunden hatten, den Akt der Taufe zu erdulden. Das Leid, das sie für diese Notlüge eintauschten, war schwerer und dauernder als das Leid aus einer Sekunde des Selbstmordes. Sie dachten mit dem Ertragen der Taufe wenigstens in die Freiheit des äußeren Lebens eintreten zu können. Sie gerieten in eine mittelalterliche Folterkammer, im übertragenen und wirklichen Sinn des Wortes. Sie waren Bekenner einer Kirche geworden, aber nicht Bekenner eines Glaubens. Aus unlösbarer Verbundenheit mit Jahrtausenden religiöser Entwicklung trugen sie ihr Judentum heimlich, aber unzerstörbar tief weiter mit sich. Sorgsam verborgen vor den Augen der neuen Glaubensgenossen hielten sie die Riten und Gesetze, die Feiertage und Bräuche ihres Glaubens, erkämpften sich täglich in Furcht und Heimlichkeit das Recht dazu, lebten ein doppeltes Leben, jedes eine doppelte Last.

Es war die Mehrzahl der Conversos, die eine solche Haltung des duldenden Heroismus einnahm. Sie konnte auf die Dauer unmöglich verborgen bleiben. Für die katholische Kirche war das eine niederschmetternde Entdeckung, zugleich aber der Punkt, an dem sie ansetzen konnte, um zu verschleiern, daß jeder Sieg über einen »Ketzer« eine Niederlage des Siegers war. Eine neue Parole wird ausgegeben: Die Kirche ist in Gefahr! Der Jude ist in die Kirche und in die Gesellschaft eingedrungen, um sie von innen her zu untergraben. Es wird – notwendiges, aber widersinniges Ergebnis – der Kampf gegen den »inneren Feind« angesagt. Zur Durchführung dieses Kampfes rüstet sich der Klerus mit den Mitteln der Inquisition, ruft er das Volk auf, intrigiert er bei Hofe, wirkt er in der adligen Gesellschaft. Aus den Conversos, der Trophäe national-religiöser Politik, werden Marranos, ein Vulgärwort, etwa mit der Bedeutung Verdammter, Schwein. Es wird nicht mehr unterschieden zwischen wirklichen Neuchristen und Scheinchristen. Marranen sind sie alle, und der Kampf gegen sie ist – wie alles, was da in der Kirche geschieht – durchaus nicht nur religiöses Problem, sondern genau so ein wirtschaftliches und ein gesellschaftliches. Das stellen Vorgänge wie die in Toledo (März 1449) ganz klar. Der Stadt war von der Regierung aufgegeben worden, Beiträge zur Kriegführung gegen die Mauren zu leisten. Die Stadt wehrt sich. Die Steuereinnehmer, die in der Mehrzahl Marranen sind, bekommen Auftrag, die Steuer einzutreiben. Ein normaler Vorgang der Exekution. Das Volk rebelliert. Auch ein selbstverständlicher Vorgang. Es stürmt und plündert die Häuser der Marranen und ermordet viele von ihnen. Und endlich wird der Zweck des ganzen Vorganges klargestellt: die Stadtverwaltung beschließt, daß Marranen nicht mehr zu öffentlichen Ämtern zugelassen werden dürfen. Terror und Mord als Mittel, den Converso zu gewinnen; Terror und Mord als Mittel, ihn als Marranen wieder loszuwerden.

Uneinheitlich wie die Reaktion auf das Marranenproblem sind auch zunächst die Lösungsversuche. Das Volk war schlechthin in panischer Stimmung. Das Hereinbrechen des Konkurrenten, den man glaubte beseitigt zu haben, die abergläubische Furcht vor dieser immer wieder auftauchenden Lebenskraft, die Alarmrufe des Klerus von dem in Gesellschaft und Kirche eingedrungenen Feind machten ihn blind und scheu und machten ihm zur Abwehr nur die gewohnten illegalen Mittel verständlich. Unter dem Adel war die Meinung geteilt. Es schieden sich Konservative und Liberale, jene durch Abschluß gegen die Marranen, diese mit dem Bemühen, sich die neuen Mitglieder zu assimilieren. Für sie war in der Tat ein schweres gesellschaftliches Problem entstanden, das man nicht einfach mit Gewalt lösen konnte. Aber die Kirche ignorierte dieses gesellschaftliche Problem geflissentlich. Sie mußte es ignorieren, weil sie ihre Aktion als Religion maskiert hatte und diese Maske nicht fallen lassen durfte. Sie befand sich schlechthin in einem Paroxismus der Wut. Sie hatte das Marranenproblem weder in seiner Schwere noch in seinem Umfange erwartet. Mittel, es zu lösen, es wirklich aufzulösen, hatte sie nicht. So muß sie in ihrer Ohnmacht und Hilflosigkeit zur Folter greifen. Da sie den Geist nicht besiegen kann, muß sie ihn totschlagen. Und darüber hinaus muß sie sich fortgesetzt der bewußten Lüge ausliefern, denn indem sie die Marranen in ihrer Gesamtheit bekämpft, prätendiert sie den Kampf für ein religiöses Prinzip selbst da, wo erkennbar keines vorhanden war, sondern ein wirtschaftliches und ein gesellschaftliches. Aber die Mittel, die sie in diesem Kampf anwandte, waren nach den von ihr geschaffenen Begriffen »legal«.

Die Inquisition bestand in Spanien längst, aber für die spezielle Aufgabe, die der spanische Klerus sich gestellt hatte, genügte sie wegen ihrer Abhängigkeit von Rom nicht. Schon lange hatten sich die Dominikaner um eine »nationale« Inquisition bemüht. Es trat jetzt eine politische Konstellation ein, die ein solches Verlangen begünstigte. Ferdinand von Aragonien und Isabella von Kastilien vereinigten ihre Reiche durch Eheschließung. Ein Absolutist von mittelalterlicher Grausamkeit und eine Schwärmerin von fanatischer Glaubensseligkeit hatten den einheitlichen Staat hergestellt und wollten in ihm die einheitliche Form des Glaubens verwirklichen. Es ist ihnen unter entsetzlichem Blutvergießen und unter Herbeiführung des wirtschaftlichen Ruins ihres Landes gelungen.

Der Papst ist auf Ansuchen der spanischen Regierung bereit, ihr eine nationale Inquisition zu bewilligen, aber unter Teilnahme eines päpstlichen Legaten. Das diente weniger der Einhaltung von Rechtsgarantien als der Sorge für den Verbleib der beschlagnahmten Vermögen. Darum wehrt sich Ferdinand gegen diese Bedrohung seiner finanziellen Interessen. Unter dem Einfluß des Thomas Torquemada, Beichtvaters der Königin, bewilligt der Papst in einer Bulle vom November 1478 die nationale Inquisition. Sie konnte sich, da sie zunächst gegen erheblichen Widerstand der Cortes zu kämpfen hatte, erst im Jahre 1480 konstituieren. Gesetzlich aufgehoben wurde sie nach 330 Jahren, im Jahre 1810. Dem Geiste nach ausgeglichen wurde sie erst in unserer Gegenwart, im Jahre 1931, als das republikanische Spanien seine Klöster stürmte.

Das erste Tribunal tritt in Sevilla zusammen. Es besteht aus zwei Dominikanern, einem Abt, einem königlichen Fiskal und zwei anderen königlichen Beamten, die die Beute, das Vermögen des Verurteilten, in Empfang zu nehmen hatten. Irgendwelche Rechtsgarantien für das Verfahren waren nicht gegeben. Grundlage der Anklage war fast ohne Ausnahme die Denunziation. Eine Nachprüfung der Beschuldigung fand nicht statt. Kläger und Angeklagter wurden einander nicht gegenübergestellt. Die Aussage des Anklägers wurde nur, soweit es dem Gericht gut schien, dem Angeklagten mitgeteilt. Beweismittel war die Folter aller

Grade. Eine Berufung gab es nicht. Die Strafe schwankte zwischen Kerker und Scheiterhaufen. Unter allen Umständen aber wurde das Vermögen eingezogen, bei Kerkerstrafe mindestens der größte Teil. Der Angeklagte konnte lebendig, abwesend oder tot sein. Der abwesende Angeklagte wurde in effigie verbrannt, der tote Angeklagte wurde ausgegraben und verbrannt. Das Vermögen wurde bei seinen Erben beschlagnahmt. Und das war auch wohl der Sinn der Übung, besonders mit Rücksicht darauf, daß man überwiegend reiche Erblasser unter Anklage stellte.

Gegenstand der Anklage war das »Judaisieren«, das heißt: das heimliche Bekenntnis zum Judentum. Worin dieses Bekenntnis bestand, war aus einer Liste zu ersehen, die 37 Merkmale des Judaisierens umfaßte. Es genügte dafür, daß ein Marrane am Sabbat einen besseren Anzug oder ein reines Hemd anlegte, um in den Verdacht der Judaisierung zu geraten. Jeder Christ hatte die Pflicht, solche Vorkommnisse, wenn sie ihm bekannt wurden, zur Anzeige zu bringen. Er blieb anonym und ohne jede Verantwortung. Ob der Angeklagte gestand oder leugnete, war gleichgültig, denn entweder zwang ihm die Folter ein Bekenntnis ab, oder sein Leugnen bewies seine bösartige Verstocktheit.

Unter solchen Umständen nahmen die Bespitzelungen, Denunziationen, Haussuchungen und Verhaftungen von allem Anfang an riesige Ausmaße an. Im ersten Anlauf wurden 15 000 Marranen verhaftet. In den unterirdischen Gängen der Klosterfestung Sevilla beginnt die Folter zu arbeiten. Das Entsetzen ist selbst unter der christlichen Bevölkerung groß. Sie ahnten, daß sich dieses Instrument eines Tages, wenn es keine Marranen zu martern gab, gegen sie selbst richten würde. Eine Gruppe von Marranen verschwört sich zur heimlichen Ermordung der Mitglieder des Tribunals. Der Anschlag wird entdeckt. Aber der Widerstand des Volkes und diese Verschwörung sind doch eine Warnung für das Tribunal. Darum legt es sich in der Zahl der Todesurteile noch Zurückhaltung auf. Bis November des Jahres 1481 werden im Bezirk von Sevilla nur 300 Menschen verbrannt, im Erzbistum Cadix allerdings 2000, vornehmlich Reiche. Aber viele Tausende werden zu zeitlichem oder lebenslänglichem Kerker und zu anderen Strafen verurteilt. Der Ertrag an beschlagnahmten Vermögen ist sehr groß.

Für den Vollzug der Todesurteile erweist sich die Gestellung eines besonderen Platzes, des Quemadero, als notwendig. Der Platz ist geschmückt mit Standbildern der jüdischen Propheten. Zu solchem »Akt des Glaubens«, Autodafé, finden sich alle Schichten von Hof und Adel und Geistlichkeit und Volk als Zuschauer ein. Den Henker stellt die weltliche Behörde, denn die Kirche mordet nicht. Sie verabscheut Blutvergießen. Darum werden auch die Urteile unblutig vollstreckt, sine effusionis sanguine, ohne Blutvergießen, durch Verbrennung des lebendigen Menschen. Nur wer im letzten Augenblick seine Reue darüber bekundet, kein guter Christ gewesen zu sein, wird aus Gnade vorher erwürgt. Dann wird der Kadaver verbrannt.

Nach dieser ersten Session des Tribunals wird eine Pause eingelegt. Das Sanctum officium kündet für eine gewisse Frist denjenigen, die freiwillig zu ihr kommen und ihre Sünde bekennen, Absolution an. Bedingung ist natürlich, daß sie auf einen Teil ihres Vermögens zugunsten der Inquisition und des Königs verzichten. Es kommen sehr viele, schon aus dem Grunde, um endlich ihren doch nicht vermeidbaren Prozeß mit der Inquisition hinter sich zu haben. Aber da enthüllt sich die verheißene Absolution als Trick von brutalster Gemeinheit. Das Tribunal verlangt, daß die Reumütigen auch ihre Verwandten und Freunde angeben, die heimlich zum Judentum halten; sonst werden sie, da sie ja ihre Sünde selbst gestanden haben, wie Ketzer behandelt. Diejenigen, die wirklich nichts zu gestehen haben, sind verstockte Leugner und ebenfalls wie Ketzer zu behandeln.

Das Entsetzen über diese Hinterlist ist so groß, daß selbst ein Papst wie Sixtus IV., ein Wüstling und Geldraffer, sich empört gegen diese spanische Methode wendet. Er durchschaut ganz richtig, daß die meisten Prozesse nicht »vom Glaubenseifer und von der Sorge um das Seelenheil, sondern von Gewinnsucht bestimmt« sind. In seinem Verlangen, dem Tribunal bischöfliche Vertrauensmänner beizuordnen und den Verurteilten das Berufungsrecht nach Rom zu gewähren, erblickt Ferdinand eine Bedrohung seiner bedeutenden Einnahmequelle und, da es sich um eine »nationale« Institution handelt, einen Eingriff in seine Souveränitätsrechte. Er ist vielmehr für eine erhebliche Erweiterung der inquisitorischen Tätigkeit, die sich bis jetzt, durch den Widerstand der Cortes gehindert, nicht über das ganze Land, besonders nicht in Aragonien ausbreiten konnte. Sixtus IV., um Geld für alles zu haben, bewilligt dann auch die Einrichtung von sieben neuen Tribunalen und die Schaffung eines »Höchsten Inquisitionsrates«, einer Institution, die die organisatorische Zusammenfassung, die bürokratische Spitze des Unternehmens darstellte. General- oder Großinquisitor wird Torquemada (September 1483). Die Inquisition ist damit zur Entfaltung ihrer ganzen Kraft gerüstet.

Von dem nun einsetzenden Grauen darf man keine Einzelheiten mitteilen, ohne sich dem Verdacht auszusetzen, an irgendwelche Instinkte der Sensation appellieren zu wollen. Keine Zeit, kein Volk, keine Kirche hat je wieder Derartiges an blutrünstiger Menschenquälerei vollbracht, es sei denn, man denke an die Abschlachtung der Inkas durch die spanischen Conquistadores. Hekatomben fallen dem Wüten zum Opfer. Es schien, als sei die Zahl der Marranen unerschöpflich, als gebe es überhaupt keinen zum Christentum bekehrten Juden, der nicht heimlich doch Jude geblieben sei. Vor jeder Session wird eine Gnadenfrist für die freiwillig Bekennenden gewährt. Aber die »Versöhnung mit der Kirche« ist wieder an die schmähliche Bedingung geknüpft, Gesinnungsgenossen zu verraten. Die Strafe ist zudem mit einer öffentlichen Demütigung und selbstverständlich mit Vermögensabgabe verknüpft. Aber selbst diese »Gnade und Milde« ist noch überschattet von der Infamie, daß das Tribunal nach freiem Ermessen entscheidet, ob die Reue eines Marranen echt sei oder nicht. Wo es dem Tribunal gefiel, war die Reue nicht echt. Der Bußfertige landete auf dem Scheiterhaufen.

In Aragonien stand die neue Periode der Inquisition unter der Leitung des Kanonikus Pedro Arbuez. Er gewährte die »Gnadenfrist« nicht, weil dadurch zu viele Vermögen dem Zugriff entzogen wurden. Zahlen wie diese geben einen Begriff von seiner Tätigkeit: in Toledo wurden (1486) verbrannt am 12. Februar 750 Ketzer, am 2. April 900, am 7. Mai 750. Unter den Marranen bricht die Panik aus. Verschwörer aus den höchsten Kreisen der Gesellschaft verschwören sich gegen Arbuez und erschlagen ihn in der Kirche zu Saragossa. Dadurch gewinnt die Kirche einen Märtyrer, das Tribunal 200 Opfer für den Scheiterhaufen und das Vermögen von weiteren Hunderten, die zu lebenslänglichem Kerker verurteilt werden, und die Inquisition im ganzen das Recht, ihr Verfahren noch zu verschärfen.

Diese Verschärfung entfesselt tatsächlich die Hölle auf Erden über die Marranen, und selbst der voreingenommene Betrachter muß sich die Frage vorlegen, ob in diesem Stadium des Wütens die kalte politische Berechnung des Anfanges noch vorwaltet, oder ob nicht vielmehr diese Inquisitionsjustiz sich in ihrer eigenen Terminologie, in ihren eigenen halben Wahrheiten und verschleierten Zwecken so zwangsläufig gefangen und verstrickt hatte, daß sie an die Notwendigkeit und Heiligkeit ihres Tuns selber glaubte. Gewiß aber ist eines: je weiter die Inquisition vorschritt, desto mehr enthüllte sich die Niederlage zugleich einer Politik und eines Glaubens; darüber hinaus aber eine fast tragische Situation der Kirche. Sie sieht ein, daß sie in fast 100 Jahren Zwangstaufe und Inquisition nichts Endgültiges erreicht hat. Aber die Gewalt, der sie sich einmal bedient hatte, als sie ihrem Glauben mit Gewalt neue Mitglieder zuführte, muß fortzeugend Gewalt aus sich entlassen, weil im Gegensatz zu allen anderen Völkern der Jude als einziger sich bei dem aufgezwungenen Glauben nicht beruhigt. So kann sie von ihren eigenen Mitteln nicht mehr zurück, muß sich selbst immer tiefer und entsetzlicher desavouieren und verneinen. So bleibt ihr am Ende nichts als die Gewalt und die Herrschaft, ein trauriger Besitz für eine Religion.

Die Verfangenheit im Kampfe gegen die Marranen ist so tief, daß für geraume Zeit der Kampf gegen den noch ungetauften Juden vergessen wird. Aber man konnte ihn – das ist die immer gleiche tragische Ironie im Ablauf der jüdischen Diaspora – auch nicht entbehren. Man brauchte den Steuerzahler und Finanzmann, weil der wieder aufgenommene Krieg gegen das maurische Granada Geld kostete. Der Jude Isaak Abravanel mußte zum Verwalter der Staatsfinanzen eingesetzt werden, um die Mittel aufzubringen. Mit dem fortschreitenden Erfolg der spanischen Waffen in diesem Kriege wird aber zugleich die einheitliche Lösung sowohl des Juden- wie des Marranenproblems angebahnt. Denn es wurde jetzt immer deutlicher, was schon zu Anfang ganz deutlich war, was aber der Klerus nicht sehen wollte, um seine Niederlage nicht zugeben zu müssen: daß das Problem Jude mit dem Problem Marrane unlösbar verknüpft war. Von der Idee der Einzigartigkeit des katholischen Glaubens besessen, begriffen die Judengegner nicht, daß sie in Wirklichkeit einem seelischen Phänomen gegenüberstanden; daß die Hartnäckigkeit des Juden der tiefste nationale Heroismus war, der nur vorstellbar ist; daß seine Verstocktheit und Resistenz die Unsterblichkeit einer wahrhaft aus tiefstem Leben erwachsenen Religion bezeugte ... und daß Blut sogar Scheiterhaufen zum Erlöschen bringt. Nichts sahen sie, als was ihre Spitzel ihnen an äußeren Zusammenhängen zutrugen. Aber das genügte für sie. Sie sahen, daß die Juden die Verbindung mit den Marranen immer noch aufrechterhielten, daß sie ihre Kinder, die schon im christlichen Glauben geboren waren, in der jüdischen Religion unterwiesen, daß sie den Erwachsenen Gebetbücher verschafften, ihnen die Festzeiten mitteilten, geheim in Winkeln und Kellern mit ihnen die Andachten verrichteten. Und das noch, während schon die vierte Generation von Neuchristen heranwuchs!

Es half nichts, daß Torquemada mit grausamster Schärfe die völlige Trennung zwischen Juden und Marranen durchführen ließ. Er schaffte nur eine geheime Verschwöreratmosphäre, in der Juden und Marranen sich immer von neuem in der gemeinsamen Treue gegen das Erbe im Blute begegneten. So mußte notwendig der Plan in ihm reifen, die Juden, diesen seelischen Rückhalt der Marranen, aus dem Lande zu schaffen. Dagegen bestanden, wie ihm völlig bewußt war, aus der vielfachen gesellschaftlichen und wirtschaftlichen Verknüpfung erhebliche Widerstände im Lande. Er greift darum zu den alten Requisiten der Hostienschändung und Ritualmorde, um die Stimmung im Lande vorzubereiten. Die äußeren Vorgänge kommen ihm zu Hilfe. 1491 wird Granada besetzt. Das alte westgotische Ideal: *ein* Staat und *ein* Glaube, ist in seinem ersten Teil verwirklicht. Um es in seinem zweiten Teil zu verwirklichen, bedarf es nichts als der Vertreibung der Juden.

Am 2. Januar 1492 zieht Ferdinand in Granada ein. Am 31. März 1492 erläßt er den Befehl, daß alle Juden binnen vier Monaten Kastilien, Aragonien, Sizilien und Sardinien verlassen müßten. Sie durften ihr ganzes bewegliches Vermögen mitnehmen, außer Gold, Silber, Münzen und denjenigen Gegenständen, deren Ausfuhr untersagt war. Das heißt: sie durften so gut wie nichts mitnehmen. Hier die Begründung: »In unserem königlichen Gebiet gibt es nicht wenig Judaisierende, von unserem heiligen katholischen Glauben abweichende böse Christen, eine Tatsache, die vor allem in dem Verkehr der Juden mit den Christen ihren Grund hat ... Nach den Berichten, die uns die Inquisition erstattet hat, unterliegt es keinem Zweifel, daß dieser Verkehr der Christen mit den Juden, die sie zu ihrem verdammten Glauben verleiten, den allergrößten Schaden anrichtet ... alles dieses hat auch die Unterwühlung und Erniedrigung unseres heiligen katholischen Glaubens zur unausbleiblichen Folge ... Wir haben daher den Beschluß gefaßt, alle Juden beiderlei Geschlechts für immer aus den Grenzen unseres Reiches zu weisen ...«

So rüsteten sich an die 300 000 Menschen, deren Ahnen im Lande gewohnt hatten, schon ehe das Christentum es berührte, die die wesentlichsten Träger der Kultur und der Wirtschaft waren, zum Auszug. Auf die verhetzten und verarmten Wanderer ergießt sich noch einmal ein Strom von Missionaren. Sie haben sehr geringe Ernte. Am Schicksal der Marranen hat der Jude gelernt, was ihn erwartete, wenn er sich in den Schoß der alleinseligmachenden Kirche flüchtete. Bis zu der vorgeschriebenen Frist, Ende Juli 1492, war die Räumung vollzogen. Der ganze Mittelstand des Landes war fort. Städte verarmten und verödeten. Alle Entwicklung bewegte sich rückwärts. Eine Zeitlang konnten die Marranen diese Bewegung, die aus der Zerstörung eines sozialen Organismus entstanden war, noch aufhalten. Mit ihrer massenweisen Flucht im 16. Jahrhundert hört auch ihr Einfluß auf. Aber die Scheiterhaufen bleiben und brennen für jeden Denker, jeden Ketzer, jeden nach Freiheit Lüsternen. Was übrigbleibt, ist die Einöde der Mönche.

Ein kurzes Nachspiel hat diese Katastrophe in Portugal; es hat das Format Dantescher Höllenvision. Juan II., um Durchwanderung und vorübergehende Niederlassung angegangen, gewährt sie auf 8 Monate, gegen Bezahlung einer Gebühr von 8 bis 100 Goldcruzados pro Kopf. Unter den 100 000 Flüchtlingen, die so nach Portugal kommen, brechen Epidemien aus. Juan zwingt sie zu vorzeitiger Abreise. Die Bestialität, mit der die Flüchtigen auf den Schiffen behandelt werden, ist nicht wiederzugeben. Diejenigen, die infolge der überstürzten Abreise den Anschluß versäumen, werden zu Leibeigenen des Königs erklärt und von ihm verschenkt oder verkauft. Die Kinder dieser Sklaven werden zwecks christlicher Erziehung nach der jüngst entdeckten Verbrecherinsel Sankt Thomas verschickt, wo die meisten krepierten, soweit die Mütter sich nicht vorher mit ihren Kindern zusammen ins Meer warfen. Juans Nachfolger, Manuel, stellt zwar die Freiheit der Juden wieder her, beschließt aber auf Verlangen des spanischen Königspaares, dessen Tochter Isabella er heiraten will, die Vertreibung *aller* Juden aus Portugal. Das Edikt vom 25. Dezember 1496 befiehlt die Auswanderung binnen zehn Monaten. Seine Hoffnung war, die meisten Juden würden sich vorher taufen lassen. Das geschieht nicht. Er ordnet an, daß alle jüdischen Kinder zwischen dem 14. und 20. Jahre zu Ostern 1497 zwangsweise getauft werden sollen. Sofort setzt die Auswanderung verstärkt ein. Die Beute an Seelen ist in Gefahr. Darum wird die Zwangstaufe schon am 19. März ausgeführt. Zahlreiche Eltern töten sich samt ihren Kindern. Der Rest wird unter grauenhaften Szenen getauft.

Im Hafen von Lissabon drängen sich über 20 000 Juden zusammen, um auszuwandern. Manuel stellt keine Schiffe und hält sie zwangsweise fest, bis ihre Frist abgelaufen ist. Dann erklärt er sie als seine persönlichen Sklaven, setzt sie gefangen, läßt Missionare auf sie los, unterwirft sie der Aushungerung, um Seelen für das Christentum zu gewinnen, läßt sie mit Stricken und an den Haaren zum Taufbecken schleifen, soweit sie sich nicht selber umbrachten... und züchtet ein neues Geschlecht von Marranen. Den Rest, den er mit keinen Mitteln zu Christen machen konnte, ließ er im folgenden Jahre, 1498, in ein ungewisses Schicksal hineinziehen.

So enden diese drei Jahrhunderte mit der Vertreibung der Juden aus England, Frankreich, Spanien, Portugal und einem großen Teil Deutschlands. Hunderttausende von Toten, um der Treue zu ihrem Volke willen im Namen Christi erschlagen, gehängt, verbrannt, gerädert, blieben auf der Strecke. Es ist ein Schuldkonto angewachsen, zu dessen Begleichung bis heute nichts geschehen ist.

VON DER BESIEDLUNG DES OSTENS BIS ZUR ENTSTEHUNG DER JÜDISCHEN KRISE

Die Flucht In Den Osten

Dreihunderttausend wandernde Menschen, gekennzeichnet mit dem Stigma der Fremdheit, der Unheimlichkeit und des Unglücks, lebendige Beweise dafür, daß der ohnmächtige Haß einer Religion und das ohnmächtige Erdulden eines Volkes immer noch eines Wachstums fähig sind – dreihunderttausend solcher Menschen, auf Landstraßen und Schiffen, in Häfen und Ortschaften den Rand des Mittelmeeres abstreifend, müssen auch eine stumpfe Welt dazu bringen, den Atem anzuhalten. Sie hält ihn an; aber nur eine Weile, bis ihr zu Bewußtsein kommt, daß ihnen hier die Vorsehung vogelfreie Menschen und vogelfreien Besitz ausgeliefert hat. Mit ganz verschwindenden Ausnahmen in Italien werden die wandernden Scharen da, wo sie auf Christen stoßen, ausgeplündert, ausgehungert, ins Meer geworfen, an afrikanischen Küsten ausgesetzt, geschändet und zwangsgetauft. Mit ganz verschwindenden Ausnahmen in den fanatischen Bezirken Nordafrikas werden sie überall da, wo sie auf Muselmanen stoßen, als Träger von Intelligenz, Gewerbefleiß und staatsbürgerlicher Loyalität aufgenommen. Jahrelang treiben diese Menschen umher, dezimiert durch Krankheiten, Hunger, Schiffbruch, Mord, auf den Feldern zuweilen Gras fressend wie das Vieh, bei jeder Landung umlagert von Mönchen, die die verhungerten Kinder mit einem Stück Brot in der Hand zum Taufbecken locken.

Es dauert fast ein halbes Jahrhundert, bis der Rest zur Ruhe kommt. Überall waren Splitter hängengeblieben, in Italien, auf den griechischen Inseln, in Nordafrika, in Ägypten, in Palästina. Der größte Teil findet Aufnahme in der neuentstehenden Türkei, dem Osmanenreich, das vom

14. Jahrhundert an dem wiederhergestellten und völlig lebensunfähigen griechischen Byzanz nach und nach ein Ende macht. Mit dem Eindringen in Europa (Ende des 14. Jahrhunderts), der Eroberung von Konstantinopel (1453) und der Einnahme von Palästina und Ägypten (1517) entsteht ein riesenhaftes Reich, das zwar keine kulturellen Leistungen hervorbringen und daher auf den Juden keinen geistigen Anreiz ausüben kann, das ihm aber seine Existenz gewährleistet, das ihm Ruhe verschafft, wirtschaftliche Betätigung ermöglicht, ihm eine eigene innere Verwaltung erlaubt und – was für den geschichtlichen Fortgang fast entscheidender ist – ihm einen Besinnungszeitraum gibt, aus seinem Geschick die geistigen Konsequenzen zu ziehen.

Dieses Ausweichen nach dem Osten, dieser Rückschlag der Pendelbewegung muß angesichts der geistigen Konstitution des Juden mehr sein als eine nur geographische Tatsache. Es bedeutet zugleich ein tieferes Ausweichen in die intimen Bezirke eines östlich orientierten Geistes. Beides, das geistige und das geographische Ausweichen, sind doppelspurig. Die Vertreibung aus dem Westen schafft zwei neue östliche Sammelbezirke: die europäisch-asiatische Türkei und die polnischen Länder. Sie gibt zugleich den entscheidenden Impuls für die Formulierung eines doppelten Extrems der geistigen Haltung: für den kodifizierten Rabbinismus und für die praktische Kabbala. Beide religiösen Denkformen entstehen hier in der Türkei, um dann nach dem anderen östlichen Zentrum, Polen, entlassen zu werden. So wird, über die Zersprengung des jüdischen Weltzentrums hinaus, sofort der geistige Kontakt wiederhergestellt, so wie der geographische Kontakt sich in ganz kurzer Zeit herausbildet durch die schnelle Ausbreitung der jüdischen Siedlungen in der europäischen Türkei, durch die Entstehung von Niederlassungen bis in die Moldau und Walachei hinein. Im Westen ist die Kette der jüdischen Siedlungen unterbrochen. Im Osten wird sie wiederhergestellt. Das hartnäckige Ringen des heimatlosen Volkes um die Erhaltung der subjektiven Geschichtsgewalt beginnt von neuem. Zugleich beginnt die Krise der geistigen Entwicklung.

Wir haben zu wiederholten Malen auf den ewig akuten Gegensatz zwischen Gehirn und Herz, Halacha und Haggada, Rabbinismus und Mystik, hingewiesen. Dieser Gegensatz ist im Grunde nichts anderes als das immer erneute Bemühen um Lebensgestaltung, der immer neue Anfang, dieses wunderbare und große Geschenk, mit dem das Judentum begnadet worden ist. In solchem Bemühen ist nicht nur der Erfolg eingeschlossen, sondern auch das Versagen; nicht nur der Fortschritt, sondern auch der Rückschritt; so wie es für das wirkliche Bemühen überhaupt keine Wahrheit gibt, sondern nur das Streben, den Drang. Dem liefern sich die Juden in der Türkei aus, sobald sie auch nur den geringsten Raum zum Leben wieder erobert haben.

Man sollte meinen, daß dieses Volk, das sich wieder seiner ursprünglichen Heimat nähert und – wenn auch zu einem geringen Teil – in der Heimat selbst, in Palästina sich niederläßt, aus dieser Rückkehr zu einer besonderen Produktivität gelangen müßte. Die Mehrzahl von ihnen waren doch Sephardim, spanische Juden, Erben jener Gruppe, in der ein Jehuda Halevi seine Zioniden gesungen hatte. Warum verdichten sich nicht alle Energien darauf, jetzt Palästina wieder zu einem wirklichen Zentrum zu machen? Es waren nicht nur politische Gründe, die das unmöglich machten; es unterblieb nicht nur deshalb, weil in Jerusalem der Mönch und der Derwisch hausten. Es unterblieb aber auch nicht deshalb, weil etwa der Impuls gestorben und das Heimverlangen verkümmert waren. Sondern es unterblieb, weil inzwischen die Idee der Heimkehr in die eigene Heimat eine ungeheure Sublimierung erfahren hatte. Es genügte schon nicht mehr, nach Palästina zu gehen, um daheim zu sein. Die Idee der Heimkehr, der Messianismus, hatte längst die letzten Spuren seines politischen Gehaltes abgestreift. Die Idee ging wieder über den ursprünglichen Weg, über den reinen Erlösungsglauben. Nicht die Heimkehr von Menschen war das Entscheidende, sondern die Heimkehr *vollkommener* Menschen. Darin war das tausendjährige Exil als Tatsache eingefangen und verankert; als eine Tatsache ohne historisches Gewicht; als eine Tatsache von ausschließlich sittlicher, religiöser, geistiger Bedeutung. Die Diaspora als das äußere Geschehen war nicht von ihnen gewollt und folglich nicht von ihnen zu verantworten. Aber da sie darin leben mußten, verliehen sie ihr die eigene Sinngebung: Schicksal, das sie zur Erlösung hin reifen lassen sollte. Darum gehört die Diaspora in ihrer Tatsächlichkeit zur Geschichte der *Juden;* aber in ihrer Wesenhaftigkeit gehört sie zur Geschichte des *Judentums.*

In solcher Idee begegnen sich hier auf dem Boden der Heimat und in ihrer Nähe die vertriebenen sephardischen und die vor den Verfolgungen der übrigen westeuropäischen Länder geflüchteten Juden, die Aschkenasim. Das geistige Leben nimmt eine verstärkte Intensität an. Sie denken und schreiben in einem Ausmaße, daß man die Summe dieser Tätigkeiten schon als Produktivität ansprechen könnte. Und dennoch tragen sie den Keim der Entartung in sich, weil hier wieder einmal – wie bei jedem gesteigerten Schaffensprozeß und Erlebnisvorgang im jüdischen Bezirk – sichtbar wird, daß sie mit Fiktionen der Wirklichkeit leben, nicht mit einer nach ihrem Eigengewicht spürbaren Wirklichkeit.

Vor allem obliegt ihnen, die Frage zu beantworten, warum dieses hoffnungsvolle Zentrum in Spanien zerbrach. Sie antworten nicht: weil wir unter der einzigartigen Bedingung der Fremdheit und Besonderheit lebten und weil uns dabei die fleischgewordene Brutalität in der Verkleidung der Gläubigkeit begegnete. Sondern sie antworten, wie der Gelehrte Joseph Jabez es tat: »Um deswillen, weil wir die heilige Thora im Stiche ließen, uns der weltlichen Wissenschaft zuwandten, profaner Weisheit huldigten.« Da haben wir die letzte, einseitige, von keinem Gegengewicht ausbalancierte Konsequenz jenes Kulturkampfs aus dem 13. und 14. Jahrhundert und zugleich eine der extremen Möglichkeiten, sich verpflichtet und gebunden zu fühlen und das Schicksal zu ertragen, ohne an ihm irrezuwerden. Die Funktion, die das jüdische Gesetz in den Anfängen der Diaspora erfüllt hatte: Arterhaltung der Juden in einem irrealen Staate, wird hier ganz tief in das Religiöse hineingesteigert. Das Gesetz wird Angelpunkt und Grundlage des Religiösen. Man kommt zur Erlösung durch die Treue gegenüber den Geboten; Dienst vor Gott durch Folgsamkeit, ohne nach rechts und links zu blicken, ohne zu fragen, zu grübeln, zu zweifeln; nicht Erkenntnis, sondern Entschließung.

Den schriftlichen Niederschlag dieser Anschauung liefert Joseph ben Ephraim Karo. Als Extrakt einer riesenhaften kommentatorischen Arbeit veröffentlicht er (1564) *den* Kodex der jüdischen bürgerlichen und religiösen Gesetze, *das* abschließende Gesetzbuch, den endgültigen Niederschlag von vier Jahrhunderten Kampf gegen das synthetische Bemühen des Maimonides. Hier wird nicht mehr philosophiert, hier kommt es nicht mehr auf die Ideen und die Grundlehren des Judentums an, sondern nur auf die eine einzige Feststellung: was ist noch gültiges Gesetz und was muß demgemäß befolgt werden; in Stein gehauener Judaismus. Der Titel des Werkes ist eine Metapher: Schulchan Aruch, der gedeckte Tisch.

Wäre eine Kanonisierung noch möglich gewesen: dieses Buch hätte Aufnahme gefunden. Aber es fand auch ohne das seine verpflichtende Kraft aus dem Willen von Hunderttausenden von Juden, diesen Kodex zu Vorbild und Richtschnur zu nehmen. Seine Verbreitung geht über die ganze jüdische Welt. Es wurde ein Ehrentitel, wenn man einem Juden »Lebensführung nach dem Schulchan Aruch« nachrühmen konnte.

Und doch ist dieses Anklammern an das Gesetz kein fühlloser äußerer Vorgang, kein Formalismus schlechthin. Auch der Rabbinismus, der hier sein Meisterstück vollendet, ist überschattet von jener anderen Grundstimmung der jüdischen Seele, die ebenfalls jenseits des Rationalen verläuft und die, mit gleichem Richtungssinn wie die Gesetzestreue, sie doch weit hinter sich zurückläßt: der jüdischen Mystik.

Sie hatte, wie schon dargestellt, ihr System in der Kabbala gefunden. Aber während der Rabbinismus sich in der Praxis des Lebens durch das Gesetz verwirklichen konnte, stand der Kabbala einstweilen nur ein spekulatives System zur Verfügung, eine religiöse Metaphysik. Doch konnte es nicht ausbleiben, da sie doch so ungeheure Möglichkeiten für die jüdische Seele in sich barg und da sie ja in ihrer Entstehung fast eine Notwendigkeit war, daß auch sie den Weg in den Tag, in die Praxis des Tages fand. Dieses aufgewühlte Leben des Juden, das nicht fragen durfte, warum es so aufgewühlt werde, durfte wenigstens fragen, wo denn seine Beschließung liege und wie man zu ihr gelangen könne. Daß das jüdische Leid ein Leiden um der Läuterung willen sei, war ja dem Juden so wenig zweifelhaft wie die Gewißheit, daß diese Läuterung die Vorbedingung der Erlösung sei. Aber auf die Dauer lassen sich Leiden in einer theoretischen Begründung nicht ertragen. Sie verlangen nach der Verknüpfung mit einer wenn auch nur traumhaften, erspürten und erahnten Wirklichkeit. Sie verlangen nicht mehr nach der Philosophie, sondern nach der Betätigung.

Wenn ein Beweis dafür nötig wäre, daß die Kabbala einen wirklichen Lebensatem in sich hatte, so kann er hier geführt werden aus der Tatsache, daß die Kabbala fähig war, ein solches System der mystischen Praxis tatsächlich aus sich zu entlassen. Allerdings: auf dem Wege von der Spekulation zur Praxis nahm sie Elemente auf, die – wie ein im Übermaß genossenes Stimulans – zunächst aufpeitschen, um dann vertieft abzustumpfen: die christlichen Elemente der Erbsünde und der Askese. Auch das war nicht Zufall oder Willkür, sondern Gesetzmäßigkeit. Je mehr die wirkliche Gemeinschaft, das organische Zusammenleben von Menschen, zerbrach, desto ungebärdiger rettete sich der Jude in den himmlischen Bezirk. Aber die geringere Bindung zu Erde und Wirklichkeit und das ständige gewaltsame Zerreißen auch noch der zersplitterten Gemeinschaft verengern die geistige Konzeption, bringen in ihr einen Rückschritt zutage, denselben, den das Christentum machte, als es sich vom jüdischen Volk und vom jüdischen Boden ablöste und international wurde: die Lehre von der Sündhaftigkeit der menschlichen Natur. Soweit das nicht heidnischer Überrest ist, ist es die Unstätigkeitsfurcht entwurzelter Menschen. So lange die Juden ein Land hatten, durften sie aus der Verwachsenheit mit Natur und Gemeinschaft Vertrauen haben, auch das Vertrauen dazu, daß der Mensch gut sei. In der Heimatlosigkeit und im Kampfe gegen das Weltchristentum überfiel sie die christliche Idee der Erbsünde. Es überfiel sie weiter die christliche Idee der Askese, diese Überzeugung von der Nichtigkeit alles Irdischen, die dem jüdischen Geiste völlig fremd ist, weil Gottes Schöpfung nicht unvollkommen sein kann und weil das Leben, samt dem Leben des Körpers, mit dem sittlichen Dasein zusammen als eine unlösbare Einheit begriffen wird. Aber in einer Umwelt, die nicht nur solchen Zusammenhang nicht kannte, sondern auch das äußere Leben des Juden zu dem wertlosesten Gegenstand auf der Welt machte, mußte ihm mindestens das Gefühl aufdämmern, das Irdische sei wertlos und in der

Hinwendung zum Himmlischen könne man sich nicht weit genug von Besitz und Lebensfreude trennen.

Das Ergebnis ist viel tragischer, als es diejenigen zugeben wollen, die im Kabbalismus und seiner Mystik wenig mehr sehen als einen Verstoß gegen den gesunden Menschenverstand. Der Kreis der Kabbalisten, der sich in der palästinischen Stadt Safed sein Zentrum schafft, geht von einer Realität aus und steuert einer Realität zu. Er geht aus von der Überzeugung, daß die gehäuften Leiden des jüdischen Volkes das »Ende der Zeiten« ankündige, und zielt darauf ab, dieses Ende durch Buße, Askese, durch religiösen Heroismus herbeizuführen. Es ist nur folgerichtig, daß Menschen, die nicht durch die Bibel und nicht durch den Talmud erlöst worden sind, den Sohar, dieses Grundwerk der kabbalistischen Theorie, als die letzte Erkenntnis aufweisen. Jetzt erst tritt der Sohar in seiner abschließenden Gestalt auf und wird — viel präziser noch als der Talmud — der psychologische Niederschlag eines religiösen Erlebens, das übermäßiger Beanspruchung ausgesetzt ist. Seine Elemente sind deutlich und eindeutig: messianische Sehnsucht, Erlösungsbedürfnis so des Individuums wie der Gemeinschaft, Sündhaftigkeit der menschlichen Natur, Askese und Dämonenfurcht. Alles das hängt unlösbar an der Idee der Sefiroth, die längst ihre Abhängigkeit von Gott und ihre Geistigkeit eingebüßt haben, die nicht nur selbständig geworden sind, sondern auch Realität bekommen haben. Der heidnisch-christliche Dualismus hat sich auch ihrer bemächtigt und hat dem Alltag die »unreinen Sefiroth« zugewiesen, die auch Emanationen der Urkraft sind, die aber behängt sind mit allem Bösen und Unsauberen der Dämonen. Das nun ist der Menschen Aufgabe: diese unreinen Sefiroth zu reinigen, das heißt: das Böse, das Ungute, Unheimliche, das Dämonische, das aus Sünde und Sinnlichkeit Entstandene in der Welt, zu beseitigen; und das nicht nur für sich persönlich, sondern für das Gesamt, für alle Seelen, die verkörpert sind oder verkörpert waren. Denn wenn alles Ausstrahlung der einen Urkraft ist, wenn es nichts gibt, was nicht darauf bezogen werden kann, dann ist der Kreis von Gott zu Mensch unauflösbar geschlossen, dann steht auch die Seele in diesem Kreis, und sie, dem menschlichen Körper verhaftet, ist vom vielfachen Einfluß des Bösen, der Sünde, der Dämonen unrein, erlösungsbedürftig. Darum kommt sie zurück, wenn eines Menschen Leben nicht ausreichte, sie von der Kruste des Unreinen, der Kelippah, zu säubern. Gilgul, Seelenwanderung. Es ist der furchtbare Kreislauf, der alle diese Ideen so schwer und lebensfeindlich macht, diese Ungewißheit, wessen Seele einer trägt und was an ihr noch zu erlösen ist, ob es genug getan sei oder nicht. Genug tun kann man nur in der Ekstase, und Ekstase wird der Zustand, in dem die Lehrer der praktischen Kabbala die tiefste Möglichkeit sehen, zu erkennen, aufzulösen, den Himmel zu bestürmen.

Führer auf diesem Wege wird Isaak Luria Aschkenasi aus Jerusalem, genannt Ari, der 1570 nach Safed kommt, ein Mensch der Geheimnisse und geheimen Andeutungen, der religiösen Verzückungen und des mystischen Wissens und Zeremoniells. Nach zwei Jahren Wirkung stirbt er plötzlich an der Pest. Für ihn ist sein Schüler Chaim Vital Calabrese da, der sagt, ihm habe Ari die Mittel anvertraut, das Ende der Zeiten zu beschleunigen. Er schreibt auf, was er gehört hat, aber auch das, was er selber als Mittel geeignet hält; aus anderen Quellen stoßen Einzelheiten und Systeme hinzu ... und eine dunkle Wolke von Verzicht, Absonderung, Buße, Ekstase, Versenkung, Furcht und Lebensüberdruß breitet sich langsam über die Seele des Juden aus. Und nun tut sich der ganze tragische Zwiespalt auf. Wie die Kabbala überhaupt realen Ausgang und reales Ziel hatte, so war auch die praktische Kabbala im Grunde nichts anderes als der Versuch, die Erfahrungen aus dem Zusammenstoß mit der fremden Welt – ungeachtet der Heimatlosigkeit – mit der Realität zu verknüpfen. Die jüdische Mystik ist keine Unwirklichkeit. Das Leben als eine gelebte Wirklichkeit – der Himmel als eine zu erlebende Wirklichkeit – und dazwischen der Glaube als eine ausschließliche Funktion des Herzens: das ist jüdische Mystik. Aber die praktische Kabbala verfehlt unter der Überbelastung mit den Elementen der Dämonie, der Erbsünde und der Askese den Zusammenhang mit der gelebten Wirklichkeit. Statt das Leben zu erobern und zu gestalten, kann sie nur lehren, es zu überwinden; und so muß sie bei ihrer eigenen Aufhebung landen, wenn nicht ein Vorgang aus dem realen Leben ihr neue Nahrung gibt. Das ist einmalig geschehen in der Bewegung um die Gestalt des Sabbatai Zewi, von der noch zu berichten sein wird. –

Mit diesen beiden Leistungen, der Abfassung des Schulchan Aruch und der Herausbildung der praktischen Kabbala, beschließt das neue östliche Zentrum seine Wirksamkeit und seine Bedeutung für den Entwicklungsgang der jüdischen Geschichte. Zwar sendet es noch Energien aus, aber sie kommen in anderen Ländern zur Auswirkung.

Der nächste Bezirk der Wirkung wird Italien, wohin Sendboten aus Safed die Lehre des Ari tragen. Italien, dieses Kaleidoskop von Staaten, Städten und Republiken, stellt eine Musterkarte aller Möglichkeiten dar, in denen das äußere Schicksal der Juden verlaufen kann. Von den unvorstellbaren Schikanen im Getto des Kirchenstaates bis zu der aus dem Menschlichen kommenden großzügigen Toleranz der d'Este und Ferrara geht es durch alle Skalen. Und wie ein Kaleidoskop wirkt auch die Vielfältigkeit der geistigen Reaktionen der Judenschaft auf die Vorgänge von hüben und drüben. Italien wird in diesem Jahrhundert gleichsam der Experimentierboden für alle Strömungen der jüdischen Geisteswelt, vom tiefen ekstatischen Kabbalismus bis zur überlegenen Absage des Rationalisten an die verbindliche Heiligkeit des Gesetzes. Es sind die ersten Proben auf das Exempel, die da gemacht werden und die späteres Geschehen gleichsam vorwegnehmen.

Zu allen Zeiten der Diaspora hat der Messianismus tastende Versuche gemacht, sich die Wirklichkeit und die Erfüllung zu erobern. Es sind die Reflexbewegungen ewig verfolgter Menschen, die keinen anderen Ausweg mehr wissen, und in Einzelgestalten wird immer wieder dieses Tasten zur Gebärde, das Suchen nach einem Ausweg zu einem Abweg. So taucht auch jetzt (1502) in Istrien der Kabbalist Ascher Lemlin auf und verkündet, er sei der Vorläufer des Messias. Nur noch sechs Monate wäre es bis zur Erlösung. Buße sei notwendig. In Italien, Österreich und Deutschland glauben ihm Menschen und beginnen mit Bußwerken. Die sechs Monate vergehen. Die Buße sei nicht tief und aufrichtig genug gewesen, verkündet Lemlin und taucht unter. Aber die Erwartung bleibt. Isaak Abravanel, einer der vornehmsten spanischen Flüchtlinge, hat errechnet, daß im Jahre 1531 Rom gestürzt und Israel triumphieren werde, der jüdische Leibarzt im Vatikan, Bonet de Lattes, hat dagegen das Jahr 1505 errechnet. Zwischen diesen beiden Jahren, 1524, landet in Venedig ein Mann von seltsam dunklem Format, der Jude Dawid Rëubeni. Sein Name deutet auf seine Herkunft: er ist aus dem Stamm Rëuben, den vor mehr als 2000 Jahren die Assyrer mit den übrigen Stämmen des israelitischen Nordreiches wegführten. Dieser Stamm, berichtet Rëubeni, existiert noch. Er hat in der »Wüste Chabor« (wohl Chaibar in Nordarabien) ein eigenes Reich, und sein, Rëubenis, Bruder Joseph ist dort König. Er selbst ist Befehlshaber der Truppen. Auch die Nachkommen der übrigen israelitischen Stämme hat er aufgefunden. Sie wohnen in Nubien. Er kommt in einer politisch-diplomatischen Mission. Er will den Papst und die europäischen Fürsten auffordern, die Juden in Chabor mit Waffen auszurüsten, um dann gemeinsam mit ihnen die Türken aus Palästina zu verjagen.

Er hat es also zunächst mit den Christen und dann erst mit den Juden zu tun. Sein erster Weg ist nach Rom. Papst Clemens VII. empfängt ihn. Die Idee eines neuen Kreuzzuges gegen die Muselmanen kommt ihm sehr gelegen, weil er gegen die Luthersche Reformationsbewegung eine Manifestation der katholischen Kirche braucht und weil er damit zugleich gegen die räuberische Politik Karls V. ein Gegengewicht erlangen kann. Er stellt Rëubeni einen Empfehlungsbrief an den Kaiser des christlichen Teils von Abessinien aus und einen anderen an den König von Portugal, Juan III.

Rëubeni geht nach Lissabon und unterhandelt mit dem König. Auch hier trifft er auf volles Verständnis und bekommt die Zusage, daß ihm Waffen und Schiffe zur Verfügung gestellt werden sollen. Aber ehe es dazu kommt, erhebt sich gegen ihn der Argwohn, seine Aktion müsse doch wohl mehr im Interesse der Juden als der Christen gedacht sein. Zwar hält sich Rëubeni von den Marranen ängstlich fern, aber es ist nicht zu übersehen, daß seine Ankunft sie in äußerste Erregung versetzt hat. Er hat schon in Rom insgeheim einigen Juden erklärt, er wolle das heilige Land für sie und nicht für die Christen erobern. Das unterirdische Judentum kommt wieder in Bewegung, und einem der Marranen, Diego Pires, wird Rëubeni zum Schicksal. Pires, Schriftführer am Gerichtshof zu Lissabon, ein junger Mensch von 25 Jahren, unterliegt diesem Anstoß geheimer Hoffnungen. Das verdrängte Judentum überschlägt sich in ihm bis zur Ekstase. Für ihn ist die messianische Zeit angebrochen. Er vollzieht an sich selbst zum Zeichen der Heimkehr die Beschneidung, gibt sich den jüdischen Namen Salomo Molcho und geht, noch fiebernd, zu Rëubeni. Der mag in dieser Umgebung weder von Marranen noch von messianischen Ideen etwas hören. Aber er begreift, daß Molcho jetzt reif für das Inquisitionstribunal geworden ist, und rät ihm, in die Türkei zu fliehen. Für Molcho hat dieser vorsichtige Rat die Schwere einer Offenbarung. 1527 ist er in Saloniki, bald darauf in Safed, der Hochburg des Kabbalismus. Wie er erfährt, daß die Truppen Karls V. in Rom eingedrungen sind, begreift er diesen Vorgang als das verheißene Ende Edoms, das ist Rom. Er macht sich auf den Weg nach Italien, landet Ende 1529 in Ancona und begibt sich sofort nach Rom. Die alte Volkslegende, daß der Messias unter Bettlern und Aussätzigen vor den Toren Roms hocke und auf seine Zeit warte, macht er für sich zur Wirklichkeit. Er kauert unter Bettlern auf der Tiberbrücke, geschüttelt von religiösen Visionen.

Die Inquisition wird auf ihn aufmerksam. Er flieht nach Venedig. Dort ist auch Rëubeni, ausgewiesen aus Portugal wegen seines Verkehrs mit den Marranen. Hier in Venedig will er die Republik gleichfalls zum Kriege gegen die Türken bewegen. Sein Spiel ist doppelschichtig: nach außen Diplomat eines Volkes, das er nie gesehen hat, also Betrüger, Abenteurer, Hochstapler; nach innen verkappter Messias, der, jenseits aller Unwahrhaftigkeit und Phantasie, wirklich die Juden wieder in das heilige Land führen möchte. Wie das die Signoria von Venedig erfährt, weist sie ihn aus der Republik aus.

Für Molcho sind das messianische Leiden. Trotz der drohenden Inquisition geht er wieder nach Rom und entfaltet eine hemmungslose messianische Propaganda, mit so fanatischer Eindringlichkeit, daß selbst Papst Clemens VII. ihn als ein göttliches Instrument betrachtet, ihn vor der

Inquisition in Schutz nimmt und ihm endlich, da er ihn nicht mehr schützen kann, zur Flucht nach Deutschland verhilft. Dort trifft er von neuem mit Rëubeni zusammen. Beide begeben sich (1532) nach Regensburg zu Karl V. und verkünden ihm ihre Absicht, die Juden der ganzen Welt zum Kampfe gegen die Türken aufrufen zu wollen. Karl V. begreift davon nur den Teil, der auf die Rückbringung der Juden nach Palästina, also auf Schädigung der Interessen der katholischen Kirche gerichtet ist. Darum läßt er beide verhaften und der italienischen Inquisition ausliefern. Salomo Molcho, der ungetreue Christ, wird verbrannt. Rëubeni wird nach Spanien geschafft und verkommt dort irgendwo in einem Kerker.

In dieser Doppeltragödie gibt der Messianismus ein Signal seines Lebens. In der Gestalt des Jehuda Arje (Leon) Modena kämpft das Extrem, die aufkeimende Hellsichtigkeit kritischer Wertung gegen die Heiligkeit der Tradition, gibt die Auflösung des Glaubens an die Offenbarung ein Signal ihres Lebens.

Es mag dahingestellt bleiben, ob die Bewegungen der Renaissance und des Humanismus in Italien wirklich Einfluß auf das jüdische Denken und das geistige Schaffen des Juden genommen haben, oder ob nicht vielmehr das vielfache Verlangen humanistisch gebildeter Christen, den Bezirk der jüdischen und arabischen Geisteswelt durch Vermittlung gelehrter Juden kennenzulernen, diesem und jenem Juden die Möglichkeit verschafft hat, aus der eigenen geistigen Gesetzmäßigkeit in den kritischen Bezirk auszubrechen. Daß das jetzt geschieht, ist ja auch kein Novum in der jüdischen Geschichte. Es ist nie außer acht zu lassen, daß in der äußeren wie in der inneren Geschichte des jüdischen Volkes sich immer die gleichen Vorgänge wiederholen, nur je nach der Gestaltung von Zeit und Ort in leicht veränderter Gewandung. Das liegt daran, daß dieses Volk mit einer Idee auf den Lebensplan getreten ist, deren Verwirklichung selbst für unsere Gegenwart noch ungewöhnliche Aktualität hat. Schon Hiob hat gezweifelt; die Sadduzäer haben gezweifelt und kritisiert; Jesus hat es getan, die Karäer nicht minder, und in Maimons philosophischem System ist der Zweifel entweder an der Gültigkeit der Philosophie oder der Verbindlichkeit der Offenbarung eigentlich der imaginäre Unterbau. Zweifel ist produktiv oder unwesentlich, je nach der Richtung, in der er sich betätigt. Daß wir ihn hier überhaupt erwähnen und mit Beispielen belegen, geschieht, um aufzuzeigen, daß er in einem Volke mit tragischen äußeren Bedingungen auch Tragik im Geistigen und für den Einzelmenschen bedeuten muß; und darüber hinaus soll sichtbar gemacht werden, warum dieses Volk nicht zweifeln *durfte*, ohne Selbstmord zu begehen.

Die Unwilligkeit des Juden, in der Diaspora Historie zu treiben, findet seine Ergänzung in dem Bemühen, auch aus der eigenen früheren

Geschichte alles der Vergessenheit anheimzugeben, was für den Glauben nicht nötig war oder was die behauptete Kontinuität der religiösen Überlieferung hätte unterbrechen können. So war zum Beispiel die ganze wichtige Epoche des jüdischen Alexandrinismus so gut wie unbekannt. Asaria de Rossi (1513-1578) entdeckt sie erst wieder und übersetzt die gesamte jüdisch-hellenische Literatur in das Hebräische. Hierbei ist zunächst nicht die Übersetzung das Wesentliche, sondern die Aufdeckung historischer Fakten und chronologischer Zusammenhänge und als Folge davon die Erkenntnis, daß eine Reihe geschichtlicher Behauptungen des Talmud unhistorisch, also Sagen sein müssen, daß die chronologischen Angaben des Talmud nicht zuverlässig sind, daß daher – und das ist der schwerste Schlag gegen die jüdische Gläubigkeit – die vom Talmud behauptete einheitliche und durchgehende Tradition, die bis auf Moses zurückgehende heilige Überlieferung unmöglich auf Wahrheit beruhen könne. De Rossi wagt es, diese Erkenntnisse niederzuschreiben und zu veröffentlichen. Ein Sturm der Empörung bricht los. Mit Recht: denn solange noch keine andere Denkform in ihnen gereift war, konnten die gläubigen Juden sich nicht das Einzige nehmen lassen, was sie aus einer ungarantierten Wirklichkeit mit einer zweifelsfreien Vergangenheit verband: den Glauben an die Einheit und Heiligkeit der Überlieferung.

Obgleich der Orthodoxie kein Inquisitionstribunal mit Scheiterhaufen zur Verfügung stand, ist doch die Furcht, abseits der eigenen Gemeinschaft stehen zu müssen, groß genug, die Zweifelnden verstummen zu lassen. Nicht daß sie aufhörten zu zweifeln; aber sie verschweigen ihre Zweifel. Das Für und Wider aus Glauben und Skepsis muß in ihnen selbst ausschwingen, kann sich mit der Umwelt nicht auseinandersetzen und zerbricht heimlich die Menschen.

In Venedig wirkt als Rabbiner Leon Modena, sehr fromm und sehr gebildet. Es erscheinen gelehrte Arbeiten von ihm, die sich durchaus im Rahmen dessen halten, was ein gebildeter Rabbiner jener Zeit zu sagen hat. Zwar ist er bei aller Frömmigkeit ein Gegner der Kabbala. Aber die Lehren der Kabbala haben ja nur für denjenigen dogmatischen Wert, der daran glauben will. Darum darf er die Heiligkeit des Sohar bestreiten, die Legende von seiner Entstehung bekämpfen, die Lehre von dem Sefiroth angreifen und gar der praktischen Kabbala vorwerfen, daß sie zumeist nichts anderes sei als Schwindel. Kühner, weit gefährlicher ist schon der kritische Nachweis, daß Jesus sich selbst nie als »Sohn Gottes« in dem Sinne bezeichnet habe, wie die spätere kirchliche Dogmatik es darstellte. Es versteht sich, daß ihm hier die kirchliche Zensur Schweigen auferlegt. Aber wie Modena gestorben ist, findet man in seinem Nachlaß zwei unveröffentlichte Schriften, die eine: »Stimme eines Toren«, die andere: »Löwengebrüll«. Er erklärt als Einleitung zur ersten Schrift, er kenne den Verfasser nicht. Ein Unbekannter habe sie ihm zur Verfügung gestellt, damit er sie widerlege. Und es ist für einen orthodoxen Juden in der Tat viel daran zu widerlegen, denn sie enthält nichts Geringeres als die Behauptung, daß die »mündliche Lehre« niemals auf eine am Sinai empfangene Offenbarung zurückgehe, daß diese Lehre das Werk von Menschen sei, von den Führern des Volkes, die nicht fähig gewesen wären, das Volk mit der reinen und klaren Lehre der Thora zu leiten, die vielmehr über diese ursprüngliche Grundschicht eine andere, die Mischna, und darüber wieder eine andere, die Gemara, gebreitet hätten; und über beide endlich habe der Rabbinismus noch eine dritte Schicht gelegt. Also nicht heilige und verpflichtende Überlieferung, sondern die Last dreier von Menschen errichteter Stockwerke, unter der das Volk zusammenbrechen müsse.

Das nennt Modena die »Stimme eines Toren«. Gegen sie, die eine historische Binsenweisheit ausspricht, aber eine religiöse Blasphemie, erhebt er das »Löwengebrüll«. Aber es ist nicht so laut, wie der Titel glauben machen will. Es ist sogar leise, kommt über einen schwachen Ansatz der Verteidigung nicht hinaus und wird an allen Stellen von der »Stimme des Toren« übertönt. Das ist nicht verwunderlich, denn wenn zwei Stimmen in einer Brust miteinander streiten, muß eine notwendig die stärkere sein. Das heißt: *beide* Schriften sind von Modena. Der Zweifel in ihm, der nicht laut werden durfte; verlangt nach Beschwichtigung und Widerlegung; aber wenn es ihm auch gelingt, in seinem äußeren Verhalten unfehlbar zu scheinen: vor der Stimme seines kritischen Gewissens mußte er – stumm und mit matter Gegenwehr – unterliegen.

Aber damit ist die Tragik seiner Existenz noch nicht erschöpft. Er ist durch die Stellung, die er in der Umwelt einnimmt, verpflichtet, noch in ein anderes Dasein entscheidend einzugreifen, in dem auch Glaube und Tradition in tragischen Konflikt geraten sind: in das Dasein des Uriel da Costa.

Die da Costas sind eine Marranenfamilie in Portugal. Wenn die Gleichheit der Namen einen Schluß auf die Verwandtschaft zuläßt, sind unter ihnen wohl immer streitbare und aufsässige Menschen gewesen. Wir wissen von einem Marranen Emanuel da Costa in Lissabon, der seinen Protest gegen das aufgezwungene Christentum dadurch bekundete, daß er an die Türe der Kathedrale und anderer Kirchen die Thesen anschlug: »Der Messias ist noch nicht gekommen. Jesus ist nicht der Messias gewesen. Das Christentum ist eine Lüge.« Er büßte diesen ohnmächtigen Protest mit abgehackten Händen auf dem Scheiterhaufen (1539). Von einem anderen, späteren da Costa, Joseph, einem der Vorsteher der Amsterdamer Synagogen, wissen wir, daß er in heftigem Zank mit

Manasse ben Israel lebte. (Etwa 1651.) In Uriel da Costa finden sich, wenn auch auf sehr hoher Ebene, die gleichen Elemente unheilvoll vereint.

Da Costa stammt aus Oporto. Seine Familie ist längst assimiliert, sein Vater ein strenger Katholik, der den Sohn auf der Universität der Jesuiten zu Coimbra Rechtswissenschaft und scholastische Philosophie studieren läßt. Mit 25 Jahren ist er Kanonikus einer Kirche in Oporto. Er hat keine Beziehungen zum Judentum und keine Kenntnisse davon. Wenn er es also eines Tages nicht mehr erträgt, in den mechanischen Kirchenritus der Jesuiten und in dieses fortdauernde Verlangen nach Ablegung von Beichten eingespannt zu sein, so geschieht das nicht, weil ihm in einer anderen Religion ein Vergleichsobjekt zur Verfügung stände, sondern weil das Erbe im Blute revoltiert. Immer beichten bedeutet: immer sündig sein; und immer sündig sein, bedeutet: der Erbsünde hoffnungslos ausgeliefert sein. Dagegen protestiert er. Er will selbst nachforschen, wo in den heiligen Schriften gesagt sei, der Mensch sei ein verworfenes, ewig sündiges Geschöpf. Er gerät dahin, wohin die Jesuiten ihre Zöglinge möglichst nicht geraten lassen: zum Pentateuch. Und er erkennt erschüttert: da ist keine Erbsünde; da ist dem Menschen die freie Entschließung gelassen, gut oder böse zu sein, sich zu adeln oder zu verkümmern. Es erschließt sich ihm eine religiöse Welt, von der er erkennt, daß es die seinige ist. Er flieht mit seiner Mutter und zwei Brüdern nach Amsterdam. Dort treten sie zum Judentum über. Seinen Vornamen Gabriel ändert er in Uriel. Er ist unmäßig bereit, ein neues jüdisches Leben zu beginnen, aber was sich ihm hier als Judentum darbietet, dieser Rabbinismus, das zwangsläufige historische Ergebnis aus Heimatlosigkeit und dem Versuch der Arterhaltung, fügt sich nicht in die Vorstellungen ein, die einer mitbringt, der dem Judentum an seiner Quelle begegnet ist. Schon das ist für da Costa eine schwere Enttäuschung. Daß er nicht imstande ist, die aus dem Historischen erwachsenen Abbiegungen zu begreifen, macht für ihn die Situation noch schwerer, weil sie zu einer unrichtigen Fragestellung führt, zu der Frage nämlich, wer im Recht sei, er oder die Umgebung. Beide sind im Recht, und das erst macht die verfehlte Begegnung tragisch. Und die Antwort, die er sich auf die falsche Fragestellung erteilt – daß *er* im Recht sei – trübt ihm den Blick dafür, wo er einzusetzen habe, um die Berechtigung seiner Antwort darzutun. Die Schicht Rabbinismus, die über dem Judentum liegt, ist so stark aufgetragen, daß er nur sie sieht und nur sie angreift; daß er nicht den Versuch macht, sie aus den Gesetzen ihres Werdens her anzugreifen, sondern aus der Tatsache ihres Seins. Er hat den Weg zum Judentum aus der freien religiösen Entfaltung des Herzens gemacht; seine Umgebung ist das Resultat von mehr als einem Jahrtausend Erziehung. Der Einzelne steht gegen das Gesamt, religiöser Wille gegen nationale Notwendigkeit, Herz gegen Gehirn, die Ungebundenheit religiöser Leidenschaft gegen das Beharrungsvermögen der Traditionstreue, im Ganzen aber das Recht des Einzelnen gegen das Recht der Gesamtheit. Keiner hat unrecht, darum muß einem von ihnen Unrecht geschehen. In da Costas Verhalten zu diesem Unrecht entsteht der Sinn seines Schicksals: die Tragödie der Gesinnung.

Indem da Costa sich die Terminologie der Bibel zu eigen macht, nennt er die Rabbiner »Pharisäer« und sagt von ihnen, was schon de Rossi andeutet und Modena insgeheim für sich ausspricht: die jüdischen Gesetze sind ihre Schöpfung, nicht Ergebnis der Tradition. 1616 ist da Costa in Hamburg. Von hier aus richtet er an die Gemeinde zu Venedig seine »Thesen wider die Tradition«. Er bekämpft sowohl Berechtigung wie Herkunft vieler einzelner Vorschriften. Darüber hinaus zieht er die Verbindlichkeit der gesamten »mündlichen Lehre« in Zweifel. Diese Schrift wird Modena ausgehändigt. Er, dem jedes Wort dieses leidenschaftlichen Zweiflers aus der Seele gesprochen ist, muß in seiner Eigenschaft als Rabbiner der Gemeinde Venedig diese Thesen widerlegen, muß ihn darüber hinaus auffordern, zu widerrufen, und – da da Costa bei seiner Meinung verharrt – muß endlich gegen seinen heimlichen Mitkämpfer den Bann aussprechen. Da Costa geht nach Amsterdam zurück, jetzt ganz von Kampfwillen erfüllt. Seine ursprüngliche leidenschaftliche Liebe, da sie kein Echo gefunden hat, zieht sich in den Trotz der Verneinung zurück. Statt lieben zu können, muß er forschen, und die gläubige Bereitwilligkeit nähert sich der Unwilligkeit des Rationalisten. Er veröffentlicht 1624 seine »Prüfung der pharisäischen Tradition durch Konfrontation mit dem schriftlichen Gesetz«. Darin greift er nicht mehr die Gesetze an, sondern das Dogma. Er verkündet: das Judentum kennt keine Unsterblichkeit der Seele und keine Vergeltung im Jenseits. Es nützt ihm nichts, daß er recht hat. Der Bann der Gemeinde Amsterdam trifft ihn schon, ehe das Buch noch erscheint, infolge der literarischen Denunziation des Samuel da Silva. Er wird auch beim Staatsgericht angezeigt, weil seine Lehre auch das christliche Dogma verletzt. Er wird zu einer Geldstrafe verurteilt. Seine Schrift verfällt der Vernichtung. Es beginnt seine Isolierung. Er sucht für sich allein weiter nach religiöser Befriedigung und vergräbt sich in deistischen Theorien. Aber nach zehn Jahren eines von allen gemiedenen Daseins erträgt er es nicht mehr. Er entschließt sich, für seine Leugnung des Gesetzes Abbitte zu tun. Er wird wieder in die Gemeinschaft aufgenommen. Aber seine innere Haltung bleibt die gleiche. Wie zwei Christen zu ihm kommen, die zum Judentum übertreten wollen, rät er es ihnen ab, um ihnen die Konflikte zu ersparen. Dafür und für die Begründung, mit der er es getan hat, wird er von neuem in den Bann erklärt. Noch einmal hält er das Draußenstehen sechs Jahre lang aus. Dann ist sein Widerstand gebrochen. Er kriecht zu Kreuze. Unter demütigenden Zeremonien, wie die Verfolgten sie ihren Verfolgern in der spanischen Inquisition abgelauscht haben, wird ihm die Aufnahme zuteil.

Der blutigen Inquisition entflohen, der seelischen Inquisition ausgeliefert, zwischen Vorstellung und Wirklichkeit gedrängt, von einer Gemeinschaft gestraft, der er unter Einsetzung seines Lebens zugeflohen war, zerbricht seine Lebenskraft. Im April 1640 erschießt er sich. Vor ihm, auf dem Tische, findet man die eben beendigte Selbstbiographie: Exemplar humanae vitae, »das Beispiel eines Menschenlebens«.

Wenn in einem Volke sich solche Schicksale ereignen können, bedeuten sie, daß ein Gefahrenpunkt erreicht ist. Denn nicht das ist bedeutsam, daß es einem Juden möglich war, zu zweifeln und zu verneinen, sondern daß dieser Zweifel ihn fast mit Notwendigkeit zerbrechen mußte. (Alle Zweifler, die das Judentum von sich gestoßen hat oder aus sich entlassen mußte, tragen diese Gebrochenheit in sich. Darum sind die bösesten von allen Renegaten die jüdischen.)

Dieser Aussage über den Gefahrpunkt scheint zunächst die Tatsache zu widersprechen, daß zu dieser Zeit die Judenschaft nicht nur in der Türkei ein gesichertes Asyl findet, sondern daß auch der Osten Europas, Polen und Litauen eine jüdische Siedlung stärkster Konzentration und mit einer ausgezeichneten und straffen Verwaltung aufnimmt. Aber diese Siedlung war von allem Anfang an den äußeren Gefahren ausgesetzt, die den Juden überall in der Diaspora begleiten, und es wird sich im weiteren Verlauf erweisen, daß auch die inneren Gefahren mit in dieses östliche Zentrum hineinwandern.

Die Anfänge jüdischer Niederlassungen in Polen gehen auf das 9. Jahrhundert zurück. Von der Zeit an ergießt sich ein schmaler, aber stetiger Strom von Juden dorthin, die vor den Bedrückungen in Deutschland, Österreich und Böhmen ausweichen. Eine stärkere Wanderung setzt ein, wie insbesondere die deutschen Juden vor den Metzeleien der Kreuzzüge fliehen. Diese Abwanderung geht durch das 11., 12. und 13. Jahrhundert. Mit ihnen ziehen, in allmählich wachsender Zahl, deutsche Auswanderer, die dem Druck des Feudalismus oder den Lasten der Bürgerkriege ausweichen. Beide Gruppen von Auswanderern bedeuten für das primitive polnische Wirtschaftsleben eine starke Förderung, und beide bekommen, als Landfremde, ihr besonderes Recht zugewiesen. Aber während die deutschen Auswanderer sich schnell angleichen und sehr bald in der Hetze gegen die mit ihnen eingewanderten Juden eine hervorragende Rolle spielen, stoßen die Juden sofort auf ihren Erbfeind, die christliche Kirche. Das Statut, das der polnische Staat den Juden im 13. Jahrhundert verleiht, ist ihr zu liberal und menschenfreundlich. Der wirtschaftliche Vorteil für das Land interessiert sie nicht. Die guten nachbarlichen Beziehungen zwischen Juden und Polen erscheinen ihr gefährlich. Da sie auf die Regierung einstweilen noch keinen Einfluß hat, beschließt sie – wie sie das überall getan hat – schon für alle Fälle und gleichsam in Reserve eine Anzahl antijüdischer Vorschriften. Die Motivierung wird (1267) auf der Versammlung des polnischen Klerus zu Breslau gegeben: »In Anbetracht dessen, daß Polen auf dem Boden des Christentums eine neue Anpflanzung darstellt, steht zu befürchten, daß sich die christliche Bevölkerung hier, wo die christliche Religion in den Herzen der Gläubigen noch keine festen Wurzeln zu fassen vermochte, um so leichter von dem Afterglauben und den üblen Sitten der in ihrer Mitte lebenden Juden beeinflussen lassen werde.«

Solche Auffassung, sorgsam unter das Volk getragen, muß naturgemäß einen Keil zwischen Juden und Polen treiben und muß endlich die Einstellung annehmen, die auf der Synode von 1542 die folgende ideale Ausdrucksform erreicht: »Angesichts dessen, daß die Kirche die Juden nur zu dem Zwecke duldet, damit sie uns durch ihre Gegenwart an den Martertod unseres Heilands gemahnen . . .« Der Jude als religiöses Stimulans.

Es gilt hier in Polen das gleiche wie für die anderen Einwanderungsländer der Juden, daß die christliche Kirche eine Parole ausgibt, unter der sich auch alle anderen Gründe der Gegnerschaft bequem verbergen können. Zugleich wird hier wieder offensichtlich, daß diese Gegnerschaften keine ursprünglichen sind, sondern gezüchtete, und daß aus der Verschiedenartigkeit und Andersartigkeit von Bevölkerungsgruppen die Feindschaft nicht mit Naturnotwendigkeit von selbst entsteht, sondern ins Leben gerufen wird. Einmal auf diese Weise entstanden, kann sie allerdings jede Form annehmen.

So unterscheidet sich nach Ablauf einer kurzen Entwicklung die Lage der Juden in ihren wesentlichen Grundzügen nicht von der anderer Länder. Es ist nur alles um einige Grade gesteigert. Das gilt für die Zahl der Juden, für ihre wirtschaftliche Intensität, für ihre Selbstverwaltung, für ihre geistige Beweglichkeit, für ihr Martyrium.

Da für die Wanderungen der Juden ideelle Gesichtspunkte nicht in Betracht kommen, tendieren sie nach denjenigen Gegenden, die sich durch zweierlei auszeichnen: durch die Wirtschaftsform und durch die Anwesenheit anderer Juden. Sie suchen den Lebensraum und das Nachbarliche. Die polnische Siedlung wächst so nicht nur durch die natürliche Vermehrung, die auf der Gewohnheit der Frühehe, der Vorstellung vom Segen der Kinder, der enthaltsamen Lebensweise und der dadurch bedingten verminderten Sterblichkeit beruht, sondern vor allem durch die ständige Zuwanderung. So kann dort ein Millionenvolk entstehen, das den Aderlaß von Hunderttausenden Erschlagener überwindet, das später dem russischen Reich eine bedeutende Judenschaft liefert und das sogar der allmählichen Erschöpfung der deutschen Judenschaft durch ständigen Zustrom wiederaufhilft.

Aber gerade die Masse ist ein nicht unwesentlicher Faktor für die Herausbildung ihrer besonderen wirtschaftlichen Situation. An sich umfaßt die Tätigkeit der Juden jeden erdenklichen Zweig der Wirtschaft. Sie treiben Acker- und Gartenbau, Handwerk, Handel mit landwirtschaftlichen Produkten, Warenhandel im kleinen und im großen, Industrie, Kreditgeschäfte, Zollpacht und später auch Pachtung von Landgütern, insbesondere von königlichen Ländereien und denen der Schlachta, des Adels. Damit war die sogenannte Propination verbunden, die Nutzung von Salzgruben, Forsten und Bodenschätzen, insbesondere aber die Schankgerechtigkeit. Schließlich waren sie auch am Ausfuhrhandel überragend beteiligt.

Es wiederholt sich in der Entwicklung des wirtschaftlichen Status dasselbe wie überall. Das wirtschaftliche Neuland, das sie vorfinden, und die Möglichkeit, Lücken in einem System auszufüllen, läßt die Juden prosperieren. Aber es ist hier keineswegs ein stürmisches Prosperieren. Dafür ist die Zahl der Juden, die sich gegenseitig Konkurrenz machen, zu groß und die Aufnahmefähigkeit der polnischen Wirtschaft zu klein. Der Jude erreicht in den Anfängen einen bescheidenen Wohlstand, der nicht nur auf seinem Fleiß, sondern auf seiner überaus sparsamen Lebensweise beruht. Aber daß der Jude überhaupt prosperiert, ruft die Empörung des christlichen Handwerkers und Kaufmanns wach. Ein Beispiel für alle mag belegen, wie primitiv die Vorstellungen des Polen über wirtschaftliche Zusammenhänge waren. Innerhalb der späteren Wirtschaftskämpfe wird der Beschluß gefaßt, daß der Verdienst an abgesetzten Waren gesetzlich geregelt werden soll, und zwar darf der Pole 8, der ausländische Kaufmann 5 und der Jude nur 3% an der Ware verdienen. Davon verspricht man sich einen erheblichen Aufschwung des christlichen Handels. Der Erfolg ist, daß die Konsumenten beim Juden kaufen, weil seine nur mit 3% belastete Ware eben billiger ist als die des Polen.

Aber die Umgebung reagiert nicht einheitlich auf die Tätigkeit des Juden. Polen ist ein Land mit ausgeprägter ständischer Verfassung. Das Land war aufgeteilt in Landadel (Schlachta), Klerus und Bürgerschaft. Die Unmenge leibeigener Bauern kam als selbständiger Stand nicht in Betracht. Wo ein Land sich in Stände aufteilt, stellen sich die Beziehungen zwischen ihnen im wesentlichen als Interessenkämpfe dar. Diese Interessen, auf den Juden bezogen, waren verschieden. Für die Regierung diente der Jude wegen seiner internationalen Beziehungen und seiner entsprechenden Erfahrungen als der Finanzmann, der Vermittler von Anleihen und der Pächter der Staatszölle. Das sind Funktionen, zu denen Juden selbst dann noch herangezogen werden, wenn sie in anderen Wirtschaftszweigen unter schärfsten Druck gestellt sind. Der Adel ist an dem Juden interessiert, weil er ihm durch Übernahme der Pachtungen seine Güter rentabel macht. Der Kleinadel insbesondere braucht den Juden dringend für die Gewährung von Krediten, wobei der Umstand, daß er diese Kredite nicht für produktive Zwecke, sondern für seine feudale Lebensweise verbraucht, nicht immer freundschaftliche Gefühle für den Juden bei der Rückzahlung aufkommen läßt. Für den Staatshaushalt schließlich sind die Juden als Steuerzahler völlig unentbehrlich, und es gehört zu den vornehmsten Aufgaben einer jeden Sejmtagung, die Steuern der Juden zu beschließen und sie nach Möglichkeit, trotz der fortschreitenden Verarmung der jüdischen Bevölkerung, fortgesetzt zu erhöhen.

Diese Verarmung muß notwendig in dem Augenblick eintreten, in dem der bürgerliche Stand, soweit er Kaufleute und Handwerker umfaßt, nicht nur die wirtschaftliche Tätigkeit des Juden zu spüren bekommt, sondern auch unter Berufung darauf, daß der Jude außerhalb der ständischen Verfassung stehe, für seine eigenen Standesinteressen besonderen staatlichen Schutz verlangt. Diesem Verlangen muß die Regierung immer von neuem nachgeben, und so erwächst im Laufe der Zeit eine ungewöhnlich große Zahl rechtlicher Beschränkungen der Juden. Es mag auch hier angemerkt werden, daß es gerade die deutschen Zuwanderer waren, die sich im Kampfe gegen die Konkurrenz des Juden besonders energisch betätigten.

Die erste wesentliche Beschränkung wird auf dem Reichstag zu Petrikau (1538) durchgeführt. Die Juden erhalten eine »Verfassung«. Sie bestimmt, daß fortan die Verpachtung von Zöllen nur noch an den Landadel vergeben werden darf. Der freie Handel und das Kreditgeschäft werden für die Juden unter vielfache Beschränkung gestellt. Es wird ihnen auch auf Verlangen des Klerus das Tragen eines besonderen Abzeichens zur Pflicht gemacht. Der Jude ist also schon ganz einwandfrei Objekt der Interessenkämpfe der polnischen Stände geworden, und während man ihn vom einen Interesse her unter Ausnahmevorschriften stellt, erwirken gleichzeitig die Magnaten für sich das Recht, Juden unter ihren persönlichen Schutz nehmen zu dürfen, und gewiß nicht aus Menschenliebe. Sigismund I. (1506–1548) erklärt denn auch in leicht gereiztem Ton, daß die Juden, die von diesem Gesetz Gebrauch machten, den königlichen Schutz verlören. »Mögen die Juden von demjenigen beschützt werden, *der Nutzen aus ihnen zieht.*«

Trotz dieser einschneidenden Beschränkungen war die wirtschaftliche Überlegenheit der Juden immer noch so groß, daß der Kampf unausgesetzt weitergeführt wurde. Er bekommt allerdings gegen Ende des 16. und mit Beginn des 17. Jahrhunderts als Folge der katholischen Gegenreformation und unter Führung der Jesuiten eine religiöse Begründung. Dadurch wird der Weg dafür frei gemacht, auch den Exzessen gegen die Juden eine religiöse Maske aufzusetzen. Man schrie: »Rache für Jesu Tod« und meinte: »Nieder mit der jüdischen Konkurrenz«. Unter diesem doppelten Druck beginnt der Jude aus der Stadt auf das Land abzuwandern. Aber das war keine Lösung, sondern nur eine Verschleppung des Problems, und zwar eine für die folgende Entwicklung katastrophale. Soweit sie sich hier als Bauern betätigten, war zwar ihre wirtschaftliche Konkurrenz gering, aber ihre Situation war durch die steigende Agitation des Klerus unter einer Bauernschaft von tief mittelalterlicher Denkungsart sehr gefährdet. Soweit sie Pächter von Schankwirtschaften waren – und das wurde im Laufe der Zeit eine immer größere Zahl – lag der Anreiz dazu nicht im Ausschenken von Branntwein, sondern in der vermittelnden Funktion, den Bauern den Verkauf ihrer Produkte am Orte selbst und den Ankauf von Waren und landwirtschaftlichem Gerät zu ermöglichen. Als ihnen die Gesetzgebung diese Tätigkeit endlich untersagte, wurden 60 000 Familien davon betroffen. Aber schon nach dem ersten Anlauf wurde das Gesetz suspendiert, weil die Beamten selbst darauf hinwiesen: der polnische Bauer trinkt Branntwein nicht infolge des Juden, sondern infolge seiner Gewohnheit. Er wird auch hergestellt, wenn man 60 000 Familien, das sind rund 300 000 Menschen, brotlos macht und noch dazu andere 60 000 Familien dem Ackerbau entziehen muß, um die Schenken zu besetzen. Endlich ist niemand da, der diesen ländlichen Handelsverkehr besorgt. Aber Vernunfterwägungen haben in der Stellung der Welt zum Juden immer eine spärliche Rolle gespielt. Der polnische Bauer reagierte nicht durch die Erwägung, daß er sein schwer verdientes Geld so oder so zu einem guten Teil in Branntwein anlegte, sondern er reagierte durch das Ressentiment, daß er sein Geld zum Juden trage. Er konnte nicht anders denken.

Noch weniger konnten sich diejenigen Bauern mit Vernunftserwägungen behelfen, die auf den großen Gütern der Magnaten und des Klerus in völliger oder teilweiser Leibeigenschaft lebten. Abgaben und Frondienste machten diese Menschen zu gedrückten und verhetzten und verarmten Kreaturen. Vielleicht hatten sie ihren Herrn nie gesehen, aber den jüdischen Verwalter und den jüdischen Pächter hatten sie in greifbarer Nähe. Auf ihn, der die Abgaben einzog und die Leistungen einforderte, im Auftrage des Herrn oder aus dem eigenen Recht der Pachtung, konzentrierte sich ihr Verlangen des Versklavten nach Verbesserung ihrer Existenz, nach Revolte, nach Mord und Totschlag.

Zu der rechtlichen Sonderstellung, zur wirtschaftlichen Bedrückung und zur Anfeindung der christlichen Kirche kommt das Martyriologium des Alltags. Die alten Mittel der Judenbedrückung: Prozesse wegen Hostienschändung und Ritualmord, werden durch die Kirche und die deutschen Einwanderer vom Westen nach dem Osten geschleppt, und so, wie sie später als im Westen dort eintrafen, haben sie auch länger gedauert, bis in das 20. Jahrhundert hinein. Es scheint, als ob es sich dabei um eine geistig-religiöse Verfassung handelte, die ihre Zeit zum Ablauf haben will. Der erste Prozeß wegen Hostienschändung wird schon 1399 in Posen veranstaltet und endet mit der Verbrennung eines Rabbiners und 13 Juden. Es ist kennzeichnend, daß die Juden immer dann Hostien schänden, wenn besondere wirtschaftliche Depressionen eintreten, wenn politische Unruhen die Staatsgewalt schwächen oder wenn die Kirche durch religiöse Agitationen oder durch politische Aktionen Erfolge erzielt. Das letztere war hier der Fall. Die Kirche hatte Jagello von Litauen zur polnischen Krone verholfen. Die Auswirkungen der ecclesia triumphans zeigen sich sofort in der systematischen Störung des bis dahin guten Einvernehmens zwischen Juden und Christen in Litauen und in Prozessen der erwähnten Art. In Krakau und Posen ist dabei, wie erwähnt, die Unterstützung der deutschen Elemente besonders spürbar. Selbst dann, wenn die Regierung sich aus Gründen der Staatsräson einmal ostentativ für die Juden einsetzt, wie unter Kasimir dem Jagellonen, reagiert der Klerus durch seine Agitation, die immer mit Exzessen endet. Dieses unterirdische Wühlen hat nie aufgehört. Es nahm insbesondere in der polnischen Gegenreformation verschärfte Formen an. Das Eindringen der Jesuiten nach Polen sorgt dafür, daß die Ritualmordprozesse nicht aufhören. Man darf ihre Tätigkeit als eine auf Herstellung von heiligen Märtyrern gerichtete bezeichnen. Die Zöglinge ihrer Schulen besorgten inzwischen das, was man den »Kleinkrieg« nennen kann. Sie verübten auf die jüdische Bevölkerung unblutige und blutige Überfälle, mit einer Methodik und Beharrlichkeit, daß die Gemeinden sich bei diesen jungen Helden zunächst durch Naturalleistungen, später durch eine reguläre Steuer loskaufen mußten.

Das war das Leben des Juden in Polen bis über die Mitte des 17. Jahrhunderts hinaus. Was hatte er diesem Dasein gegenüberzustellen? Eine eisern gefügte Selbstverwaltung und eine eiserne religiöse Disziplin, beide mit ihren unvermeidlichen Folgen: der Entstehung einer oligarchischen Verwaltungsclique und der Entstehung eines extremen Mystizismus.

Schon in der Art, in der Juden überall in der Welt sich zusammenfinden, liegt der Keim einer Selbstverwaltung beschlossen. Zehn Menschen, zum gemeinsamen Gebet vereinigt, ergeben eine Gemeinschaft, die sich den gleichen kultischen Vorschriften unterordnet. Ist noch ein Rabbiner vorhanden, so ist damit sofort die Instanz gegeben, die Fragen des bürgerlichen und religiösen Rechts autoritativ entscheidet. Die unvermeidbaren Beziehungen zur Außenwelt, die nicht automatisch durch das geltende allgemeine Gesetz des Landes geregelt sind, machen immer wieder das Herausstellen repräsentativer Persönlichkeiten notwendig; so wird eine Verwaltung mit nach innen und nach außen gerichteten Funktionen für jede jüdische Gemeinde und erst recht für die Gesamtheit der Gemeinden in einem Lande zur selbstverständlichen Notwendigkeit.

Was den Juden in Deutschland nicht gelingen konnte, gedeiht hier zu einer vollendeten Form, und zwar nicht zum wenigsten durch die Mitwirkung des polnischen Staates selbst. Sein Interesse am Juden bestand vor allem in seiner Qualität als Steuerzahler. Um nicht den umständlichen Weg über jeden einzelnen Steuerzahler machen zu müssen, bedient er sich in steigendem Maße der jüdischen Selbstverwaltung, der er es überläßt, die pauschal festgesetzten Steuern auf die einzelnen Gemeindemitglieder, beziehungsweise auf die einzelnen Gemeinden zu verteilen. Um das zu ermöglichen, versieht er die Verwaltungskörper steigend mit autoritativen Befugnissen, bis sie – im Rahmen des ihnen Erlaubten – wirklich eine eigene Staatsverwaltung darstellten.

Die Grundlage der jüdischen Selbstverwaltung ist der Kahal. Man begreift darunter zunächst die Gemeinde als solche und zugleich ihren Vorstand, später nur noch den Vorstand selbst. Jede größere Gemeinde hat eine Kahalexekutive, die in einem komplizierten Wahlverfahren ernannt wird. Aber die schweren Verpflichtungen, die ein solches Amt mit sich bringt, insbesondere die persönliche Verantwortung der einzelnen Kahalmitglieder für die Erfüllung der Steuerpflichten der Gemeindemitglieder, sogar für jede Verfehlung eines Gemeindemitgliedes überhaupt, bringen es mit sich, daß dieses Amt allmählich in den Händen einer repräsentationsfähigen, vor allem vermögenden Gruppe von Juden verbleibt. Das gleiche Interesse des Staates an bequemer Erfassung der Steuerobjekte bewegt ihn dazu, mehrere solche Kahale zusammenzufassen, Steuerbezirke zu schaffen, die sich mit den Bezirksverbänden der Kahale decken. Und wieder aus der Zusammenfassung der Bezirksverbände werden im Laufe der Zeit umfassende Landesverbände. Schon 1580 ist diese Entwicklung abgeschlossen. Es entsteht der Länderwaad, Waad ha'arazoth, später der Waad der vier Länder, Waad arba arazoth genannt.

Das ist – auf fremder Erde, innerhalb einer Mauer fremden Gesetzes, halb ein freiwilliges, halb ein erzwungenes Gebilde – der jüdische Staat. Er hat seine Kommunalbehörde in der Kahalexekutive, die die Verwaltung und Rechtsprechung ausübt, daneben auch die gesetzgeberische Gewalt über die Verhältnisse der Gemeindemitglieder. Er hat seine Provinzialverbände in den Waadim und in deren Zusammenfassung seine höchste Körperschaft. Er hat sein eigenes »jüdisches Recht«, seine eigene Geistlichkeit, seine eigenen Schulen und seine eigenen sozialen Institutionen. Er unterhält auch bei der Landesregierung seine eigenen Vertreter, die sogenannten Schtadlanim. Es ist alles vorhanden, was einen Staat ausmacht. Nur das wichtigste Lebenselement fehlt ihm: die Freiheit der Entschließung, die der Staat als Instrument für das größtmögliche Wohlergehen seiner Mitglieder handhabt. Darum wurde dieser Staat in dem Augenblick zerschlagen, als die Umwelt ihn als entbehrlich betrachtete.

Im Rahmen dieses Staates führt der polnische Jude ein geistiges Leben, das sehr weit und sehr eng zugleich ist. Immer noch scheitern die geringsten Ansätze weltlichen Wissens an der nachwirkenden Panik der Jahrhunderte, die sich auf das religiöse, das heißt: das talmudische Wissen mit einer Hartnäckigkeit festgelegt hat, die immer unbeweglicher wird. Aber dieses talmudische Wissen ist immerhin imstande, so viel an Normen und Anweisungen aus sich zu entlassen, daß es das sehr komplizierte Leben des Juden in dieser Zeit und in allen erdenklichen Lebensverhältnissen regeln kann. Die Form der Lebensbeziehungen deckt sich mit dem Inhalt der religiösen Überzeugung. Beiden aber haftet die Zwangsläufigkeit an. Aller Glaube ist in Gefahr, sich im nackten äußeren Tun zu verfangen. Das Vorbildliche und Repräsentative im religiösen Verhalten des Juden – die noblesse oblige seiner Andersartigkeit – ist auf ein Minimum reduziert. Der Schulchan Aruch ist ein heiliger Kodex geworden. Er genügt den Konservativen nicht einmal. Moses Isserles aus Krakau (ca. 1520–72) hat daran auszusetzen, daß Karo in seinem Werke die Entscheidungen der askenasischen Gelehrten nicht berücksichtigt und viele Bräuche, Minhagim, der deutsch-polnischen Gemeinden außer acht gelassen habe. So verfaßt er zu Karos »Gedecktem Tisch« eine Mappa, ein »Tischtuch«, und das Volk nimmt diese doppelte Erschwerung, die aus der Summe religiöser Normen fast ein Straf-Gesetz macht, willig auf. Der polnische Rabbinismus nimmt dieses Doppelwerk zum fast einzigen Ausgang seiner praktischen und theoretischen Tätigkeit. In den Schulen wird eine unerhörte Dialektik, eine an das Absurde grenzende Rabulistik getrieben, der Pilpul. Das Wort bedeutet: scharfer Pfeffer. Die Methode war: es stellt einer eine Behauptung auf und belegt sie aus dem Talmud. Dann beweist er das Gegenteil aus dem Talmud, um darauf zu beweisen, daß dieses Gegenteil kein Widerspruch sei. Das ist geistige Akrobatik, die entstehen muß, wenn die natürlichen Fähigkeiten einer Intelligenz, die nun einmal unter allem Druck der Umwelt nicht sterben wollen, kein

Gebiet des realen Lebens zur Verfügung haben, auf dem sie produktiv sein können.

Aber es ist nie zu vergessen, daß selbst dieses unfruchtbare Spiel mit den Möglichkeiten des Intellekts mit einer letzten Faser noch dem Gebiet der tiefen Gläubigkeit verhaftet ist. Glaube kann man nicht nur gestalten, man kann ihn auch erdulden. Das polnische Judentum hat dieses Phänomen verwirklicht, und zwar in doppelter Weise. Davon wird jetzt zu berichten sein.

Messianismus

Der mittelalterliche Mensch dachte nicht historisch, weil er die Welt als eine gegebene religiöse Tatsache ansah. Er hatte – der religiösen Idee nach – nur sich selbst zu erlösen. Folglich ging ihn die Welt nichts an. Der mittelalterliche Jude sah ebenfalls die Welt als eine religiöse Tatsache an; aber er dachte historisch. Er hatte – der religiösen Idee und dem Bewußtsein nach – nicht nur sich selbst zu erlösen, sondern alle Menschen, das Gesamt der Welt. Darum ging ihn alles an, was von diesem Gesichtspunkt aus wichtig war. Er mußte historisch denken, weil er sein Geschick immer auf diesen größeren Zusammenhang hin betrachten mußte. Diese Denkform verkümmert oft unter dem Druck gegenwärtiger Not und ist ständig durch die rabbinische Überbetonung des Gesetzes bedroht. Aber unterirdisch strömt immer noch die tiefste Quelle: das Bewußtsein ihrer Sendung; und ewig bleibt darum auch ihre Hoffnung am Leben: Heimkehr nach Jerusalem zum Beginn der Erfüllung. Zuweilen überschlägt sich die Hoffnung in den Paroxismus des Verlangens. Dann tritt diese Quelle der Vergangenheit, die latente Gegenwart ist, plötzlich zutage und reißt tiefe Furchen in den vorbereiteten, durch tausendfaches Leid aufgelockerten Boden ihrer Existenz.

Das Schicksal der Juden in den verschiedenen Ländern der Diaspora mochte noch so verschieden sein: die seelische Grundhaltung war überall die gleiche. Und nur aus solcher Homogenität ist zu verstehen, daß sie eines Tages in der überwiegenden Mehrheit bereit waren, zu glauben, daß der Sinn ihres Exils sich erfüllt habe, daß der Messias gekommen sei und daß sie am Vorabend der Heimkehr nach Jerusalem ständen. Allerdings bedurfte es neben der seelischen Grundhaltung eines besonderen Impulses: der Summierung des Leidens, der Hypertrophie des Martyriums. Wir müssen uns, um dieses Ergebnis begreifen zu können, einen Rundblick über die Schicksale der jüdischen Siedlungen bis zu dem einschneidenden Jahre – 1666 – zunächst verschaffen.

Das massierte, man könnte sagen: das organisierte Leid findet sich immer noch und in unvermindertem Maße auf der pyrenäischen Halbinsel. Das Marranenproblem, in Spanien noch nicht zum Erlöschen gekommen, ist nach Portugal verschleppt. Auf Verlangen Ferdinands des Katholischen bekommt die Inquisition das Recht, auch dort zu wirken. Sie arbeitet dort, solange sie noch keine nationale Institution ist, zusammen mit der portugiesischen Geistlichkeit, die wieder ihrerseits sich des schlichten Volkes als Vollstrecker ihrer religiösen Politik bedient. Das Ergebnis steht hinter dem der Tribunale nicht zurück. Die Mönche rufen zur Ausrottung der Juden auf. Wie zu Ostern 1506 bei verschiedenen Marranen in Lissabon Vorbereitungen zum Passahfest entdeckt werden, veranstalten die Mönche die »Bluthochzeit zu Lissabon«, wobei in zwei Tagen über 2000 Juden erschlagen werden. Daneben geht das Bemühen ständig dahin, gleich dem bevorzugten Spanien auch eine nationale Inquisition zu bekommen. Das Papsttum ist dazu bereit, verlangt aber Einhaltung von Rechtsgarantien bei dem Verfahren. Portugal lehnt das ab, denn Rechtsgarantien gefährden den Zweck der Inquisition. Karl V., der Gesinnung nach der erste wirkliche Habsburger, legt sich ins Mittel. Im Mai 1536 kann die autonome Inquisition ihre Tätigkeit beginnen. Sie haust gleich zu Beginn derartig barbarisch und mit einer so exzessiven Anwendung der Tortur, daß selbst Papst Paul III. Protest einlegt und das Tridentiner Konzil sich mit den portugiesischen Greueln beschäftigen muß.

Die geschäftliche Seite des Unternehmens wird immer sichtbarer. König Johann III. schließt mit den Marranen einen Vertrag, wonach die Vermögen der Verurteilten nicht mehr eingezogen werden sollen. Dagegen zahlen ihm die Marranen eine jährliche besondere Steuer. Aber selbst in den 60 Jahren des vereinigten spanisch-portugiesischen Reiches (1580–1640), als die spanischen Könige sich der Zersetzung des Katholizismus und dem Geist der Reformation entgegenstemmten, um einen katholischen Musterstaat zu errichten, spielt das Geld noch eine bedeutende Rolle. Philipp III., der in Geldverlegenheit ist, läßt sich 1601 von den Marranen 200 000 Dukaten zahlen und erlaubt ihnen dafür, nach den spanisch-portugiesischen Kolonien auszuwandern. 1604 erkaufen sich die Marranen für ein Jahr Amnestie. Sie haben dafür zu zahlen: 1 860 000 Dukaten an den König, 50 000 Dukaten an den Minister Lerma und 100 000 Dukaten an die Mitglieder des obersten Inquisitionsrates. Diese

Ziffern machen verständlich, warum die Inquisition mit solcher Vehemenz arbeitete.

Die Marranen ergreifen jede erdenkbare Möglichkeit zur Flucht. Nur die wenigsten resignieren und verzichten auf das geheime Judentum. Die Mehrzahl klammert sich mit einem unbegreiflichen Heroismus an ihren Glauben. Ihre Leistung ist übermenschlich. Sie sind von Spitzeln umstellt. Sie sind jeder Verleumdung ausgeliefert. In der Abschätzung Leben gegen Glaube entscheiden sie sich für den Glauben. Sie sind überreif für den Gedanken einer Erlösung.

Den Marranen, die fliehen können oder auswandern dürfen, erschließen sich im wesentlichen drei Gebiete: die Türkei, Holland und Amerika. Über die Verhältnisse in der Türkei ist schon gesprochen worden. In Holland beginnt die Einwanderung sowohl von Juden wie von Marranen unmittelbar nachdem die Utrechter Union von 1579 für die holländischen Staaten die Gewissensfreiheit erklärt hat. Die Ironie des Schicksals will es, daß man die Marranen zunächst als verkappte »Papisten« sehr argwöhnisch betrachtet. Wie man aber eine Gruppe von ihnen 1596 bei der Abhaltung des Gottesdienstes am Versöhnungstage überrascht, gibt man den Marranen die Befugnis, sich zum Judentum zu bekennen. Zwar verlaufen in der Folge die Beziehungen zwischen dem Juden und dem Holländer nicht ganz reibungslos, aber man veranstaltet weder Prozesse wegen Hostienschändung noch wegen Ritualmord. Sie unterlagen gewissen Rechtsbeschränkungen, aber für ihre eigenen Angelegenheiten hatten sie volle Autonomie. Es gab Städte, die Juden nicht zu sich hereinließen, aber im ganzen mußte man die Vorteile für die Wirtschaft und die Kolonisation Hollands gegen sich gelten lassen. Die Juden hatten also über ihr materielles Schicksal nicht zu klagen. Wenn gleichwohl auch unter ihnen der Erlösungsgedanke lebendig war, so kam er nicht aus dem Leid des Augenblicks, sondern aus der Erinnerung an das Marranenschicksal, dem die meisten von ihnen entstammten, und aus der Schlußfolgerung, die ihnen das Leid der Juden in anderen Ländern aufnötigte.

Es bewahrheitet sich im übrigen hier in dieser holländischen Siedlung wieder einmal, daß dem Juden zu seiner geistigen Entfaltung über den Rahmen seiner religiösen Satzungen hinaus jeweils nichts fehlt als der nackte Lebensraum. Die geistigen Leistungen der holländischen Juden sind im Durchschnitt nicht bedeutend, aber es ist sofort mindestens wieder die schöpferische Gebärde da. Sie sind konservativ, talmudgläubig, religiös unduldsam und machen von dem Wort »Ketzer«, das sie in Spanien kennengelernt haben, übermäßigen und oft ungerechten Gebrauch. Aber sie schreiben massenweise Gedichte und Dramen. Sie leben in einer lyrisch-mystischen Grundstimmung. Sie wittern Morgenluft.

Dem Hang, Menschen großen geistigen Formats nur deswegen für das Judentum zu reklamieren, weil sie als Juden geboren wurden, wollen wir nicht nachgeben. Darum übergehen wir eine Erscheinung wie Spinoza. Für sein persönliches Schicksal gilt das, was anläßlich der Lebensgeschichte des Uriel da Costa gesagt worden ist. Das Pathos, mit dem die Intoleranz der Gemeinde Amsterdam gegen Spinoza gerügt wird, ist hohl und töricht. Der Jude ist nicht aus Übermut intolerant geworden. Was wir bisher über das jüdische Schicksal berichtet haben, deckt den Grund solcher Haltung genügend auf. Eine Auseinandersetzung der jüdischen Umwelt mit der geistigen Leistung Spinozas kam selbstverständlich nicht in Frage. Seine Philosophie ist die Leistung eines großen Einzelgängers, eines im tiefsten Sinne Einsamen. Bindungen, die zu großer Belastung ausgesetzt sind, brechen sehr leicht. Der Rabbinismus, der das erkannte, verstärkte sie durch das Gesetz. Die Kabbala verstärkte sie durch die Hinwendung zur mystischen Inspiration. Bei Spinoza war die Bindung spontan gebrochen. Der Philosoph Spinoza ist nur noch der Rasse nach Jude. Das Judentum als Ideenwelt kann seine Leistung nicht für sich beanspruchen. Hier ist nichts gegeben als der Beweis dafür, daß der Geist des Juden eine ungeheure Spannweite annehmen kann.

Die Freiheit, die den nach Holland entflohenen Juden zuteil wurde, blieb den Marranen versagt, die nach dem neu entdeckten Amerika flohen oder auswanderten. So wie ein Marrane die Expedition des Kolumbus erst finanziert und ermöglicht hat, so wie Marranen an der ersten Entdeckungsreise schon teilnahmen, so gehören sie auch zu den ersten Einwanderern und Siedlern der Neuen Welt. Aber selbst in dieses jungfräuliche Land folgt ihnen die Inquisition, selbst dieses reine Stück Welt wird von Folter und Verbrennungen geschändet. Karl V. führt offiziell in Mexiko gegen Marranen, Lutheraner und Calvinisten die Inquisition ein. Zwischen 1596 und 1602 finden zahlreiche Autodafés statt. Auch Peru bekommt die Inquisition zu spüren, besonders aber Brasilien, das im 16. Jahrhundert schon eine große jüdische Siedlung aufweist. Von dort werden sie ausgewiesen, wie Portugal das Land nach einer zeitweiligen Herrschaft der Holländer wieder besetzt.

In dem Zeitraum, der hier interessiert, bleibt die Lage der Juden in Deutschland konstant. Nur ist auch hier eine östliche Verschiebung eingetreten, nach Schlesien, Böhmen und Österreich hin, näher zur dichtesten Judensiedlung der Welt und näher zur Katastrophe. Im übrigen werden sie durch Ausweisungen bald hier, bald dort in Bewegung gehalten. Das geschieht in Mecklenburg 1492 im Verlauf eines Hostienprozesses, bei dem 27 Juden verbrannt werden, und 1510 aus gleichem Anlaß in der Mark Brandenburg, wo viele Juden auf der Folter sterben und 38 verbrannt werden. Der Vorgang beschäftigte noch nach 30 Jahren den Fürstentag zu Frankfurt. Der Denunziant dieses letzteren Hostienprozesses hatte einem Priester gebeichtet, daß die Anzeige erlogen gewesen sei. Der Priester, um der Gerechtigkeit willen, will dieses Verbrechen aufklären, aber sein Vorgesetzter, der Bischof von Spandau, erlaubt ihm nicht, das Beichtgeheimnis zu brechen. Der Priester, in seiner Gewissensnot, tritt zum Protestantismus über, um frei reden zu können. Melanchthon referiert darüber auf dem erwähnten Fürstentag.

Eine kurze Weile konnten die Juden in Deutschland annehmen, daß sich in der geistigen Verfassung der Umgebung eine Änderung anbahne, von der sie für sich vermehrte Freiheit und menschenwürdige Behandlung erhoffen konnten. Die harte, kontrastlose, grandios sture Denkform und Lebensweise, die wir herkömmlich als mittelalterlich bezeichnen, wich einer differenzierteren, nachdenklichen und darum kritischen, problematischen und humanistischen Art der Weltbetrachtung. Unter dem ständigen und übersteigerten Druck eines durch eine Weltkirche verkörperten göttlichen Regimes begann das Interesse zu revoltieren, und zwar das egoistische wie das objektive Interesse, jenes als Drang nach Befreiung, dieses als Drang, die Summe der Erfahrungen methodisch, das heißt wissenschaftlich, zu ordnen. In den jüdischen Bezirk hinein wirkt sich der Kampf Reuchlins gegen die Dominikaner aus.

Ein jüdischer Renegat, Johann Pfefferkorn aus Mähren, Schlächter von Beruf, in seiner Heimat wegen Einbruchsdiebstahls aus der Gemeinde gestoßen, wird von den Kölner Dominikanern dazu angeregt, Schriften gegen den Talmud zu verfassen, insbesondere den berühmten »Judenspiegel«. Durch Vermittlung der Nonne Kunigunde, der Schwester Maximilians, verschafft er sich die Vollmacht, die jüdischen Schriften daraufhin zu prüfen, ob sie verletzende Bemerkungen gegen das Christentum enthielten (August 1509). Aber die Frankfurter Juden wollen dem neuen Christen ihre Bücher nicht aushändigen und protestieren beim Kaiser. Maximilian beruft eine Kommission von Sachverständigen, darunter Reuchlin, um diesen Protest zu prüfen. Die meisten Gutachten, insbesondere das des Inquisitionsrichters Hochstraten aus Köln, sind durchaus für die Verbrennung der jüdischen Schriften, vor allem des Talmud. Reuchlin, vielleicht der einzige, bestimmt aber der profundeste Kenner der hebräischen Sprache und Literatur, ist dagegen, aus Gründen der Einsicht, der Vernunft, der Menschlichkeit und letztlich mit der Begründung, das Christentum tue besser daran, geistige Gegnerschaft mit geistigen Waffen, nicht aber mit der Faust zu bekämpfen. Daneben läßt er es nicht an kräftigen Seitenhieben gegen die Dominikaner und ihren geistigen Helfer Pfefferkorn fehlen. Damit hat er sich eine ganze Meute von Obskuranten auf den Hals gehetzt. Es beginnt ein wütender literarischer Kampf, in dem Reuchlin Sieger bleibt. Die Einzelheiten des Verlaufs interessieren hier nicht, denn es ging in diesem Kampf nicht mehr um die Juden und ihre Schriften, sondern um ein Problem, das sich innerhalb der katholischen Welt zur Entscheidung stellte: Freiheit der geistigen Überzeugung oder Fanatismus, der jeder Entwicklung den gewaltsamsten Widerstand leistet. Bedeutsam ist diese Episode für die jüdische Geschichte nur insofern, als der Sieg Reuchlins möglicherweise den Sieg einer liberaleren und duldsameren Behandlung der Judenfrage hätte im Gefolge haben können. Auch die Reformation erweckte in den Anfängen die gleichen Illusionen.

1523 erscheint die Luthersche Schrift: »Daß Jesus Christus ein geborener Jude sei«. Er hielt es für nötig, diese Tatsache seinen Freunden ins Gedächtnis zu rufen, sie daran zu ermahnen, daß die Juden Blutsfreunde, Vettern und Brüder des Heilands seien und daß Gott diesem Volke die Heilige Schrift anvertraut habe. »Will man ihnen helfen, so muß man das Gesetz christlicher, nicht päpstlicher Liebe an ihnen üben.«

Solche Worte, nach 1200 Jahren politischem Christentum zum erstenmal in dieser Prägnanz geäußert, lassen aufhorchen und bringen die Vermutung nahe, es handle sich hier endlich um eine Rückkehr zum Christentum als Religion der Liebe. Wohl lag in der Grundidee der Reformation solche Rückkehr beschlossen, wie sie auch äußerlich in der energischen Zurückbeziehung auf die Bibel zum Ausdruck kommt, wo nichts von einem Papst, nichts von der alleinigen Heilsvermittlung des Priesters, nichts von Beichte und nichts von Absolution gesagt ist. Es stellte sich aber sehr bald heraus, daß solche Worte kein spontanes Bekenntnis waren, sondern lediglich einem Zwecke dienten: der Mission. Was Luther unter »Hilfe« für die Juden verstand, hatte auch die katholische Kirche seit je darunter verstanden: Taufe. Und wie das ursprüngliche Christentum sehr bald seinen Untergang in der Kirche fand, wurde auch die reformatorische Idee, die nicht nur religiöse Motive für ihre Entstehung hatte, von einer Kirche eingefangen. Das bedeutete für den Juden, daß er aufs neue einer auf Machtausübung und Herrschaft gerichteten Religion gegenüberstand. Er wurde jetzt von der katholischen und von der protestantischen Kirche angegriffen. Luther selbst, wie er die Zwecklosigkeit seiner Missionswerbung begreift, geht mit dem Beispiel voran. Er verfaßt gegen die Vettern und Brüder des Heilands eine Reihe von Schriften (»Brief wider die Sabbater«, »Von den Juden und ihren Lügen«, »Vom Schem hamphoras«), die kaum ein Argument auslassen, dessen sich bisher die katholische Kirche bedient hatte, von der Brunnenvergiftung bis zum Ritualmord. Sie sind in einem derartig rüden Ton gehalten, daß der Schweizer Reformator Bullinger meint, sie seien von einem »Schweinehirten, aber nicht von einem berühmten Seelenhirten« verfaßt. An der tiefgreifenden Befreiung, die die Reformation einem großen Teil der christlichen Welt im Laufe der Zeit brachte, entfiel jedenfalls auf die Juden nichts. Im Gegenteil: die deutschen Staaten, die an der Spitze der Reformation stehen: Sachsen und Hessen, stellen sich auch an die Spitze der Judenbekämpfung. Nicht ohne Notwendigkeit hat Karl V. in zwei Schutzbriefen von 1544 und 1546 die Anstrengung von Ritualmordprozessen untersagen müssen.

Was diesem und dem folgenden Jahrhundert in der Geschichte der Juden in Deutschland, Österreich, Böhmen und Mähren die besondere Note gibt, ist die Unstetigkeit, dieser grauenhafte Schwebezustand zwischen Ausweisung und Wanderung und Wiederzulassung und erneuter Vertreibung. Allein der Dreißigjährige Krieg verschafft den Juden wenigstens die Sicherheit des Ortes, denn in einer Zeit, die solcher Unsummen für Kriege benötigte, war der Jude nicht zu entbehren, und die Sorge für seine finanzielle Leistungsfähigkeit mußte die Sorge für sein Wohlergehen notwendig mit umfassen. Doch das sind Vorgänge ohne Gewicht, die nicht imstande sind, eine Vergangenheit aufzulösen oder der Zukunftserwartung einen anderen Richtungssinn zu geben. Im Gegenteil: es ist gerade diese seelische Atmosphäre des deutschen Gettos, diese Züchtung aus dem Martyrium von Jahrhunderten, die fortschreitend die jüdische Welt erobert, die sich mit den Elementen der Kabbala vereinigt und einen so abgründigen Pessimismus erzeugt, daß er sich bei dem geringsten Anstoß überschlagen muß, und zwar in sein Gegenteil, den Optimismus; nicht in die Resignation; nicht in das Sich-Hinwerfen, in das Nicht-mehr-Wollen. Der Jude gibt sich nicht auf. Er hat die Fähigkeit zum Leben. Das ist *sein* viel geschmähter »Materialismus«.

Zwei sehr wichtige Vorgänge nehmen auf die Vertiefung der seelischen Haltung einen entscheidenden Einfluß. Zunächst die Buchdruckkunst. Die Juden machen von dieser Erfindung sofort den weitesten Gebrauch. An die Stelle des kostbaren Manuskripts tritt das Volksbuch. Es ist in der Umgangssprache geschrieben, in der jüdisch-deutschen Mundart, in hebräischen Lettern gesetzt. Die Bibel, die prophetischen Schriften, die Psalmen, die erzählenden und dichtenden Teile des Talmud, die in den Schulen *studiert* werden, werden zu Hause *gelesen*. Die Teilnahme an den Dingen und Vorgängen ihrer Vergangenheit – die in Wirklichkeit ihre Gegenwart ist – bekommt jene Intimität, aus der neben dem kollektiven das individuelle Erlebnis entsteht. Durch die Ausbreitung des Buches – das ist der zweite wichtige Vorgang – wird auch zum ersten Male in der Diaspora die jüdische Frau in den Umkreis des religiösen Erlebens einbezogen, werden ihr die Grundlagen der Geschichte und des Wissens ausgeliefert, kann sie selbständig ihr Gemüt formen an dem, was ihr in Sagen,

Märchen und Dichtungen dargeboten wird. So erst kann das einzelne jüdische Haus im Getto der Resonanzboden der bevorstehenden messianischen Bewegung werden.

Der auslösende Vorgang zu dieser Bewegung, der den latenten Messianismus explodieren läßt und seine Verwirklichung erzwingen will, ist in der Katastrophe gegeben, die über die polnische Judenheit im Jahre 1648 hereinbricht. Es ist schon dargestellt worden, wie der Jude in Polen zum Objekt der ständischen Interessen geworden war und in welcher Abhängigkeit davon sein Schicksal dementsprechend stand. Aber nicht genug damit, wurde er auch in die Spannungen einbezogen, die zwischen dem Adel und den Leibeigenen sowie zwischen polnischen Katholiken und russischen Orthodoxen bestanden. Die Herrschaft des polnischen Königtums und des polnischen Adels hatte sich seit etwa einem Jahrhundert auf die Ukraine ausgebreitet, das Stromgebiet des Dnjepr und Dnjestr, mit Kiew als Mittelpunkt, Wolhynien und Podolien im Westen und Tschernigow und Poltawa im Osten. Dieses Land wurde wie eine eroberte Provinz behandelt. Das Interesse des Königtums und des Adels bestand in einer hemmungslosen Ausbeutung der Bevölkerung, die in die Stellung von Leibeigenen verwiesen war. Darüber hinaus gährte zwischen Herren und Knechten ein ingrimmiger, fanatischer religiöser Haß. Beide waren zwar Christen, aber die einen, die Polen, römisch-katholisch, und die ukrainischen Russen griechisch-katholisch. Diese Variante eines und desselben Grundbekenntnisses bedeutete tödliche Feindschaft. Die Revolte, in die der bedrückte Ukrainer endlich ausbrach, hatte daher nicht nur wirtschaftliche, sondern auch religiöse Gründe. Es ging gegen den polnischen Unterdrücker, den Panen, zugleich als einen »Ungläubigen«.

Mit beiden Eigenschaften behaftet bot sich aber zugleich auch der Jude dar. Er war nicht nur der Typus des Ungläubigen, sondern vor allen Dingen der, dessen sich der »Pane« mit Vorliebe als Verwalter und Pächter seiner Güter bediente. Während der Grundherr fast nie in die Erscheinung trat, war der Jude immer sichtbar. Er war das Symbol der Unterdrückung, obgleich er damit nicht mehr zu tun hatte als der Stock mit dem, der damit schlägt. So konnte die Losung des Aufruhrs lauten: »Gegen Panen und Juden«.

Die Führung in dieser Revolte übernahm das Kosakentum. Von langem her bestanden in der Ukraine halb bäuerliche, halb militärische Gemeinschaften, deren Zweck die Abwehr der Tataren war, die aus den benachbarten Steppen immer wieder in das besiedelte Gebiet diesseits der Ströme einbrachen. In enger Fühlung mit diesen Kosakengemeinschaften standen jenseits der Stromschnellen des Dnjepr die Saporoger Kosaken, die sich noch ihre völlige Unabhängigkeit bewahrt hatten. Sie übernahmen in der Revolte der Ukrainer als nationaler Vortrupp die Führung.

Schon 1637 kündet sich die Revolte mit einem Vorstoß in das Gebiet von Poltawa an. Zehn Jahre später, 1648, wird sie nach gründlicher Vorbereitung wieder aufgenommen. Die Bewegung hat jetzt einen Führer bekommen, den Hetman Bogdan Chmelnicky. Er hat ein Bündnis mit den bisherigen Feinden, den Tataren, geschlossen. Während diese nur an einem Raubzug interessiert sind, vertritt Chmelnicky ein Programm: Ausbreitung des allein wahren griechisch-orthodoxen Glaubens, Freiheit der Kosaken und Ukrainer; und als Mittel zur Erreichung dieser Ziele: Ausrottung von Polen und Juden.

Der Elan, mit dem die kampfgewohnten Scharen vorstoßen, ist bedeutend. Die polnische Verteidigungsarmee wird in zwei Schlachten zurückgeworfen. Die ukrainischen Bauern erheben sich. Das östliche Dnjeprland, das Kiewsche Gebiet, Wolhynien und Podolien sind in Aufruhr. Das Programm der Aufständischen wird mit größter Gewissenhaftigkeit durchgeführt, aber zugleich mit einer hemmungslosen und tierischen Barbarei. Es sind Amokläufer des Blutdurstes, der Geschlechtsgier und der religiösen Unwissenheit, die da auf Menschen losgelassen werden. Wieder tritt hier das fatale Ergebnis zutage, daß die grauenhaftesten Metzeleien, das Zerhacken und Verstümmeln und Aufschlitzen und Lebendig-Verbrennen von ungezählten Tausenden unter der Parole eines Glaubens geschieht. Wie von einer magischen Zauberformel sind diese Horden selbst betrunken von ihrer Losung: Taufe oder Tod. Folgt ihnen ein Jude, erklärt er, er sei von dieser Sekunde an ein Christ, so vergessen sie sogar ihn auszuplündern. Weigert er sich aber, diesen Glaubensaposteln zu folgen, so wird er Marterungen unterworfen, vor denen selbst die spanische Inquisition beschämt ihre Stümperhaftigkeit eingestehen müßte. Es liegen chronistische Berichte aus jener Zeit vor, zu deren Lektüre es starker Nerven bedarf. Denn es versteht sich, daß bis auf einige wenige Ausnahmen die Juden die Aufforderung zur Taufe ablehnten. Sie wollten noch angesichts der Zerstörung von Hunderten jüdischer Gemeinden, angesichts der Niedermetzelung ihrer Kinder, der Schändung und Ermordung ihrer Frauen nicht Christen werden, sondern ihrem Gott und ihrem großen Erbteil die Treue halten. Der Kiddusch ha'schem, die Heiligung des göttlichen Namens, stand ihnen unendlich höher als ihr Einzeldasein. Sie nahmen in Massen und zu Tausenden den Märtyrertod auf sich. 6000 in Nemirow, 15 000 in Tulczyn, 2000 in Homel, Hunderte in Polonnoje und so fort durch das ganze Gebiet des Aufruhrs. Die Reste, die dem Blutstrom entrinnen können, fliehen verarmt, krank, halb wahnsinnig vor Furcht und Entsetzen durch das Land, bis über die Landesgrenzen hinaus, nach Österreich, Deutschland, Holland, Italien, bis in die Türkei hinein.

Das alles spielt sich ab in dem kurzen Zeitraum zwischen April und November 1648. Die Zahl der erschlagenen Juden mag damals schon 200 000 überschritten haben. Noch nicht zu übersehen sind die Verluste in der Gefangenschaft, denn insbesondere die Tataren, die trotz ihres berüchtigten Rufes gegenüber den Kosaken noch harmlose, friedliche Menschen sind, haben sich überwiegend auf die Gefangennahme von Juden beschränkt, um aus ihnen Lösegeld herauszuholen. Durch die flüchtigen und die losgekauften Juden, für die sich besondere Organisationen bilden, geraten Zeugen des polnischen Martyriums in die gesamte übrige jüdische Welt. Aber das Unheil ist noch nicht beendet, sondern nur unterbrochen. Der neugewählte König Jan Kasimir schlägt Chmelnicky zurück und zwingt ihm einen Friedensvertrag auf. Fünf Jahre haben die Juden Ruhe. Mit heroischer Zähigkeit beginnen sie wieder den Aufbau ihrer Verwaltung, ihrer Gemeinden und ihrer Existenz. Aber mitten hinein beginnt der zweite Akt der Tragödie. Chmelnicky, mit seinem Erfolg unzufrieden, gewinnt den Zaren Alexej Michailowitsch zum Bundesgenossen. Im Sommer 1654 beginnt der gemeinsame Angriff. Die Parole lautet jetzt: »Für Russentum und Rechtgläubigkeit.« Wieder hebt das Massenmorden unter den Juden an, weil sie nicht rechtgläubig sind. Die Opfer sind zahllos. Sie vermehren sich noch, wie Karl X. Gustav von Schweden 1655 in Polen einbricht. Er behandelt die Juden loyal, und sie verhalten sich entsprechend loyal. Die Polen verlangen aber plötzlich vom Juden, den sie mit jedem erdenklichen Mittel bisher bekämpft haben, eine nationalistisch-patriotische Haltung. Weil der Jude sich nicht auch von den Schweden totschlagen lassen will, ist er ein Verräter, und so schlägt ihn der Pole tot, wie er sich unter dem nationalen »Erlöser« Stephan Czarnicky gegen Schweden erhebt. Der Pole übertrifft den Kosaken an Bestialität in diesem Kampf gegen die Juden nach jeder Richtung.

Die Schätzungen der Zahl der erschlagenen Juden schwankten zwischen 300 000 und 600 000. An die 700 Gemeinden sind völlig verschwunden oder nur in wenigen Mitgliedern erhalten. In der östlichen Ukraine lebt kein einziger Jude mehr. In Wolhynien und Podolien sind neun Zehntel erschlagen, verschleppt oder geflohen. Das jüdische Zentrum in Polen ist vernichtet. So gewaltig empfand die Judenheit diesen Schlag, daß sie diese Katastrophe als dritten Churban, die dritte Zerstörung des Tempels, bezeichnete.

Die Judenheit reagierte auf dieses nationale Unglück mit dem Vollgewicht ihrer Religiosität, zugleich mit historischer Prägnanz. Sie ordnete ihr Leid da ein, wohin sie überhaupt die Gesamtheit ihres leidenden

Schicksals orientierte: das Leid diente der Läuterung des einzelnen, damit er für die Erlösung reif werde. Cheble moschiach, Geburtswehen des Messias ist der Kernbegriff. Aber sie fixieren jetzt dieses Leiden auf den Augenblick und auf die allernächste Zukunft. Aus vielfachen Berechnungen der Kabbalisten hat sich die Kenntnis verbreitet, daß der Beginn der messianischen Epoche gerade in das Jahr 1648 falle. Die Bereitschaft, daran zu glauben, ist immens. Das polnische Gemetzel in diesem Jahre ist – so grauenhaft es sich auch darstellte – eine Bestätigung und fast eine Hoffnung. Daß dieses Jahr ohne ein erlösendes Ereignis vergeht und daß noch einmal das große Morden über sie verhängt wird, treibt die Hoffnung nur in die Ekstase der Erwartung.

Gemeinschaften, deren Wollen und Erwartung eine solche Intensität erreicht, müssen endlich den Menschen aus ihrer Mitte entlassen, der das Produkt dieses kollektiven Gefühls ist und den das Kollektivum als den Auslöser und Erfüller ihrer Hoffnungen, als den Führer aufnimmt. Die jüdische Geschichte stellt ihn dar in der Figur des Sabbatai Zewi aus Smyrna.

Sabbatai entstammt dem jüdisch-orientalischen Milieu, wie es sich seit der großen Einwanderung von 1492 unter dem Zustrom der sephardischen Juden, unter der Auswirkung des immer konservativer werdenden Rabbinismus und endlich unter dem Eindringen der praktischen Kabbala herausgebildet hatte. Er ist ein ausgezeichneter, ja überragender Schüler, dem schon als Jüngling der Titel eines Chacham, eines Weisen, erteilt wird. Er ist aber auch ein Mensch von ausgeprägtem Ich-Gefühl, der alles nur auf sich bezieht und es erst begreift, wenn er es zu sich selbst in Relation gebracht hat. Solche Erscheinungen waren im damaligen Judentum selten. Zwar war die Welt des Juden schon wegen des Glaubens an die Auserwähltheit und wegen des Erlösungsgedankens judäozentrisch, und sie konnten alles Geschehen in der Welt nur mit dem Judentum als Zentrum betrachten, aber das war eine kollektive Art des Schauens; der einzelne Jude sah gewissermaßen mit den Augen der jüdischen Welt, nicht mit seinen eigenen. Daraus erklärt es sich, daß Menschen, die durchaus und nur mit ihren eigenen Augen sahen, die bis zur Hartnäckigkeit ihr ganz und gar persönliches Weltbild aus sich herausstellten, auf den Juden einen so tiefen Eindruck machten, besonders dann, wenn dieses individuelle Weltbild sich im Gewande der kollektiven, der allen gemeinsamen Idee darbot.

Das ist eine Erklärung dafür, warum Sabbatai schon in seiner frühesten Zeit und in seiner Vaterstadt einen Kreis von Anhängern um sich sammeln kann, der ihn als einen Menschen besonderer Begabung und Veranlagung respektiert. Ein weiterer Grund für seinen Einfluß ist die Intensität, mit der er sich dem Studium der Kabbala ausliefert, und seine aus der ekstatischen Phantasie genährte Art, Deutungen und Verheißungen zu geben. Denn damit traf er die Seite des jüdischen Wesens, die unter dem Druck des Rabbinismus immer verwaist blieb: das Gefühl; so wie ja die ganze Kabbala, auch in ihrem spekulativen Teil, nur ein Ventil ist für das verwaiste Welt-Gefühl des Juden.

Beides, sein natürliches Ich-Gefühl und seine ekstatische Phantasie, geraten in immer steigendem Maße unter den Einfluß eines Wirkungswillens, der frei von jeder Berechnung, aber auch frei von jeder Hemmung und Selbstkontrolle ist. Die Wirkung, die immer wieder von seiner Persönlichkeit ausgeht, ist eine immer erneute Rechtfertigung für solchen Willen zur Wirkung; und ihm selbst wird unbewußt geblieben sein, daß der Reiz seiner Persönlichkeit, das Schillernde, das Exaltierte, das bei ihm nicht unglaubhaft wirkte, seine ganz offenbar homosexuelle Grundhaltung zur psychischen Voraussetzung hatte. Aber der Rest seiner Wirkung ist nicht er; der Rest ist die Bereitwilligkeit einer Zeit und eines Volkes, den, der sich als Messias bekennt, auch als Messias anzunehmen.

In dem Kreis von jungen Menschen, den Sabbatai schon von seinem 18. Lebensjahr an um sich sammelt, spielt er die Rolle eines Führers mit noch unklaren Umrissen. Er ist, äußerlich gesehen, ihr Lehrer in der Wissenschaft und den Geheimnissen der Kabbala. Aber in vielfachen versteckten und noch richtungslosen Hinweisen liegt schon seine Absicht beschlossen, ihnen als Führer in einem höheren und weiteren Sinne zu dienen. Sie zeichnet sich immer deutlicher ab als der Wunsch, vermöge seiner tiefen und – wie er meint – nur ihm allein zugänglichen Erkenntnis kabbalistischer Ideen Führer auf dem Wege mystischer Erlösung zu werden. Wenn ein solcher Gedanke an Führung und Vorbild sich ausreift, muß er fast mit Notwendigkeit bei der Gestalt landen, in der auch die Kabbala die Zusammenfassung und zugleich Auslösung aller befreienden Kräfte begreift: bei der Gestalt des Messias.

Da ist zuerst ein zögerndes Bekenntnis, zudem eines, das nicht mehr umfaßt als den Willen, auf dem mystischen Wege der Erlösung voranzugehen. Aber die Ereignisse der Umwelt, die zu ihm dringen, bringen ihn zum erstenmal in Kontakt mit der Wirklichkeit und lassen ihn begreifen, daß eine geistige, mystische, religiöse Befreiung der Juden von ihrer nationalen Befreiung nicht zu trennen ist. Er erfährt die Ereignisse des Jahres 1648 in Polen; er erfährt durch seinen Vater, der Agent eines englischen Handelshauses geworden ist, von gewissen Strömungen der christlichen Welt, die aus der Johannesapokalypse den Beginn des Tausendjährigen Reiches für das Jahr 1666 erwarten; er kennt die Lehre von den Cheble moschiach und die kabbalistische Berechnung gerade des Jahres 1648 als den Beginn der

Erlösung. Ohne die Kraft, sich in einer spontanen Gebärde darzubieten, und doch schon unfähig, alle Ereignisse in der jüdischen Welt anders zu begreifen als zu ihm als Mittelpunkt gehörig, entlädt sich seine tastende Unruhe in einer – man möchte sagen: vorbereitenden Manifestation. Gegen Ende des Jahres 1648, während eines Gottesdienstes, betritt er den Almemor der Synagoge und ruft den vollen Namen Gottes, den Schem ha'mforasch in die Versammlung der Beter. Es ist der Name, den, als noch der Tempel stand, nur der Hohepriester aussprechen durfte, und im Galuth nur der Märtyrer, und am Ende der Zeiten... nur der Messias.

Aber die Juden in der Synagoge zu Smyrna begreifen ihn nicht, oder wollen ihn nicht begreifen, vielleicht, weil ihnen dieser Mensch zu nahe und alltäglich ist, vielleicht, weil sie Furcht haben vor der plötzlichen Erfüllung. Die Rabbiner und Gelehrten der Stadt verfolgen ihn argwöhnisch in allen seinen Handlungen, besonders in seinem Wirken unter den schlichten Leuten, den Arbeitern, Fischern, Ruderknechten. Sie beargwöhnen ihn nicht als den, der den geheimen Anspruch auf das Amt eines Messias erhebt, sondern als einen Unruhestifter, der seinen Anhängern Hirngespinste in den Kopf setzt und sie zu Tumulten verführt, in denen der messianische Gedanke eine unklare, aber desto beunruhigendere Rolle spielt. So entschließen sie sich, um diesem Unwesen zu steuern, ihn mit dem Bann zu belegen.

Um den Auswirkungen dieses Bannes zu entgehen, begibt Sabbatai sich für eine Reihe von Jahren auf Wanderschaft. Er ist in Konstantinopel, in Saloniki, mehrfach in Kairo, in Gaza, Aleppo und Jerusalem. Er versucht unablässig, eine Rolle zu spielen, die mit ihren Gesten und Gebärden die anderen erraten lassen soll, was der Sinn dieser Rolle sei. In Saloniki tritt er bei einem Gastmahl vor die Rabbiner und verlangt, daß sie zwischen ihm und der Thora die Trauung vollziehen. Man rät ihm, möglichst bald weiterzuwandern. In Konstantinopel geht er mit einem Fisch, den er wie ein Kind in eine Wiege gelegt hat, durch die Straßen und erklärt den Fragenden, im Zodiakalzeichen der Fische werde Israel erlöst werden. Die Rabbiner schicken ihm einen Schulmeister, der ihn zur Räson bringen soll und der Sabbatai, wie er sich widerspenstig zeigt, einfach verprügelt. Solche peinlichen Zwischenfälle berühren Sabbatai nicht. Seine Unfähigkeit, reale Lebensbeziehungen auszuwerten, bringen ihm nicht zum Bewußtsein, daß solche Vorgänge die Folge eines schiefen oder exaltierten Verhaltens sind. Für ihn sind sie Teile des Leidens, das nach jüdischer Auffassung der Messias in seinen Anfängen zu erdulden habe.

Aber wohin er kommt, findet er zugleich immer wieder einzelne Menschen, die in nähere Beziehung zu ihm treten und denen er vertraut, daß er in Wahrheit der Messias sei. Aus dieser Summe geheimer Bekenntnisse knüpft sich allmählich von Ort zu Ort, die er auf seiner Wanderschaft berührt, ein einstweilen noch lockeres Netz von Beziehungen, Anhänglichkeiten, Gläubigkeiten. Man wird nicht leugnen können, daß Sabbatais Auffassung von seiner Messianität in seinen Anfängen nichts war als ein Wunschgebilde und daß dieses Gebilde, in die Umwelt hineingespiegelt, durch den Reflex, der ihm hier und dort entgegenkam, allmählich zu einem Glauben an seine Sendung wurde. Doch ist auch dieser Glaube in den Anfängen noch mit Unruhe und Unsicherheit verknüpft, und darum bleibt es bei den symbolischen Andeutungen und der geheimen Mitteilung hier und da an einzelne. Aber die Zeit hatte soviel Bereitschaften aufzuweisen, daß er unvermeidlich auf Menschen stoßen mußte, deren Reaktion auf ihn und seine behauptete Sendung stark genug war, ihn vorwärtszutreiben, ihm die Unsicherheit des Bekennens zu nehmen und in ihm die Grenze zwischen Wirklichkeit und Vorstellung so weit zu verwischen, daß er eines Tages mit dem Glauben an seine Messianität als einer unerschütterlichen Gewißheit dastand.

Vier Menschen sind es vor allem, die ihm in der Begegnung zum Schicksal werden und die ihm — jeder auf seine Art — Entscheidendes geben. In Konstantinopel ist es der Kabbalist Abraham Jachini, der ihm eine angeblich in einer Höhle aufgefundene alte Handschrift gibt, in der eine Weissagung von seinem, Sabbatais, Erscheinen enthalten ist. Diese Urkunde ist gefälscht. Sabbatai weiß es. Er verwendet sie selbst nicht, aber er läßt es geschehen, daß man sie verwendet, daß man sich auf sie als einen Beleg für seine Messianität beruft. In Kairo wird der Zoll- und Münzpächter Raphael Joseph Chelebi, ein Mann mit Ansehen und ungeheurem Vermögen, ein tief mystischer und gläubiger Mensch, sein unbedingter Anhänger und Förderer, dessen offene Hand sehr dazu beiträgt, den Kreis um Sabbatai zu vergrößern. In Gaza findet Sabbatai seinen eigentlichen Verkünder, seinen »Propheten«, Nathan Aschkenasi, auch Nathan Gazati genannt. Er ist ein Gläubiger kat' exochen, von der Gewalt mystischen Denkens und von der Wucht der latenten Erlösungshoffnung überrannt. Seine Sendschreiben, daß Sabbatai Zewi der Messias sei, gehen durch die ganze jüdische Welt und wühlen sie auf. Der Vierte ist Samuel Primo, der sich bescheiden als Sekretär Sabbatais bezeichnet. Er ist mehr. Er ist das repräsentative Wort Sabbatais, ein großer Pathetiker der Rede, der aus jeder Andeutung des Messias ein Manifest gestaltet und ihm — wenn auch letztlich vergeblich — das Amt unwiderruflich und eine Rückkehr unmöglich macht.

So, wollend und getrieben, aus halbem Zweifel gläubig gemacht, aus dem Wunsch ohne Hemmung in die Wirklichkeit hineingestürzt, entsteht dieser Messias, in dem das Messiastum ein Konglomerat aller dieser

Einflüsse, nicht aber eine schlichte Notwendigkeit des Herzens war, die aus dem schweren Glauben an eine Berufung erwächst. Damals glaubte das Judentum noch an einen persönlichen Messias; und da es ungebärdig aus der Übersteigerung des Leidens und der Bereitwilligkeit nach einem Messias verlangte, nahm es diesen Messias, von dem es nur die erregenden Bekundungen, nicht aber sein Werden und seine seelische Struktur erkennen konnte.

Gegen Ende des Jahres 1665 kehrt Sabbatai nach fast achtzehn Jahren Abwesenheit wieder nach Smyrna zurück. Sein Erscheinen bedeutet die Explosion eines Zündstoffes, der schon lange bereit lag und der von den ständigen Nachrichten, Gerüchten und Legenden um Sabbatai unter Druck gehalten wurde. Es ereignen sich turbulente Ausbrüche der Freude und der religiösen Ekstase, Verzückungen und Prophezeiungen, ein nicht mehr zu bändigendes Lebensgefühl, dem nach so viel überschwerer Vergangenheit endlich eine Zukunft eröffnet wird. Von der Mehrheit der Bevölkerung als Messias anerkannt, beschließt Sabbatai, das Erlösungswerk zu beginnen und dem Sultan der Türkei, dem Herrscher über das Heilige Land, die Krone vom Haupt zu nehmen. Der letzte denkbare Termin ist herangekommen. Nachdem das Jahr 1648 ohne Ergebnis verstrichen war, hatte Sabbatai das von den Christen errechnete Jahr 1666 als das Jahr der Erlösung angenommen. Am 30. Dezember 1665 macht er sich auf die Fahrt nach Konstantinopel. Vorher verteilt er die Kronen der Welt unter seine Freunde.

Von ängstlichen Juden in Konstantinopel im voraus denunziert und von der Regierung wegen seiner Absichten als Rebell für den Galgen bestimmt, wird er schon bei seiner Landung verhaftet und in das Schuldgefängnis gebracht. Wunderbarerweise geschieht ihm nichts. Sein Ruf als Messias, der einen Strom von Besuchern anzieht, lähmt selbst die Entschlußkraft der Regierung, denn auch dem Islam ist ja die Erlöseridee nicht unbekannt. Um Sabbatai seinen Anhängern zu entziehen, bringt man ihn in die Festung Abydos auf Gallipoli. Dort ereignet sich das Gegenteil des erstrebten Zweckes. Aus dem Gefängnis wird über Nacht eine königliche Residenz, in der sich Gesandte aller jüdischen Siedlungen drängen und die von überreichen Gaben aus der ganzen Welt mit einem verschwenderischen Luxus ausgestattet wird. Sabbatai thront da, auf der Höhe seiner Macht, Gebieter über Hunderttausende, die nur auf einen Wink von ihm warten, die den tiefsten Trauertag ihrer Geschichte, den 9. Ab, auf ein Wort von ihm in einen Festtag verwandeln, die büßen und sich kasteien, um der bevorstehenden Erlösung würdig zu sein, die ihre alltäglichen Lebensbeziehungen auflösen, um sich für die Reise nach Palästina zu rüsten – thront da, wie seit 1600 Jahren kein Jude mehr gethront hat . . . und läßt die Zeit zwischen den Fingern zerrinnen, wie sie einem Menschen zerrinnen muß, dessen Antrieb nicht die letzte und notwendige Wahrheit ist. Ein polnischer Kabbalist, Nehemia ha' Kohen, den er zu sich befohlen hat in der Erwartung, von ihm die entscheidende Bestätigung seiner Messianität zu erhalten, wird ihm zum Verhängnis.

Man kann nicht sagen, daß er ihn entlarvt hat, denn zum Betrüger fehlte Sabbatai der Vorsatz. Aber Nehemia hat hinter der pathetischen Fassade den Menschen entdeckt, der ein Amt um seiner eigenen Wirkung willen usurpierte und dem es nicht wie eine Offenbarung zugetragen war. Nur in diesem Sinne entlarvte er den »falschen« Messias. Er opferte ihn ohne Bedenken um der Gesamtheit des Volkes willen, die von solchem Usurpator nichts, noch nicht einmal eine geistige oder gar politische Führung erwarten durfte. Er denunzierte ihn bei der türkischen Regierung als »falschen Messias«.

Sabbatai wird nach Adrianopel verbracht. Noch jetzt, wo seine Messianität nicht mehr zu befürchten ist, ist die unmäßig gewachsene Bewegung um ihn her um so mehr zu fürchten. Die türkische Regierung hat die Aufgabe, ihn mitsamt der Bewegung unschädlich zu machen, ohne ihr durch seinen Märtyrertod neue Kräfte zuzuführen. Der Plan eines jüdischen Renegaten, des Leibarztes Guidon, erreicht dieses Ziel. Er stellt Sabbatai vor die Alternative: grausamste Marterung zur Erprobung seines Messiastums oder Übertritt zum Islam . . . wenn auch nur zum Schein. Sabbatai, der von seinem Amte immer noch alles erwartet, aber ihm nie in Wirklichkeit etwas gegeben hat, kann ihm auch jetzt nichts geben. Er kann nur, wie die nackte Todesangst ihn anpackt, wieder um sich selber sorgen. Mitte November 1666 tritt er in aller Form zum Islam über, erhält den Namen Mehmet Effendi, wird Türhüter des Sultans mit einem guten monatlichen Gehalt . . . und verschwindet hinter den Mauern des Serails.

Das ist der Todesstoß der messianischen Bewegung. Eine Weile hält sie sich noch am Leben dadurch, daß sie diesen ungeheuren Vorgang einfach leugnet; eine Weile dadurch, daß sie ihn legendär verklärt und sagt, nicht er, der Messias, sei Muselman geworden, sondern ein Schattenbild von ihm; und eine kurze Gnadenfrist hindurch noch mit einer sehr tiefen Begründung: der Messias muß, um alle Sünde und alle Menschen erlösen zu können, auch in alle Sünde untertauchen und in alle Formen anderer Religionen. Also ist sein Übertritt zum Islam ein Schritt auf dem Wege der Erfüllung. Es sind viele unter seinen Anhängern, die nicht nur solche Idee begreifen, sondern auch die Verpflichtung empfinden, es ihrem Messias gleich zu tun und den Turban zu nehmen. Sabbatai selbst entzündet sich von neuem an diesem Aufwallen der Bewegung. Er spielt jetzt ein armseliges Doppelspiel. Seinen Anhängern legt er im Sinne der eben umschriebenen Idee den Übertritt zum Islam nahe. Der türkischen Regierung spiegelt er vor, er wolle möglichst viele Juden zum Islam bekehren. Er ist ein kleiner, unsauberer Konspirator geworden, der endlich nach dem albanischen Dulcigno verbannt wird und dort, verlassen und zusammengebrochen, im Herbst 1675 stirbt.

Mit dem Tode Sabbatais ist die sabbatianische Bewegung keineswegs beendet; im Gegenteil: jetzt erst beginnt ihre entscheidende Auswirkung. Sie erfolgt nicht in dem Sinn, daß sich etwa an die Person Sabbatais eine große Bewegung knüpfte. Die Person dieses unvollkommenen Messias tritt verhältnismäßig schnell in den Hintergrund, und es wird sichtbar, daß es sich in dem Aufruhr dieser Jahre im Grund nicht um ihn, sondern um das Lebensproblem des jüdischen Volkes gehandelt hat. Die persönliche Anhängerschaft Sabbatais fällt nach zwei Richtungen auseinander. Eine Gruppe beharrt in dem Glauben, er sei der Messias gewesen und werde wiederkehren, und man müsse ihm in allen Teilen nachfolgen, also auch in seinem Übertritt zum Islam. Es entsteht damit ein neues Geschlecht von Marranen, die sogenannten Dönmehs, die sich nach außen als Türken geben, während sie unter sich in Konventikeln leben, jüdische Bräuche pflegen und mit Ideen einer brüchigen Mystik dahinvegetieren. Sie bestehen noch heute.

Eine andere Gruppe seiner persönlichen Anhänger betrachtet seinen Übertritt zum Islam als etwas Einmaliges, das keine imitatio verlange, sondern im Gegenteil auf die Person des Messias beschränkt sei. Aber gerade von diesen Sabbatianern, die im Judentum verbleiben, gehen tiefgreifende Wirkungen aus, und 100 Jahre lang kämpft das Judentum einen verzweifelten Kampf gegen die Unruhe und gegen die Gefährdung, die aus dieser sabbatianischen Welt kommen. Dabei liegt das Beunruhigende und Bedrohende nicht eigentlich in äußerlich faßbaren historischen Vorgängen, sondern in dem, was stärker und wichtiger ist: in dem Einfluß auf die Ideenwelt des Judentums. Die historischen Vorgänge sind nur Manifestationen der aufgewühlten Idee. Wenn die westliche und die östliche Judenheit Bannfluch auf Bannfluch gegen die Sabbatianer schleudert, wenn die ganze jüdische Welt allmählich aufgerissen wird in ein Für und Wider, so geschieht das im Grunde weder für noch gegen die Anhänger Sabbatais, sondern für und gegen die Konsequenzen, die sich unter dem Ansturm der sabbatianischen Zeit aus der Entwicklung und Ausgestaltung der Kabbala ergeben. Das ging das ganze Judentum an, weil das ganze Judentum des XVII. Jahrhunderts kabbalistisch war. Es hatte in diesem Jahrhundert keine andere Ideengrundlage als die kabbalistische, und man fälscht den Sinn dieses Geschichtsabschnitts, wenn man die Kabbala als die Verirrung einiger Schwindelköpfe abtun will. Nur wenn man die kabbalistische

Ideenwelt in den Mittelpunkt rückt, läßt sich der Fortgang der jüdischen Geschichte mit allen ihren Extremen, vom beschränkten Ultrarabbinismus bis zum christianisierenden Frankisten, von der mystischen Religiosität der Chassidim bis zur pathetischen, aber toten Gesetzeswelt eines Mendelssohn begreifen.

In drei Kardinalpunkten greift die Ausgestaltung der kabbalistischen Theorie den Bestand des Judentums an: in der Gottesidee, im Messianismus und in der Moral, Moral hier nicht als bürgerlicher, sondern als religiöser, als ethischer Begriff. Wir haben die Entstehung der Kabbala als eine Notwendigkeit für das Judentum aufgewiesen, als ein Ventil für sein verwaistes Welt-Gefühl. Es versteht sich, daß in dem Augenblick, in dem solches Gefühl sich mit einer Theorie umkleidete, diese Theorie einer Fortbildung und Entwicklung ausgeliefert wurde. Die ursprüngliche Fassung des Gottesbegriffes und seiner Emanationen war noch klar und harmonisch. Aber unter der Einwirkung der Schule von Safed und besonders in der lurjanischen Kabbala lösen die zehn Sefiroth sich auf in eine Unzahl von Emanationen, Kräften, Strahlungen, Wirkungen, mystischen Einzelbezirken. Keine Erkenntnis und keine Einsicht reichen mehr aus, unter dem Wust solcher Mysterienwelten noch Gott zu finden oder den Zusammenhang der Welt mit ihm zu begreifen. Gott ist eines und die mystisch-mythologische Welt ein anderes. Man muß von neuem daran gehen, die Einheit zwischen ihnen wiederherzustellen.

Zwei Versuche mit diesem Ziel sind gemacht worden, der eine aus dem sabbatianischen Bezirk mit Abraham Michael Cardozo als geistigem Mittelpunkt, der andere in der chassidischen Bewegung.

Die Lehre Cardozos kommt nicht, wie der Chassidismus, in einer Massenbewegung zum Ausdruck und hat nicht, wie diese, einen plastischen und greifbaren Erfolg. Ihre Wirkung war mehr unterirdisch, aber gerade darum von einer Gefährlichkeit, die sofort die erbitterte und leidenschaftliche Opposition des offiziellen Judentums auf den Plan rief. Was Cardozo tat, war nicht mehr und nicht weniger als das Verzichten auf die absolute Einheit Gottes. Er nimmt nicht Gott als den Ausgangspunkt aller Kraft, aller Sefiroth, sondern geht zurück auf eine »erste Ursache«, Siba rischona, eine Urkraft, von der weiter nichts ausgesagt werden kann, als daß sie besteht und die letzte Ursache von *allem* ist; die jeder begreifen kann, ohne Offenbarung, nur mit dem schlichten Verstand. Diese erste Ursache, sagt Cardozo, beten sowohl die Heiden wie die Mohammedaner wie die Christen an. Doch man darf sie nicht anbeten, weil sie nichts ist als Ursache, Urkraft. Aber sie hat als Erstes aus sich den »Gott Israels«, den Elohe Israel entlassen. Er erst ist der Schöpfer der Welt und von ihm erst werden die Geschicke des jüdischen Volkes geleitet. Während die

Siba rischona noch eine Einheit ist, ist Gott androgyn. Er bildet mit der Schechina, die selbst göttlicher Natur ist, eine dynamische Einheit. Indem Cardozo so das Gebirge mystischer Wesenheiten kurzerhand beiseite drängt und damit den Ausblick auf den Begriff Gott wieder eröffnet, enthüllt er ihn zugleich in einer nur mühsam versteckten Zweieinigkeit, in einer im Grunde genommen nicht mehr monotheistischen, der christlichen Gnosis verwandten Form. Die kabbalistische Welt war gerettet; aber Gott war verloren.

Den Gegenstand der Heilslehre bildet eben diese Erkenntnis des androgynen Schöpfergottes und seiner dynamischen Einheit. Diesen wahren Gott, lehrt Cardozo, verehrte man noch bis zur Zerstörung des Tempels. Dann trat die große Verwirrung ein. Die Vorstellung der Juden vom Gottesbegriff verdunkelte sich. Was sie anbeteten, war nicht der Schöpfergott, sondern die Siba rischona. Sie waren nicht besser als die Heiden, denn auch die beten an, was mit der nackten Vernunft begriffen werden kann und keiner Offenbarung bedarf, was folglich ohne das »Mysterium« des Glaubens ist. Das große »Geheimnis des Glaubens«, raza de'mehemanutha, ist aber von den Weisen im Buche Sohar aufgezeichnet, das in der Zerstreuung jedoch nur der richtig lesen kann, der es mit »aufgedecktem Antlitz« liest. Wenn aber der Messias kommt, enthüllt sich das Geheimnis für alle, denn der Messias durchdringt es, macht es sichtbar nicht durch eine Offenbarung, die ihm zuteil wird, sondern einfach durch das Erkennen, durch einen einfachen Akt rationalistischen Denkens. Eine erstaunliche Lösung: die Welt der tiefsten Mystik entläßt aus sich den Gedanken an den Messias als »radikalen Rationalisten«.

Es konnte auf die Ausgestaltung dieser messianischen Gestalt nicht ohne Wirkung bleiben, daß die Welt den Übertritt eines Sabbatai zu einem anderen Glauben hat erleben müssen. Was die gläubigen Anhänger des Sabbatai sofort nach seiner Apostasie spontan behaupteten: der Übertritt sei erfolgt, weil der Messias, wenn er alle Völker und Glaubensformen erlösen wolle, auch in alle Völker und Glaubensformen untertauchen müsse – dieser Gedanke wird von Cardozo tief verankert in dem Missionsgedanken, der in der lurjanischen Kabbala einen so breiten Raum einnimmt. Wie es die Aufgabe jedes einzelnen Menschen ist, die unter die Gewalt der unreinen Materie gefallenen Funken des »Urlichtes« zu erlösen, so ist ein Gleiches dem Messias zugewiesen. Aber während der einfache Mensch nur das erlösen kann, was ihm in dem engen Bezirk seines Daseins begegnet, kann der Messias alle Seelenfunken erlösen, gleich, wohin in der Welt und unter welches Volk sie geraten sind. Darum muß der Messias unter alle Völker gehen; zugleich aber muß er es tun, um die Sünde des jüdischen Volkes auszulösen. Cardozo belegt diesen Gedanken von dorther, von wo auch das Christentum sich den Beweis für seinen Messias verschafft, aus dem Kapitel 53 des Propheten Jeschajahu (Jesaja). Es ist dabei anzumerken, daß er Sabbatai nicht für den erlösenden Messias ben Dawid, sondern als seinen Vorgänger, den leidenden Messias ben Ephraim begriff.

Aber tiefer noch als an der Umgestaltung dieser Begriffe des Judentums wirkt sich die Lehre Cardozos am lebendigsten Bezirk des religiösen Alltags, an der Auffassung von Moral, von Ethik aus. Schon die lurjanische Kabbala geht davon aus, daß die Taten des Menschen für sich allein genommen weder gut noch böse sind, daß sie eine Bedeutung vielmehr nur da besitzen, wo der Mensch vor seiner eigentlichen Aufgabe: der Erlösung der Funken des »Urlichts« steht, denn erst dann kehrt der Mensch zu seiner geistigen Urgestalt, zum Adam Kadmon zurück. Diesem Zwecke allein dienen die Gebote und Verbote der Thora, und diesem Zweck ist auch das ganze Leben des Menschen untergeordnet. Leben ist aber nicht der Zeitraum zwischen Geburt und Tod, sondern der Zeitraum, der nötig ist, bis ein Mensch seine Aufgabe erfüllt hat. Aus dieser, mit kosmischem Gehalt geradezu geladenen Idee zieht Cardozo die Konsequenz, die sich aus einer einfachen Fragestellung ergibt: kann ein Mensch seine Aufgabe in der Weise erfüllen, daß er sie Schritt um Schritt und Tat um Tat bewirkt, oder nur als Einheit, als Gesamtheit, als Ganzheit? In der Antwort auf diese Frage enthüllt sich die Krisissituation des jüdischen Geistes. Die moralische Existenz wird nicht mehr als eine große Einheit begriffen, die in der umfassenden Idee einer Theokratie beschlossen liegt, sondern wie ein Stück Werkarbeit, das man nach und nach, stückweise erledigen kann. Hat der Mensch einen Teil seiner Aufgabe erfüllt, so ist es damit für Zeit und Ewigkeit genug getan, und wenn er auf dem Wege der Seelenwanderung wiederkehrt, so nur deshalb, um andere, noch nicht erledigte Teile seines Pensums zu erfüllen. Selbst die größte Sünde ist dann nicht mehr Sünde. Indem so ein gefährlicher Ausblick auf die Freiheit und Ungebundenheit im Bezirk des Religiös-Moralischen eröffnet wird, schaltet die Lehre Cardozos zugleich gegen diese gefährliche Auflösungstendenz eine Sicherung ein, die den Zusammenbruch einer einstmals so großen geistigen Konzeption enthüllt: der gewöhnliche Mensch weiß nicht, in welchem Stadium seines Lebensweges er sich befindet. Er weiß nicht, welche Teile seiner Aufgabe er schon gelöst hat und welche nicht. Das bedeutet, daß er nicht mehr aus der Fülle seines ethischen, in Gott begründeten Wollens lebt, sondern mit der Ungewißheit, dem Zweifel, der Unsicherheit, dem täglichen »Vielleicht«. Damit wird das Wissen um den Sinn eines gläubigen Daseins abgetötet. Das ist der Tod der kabbalistischen Welt; das ist der Augenblick, in dem die alte jüdische Lehre von der

Offenbarung sich in den Händen des konsequenten Mystikers in eine Chimäre verwandelt.

Wir geben diese (im Rahmen eines Überblickes) ausführliche Darstellung der sabbatianischen Lehre nicht aus theologischen, sondern aus historischen Erwägungen wieder. Denn hier – wie gesagt – sehen wir den Kernpunkt sowohl der großen, wenn auch kurzen religiösen Erneuerung im Chassidismus als auch der katastrophalen Verflachung des jüdischen Gedankens im Zeitalter der Judenemanzipation.

Indem das Judentum sich weigerte, diese Entwicklung der Kabbala sich zu eigen zu machen, war es darauf verwiesen, sich auf die Kabbala in ihrem bis dahin entwickelten Bestande zu beschränken. Darin aber lag für das westliche Judentum keine Möglichkeit. Denn es lebte nicht, wie der jüdische Osten, in einer Masse. Masse im Sinne von wirklicher Gemeinschaft – der Zahl und der Gesinnung nach – ist aber Voraussetzung für die Ausgestaltung des Messianismus als eines Gemeinschaftsproblems, als eines kollektiven und universalistischen Gedankens. So mußte der westlichen Judenheit die Kabbala überhaupt entfallen, was zur Folge hatte, daß sie eines Tages ganz ohne eine *akute* religiöse Idee dastand und der eindringenden »Aufklärung«, diesem Angleichen an den überschätzten Zivilisationsbestand der westeuropäischen Umwelt, entweder nichts entgegenzustellen hatte oder nur die Unzulänglichkeit einer Traditionsgebundenheit, beziehungsweise eine im liberalen Geiste gefärbte Missionsidee.

Wie jede geistige Bewegung des Diasporajudentums, steht auch die hier dargestellte vielfach unter dem Druck von Umgebung und Zeitverhältnissen. Insbesondere in Polen, dem trotz der grauenhaften Dezimierung seiner jüdischen Bevölkerung immer noch die Rolle des jüdischen Massenzentrums zufiel, wurde der größte Teil aller Lebensenergie vom nackten Kampf für die Lebensexistenz absorbiert. Der Wiederaufbau der zerrütteten Gemeinschaft nach dem Kosakengemetzel war überaus mühsam. Sie hatten nicht nur den Verlust an Menschen, Vermögen, Existenzen und Organisationen auszugleichen, sondern sich darüber hinaus unter einem von allen Seiten wachsenden Druck zu behaupten. Polen war im Begriff, sich nach den Angriffen von Kosaken, Tataren, Russen und Schweden zu restaurieren. Man verstand unter der Restauration eine Verschärfung der ständischen Differenzen und eine ungewöhnlich heftige klerikale Reaktion. Es wiederholt sich der alte Zustand, daß der Adel den Bürger verachtet, der Bürger den Adligen haßt, beide zusammen den Bauern verachten und den Russisch-Orthodoxen hassen, daß der Bauer und der Russisch-Orthodoxe den Panen und den Katholiken hassen und verachten, daß aber alle zusammen in brüderlicher Eintracht den Juden hassen und verachten, es sei denn, er bringe ihnen Geld ein oder bekehre sich zum alleinwahren Glauben. Immer mehr wird der Jude der Willkür der Magistrate ausgeliefert und muß sich ihnen in Verträgen auf Gnade und Ungnade ergeben; immer von neuem fordert die Regierung Steuern; immer wieder brechen in den Städten Unruhen aus, die in den offiziellen Kundgebungen den bescheidenen Namen von »Tumulten« führen, während sie in Wirklichkeit das Ergebnis einer organisierten klerikalen Hetze sind. Der polnische Klerus, weit unduldsamer als fanatische Muselmanen, fand an den bestehenden gesetzlichen Beschränkungen der Regierung kein Genüge. Um noch weiter gehende Rechtsnachteile zu erzwingen, inaugurierte er in einem Umfange, wie es sich nirgends sonst in der Welt ereignet hat, nicht einmal in Deutschland, Ritualmordprozesse. Vor allem betätigten sich die Dominikaner nach dieser Richtung. Als ihr Terror einen Umfang erreicht hatte, der den Dominikanergeneral Marinis veranlaßte, ihnen für einige Zeit das Handwerk zu legen, setzten die Jesuiten die Arbeit fort. Ein volles Jahrhundert lang, von der Mitte des 17. bis zur Mitte des 18. Jahrhunderts, werden fortgesetzt solche Anklagen erhoben. Gedungene Zeugen und auf der Folter erpreßte Geständnisse sind die Grundlage. Daß man aufgefundenen Toten, gleich, ob sie erfroren oder ertrunken waren, nachträglich Wunden beibrachte, um ein Indiz für den Ritualmord zu haben, ist erwiesen. Ein wesentlicher, auf das Gemüt des Volkes berechneter Beweis wurde auch dadurch geliefert, daß die Wunden ermordeter oder verunglückter Menschen programmgemäß zu bluten begannen, wenn man sie in die Nähe desjenigen jüdischen Hauses brachte, dessen Inhaber von dem vorgesehenen Prozeß betroffen werden sollte. Diese Technik, zu der im wesentlichen Taubenblut verwendet wurde, war sehr vervollkommnet. Hunderte von Juden wurden verbrannt, gerädert und geviertteilt. Die polnische Geistlichkeit kannte zwar den abweichenden Standpunkt Roms über solche Anklagen, aber sie kehrte sich nicht daran. Im Jahre 1756 entschließt sich Papst Benedikt XIV. auf eine dringende Beschwerde der Juden, von dem Kardinal Ganganelli ein Gutachten ausarbeiten zu lassen, um von neuem – es war ja nicht das erstemal in der Geschichte der Juden – eine grundsätzliche und für die Christenheit verbindliche Klärung der Frage herbeizuführen. Das sehr lange und gründlich vorbereitete Gutachten sagt: der Ritualmord ist genau die gleiche Erfindung, die im Altertum von der heidnischen Welt gegen die Christen benützt wurde. Aber dieses Gutachten wird nicht veröffentlicht. Der Papst macht sich folglich an den unbekümmert fortgesetzten Judenverfolgungen mitschuldig. Erst sein Nachfolger, Clemens XIII., läßt in sehr vorsichtiger Form, als habe er Bedenken, die Gläubigen in Polen um ein gewohntes und beliebtes Mittel zur Bezeugung ihrer Religiosität zu bringen, durch seinen Nunzius Visconti ein Handschreiben an den Minister Graf Brühl richten, daß die bisherigen Beweise doch nicht stichhaltig genug gewesen seien, um daraus ohne weiteres auf die Existenz von Ritualmorden zu schließen. Auch August III., indem er den Inhalt dieses Handschreibens zu seiner eigenen Erklärung macht, bringt die alten Privilegien der Juden wieder in Kraft, daß solche Anklagen tatsächlich geprüft und nicht als wahr unterstellt werden dürften. Damit hört die Epidemie der Prozesse auf. Das bedeutet: wenn wirklich der Wille besteht, Recht Recht sein zu lassen, dann kommt es nicht mehr vor, daß Juden Christen ermorden.

Es ist anzumerken, daß in diesem Jahrhundert der Klerus auch aus geschäftlichen Gründen ein Gegner der Juden war. Die geistlichen Brüderschaften hatten ungeheure Vermögen angesammelt, mit denen sie selbst Kreditgeschäfte zu treiben begannen, so daß sie endlich nicht nur dem Juden erhebliche Konkurrenz machten, sondern den Kahalen sogar trotz ihrer sonstigen Einstellung und trotz des kanonischen Zinsverbotes erhebliche verzinsliche Darlehen gewährten. Karmeliter, Dominikaner, Franziskaner und selbst die Jesuiten wurden so zu Gläubigern der von ihnen bekämpften jüdischen Selbstverwaltung. Als die Kahale 1764 aufgehoben wurden, schuldeten sie der Geistlichkeit fast 3 000 000 polnische Zloty.

Das also war die Fortsetzung eines Daseins, von dem die Judenheit der Welt und mit ihr die polnischen Juden eine Sekunde lang gehofft hatten, daß es im Aufruhr der messianischen Bewegung seine Befreiung und Befriedung erhalten würde. Aber da ihnen das große Geschick versagt blieb, nahmen sie das kleine Geschick erneut auf sich. Diesesmal hatte sich ihnen in Wirklichkeit ein Stück eigener Geschichte gegenübergestellt. Da es nicht gehalten hatte, was es versprach, erledigten sie es mit eiserner Energie, fast mit Brutalität. Sobald die Tatsache vom Übertritt Sabbatais unleugbar wurde, sagten sich die polnischen Rabbiner und die Vertreter der Kahale von der Bewegung los. Auf der Synode des Vierländerwaads von 1670 ward der Cherem, der große Bann über jeden ausgesprochen, der sich noch zu Sabbatai Zewi als dem Messias der Juden bekannte. Wie konnten sie sich auch dem Gedanken einer messianischen Zeit hingeben, wo ihnen noch nicht einmal der nächste Tag garantiert war? Statt die Auswanderung nach Jerusalem zu organisieren, mußten sie Selbstwehren bilden, um sich gegen die »Tumulte« in den Städten zu schützen. Statt wieder ihren Staat aufzurichten, mußten sie die letzten Kräfte ihrer Selbstverwaltung in der Fremde zusammenraffen. »Das einzige, was uns übrigbleibt« – erklärt der Vierländerwaad – »ist der Zusammenschluß zu einem festen Verbande im Zeichen unverbrüchlicher Treue gegenüber den Geboten Gottes und den Vorschriften unserer gottesfürchtigen

Meister und Führer.« Das ist der Schlußstrich des offiziellen polnischen Judentums unter die sabbatianische Bewegung.

Aber diese offizielle Manifestation hat doch keine verbindliche Kraft für das Volk, das sich immer jenseits vom Alltag seinen eigenen religiösen Bezirk gesucht hat. Auch diejenigen, die sich dem Banne fügen, verbleiben dennoch in dem Bezirk, aus dem her der Glaube an einen Sabbatai möglich wurde: dem der Mystik. Sie gehen den Weg, den die deutschen Juden nach dem Elend der Kreuzzüge gingen: in die Welt des Jenseitigen, der Engel und Dämonen, der haggadischen Legenden, der Hölle und des Paradieses, der kabbalistischen Mystik, der Zauberformeln und Beschwörungen. Wieder wuchert in ihrem geistigen Raum, den die Notwehr der Selbsterhaltung von jeder Berührung mit weltlichem Wissen und Erkennen fernhielt, ein wilder Aberglaube. Es erfolgt eine Popularisierung der Religion durch das Medium des verängsteten Herzens.

Auf diesem breiten Untergrund einer popularisierten, in Aberglauben sich überschlagenden Mystik kann trotz aller Bannflüche die Bewegung um die Person Sabbatais sich mit all ihren traurigen Konsequenzen weiterentfalten. In der Zeit, da Podolien zur Türkei gehört (1672–1699), pilgern viele Juden nach Saloniki, um dort die Fühlung mit den sabbatianischen Konventikeln aufzunehmen. Einer von ihnen, der Kabbalist Chaim Malach, verpflanzt diese geheimen Konventikel nach Polen. Er lehrt, Sabbatai werde sich 40 Jahre nach seiner Apostasie, also im Jahre 1706, wieder offenbaren. Die Bußbewegung, die daraufhin einsetzt, erfährt eine wesentliche Förderung durch das Auftreten des Kabbalisten Jehuda Chassid, der in Polen einen Bund der Chassidim, der »Gottseligen« gründet und der, mit Malach vereint, wirklich eine Gruppe von 1500 Menschen zur Auswanderung nach Jerusalem bewegt. Ein »Kreuzzug«, der auf eine tiefe, wenn auch verhaltene Anteilnahme der Juden in den durchwanderten Ländern, Deutschland, Österreich, Ungarn und Italien, stößt. Viele kommen unterwegs um oder bleiben müde in verschiedenen Gemeinden hängen. Der Rest gelangt tatsächlich nach Jerusalem, sitzt dort und wartet auf Dinge, die nicht geschehen, lebt von Almosen und löst sich endlich enttäuscht auf. Ein Teil kehrt mit Malach nach Polen zurück (Chassid war in Jerusalem gestorben), ein Teil schließt sich den Sabbatianern an, und der Rest fällt deutschen Missionaren als Beute zu.

Die heimliche Bewegung lebt trotz dieser Enttäuschung und trotz eines von neuem über sie verhängten Bannes des Länderwaads (1721) fort und gewinnt Anhänger. Die Heimlichkeit, hinter der sich sabbatianische Gedankengänge überall verbergen, bekam um die Mitte des Jahrhunderts in Deutschland eine merkwürdige Öffentlichkeit und Aktualität. Offiziell ging es darum, daß man dem Rabbiner Eibeschütz der Gemeinde

Hamburg-Altona-Wandsbeck vorwarf, er habe zum Schutze gebärender Frauen Amulette, Kameoth ausgeschrieben, in denen er auf Sabbatai Zewi als den Messias Bezug genommen habe. So sehr den damaligen Juden der Gebrauch solcher Beschwörungsformeln etwas Übliches war, so scharf verketzerten sie, insbesondere nach dem Scheitern der sabbatianischen Bewegung, alles, was noch mit ihr zusammenhing. Es entwickelte sich eine jahrelange, heftige und häßliche Polemik, in der man sich krampfhaft an Beweis und Gegenbeweis für den Inhalt der Amulette hielt. Aber von allen Seiten spielen die kabbalistischen Ideen hinein und machen die tiefere Schicht dieses Kampfes sichtbar: die Unruhe, die durch die Ausgestaltung der sabbatianischen Kabbala in die jüdische Welt hineingetragen war. Eine Flut von Schriften, Sendschreiben, Briefen, Gutachten, Anklagen und Verteidigungen pro und contra entsteht, und von dem gefährlichen Mittel des Bannfluches machen beide Parteien so übermäßigen Gebrauch, bis sichtbar wird, daß diese einzige Waffe der jüdischen Disziplin jedenfalls unter der westlichen Judenheit ihre Schärfe eingebüßt hat und eine unwirksame, mißbrauchte und nicht mehr gefürchtete Kraft besitzt.

Während hier im Westen das Problem halb unterirdisch zur Diskussion gestellt wird, erfährt es zu gleicher Zeit im Osten einen heftigen Ausbruch in der Öffentlichkeit, die um Jakob Frank entsteht. Er ist türkischer Untertan, an der Grenze Podoliens und der Walachei geboren, und kommt als Händler mit Galanteriewaren und Schmuckgegenständen des öfteren nach Smyrna und Saloniki. Schon sein Vater war Sabbatianer. Frank verschreibt sich diesem Ideenkreise mit Leib und Seele. Er ist ein Mensch von geringer Bildung und geringen Eigenschaften, aber er bringt Dinge mit sich, die wohl geeignet sind, Menschen seiner Zeit und seines Umkreises zu seinen Anhängern zu machen. Da ist zunächst der Umstand, daß er – durch seinen türkischen Handel und durch Unterstützung von Freunden – auf großem Fuße lebt und sehr freigebig ist. Das ergibt die Karikatur eines fürstlichen Auftretens, die immer noch wirksam genug ist, verarmten Menschen als Glanz zu erscheinen. Sodann bringt er eine neue kabbalistisch-sabbatianische Theorie mit sich, die, obgleich ohne tiefere und zwingende Begründung, doch denen etwas zu geben vermag, denen jeder Weg zu vermehrter Versenkung in mystische Vorstellungen recht ist. Bei ihm ist die Trinität des Göttlichen schon ganz offensichtlich, aber auch ganz flach. Er unterscheidet den »heiligen Uralten«, also Gott, den »heiligen König«, von dessen Verkörperung er behauptet, daß sie in Sabbatai erfolgt sei, und die Schechina oder die Matronita, die er als die weibliche Hypostasie der Gottheit darstellt. Entscheidend aber für den Einfluß, den er gewinnt, ist die Nutzanwendung, die er aus seiner Lehre zieht. Er räumt das ganze talmudische Lehrgebäude mit einer lässigen

Handbewegung zur Seite. Als heilig gilt ihm allein der Sohar. An die Stelle der harten und verpflichtenden Bindungen des Talmud und an die Stelle der Askese, wie sie in der lurjanischen Kabbala begründet ist, setzt er das erotische Mysterium. Die Idee vom androgynischen Schöpfergott, wie Cardozo sie mit einem letzten Einschlag naturhaften Empfindens konzipiert hatte, wird bei ihm zu einem materiellen und handgreiflichen erotischen Symbol, das nicht nur gedacht, sondern in den mystischen Versammlungen tatsächlich durch eine Frau dargestellt wird. Es entsteht die unvermeidliche Folge, daß der Mystizismus, wie sonst zur Askese, jetzt in sein eng verwandtes Gegenteil, die sexuelle Hemmungslosigkeit ausschlägt. Einen ähnlichen Weg waren die letzten Anhänger Sabbatais in Saloniki gegangen. Aus der Idee, daß die Erlösung nur einer völlig gerechten oder aber unmäßig sündigen Welt zuteil werden könne, entschlossen sie sich, da ihnen die völlige Gerechtigkeit unerreichbar schien, zur völligen Sündhaftigkeit. Sie betätigten sie durch hemmungslose sexuelle Promiskuität. Frank predigt das gleiche Verhalten, aber aus ganz anderer und viel wirksamerer Begründung: was bei den Sabbatianern Mittel zum Zweck ist, ist bei ihm Kult, fast möchte man sagen »Gottesdienst«. Er bringt den armen Mystikern Freiheit von der Last des Gesetzes, Auflockerung ihrer streng gebundenen Sittlichkeit und damit eine – wenn auch falsch verstandene und falsch angewendete – Lebensfreude.

Alle diese Elemente zusammengenommen verschaffen ihm sehr schnell die Rolle eines Sektenführers. Es scheint, als habe er sich für eine andere Inkarnation des Sabbatai gehalten. Er läßt sich von seinen Anhängern als Santo Señor anreden. Er hat sicherlich an sich selbst und die Richtigkeit seiner kabbalistischen Theorie geglaubt; aber da dies im Bezirk der Sekte geschah und nicht – wie bei Sabbatai – auf der Ebene des großen messianischen Gedankens, konnte seine Konzeption auch nur das kleinere Format der Sekte haben, die bei jeder Begegnung mit der Wirklichkeit und gegenüber jedem Widerstand, auf den sie trifft, in Gefahr steht, dem Extrem zu verfallen und aus der Opposition heraus zu handeln. Denn so wahr jede große Bewegung nach einem utopischen Ziele hin lebt, geht die Sekte von einer unselbständigen, von einer lebendigen Idee abgezweigten Sonderzielsetzung aus. Darum können Bewegungen eine Beschließung erfahren, Sekten hingegen nur einen Verfall.

Der Verfall der frankistischen Sekte muß dargestellt werden, nicht weil er greifbare historische Folgen für die jüdische Geschichte hat, sondern weil daran der Weg sichtbar wird, in dem das eine Extrem der jüdischen Entartung verläuft. Wir verstehen hier unter Entartung den Verlust der Fähigkeit, den Richtungssinn noch zu begreifen, der in der Idee der jüdischen Gemeinschaft beschlossen liegt.

In den Frankisten ist von Anfang an ein oppositionelles Element, das schon in ihrer Selbstbezeichnung als Kontratalmudisten oder Soharisten zum Ausdruck kommt. So im bewußten Gegensatz zur Umgebung – die trotz der kabbalistischen Einstellung talmudgläubig bleibt – wird ihnen das Leben in ihrem Zentrum Lemberg so schwer gemacht, daß sie sich nach der kleinen Stadt Lanzcoron zurückziehen. Dort werden sie, Anfang des Jahres 1756, von der jüdischen Bevölkerung bei der Ausübung ihrer orgiastischen Kulte ertappt. Frank, als türkischer Staatsangehöriger über die Grenze abgeschoben, überläßt seine Anhänger ihrem Schicksal. Es konstituiert sich ein Rabbinatsgericht, das alles, was es an Frankisten und Sabbatianern erreichen kann, vor sein Forum zieht. Schwere Bußen werden gegen die Reumütigen verhängt, der große Bann gegen die Widerstrebenden. Im Anschluß daran führt die Rabbinerkonferenz von Brody einen schweren Schlag gegen alle Sektierer: sie werden samt und sonders in den Bann getan. Sodann wird – man erinnere sich des Kulturkampfes im 13. und 14. Jahrhundert – jedem Juden untersagt, vor dem 30. Lebensjahr den Sohar und vor dem 40. Lebensjahr die Schriften des Ari zu lesen. Dieser Bann hatte im jüdischen Osten noch die Wirkung, die Gebannten völlig außerhalb der Gesellschaft und damit außerhalb jeder Anlehnung und jedes Rechtsschutzes zu stellen. Sabbatianer und Frankisten gerieten damit in eine gefährliche Situation. Die Konsequenz des Kabbalismus machte sie, eigentlich wider ihren Willen, zu Gnostikern. Ihre Anhängerschaft an Sabbatai machte sie zu Sektierern. Beides machte sie zu Feinden des offiziellen Judentums, folglich zu Ausgestoßenen. Der Weg nach rückwärts war ihnen abgeschlossen. Der Weg nach vorwärts landete im Christentum. Als Darstellung solcher prinzipieller und genereller Möglichkeit ist die ganze Bewegung von ungewöhnlicher Wichtigkeit, viel wichtiger als der Rabbinismus, der schließlich hier wie überall sonst eine rein konservierende Funktion erfüllt hat.

Die Einmischung der christlichen Kirche, die in der Entwicklung der kabbalistischen Gottesidee schon immer eine starke Hoffnung für ihr unaufhörliches Missionsbedürfnis erblickt hat, kann nicht ausbleiben. Der Bischof Dembowski mischt sich in diesen internen Kampf, der ihn nichts angeht, mit dem Verlangen ein, daß beide Parteien sich vor ihm rechtfertigen sollen. Die Sektierer greifen zu und gehen den Bischof um einen Schutzbrief an. Er stellt die Bedingung, daß sie sich öffentlich vom Talmud lossagen. Es fällt ihnen als Kontratalmudisten nicht schwer, das zu tun. Dann zwingt der Bischof die Rabbiner zu einer öffentlichen Diskussion mit den Sektierern, die dafür eine Reihe von Thesen aufstellen, unter anderem: Gott umfasse drei Personen und sei doch unteilbar; er könne sich in Menschengestalt offenbaren, und ... der Messias werde nie wieder erscheinen. Gegen diese gewollte Christianisierung des Judentums sind die Rabbiner machtlos, zumal Dembowski sich selbst zum Schiedsrichter aufwirft. Sein Urteil lautet auf Prügelstrafe gegen diejenigen, die den Vorfall in Lanzcoron aufgedeckt haben, auf hohe Geldstrafen gegen den Kahal und auf Verbrennung des Talmud im Bistum Podolien. Als Abschluß dieser Episode erteilt August III. den Anwärtern auf seinen Glauben einen Schutzbrief, »weil sie sich von dem gotteslästerlichen Talmud losgesagt und zur Erkenntnis des dreieinigen Gottes emporgeschwungen haben.«

Mit diesen Vorgängen sind die Frankisten eine halb christliche Sekte geworden. Zu ihrem Aufgehen im Christentum fehlt nur noch ein letzter Anstoß. Frank, der nach einigen Jahren wieder nach Polen kommt und sofort seine Führerstellung wieder einnehmen kann, gibt ihn, indem er die sabbatianische Lehre von der notwendigen Apostasie wieder aufnimmt und variiert: die Anhänger Sabbatais müßten, gleich ihm, auf dem Wege zur Erlösung durch das Medium eines anderen Glaubens gehen. Im gegebenen Falle kam natürlich nur das Christentum in Frage. So erklärt die Sekte, 15 000 Mitglieder stark, dem Erzbischof von Lemberg im Jahre 1759 ihre Bereitwilligkeit, zum Christentum überzutreten. Sie knüpfen daran Bedingungen eigener Art: sie wollen sich in geschlossener Kolonie an zwei galizischen Orten ansiedeln, wollen das Recht haben, jüdische Tracht und einen Bart zu tragen, kein Schweinefleisch essen zu müssen, neben dem christlichen einen jüdischen Namen zu führen, neben dem Sonntag den Sabbat zu halten, den Sohar als heiliges Buch verehren zu dürfen und nur unter sich zu heiraten. Das ist der Bodensatz eines in Vorschriften entglittenen Judentums.

Diese Bedingungen, die zu durchsichtig sind, um für die christliche Kirche annehmbar zu sein, werden zwar abgelehnt, aber es wird ihnen in einer großen öffentlichen Diskussion in der Kathedrale zu Lemberg, die sich vom Juli bis zum November 1759 hinzieht, Gelegenheit gegeben, unter Assistenz des katholischen Klerus gegen 40 sehr unfreiwillig erschienene Rabbiner eine Reihe von Thesen zu verteidigen: daß alle Prophezeiungen der Propheten über das Kommen des Messias schon erfüllt seien, daß Gott selbst in seiner Inkarnation als Adonai erschienen und um der Erlösung der Menschen willen das Martyrium auf sich genommen habe, daß man nur durch die Taufe zur Teilnahme an den Segnungen der Erlösung kommen könne und ... und daß der Talmud den Gebrauch von Christenblut vorschreibe. Ein Gaukelspiel ins Mystische entglittener und aus dem Mystischen wieder abgestürzter Menschen, die im letzten Akt unter dem Schutz eines hohen Patronats der verlassenen und verratenen Gemeinschaft den Fußtritt versetzen.

Nach dieser sensationellen Diskussion erfolgt der massenweise Übertritt der Sektierer zum Christentum. Sie werden samt und sonders in den polnischen Adelsstand erhoben. Die besten Familien des polnischen Adels übernehmen die Patenschaft. Frank, seiner Würde gemäß, geht sogar den König selbst um dieses Ehrenamt an; und mit Erfolg. Die Taufe wird mit großer öffentlicher Feier in Warschau vollzogen.

Nun tritt die Bewegung in das hilflose Stadium des bewußten und unbewußten Betruges. Es sind Marranen ohne Größe und Opferhaltung, denn trotz der Taufe wollen sie natürlich Juden bleiben, und Frank selbst führt seine Rolle als Santo Señor so lange weiter, bis die Kirchenbehörden ihn verhaften und 12 Jahre (1760–72) im Kloster Czenstochau festsetzen. Er beginnt eine schmähliche Nachahmung des Daseins des Sabbatai, das Konspirieren mit seinen unentwegten Anhängern, das Werben um neue Nachfolger, das geheime Angebot an den russischen Zaren, daß er mit 20 000 anderen Juden bereit sei, zum griechisch-orthodoxen Glauben überzutreten, ein Gemisch von Selbstüberzeugung und Hochstapelei, wobei am Ende nichts übrigbleibt als der krankhaft gesteigerte Wunsch, sich selbst im Zentrum einer mystischen Verehrung zu sehen. Wie er durch die erste Teilung Polens aus seiner Haft befreit wird, zieht er nach einem vergeblichen Wirkungsversuch in Österreich nach der Stadt Offenbach bei Frankfurt. Er kauft sich dort das Schloß des Fürsten Isenberg, nennt sich Freiherr von Offenbach und hält mit Hilfe seiner Tochter Eva, der »heiligen Herrin«, noch 5 Jahre sein Ansehen und seine Stellung aufrecht. Mit seinem Tode, 1791, bricht auch die Sekte auseinander.

Mit einem letzten Stück Aktualität bleibt der Rest seiner Bewegung dann noch in der Wirklichkeit verhaftet. Die Neophyten, jetzt polnische Adlige, machen wie die Marranen in Spanien von ihrer Freiheit den denkbar weitesten Gebrauch und erringen soziale Stellungen, was den alten polnischen Adel entsetzt zu Abwehrmaßnahmen greifen läßt, »damit jener Schlag der Neophyten die angestammte Schlachta im Laufe der Zeit nicht in den Schatten stellen könne«.

Herz Und Gehirn

Mit den Vorgängen, die wir jetzt darzustellen haben, befinden wir uns, dem chronologischen Ablauf nach, in der Mitte des 18. Jahrhunderts, in einer Zeit also, zu der die europäische Welt, soweit sie als Kulturwelt in Frage kommt, sich mitten in einem fulminanten Ausbruch der Beweglichkeit auf allen Gebieten des Wissens, der Forschung, der Philosophie und der Kunst befindet. Zu dieser gleichen Zeit herrscht in dem weltweiten Baum des Judentums, das immer sonst der Umwelt an geistiger Kultur unendlich überlegen war, eine völlige Sterilität auf allen Gebieten der Geisteswissenschaft. Dieser Zustand, der herkömmlich Erstarrung des geistigen Lebens genannt wird, bedeutet aber geistesgeschichtlich nichts anderes als der große Moment des Atemholens, in dem der jüdische Mensch aus der offenbar gewordenen Krisensituation des jüdischen Volkes die Kraft zur endgültigen Entschließung in sich sammelt.

Vergegenwärtigen wir uns nochmals den Ablauf der jüdischen Geschichte bis zu diesem Zeitpunkt. Die Konstituierung der jüdischen Gemeinschaft als eines Sondervolkes geschah im Begriff und im Zeichen der Theokratie. Staat und Gemeinschaft dienten dem Versuch, dieses Ziel zu verwirklichen. Auf diesem Wege, auf dem das haltlose Tasten und die visionäre Zielstrebigkeit sich wechselseitig ablösen, wird schon sehr früh ein Gedanke von ungeheurer Fruchtbarkeit begriffen: der Mensch ist imstande, Ideen aus sich zu entlassen, die so groß sind, daß das summierte und massierte Leben von vielen Generationen nicht ausreicht, um eine Wirklichkeit entsprechend dieser Idee zu formen. Mit einem Ziel ausgerüstet, das von seinem Entstehungspunkt her den Charakter des Religiösen, des Heiligen trägt, steht der Mensch aus der ständigen Verfangenheit in Unwilligkeit, Ichsucht, böser Vereinzelung und Not öfter im Versagen als im Erfüllen, ist sein Weg zur Erfüllung hin weit öfter ein Weg zur Auflösung. In dem Augenblick, in dem der Mensch begriffen hat, wie zwangsläufig auf allen Wegen des Bemühens das Versagen, das Zurückfallen, das Nicht-vollkommener-Werden angetroffen wird, in diesem Augenblick wird der Begriff der Erlösung geboren; nicht aus dem Gefühl der Verworfenheit und der Sünde, sondern aus der Demut, die darum weiß, daß die schöpferische Gewalt menschlicher Ideen größer, mehr und anderes ist als die Summe seiner geistigen Fähigkeiten. So entläßt das Judentum aus sich den Erlösungsgedanken in dem Augenblick, in dem der Staat, die Gemeinschaft, in der das Bemühen vor sich ging, zerbrach. Dieser Gedanke war national und universal zugleich, politisch und religiös in einem, irdisch und himmlisch in zusammenfassender Konzeption.

Mit der Rückkehr aus dem babylonischen Exil beginnt der erneute Realisierungsversuch unter Auswertung des geistigen und materiellen Bestandes der Thora, der »Weisung«. Es entsteht in der Theokratie die Nomokratie. Das Ergebnis, noch ehe es sich endgültig geformt hat, wird der doppelten Belastungsprobe unterzogen, die in dem Zusammentreffen des Judentums mit Griechenland und Rom, den beiden anderen Formen von Gottesherrschaft und Gesetzesherrschaft, beschlossen liegt. Die Probe wird bestanden. Das Judentum erweist sich als stärker denn Griechenland und Rom. Aber gerade diese Begegnung hat aufgezeigt, daß dem Erlösungsgedanken eine vermehrte Aktualität zukam, sowohl was die heidnische Welt anging, als auch was die Gestaltung des jüdischen Schicksals anging. Während sich für die heidnische Welt zwei aus dem Judentum hervorgegangene Gestalten, Jeschu von Nazareth und Saulus aus Tarsus, um die Erlösung bemühen, wird im gleichen Zeitabschnitt die staatliche Existenz des Judentums endgültig vernichtet und den allgemeinen Problemen des jüdischen Volkes ein spezielles hinzugefügt: das Problem der Existenz.

Wie der Ort der jüdischen Idee die Welt und nicht Judäa war, so wird der Ort des jüdischen Volkes die besiedelte Welt und nicht Palästina. Unter Bedingungen, denen kein Volk sonst standgehalten hätte, wird der überragende Teil aller Energien auf die Erhaltung der Substanz, der Art verwendet. Das Gesetz als Mittel der nationalen Disziplin wird im Bezirk des Talmud eingefangen. Die geistigen Leistungen geraten in direkte Abhängigkeit vom Problem der Existenz. Die Schöpferkraft, das religiöse Pathos des Judentums zieht sich in den mystischen Bezirk zurück, während das Gesetz, bei aller Biegsamkeit, zum starren Selbstzweck wird.

Ausdrucksform des offiziellen Judentums wird der Rabbinismus. Lebensraum des unterirdischen, des fortwirkenden Judentums wird die Kabbala. Beide zusammen ergeben die Fiktion des Fortbestandes einer nationalen Gemeinschaft und bedeuten in ihren Äußerungsformen den Versuch, in aller Abhängigkeit von der Fremde sich die Verfügungsgewalt über den Ablauf ihres Geschickes und ihrer Geschichte zu erhalten. Während sie in ihrer Wirkung oft zusammengehen, sind sie in ihren Wirklichkeiten einander feind. Beide aber geraten auf dem Wege ihrer Entwicklung an den Krisenpunkt. Der Rabbinismus bringt das Judentum in die Gefahr der Erstarrung und geistigen Sterilität, die Kabbala führt das Judentum an den Rand seiner religiösen Existenz.

Auf dem Wege, den Rabbinismus und Mystizismus haben gehen müssen, haben sie in der Mitte des 18. Jahrhunderts ihr Endstadium erreicht. Der Rabbinismus war seiner ursprünglichen Aufgabe, die lebendige Vermittlung zwischen dem gelebten Alltag und dem Bestand der Tradition zu sein, immer mehr entrückt. Mehr und mehr übernahm er die Funktion der Disziplinierung und damit der Arterhaltung der jüdischen Gemeinschaft. Aber über den Rabbinismus hinaus – wenn auch wesentlich durch ihn gestützt – hatte sich unter dem Druck von Zeiten und Jahrhunderten die Kraft zur Arterhaltung als eine selbständige Energie entwickelt. Das Bewußtsein von der verpflichtenden Auserwähltheit des jüdischen Volkes, der einigende Druck der Umgebung, die rückwirkend belebende Kraft des Märtyrertums, die ständigen messianischen Impulse und endlich das Heroentum der Marranen – alles das in seiner Gesamtheit hatte die selbständige Kraft zur Arterhaltung herausgebildet. Diese Kraft war nicht mehr auf den Rabbinismus angewiesen. Sie konnte sich aus ihren eigenen Elementen erhalten, besonders aber aus ihren negativen: dem Beharrungsvermögen, der passiven Widerstandsfähigkeit, der Unempfindlichkeit für äußere Demütigungen, die den Juden auch dort eindringen läßt, wo man ihn erkennbar nicht haben will. (Die jüdische »Aufdringlichkeit« ist das in jahrhundertelanger Not verkümmerte Gefühl für das äußere, gesellschaftliche Schwergewicht einer Situation.)

Mit der Auflösung der arterhaltenden Funktion des Rabbinismus geht eine andere Auflösung notwendig parallel. Der Rabbinismus hatte die geistigen Kräfte des Juden gebunden und reglementiert. Diese geistigen Kräfte werden jetzt frei und können sich betätigen. Es versteht sich, daß die immanente Geistigkeit des Juden, die durch das rabbinisch-talmudische Training mindestens in der Denkfähigkeit ungemein geschärft war, sich mit großem Elan auf die Welt des Wissens stürzt und den erheblichen Abstand zwischen der zivilisatorischen Situation der jüdischen und der umgebenden Welt spielend und in äußerst kurzer Zeit überbrückt.

Entscheidender aber ist, daß im jüdischen Westen mit der Funktion des Rabbinismus auch sein innewohnender Impuls abgelaufen ist. Und das wieder beruht darauf, daß sein Korrelat: das religiöse Pathos, der jüdische Mystizismus, ebenfalls am katastrophalen Punkt angelangt war, mindestens aber an den Rabbinismus nichts mehr an Kraft abzugeben hatte. So mußte sich im Westen die jüdische Geistigkeit, durch nichts mehr gebunden, der Welt und dem Weltwissen schlechthin jenseits ihrer jüdischen Aufgabe und Ideenwelt zuwenden. Daß sie in dieser Situation der Bindungslosigkeit dem Begriff der bürgerlichen Gleichberechtigung und der Assimilation begegnete, wurde ihr zur Katastrophe. An der Gestalt des Moses Mendelssohn und dem geistigen Kreis um ihn wird dieser Gedanke zu demonstrieren sein.

Im jüdischen Osten hingegen, wo die kompakten Massen des Judentums saßen, ermöglichte die Kraft der Masse eine andere Entwicklung. Hier erfüllte der Rabbinismus noch in einem beträchtlichen Umfange seine arterhaltende und disziplinierende Funktion, aber sein Impuls war ebenfalls abgelaufen. Er war völlig steril geworden. Auch hier versagte sich ihm das Lebenselement der jüdischen Mystik. Aber diese Mystik mit all ihrem Inhalt hatte nicht, wie der Rabbinismus, eine Funktion im jüdischen Leben zu erfüllen, sondern war eine Funktion dieses Lebens selbst. Darum war sie immer so stark und so schwach, so schöpferisch und so unschöpferisch wie die jeweilige Situation des jüdischen Lebens. Was in der Entwicklung der Kabbala, im Sabbatianismus, in der Lehre Gardozos und im Frankismus bisher dargestellt wurde, sind nichts als Variationen dieses Themas, zugleich aber der Beleg dafür, daß der jüdische Mystizismus an der ewig verweigerten Möglichkeit seiner Realisierung zusammengebrochen war. Alle Mystik will eine Wirklichkeit, von der aus sie entsteht und auf die hin sie wirkt. Was sie in Wahrheit vom Bezirk alles Rationalistischen unterscheidet, ist weder die Erde noch der Himmel, sondern das Mittel, mit dem diese beiden zu einer schöpferischen Einheit gemacht werden. Wir wiederholen unsere Auffassung von jüdischem Mystizismus: die Erde als eine gelebte Wirklichkeit, der Himmel als eine zu erlebende Wirklichkeit, und dazwischen der Glaube als eine ausschließliche Funktion des Herzens.

Die Erde als ein Erlebnis der Wirklichkeit setzt immer einen lebendigen und intakten Einklang mit der Erde voraus, sei es mit der Natur als dem großen Beweis eines Schöpfungsaktes, sei es mit dem Mitmenschen, mit der Kreatur als dem einzigen mit Schöpferkraft begabten Lebewesen. Dem Juden war durch Jahrhunderte beides versagt. Nicht einmal seine eigene Gemeinschaft konnte er anders leben als unter einer unmäßigen Belastung, die aus seiner Gemeinsamkeit mehr einen Zwangszustand machte als das, was Gemeinschaft sein soll: das freiwillige Miteinander und Füreinander von Menschen. So verkümmerte die jüdische Mystik aus Mangel an einer Wirklichkeit.

Aus diesem doppelten Untergang zweier Kräfte verlangte die unsterbliche Lebenswilligkeit des Juden nach neuer Betätigung. Der Westen fand sie im Anschluß an die Welt, der Osten im Anschluß an das Weltgefühl; der Westen im Anschluß an den Intellekt, der Osten im Anschluß an die Gläubigkeit; der Westen – nach vielfachen Verlusten auf den verschlungenen Wegen der Assimilation – im Anschluß an das Geistige in der Welt, der Osten im Anschluß an das Seelische in der Welt. Als beide sich, nach langer Absonderung und Feindschaft, wieder trafen, konnten sie – im Raume unserer Gegenwart – Wege für eine neue Sinngebung des jüdischen Geschehens und des jüdischen Volkes freimachen.

Nur in der Wirkung, nicht aber im Sinn und in der Ursprünglichen Intention stellt die neue Bewegung im Osten, der Chassidismus, eine Opposition gegen den Rabbinismus dar. Es handelt sich um eine neue Variante des ewig akuten Gegensatzes zwischen Herz und Gehirn. Die Bewegung findet ihren Mittelpunkt äußerlich in der Gestalt des Israel ben Elieser, des Baalschem-Tob (abgekürzt Bescht), das bedeutet: »Meister des wundersamen Gottesnamens«. Er ist um 1700 in Podolien geboren, wächst heran als ein Kind, das für ein Umherschweifen in der Natur mehr Verständnis hat als für das Stillsitzen auf der Schulbank; lebt weiter fort als ein junger Mensch, dem weder die talmudische Gelehrsamkeit noch das Geldverdienen einen Anreiz bedeuten; der sich allmählich in eine Welt der Einsamkeit und Betrachtung und des kabbalistischen Studiums einbaut und der endlich unter den Menschen auftaucht als eine jener Gestalten, die in der ostjüdischen Welt häufig waren: als Berater, Helfer, Arzt, Beschwörer, Verfertiger von Amuletten, eine Mischung zwischen Heiligem und Wunderdoktor, der gleicherweise durch Gebete wie durch Kräuter seine Hilfe bringt. Was in solchen Gestalten das letzthin Entscheidende ist: ihre psychische Einwirkung und Wirksamkeit, gelangt in Bescht zu großer und lebendiger Entfaltung. Ohne es zu wollen, ohne seine Wirkung durch das Element des Willens zu belasten und zu vernichten, kann aus seinem einfach aufgeschlossenen Menschentum der Gedanke an eine Erlösung mit um so größerer Wirksamkeit heraustreten. Bescht ist nicht der Begründer eines geistigen oder theosophischen Systems, überhaupt nicht Systematiker einer Idee, sondern Bekenner einer alten religiösen Wahrheit in der schlichtesten und zugleich tiefsten Konzeption des Menschlichen. Er begreift alles Religiöse weit jenseits des Rituals und des Gesetzes. Er verachtet die Gesetze nicht, aber sie bedeuten ihm nicht Gläubigkeit. Religion ist für ihn die Herstellung der lebendigen Beziehung zu Gott. Gott aber ist überall, und wer will, kann ihm überall begegnen, in jedem Ding, in jedem Tun, in jedem Wort. Die wirksamste Begegnung zwischen Mensch und Gott vollzieht sich im Gebet. Dieses Gebet kann sein, was immer es will. Man dient Gott nicht durch Formeln, man nähert sich ihm nicht durch Askese; man hat ihm nach den jeweiligen Möglichkeiten des Herzens sein Leben als eine Ganzheit freudig entgegenzutragen. Das bedeutet – ganz im Sinne der Propheten – die Heiligung des gelebten Alltags, und nur aus ihr, nicht aus dem »Bedrängen des Endes« kann die Erlösung des Menschen und der Menschheit bewirkt werden. Auch hier hat der Gedanke an eine Erlösung nicht den Glauben an eine notwendige Sündigkeit des Menschen zur Voraussetzung. In grandioser Ausweitung der kabbalistischen Lehre wird das Erlösungsbedürfnis der Welt in den Beginn der Weltschöpfung selbst zurückverlegt. Wir zitieren, weil es nicht präziser gesagt werden kann, Bubers Formulierung: »Der Feuerstrom der schöpferischen Gnade schüttet sich über die ersterschaffenen Urgestaltungen, die ›Gefäße‹, in seiner Fülle hin; sie aber halten ihm nicht stand, sie ›zerbrechen‹ – der Strom zersprüht zur Unendlichkeit der ›Funken‹, die ›Schalen‹ umwachsen sie, der Mangel, der Makel, das Übel ist in die Welt gekommen. Nun haftet in der vollendeten Schöpfung die unvollendete; eine leidende, eine erlösungsbedürftige Welt liegt zu Gottes Füßen.«

Aus der persönlichen Anhängerschaft um den Baalschem und der Zusammenfassung und Ausgestaltung seiner Bekenntnisse in dem Kreise, der um ihn her wächst, entsteht so die Bewegung, die man als Chassidismus bezeichnet. Ihm kommt für die Gestaltung der jüdischen Idee im Rahmen des historischen Ablaufs eine vielfache Bedeutung zu. Er fängt die durch die Realisierungsversuche gestörte messianische Idee auf einer anderen Ebene wieder auf. Er drängt den gefährlichen gnostischen Gedanken der Kabbala zurück und setzt an die Stelle eines mystischen Katalogs von selbständig gewordenen Sefiroth die Einheit des göttlichen Begriffes und der Beziehung des Menschen zu ihm. Er bedeutet weiter die Rettung des Herzensbezirkes gegen die Überwucherung durch den Rabbinismus und in allem zusammengenommen, von der Ebene des gläubigen Gefühls her, einen erneuten, den vorletzten uns bekannten Versuch zur Wiedererlangung der subjektiven Geschichtsgewalt.

Die messianische Idee, die sich aus den Gleichnissen, Sinnsprüchen und didaktischen Erzählungen vor dem gläubigen Anhänger des Baalschem aufbaute, legte das Hauptgewicht nicht auf die politische Erscheinung des Messias, sondern wies jedem einzelnen seinen Anteil am messianischen Tun und Geschehen zu. Das tat auch die Kabbala; aber während sie den freien Strom des Lebens mit der christlichen Idee der

Askese abdrosselte, gab der Baalschem das ganze Leben mit seinen Höhen und Tiefen dafür frei. Aus diesem Element der Freudigkeit, um dessen Erneuerung sich auch Sabbatai und Frank bemüht hatten, floß der chassidischen Bewegung eine elementare Kraft zu. Ihre letzte Lebensfähigkeit aber schöpfte sie aus dem, womit wir früher den Unterschied zwischen Judentum und Christentum zu präzisieren versuchten: während hier der Erlösungsgedanke auf ein einmaliges Geschehen zurückgeführt wird, das nur noch »Nachahmung«, imitatio, verlangt, ist er dort in die jeweilige Gegenwart, in die Dauer jedes Augenblicks, in das ewig erneute Bemühen einbezogen. Dem Chassidim wird durch solche Lehre und Nachfolgeschaft das Leben wesentlich gemacht und geadelt. Das ungeheure Anwachsen dieser Bewegung ist ein Beleg für die noch nicht gebrochene Aktivität des mystischen, das heißt: des religiösen Impulses. Darum war der Chassidismus als Vorstellungswelt keine Sekte, und darum hörte er als Bewegung nicht mit dem Tode des Baalschem auf.

Das Haupt seiner Nachfolgerschaft ist Rabbi Dow Bär aus Mesritsch. Durch ihn wird das Einheitliche, aber Unverbundene der Glaubensäußerungen des Baalschem zu einer Ordnung, zu einem System. Daß auch andere Nachfolger des Baalschem eigene Systeme aufstellen konnten und daß im Laufe der Zeit der Süden des ostjüdischen Zentrums, Wolhynien und Podolien, eine andere Ausgestaltung der chassidischen Theorie aufweist als der Norden, wo die Herrschaft des Rabbinismus noch ungebrochener bestand, spricht an sich nur für die Lebensfähigkeit der Bewegung.

Die Bedingungen, unter denen sie entstand, die äußeren wie die inneren Bedingungen waren zwar der Herausbildung solcher Ideen sehr günstig, aber für ihre Verwirklichung denkbar gefährdend. Die Vorstellung von der Reinheit des Gedankens darf dem historisch Betrachtenden nicht den Blick dafür trüben, welches Menschenmaterial sich der Idee zur Verfügung stellte. Wenn man von Menschen, denen die Ungunst der Umgebung kaum den nackten Raum zum Leben läßt, eine solche innere Höhe ihres Alltages verlangt, so kann es nicht ausbleiben, daß sie sich nach einem Vermittler umsehen, der ihnen die ungewöhnliche Bürde eines täglichen Amtes abnimmt oder doch tragen hilft. Im Chassidismus entsteht dieser Mittler in der Gestalt des Zaddik, das heißt: des Gerechten, des Menschen, dem durch seine besondere Nähe zu Gott die Begnadung des Hellsehens, des prophetischen Blickes zukommt, der Wunder tun kann und der – gleich dem Priester der katholischen Kirche – die Vermittlung zwischen dem Menschen und Gott übernimmt. Mit einer ungeheuren Intensität hat sich das Volk diesen Zaddikim angeschlossen. Ihr leidenschaftlicher Drang, etwas zu verehren, und die beglückende

Gewißheit, den Gegenstand solcher Verehrung als etwas Greifbares, als Person in ihrer Mitte zu haben, schuf für den Zaddik zugleich einen weltlichen Hofstaat wie auch eine an Anbetung grenzende Form der Zuneigung. So verloren und verwaist war das Liebesbedürfnis dieser Menschen, daß solche Mittelpunkte der Verehrung spontan an vielen Orten zugleich entstehen. Überall, wo ein Schüler oder ein Nachfolger des Baalschem oder wieder Schüler und Nachfolger von ihnen wirken, entsteht um den Zaddik ein geschlossener Kreis von Anhängern, der sich mit eifersüchtiger Liebe gegen den anderen Zaddik und seinen Machtbezirk abgrenzt. Solche Auflösung der chassidischen Welt in Herrschaftsbereiche hat zur Folge, daß an vielen Orten Dynastien entstehen, daß die Würde des Zaddik ohne Rücksicht auf die Würdigkeit in der Familie erblich wird, daß neben dem wirklich Berufenen der Charlatan, der Nutznießer einer gläubigen Verehrung, das Amt degradiert. Immer, wenn Gläubige sich statt an eine Idee an eine Einzelperson klammern, ist dem Sektierertum der Weg bereitet. So geschah es auch hier. Aus der seelischen Notwendigkeit, der Gestalt des Zaddik die Vermittlungsfunktion zwischen Erde und Himmel zu verleihen, aus dem Verzicht auf eine gläubige Aktivität, die eben dem Zaddik überlassen wird, aus der Aufteilung in Parochialbezirke und der Erblichkeit des Amtes entsteht die Sekte; das heißt zugleich: die Entartung.

Von den besten der Zaddikim sind viele leidenschaftliche Versuche gemacht worden, dieser Entwicklung Einhalt zu gebieten. Es war nicht möglich, weil neben der inneren Ursache zu viel äußere Umstände auf die Bewegung eindrangen, auf die sie keinen Einfluß hatten. Die geringere Einwirkung war die aus dem Westen allmählich in den Osten eindringende »Aufklärung«, über die später zu sprechen sein wird. Ihre Wirkung war gering, mußte gering sein, weil zwischen allgemeiner Bildung und Befreiung des menschlichen Herzens kein notwendiger Zusammenhang besteht und folglich Einwirkungen der einen auf die andere Sphäre nicht selbstverständlich sind. Eine viel stärkere, weil negative Einwirkung ging hingegen von dem Rabbinismus aus, der in vielen Bezirken des jüdischen Ostens noch die ungebrochene Herrschaft besaß. Chassidismus und Rabbinismus, deren Verhältnis zueinander man etwa als das zwischen Kirche und Religion bezeichnen kann, hätten zwar ihrer grundsätzlichen Verschiedenheit wegen ohne Störung nebeneinander bestehen können; aber der Rabbinismus als eine im wesentlichen auf Disziplinierung eingestellte Geistesrichtung konnte nicht ohne Widerspruch zusehen, daß das Gesetz zwar befolgt, aber nicht mehr als selbständige Kraft verehrt wurde und daß der Zaddik an Ansehen und Wirkung den Rabbiner bei weitem in den Schatten stellte. So mußte zur Verschiedenartigkeit der Idee die

Scheidung ihrer Bekenner hinzukommen. Der Erfolg war die Spaltung der östlichen Judenheit.

Der litauische Rabbinismus unter Führung des letzten großen Scholastikers Rabbi Elia Wilnaer eröffnet 1772, gleichzeitig mit der ersten Teilung Polens, den Kampf. Chassidische Schriften werden von einem Rabbinatsgericht verurteilt und öffentlich verbrannt. Alle Gemeinden werden aufgefordert, diese »gotteslästerliche« Sekte zu vertilgen. Das Befolgen chassidischer Bräuche wird mit dem Bann bedroht. Die Chassidim, die in Wolhynien, Podolien und dem Kiewer Land die überwiegende Mehrheit darstellen, setzen sich kräftig zur Wehr. In wenigen Jahren stehen sich Chassidim und ihre Gegner, die sich Misnagdim nennen, in erbittertem offenem Kampfe gegenüber, in dem selbst vor Gewalttaten und gegenseitigen Denunziationen bei den Regierungen nicht zurückgeschreckt wird. In dem zu Rußland geschlagenen polnischen Gebietsteil mischt sich endlich die russische Regierung in diesen Kampf ein, der eine völlig politische Färbung bekommen hat, und besiegelt die eingetretene Spaltung dadurch, daß sie den Chassidim das Recht auf eigene Synagogen und Rabbiner zubilligt. Produktive Leistungen wurden allerdings durch dieses Gegeneinander von Kräften und Gesinnungen nicht freigemacht. Es wurde nur die anormale Situation des größten jüdischen Zentrums um ein Zersetzungsergebnis bereichert. Es wurde von neuem offensichtlich, daß der Lebensraum, in dem jüdische Ideen sich der Wirklichkeit zuwenden wollen, mit hemmenden Bedingungen übermäßig belastet war.

Hier im jüdischen Osten war die Belastung des Daseins eine doppelte insofern, als nicht nur das Leben nach wie vor unter dem Druck wirtschaftlicher Not und rechtlicher Beschränkung stand, sondern auch die geistige Atmosphäre der Umgebung nichts war als ein trübes Gemisch von mittelalterlicher Unbildung und klerikaler Geistlosigkeit. Was immer sonst in der Geschichte der Juden ein zeitweiliges Aufatmen und eine neue Sammlung der Kräfte bedeutet: die Entstehung eines neuen jüdischen Zentrums, wird jetzt, da sich dieser Vorgang in dem wachsenden russischen Reiche wiederholt, zum Gegenteil. In diesem neuen Zentrum bekommt die jüdische Tragik ihre bösartigste und entsetzlichste Demonstration.

Auch im Westen war das Leben des Juden weit davon entfernt, eine Annehmlichkeit zu sein. Daß er in einer Umwelt lebte, die in fortschreitender geistiger Bewegung war, machte für ihn die Situation eher schwerer als leichter, weil sie ihm seinen meilenweiten Abstand von einem menschenwürdigen Dasein zu vermehrter Kenntnis brachte. Ein kurzer Überblick mag die äußere Situation des Juden in den westlichen Staaten von der Mitte des 17. bis zur Mitte des 18. Jahrhunderts umreißen.

Nächst Polen besaß Österreich die größte jüdische Siedlung. In seinem Herzen, in Wien, legt man allerdings Wert auf eine möglichst starke Beschränkung der jüdischen Bevölkerung, und religiöses Sentiment in Eintracht mit wirtschaftlicher Konkurrenz hält die Juden in einem Schwebezustand zwischen Duldung, Ausweisung und erneuter Zulassung. Der Jesuitenzögling Leopold I. (1657–1705), den die Heirat mit der Infantin Margarete Theresia zu besonderem Glaubenseifer verpflichtet, läßt sich von einer besonders eingesetzten Kommission ein Gutachten über die Juden erstatten, das dahin lautet, daß unter den Juden eine antichristliche Verschwörung bestände. Daraufhin werden die Juden aus Wien und Nieder-Österreich ausgewiesen und ihr bisheriges Quartier, die Judenstadt, in Leopoldstadt umbenannt. Aber schon nach wenigen Jahren erstattet ihm die Hofkammer Bericht, daß der Handelsverkehr zurückgehe und die Preise aller Waren steigen, daß das Handwerk schwer darniederliege und die Staatskasse leer sei. Der religiöse Eifer Leopolds fügt sich der Erkenntnis, daß die Juden seinem Lande doch wohl wirtschaftlich nützlich sein könnten und daß die Führung seiner Kriege Summen verlangte, zu deren Beschaffung er der jüdischen Vermittlung bedürfe. So wird erneut Gelegenheit zur Bildung einer Kolonie von Juden gegeben, die auch die drückendsten Vorschriften notgedrungen in Kauf nehmen.

In den übrigen österreichischen Provinzen, in Böhmen, Mähren, Schlesien und Ungarn, die man als die vorgeschobenen Posten der polnischen Judenheit ansprechen kann, macht auch die Tatsache, daß dort seit Jahrhunderten Juden in dichten Siedlungen wohnen, solche Ausweisungsexperimente nicht unmöglich. Maria Theresia (1740–1780), mit einem besinnungslosen, hysterischen Judenhaß begabt, läßt ihren Zorn über ihre unglücklichen Kriege vor allem an den Juden Böhmens aus, die sie des Landesverrats bezichtigt und die sie, nach Abzug der preußischen Truppen Friedrichs II., den Ausschreitungen der österreichischen und ungarischen Soldateska preisgibt, um sie dann, im Dezember 1744, kurzerhand sämtlich auszuweisen. Drei Jahre lang irren die böhmischen Juden durch das Land und wissen einfach nicht, wohin sie sollen. Solche Barbarei ist doch schon geeignet, Aufsehen in der übrigen europäischen Welt zu erregen. England und die Niederlande legen sich ins Mittel, mit dem Ergebnis, daß die Ausweisung befristet und gegen entsprechend hohe Besteuerung zurückgenommen wird. Daß bei der ersten Teilung Polens die Provinz Galizien mit rund 150 000 Juden an Österreich fiel, wird weder die Kaiserin noch die Juden mit Freude erfüllt haben.

Die grundsätzliche Einstellung, die Österreich einer zahlenmäßig so bedeutenden Bevölkerungsschicht entgegenbrachte, kam in zwei Arten von Rechtsvorschriften zum Ausdruck. Einmal in der »Toleranz«, das heißt in der jeweiligen Duldung eines Juden. Solche Toleranz war teils erblich und setzte sich in der Familie des Tolerierten fort; teils war sie nur persönlich, verpflichtete also die Nachkommenschaft zur Auswanderung. Aber auch bei der erblichen Toleranz war eine Beschränkung auf einen männlichen Nachkommen möglich und vielfach üblich. Dieser Zustand ähnelt dann dem durch ein anderes Gesetz geschaffenen, das in Nieder-Österreich, Böhmen, Mähren und Schlesien zur Anwendung gebracht wurde, daß immer nur ein männlicher Nachkomme eine Familie begründen dürfe, beziehungsweise daß die Zahl der zulässigen Eheschließungen unter den Juden von vornherein ohne jede Rücksicht auf ihre natürliche Vermehrung festgelegt wurde und nicht überschritten werden durfte, so daß Tausende zum Zölibat oder zur heimlichen Ehe oder zur Auswanderung gezwungen wurden. Der offen eingestandene Zweck dieser Gesetze, die Zahl der Juden zu vermindern, war also die legale und zivilisierte Ablösung der bisher geübten Methode, sie durch Totschlag zu beseitigen.

Das Regulativ der antijüdischen Einstellung, nämlich die Möglichkeit, Geld vom Juden zu bekommen, ordnet auch in Preußen die Beziehungen zwischen der Regierung und den Juden. Die Mark Brandenburg, die sich mittels eines Ritualmordprozesses 1573 ihrer Juden entledigt hat, bekommt sie von neuem unter dem Großen Kurfürsten (1640–1688) durch die Einverleibung der Gebiete, die dann die Grundlage des brandenburgisch-preußischen Reiches bilden. Der Kurfürst hat in Holland gesehen, daß die Juden nützlich für den Staat sind. Darum gibt er ihnen Aufenthaltsrecht und Handelsfreiheit und setzt für sie seinen jüdischen Finanzagenten Behrend Levi als »Befehlshaber und Vorgänger« ein. Gegen den Unwillen der Stände schließt er auch mit 50 Familien anläßlich ihrer Ausweisung aus Wien einen zeitlich befristeten Vertrag über ihre Niederlassung. Auch seine Nachfolger bekunden dieses rein merkantile Interesse am Juden: Friedrich I., Friedrich Wilhelm I. und Friedrich der Große. Alle wollen sie Juden haben, aber nicht zu viele; und vor allen Dingen sollen sie reich sein, sollen Steuern und Abgaben leisten, sollen den Handel beleben und sollen die friderizianischen Experimente, die er in den königlichen Manufakturen anstellt, dadurch unterstützen, daß sie zwangsweise, besonders bei Eheschließungen, Waren daraus kaufen, vor allem Porzellan. Die Juden, die solchen Bedingungen genügen, genießen zwar keine Rechte, aber doch Protektion, die wieder – nach österreichischem Muster – ihre Einschränkung durch das Verbot erfährt, daß mehr als ein männlicher Nachkomme eine Ehe schließe. Den übrigen Juden, die diese teuren Privilegien nicht erzwingen können, wird, mit dem offenbaren Ziel, sie abzuschrecken und zu vertreiben, die Existenz durch eine strenge Einschränkung ihres

Rechts auf Niederlassung, Eheschließung und Erwerb bis aufs Äußerste erschwert.

Dieses System, die reichen Juden noch mehr zu begünstigen und die weniger reichen noch mehr der Verarmung zuzutreiben, wird auch in anderen deutschen Staaten befolgt. Während so der wirtschaftliche Aufstieg der breiten jüdischen Volksmasse künstlich gehemmt wird, wird ebenso künstlich eine Schicht von Kapitalisten gezüchtet, die teils als »Hoffaktoren« das Kreditbedürfnis der verschiedenen Staaten befriedigen müssen, teils darüber hinaus ihren entscheidenden Einfluß auf die europäische Finanzwirtschaft zu nehmen beginnen. Diese Erscheinung des jüdischen Finanziers ist späterhin von der nichtjüdischen Umgebung, als sie den Vorsprung des Juden einzuholen suchte, mit einem bedeutenden Posten auf der Passivseite des Judentums gebucht worden. Für eine Ideengeschichte des Judentums sind solche Vorgänge ohne Interesse. Die wirtschaftliche Entwicklung der Juden ist nichts, was grundsätzlich zum Wesen des Juden und zur Idee seiner Geschichte gehört. Wenn man – um ein Beispiel zu wählen – vom Wesen des Deutschen spricht, erwähnt man auch nicht seine zweifellos erhebliche merkantile Begabung; im Gegenteil liebt man es, von anderen Völkern nicht ohne den Unterton eines Werturteils als von »Krämervolk« zu sprechen.

Zusammenfassend kann man von der Lage der Juden in dieser Zeit und Umgebung sagen, daß sie in einem Zustand der Rechtlosigkeit mit latenter Judenfeindschaft lebten, in dem Ausweisungen und Geburtenbeschränkung die variierte Form der Judenverfolgung darstellten. Dabei ist anzumerken, daß die Behandlung in den katholischen Ländern eine bessere war als in den protestantischen. Aber hier wie dort war der Lebensraum des Juden von seiner schwersten Belastung, dem Martyrium, befreit. Lebenskräfte, die sonst die Sorge um das Schicksal des nächsten Tages mitzutragen hatten, begannen frei zu werden. In immer geringerem Umfange wurde auch das Interesse des Juden von den Angelegenheiten absorbiert, die er sonst, freiwillig wie gezwungen, in der Gemeinde, seiner Form der Autonomie, zu regulieren pflegte. Zu einer so starken Organisationsform wie die Kahale im Osten hatte sich ja die Gemeindeautonomie im Westen nie entwickeln können. Die vielfache Aufteilung des Siedlungsbezirkes in kleine Herrschaftsgebiete und das Fehlen kompakter Massen stand dem seit langem entgegen. Aber auch soweit solche Gemeinden noch mit straffer Organisation bestanden, mußten sie notwendig in ihrer verbindenden Kraft durch das Nachlassen des Rabbinismus Einbuße erleiden. Der Rest an Organisationsform, der übrigblieb, regelte nicht mehr das Leben des Juden, versah ihn nicht mehr für jede seiner Handlungen und für jeden Schritt in die Außenwelt mit einem verbindlichen Gesetz.

Dagegen geschah etwas anderes: die Regierungen begannen, in das Leben der Gemeinden einzugreifen. Es war ihnen, solange die Gliederung ihrer Staaten sich in einer ständischen Ordnung darstellte, wohl meistens nicht zum Bewußtsein gekommen, daß auch noch die einfachste jüdische Gemeinde in der Ordnung, die sie sich gab, nichts anderes darstellte als die autonome Verwaltung einer nationalen Minorität. Aber auch ohne diese Erkenntnis führte der wachsende Absolutismus dazu, daß die Regierungen ihren Willen, zu herrschen, zu reglementieren und zu bevormunden, auch auf die jüdischen Gemeinden ausdehnten. Dabei war das geringste, daß – wie es Preußen als Vorbild tat – die Wahl der Gemeindevorsteher oder Gemeindeältesten und dann die der Rabbiner zu ihrer Gültigkeit von der Zustimmung der Regierung abhängig gemacht wurde und daß hier und da die Wahl überhaupt unter staatlicher Aufsicht vor sich ging. Wichtiger war, daß – und dafür ist Österreich Vorbild – in die einzelnen Angelegenheiten der Gemeinden eingegriffen wird, daß sie – abgesehen von den Rechtsbeschränkungen, die für sie galten – genau vorgeschrieben bekamen, was sie innerhalb ihrer Gemeinden tun und lassen mußten, von der Einrichtung der Schulen bis zur Ausbildung der Lehrer und Rabbiner, von der Führung ihrer Geschäftsbücher bis zur Art ihrer Kleidung. So sehr solche Verordnungen auch Erziehungsversuche unfähiger Pädagogen sind, die nicht vom Mündel ausgehen, sondern von sich selbst, so ist doch das Entscheidende, daß darin eben Erziehungsversuche liegen, daß also der Staat dazu übergeht, auf den Juden auch zu anderen Zwecken als zur Erzeugung und Herbeischaffung von Geld einzuwirken.

Das ist ein Vorgang, der für die kommende Gestaltung der jüdischen Situation im Osten wie im Westen von ungewöhnlicher Bedeutung wird. Wenn früher das Kriterium des Staates sich überwiegend aus dem beherrschten *Territorium* selbst ableiten ließ – wobei es nicht darauf ankam, was alles an Ländern, Völkern, Sprachen und Kulturgebieten darin vereinigt war – wird es für das 18. Jahrhundert die *Herrschaft* über das Territorium, und zwar die absolutistische, die bei der immensen Kleinstaaterei besonders in Deutschland sich gern der »landesväterlichen« Umgangsform bediente. Das führte auf der einen Seite zum Bestreben, die Lebensform und Verhältnisse *aller* Untertanen zu ordnen, auch der minderen Rechts. Andererseits wird die Homogenität des Volkes, der Untertanen, der beherrschten Gruppe von Menschen, die mit dem Verschwinden der ständischen Ordnung wachsend eintrat, durch das Fortbestehen isolierter jüdischer Gruppen gestört. Was als das Ergebnis jahrhundertelanger Absonderung entstanden war, stellte sich tatsächlich als eine von der übrigen Bevölkerung stark und nachteilig unterschiedene

Bevölkerungsschicht dar. So wie die ewigen Rechts- und Berufsbeschränkungen weder imstande waren, das Rechtsgefühl des Juden zu stärken und in dem Kampf um das tägliche Stück Brot allzugroße Skrupel walten zu lassen, so wenig war das Beschränktsein auf eine aus dem Geiste des Rabbinismus orientierte Welt und der Ausschluß von den Bildungsmöglichkeiten der Umgebung geeignet, dem Juden die Zivilisationsstufe der Umgebung erreichbar zu machen. Es ergibt sich also der Zustand, daß ein altes Kulturvolk, gezwungen und freiwillig, aus Not und aus Notwehr als Prototyp der Rückständigkeit und Unbildung gelten konnte gegenüber einer Umwelt, die mitten in dem Prozeß war, ein Kulturvolk zu werden. Mithin konnten in dieser Welt und unter diesen Regierungsformen Juden Gegenstand einer erzieherischen Fürsorge werden.

Solche Erziehungsversuche stellen nicht etwa das Ergebnis eines plötzlichen humanitären Umschwunges dar und resultieren keineswegs aus dem Willen, dem Juden wirklich zu helfen oder gar das Unrecht langer Zeiten an ihm wieder gutzumachen; sie sind vielmehr der Versuch, ihn im rein egoistischen Interesse, im Interesse des Staates und des Glaubens und der umgebenden Majorität anzugleichen, unsichtbar zu machen, zu assimilieren; Versuche, das Problem Jude durch seine Beseitigung zu beseitigen. Die Beseitigung des Juden als Jude ist in der Tat das letzte und oft ausgesprochene Ziel aller Reglementierung, und selbst da, wo die Unmöglichkeit einer solchen generellen Lösung von vornherein eingesehen wird, machen die Regierungen und die Gesetze eine denkbar weitgehende Angleichung an die Umgebung zur Voraussetzung für die Aufhebung oder Lockerung der Rechtsbeschränkungen. An diesem Punkte, an der Verkoppelung von Rechtsgewährung und kultureller Angleichung schürzt sich der Knoten der Katastrophe, in der für ein schweres Jahrhundert die jüdische Gemeinschaft zerbricht und das Bewußtsein des Juden von Sinn, Inhalt und Anforderung seiner Geschichte mit gefährlicher Bedrohung und mit erheblichem Substanzverlust seine Orientierung verliert, um sie erst in unseren Tagen wiederzugewinnen.

Wenn ein Volk überhaupt eine Idee in seinem geschichtlichen Leben mit sich trägt und wenn diese Idee überhaupt derart beschaffen ist, daß ihr eine Weltgültigkeit zukommt, dann kann dieses Volk zu jeder Zeit und von jedem kulturellen Tiefstand aus ohne weiteres den Anschluß an die Weltkultur wiedergewinnen, wenn man ihm nur die Möglichkeit dazu nicht mit Gewalt verschließt. Dann ist auch *jede* Kultur geeignet, für diesen Anschluß das Medium zu sein. Als dieses Medium hat in der jüdischen Geschichte überwiegend die deutsche Kultur gedient. Es hätte auch eine andere sein können.

Für den Anschluß von Menschen an eine Kultur, die nicht die ihrige ist, bedarf es immer eines Anreizes. Für den Juden konnte er in dem Augenblick entstehen, in dem seine Existenz überhaupt den Raum dafür freigab und in dem ferner das allgemeine Kulturniveau der Umgebung – nicht die isolierte Leistung von Kulturträgern – den Wunsch zur Teilnahme an solchen Kulturgütern verständlich machte. Dieses Stadium begann um die Mitte des 18. Jahrhunderts wirksam zu werden. Und zwar war es nicht die Aussicht auf die mögliche Verbesserung der Rechtslage, die die ersten Juden aus ihrem umgatterten Bezirk Anschluß an die Weltkultur suchen ließ, sondern der Wille des Juden, sein geistiges Wirkungsbedürfnis aus der bisherigen Bindung zu befreien. Das war an sich schon nicht leicht. Auch da, wo günstige Lebensbedingungen entlastend wirkten und den Zugriff zu den bereitliegenden Kulturgütern freigaben, konnte das nur geschehen in Opposition gegen die traditionelle Ablehnung alles weltlichen Wissens, die vom Rabbinismus proklamiert war. Im Osten gehörte schon ein heroischer Entschluß dazu, weil solches Beginnen den Wissensdurstigen als Ketzer außerhalb der jüdischen Gemeinschaft stellte. Im Westen fehlte diese persönliche Tragik, dieses Zerfallen mit der eigenen Gemeinschaft. Die Tragik lag genau auf der entgegengesetzten Seite. Der Zerfall mit der eigenen Gemeinschaft wurde immer leichter in Kauf genommen. Aber daß der mit der eigenen Gemeinschaft zerfallene Jude nicht in der anderen Gemeinschaft, um deren Kultur und Zivilisation er sich bewarb, empfangen und aufgenommen wurde, empfand er als eine tragische Ungerechtigkeit.

Wir nehmen hier den Begriff »Zerfall« in seiner weitesten Anwendungsmöglichkeit und verstehen darunter auch diejenige Situation, in der ein Jude zwar darauf besteht, im Judentum zu verbleiben, zugleich aber durch eine Interpretation des Begriffes Judentum ihm de facto den Charakter einer Gemeinschaft nimmt. Bisher hatte es das Judentum nicht nötig gehabt, sich in seiner Art und in seinem Wesen zu definieren. Es existierte und stellte die Tatsache seiner Existenz niemals zur Diskussion; höchstens zu einer Betrachtung darüber, daß es trotz der vielen Verfolgungen immer noch existiere. Jetzt erwies sich, daß das Judentum nicht mehr aus seinem vollen Bestande lebte; denn was nicht so lebt und seine Begründung in der Tatsache seiner Existenz selbst findet, muß sich mit Ideen und Konstruktionen begründen. Das geschah jetzt; und es geschah mit einer doppelten Belastung, die eine Fehlbetrachtung unvermeidlich machte: das Volk, das sich immer geweigert hatte, fremde Geschichte zu erleben, war auch in seiner Fähigkeit verkümmert, die eigene Geschichte zu begreifen; und was es von seiner Art noch begreifen konnte, stand unter dem Zeichen des Interesses, des bewußten oder unbewußten Zweckes, die Aufhebung ihrer Rechtsminderungen zu erreichen. Und es war selbst in diesem Rest zweckhaften Denkens nicht einmal frei und unbeeinflußt. Vielmehr wurde ihm der Weg ihrer Begründung im wesentlichen durch die Argumentation, mit der die Umgebung ihm die Rechtsgleichheit vorenthielt, vorgezeichnet. Die Interessierten und Gebildeten unter den Christen, die wirklich etwas zu diesem Thema zu sagen hatten und die sich ihre Argumente nicht nach dem Ressentiment oder nach einem durchsichtigen geschäftlichen Interesse zurechtbogen, standen auf dem Standpunkt, daß die europäischen Staaten, besonders aber die deutschen, ihrer Natur nach christliche Staaten seien, daß Staat und Religion in der Einheitsform als Staatsreligion dastünden und daß in einem solchen Gefüge zwar für Juden als geduldete Untertanen, als Objekte, aber nicht für den Judaismus und nicht für seine Bekenner als mitwirkende Subjekte Raum sei. Hier enthüllt sich für den um den kulturellen und rechtlichen Anschluß kämpfenden Juden eine schwierige Situation. Nicht nur bei ihm, als dem Unterdrückten, war die ganze seelische, geistige und soziale Struktur zwangsläufig geworden, sondern mehr noch bei den Unterdrückern, bei der christlichen Umwelt. Die Bereitschaft, davon abzuweichen, war aber bei den Juden weitaus größer als bei den Christen. Intoleranz, Rassenhochmut und Religionshaß waren eben integrierende Bestandteile auch des »neuzeitlichen« Menschen. Keine Höhe geistiger Kultur ersetzte ihm das Manko, die Beziehung von Mensch zu Mensch als das letztlich bestimmende und entscheidende Element in der Entwicklung der Menschheit und des Geistigen begreifen zu können. Er kannte die erhabensten Gefühle, aber nicht den Begriff Mit-Mensch in seiner letzten Konsequenz. Man kann über den produktiven Einfluß des Christentums auf die abendländische Kultur sehr verschieden denken, immerhin war der Jude, der in den von solcher Kultur beherrschten Staaten als Mensch gleicher Legitimation wie jeder andere Mensch leben wollte, gezwungen, sich gegen ihre Argumentation zu verteidigen. Er tat es aktiv dadurch, daß er an das Humanitätsgefühl der Umgebung appellierte, und passiv dadurch, daß er das Judentum in seiner grundlegenden Existenzform als Volk auf dem Wege der Auslegung zu beseitigen versuchte.

Mit solchen Feststellungen ist zugleich das Prinzipielle ausgesagt über eine Erscheinung, die als der Prototyp solcher Haltung im guten wie im bedenklichen Sinne gelten kann: Moses Mendelssohn. Er stammt aus dem kleinen, beengten, jüdisch-bürgerlichen Milieu, in dessen Rahmen die Mehrzahl der jüdischen Existenzen verlief. Er ist gewiß nicht der erste und der einzige Jude, der aus solcher Umgebung in die Freiheit des Denkens ausbricht, und den Leistungen, die er in dem neuerschlossenen Kulturbezirk hervorbringt, kommt weder nach Form noch Inhalt eine besondere Originalität und schöpferische Kraft zu. Sein Schaffen interessiert nur insofern, als es einen Beleg für die Leistungsfähigkeit des Juden selbst nach der Isolierung von Jahrhunderten darstellt. Sein historisches Format erhält er dadurch, daß seine Aufklärungsphilosophie den Generationen um ihn und nach ihm das Rüstzeug an die Hand gibt, aus dem lebendigen Gesamt des Judentums die Religion als das alleinige Kriterium abzulösen und in ihr der Vernunft einen solchen Platz einzuräumen, daß sie darüber sowohl den Kontakt mit dem Leben wie auch ihre transzendente Gewalt verliert. Ein solches Ergebnis hat er sicher nicht gewollt. Sein ethisches Pathos ist groß und bestechend. Er hatte es sich zum Ziel gesetzt, zwischen Judentum und Umwelt zu vermitteln; dem Juden die christliche Kultur und dem Christen den jüdischen Mitbürger annehmbar zu machen. Dafür mußte er ein Doppeltes tun: unter den Juden Aufklärungsarbeit leisten und unter den Christen Apologie für das Judentum treiben. Beides tat er mit der reinsten und saubersten Intention.

Als ein grundlegendes Mittel, dem Juden die deutsche Sprache zugänglich zu machen (der jüdisch-deutsche Mischdialekt war immer noch weit verbreitet) und ihm damit das Tor zur deutschen Kultur zu öffnen, betrachtet er die Übersetzung des Pentateuch in die deutsche Sprache. Das war ein von vornherein verfehltes Unternehmen. Wir haben früher schon betont, welche Wichtigkeit der Übersetzung der Bibel in ein fremdes Sprachelement zukommt, daß sie das Aufreißen der Tore zu einem Bezirk bedeutet, der nicht nur Angelegenheit des jüdischen Volkes ist, sondern Weltgeltung beansprucht. Wir identifizieren uns in diesem Punkte mit der Auffassung von Franz Rosenzweig: »So ist das Eintreten eines Volkes in die Weltgeschichte bezeichnet durch den Augenblick, wo es sich die Bibel übersetzend aneignet.« Solche Übersetzungen können aber nicht willkürlich und zu einem beliebigen Zeitpunkt geschehen, sondern nur dann, wenn die innere Situation eines Volkes es rechtfertigt, wenn das Hereinnehmen der Bibel in die eigene Sprache und das eigene Kulturgefühl eine Übersetzung zur historischen Notwendigkeit machen. Darum bleibt jede zufällige oder zu Erziehungszwecken oder aus wissenschaftlichen Gründen *gewollte* Übersetzung bestenfalls im Philosophischen verhaftet; und deshalb *mußte* Luther die Bibel übersetzen, während Mendelssohn dem Juden nicht mehr die Bibel geben konnte, sondern nur eine zu erzieherischen Zwecken erfolgte Übertragung in ein anderes Idiom. Er selbst ist aber der lebendige Beweis dafür, daß es zur Erlernung und Beherrschung der deutschen Sprache nicht gerade einer Bibelübersetzung bedurfte.

Immerhin entsprang diese Übersetzung, die von den polnischen Rabbinern in Deutschland und Österreich leidenschaftlich bekämpft wurde, den lautersten Absichten. Der Humanitäts- und Toleranzgedanke, wie ihn sein Freund Lessing in seinem Schauspiel »Nathan der Weise« Gestalt annehmen ließ, beherrschte ihn ganz, und daß sein Haus der Treffpunkt der Idealisten um Lessing werden konnte, hat ihm wohl den Blick dafür getrübt, auf eine wie geringe Schicht der Humanitätsgedanke in Deutschland beschränkt war. Er konnte also guten Glaubens annehmen, daß der Zweck seiner Übersetzung, die Juden in die deutsche Sprache und Kultur einzuführen, ihnen in der Gesamtheit die liebevolle Aufnahme bereiten würde, die er selbst gefunden hatte. Aber schon die ersten tastenden Versuche, die er nach dieser Richtung machte, ergaben ein Echo, das ihn hätte aufmerken lassen müssen. Er hatte seinen Freund Markus Herz veranlaßt, die Schrift des Manasse ben Israel, »Rettung der Juden«, ins Deutsche zu übertragen, und hatte dazu ein Vorwort geschrieben, in dem er für die wirtschaftliche und bürgerliche Freiheit der Juden eintrat. Gegen solches Verlangen erhob sich eine lebhafte Polemik in Flugschriften und Aufsätzen, die im wesentlichen alle auf den gleichen Ton gestimmt waren, nämlich auf die schon gekennzeichnete Idee, daß Deutschland ein christlicher Staat sei, in dem eben das Christentum Staatsreligion sei, und daß in solchem Staate dem Judentum keine Gleichberechtigung zukomme.

Es konnte natürlich nicht Mendelssohns Aufgabe sein, in diesem Streite zu beweisen, daß dieser Idee des christlichen Staates gar keine Wirklichkeit des Christentums zugrunde lag, sondern höchstens die Verkoppelung von Staatsgewalt und Kirchenherrschaft, und daß der Hauptwert, man könnte sagen: der Gebrauchswert solcher Theorie im Negativen, das heißt in der Abwehr von Fremden und Andersgläubigen, bestand. Er beschränkte sich in seiner Schrift »Jerusalem oder über religiöse Macht und Judentum« mit Recht auf die grundsätzliche Untersuchung der Frage, wie in einem Staate die Kompetenzen der Staatsgewalt und der Religion gegeneinander abzugrenzen seien, und kommt dabei zu dem richtigen Ergebnis, daß der Staat Handlungen, aber nicht Gesinnungen seiner Bürger erzwingen könne. Aber indem er sich nun bemüht, für den konkreten Fall die Stellung des Judentums dazu festzulegen, erwächst aus seinen Anschauungen eine Gestalt des Judentums, die mit dem historischen Befund nichts mehr zu tun hat. Den Judaismus als einen geschichtlichen Prozeß zu erfassen, ist er nicht imstande. Dieses Beieinander von nationaler und religiöser Potenz wird ihm nicht mehr sichtbar, weil er von der Idee der Humanität völlig besessen ist und solche Einstellung, so edel sie immer sei, doch leicht Gefahr läuft, vor dem ersehnten Ziel allmenschlicher Verständigung den historischen Ablauf des Gewordenseins zu übersehen. Es ist eine schöne, aber nicht zureichende Besessenheit. Der Wille zum Menschlichen kann Entwicklungen herbeiführen, aber geschehene Entwicklungen nicht rückgängig machen. Das Nationale darf gewiß nie Selbstzweck werden, sondern muß immer Zweckform bleiben; aber innerhalb dieser Zweckform, wenn sie nur richtig angewandt wird, liegt die Möglichkeit beschlossen, das Menschliche mit seiner jeweiligen Variante zur Reife zu bringen.

Mendelssohn hat nur noch einen Blick für die jüdische Religion, und auch sie begreift er, da er sie von ihrem Ursprung ablöst, nur nach den persönlichen Möglichkeiten seines Geistes. Sie ist ihm generell geoffenbartes und durch Tradition geheiligtes und übermitteltes Gesetz. Er selbst war gesetzestreu und suchte folglich nach einer religiösen, gläubigen Begründung dafür. Darum glaubt er an die Offenbarung. Aber andererseits ist er Humanist und Aufklärer, braucht also die Vernunft als Inhalt des Gesetzes. Und er betont sie sehr. »Die Religion meiner Väter weiß, was die Hauptgrundsätze betrifft, nichts von Geheimnissen, die wir glauben und nicht begreifen müßten. Unsere Vernunft kann ganz gemächlich von den ersten sicheren Grundbegriffen der menschlichen Erkenntnis ausgehen und versichert sein, am Ende die Religion auf ebendem Wege anzutreffen. Hier ist kein Kampf zwischen Religion und Vernunft, kein Aufruhr unserer natürlichen Erkenntnis wider die unterdrückende Gewalt des Glaubens.«

So wird also unter seinen Händen das Judentum zu einer Religion der Vernunft, die gemächlich da wandelt, wo in den großen Anfängen und den großen Bemühungen die Seele des Juden sich erschrocken, aber bewußt dem Geheimnis auslieferte. Das Geheimnis des Angerufenseins kennt er nicht mehr. Es verstummte vor dem Pathos seines sittlichen Ernstes. Für seine ständige Forderung nach Wahrheit, Frieden, Humanität schien ihm seine Auffassung vom Judentum eine zureichende Grundlage. Aber mit einer halben Wahrheit lebt sich verfänglicher als ohne Wahrheit. An sich hatte Mendelssohn recht: dem Judentum ist das Gesetz gegeben, nicht die Religion. Aber die Religion war da. Aus ihr erst entsprang das Gesetz mit der Notwendigkeit, mit der Gemeinschaften Normen für ihr Dasein aus sich entlassen. Das Gesetz diente einem Volke zur Realisierung seiner Religion. Es war nicht ihr Inhalt. Dieses Verkennen des historischen Zusammenhanges, ein Produkt des Gettos, führte zum Begreifen eines Judentums, das nicht existiert hat. So labil, so begrifflich auflösbar, so privat und allgemein zugleich ist dieses sein Judentum, daß ein Mann wie Lavater daraufhin den Versuch wagen konnte, diese »sokratische Seele« für das Christentum zu gewinnen.

Eine solche Verbiegung der jüdischen Idee hätte ohne Folgen bleiben können, wenn sie nicht in den Bereich einer geistigen Haltung geraten wäre, die man herkömmlich als »Aufklärung« bezeichnet. Solche Aufklärung ist ein sehr zweischneidiges Instrument. Sofern sie bezweckt, den Menschen zum Gebrauch seines gesunden Menschenverstandes anzuregen, das Vorurteil durch die Erkenntnis abzulösen, die sture Herkömmlichkeit durch das Verständnis für die Wandelbarkeit von Formen, kann sie nicht hoch genug eingeschätzt werden. Aber mit ihr ist meist ein flacher Rationalismus verbunden, eine Anbetung der Vernunft und des Vernünftigen, eine lächerliche Technik der Desillusionierung, eine fast hämische Freude am Auflösen des Wunderbaren, des nicht Auflösbaren. Das Ideal des Aufklärers ist Zivilisation und allgemeine Bildung; als Beigabe zu einem Dasein schätzenswert; als Inhalt eines Daseins unzureichend.

Auf dieser Linie bewegen sich die jüdischen Aufklärer, die aus dem Kreise um Mendelssohn ihren Ursprung nehmen. Sie wollen den Juden erziehen, ihm Geschmack, Wissen, ästhetisches Gefühl vermitteln. Sie wollen die Differenz zwischen der allgemeinen Haltung des Juden und der der Umgebung ausgleichen. Sie wollen es anfänglich noch auf einer doppelten Ebene: auf der der Allgemeinbildung und des jüdischen Wissens; durch Reform der jüdischen Schule und durch Erneuerung der hebräischen Literatur. Die erste »Jüdische Freischule« und die erste moderne hebräische Zeitschrift »Ha'Meassef« (der Sammler) entstehen in dieser Zeit (1778 und 1783). Beide Institutionen haben ihr unbestrittenes Verdienst für die Bewältigung des Pensums, das der Jude nachzuholen hatte. Sie haben diesen Prozeß, der auch eines Tages von selbst eingesetzt hätte, beschleunigt. Sie gaben ihm aber auch seine besondere Zweckbelastung. Sie wollten den Weg freimachen für die Erlangung der bürgerlichen Gleichberechtigung. Sie wollten eine Judenheit schaffen, die sich in Sprache, Bildung und möglichst auch in der Lebensform von der Umgebung nicht mehr unterschied. Sie wollten das abgesonderte Dasein des Juden in das allgemeine Dasein der Menschen in Staat und Gesellschaft einmünden lassen. Sie hielten den Vorwurf der Umgebung, daß der Jude abgesondert lebe, für berechtigt; und darum wollten sie diesem Vorwurf den Boden entziehen. Sie liebten Bildung mit der ganzen intellektuellen Leidenschaft des Juden. Darum lieferten sie sich ihr hemmungslos aus. Sie sahen in dieser Welt des Geistigen Ansätze zu wirklicher Humanität und wirklicher Toleranz. Darum überschlug sich in ihnen das Gefühl der Rechtlosigkeit zum Pathos des Gleichheitskampfes. Sie wußten sich, was ihre Liebe zur Kultur der Umgebung anging, den anderen mindestens gleich. Darum empfanden sie die Rechtsbeschränkungen um so bitterer. Sie hielten sich aber für verpflichtet, nicht nur eine Forderung zu stellen, sondern Konzessionen zu machen. Und diese Konzession war der Verzicht weniger auf das Abgesondertsein des Juden als vielmehr auf den letzten Grund der Absonderung: die Andersartigkeit des Juden. Da die Welt noch nicht dafür reif war, solche Andersartigkeit zu dulden, mußte die Andersartigkeit nach Möglichkeit beseitigt werden. Als ihren Grund begriffen sie nur das außen am Rande Liegende: die erstarrte rabbinische Denkwelt und die nicht mehr lebensfähige Gettowelt. Statt auf die Gründe der Entwicklung einzuwirken, wirkten sie auf die Erscheinungsformen ein. Statt nach einer neuen Verankerung im Herkommen, im Ursprung zu suchen, rissen sie die Tore zu einer neuen Welt, zur Angleichung, zur Assimilation auf.

Während der jüdische Osten den Krisenpunkt aus dem Herzen her überwand und damit einen neuen Impuls weitervererben konnte, wenn auch dem Chassidismus selbst nur eine kurze Blütezeit beschieden war, wurde hier im Westen aus dem Ressentiment und der Vernunft, aus einem intellektualistisch gefärbten Humanismus, kurz: aus dem Gehirn her, der Krisenpunkt umgangen. Der Osten gab eine Möglichkeit für die Zukunft; der Westen suchte nach einer Möglichkeit für die Gegenwart. Der Osten hat das jüdische Problem vertieft; der Westen hat es verschleppt. Der Osten hat der jüdischen Geschichte eine neue Rechtfertigung gegeben; der Westen hat sie gefälscht.

Daß die jüdische Gegenwart das Erbe von beiden angetreten hat, ist ihr eigentliches Problem.

VOM KAMPF UM DIE GLEICHBERECHTIGUNG BIS ZUR JÜDISCHEN RENAISSANCE

Experimente

Die äußere Situation des Juden in der Welt war bis in das 18. Jahrhundert hinein verhältnismäßig einfach: der Jude hat Pflichten, aber keine garantierten Rechte; er erfüllt wirtschaftliche Funktionen, aber er steht nicht im sozialen Verband; er ist Insasse, aber nicht Einheimischer; er ist Gegenstand einer Gesetzgebung, aber nicht Bürger; er ist Mensch, aber er ist dafür bestimmt, daß sich die Instinkte der Umgebung an ihm abreagieren; er ist der Träger des Monotheismus, aber er wird im Namen des Monotheismus massakriert.

Diese schlichte Situation erfährt jetzt eine Komplikation, und zwar sowohl von seiten des Juden wie von seiten der Umgebung aus. Durch das Nachlassen der geistigen Bindungen aus dem Judentum selbst und durch die Aufnahme der neuen Bindungen an die Kultur der Umgebung entdeckt der Jude die Diskrepanz in seinem äußeren Dasein und sucht sie zu beseitigen, indem er die Äußerung und Umbiegung seiner Voraussetzungen, seiner Geschichte, seines Gewordenseins und seines Bestandes in diesen Änderungsversuch einbezieht. Der Jude beginnt das Experiment mit sich selbst. Die Umgebung entdeckt, daß die Anwesenheit von Juden im Organismus der verschiedenen Staaten mehr ist als nur ein Faktum, sie ist ein Problem. Ihre eigene Entwicklung hindert sie, an diesem Problem ohne Lösung vorüberzugehen. Ehe es zu der generellen Lösung kommt, die in der Beseitigung der Rechtsungleichheit besteht, versuchen die meisten Staaten, den geistigen und zivilisatorischen Zustand der Juden so weit zu ändern, daß die bisherige Unterschiedlichkeit möglichst beseitigt ist. Es beginnt das Experiment mit dem Juden.

Um zu verstehen, von welcher Grundlage aus diese Experimente jeweils einsetzen, müssen wir erneut einen Rückblick über die objektive Rechtslage der Juden in den einzelnen Ländern geben. Dabei ist die Feststellung wichtig, daß der jüdische Umkreis sich durch zwei neue und zwei alte Länder vermehrt hat, durch Nordamerika und Rußland als die neuen, durch Frankreich und England als die wieder in Angriff genommenen Siedlungsgebiete.

Nach der Vernichtung der ersten jüdischen Siedlungen Amerikas durch die Inquisition setzt um 1650 eine neue Besiedlung ein, die sich auf den Nordrand Südamerikas, die Antillen, Britisch-Westindien und Nordamerika ausdehnt. In Nordamerika, das keine kirchliche Tradition hat, sind nur Reste des aus Europa verschleppten Widerstandes gegen die Juden spürbar. Das Fehlen einer kirchlichen Erziehung wirkt sich denn auch im entscheidenden Moment der amerikanischen Geschichte, im Unabhängigkeitskrieg (1775–1783) aus. Die Juden nehmen an diesen Kriegen teil, die meisten auf seiten der Freiheitskämpfer. Daß auch hier ein Jude, Chaim Salomon, die Revolution finanzieren muß, ist beinahe selbstverständlich. Die Rechtsgleichheit der Juden bildete hier kein besonderes Problem. Sie war implizite schon vorhanden in der Unabhängigkeitserklärung von 1776: »Alle Menschen sind als gleich erschaffen, und allen hat der Schöpfer bestimmte unveräußerliche Rechte verliehen: das Recht auf Leben, Freiheit, Glück . . .« Man erkennt: hier spricht Religion, nicht Kirche. Die Formulierung in der Bundesverfassung war die Konsequenz: »Keinem Menschen, der die Existenz Gottes anerkennt, dürfen von Gesetzes wegen die bürgerlichen Rechte abgesprochen werden, wie er überhaupt seiner religiösen Überzeugung wegen keinerlei Bedrückung ausgesetzt werden darf.« Damit scheidet Amerika zugleich aus der Geschichte der Emanzipation aus.

In Frankreich wird das jüdische Problem erneut praktisch durch das Eindringen von Marranen nach Südfrankreich und durch die Angliederung des Elsaß mit seinem alten aschkenasischen Bestand an Juden. Den sephardischen Juden gegenüber, die mit erheblichem Kapital und weitreichenden Handelsbeziehungen ins Land kommen, hält die französische Regierung um des Prinzipes willen die Fiktion aufrecht, daß sie es hier mit Portugiesen zu tun habe, selbst noch zu der Zeit, als sich diese Portugais längst als Juden bekannt haben. Ihnen verleiht Ludwig XVI. im Jahre 1776 das freie Wohnrecht für Frankreich. Für die Juden im Elsaß entschließt er sich (1784) nur zur Aufhebung des Leibzolls; im übrigen behandelt er sie traditionell, das heißt: er legt ihnen bei völliger Rechtlosigkeit unerhört schwere materielle Verpflichtungen auf und sucht im übrigen den Bestand durch Beschränkung der Eheschließungen zu vermindern. In den übrigen

Provinzen werden Juden nur vorübergehend zum Abschluß von Handelsgeschäften geduldet.

Marranen waren es auch, die auf ihrer Flucht vor der Inquisition kurz vor dem Ausbruch der englischen Revolution in England wieder auftauchten. Die Situation war ihnen günstig. Der Puritanismus mit seinem religiösen Fundament sah hier eine Möglichkeit, historisches Unrecht wieder auszugleichen, während Cromwell darüber hinaus wirtschaftliche und politische Vorteile begriff: er wollte von dem großen Handelsrivalen Holland die Juden zu sich herüberziehen und die immer noch andauernde marranische Wanderung nach England ablenken. Aber es gelang ihm nicht, seine Absicht auf dem Wege der Gesetzgebung zu realisieren. Es blieb einstweilen bei dem wohlwollenden Interesse. Dabei spielte die ständig zunehmende wirtschaftliche Verknüpfung eine erhebliche Rolle. Karl II., der in Flandern im Exil war, sagte den Amsterdamer Juden Unterstützung zu, wohingegen sie ihm ihre finanzielle Hilfe versprachen. Diese englisch-holländische Bezeichnung wird unter Wilhelm III. noch enger, die wirtschaftliche Bedeutung der Juden in England noch größer. Die Börsen von Amsterdam und London werden von den Juden beherrscht. In Einzelfällen wird angesehenen Juden auch die Naturalisation verliehen, aber wie das Parlament im Jahre 1753 ein Gesetz erläßt, wonach alle Juden, die länger als drei Jahre in England ansässig sind, beim Parlament ihre Naturalisation beantragen können, muß es im nächsten Jahr auf den Protest der interessierten Bevölkerungsklassen wieder aufgehoben werden. So blieb bei wachsendem Einfluß in Handel und Industrie und bei erheblichem kulturellen Niveau ein Zustand der Freiheit, der nur des Rechtstitels entbehrte, noch für ein Jahrhundert bestehen.

Auch Holland beschränkte sich darauf, den Juden Gewissensfreiheit und die Selbständigkeit ihrer Gemeindeverwaltung zu geben. Die bürgerliche Gleichheit erkannte es ihnen nicht zu. Während es die reichen Juden, die an der Ost- und Westindischen Kompanie erheblich beteiligt waren, begünstigte, hielt es die große Masse der Juden unter Druck, indem es ihnen alle Berufe untersagte, für die Zünfte oder Gilden bestanden.

Im Kirchenstaat ist das jüdische Problem über das Getto mittelalterlichen Formats noch nicht hinausgekommen. Noch immer sind die Juden auf ihren Wohnwinkel beschränkt, noch immer sind Kleinhandel und Handwerk die einzig erlaubten Betätigungen, noch immer werden ihnen in ihrer Armseligkeit horrende Steuern für die Kurie abgepreßt (die kleine römische Gemeinde hatte zu Beginn des 18. Jahrhunderts über eine Million Mark Schulden), und noch immer werden ihnen Kinder zwecks Taufe gestohlen.

Auch Spanien und Portugal halten – mit dem Mittel der Inquisition –

ihr Judenproblem aufrecht. Dreihundert Jahre nach dem »Heiligen Krieg« gibt es noch heimliche Juden in Spanien. Noch immer muß folglich die Inquisition in Spanien arbeiten. Die Verbrennung von Menschen um ihres Glaubens willen ist Bestandteil der öffentlichen Unterhaltung geworden wie die Stierkämpfe. Für die Vermählung Karls II. mit der Nichte Ludwigs XIV. wird in Madrid ein pompöses Autodafé veranstaltet, bei dem noch 86 Ketzer, darunter 50 judaisierende Marranen, verbrannt werden können. In der Zeit von 1720 bis 1730 finden noch über 100 solcher »Glaubensakte« statt. Immer noch fliehen Marranen. Daß hier die Frage einer Gleichberechtigung der Juden überhaupt nicht auf die Tagesordnung kommen konnte, ergibt sich schon daraus, daß es für die spanische Auffassung keine Juden im Lande gab, sondern nur abtrünnige Christen.

Das gleiche gilt für Portugal, sogar noch im verschärften Maße. Die erste Hälfte des 18. Jahrhunderts ist noch angefüllt mit zahllosen Opfern der Inquisition. Es trifft wohl zu, was Montesquieu in seinem »Esprit des lois« 1748 über die Inquisition sagt: »Wenn jemand in künftigen Zeiten die Behauptung wagen sollte, daß in unserem Zeitalter die Völker Europas bereits zivilisiert gewesen seien, so werdet ihr als Beweis dafür dienen, daß sie Herden von Barbaren waren.«

Es ist erschreckend, zu sehen, welch geringer Mittel es bedurfte, um der Inquisition das Handwerk zu legen. 1751 verfügt Joseph I. von Portugal, daß Inquisitionsprozesse fortan unter Einhaltung der allgemeinen Rechtsvorschriften stattzufinden hätten und Urteile nur mit Zustimmung der Regierung vollstreckt werden dürften. Damit ist die Inquisition faktisch erledigt, denn wenn sie Rechtsgarantien einhalten soll und nicht mehr unbeaufsichtigt ihr grauenhaftes Gewerbe treibt, kann sie nicht existieren.

Auch in Polen hat sich an der grundsätzlichen Haltung gegenüber dem Juden nichts geändert. Wie sollte dieses Land auch einem fremden Volksteil gegenüber zu einer Einstellung der Vernunft kommen, wo nicht einmal seine eigenen Bestandteile sich unter der Katastrophe der wiederholten Aufteilung ihres Reiches unter Preußen, Österreich und Rußland zu einer Verständigung bequemen konnten? Nicht einmal im Judenhaß herrscht Einigkeit. Nichts kann die Situation klarer umreißen als die Erklärung der Plocker Synode von 1733: »Wohl wissen wir, daß man dieses ungläubige Geschlecht in anderen Gemeinden des Reiches sowie im Auslande duldet, doch bezweckt man hiermit nur die Bekehrung des Restes Israels . . . Es geschieht dies aber auch zu dem Ende, damit die unter uns lebenden Juden uns an die Leiden Christi des Herrn gemahnen und damit sich an ihnen, unseren Sklaven, in ihrer Schmach und Not die göttliche Gerechtigkeit kundtue . . .« Aber die Schlachta, deren Konkurrenz sie sind, meint: »Mehr von Geldgier als von religiösem Eifer geleitet, verlegen sich die Vertreter der Geistlichkeit darauf, allerlei Vorwände ausfindig zu machen, um die Juden zu bedrängen.«

Von der dreifachen Teilung Polens wird, wie mehrfach erwähnt, die Judenheit sehr empfindlich betroffen, am schwersten aber der Teil, der unter die Herrschaft Rußlands gerät. Diese Einverleibung in das Moskowitische Reich bedeutete für Hunderttausende von Juden, ohne daß sie sich vom Fleck rührten, ihre Verschleppung nach Asien und ihre Auslieferung an das früheste Mittelalter. Denn Rußland war bislang gegen Juden hermetisch abgeschlossen, und es scheint ein Gesetz zu sein, daß jedes Volk, in dessen Mitte Juden geraten, erst alle Stadien der Reaktion durchlaufen muß; als ob der Jude dazu bestimmt sei, daß alle Völker in ihrer minderen Entwicklung ihre ungereiften Instinkte an ihm abreagieren müssen. In diesem Sinne hatte Rußland ein reichliches Jahrtausend Entwicklung und Reaktion nachzuholen. Es hat kein Mittel unversucht gelassen, dieser Aufgabe gerecht zu werden.

Der Russe kannte den Juden nicht. Als die Ausbreitung der Diaspora die Grenzen Rußlands berührte, war es schon verriegelt, weil die Annahme des griechisch-katholischen Glaubens an sich schon, den westlich angrenzenden Ländern gegenüber, eine Isolierung bedeutete, die zudem durch einen besonderen Fanatismus der Gläubigkeit unterstrichen wurde. Nur aus der Erziehung der Geistlichkeit kannte das Volk den Juden als eine Erscheinungsform des Antichrist, als ein satanisches Wesen. Die ersten Juden, die es zu sehen bekam, waren die Gefangenen des Krieges gegen Polen 1655/1656. Davon wurde ein Teil mit Gewalt getauft und festgehalten; aber die Ungetauften gab man an Polen zurück. Trotzdem dringen die Juden unter dem übermächtigen Druck wirtschaftlicher Not in die russischen Randgebiete ein, nach Kleinrußland und Smolensk, aber nur, um dort sehr bald das Schicksal der Ausweisung zu erfahren. Andererseits wächst die jüdische Bevölkerung Rußlands durch die Annexion neuer Gebietsteile. 1668 kommt der Bezirk Kiew, das fanatische Zentrum der russischen Orthodoxie, zu Rußland. 1772 gliedert es sich Weißrußland mit 100 000 Juden an. Mit diesem Gebiet zusammen bilden die Ukraine und Litauen, die mit der 2. und 3. Teilung Polens zu Rußland geschlagen werden, das Gebiet Westrußland. Aber die neue Staatszugehörigkeit der Juden erschließt ihnen nicht etwa das Land als Ganzes, sondern sie bleiben von Anfang an auf ihr bisheriges Siedlungsgebiet beschränkt. Es entsteht der sogenannte Ansiedlungsrayon, der schon mit dem Ausgang des 18. Jahrhunderts seinen im wesentlichen gleichbleibenden Umfang angenommen hat: 13 Gouvernements, davon 5 litauisch-weißrussische, 5 ukrainische und 3 neurussische.

Die russische Diaspora beginnt also mit den gleichen Elementen wie überall: Aufenthaltsbeschränkung, willkürliche Ausweisung und das Akzeptieren von getauften Juden. Aber die ganze Anomalie der jüdischen Situation kommt erst darin zum Ausdruck, daß selbst die Einordnung in das allgemeine Rechtssystem für sie einen schweren Schlag bedeuten kann. Auf Grund der ersten Verträge, die zur ersten Teilung Polens führten, waren den Juden ihre bisherigen Rechte garantiert. Sie konnten damit theoretisch in Weißrußland an der kommunalen Selbstverwaltung mit aktivem und passivem Wahlrecht teilnehmen. Dafür mußten sie sich aber der ständischen Verfassung unterordnen, die die städtische Bevölkerung in Kaufleute und Kleinbürger einteilte. Sie sind verpflichtet, sich in einen dieser beiden Stände aufnehmen zu lassen, was zur Folge hat, daß sie in die Städte ziehen *müssen*. Dadurch werden die auf dem Lande als Pächter und Schankwirte tätigen zahlreichen Juden nicht nur ihrer Existenz beraubt, sondern auch durch das Zusammendrängen in den Städten zu einem verschärften Konkurrenzkampf gezwungen. Außerdem müssen sie die doppelte Steuer zahlen wie die Christen.

Auf dieser objektiven Rechtsgrundlage, wie sie eben dargestellt ist, beginnen nunmehr die Experimente. Es versteht sich, daß Amerika, Spanien und Portugal dabei ausscheiden, und England insofern, als dort das Experiment einseitig von den Juden vorgenommen wird, und zwar in der Erscheinungsform, die wir Assimilation nennen. Soweit die einzelnen Regierungen die Experimente vornahmen, hatten sie zur Voraussetzung die Entstehung einer geistigen Situation, in der das Bewußtsein von der allgemeinen Gleichheit der Menschen akut wurde, und die Erkenntnis, daß zwischen der Rechtsposition des Juden und seiner starken wirtschaftlichen und zunehmenden kulturellen Bedeutung ein allzu großer und störender Gegensatz bestehe.

Der früheste Verfechter der Gleichheitsidee für die Juden, aus dem Geiste der Humanität her, ist wohl John Toland, der Aufklärungsphilosoph, der auch wohl als erster den Begriff des »Freidenkers« aufgestellt hat. In seiner Polemik gegen den »Sondergeist« der Nationen grenzt er an Lessing, der richtig verstanden hat, daß Toleranz nicht Duldung ist, sondern Verzicht auf das Prestige, Verzicht auf die Idee der christlichen Staaten, daß man es ihnen in ihrer Gottgegebenheit nicht zumuten könne, den Juden, solange er nicht Christ geworden ist, als gleich zu behandeln. Neben Lessing als dem Idealisten steht Chr. W. Dohm als der Politiker und Praktiker, der 1781 unter dem mitwirkenden Einfluß Mendelssohns seine Schrift »Über die bürgerliche Verbesserung der Juden« erscheinen läßt. Darin ist die ganze Zeit mit ihrer Vorstellung von Menschlichkeit und Nützlichkeit, mit ihrem guten Willen und ihrer Befangenheit eingeschlossen. Diese Schrift ist eine sehr vernünftige Apologie für die Juden, die in den Vorschlag ausläuft, sie allmählich und in dem Maße ihrer »bürgerlichen Verbesserung« zu befreien, ihnen Gewerbefreiheit zu geben, aber sie möglichst keinen Handel treiben zu lassen und sie nur ausnahmsweise zum Staatsdienst heranzuziehen. Menschenliebe und Gerechtigkeit, in kleinen Dosen verabfolgt; die Nützlichkeit als Grundlage der Humanität.

Von solcher Einstellung wich auch die französische Geisteswelt nicht stark ab. Voltaires, dieses pathetischen Rechtsfanatikers Einstellung zu den Juden kann nicht gewertet werden, weil er sich bei seinen zahlreichen Geld- und Börsengeschäften zu zwei Malen von Juden den Vorwurf der Unterschlagung und der Urkundenfälschung machen lassen mußte und seine Rache eben durch Ausnutzung seiner Publizität nahm. Vor seinem Konflikt mit den Juden ging seine Äußerung dahin: »Mögen die Christen aufhören, diejenigen zu verfolgen und zu verachten, die als Menschen ihre Brüder und als Juden ihre Väter sind.« Damit gab er allerdings an sich nur einen Beitrag zu einem aktuellen Thema: der Beschäftigung der Gebildeten mit der Judenfrage. Das Interesse ging nicht sehr tief; es war eben das Interesse der »Gebildeten«, und selbst die Teilnahme hervorragender Einzelner beseitigte nicht das utilitaristische Element. Nichts ist bezeichnender, als daß die »Königliche Gesellschaft für Wissenschaft und Künste« in Metz im Jahre 1785 daraus eine Preisaufgabe macht (so wie man für den Neubau eines Rathauses ein Preisausschreiben veranstaltet) und dabei die Grundeinstellung schon im Titel bekennt: »Gibt es ein Mittel, die Juden in Frankreich nützlicher und glücklicher zu machen?« Von den neun Arbeiten, die eingehen, sind sieben für die Lösung der Frage durch Emanzipation, zum Teil mit ausgezeichneter Begründung und weit weniger utilitaristisch in ihrer Antwort, als es die Fragestellung implizite ist.

Die Spontanität und unmittelbare Herzenswärme etwa eines Lessing oder eines Mirabeau kann natürlich von den einzelnen Staaten, beziehungsweise Regierungen nicht erwartet werden. Man muß zugeben: es ist eine schwere und langsam zu übende Erkenntnis für Völker, Unrecht getan zu haben, und nur zu leicht kommt eine geistige Haltung zustande, die aus der Erfüllung einer ganz selbstverständlichen, ganz primitiven Verpflichtung die pathetische Gebärde eines großen und edlen Geschenkes macht, das den Beschenkten aber zu einer an Selbstmord grenzenden Dankbarkeit verpflichtet. Sämtliche Länder, mit Ausnahme von Amerika, England und Holland, hielten dabei unentwegt an der uralten Idee der christlichen Kirche fest: Vernichtung des Judentums. Im

Jahre 400 wie im Jahre 1800 ist die Taufe der Abgrund, in den die Fremdheit und der Widerstand von gestern versenkt werden können. Und wo mit der Taufe nicht zu rechnen ist, erstrebt man – wie im Osten – die tatsächliche Vernichtung oder – wie im Westen – eine partielle Vernichtung, das heißt: Unterdrückung und Beseitigung des Unterscheidenden. Schon das »Toleranzpatent« Josephs II. von Österreich ist in diesem pädagogischen Sinne gehalten. Die Juden sollen sich nach Möglichkeit nicht mehr von den anderen Vertretern der deutsch-christlichen Kultur unterscheiden, und wer von dieser Kultur so weit durchdrungen ist, daß er sich taufen läßt, bekommt zur Belohnung das von ihm gepachtete Land geschenkt. Aber die Masse der österreichischen Juden, soweit es sich nicht um die Hochfinanz oder die gebildete Oberschicht in Wien, Prag und Budapest handelte, stand diesen Erziehungsversuchen und diesen Prämien für gute Leistungen mit ausgesprochenem Mißtrauen gegenüber. Denn dieses »Besserungssystem« brachte viele Tausende von ihnen, besonders in Galizien, an den Bettelstab, weil ihnen die Pachtung von Landgütern und die Ausübung des Schankgewerbes untersagt wurde. So locker war das Wirtschaftsgefüge nicht mehr, daß sie von heute auf morgen eine neue Existenz hätten aufbauen können. Zudem waren ihnen Steuern von fast unerschwinglicher Höhe auferlegt. Die Verminderung ihres Bestandes durch Beschränkung von Eheschließungen wurde nach wie vor erstrebt. Andererseits wurden sie hier als die ersten Juden der Welt zum Militärdienst herangezogen, worin sie eine schwere Gefährdung der traditionellen Lebensweise für ihre Jugend erblickten, während das Militär selbst in der Anwesenheit von Juden im Heere eine Entehrung der Kaste erblickte.

In Preußen galt bis zum Ausgang des 18. Jahrhunderts noch das vom Geiste des Kasernenhofes erfüllte »Reglement« Friedrichs des Großen, dem Mirabeau das Prädikat einer »loi digne d'un canibale« erteilte. Friedrich Wilhelm II. verbindet seinen Regierungsantritt mit warmherzigen Versprechungen, die »Lage dieser verfolgten Nation nach Möglichkeit zu erleichtern«. Er hob auch tatsächlich den Leibzoll auf. Aber die »Verbesserungen«, zu deren Abfassung die preußische Regierung zwei Jahre brauchte, erwiesen sich als so miserabel, daß die Juden es vorzogen, beim Reglement des »alten Fritz« zu verbleiben. Derselbe Vorgang wiederholte sich, als Preußen unter dem Eindruck der Emanzipation der Juden in Frankreich einen nochmaligen Entwurf vorlegte.

Auch Polen, vom Hauch einer liberalen Zeitströmung flüchtig gestreift, erhebt die Judenfrage zum Problem. Hier sind, der Tradition getreu, fast alle Stimmen darüber einig, daß das Problem nur durch Zwangsmaßnahmen gelöst werden kann. Streit herrscht nur über die

Methoden. Zu eigener Erziehung unfähig, wollten sie doch zunächst den Juden politisch und geistig erziehen, ehe sie ihm die Würde eines Bürgers verliehen. Der Sejm setzt zur Untersuchung der Frage eine Kommission ein, die aber weder den Willen noch die Möglichkeit hat, zu einem präzisen Vorschlag zu kommen.

Inmitten aller dieser Experimente fällt ein Ereignis, das seine Wirkung über die ganze europäische Welt warf und für eine Weile der Emanzipationsfrage eine übereilte und unorganische Lösung verschaffte: die französische Revolution. In ihrem Auftakt ist die antijüdische Stimmung durchaus stark vertreten. Die Abgeordneten für die Nationalversammlung, die aus dem Elsaß und aus Lothringen kamen, hatten ausdrücklich judenfeindliche Instruktionen mit auf den Weg bekommen. Das Elsaß greift in den ersten Jahren der Revolution, um die Debatten und die Gesetzgebung entsprechend zu beeinflussen, zu der Methode, Judenverfolgungen zu veranstalten, um demonstrieren zu können, daß die Fremdheit zwischen dem Volke und den Juden zu groß sei, als daß man ihnen die Gleichberechtigung gewähren dürfe. Es kann unter diesen Umständen nicht verwundern, daß selbst der revolutionäre Gedanke der Freiheit und Gleichheit, von der Brüderlichkeit ganz zu schweigen, nicht ohne weiteres auch die Juden umfaßte. Trotz der generellen Erklärung, daß niemandem wegen seiner Überzeugungen, auch nicht der religiösen, Beschränkungen auferlegt werden dürfen, gedeiht man bei der Interpretation dieses Grundsatzes nur dazu, Katholiken und Nicht-Katholiken im aktiven und passiven Wahlrecht gleichzustellen. Wegen der Juden, die sich erst durch eine besondere Deputation in Erinnerung bringen müssen, beschränkt man sich einstweilen auf Vertagung. Nur mit den südfranzösischen Juden, den Sephardim, wird eine Ausnahme gemacht. Sie bieten selbst die Hand dazu, indem sie im Gegensatz zu den elsässischen Juden erklären, daß sie auf jede Art der Gemeindeautonomie verzichten und daß sie im übrigen mit den aschkenasischen Juden nichts zu tun hätten.

Die Aschkenasim beginnen eine lebhafte Agitation für ihre Gleichberechtigung, während hinter den Kulissen der Nationalversammlung eine ebenso lebhafte Agitation dagegen entfaltet wird. Selbst von der Vergünstigung, daß Ausländer nach fünf Jahren das französische Bürgerrecht erwerben können, werden die Juden ausgeschlossen. Erst als der König die Konstitution vom 3. September genehmigt hatte, mußte man notgedrungen, um sie nicht durch einen entgegenstehenden Tatbestand widersinnig zu machen, auch die politische Gleichberechtigung der Juden ausdrücklich anerkennen. Das geschah am 28. September 1791. Zugleich aber dekretiert man den elsässischen Juden, daß sie im Wege einer noch vorzunehmenden

Liquidation auf einen Teil ihrer Forderungen gegen die christlichen Schuldner zu verzichten hätten.

Man sieht: die Anwendung der Menschenrechte stutzt vor dem jüdischen Anspruch und kann auf pädagogische Maßnahmen nicht verzichten. Man war überhaupt mit den Juden nicht recht zufrieden, sofern sie sich nicht, wie die Sephardim, in sehr schnellem Tempo assimilierten. Auch die aktive Teilnahme insbesondere der Pariser Juden an der Nationalgarde, den politischen Klubs und den Verteidigungskriegen, ihre materielle Beihilfe zur Revolution, ihre Opfer auf den Schlachtfeldern und unter der Guillotine, verbesserte die Einstellung nicht. Die égalité, auf den Juden angewendet, darf man nicht mit Gleichheit, sondern höchstens mit Gleichartigkeit im Sinne von uniformité übersetzen. Es stand im Zeichen der einzigen modernen Revolution in der Welt nicht anders als in reaktionärsten Ländern: man übersah geflissentlich, daß die eingerissenen Zustände historisches, von der Umwelt verschuldetes Produkt waren, und wollte unter allen Umständen eine Umstellung von heute auf morgen und vor allem Einordnung und Untergehen des Juden in der mehr oder minder homogenen Volksmasse erzwingen. Eine solche schwierige Umstellung, die schon unter ruhigen Verhältnissen ihre Zeit braucht, war in dieser Epoche der ständigen Kriege und der wirtschaftlichen und finanziellen Krise schlechthin unmöglich. Besonders während der Koalitionskriege der Direktorialzeit und später Napoleons als des Ersten Konsuls und Kaisers warf man den Juden ihre geringe Teilnahme an diesen Kriegen als mangelnden Patriotismus vor. Dagegen steht allerdings die Erwägung, ob die Juden nach 1500 Jahren barbarischer Unterdrückung nicht vielleicht doch ein anderes Ideal konzipiert hatten als das, sich auf den Schlachtfeldern der Welt für die Idee eines großen Einzelgängers töten zu lassen.

Dieser große Einzelgänger hatte im übrigen zur Judenfrage die übliche konventionelle Einstellung, die nur durch die Methode, die er zur Lösung anwendet, ihre Originalität bekommt. Auf seinem seltsamen Zuge nach dem Orient, nach der Einnahme von Gaza und Jaffa, versucht er die Juden von Asien und Afrika durch das Versprechen, die Heilige Stadt wiederherzustellen, zur Unterstützung seiner Expedition zu veranlassen. Aber die Juden hatten gar keine Möglichkeit, auf ein solches Phantasiegespinst zu reagieren. Vielleicht hat er ihnen das heimlich nachgetragen. Jedenfalls fehlte ihm zu einer objektiven Beurteilung so der Wille wie die persönliche Kenntnis. Er läßt sich, wie die Judenfrage durch den Abschluß des Konkordats mit dem Papste wieder für ihn sichtbar wird, lediglich von seinen Kanzleien über die Juden und ihre Situation Bericht erstatten. Darin steht allerdings etwas, das geeignet ist, ihn in Harnisch zu bringen: die Juden hätten seit undenklichen Zeiten eine Nation für sich gebildet und bildeten sie noch jetzt; es sei nicht möglich, ihren geistigen Status zu ändern. Für Napoleon, der sich eines Staates bemächtigt hatte, war aber der Staat ein fast heiliger Begriff. Er begriff den Staat nicht anders als eine geistig einheitliche Ordnung, deren Spitze er selbst bildete und deren Basis die zu ihm hin orientierten Gruppen und Stände der Bevölkerung waren. Jeder Sonderanspruch, sei es der einer nationalen oder einer kirchlichen Gruppe, erschien ihm als ein verderblicher Angriff auf die Hoheit des Staates. So wie ihn in seinem Kampfe gegen den Papst und die Kirche der erbitternde Gedanke leitete, daß Untertanen seines Staates ihm durch die Priesterordination verlorengingen und Bestandteile einer ihm verhaßten Internationale wurden, so empörte ihn auch die Vorstellung, daß eine Gruppe des französischen Volkes in ihrem geistigen Bezirk ein autonomes Dasein führte. Daher auch seine heftige Polemik gegen sie im Conseil d'état:»Die Juden sind als eine Nation und nicht als eine Sekte zu betrachten. Sie sind eine Nation in der Nation. Ihnen gegenüber ist nicht das bürgerliche, sondern das politische Recht anzuwenden, denn sie sind keine Bürger.«

Napoleon sah bald ein, daß dieser Standpunkt mit der Verfassung nicht zu vereinbaren sei; aber da er das Prinzipielle des Problems richtig erkannt hatte, schritt er auf einem doppelten Wege zur Lösung: durch das auch in den übrigen Staaten geübte Erziehungsverfahren mit dem Zwecke der »Besserung« und durch eine ingeniös verkleidete Erpressungspolitik, mit der er dem französischen Judentum das Rückgrat brach. Neben einer Verordnung, die die Vollstreckung von Urteilen jüdischer Gläubiger gegen die elsässischen Bauern auf ein Jahr sistierte, dekretierte er, daß sich hundert repräsentative Vertreter der französischen Judenschaft zur Abgabe verbindlicher Erklärungen in Paris einzufinden hätten (30. Mai 1806).

Die Gemeinden, auch die an Frankreich angeschlossenen italienischen, beeilen sich, Vertreter zu wählen. Im ganzen sind es 112, die in Paris zusammentreten, Sephardim und Aschkenasim, Aufklärer und Konservative, alle unter dem Eindruck, daß sich entscheidende Dinge vorbereiteten. Das war in der Tat der Fall. Zwölf Fragen wurden ihnen vorgelegt, mit einer einleitenden Ansprache, die die fast unverhüllte, jedenfalls gar nicht überhörbare Drohung enthielt, daß die Judenheit bei ungenügender Beantwortung der Fragen mit Nachteilen zu rechnen hätte. Die ersten drei Fragen bezogen sich auf das jüdische Familienrecht, darunter als wichtigste die Frage, ob Mischehen zwischen Juden und Christen zulässig seien. Die nächsten drei Fragen wollen den jüdischen Patriotismus auf die Probe stellen: Betrachten die Juden die Franzosen als ihre Brüder oder als Fremde? Sehen sie in Frankreich ihr Vaterland, das sie mit Gut und Blut verteidigen müssen und dessen Gesetzen sie gehorchen? Dann folgen Fragen über den Wirkungskreis der Rabbiner und endlich Fragen wirtschaftlicher Art, darunter besonders die nach dem Zinsnehmen, und ob das jüdische Gesetz da einen Unterschied zwischen jüdischen und christlichen Schuldnern mache.

Die Richtung dieser Fragen ist klar. Mischehen, Patriotismus, Rabbinerfunktionen, geschäftliches Verhalten gegenüber dem Nichtjuden: alles will in dem Geiste beantwortet werden, den Napoleon in der Ansprache zum Ausdruck bringen läßt: »Sa Majesté veut, que vous soyez Français.« Er dekretiert, und die Juden gehorchen. Sie halten die Mischehen »zivilrechtlich« für erlaubt, sie wollen gern auf die Selbstverwaltung verzichten, sie sind unter allen Umständen Franzosen und sonst nichts. Es gibt überhaupt kein jüdisches Volk mehr. »Heutzutage bilden die Juden keine Nation mehr, da ihnen der Vorzug zuteil ward, in das Gefüge der großen Nation eingegliedert zu werden, darin sie ja eben ihre politische Erlösung erblicken.« Im Überschwang ihrer Bereitwilligkeit, alles Erdenkliche zu konzedieren, formulieren sie sogar einen Dank dafür, daß die Häupter der christlichen Kirche ihnen allzeit Wohlwollen und Schutz entgegengebracht hätten. Die Quelle solcher historischen Erkenntnis bleibt dunkel.

Man hat das Verhalten dieser Notabelnversammlung Servilität und Kriecherei genannt. Gewiß: das ist richtig; aber das ist nur die Folgeerscheinung, das Entartungsergebnis eines tiefgreifenden Prozesses, den wir zunächst betrachten müssen.

Es ist schon darauf hingewiesen, daß die Erziehungsexperimente der Regierungen mit der Frage der bürgerlichen Gleichstellung der Juden unlösbar verknüpft waren und daß andererseits in dem Bestreben der Juden, diese Gleichstellung zu erlangen, der Utilitätstrieb tief verankert war. In dem Zusammenwirken dieser beiden Richtungen, die von verschiedenen Voraussetzungen zu gleichen Ergebnissen kommen wollen, entsteht die Atmosphäre der Assimilation und darin das Experiment des Juden mit sich selbst. Es ist ein sehr komplexer und vielschichtiger Prozeß, der hier vor sich geht und der das innere Problem der Judenheit bis in die letzte Einzelheit aufdeckt.

Ehe noch die Umwelt das geringste Positive für den Juden getan hat, ja während sie ihn noch mit ihren fatalen Erziehungsversuchen nur mit neuen Schwierigkeiten belastete, stand doch das ganze Leben des Juden schon unter dem Einfluß der *Möglichkeiten*, die sich vor ihm eröffneten. Die eine Möglichkeit, nämlich die des Anschlusses an die Weltkultur, nahm sich der Jude selbst. Er konnte es, weil die bisherigen Bindungen an seine jüdische Umwelt erlahmten und ihn nicht mehr so ausschließlich fesselten. Die anderen Möglichkeiten, die der wirtschaftlichen, rechtlichen und politischen Freiheit, wurden ihm von der Umgebung gegen die Erfüllung gewisser Bedingungen in Aussicht gestellt. Bisher hatte der Jude nur – und auch das in vielfach beschränktem Maße – eine *Existenz*möglichkeit; jetzt steht er seit Jahrhunderten zum erstenmal wieder vor einer *Entfaltungs*möglichkeit. Bisher lebte er generell in der Unfreiheit; jetzt sieht er in der Realisierung des Möglichen die Freiheit. Wir werden später sehen, daß dieser Begriff der Freiheit von ihm falsch interpretiert wurde. Für ihn war Freiheit schon die Erlösung aus der Unfreiheit. In Gemeinschaften, auch in staatlichen, entsteht Freiheit aber erst dadurch, daß der andere diese Freiheit in Freiwilligkeit respektiert. Man kann nicht einmal von unserer Gegenwart sagen, daß dieser Zustand überall verwirklicht sei.

Die Ausnutzung der geistigen und das Erstreben der übrigen Möglichkeiten haben die wichtige Folge, daß die bisherige Isolierung spontan durchbrochen wird. Soweit es der Jude nicht schon von sich aus tut, weil er die Isolierung aufgeben *will*, haben ja gerade alle Erziehungsexperimente die Aufhebung der Isolierung zum Ziel. Es kommt hinzu, daß die Veränderung der wirtschaftlichen Struktur in Europa dem Juden, besonders dem kapitalstarken, neue Beziehungen eröffnet. Verminderte Isolierung bedeutet zugleich vermehrte Berührungsmöglichkeit, das Entstehen von Reibungsflächen, in denen sowohl die Möglichkeiten der Auseinandersetzung wie der Angleichung enthalten sind. Der Jude entscheidet sich nun im wesentlichen für die Angleichung. Der Raum, der für die Auseinandersetzung blieb, war von der Umgebung unter dem Druck und der Lockung der Emanzipation vorgeschrieben. De facto findet eine Auseinandersetzung, das heißt: ein unbeeinflußtes gegenseitiges Abwägen und Ausspielen der Kräfte, nicht statt. Der Jude ist gezwungen, sich nach außen auf die Apologie und nach innen auf die Reform zu beschränken. Die Reform ist aber schon ein Teil der Angleichung.

Angleichung, Assimilation, ist an sich ein natürlicher Vorgang, der fast mit Notwendigkeit eintritt, wenn Minoritäten die Beziehung zu einer umgebenden Majorität aufnehmen (womit noch nichts darüber ausgesagt ist, *wer* sich assimiliert). Es ist ein Vorgang, der geeignet ist, den geistigen Bestand und das Blickfeld eines Volkes erheblich zu erweitern. Daß die reine zivilisatorische Angleichung etwas durchaus zweitrangiges ist, versteht sich von selbst. Aber zu einem Lebensproblem wird die Assimilation für ein Volk erst dann, wenn es sie nicht als die Hinzunahme geistiger und formaler Güter aus der Umgebung begreift, sondern als deren Annahme unter gleichzeitigem Verzicht auf die bisherige Eigenart. Daß die Juden die deutsche und die französische Sprache, die deutsche und die französische Kultur sich assimilierten, war ein Vorgang, der ihnen wie den Kulturen nur zum Nutzen gereichen konnte. Daß aber demgegenüber die jüdische Kultur in ihrer Existenz und vor allem in ihren Voraussetzungen aufgegeben werden müsse, war ein historischer Denkfehler. An sich ist eine solche Lösung möglich, aber nur als Lösung des persönlichen Problems des Einzelnen. Diesen Weg gingen in der Tat viele Einzelne, und es ist nicht unwesentlich, festzustellen, daß sowohl aus der Familie Mendelssohns wie aus dem Kreise, der seine Ideen zum Zentrum nahm, eine solche spontane Assimilation erwuchs. Namen wie Heine, Börne, Marx und Lassalle bezeichnen nur die Spitzen einer geistigen Schicht, die das zu Ende dachten und zu Ende führten, was ein Mendelssohn aus bester Absicht formuliert hatte. Sie zogen von Mendelssohns Judentum das jüdische Gesetz ab, das sie nicht mehr für sich als verpflichtend anerkennen konnten. Was übrigblieb, war ein Judentum als Ressentiment, nicht stark genug, um sie am Übertritt zum Christentum zu verhindern, nicht verpflichtend genug, um ihr Bewußtsein von der jüdischen Zusammengehörigkeit im Sinne der jüdischen Idee schöpferisch werden zu lassen. Gewiß bleibt die Leistung eines Heine auch nach seinem Übertritt zum Christentum die Leistung eines Juden, eines jüdischen Geistes; aber wenn sie auch aus dem Judentum erwachsen ist, kann sie ihm doch so wenig zugerechnet werden wie die Leistung eines Paulus oder sonst eines Renegaten, der seinen nationalen Zusammenhang aufgibt. Dabei ist die Aufgabe des nationalen Zusammenhanges nur das Äußere, das Formale. Der entscheidende Verlust für eine Gemeinschaft, hier für die jüdische; liegt in dem Verzicht auf den Willen, als schöpferischer Mensch zugleich Erbe dieser Gemeinschaft zu sein, um von da aus Erblasser für alle Gemeinschaften sein zu können. Und wieder ist hier nicht das Bekenntnis zum Nationalen an sich das Wesentliche, sondern die Verfälschung des Weltbildes, die eintritt, wenn die individuelle Note eines jeden Nationalen unterdrückt wird. Vom Gesamt der Völker und Kulturen aus gesehen, ist die Nation das, was der Einzelne von der Gemeinschaft aus gesehen ist: die Persönlichkeit. Dieser Persönlichkeit wohnt schöpferische Kraft inne. Diese Persönlichkeit ist, stärker noch als das Einzelwesen, Träger der Religion, Garant der menschlichen Entwicklung. Solange eine Gemeinschaft das noch begreift, darf sie sich gegen ihre Verfälschung und Unterdrückung als Persönlichkeit wehren und aus den Verpflichtungen, die solche Individualität ihr auferlegt, einen Anspruch gegen alle herleiten.

Solche innere Entscheidung setzt ein Leben als Wirklichkeit und Wirkungsraum voraus. Der Jude des ausgehenden 18. Jahrhunderts hatte nur Möglichkeiten. Vor die Wahl gestellt, seine individuellen Bindungen aufzugeben und dafür die bürgerliche Freiheit einzutauschen oder in der zerbrochenen Isoliertheit und der Rechtlosigkeit zu verbleiben, entschied sich das westeuropäische Judentum für den Verzicht auf seine nationale

Form und das nationale Bewußtsein und für die Annahme des Nützlichen: der bürgerlichen Freiheit und der jeweiligen Nation. Da so die Persönlichkeit, wie wir sie eben definiert haben, verschwindet, entfällt auch die Haltung der Würde, die aus dem Persönlichkeitsgefühl entspringt; und von da aus gesehen kann die Haltung der jüdischen Notabeln gegenüber den berüchtigten napoleonischen Fragen in der Tat als servil und kriecherisch bezeichnet werden. Daß aber selbst noch dieser Verzicht auf die Würde ein Ergebnis aufgezwungener Entwicklung ist, braucht dem historisch Betrachtenden nicht mehr bewiesen zu werden.

Während die jüdischen Notabeln noch glaubten, daß sie in einem historischen Augenblick an der Rettung und Befreiung ihres Volkes mitwirkten, waren sie nur in der Hand Napoleons das Werkzeug seiner Politik. Die Erklärungen, die die Notabeln ihm abgegeben hatten, genügten ihm zwar an sich, waren ihm aber aus formalen Gründen nicht verpflichtend genug. Er verlangte jetzt den Zusammentritt einer offiziellen Vertretung der französischen Juden, die mit verbindlicher Kraft die Erklärungen der Notabeln bestätigen konnte. Die Form, die er der Versammlung vorschrieb, war genial erdacht: es war die des alten Synhedrion, eine Institution, die schon als Name so mit Klang und Historie beschwert war, daß davon zugleich eine Wirkung auf die Juden der ganzen Welt erwartet werden konnte. Und das wollte Napoleon in der Tat. In der offiziellen Erklärung fordert er eine Versammlung, »deren Beschlüsse dem Talmud zur Seite gestellt werden und die für die Juden aller Länder die höchste Autorität erhalten könnten«. Aber der genau instruierte Innenminister Champagny schreibt an Napoleon: »Man muß diese Versammlung dazu bringen, daß sie uns durch ihre Beschlüsse eine Waffe gegen sich selbst sowie gegen den von ihnen vertretenen Stamm bietet.« Das war Napoleons eigentliche Absicht, die er auch erreichte: daß die Juden ihm die Sorge für die Lösung der Judenfrage abnahmen. Er erreichte das Ziel durch eine Mischung von brutaler Erpressung und grandioser Inszenierung. Gegeben hat er den Juden nichts außer einer parademäßig aufgezogenen Schaustellung. Hingegen hat er den Vertretern des westlichen Judentums den Mund geöffnet zu Erklärungen, die für lange Zeit die Ideologie des Judentums gefälscht haben. Was die Notabeln als Befreiung feierten, war nur die letzte große Gebärde der Unterdrückung.

Das »Synhedrion« trat im Februar 1807 zusammen. Es bestand aus den traditionellen 71 Mitgliedern, darunter 46 Rabbiner und 25 Laien. Sie sind wie in einer Hypnose. Ihre patriotische Begeisterung überschlägt sich. Alles, was die Notabeln erklärt haben, wird von ihnen in kürzester Zeit bestätigt. Sie gehen noch weiter. Sie als die Repräsentanten des westlichen Judentums aus der Zeit seiner geringsten Spannung und Bindungskraft, diese Erben eines zerbrochenen Impulses, stellen auf dem Wege der Diskussion fest, was Judentum sei. Sie geben »Deklarationen« ab, in denen der Untergang der jüdischen Nation schon als eine vollendete Tatsache behandelt wird. Daher ist es ihnen auch möglich, eine Unterscheidung zwischen religiösen und politischen Gesetzen im Judentum zu konstruieren. Während sie jene für unabänderlich halten, erklären sie von diesen, daß sie für die Juden nicht mehr verbindlich seien, depuis qu'ils ne forment plus un corps de nation. Aber auch die religiösen Gesetze lassen sie hinter die Staatsgesetze im Falle einer Kollision zwischen beiden zurücktreten.

Bei einer solchen Haltung der Bereitwilligkeit ist Napoleons Erwartung, daß sie die Mischehen befürworten, den Kreditgeschäften abschwören und besondere Garantie für die Erfüllung der Wehrpflicht, für die Lieferung von Soldaten geben würden, durchaus berechtigt. Da das nicht geschah, ordnete er diese restliche Frage selbst, soweit sie erzwingbar war. Es ergehen, nachdem die Beschlüsse des Synhedrions dem Staatsrat vorgelegt waren, zwei Dekrete. Mit dem einen wurde für die Juden die Konsistorialverfassung eingeführt, eine beamtete Institution, die im Grunde nichts anderes war als ein Vollzugsorgan der Regierung; mit dem anderen wurde die Verfassung in gröbster Weise verletzt, um Napoleon die Lösung der Judenfrage im Wege des Zwanges und der »Besserung« zu ermöglichen. Es ist das berühmte Décret Infâme von 1808, das sich mit der Ordnung der wirtschaftlichen Verhältnisse der Juden befaßt. Darin wird nicht nur eine ganze Reihe jüdischer Schuldforderungen für nichtig erklärt, sondern auch die Ausübung des Handels und die Gültigkeit von Handelsgeschäften von dem Erwerb eines besonderen »Patentes« abhängig gemacht. Jede Neubesiedlung des Elsaß wird untersagt. In den anderen französischen Gebieten wird sie nur erlaubt, wenn der Ansiedler Landwirtschaft betreiben will. Das allgemeine Recht, seiner Wehrpflicht durch Gestellung eines Ersatzmannes nachzukommen, wird den Juden ausdrücklich entzogen. Mit solchen Maßnahmen war das Prinzip der Emanzipation durchbrochen und durch ein Erziehungssystem ersetzt. Von 68 Departements standen bis zum Sturz Napoleons noch 44 unter dem Regime des Décret Infâme.

Dieses Gewähren und Wiederzurücknehmen der Gleichberechtigung wiederholt sich – mit Holland als Ausnahme – in allen Staaten, die politisch oder militärisch unter den Einfluß der französischen Republik und des napoleonischen Kaiserreichs kommen, von der Republik aus durch Aufoktroyierung des Prinzips der »Menschenrechte«, vom Kaiserreich aus durch den Zwang zur Errichtung konstitutioneller Verfassungen. Als in Holland die Republikaner mit Hilfe der französischen Okkupationsarmee die Batavische Republik aufrichteten (1795), erklärten sie die Gleichheit aller Bürger und damit auch der Juden. Dieser Zustand wurde unter dem späteren Königreich Holland beibehalten. In den anderen Staaten dauert die Befreiung genau so lange, wie die Herrschaft Frankreichs dort dauert. In Rom gibt es ein fatales Hin und Her. Weil in Frankreich die Revolution die Kirche bedrückt, drückt der Papst auf seine Juden. Wie er im Februar 1789 durch den General Berthier abgesetzt wird, erteilen die Franzosen den Juden in der »Römischen Republik« die römischen Bürgerrechte. Wie die neapolitanische Herrschaft die französische ablöst, werden die Juden für ihre Teilnahme an der Revolution mit schweren Geldstrafen belegt (1799). Wie der Kirchenstaat 1809 zu Frankreich geschlagen wird, bekommen sie von neuem die Gleichberechtigung, um sie erneut mit der Rückkehr der Päpste 1814 zu verlieren. Das gleiche Hin und Her spielt sich in Venedig und Padua ab. In der Schweiz, die 1798 zur Helvetischen Republik erklärt wird, hat man ebenfalls ein Judenproblem, wenngleich der Gegenstand der Problematik nur aus 200 Familien bestand. Um die Gleichberechtigung dieses Häufleins entstehen ernsthafte Debatten, die mit der Ablehnung enden.

Das Herzogtum Warschau, die Schöpfung Napoleons, muß sich ebenfalls unter seinem Diktat eine liberale Verfassung geben, die die Gleichheit aller Bürger vor dem Gesetz anerkennt. Das gilt auch für die Juden. Aber ihnen wird die Gleichberechtigung sofort wieder entzogen, und zwar auf die Dauer von zehn Jahren, »in der Hoffnung, daß sie binnen dieser Frist die sie von der übrigen Bevölkerung so sehr unterscheidenden Besonderheiten ausmerzen werden«.

In Deutschland werden zwischen 1792 und 1794 Mainz, Worms, Speyer und Köln besetzt und den Juden durch Verkündung der Gleichberechtigung die Bürgerrechte verliehen. Das Königreich Westfalen, dieses kurzlebige Gebilde der napoleonischen Politik, kann den Juden für sechs Jahre die Gleichberechtigung geben, das Großherzogtum Frankfurt a. M. für zwei Jahre (1810–1812), Hamburg für drei Jahre. Der Einfluß der französischen Eroberungen ist es auch, der in Preußen Friedrich Wilhelm III. zu Konzessionen und zur Lockerung des absolutistischen Regimes veranlaßt. So werden die Juden zunächst im Verfolg der neuen Städteordnung Stadtbürger und nach der Flucht des Königs nach Königsberg preußische Staatsbürger durch das »Edikt, betreffend die bürgerlichen Verhältnisse der Juden in den preußischen Staaten« vom 11. März 1812. Darin werden alle Sondergesetze aufgehoben und Freizügigkeit und freie Berufswahl gewährt.

Die übrigen deutschen Staaten wehren sich nach Kräften gegen diese in der Zeit liegende Emanzipationsströmung. Das ist an sich verständlich.

Eine allgemeine geistige Bereitschaft, Menschenrechte anzuerkennen, war keineswegs vorhanden, und wenn sich auch noch die kleinsten Staaten den Luxus leisteten, ein Judenproblem zu haben, so muß doch zugegeben werden, daß sie damit vor ungewöhnlichen Schwierigkeiten standen. Sie hatten, um sich ein Urteil über die Juden zu bilden, nie eine andere Vergleichs- und Kontrollmöglichkeit gehabt als sich selbst, als die jahrhundertelange Erziehung einer extrem intoleranten Kirche ... und ihr eigenes wirtschaftliches Interesse. Da ist jede liberale Beurteilung derer, die sich von solchen jahrhundertelangen Bindungen freimachen, objektiv um so mehr anzuerkennen. Wenn Bayern erst 1808 und Sachsen gar erst 1813 unter dem Druck der Besetzung durch das preußisch-russische Heer den Leibzoll für Juden abschaffte, so entsprach das genau dem Zustand ihrer Einstellung und ihrer politischen Reife.

Je weiter nach dem Osten zu und je weiter vom französischen Einfluß entfernt, desto hemmungsloser wirken sich die Erziehungsexperimente am Juden aus. Der Osten verwandelt sich in eine Korrektionsanstalt für Juden. Der polizeiliche Geist bedient sich pädagogischer Gebärden. Jede neue Unterdrückung wird mit der feierlichen Versicherung eingeleitet, daß sie das Beste des Juden im Auge habe und als Vorstufe für die Zuerkennung der Gleichberechtigung zu betrachten sei. Österreich setzt seine schon erwähnten Zwangsmaßnahmen fort. Drei Maßnahmen vor allem kehren immer wieder: exzessive Besteuerung, ein Nachklang der alten Idee, daß der Jude Geld einbringen müsse; Zwang zum Besuch der christlichen Schulen, eine Konsequenz der Idee, man müsse dem Juden die christliche Kultur vermitteln; und verschärfte Heranziehung zum Militärdienst als Mittel der Erziehung zum Patriotismus und als Gegenleistung für gewährte Rechte.

In Rußland, dessen Anfangszustände einleitend geschildert worden sind, meldet sich ebenfalls das 19. Jahrhundert mit einer verschärften Erziehung der Juden an. Alexander I. ernennt das »Comité zur Wohleinrichtung der Juden«. Die Juden wissen, was »Wohleinrichtung« bedeutet. Eine Kahalversammlung zu Minsk stellt daher in Moskau den Antrag, man möge doch lieber alles beim alten lassen. Es nützt ihnen nichts. Sie sollen verbessert werden. So ergeht Ende 1804 das »Statut über die Einrichtung der Juden«. Sein Hauptzweck war, eine soziale Umschichtung der jüdischen Bevölkerung zu erzwingen. Im Rahmen dessen, was dem Juden bisher an Berufen zugänglich war, war übrigens die soziale Schichtung durchaus nicht anormal, wenn sie auch verständlicherweise begrenzt war. Der Jude auf dem Land war überwiegend Pächter, zugleich Schankwirt, Getreideaufkäufer und Händler. In den Städten trieb er Handel, vor allem Kleinhandel, Schankgewerbe und in sehr ausgedehntem Maße Handwerke. Die russische Regierung, die den nützlichen Einfluß des wohlhabenden Juden auf ihre noch schwach entwickelte Industrie erkannte, aber andererseits in der Tätigkeit des Dorfjuden eine Ausbeutung der Bevölkerung sah, wollte die Industrie fördern und den Pächtern das Handwerk legen, zugleich ihnen den Übergang zur Landwirtschaft ermöglichen. Als radikale Lösung wurde ihnen daher der Aufenthalt in den Dörfern verboten und die Abwanderung von rund 300 000 Menschen verfügt.

Da auch in den Städten der Ansiedlungsrayons für die Juden kein Lebensraum mehr gegeben war, mußten sie es auf ihre gewaltsame Evakuierung ankommen lassen. Sie begann auch. Zum Teil wurden sie durch Soldaten in die Städte gejagt, wo man sie auf den Straßen stehen ließ. Jetzt verlangten die Juden das von der Regierung versprochene Land, um Bauern werden zu können. Bis Ende 1806 hatten sich schon 1500 Familien gemeldet. Die Regierung war aber gar nicht in der Lage, das nötige Land und die nötigen Mittel zur Ansiedlung bereitzustellen. Ungefähr 2000 Personen konnten sie 1807 im Gouvernement Cherson ansiedeln. Dann gingen ihr die Mittel aus. 1810 mußte sie die Kolonisation ganz einstellen, obgleich der Andrang sehr groß war. Die Vertreibung der Juden aus den Dörfern hatte sie schon 1808 suspendieren müssen. Bis auf die Schaffung von ein paar Tausend jüdischer Bauern hatte dieses Experiment als einzige Wirkung die Zerstörung zahlloser Existenzen.

In der Reaktion des Juden auf alle diese Experimente kündigt sich schon jetzt eine unheilvolle Spaltung an. Das westliche Judentum hatte zu der Zeit, als im Osten das polnische Zentrum in seiner Blüte stand, überhaupt keine eigene Kultur. Es war geistig völlig vom Osten abhängig. Diese Abhängigkeit wird im Westen durch die »Aufklärung« unterbrochen und zunehmend gelöst. Das kommt zunächst in dem Verhalten nach außen zur Geltung. Während im Osten der Jude in seiner überwiegenden Mehrheit den »Besserungsversuchen«, besonders soweit sie in sein geistiges Leben eingriffen, einen erbitterten passiven Widerstand entgegensetzte, haben wir im Westen Erscheinungen wie die Notabeln von Paris. Zugleich aber empfindet der Jude im Westen das Verhalten seines Bruders im Osten als eine Störung und Beeinträchtigung seiner Bereitwilligkeit zur Assimilation. Was in Frankreich der sephardische Jude gegenüber dem aschkenasischen tat, geschieht jetzt im Verhältnis des westlichen zum östlichen Juden: es wird auf Grund der gerade eben angenommenen fremden Kultur die Verschiedenartigkeit des Juden in West und Ost formuliert. Von dieser Zeit an kann man von Westjuden und Ostjuden sprechen.

Eine gleiche Spaltung, die sich mit dem Besitz europäischer Bildung legitimierte, ergab sich wieder innerhalb der Westjuden, besonders der in

Deutschland. Einer intellektuellen Oberschicht steht die Masse der übrigen Juden gegenüber, wobei das eigentlich Trennende nicht so sehr das Mehr oder Weniger an Bildung ist, sondern der Richtungssinn dieser Bildung, der Gebrauch, der davon gemacht, und die Konsequenz, die daraus gezogen wird. Auch da, wo es sich nicht um Erwägungen der Nützlichkeit handelte, hatte die überschnelle kulturelle Assimilation die nationale Assimilation im Gefolge. Einmal in den Umkreis der europäischen Kultur eingetreten, gab es für sie nichts anderes mehr als diese Kultur. Man muß zugeben, daß sie sie intensiv angriffen, und der Umstand, daß jüdische Frauen, wie Henriette Herz und Rahel Lewin, ihre Salons zu Treffpunkten der deutschen Geistesaristokratie machen konnten – so belanglos diese Tatsache im historischen Rahmen auch ist – belegt doch die Aktivität und Wärme, mit der hier Kultur berührt wurde. Es ist nur die Konsequenz einer solchen Hingabe, daß immer mehr gebildete Juden zum Christentum übertreten und daß diese Flucht in das Christentum aus Gründen der humanitären Gesinnung oder der Zweckmäßigkeit zu einer wahren Massenerscheinung wurde. Der Gedanke der französischen Revolution, den die Wirklichkeit so bald wieder zu Grabe trug, war in den besten Köpfen und Herzen der Zeit verhaftet geblieben. Aber soweit es Juden waren, verlangte ihre historische Situation von ihnen eine Konsequenz besonderer Art. Der Deutsche, der sich dem Gedanken der Revolution verschrieb, wurde Kosmopolit und konnte doch unbeschadet Deutscher bleiben. Der Jude, der sich dem Gedanken der Revolution verschrieb, wurde auf dem Wege zum Kosmopolitismus . . . Deutscher. Sein Judentum ging unter. Das war die Folge eines verfrühten Versuches, sich als Jude universalistisch zu gebärden.

Wir haben den Standpunkt vertreten, daß die Juden auch jede andere Kultur als die deutsche als Hilfsmittel der Befreiung aus dem Kreislauf der Unterdrückung und der geistigen Selbstbeschränkung aufgenommen hätten. Dennoch ist die Frage berechtigt, ob nicht besondere Affinitäten obwalteten, die den Juden gerade für das Eindringen in die deutsche Kultur empfänglich machten. Wir wollen die zahlreichen Definitionen, worin das deutsche Wesen bestehe, nicht noch um eine vermehren, aber in drei Richtungen sehen wir etwas, was den jüdischen Geist anspricht: das Bedürfnis des Deutschen nach dem Ausdruck und nach der diesseitigen schöpferischen Gestaltung des Metaphysischen (was uns zugleich als die stärkste Quelle für die überragende musikalische Schöpferkraft des Deutschen erscheint); sodann die deutsche Sprache, nicht nur deshalb, weil die jüdischen Massen diese Sprache unverlierbar in den Jargon, das Jiddisch, einbezogen haben, sondern auch weil diese Sprache – die uns nach der hebräischen Sprache als die schönste der Welt erscheint – in

Weite und Reichtum dem jüdischen Pathos am meisten entspricht. Luthers Bibelübersetzung wäre ohne eine solche Verwandtschaft nicht der Sprachen, aber der Sprachmöglichkeiten nicht denkbar gewesen. Endlich haben Juden wie Deutsche das Bewußtsein von einer Auserwähltheitsidee, wenn auch von ganz verschiedenen Voraussetzungen her. Der Satz: »Am deutschen Wesen soll die Welt genesen« ist jedenfalls durchaus ernsthaft gemeint. –

Daß in diesem jüdischen Experiment der Angleichung eine Fehlerquelle enthalten ist, trat sehr bald zutage. Ähnlich wie die spanische Gesellschaft auf das Eindringen der Marranen, reagierte ein erheblicher Teil der Deutschen auf das Eindringen des Juden. Zwar liefen alle Erziehungsversuche letzten Endes darauf hin, den Juden zu uniformieren, und immer noch wie seit Jahrhunderten war die Taufe die endgültige Rehabilitation. Aber die Massenübertritte zum Christentum erzeugen immerhin eine preußische Verordnung, wonach der Täufling dem Pfarrer eine polizeiliche Bescheinigung vorzulegen hatte darüber, daß es ihm mit der Taufe wirklich ernst sei. Auch die öffentliche Meinung wird mobilisiert. Schleiermacher kritisiert heftig das Erlangen bürgerlicher Vorteile durch die Taufe. Eine ganze Literatur polemischer Schriften für und wider die Juden entsteht, die so scharfe Formen annimmt, daß die Zensur die öffentliche Erörterung der Judenfrage unterbindet.

Das sind die sachlichen und geistigen Voraussetzungen, unter denen die Juden nunmehr Objekt der allgemeinen großen europäischen Reaktion in der Zeit von 1815–1848 werden.

Rechte Und Ideologien

»Das vaterländische Interesse ist nur für unreife Nationen wichtig, für die Jugend der Welt; es ist ein armseliges, kleinliches Ideal, für eine Nation zu schreiben; einem philosophischen Geiste ist diese Grenze durchaus unerträglich.«
(Schiller an Körner)

Die französische Revolution, wie alle wahren Ideen, war den Möglichkeiten der Zeit, sie zu verwirklichen, weit voraus. Darum mußte auf ihren Elan der Rückstoß der verharrenden Kräfte folgen. Gegen den Geist der Revolution und gegen die durch die napoleonischen Kriege geschaffene Ordnung erhebt sich die Reaktion. Für die Juden wirkt sie sich darin aus, daß man ihnen die unfreiwillig gewährte Gleichberechtigung kurzerhand wieder entzieht – wie in den »freien« Hansestädten, den meisten italienischen Ländern und natürlich auch im Kirchenstaat – oder daß man bei formeller Aufrechterhaltung der Gesetze sie praktisch auf dem Verwaltungswege aufhebt – wie in Preußen – oder daß man die lästige Judenfrage nach mehr oder minder lebhaften Debatten verschleppt und vertagt – wie in Bayern, Württemberg, Hannover, Baden – oder, wie in Rußland, die Wucht einer fanatisch reaktionären Gesinnung verdoppelt auf die Juden entläßt. Nach dem Choc, den der Begriff »Freiheit« den europäischen Herrschern versetzt hatte, und nach dem Entsetzen, das sie vor der napoleonischen Umwerfung aller ängstlich gehüteten Landesgrenzen empfunden hatten, zogen sich die Regierungen energisch auf sich und ihre noch vor kurzem bedrohte Herrschergewalt zurück. Der Staat als ihr Herrschaftsgebiet wurde heilig. Die Nation als der geistige Inhalt des Staates wurde ausschließlich und sakrosankt. Die Bindung von beiden unter ein geistiges Prinzip schuf das Ideal der »christlichen Nation« und des »christlichen Staates«. Darüber thronten die Herrscher als von Gott eingesetzt. Sie betrieben den Schutz von »Thron und Altar« unter Mißbrauch der Energien, die der Idealismus der Freiheitskriege ihnen eingetragen hatte. Auf dem Wiener Kongreß (1814–1815) besiegelte die »Heilige Allianz« diesen Zustand. Dabei war die Judenfrage gerade wichtig genug, dem Vertreter einer hanseatischen Kleinstadt Gelegenheit zur Entfaltung juristischer Formulierungskunst zu geben. Der »Judenparagraph« hatte die folgende Fassung bekommen: »Die Bundesversammlung wird in Beratung ziehen, wie auf eine möglichst übereinstimmende Weise die bürgerliche Verbesserung der Bekenner des jüdischen Glaubens in Deutschland zu bewirken sei und wie insonderheit denselben der Genuß der bürgerlichen Rechte gegen die Übernahme aller bürgerlichen Pflichten in den Bundesstaaten werde gesichert werden können; jedoch werden den Bekennern dieses Glaubens bis dahin die denselben in den einzelnen Bundesstaaten bereits eingeräumten Rechte erhalten.« Bei dem letzten Halbsatz griff die Spitzfindigkeit ein und änderte das Wort »in« zu dem Worte »von«. Von den Bundesstaaten waren aber die Gleichheitsrechte nicht dort gegeben, wo sie von der Revolution oder von Napoleon eingeführt waren. Aufatmend und mit gutem Recht konnten diese Staaten nunmehr den Juden in seinen Zustand der Rechtsminderung zurückversetzen. Preußen erreichte dieses Ziel praktisch durch die Sabotage des Ediktes von 1812 und dadurch, daß es dieses Edikt auf die neuerworbenen Landesteile nicht anwandte. Das ergab für die Juden des preußischen Staates achtzehn verschiedene Rechtsgebiete und Rechtslagen, vom »Staatsbürger« bis zum »Schutzjuden«.

Jede Regierungsform, auch die reaktionärste, hat ihre geistigen Claqueure, zumeist auf den Kathedern. Auch das reaktionäre Deutschland hatte sie, und es kann somit nicht fehlen, daß Professoren der Geschichte, der Philosophie und der Theologie sich der Judenfrage bemächtigen, Definitionen darüber abgeben, was Judentum sei, und dementsprechend ihre antijüdischen Vorschläge in den Dienst der Sache stellen. Die gefälligere Literatur folgte ihnen auf diesem Wege, und ein Machwerk wie die »Judenschule« war immerhin imstande, dem Theaterpublikum allabendlich Stürme des Beifalls zu entlocken. Daß die patriotische Studentenschaft in

Würzburg noch im August 1819 einen regulären Judenpogrom veranstalten kann, rundet das Bild ab.

Es sind aber nicht diese Tatsachen, die geschichtsbildend sind, sondern die Reaktion der Juden darauf. Wie ein Berliner oder Heidelberger Professor das Judentum definiert, ist natürlich gleichgültig. Wichtig ist allein, ob die Polemik im Bewußtsein des Juden Störungen hervorruft oder nicht; und weiter, ob das Gesamt des jüdischen Volkes imstande ist, diese Störungen zu überwinden. Denn eine falsche Ideologie vermag das Geschick eines Volkes weder zu formen noch zu verändern. Sie kann aber für Zeiten Schaden anrichten; und das hat die Ideologie, die jetzt entsteht, in vielfacher Weise und mit einer bis heute reichenden Wirkung getan. Der Versuch des Juden, sich und sein Judentum in die bis dahin verschlossene Umwelt einzuordnen, ist verbunden mit einem Verlust des historischen Augenmaßes. Zum erstenmal seit unendlicher Zeit vor die Möglichkeit gestellt, als Subjekte in den Rahmen einer fremden Geschichte einbezogen zu werden, und angesichts der Tatsache, daß diese Einbeziehung zusammenfällt mit der Möglichkeit, das Martyrium ihres äußeren Geschickes zu erleichtern, entfällt ihnen spontan das Bewußtsein dafür, was der Sinn ihres Bemühens bis dahin gewesen ist: als Objekte der Geschichte doch die Direktive zu behalten; ihr Judentum zu *gestalten* und es nicht fremden Anforderungen nachzubilden.

Der bedeutendste Vertreter dieser Anschauungen, noch heute von vielen Juden als Vater ihrer jüdischen Lebensidee gefeiert, ist Gabriel Rießer (1806–1863), ein politisierter Mendelssohn, von der Idee der Zugehörigkeit zum Deutschtum so eingefangen wie Mendelssohn von der Idee der Zugehörigkeit zur Welt des Humanen, wie jener von einem oft leidenschaftlichen Pathos, makellos in seinen Absichten, unermüdlich in seinen Bemühungen um die Gleichstellung der Juden, ein großer Verfechter der Freiheit des Juden und ein großer Verfälscher der Idee des Judentums. Das Grundthema, das er verficht, ist in seiner schon 1830 erschienenen Schrift »Über die Stellung der Bekenner des mosaischen Glaubens in Deutschland« angeschlagen und wird in seinen späteren Schriften wiederholt und variiert. Es geht ihm um die Frage der Gleichberechtigung, um den Kampf gegen den Judenhaß, um den Anspruch auf das Heimatsrecht der Juden in Deutschland und um die Verteidigung des Judentums gegen den Vorwurf, es sei eine Nation und werde bei Zuerteilung der Gleichberechtigung auch weiterhin eine Nation in der Nation bilden. Er kann nicht leugnen, daß das Judentum aus der Einheit von Nation und Glaube gewachsen ist; aber er behauptet, dieser Zusammenhang bestehe nicht mehr. Es gebe nur noch eine Stammesverwandtschaft. Die Gemeindeautonomie sei ein Ergebnis der Rechtlosigkeit der Juden, »ein fauler Fleck des jüdischen Lebens«. Der innere Sinn dieser autonomen Form, das, woraus sie eigentlich lebte: der nationale Wille, und das, was sie eigentlich bezweckte: Erhaltung der Art und ihrer Sitten, und das, was ihre schwerste Belastung ist: in der Fremde mit der Fiktion der Heimat leben zu müssen, kommt ihm also schon nicht mehr zum Bewußtsein. Er verwechselt den Ausdruckswillen mit dem Ausdruck, und zwar geschieht das nicht mit dem Dolus eventualis der Fälschung, sondern schon zwangsläufig unter der Assimilation an die deutsche Denkart und Begriffswelt. Rießer ist selbst schon Produkt der Assimilation. Er verneinte die jüdische Nation nicht, weil die Umgebung das verlangte, sondern weil er sie nicht mehr sah. Er sah sie nicht, nicht, weil sie nicht vorhanden gewesen wäre, sondern weil die Begriffe, die der Umwelt für die Definition einer Nation zur Verfügung standen, von ihm dazu benützt wurden, sie zu leugnen. Was bei anderen Juden, die das gleiche taten, der Utilitätstrieb bewirkte, bewirkt bei ihm das Ressentiment. Aber auch das edelste Ressentiment ist eine schlechte Grundlage der Erkenntnis. In seinem Kampf für die Gleichstellung äußert Rießer einmal den entscheidenden Satz: »Wir sind nicht eingewandert, wir sind eingeboren, und weil wir es sind, haben wir keinen Anspruch anderswo auf eine Heimat; wir sind entweder Deutsche oder wir sind Heimatlose.« Die Prämisse ist richtig, die Konklusion ist falsch und sentimental verzerrt. Die Auffassung der Umgebung vom Wesen des Staates, des Bürgers, der Nation hat abgefärbt. Akzeptiert man die Begründung der Umgebung als richtig, dann ist Rießers Schluß auch richtig. In Wirklichkeit sind beide falsch. Darüber wird später des Näheren zu sprechen sein. Hier wird nur eine grundsätzliche Feststellung wichtig, von der wir auch für die Darstellung der restlichen Geschichte der Juden bis zu unseren Tagen ausgehen. Darüber, ob das Judentum eine Nation ist oder nicht, kann selbstverständlich nicht das Urteil der Umgebung entscheiden. Die Umgebung kann Konsequenzen daraus ziehen und dem Juden daraus ein neues Schicksal bereiten. Aber für die innere Geschichte des jüdischen Volkes kommt es darauf nicht an. Es kommt nicht einmal darauf an, was im Volke selbst diejenigen Juden sagen, die die Existenz der Nation verneinen. Auch sie können nur Anlaß zu Parteikämpfen geben, aber nicht den Sinn der Geschichte rückwärts drehen. Und sie widerlegen sich selbst jeden Tag dadurch, daß das, was sie tun, typische Manifestationen nationaler Art sind: Kampf einer Minderheit um ihre Rechte. Nur haben sie sich freiwillig eines Teiles der Waffen begeben, die ihr Volkstum ihnen darbietet. Nicht einmal die zionistische Ideologie besagt als solche, als Ideologie, etwas für oder gegen den Bestand des Judentums als Nation, sondern der Zionismus als Bewegung ist einfach eine Manifestation des Faktums Jüdisches Volk. Als Programm ist er Angelegenheit einer Partei, nicht mehr.

Genau so wie seine Gegner im Judentum Parteien sind, aber eben Parteien im Rahmen des jüdischen Volkes.

Was Rießer und die Gleichdenkenden vor und nach ihm propagieren, ist ein verkürztes Judentum, ein Judentum der geringeren Bindung und damit der geringeren Schöpferkraft, ein Judentum, für das alles gilt, was im letzten Kapitel über die Wirkung der Verneinung der Nation gesagt worden ist. Dieses verkürzte Judentum trägt für den starken Substanzverlust des jüdischen Volkes nicht weniger Verantwortung als die Assimilation aus Gründen der Nützlichkeit. Heine ist einer der wenigen, die bei ihrem letzten Rückblick auf das verlassene Judentum dieser Art noch einmal – wenn auch zu spät für ihre Lebensgestaltung – die Totalität des Judentums erkannten. Andere haben es leicht verlassen, noch leichter vergessen und vielfach sogar befeindet. Zu ihnen gehört Marx. (Auch einer, der kein Jude sein will, der Rothschild mit dem Judentum verwechselt hat und der doch in der Begründung seines sozialistischen Systems nichts als europäisierter Jude ist. Nur ist ihm mit seinem Volkstum auch das letzte »Gran Ethik« verloren gegangen.)

Was in solchem geistigen Bezirk dem Juden, der im Judentum verbleiben will, noch übrigbleibt, ist letzten Endes nur – nachdem der Inhalt des Judentums verkürzt worden ist – die Verkürzung der Formen- und Ausdruckswelt des Judentums. Dieser Vorgang verbirgt sich unter dem Namen der »Reform«. Wenn Reform wirklich das ist, was der Sinn des Wortes vermittelt, dann ist sie die Befreiung eines Zustandes oder einer Idee vom Überflüssigen, Schädlichen, Entarteten, das sich im Laufe einer Entwicklung angesetzt hat, und das Zurückgehen auf den Kern. Aber gerade den Kern hatte ja das verkürzte Judentum schon angetastet, und es kann nichts mehr tun, als den verbliebenen Rest, statt ihn aus sich weiterzubilden, den allgemeinen europäischen Ideen anzugleichen und das Formale darin einem Dekorationswechsel nach den Begriffen der europäischen Zivilisation und Ästhetik zu unterwerfen. So mußte ein an sich ungewöhnlich nützliches Beginnen, da es keine organische Verbindung mehr hatte, sowohl im Tragischen wie im Possenhaften enden. Man ging zunächst daran, den Gottesdienst zu ordnen und zu disziplinieren. Aus den zwanglosen und tumultuarischen Versammlungen, in denen das Volk sich sonst seinem Gott gegenüberstellte und zu ihm sprach, sich mit ihm unterhielt, so unfeierlich und vertraut, so in den Rahmen der Lebensbeziehungen eingefaßt, daß man sich in der Synagoge selbst über Geschäfte unterhalten konnte, ohne ein Sakrileg zu begehen – aus solchen Versammlungen wurden straffe, disziplinierte Sabbat- oder auch Sonntagsveranstaltungen mit Musik, Chor, deutscher Sprache und verteilten Rollen. Aus dem »Gott der Heerscharen« wurde der »oberste Kriegsherr«, und der reformierte Rabbiner wurde sein General. Da die Reformatoren immer ein Auge auf die Umgebung richteten, griffen sie auch den Inhalt der Gebete an und sorgten vor allem für die Ausmerzung derjenigen messianischen Stellen, in denen das nationale Element allzudeutlich war. Hierin ist schon der Übergang spürbar, der von der Reform als Regie zur Reformation der Grundlehren des Judentums überführt. Allen Reformatoren, die das im jüdischen Bereich versucht haben, ist eine wirkliche religiöse Grundhaltung nicht abzusprechen. Aber sobald sie dazu übergingen, sich davon Rechenschaft abzulegen, sei es für sich persönlich, sei es im Hinblick auf das Judentum überhaupt, orientierten sie sich mit den Begriffen und den Maßen der Umgebung, der sie sich auf dem Wege der kulturellen Assimilation angeglichen hatten. Selbst wenn man davon absieht, daß die religionsschöpferische Begabung des Westeuropäers überhaupt sehr gering ist, daß also der Jude, der sich neu orientieren will, auf kein starkes und verpflichtendes Beispiel treffen kann, war überdies in jener Zeit die christliche Religion eine fast mechanische Angelegenheit geworden, so mechanisch, daß man sich ihrer als politisches, agitatorisches, philosophisches Element bedienen konnte, ohne ihre Quelle überhaupt nur anzutasten. Nichts verständlicher, als daß die jüdischen Reformatoren die Neubegründung ihres Judaismus aus dem Zeitgeist zu holen suchten. Das war die erste Voraussetzung ihrer Unproduktivität. Eine »Zeit« ist nie religiös; es gibt keine »religiösen Zeiten«.

Alle gingen ohne Unterschied davon aus, daß das Judentum nichts sei als eine Religion. Aber über das, was sie darstellte, gingen die Meinungen auseinander bis zum erbitterten und völlig fruchtlosen Kampf zwischen Reformern und Orthodoxen. Während ein Reformer wie Abraham Geiger noch wenigstens im Religiösen das historische Element begriff und zu Recht davon ausging, daß auch die Inhalte und Formen des Religiösen Wandlungen unterworfen seien, ist sein Gegner, der Orthodoxe S. R. Hirsch, vom Judentum als einem unwandelbaren, von Zeit und Ort unabhängigen Gesetzeswerk überzeugt. Den Umfang dieser Differenz drückt er am klarsten in der Formel aus: »Die Reform, deren das Judentum bedarf, ist eine Erziehung der Zeit zur Thora, nicht eine Nivellierung der Thora nach der Zeit.« Geiger ist demgegenüber mehr im Recht, denn es ist in der Tat mehr als einmal geschehen, daß Änderungen der Grundlehren eingetreten sind. Aber dann geschah es evolutionistisch, als das religiöse Erlebnis der Gemeinschaft, erlebt und nicht dekretiert, geworden und nicht ausgeklügelt.

Um den kompakten Widerstand der Orthodoxie wirksamer zu

bekämpfen, organisieren sich Rabbiner und Laien, jene in besonderen Tagungen, diese in der »Genossenschaft für Reformen im Judentum« von 1845, der Vorstufe der späteren »Reformgemeinde«. 1844 tritt die erste Tagung der reformistischen Rabbiner zusammen. Sie ähnelt in ihrer geistigen Verfassung sehr der Pariser Notabeln-Versammlung. Wie diese unter dem Druck Napoleons stand, steht jene unter dem Druck der Emanzipation. Der Wille zur Selbstaufgabe ist bei beiden gleich stark. Die Art ihrer Beschlüsse zeigt, daß vor der Idee einer bürgerlichen Gleichberechtigung selbst der Rest der jüdischen Idee zu weichen hat. Die ersten Beschlüsse sind: »Das jüdische Gesetz hat vor dem Landesgesetz zurückzutreten; Mischehen sind zulässig, wenn es sich um Staaten handelt, in denen es nicht verboten ist, Kinder aus Mischehen jüdisch zu erziehen; das Kolnidre-Gebet, dieser atemberaubende Auftakt zum Vorabend des Versöhnungstages, ist zu streichen.« Im Jahre darauf beschließen sie, daß die hebräische Sprache für den Gottesdienst weder vom jüdischen Gesetz vorgeschrieben noch auch zu empfehlen sei. Weiter: »Die Messiasidee verdient in den Gebeten hohe Berücksichtigung, jedoch sollen die Bitten um unsere Rückführung in das Land unserer Väter und die Herstellung eines jüdischen Staates aus unseren Gebeten ausgeschieden werden.« Hier wird also das verkürzte Judentum auch noch gereinigt. Das große kollektive Erlebnis der jüdischen Volksseele, der Messianismus, wird von reformierten Rabbinern liquidiert.

Die ganze Tragik des verstümmelten Judentums kommt in dem Aufruf zur Geltung, der der Gründung der »Genossenschaft für Reformen im Judentum« vorausging. Da heißt es: »Unsere innere Religion ist nicht mehr im Einklang mit der äußeren Gestaltung des Judentums ... Wir können nicht mehr beten ... um ein irdisches Messiasreich ... Wir können nicht mehr Gebote beobachten, die keinen geistigen Halt in uns haben ... Durchdrungen von dem heiligen Inhalt unserer Religion, können wir sie in der angeerbten Form nicht erhalten, geschweige denn auf unsere Nachkommen vererben.« Das ist das Kaddisch in deutscher Sprache auf den Tod des Judentums, wie sie es noch erleben konnten.

Mit solchen reformatorischen Bewegungen wird der Begriff des Westjuden gegen den des Ostjuden noch schärfer als bisher abgegrenzt. Im jüdischen Osten wird das Wort »Berliner« bald zum Spitznamen für diejenigen, die das Judentum durch Aufklärung retten wollen. Dort, wo es noch wirkliche jüdische Volksmassen gab, konnte von mehr als einem gelegentlichen Eindringen von Reformen nicht die Rede sein. Aber damit ist keineswegs gesagt, daß das östliche Judentum sich nur passiv verhalten und sich auf die Verharrung beschränkt habe. Im Gegenteil: aus dem Osten ist die *Gestaltung* des Judentums als lebendigster Gegensatz zur

Reform erwachsen. Um aber zu solcher Gestaltung fähig zu sein, mußten erst die Resistenzkräfte ihre stärkste Ausbildung erfahren. Denn auch im Osten rannte der erzieherische Geist der Reaktion gegen das Judentum an, viel stärker und brutaler als im Westen. Aber während der Westen überraschend schnell kapitulierte, hielt der Osten unter wirklich blutigen Opfern seine Situation. Was er an »Aufklärung« an sich herankommen ließ, war im wörtlichen Sinn aufklärend, das heißt: Zusammenhang weisend. Während man im Westen die hebräische Sprache einfach fallenließ, wurde sie im Osten modernisiert und wirklich renaissancehaft ausgestaltet. Und alles das geschah unter russischen Bedingungen.

Rußland hatte den letzten großen Zuwachs an jüdischer Bevölkerung durch den Beschluß des Wiener Kongresses bekommen, wonach der größte Teil des Herzogtums Warschau als »Königreich Polen« ihm einverleibt wurde. Das Millionenvolk der Juden gab der russischen Regierung ein Problem auf, zu dessen Lösung sie sich als unfähig erwies, so viele Mittel und Systeme sie auch anwandte, von dem Versprechen von Prämien für den Übertritt zum Christentum bis zum staatlich organisierten Totschlag in den Pogromen. Nach dem Beitritt Alexanders I. zur Heiligen Allianz setzt sofort der verschärfte Druck auf die Juden ein. 1823 wird die Idee des Statuts von 1804 wieder aufgenommen und den Juden Weißrußlands die Pacht von Ländereien, Schenken, Wirts- und Gasthäusern, Poststationen und der Aufenthalt auf dem Lande untersagt. Man versprach sich angeblich davon eine Verbesserung der Lage der christlichen Landwirte. Der Erfolg ist wie früher: Tausende von Existenzen werden nutzlos ruiniert, ohne daß die christliche Landwirtschaft dadurch gebessert wird. Auch für den starken Schmuggel an der Westgrenze machte man überwiegend den Juden verantwortlich und wies folglich in einer Zone von 50 km längs der Westgrenze alle Juden aus. Nikolaus I. verschärft die jüdische Not durch ein ganz besonderes System. Er zieht die Juden, die bisher nur eine Rekrutensteuer zu zahlen brauchten, persönlich zum Militärdienst heran. Aber dabei kam es ihm gar nicht auf die Erfüllung der Wehrpflicht an, sondern auf die Assimilierung der jüdischen Jugend mit dem Mittel der Knute. Die Dienstzeit beträgt 25 Jahre. Das Alter der Rekruten mußte zwischen 12 und 25 Jahren sein. Man nimmt aber auch Kinder von 8 Jahren, wenn sich die genügende Zahl von Rekruten nicht auftreiben läßt; und das wird immer schwieriger, denn es setzt eine wilde Flucht der jüdischen Jugend ein, sobald die Aushebungskommissionen sich nähern. Dazu war reichlich Grund gegeben. Die jungen Rekruten wurden in die entlegensten Gebiete des Reiches verschleppt, damit sie keinerlei Möglichkeit hatten, mit Juden in Berührung zu kommen. Mit Hunger, Prügeln und Mißhandlungen aller Art versuchte man insbesondere die minderjährigen

Rekruten zur Taufe zu bewegen. Die allermeisten von ihnen starben unter diesen Prozeduren, wenn sie nicht schon auf den meilenweiten Transporten umkamen. Aus der Erfüllung der Wehrpflicht erwuchs das »Martyrium der Kinder«.

Diese Art der Assimilierung durch die Kaserne bewährte sich nicht. Man versuchte es mit der Assimilierung durch die Schule und erließ 1844 den Ukas »In betreff der Bildung der jüdischen Jugend«. Die angeordneten jüdischen Elementarschulen sollten nach der geheimen Instruktion an den Unterrichtsminister dazu dienen, die Angleichung an die christliche Bevölkerung und die Loslösung von der Vorstellungswelt des Talmud zu erreichen. Aber gegen diese Schulen setzten sich die Juden ebensosehr zur Wehr wie gegen die fünfundzwanzigjährige Versklavung ihrer Kinder. Sie mußten sich auch dagegen zur Wehr setzen, daß man ihnen den Rest ihrer Autonomie, die Kahalverwaltung, nahm und sie der allgemeinen Verwaltung unterstellte. Sie klammerten sich dafür um so eifriger an ihre Rabbiner und ihre Zaddikim. Sie gaben nicht nach. Sie waren keine Westjuden. Nicht einmal die Tatsache, daß im Westen das gefügigere Verhalten der Juden die Gewährung der Gleichberechtigung mindestens erleichtert und beschleunigt hatte, konnte sie zu irgendwelchen Konsequenzen veranlassen.

Der Abschluß der Judenemanzipation im Westen bahnt sich an mit dem Zusammenbruch der von Metternich verwalteten Reaktion. Von einer besonderen Spontanität in der Gewährung der Gleichberechtigung ist trotz der Revolution von 1848 wenig zu spüren. Wohl läßt die judenfeindliche Spannung in der öffentlichen Meinung erheblich nach, und die Revolution führt de jure zur Verkündung der allgemeinen Gleichberechtigung, ohne daß aber dadurch die verschiedenen Rechtsbeschränkungen aufgehoben wurden. Erst nach der Gründung des Norddeutschen Bundes, in dem Preußen die Führung übernahm, wurde das grundlegende Gesetz vom 3. Juli 1869 erlassen: »Alle noch bestehenden, aus der Verschiedenheit der religiösen Bekenntnisse hergeleiteten Beschränkungen der bürgerlichen und staatsbürgerlichen Rechte werden hierdurch aufgehoben. Insbesondere soll die Befähigung zur Teilnahme an der Gemeinde- und Landesvertretung und zur Bekleidung öffentlicher Ämter vom religiösen Bekenntnis unabhängig sein.«

Mit der praktischen Durchführung des Gesetzes beginnt zuerst Preußen, Baden setzt erst 1862 die letzten Beschränkungen außer Kraft, Württemberg 1864. Österreich, das in der aufoktroyierten Verfassung vom 4. März 1849 verkündet hatte: »Der Genuß der bürgerlichen und politischen Rechte ist von dem Religionsbekenntnis unabhängig«, hebt die Verfassung 1851 wieder auf. Erst 1867 wird die Gleichheit aller Bürger vor dem Gesetz Wirklichkeit. Sie ging übrigens in den anderen Ländern nicht spontaner vor sich. In Italien wurde sie erst 1870, mit der Herstellung der Einheit des italienischen Reiches, durchgeführt. Als der Papst der »Gefangene im Vatikan« wurde, konnte der Gefangene des römischen Gettos endgültig frei werden. Er war aber schon so zermürbt, daß er auf die endliche Berührung mit Umwelt und Freiheit nur durch überschnelle, fast vollständige Assimilation reagieren konnte.

In England hing das Schicksal der völligen Gleichberechtigung nur noch von dem Umstand ab, daß für die Übernahme öffentlicher Ämter, insbesondere das eines Abgeordneten, die alte Formel im Gebrauch war, wonach einer »nach dem wahren Glauben eines Christen« den Eid leistete. Die zum Unterhaus gewählten jüdischen Abgeordneten konnten daher ihr Amt nicht ausüben. Jahr für Jahr nimmt das Unterhaus eine Bill an, die diesen Zustand ändert. Jahr für Jahr lehnt das Oberhaus mit konservativster Hartnäckigkeit diese Bill ab. Diesem Spiel der Interessen wird endlich im Jahre 1858 ein Ende gemacht.

Die freie Schweiz mit ihrem Häuflein Juden macht nach wie vor heftige Schwierigkeiten. Erst als es zu Konflikten mit Frankreich, Amerika und England kommt, weil die Schweiz auch die jüdischen Bürger dieser Staaten mit dem Maßstabe ihrer eigenen Juden behandelt, entschließt sie sich, ausländische Juden nicht schlechter zu behandeln als andere Ausländer und ihrer in zwei Orten des Kantons Aargau wie in einem Ansiedlungsrayon eingeschlossenen jüdischen Bevölkerung die Freizügigkeit zu erteilen (1866).

Damit war in der Theorie das Problem der Gleichberechtigung in den europäischen Ländern im wesentlichen gelöst. Wenn man den Beginn der rechtlichen Ausnahmestellung der Juden in der Diaspora von Konstantin her datiert, hat sie rund eintausendfünfhundert Jahre gedauert. In diesen 1500 Jahren ist auf der Passivseite der jüdischen Geschichte diese Rechtsungleichheit ein Faktor von größter Bedeutung gewesen. Sie hört damit jetzt nicht etwa auf, ein solcher Faktor zu sein. Wir haben gesehen, mit welchem Opfer die Juden der westlichen Länder sich ihre Freiheit erkauft haben. Wir werden später davon zu reden haben, wie nutzlos dieses Opfer war. Nach Abschluß der eigentlichen Emanzipationskämpfe ist jedenfalls als Erfolg der vielfach veränderten jüdischen Ideologie die allmähliche Zerbröckelung der westlichen Judenheit in Staatsbürger der einzelnen Länder Tatsache geworden. Mit der Bezeichnung deutscher Jude oder französischer Jude ist ein neuer Begriff verbunden, der den Ton nicht mehr auf »Jude«, sondern auf »deutsch« oder »französisch« verlegt. Sie erfüllten nicht nur ihre selbstverständliche Pflicht gegenüber einem Staate, dessen Bürger sie geworden waren. Sie taten weit mehr. Sie lösten die Gemeinschaft ihres Ursprunges so weit auf, bis sie gegenüber dem Juden des Nachbarlandes dieselbe Fremdheit und Gegensätzlichkeit empfanden wie die anderen Bürger des einen gegen den Bürger des anderen Landes. Der nationale Chauvinismus der einzelnen westeuropäischen Staaten hat immer und oft unter den Juden eine sehr starke Vertretung gehabt. Da begegnen wir wieder dem Schicksal des Renegatentums auf der Ebene des Nationalen, der Unsicherheit, die aus der unvollständigen Loslösung kommt und die zu viel tut, weil sie insgeheim immer fürchtet, man könne ihr vorwerfen, nicht genug getan zu haben.

Unvollständig war diese Loslösung von der Gemeinschaft des Ursprunges, weil immer noch und immer wieder Vorgänge die Welt aufrüttelten, die dokumentierten, daß es über aller Auflösung der Judenheit in Atome Kräfte gab, die in ihr eine Einheit sahen und die dem Juden als Bestandteil dieser Einheit sein besonderes jüdisches Schicksal bereiteten. Es sind einzelne Vorgänge und Dauererscheinungen. Im Jahre 1840 verschwindet in Damaskus der Kapuzinermönch Thomas. Sein Verbleiben ist nicht aufzuklären. Folglich richtet sich der Verdacht auf die Juden. Das alte Argument, daß sie an ihm einen Ritualmord verübt haben, lag in der Rüstkammer des Geistes noch bereit. Darüber erschrak sogar die europäische Welt, und zwar nicht weil dieses Argument noch lebte – in Rußland forderte es ja noch nach wie vor seine Opfer –, sondern weil es sich in ihrem eigenen Wirkungs- und Interessenkreis betätigte. Denn es geschah im orientalischen Interessenbezirk von Frankreich, England, Preußen und Österreich, und es war der französische Konsul Ratti-Menton in Damaskus, der sich zum Exekutor des Ritualmordglaubens machte, der Juden einsperrte und sie so lange foltern ließ, bis sie entweder starben oder aussagten, was er erwartete und verlangte. Sofort ist die ganze frühere Atmosphäre wieder belebt wie in alten Zeiten. Auf der Insel Rhodos entsteht ebenfalls eine Ritualmordaffäre, und wieder legitimiert die katholische Kirche ihren Glauben an den Ritualmord und ihr Bedürfnis, daraus Märtyrer zu gewinnen, durch die voreilige Aufstellung eines Denksteins in der Kapuzinerkirche zu Rom zum Andenken an das Martyrium des »Judenopfers«. Die europäischen Staaten, mit Ausnahme von Frankreich, protestieren. Aus London begibt sich eine jüdische Delegation unter Führung des englischen Juden Montefiore und des französischen Juden Crémieux nach Kairo, um dort die Freilassung der noch lebenden Gefangenen zu erwirken.

1858 gibt Rom die Reprise eines Aktes aus dem Judendrama. In Bologna ist das Kind des Juden Mortara krank. Im Hause ist eine katholische Magd. Sie will für den Fall, daß das Kind stirbt, die Seele für den christlichen Himmel retten. Darum nimmt sie, als sei sie ein Priester, an dem kranken Kinde, das sechs Jahre alt ist, die Taufe vor. Sie berichtet späterhin diesen Vorgang der Kirche. Papst Pius IX. läßt darauf das Kind mit Gewalt aus dem elterlichen Haus rauben, hält gegen den Protest der ganzen Welt diese gestohlene Seele fest und läßt einen katholischen Priester daraus machen.

Das sind Vorgänge, unter den Augen der ganzen Welt vollzogen, die man nur dem Juden gegenüber wagt. Wenn es für die Juden der Zeit darüber hinaus noch eines Beweises bedurfte, daß aller Wille zur Atomisierung des Judentums nicht die Judenfrage aus der Welt schaffte, so wurde er ihm in den großen Judenzentren des Ostens als eine Dauererscheinung dargeboten. Nicht einmal diplomatische Vereinbarungen, die unter der Garantie der europäischen Großmächte standen, wurden respektiert, wenn es um die Juden ging. Auf dem Berliner Kongreß von 1878 wurde die Unabhängigkeit Rumäniens davon abhängig gemacht, daß es allen Landesbewohnern, auch den Juden, die Gleichberechtigung erteilte. Rumänien hat offenbar nie daran gedacht, diesen Teil des Vertrages zu erfüllen. Mehr als 250 000 Juden wurden von ihm in die Rolle von »Ausländern« verwiesen und jeder Beschränkung, jeder Verachtung und jeder blutigen Hetze ausgeliefert. Es fügte sich damit dem russischen System ein, das in immer neuen Variationen die Zersprengung und Auflösung seines jüdischen Bestandes versuchte. Nachdem der Katalog der Repressivmaßnahmen sich erschöpft hatte, wurde die Gewährung von Teilerleichterungen angewandt mit dem alten Ziel »der Verschmelzung dieses Volkes mit der einheimischen Bevölkerung«. In der Zeit von 1856 bis 1865 werden Einzelreformen durchgeführt. Die Juden werden bezüglich der Soldatenaushebung der übrigen Bevölkerung gleichgestellt. Großkaufleute, die in die »erste Gilde« eingetragen sind, dürfen sich in den »inneren Rayons« niederlassen. Dann wird das gleiche den Juden akademischer Grade gestattet, dann allen Personen mit Hochschulbildung, später unter sehr vorsichtigen Bedingungen den Handwerkern, ferner den Soldaten, die 25 Jahre gedient haben. Nach der Bauernemanzipation bekommen die Juden das Recht, Land zu erwerben. Sie bekommen das aktive und passive Wahlrecht für die Landstände und die Zulassung zur Rechtsanwaltschaft. Es ist eine zögernde und wohlberechnete Art, die als ein ständiger Anreiz dienen soll und auch viel dazu beigetragen hat, den durch Besitz oder Bildung Privilegierten den Weg zur Assimilation zu eröffnen. Aber das ergab noch keine Verschmelzung, wie der Westen sie hervorgebracht hatte. Die russische Regierung denkt tief nach, woran es wohl liegen könne, daß die Juden sich nicht verschmelzen. Sie findet heraus, daß die Juden in einer geheimen Kahalorganisation einen starken Rückhalt hätten. Es bestehe ein »Weltkahal« und die französische »Alliance

Israelite Universelle« sei eines der Organe. (Mit dieser Feststellung ist ähnlichen Entdeckungen in unserer Gegenwart jede Originalität genommen.) Von neuem wird eine Kommission an die Arbeit gesetzt mit dem Ziel der »größtmöglichen Lockerung der die Juden zusammenhaltenden Gemeinschaftsbande«.

Das Verfahren der russischen Reaktion hätte vielleicht Erfolg gehabt, wenn sie, wie die westeuropäischen Staaten, in der Lage gewesen wäre, aus dem allgemeinen Geistesleben her dem Juden eine Ideologie zu bieten, an der er sich neu und von seinem Ursprung weg hätte orientieren können. Das aber war für die Masse der Juden jedenfalls nicht zutreffend. Nur ein großer Teil der jüdischen Intelligenz und der jüdischen Jugend in den Mittel- und Hochschulen verschrieb sich mit leidenschaftlichem Eifer der Idee der Russifizierung. Aber dieses Ideal des Russen, das sie in Gemeinschaft mit dem fortschrittlichen gebildeten Russentum entwerfen, war in seiner Konzeption und Formung wesentlich bestimmt dadurch, daß über eine Unsumme von Individualitäten die Uniformierung durch die polizeiliche Gewalt verhängt wurde, daß gegen ein eisernes System der Unterdrückung die Feuer der Revolution sich sammelten, um es zum Schmelzen zu bringen. Revolution als der gewaltsame Ausbruch des Freiheitswillens lag im tiefsten Kern der Russifizierung der jüdischen Intelligenz zugrunde. Die Ideologie der jüdischen Jugend in Rußland, so weit sie an der revolutionären Bewegung aktiven Anteil nahm, war nur dem Worte nach russisch; dem Gehalt nach war sie jüdisch. Sie ordnete ihr jüdisches Schicksal des Unterdrücktseins dem allgemeinen Schicksal des unterdrückten russischen Volkes unter. Ihr Ziel war nicht die Emanzipation des Juden, sondern die Freiheit, in der sie beschlossen liegen konnte. Freiheit ist ein uraltes jüdisches Ideal, ganz verschieden von dem der germanischen Freiheit. Es bedeutet nicht den Widerstand gegen das Beherrschtwerden, sondern im Gegenteil das absoluteste Beherrschtwerden, aber durch die Unterordnung in Freiwilligkeit. Dieses Grundgefühl, verbunden mit seiner praktischen Auswirkung, der Gerechtigkeit im Alltag, macht den Juden zum Teilnehmer an allen sozialen und freiheitlichen Revolutionen. Das ist sein gutes Recht. Er kann auch gar nicht anders.

So kann es nicht wundernehmen, daß an der Verschwörung, die zur Ermordung Alexanders II. im März 1881 führte, auch eine Jüdin teilnahm. Die verschärfte Reaktion, die daraufhin unter Alexander III. einsetzt, läßt erkennen, daß auf die Verschmelzungsversuche zwischen den Juden und der Umgebung Verzicht geleistet worden ist. Das ständig gefährdete Zarentum braucht zu seiner Stütze den loyalen Untertan, den politisch unbedingt ergebenen Anhänger, den, der im Sinne des Thrones vollwertiger Russe ist. Darum die neue Parole: »Rußland den Russen.« Die Kehrseite ist der Alarmruf: »Der Jüd marschiert!« Das heißt: der Jude, der Nicht-Russe, bedroht das Russentum. Es wird – Fortsetzung des jüdischen Schicksals – die Atmosphäre geschaffen, in der sich die Pogrome abspielen.

Noch einmal wiederholt sich also hier in Rußland, was sich in der ganzen Welt abspielte: es wird der Versuch gemacht, auf dem Wege des Zwanges oder der zwangsweisen Erziehung den Juden kulturell oder zivilisatorisch der Umgebung anzugleichen, um seine immer noch als fremd empfundene Eigenart zu vernichten. Sobald der Jude diesen Weg beschreitet und zur Entfaltung seiner natürlichen Fähigkeiten gelangen kann, erhebt sich dagegen spontan der Widerstand der Umgebung und greift zu allen erdenklichen Begründungen, um seine Auflehnung gegen das von ihm selbst inaugurierte Ergebnis zu begründen. Wir werden in dem Kapitel über den Antisemitismus auch hierauf näher eingehen. Zwingend ist nur jetzt schon aus dem historischen Ablauf der Schluß, daß alle Bereitschaft des Juden, das Judenproblem gemäß den Wünschen der Umgebung zu beseitigen, daran scheitern muß, daß dieses Problem ihm von neuem durch eben diese Umgebung dargeboten und aufgezwungen wird. Es scheint also, als hätten wir es mit einem unlösbaren Problem zu tun, jedenfalls aber mit einem, zu dessen Lösung alle bislang angewandten Mittel und Methoden sich als völlig unzureichend erwiesen haben.

Die Erkenntnis, daß auch die outrierteste Assimilation des westlichen Juden immer nur und im günstigsten Falle das Problem des Einzelnen lösen könne, und oft nicht einmal seines, sondern erst das seiner Nachkommen, war auch in dieser Zeit der auflösenden Ideologien schon latent vorhanden. Damit war zugleich die schicksalhafte Verbindung zwischen den Juden in aller Welt anerkannt, die grundsätzliche Gemeinsamkeit ihrer Problematik. Aber schon ein solches Schicksal, auch wenn es ganz passiv aufgefaßt wird, auch wenn es sich nur darum handelt, daß man unter ihm steht und ihm nicht entrinnen kann, ist Geschichte, ist Historie. Kein bewußter und kein unbewußter Weg, sich über die Gründe dieses passiven Geschickes Klarheit zu verschaffen, kann an der Geschichte als einem Gebiet der Forschung und der Orientierung vorüberführen. Darum geschieht es fast zwangsläufig, daß mit dem 19. Jahrhundert die jüdische Geschichtswissenschaft entsteht. Der Jude tut jetzt das, was er immer verweigert hat: er nimmt vom Ablauf seiner Geschichte Kenntnis und beginnt in ihr zu forschen. In der Atempause, in der im jüdischen Bezirk nichts Gestaltendes, sondern nur das Auflösende geschah, geht er dazu über, sich zu orientieren, und zwar nicht an der Meinung und Auffassung der Umgebung, sondern an dem objektiven Bestand dessen, was die Generationen in der Kette vor ihm an Erlebnis und Gestaltung aus sich entlassen hatten. Die ungeheure Wichtigkeit dieses Vorganges liegt darin, daß geschichtliche Betrachtung eine selbständige Erlebnisquelle werden kann und daß daraus wieder eine geistige Orientierung entstehen kann, die das Organische vom Unorganischen trennt, das heißt, die das Schicksal der jüdischen Nation begreiflich macht aus ihrer eigenen Gesetzmäßigkeit und nicht aus dem entstellenden Beiwerk, das der Zwang von Diaspora und Emanzipation und Assimilation hinzugefügt hat. Die Hinwendung zur jüdischen Geschichte bedeutet also für das 19. Jahrhundert den Beginn eines Wiederaufbaues mitten in den bedrohlichen Anzeichen eines überstürzten Verfalls. Als Begründer der jüdischen Geschichtswissenschaft kann Zunz (1794–1886) betrachtet werden und als ihr Höhepunkt (immer im Rahmen des 19. Jahrhunderts verstanden) Graetz (1817–1891). Daneben sind S. J. Rappoport (1790–1867), der Darsteller insbesondere der gaonäischen Epoche, und N. Krochmal (1785–1840), der die Philosophie der jüdischen Geschichte begründet, nicht weniger bedeutsam. Auch Geiger, der Erfinder der jüdischen Missionsidee, und Z. Frankel, der Begründer der »positiv-historischen« Richtung haben hier ihren Platz. Sie alle, selber schon zu Bestandteilen der jüdischen Geschichte geworden, können im Rahmen dieser Darstellung keiner Kritik ihrer Grundanschauungen unterzogen werden. Sie unterstehen auch für uns keinem Werturteil mehr, sondern sind Elemente, deren Verschiedenartigkeit für den Historiker den Vergleich ermöglicht und die Entscheidung verlangt.

Zu solchen geschichtlichen Forschungen fügt sich wie eine organische Ergänzung die wachsende Belebung der hebräischen Sprache, und zwar nicht so sehr als ein philologisches, sondern als ein Ausdruckselement. Ein dem König Schelomo zugeschriebenes Sprichwort dringt tief in den metaphysischen Bestand ein: »Tod und Leben liegen in der Hand der Sprache, und die sie lieben, werden ihre Frucht genießen.« Das Wort macht lebendig. Es wirkt viel unmittelbarer als die Geschichte gemeinschaftsbildend. Darum kommt der Literatur, die jetzt entsteht, eine Bedeutung zu, deren historisches Gewicht größer ist als ihr literarisches und künstlerisches. Österreich und Rußland, wo es noch Massen gab, die der Sprache ein Echo werden konnten, sind im wesentlichen der Entstehungsort dieser Literatur. Es ist ursprünglich eine Zweckliteratur, die der »Aufklärung« dient, der Haskala. Diese östliche Haskala bemüht sich von allem Anfang an, das weltliche Wissen und die Kultur der Welt an das Judentum heranzutragen, nicht, wie der Westen, das Judentum an sie auszuliefern. Sie will einer echten Bereicherung des Judentums dienen, nicht einer verfälschten. Während die westliche Aufklärung nur eine Funktion erfüllen konnte zwischen Judentum und Umwelt, erfüllte die östliche Haskala sie zwischen der neuen und der alten Generation im Judentum selbst, zwischen dem

Beharrungsvermögen der Orthodoxie und dem Auflösungswillen der Jugend. Darum und weil die nationale Sprache ihr Mittel und die national-religiösen Ideen ihre Grundfläche sind, kann sie auch eines Tages vom Zweck zur wahren Produktivität übergehen. Das Schaffen wird Kunst und Dienst an der Gemeinschaft zugleich. Der Lyriker Micha Joseph Lebenssohn; der erste moderne hebräische Romandichter Abraham Mapu, dessen »Ahawath Zion« (Liebe zu Zion) für die Jugend des jüdischen Getto ein klassisches Werk wurde; Jehuda Leib Gordon, der Kämpfer für die freiheitliche Umgestaltung der jüdischen Lebensformen, sind die ersten Pioniere der Neugestaltung aus den Kräften des jüdischen Volkes selbst. Tiefer und inniger noch wird ihre Wirkung, wie sie dazu übergehen, im Jargon zu schreiben, in jener Sprache – zu der man wie auch immer stehen mag – die nun einmal für Jahrhunderte das Wort, das Äußerungsvermögen für Millionen von Menschen geprägt hat. Der liebenswerteste unter ihnen ist Salomon Abramowitsch (gestorben 1917), der unter dem Namen Mendele Mocher Sforim, der Bücherverkäufer, das jüdische Milieu des Ostens umfaßt, um es in der Gestaltung einer Umgestaltung zugänglich zu machen. Ihm ähnlich in der Tendenz, zur Umgestaltung der alten Lebensformen anzuregen, ist Eisik Meir Dick, wohl einer der populärsten Jargondichter des Ostens.

Somit konnte es scheinen, als gehe der jüdische Osten seinen Gang der Entwicklung für sich allein. Das ist in der Tat der Fall. Was hier im Osten in der Literatur zum Ausdruck kommt, ist schon beginnende Entwicklung, wenn auch in der Masse des Volkes noch keine Bewegung spürbar scheint. Aber auch im Westen finden wir sporadische Ansätze, auf die Erkenntnis von der Gemeinsamkeit des jüdischen Schicksals zu reagieren. Wir kehren zu unserem Ausgangspunkt zurück, zu der Feststellung, daß gegenüber jedem Willen zur Atomisierung des Judentums immer wieder Kräfte in der Welt aufstehen, die die Einheit des Judentums zum mindesten dadurch betonen und herstellen, daß sie den Juden ihr gemeinsames Schicksal als Juden bereiten. Das wird auch von den assimilierten Juden hier und dort eingesehen, und wenn aus dieser Einsicht auch nicht Konsequenzen letzter Art gezogen werden, so wird doch mindestens das Interesse auch für die übrigen Teile des Judentums wieder aktiv. Auf solchem Interesse beruht es, daß Munk und Crémieux, die durch die Damaskusaffäre mit den morgenländischen Juden in Berührung kommen, 1841 in Kairo und Alexandrien jüdische Elementarschulen gründen. Darauf beruht es auch, daß 1860 unter der Führung Crémieux' in Paris die Alliance Israelite Universelle gegründet wird, die sich zwei Aufgaben stellt: überall die Emanzipation und den moralischen Fortschritt der Juden zu fördern; sodann allen denen, die darum, weil sie Juden sind, Verfolgungen erdulden, tatkräftig Beistand zu leisten. Ein solches Programm bedeutet eine Solidaritätserklärung mindestens aus dem Gesichtspunkt der Verantwortung für alle Juden der Welt. Solche Solidarität, die de facto eine Internationalität bedeutet, mußte aber diejenigen Juden verletzen oder beunruhigen, die mit der neuen Staatszugehörigkeit auch ihre Nation gewechselt hatten und aus der Teilnahme an einer internationalen jüdischen Institution Vorwürfe oder noch Schlimmeres befürchteten. Sie veranlaßten daher eine Spaltung. 1871 entstehen die »Anglo-Jewish Association« in London und die »Israelitische Allianz« in Wien. Das ist eine Reflexbewegung der Assimilation, die noch in der menschlichsten Gebärde die Distanz betonen möchte, zu der sie die neu aufgenommene Nationalität verpflichtet.

In dem gleichen Zeitraum der Auflösung melden sich aber auch schon Stimmen, die von einer anderen Konsequenz des als gemeinsam erkannten Judenschicksals zeugen. Es sind Einzelmanifestationen, die unter sich keinen gewollten Zusammenhang haben, die auch in ihrer Addition noch keine geistige Bewegung darstellen, aber der Beweis dafür sind, daß es Kräfte im Judentum gibt, die sich ihren Raum immer wieder selbst schaffen, so wie ein künstlich zurechtgeschnittener Baum immer die Tendenz hat, seine Zweige nach seiner eingeborenen und naturhaften Form zu entfalten. Diese Manifestationen betonen die Einheit aller Juden in ihrer Eigenschaft als Nation; sie decken die Existenz eines lebendigen Volkskörpers auf und suchen von da aus, von den Bedürfnissen des jüdischen Volkes aus, und nicht von denen der Umgebung aus, die Judenfrage zu lösen. Einer der ersten dieser Propagandisten ist der Politiker und Journalist Mardochai Manuel Noah, der 1825 die Insel Grand Island im Niagara erwirbt und dort Juden zwecks Vorbereitung für die Übersiedlung nach Palästina in autonomer Gemeinschaft ansiedeln will. Ein Realpolitiker war er sicher nicht, und so mußte er das Scheitern seines Planes in Kauf nehmen. Dagegen entfaltet er eine Propaganda unter den Christen, damit sie bei der »Wiedergeburt der Juden« ihre Hilfe leisteten. Solches Beginnen war recht verfrüht, aber nicht so ganz absurd, wie es scheinen mochte, denn bei der Konferenz der mitteleuropäischen Mächte, die über das Schicksal von Syrien und Palästina beriet (1840/41), wurde auch der Vorschlag diskutiert, in Palästina wieder einen jüdischen Staat zu errichten. Colonel Churchill, der englische Konsul in Syrien, schlägt dem jüdischen »Deputiertenkomitee« in London allen Ernstes vor, Palästina wieder als die nationale Heimstätte der Juden zu propagieren und eine jüdische Massenwanderung dahin zu erzeugen. Ein Jahr zuvor hatte eine anonyme Schrift »Neu-Judäa« von C. L. K. zur Bildung eines jüdischen Staatswesens in Nordamerika aufgefordert. Ein gleichzeitiger und ebenfalls anonymer Aufsatz in der Leipziger jüdischen Wochenschrift »Orient« propagiert die

Gründung eines Nationalheims in Palästina. Das alles waren vorweggenommene Forderungen Einzelner, die für sich selbst die alte Wahrheit von der Existenz eines jüdischen Volkes wiederentdeckt hatten, ohne mit dieser Erkenntnis auf große Resonanz im Westen rechnen zu können.

Diese Resonanz fand nicht einmal der offizielle jüdische Geschichtschreiber der Zeit, Graetz. Dieser unermüdliche Arbeiter, dem die jüdische Geschichtsforschung unendlich viel verdankt, war keineswegs seinem Willen und seinem Bewußtsein nach das, was wir heute unter einem Nationaljuden verstehen. Er war durchaus aufgeklärter Westjude und stark betont deutscher Jude. Aber sein Wille zur objektiven Darstellung gerät ihm fast unversehens zu einer Erkenntnis, die er im 5. Band seiner großen »Geschichte der Juden« (1859/60) wie folgt formuliert: »Die Geschichte des nachtalmudischen Zeitraumes hat also immer noch einen *nationalen Charakter*, sie ist keineswegs eine bloße Religions- oder Kirchengeschichte, weil sie nicht bloß den Entwicklungsverlauf eines Lehrinhalts, sondern auch einen eigenen Volksstamm zum Gegenstand hat, der zwar ohne Boden, Vaterland, geographische Umgrenzung und ohne staatlichen Organismus ist, diese realen Bedingungen aber durch geistige Potenzen ersetzt.« Eine solche Äußerung mußte in dem assimilierten Milieu, in dem er lebte, Symptom bleiben. Erkenntnis und Konsequenz fallen erst zusammen mit zwei Gestalten, in deren Äußerungen man den Beginn der Geschichte des Zionismus erblicken kann: Moses Heß und Hirsch Kalischer, jener mit seiner Schrift »Rom und Jerusalem«, dieser mit der Schrift »Drischath Zion«. (Beide erschienen 1862.) Heß' Interesse geht auf die politische Restauration der jüdischen Nation, Kalischers Interesse auf die kulturelle. Heß' Folgerung ist für die damalige Zeit und Einstellung von ungewöhnlicher Prägnanz: »Das Judentum ist vor allem eine Nationalität, deren Geschichte, Jahrtausende überdauernd, mit jener der Menschheit Hand in Hand geht . . . Solange der Jude seine Nationalität verleugnen wird, weil er eben nicht die Selbstverleugnung hat, eine Solidarität mit einem unglücklichen, verfolgten und verhöhnten Volke einzugestehen, muß seine falsche Stellung mit jedem Tage unerträglicher werden . . .«

Diese letztere Bemerkung zielt, wie ohne weiteres erkennbar, auf den assimilierten Juden ab. Sie ist die erste bewußte Formulierung des Themas, von dem wir für dieses Kapitel ausgingen. Heß zieht hier eine der möglichen Konsequenzen, aber eine sehr wichtige. Er weist auf, daß der Assimilationsjude mit einer Konstruktion seines Judentums lebt, die von der Zeit und der Umgebung und von allen auf den Juden gerichteten Vorgängen in ihnen fortgesetzt desavouiert wird. Gerade das Milieu, in dem die Verfälschung der jüdischen Ideologie am stärksten eingesetzt hatte, Frankreich, Deutschland und Österreich, beginnt jetzt aufs neue

441

und mit einer einheitlichen Bewegung, die Entscheidung der assimilatorischen Juden zu desavouieren. Nachdem der Westjude für seine Beziehung zur Umwelt die abschließende Formel gefunden, findet die Umwelt für ihre Beziehung zum Juden ebenfalls die abschließende Formel. Sie heißt Antisemitismus. Mit ihm werden wir uns jetzt beschäftigen müssen.

Antisemitismus

Wenn wir dem Antisemitismus im Rahmen dieser Ideengeschichte ein besonderes Kapitel einräumen, so geschieht es, weil im Laufe der Jahrhunderte der Antisemitismus auch für die Juden ein Problem geworden ist. Man könnte beinahe sagen: für das Judentum. Es darf dabei nur nicht aus dem Auge gelassen werden, daß an sich der Antisemitismus natürlich das Problem des Nichtjuden ist, in dem er seine Beziehungen, Widerstände und Fremdheitsgefühle mannigfacher Art gegen den Juden, seine Religion, seinen Geist, seine Sitten, seine Fähigkeiten, überhaupt: gegen seine Existenz zusammenfaßt. Aber wenn es möglich ist, daß solche Problemstellung des Nichtjuden fast in der ganzen Welt, wenn auch nach Graden, Formen und Begründungen variiert, auftritt, so muß wohl in der Art oder im Wesen des Juden etwas liegen, was eine solche einheitliche Reaktion ermöglicht, und schon die Möglichkeit, solche Reaktionen hervorzurufen, macht es notwendig, den Antisemitismus als ein passives Problem, als ein Folgeproblem des Judentums zu betrachten.

Über den Antisemitismus ist unendlich viel geschrieben und sind sehr feine und diffizile Betrachtungen angestellt worden. Wir glauben daher nicht, zu diesem Thema etwas grundsätzlich Neues sagen zu können, es sei denn, daß der Wille, die Dinge und Erscheinungen historisch, nach den Gesetzen ihres Gewordenseins zu betrachten, von selbst neue Ausblicke eröffnet. Denn man darf sich durch die Tatsache, daß der Begriff »Antisemitismus« eine Formulierung ziemlich jungen Datums ist, nicht an der Erkenntnis hindern lassen, daß es sich dabei eben nur um ein neues Wort für eine alte Sache handelt. In diesem neuen Wort ist im Verhältnis des Nichtjuden zum Juden nur das rassenmäßige Moment, die Differenz zwischen dem Semiten und dem Nichtsemiten betont. Das ist alles. In seinem Kern, in dem antijüdischen Gefühl, ist der Antisemitismus stets vorhanden gewesen von der Zeit an, in der das Judentum mit anderen Welten in mehr als nachbarlicher Feindschaft zusammenstieß. Zur Bestimmung seines jetzigen Gehaltes kann also nicht darauf verzichtet werden, seine historische Substanz zu untersuchen. Um dabei alle Erscheinungen bis in die Gegenwart einordnen zu können, referieren wir zunächst den weiteren äußeren Ablauf der jüdischen Geschichte und nehmen als Markierungspunkte den Deutsch-Französischen Krieg von 1870/71 und den Weltkrieg von 1914-1918.

Dieser genannte Zeitraum ist zugleich, von der Existenz des Antisemitismus ganz abgesehen, für die jüdische Geschichte von einer besonderen und schicksalhaften Bedeutung: bei aller vermehrten Abhängigkeit vom Tun und Treiben der Umgebung, bei einer fast forcierten Passivität der jüdischen Geschichte wird sie doch zugleich wieder aktiv, gestaltend, bewußt. Für weite Schichten des Judentums bedurfte es sogar erst dieser vermehrten Passivität, um sie in die Aktivität ausweichen zu lassen. Dabei ging es allerdings um eine Passivität, das heißt: um eine Massierung des dem Juden zugedachten und bereiteten Schicksals, die sich, wenn man die Verschiedenartigkeit der Kulturstufen in Betracht zieht, nicht sehr vorteilhaft von den mittelalterlichen Zuständen unterscheidet. Denn bei der Wiederholung der mittelalterlichen Methoden steht der Zeit die Entschuldigung der mangelnden geistigen Reife nicht mehr zur Verfügung, sofern man ihren eigenen Aussagen über die von ihr erreichte Kulturhöhe glaubt. Aber es ist alles vorhanden: Ritualmordanklagen, Judenpogrome, Rechtsverweigerung, Ausnahmegesetze, gesellschaftlicher und wirtschaftlicher Boykott und antijüdische Propaganda, vom pseudowissenschaftlichen Standardwerk bis zur Schändung von Friedhöfen.

In den dreißig Jahren von 1882-1911 werden noch sechs Ritualmordprozesse veranstaltet, davon einer im Orient (Korfu 1891), zwei in Rußland (Blondes 1900 und Beilis 1911/13), einer in Ungarn (Tisza-Eszlar 1882), einer in Böhmen (Polna 1899) und zwei in Deutschland (Xanten 1892 und Konitz 1900). Einer von ihnen, der in Polna, endete mit dem Todesurteil gegen den Juden Hilsner, die anderen selbstverständlich mit Freisprechung. Einzelheiten darzustellen, erübrigt sich. Es genügt die Feststellung, daß diese Prozesse stattgefunden haben, daß sie möglich waren.

Die kompaktere Form der Judenverfolgung vollzog sich in den Pogromen. Man hat sich daran gewöhnt, bei dem Begriff Pogrom nur an Rußland zu denken. Das trifft nicht zu. Sofern man unter Pogrom spontane oder wohlvorbereitete Angriffe von Volksmengen auf die Juden versteht, setzt die Pogromwelle weiter westlich ein, nämlich in Deutschland. Im Sommer und Herbst 1881 und in direkter Folge der noch zu besprechenden Kampagne für die »antisemitische Petition« ereignen sich in Brandenburg und Pommern organisierte Überfälle auf die Juden, verbunden mit Mißhandlungen und Plünderungen, bei denen von seiten der Regierung erst eingeschritten wird, als eine öffentliche Gefahr daraus zu werden droht. In Galizien treten die Judenhetzen im Verfolg der katholisch-polnischen Propaganda auf und verlangen Einsatz von Truppen zu ihrer Unterdrückung. In Böhmen und Ungarn sind sie nur die direkte Fortsetzung der schon erwähnten Ritualmordprozesse, und es ist charakteristisch, daß in Böhmen die Tschechen gemeinsam mit den Deutschen den Pogrom veranstalten, weil der angeklagte Jude verurteilt, und die Ungarn, weil die angeklagten Juden freigesprochen wurden. Ihr großes, erschreckendes Format bekommen die Pogrome aber erst in Rußland. Wir beschränken uns einstweilen auf die Referierung des Tatbestandes.

Die Pogrome setzen im April 1881 im russischen Süden ein, der erste in Jelisawetgrad. Daß er stattfinden würde, war lange vorher schon angekündigt. Es wird im wesentlichen geplündert. Das Militär rührt sich nicht. Die Pogrome greifen über auf den ganzen Kreis Jelisawetgrad. In Kiew ist ebenfalls lange vorher der Pogrom auf den 26. April angesetzt worden. Die Begründung lautet, die Juden hätten Alexander II. ermordet, und der Zar habe befohlen, mit den Juden abzurechnen. Das geschieht durch Verwüstung und Plünderung jüdischer Häuser, Mißhandlung und Totschlag von Juden und Schändung von Frauen. Nachdem das geschehen ist, greift am nächsten Tage, dem 27. April, Militär ein. Die Pogrome werden aber in der Umgebung, in 50 Dörfern und Flecken des Kiewer Gebietes fortgesetzt. Im Mai folgt Odessa mit gleichen Vorgängen und unter den gleichen Bedingungen.

Die Strafen, die die Pogromhelden von den russischen Gerichten bekommen, sind so milde und verraten so sehr die Unschlüssigkeit, ob man sie überhaupt bestrafen soll, daß im Juli 1881 eine neue Welle von Pogromen einsetzen kann. Dieses Mal werden sie schneller unterdrückt, aus der Erwägung, daß sie möglicherweise ein Teil der allgemeinen revolutionären Bewegung sein könnten. Die Pogromisten setzen aber ihre Tätigkeit unterirdisch fort durch eine Reihe von Brandstiftungen. Im ganzen werden von der Kampagne des Jahres 1881 mehr als hundert Gemeinden und Siedlungen Südrußlands betroffen.

Im gleichen Jahre werden in der Ukraine durch die revolutionären Narodniki Pogrome veranstaltet, ebenfalls in Warschau (Dezember 1881) unter Anführung von Russen. Nachdem 1500 jüdische Wohnungen,

Geschäfte und Betstuben zerstört, 24 Juden verletzt und ein Schaden von mehreren Millionen Rubel angerichtet worden ist, greift die Polizei am dritten Tage ein und liquidiert den Pogrom. Im folgenden Jahre, 1882, wird in Balta der Pogrom lange vorher auf die Ostertage angesagt und von der Behörde wohlwollend gefördert. 15 000 Existenzen werden vernichtet, viele getötet, verwundet, geschändet und durch das Entsetzen in den Irrsinn getrieben.

Da die Pogrome im Auslande zu viel Aufsehen erregen, werden sie verboten und durch gesetzliche Maßnahmen der Regierung ersetzt. Sie finden trotzdem noch statt, so Juli 1883 in Jekaterinoslaw und im Herbst in der Umgebung, ferner 1884 in Nishnij Nowgorod. Dann tritt eine längere, von gesetzlichen Unterdrückungen ausgefüllte Pause ein. Im Februar und April 1897 tauchen wieder Pogrome auf, unter Nikolaus II., dem bigotten Reaktionär. In der von ihm geschaffenen Atmosphäre der revolutionären Bereitschaft einerseits und eines hemmungslosen Kults mit dem »Väterchen Zar« anderseits sind erneute Pogrome in größtem Stil möglich. In Kischinew, wo die sachliche und geistige Vorbereitung sehr gründlich betrieben wird, verkünden Flugblätter vor Ostern 1903, daß der Zar durch einen Ukas die Abhaltung eines Pogroms für die ersten drei Tage der griechisch-orthodoxen Ostern gestattet habe. Das Zeichen zum Beginn wird am 6. April durch das Läuten der Kirchenglocken gegeben. Es wird geplündert, mit einbrechender Dunkelheit auch gemordet. Juden, die sich wehren wollen, werden von der Polizei entwaffnet. Am nächsten Tage wird das Programm fortgesetzt. Taten von ungewöhnlicher Bestialität geschehen. Am Ende des zweiten Tages greifen die Truppen ein. Man zählt 45 Tote, 86 Schwer- und 500 Leichtverletzte und über 1000 ausgeraubte Läden und Wohnungen.

Die Juden bilden eine Selbstwehr, die von der Regierung sofort verboten wird. Wie im August 1903 die Stadt Homel ihren Pogrom veranstaltet und die jüdische Selbstwehr einschreitet, wird sie von den Truppen beschossen, die auch weiterhin darauf achten, daß der russischen Bevölkerung bei ihren Plünderungen und Morden nichts zuleide geschieht. Dennoch gibt es auf beiden Seiten Tote und Verwundete. Das Jahr 1904, das die Kräfte für den russisch-japanischen Krieg absorbierte, ist – bis auf die regelmäßigen Hetzen – frei von Pogromen. Aber 1905 setzen sie mit vielfacher Begründung und in großer Zahl wieder ein. Die »Schwarze Hundert«, das Instrument der zaristischen Regierung gegen Liberale und Juden, übernimmt die Regie. Sie veranstaltet zunächst überall kleinere Pogrome, dann einen größeren in Shitomir, Ostern 1905, der nach drei Tagen endet und bei dem 15 Juden getötet und 100 verletzt werden. Vom 18. bis zum 25. Oktober, als die Regierung gerade unter dem Druck des

Generalstreiks die Einrichtung der Duma und die Anwendung eines demokratischen Wahlrechts versprochen hatte, läßt sie hinterrücks von neuem die »Schwarze Hundert« losbrechen, die sich in 50 Städten und fast 600 Ortschaften unter Beteiligung von Soldaten und Kosaken hemmungslos im Judenmord austobt. Allein Odessa hat 300 Tote und Tausende von Verletzten und Verstümmelten. Auch nach der Eröffnung der Duma und unter Teilnahme der Truppen werden die Pogrome fortgesetzt. Bialystock hat 80 Tote und 100 Verwundete aufzuweisen (1906). Nach der Auflösung der ersten Duma verwandeln sich die Pogromaktionen in behördlich organisierten Straßenterror gegen die Juden. Die Pogromisten dieser beiden Jahre werden entweder nicht bestraft oder sofort begnadigt. Über die Teilnehmer der jüdischen Selbstwehr werden lange Zuchthausstrafen verhängt.

Auch der Weltkrieg unterbricht in Rußland die Judenverfolgungen nicht. Man kann vielmehr von einem Krieg der Russen gegen die Juden sprechen. Es werden nicht nur aus dem Kampfgebiet Hunderttausende von Juden vertrieben, weil man ihnen Deutschfreundlichkeit vorwirft, sondern es werden auch überall als Strafe für die Niederlagen der russischen Truppen Juden getötet. Nach der Revolution von 1917 wird wieder die Ukraine, das klassische Gebiet der Judenmetzeleien, Schauplatz wildester Pogrome. Im März und April 1918, wie die Ukraine sich selbständig macht, geht es an das Morden von Juden. Die späteren Kämpfe zwischen den Bolschewiki und den ukrainischen Separatisten führen endlich zu der größten Pogrombewegung seit dem 17. Jahrhundert. Vom Dezember 1918 bis April 1921 werden 887 große und 349 kleine Pogrome mit 60 000 Toten und mehr als 70 000 Verwundeten veranstaltet. Der für dieses Gemetzel im stärksten Maße verantwortliche General Petljura wurde am 25. Mai 1926 in Paris von dem Juden Schalom Schwarzbart erschossen. Das ist das einzige Mal, daß ein Jude gegen die Massenmörder seines Volkes die Selbstjustiz der Rache geübt hat. Gerade die Ukrainer haben seit je ihre Pogromisten als Nationalhelden besungen. Kein Jude wird Schalom Schwarzbart besingen. Aber was er gelitten hat, ehe er den Massenmörder erschoß, macht *ihn* zum Märtyrer und nicht den Getöteten.

Die Adepten der russischen Pogromisten finden sich in Rumänien und Polen. Rumänien hat als einen Teil seines Regierungsprogrammes ständig Judenhetzen aufzuweisen. Zu eigentlichen Pogromen verdichten sie sich 1907, wo die gegen die Bojaren gerichtete Bauernbewegung auf die Juden abgelenkt wird. Sie werden in dem Augenblick unterdrückt, als sie sich auch gegen die Gutsbesitzer wenden. Nach dem Weltkrieg ist die Veranstaltung von Pogrommorden in die Hände der national gesinnten rumänischen Studentenschaft übergegangen. Der Pogrom in Warschau von 1881 ist bereits erwähnt. Der polnische Chauvinismus, das Korrelat mangelnder nationaler Reife, hält die Pogromstimmung am Leben. Sie entlädt sich, als Polen seine Selbständigkeit endlich wiedererhält, in Judenmorden, die von den polnischen Legionären veranstaltet werden – von den Unterdrückten von gestern.

Von der gleichen Intensität und Dauer wie die blutigen Pogrome sind die unblutigen, die je nach der Situation und Verfassung der einzelnen Länder sich in Ausweisungen, Rechtsverweigerungen, wirtschaftlicher, politischer und gesellschaftlicher Unterdrückung äußern. Für diese Art der Judenverfolgungen bestehen zwei Zentren: Rußland als das der Praxis und Deutschland als das der Ideologie. Wir beschränken uns zunächst auch hier auf die Mitteilung des Tatsächlichen.

Der russische Kurs, wie er in den früheren Kapiteln dargestellt worden ist, wird fortgeführt, aber alle bisherigen Experimente der »Besserung« und der Angleichung an die Urbevölkerung werden aufgegeben zugunsten eines eindeutigen Systems der Unterdrückung und Ausrottung der Juden. Es wird ihnen in aller Deutlichkeit und ganz offiziell erklärt, daß man sie lossein will. Insbesondere nach den Pogromen von 1881 legt man ihnen dringend nahe, auszuwandern. Man zieht auch in Erwägung, sie zu Zwecken der »Kolonisation« samt und sonders in die Steppen Mittelasiens und Sibiriens zu verbringen. Da sich das nicht durchführen läßt, bemüht man sich um so mehr, sie in den Ansiedlungsrayons zusammenzuhalten und das Siedlungsgebiet noch künstlich zu verengern. Den Pogrom von Kiew beantwortet die Regierung mit der Massenausweisung von Juden. Durch das »provisorische Reglement« von 1882 (das 35 Jahre lang in Kraft blieb) wurde ihnen von neuem untersagt, sich außerhalb von Städten und Ortschaften niederzulassen und auf dem Lande Grundstücke zu erwerben oder zu pachten. Es werden überall, besonders in Petersburg, regelrechte Razzien veranstaltet, um Juden zu erwischen, die sich vielleicht an einem Orte ohne genügende Legitimation aufhalten. Die Provinzialbehörden gehen dazu über, Ortschaften kurzweg als Dorfgemeinden zu erklären, was zur Folge hat, daß Juden sich dort nicht mehr niederlassen dürfen und solche, die dort nicht vor 1882 gewohnt haben, den Ort verlassen müssen. In Moskau, das zur Residenz gemacht werden sollte, wird vorab mit Hilfe von Polizei und Feuerwehr eine nächtliche Jagd auf Juden gemacht; späterhin werden die alteingesessenen Handwerker vertrieben. Insgesamt werden von dort etwa 20 000 Juden in die Rayons gejagt. Auch dieses Zusammenpferchen in den Rayons war nur ein Mittel der Vertreibung, denn das Zusammendrängen von sechs Millionen Menschen in den Städten einiger südrussischer Gouvernements mußte zu einer wirtschaftlichen Not führen, aus der nur das Verenden oder die Auswanderung einen Ausweg bot. Beide Lösungen waren der russischen Regierung angenehm. Das ergibt sich aus dem Umstande, daß die Veranstaltung der Pogrome im wesentlichen ihr Werk ist. Die Pogrome fanden, wie schon gesagt, nicht spontan, sondern nach jeweiliger Vorbereitung statt. In jedem Falle war die Obrigkeit instruiert. Fast überall waren Truppen zur Verfügung, aber entweder griffen sie grundsätzlich nicht ein oder erst, wenn sie die Plünderungen und Morde für ausreichend hielten. Zum Teil schützten sie auch die Pogromisten durch Entwaffnung der Juden, die sich verteidigen wollten, und durch die Beschießung der jüdischen Selbstwehr. In den offiziellen Regierungserklärungen wird die Schuld an den Pogromen den Juden zugewiesen. Ignatzew, der Innenminister Alexanders III., erklärt, es handle sich um eine Selbstjustiz des russischen Volkes, das von den Juden ausgebeutet werde. Die Juden befaßten sich mit unproduktiver Arbeit und hätten Handel und Industrie an sich gerissen. Zwei Jahre später stellt eine Kommission der Regierung fest, daß 90 Prozent aller russischen Juden mittellos seien.

An sich machte die Unterbindung der Pogrome der Regierung nicht die geringsten Schwierigkeiten. Als Ignatzew wegen des Aufsehens, das die Pogrome in der Welt erregt hatten, entlassen wurde, brauchte sein Nachfolger Dmitrij Tolstoj den lokalen Behörden nur in Aussicht zu stellen, daß er sie für Pogromunruhen verantwortlich machen werde, um sie zum Verschwinden zu bringen. Sie tauchen aber wieder auf, sobald die Regierung sich ihrer bedienen will. Das geschieht unter Nikolaus II., dessen Regime für alle Pogrome seit 1903 bis 1917 verantwortlich ist. Bei dem ersten Pogrom dieser Serie (Kischinew 1903) verbietet sein Innenminister Plehwe den Zeitungen jeden wahrheitsgemäßen Bericht und gibt seine eigene Erklärung in Druck, daß die Juden Anlaß zu den Pogromen gegeben hätten. Dagegen ist die »Times« in der Lage, ein Schreiben Plehwes zu veröffentlichen, in dem er – zwei Wochen vor Beginn der Pogrome – die Ortsbehörde anweist, die Truppen für den Fall von Unruhen nicht von der Waffe Gebrauch machen zu lassen. Auf ihn geht auch das Verbot der jüdischen Selbstwehrvereine zurück und der Befehl, auf sie zu schießen, wenn sie in Aktion treten würden. Daß Nikolaus II. sich der »Schwarzen Hundert« und ihrer Pogrome zu politischen Zwecken bediente, ist bereits erwähnt. Die erste Duma von 1906 wagt es, die Regierung über die Pogrome zu interpellieren. Sie erhält die übliche Antwort: »Die Juden sind selbst daran schuld.« Während der Session ereignet sich der Pogrom von Bialystok. Unter dem Eindruck des Gemetzels tritt Urussow, der ehemalige Gouverneur von Kischinew, in der Duma auf und gibt sein Wissen um den aktiven Anteil der Regierung an diesen Morden der Öffentlichkeit preis. Die Duma verlangt daraufhin Demission des Kabinetts. Der Zar antwortet mit der Auflösung der Duma, weil sie sich »der Untersuchung der Handlungen der Allerhöchst eingesetzten Behörden« schuldig gemacht habe.

Es liegt im Rahmen der Methode, daß alles Erdenkliche geschieht, um die soziale Not der Juden zu steigern. Nach den ersten Pogromen und als Konsequenz der offiziellen Erklärung, daß die Juden das russische Volk ausbeuteten, läßt Alexander III. durch eine besondere Kommission untersuchen, »inwiefern die wirtschaftliche Tätigkeit der Juden eine schädliche Einwirkung auf die Lebensverhältnisse der Urbevölkerung hat«. Eine der Folgen des erstatteten Gutachtens ist, daß die Juden an Sonntagen und hohen christlichen Feiertagen nicht Handel treiben dürfen. Damit wird der Arbeitsraum ihrer Woche auf 5 Tage verkürzt. 1884 schließt man ihnen ihre Handwerkerschulen, »da in den Städten und Flecken der Südwestmark die Juden die Mehrheit der Handwerker ausmachen und dadurch die Entfaltung des Handwerks unter der Urbevölkerung hemmen«. Aber auch die freien Berufe werden zurückgedrängt. Von 1889-1895 werden jüdische Advokaten durch die Handhabung der Verwaltung nicht mehr zur Ausübung ihrer Praxis zugelassen. Auch die Bildungsmöglichkeit der Juden wird unterbunden durch die Einführung der sogenannten Prozentnorm für die Mittel- und Hochschulen. Darnach dürfen die Juden in den Rayons nur 10 Prozent, außerhalb der Rayons nur 5 Prozent und in Petersburg und Moskau nur 3 Prozent der christlichen Schülerschaft darstellen. Unter Nikolaus II. werden diese Prozentsätze noch weiter heruntergesetzt. Er führt auch als eine direkte Aktion gegen die Juden das staatliche Branntweinmonopol ein und beraubt dadurch 250 000 Juden ihrer Existenz. Insgesamt verfügte Rußland gegen das Ende der zaristischen Regierung über einen Kodex von 650 Ausnahmegesetzen gegen die Juden.

In der Methode der unblutigen Pogrome und der gesetzlich legitimierten Repressalien kommt Rumänien an zweiter Stelle. Dort wird das juristische Unikum des »Einheimischen Fremden« zur Tatsache. Die Stellung des rumänischen Juden ist weit ungünstiger als die jedes Ausländers. Vom Hausierhandel bis zum freien Beruf gibt es keine Betätigung, die ihm nicht entweder untersagt oder durch rechtliche Maßnahmen erschwert ist. Der Versuch, sie auch aus dem Handwerk zu verdrängen, unterblieb nur aus Respekt vor dem Protest Amerikas. Im Besuch der Mittel- und Hochschulen unterliegen sie Beschränkungen. Die Gründung eigener Schulen wird mit behördlichen Schikanen beantwortet. Irgendwelche tatsächlichen oder gesetzlichen Mittel, sich gegen ihre willkürliche Ausplünderung zu wehren, stehen ihnen nicht zur Verfügung. Wer Kritik übt, wird ausgewiesen. Einzig das Recht, für Rumänien in die beiden Balkankriege und in den Weltkrieg zu ziehen, hat man ihnen nicht verkürzt. Das Versprechen der Regierung, den Kriegsteilnehmern und den Juden der eroberten bulgarischen Gebiete die Gleichberechtigung zu erteilen, stieß auf eine wütende Opposition der nationalen Bevölkerung. Erst durch den Vertrag von Versailles, der Rumänien einen starken Zuwachs an Juden der Bukowina, Siebenbürgens und des Banats verschaffte, wurde es gezwungen, die Rechtsgleichheit herzustellen. Es reagiert darauf bis in unsere Gegenwart durch einen unablässigen Terror gegen die Juden.

Die Einheit, die Polen infolge der dreifachen Teilung seines Reiches einstweilen noch versagt war, stellt es schon lange vor dem Vertrag von Versailles in seiner Art dar, dort, wo es im Verhältnis zum Juden die Majorität hat, seine nationalen Ambitionen ihm gegenüber zur Geltung zu bringen. In dem zu Österreich gehörigen Galizien bildet sich in den neunziger Jahren des vorigen Jahrhunderts die Methode des Boykotts aus. Die »polnische Volkspartei« gibt die Losung aus: »Katholizismus und Volkstum.« Der Katholikentag zu Krakau 1893 erklärt: »Der griechisch-orthodoxe Glaube und das Judentum sind unsere Feinde.« Die Boykottbewegung hat ein offizielles Programm: »Es gilt, das Judentum mit christlichen Mitteln, durch rein wirtschaftliche Maßnahmen zu bekämpfen ... Ein Katholik, der einem Juden ein Stück Land verkauft oder in Pacht gibt, unterwühlt damit den Wohlstand unserer Nation.« Die Gründung von Genossenschaften diente ebenfalls der Durchführung des Boykotts und führte auf die Dauer zu einem Massenelend der jüdischen Bevölkerung. Die Zurückdrängung der Juden auch aus dem öffentlichen Leben war fast vollkommen. Auch der russische Teil Polens greift zum Boykott. Unter der Devise: »Es ist kein Raum für zwei Nationen an der Weichsel« wird sowohl die wirtschaftliche wie die politische Verdrängung angestrebt. An dieser Zielsetzung ist auch nach dem Weltkriege, als der Völkerbund die Garantie für die Rechte der Minoritäten, also auch der Juden, in dem neuen polnischen Reiche übernahm, nichts geändert worden. Der Wirtschaftskampf ist noch verschärft, die Fernhaltung von öffentlichen Ämtern geschieht durch stillschweigendes Übereinkommen innerhalb der Regierung, und der Numerus clausus für die Hochschulen kann trotz entgegenstehender Gesetze praktisch als durchgeführt gelten.

In den Ländern, die den Juden offiziell die bürgerliche Gleichberechtigung gewährt haben, können die unblutigen Pogrome im allgemeinen den Weg über das Ausnahmegesetz nicht gehen. Sie sind entweder auf die Auslegung der Gesetze angewiesen oder auf ihre stillschweigende Handhabung zu ungunsten des Juden oder auf die Praxis der Verwaltungen und Regierungen. In solchen Ländern wird sich auch, da es an einer rechtlichen Handhabe für die Bekämpfung der Juden fehlt, zuerst eine Ideologie entwickeln, die als Begründung dient. Als die Prototypen dieser Länder bieten sich bis zum Weltkrieg Frankreich, Deutschland und Österreich-Ungarn dar, nach dem Weltkriege Deutschland und Österreich.

Die unausgeglichene Stellung des offiziellen Deutschland zum Juden und zur Judenfrage bekommt ihr besonderes Format und ihre besondere Begründung im wesentlichen nach dem Deutsch-Französischen Kriege von 1870/71. Es entsteht eine Aggressivität gegen den Juden, die in fast allen Bevölkerungsschichten ihre Vertreter findet. Die Motivierungen erscheinen sehr heterogen, ohne es aber im Grunde wirklich zu sein. Die Linie und Richtung der Angriffe läßt sich aus den Äußerungen der Zeit verfolgen. Wissenschaftler, Halbwissenschaftler, Politiker und Staatsvertreter geben ihre offiziellen Erklärungen ab, was nicht weiter verwundert, wenn man den traurigen Umstand bedenkt, daß Völker ihre Ideologien und Problematiken mit Vorliebe im Umkreis von Kriegen, sei es bevorstehender oder beendeter, gewonnener oder verlorener, entwickeln. Das Schwergewicht der zugleich wissenschaftlichen und populären Äußerungen liegt in jener Zeit bei Treitschke und Mommsen. Treitschke, der den Staat heiliggesprochen hat und in Staatsmännern und Feldherren die wahren historischen Helden erblickte, veröffentlicht 1879 und 1880 verschiedene Aufsätze, in denen er sich in wirklicher Besorgnis mit dem Emanzipationsproblem und dem Judenhaß auseinandersetzt. Vor allem bedrückt ihn die Frage, »wie wir dieses fremde Volkstum mit dem unseren verschmelzen können«. Im Judenhaß sieht er eine »natürliche Reaktion des germanischen Volksgefühls gegen ein fremdes Element, das in unserem Leben einen allzubreiten Raum eingenommen hat«. Die Lösung sieht er darin, daß die Juden sich bemühen müßten, gute und einwandfreie Deutsche zu werden und auf jeden Gedanken an eine eigene Nationalität zu verzichten. Nur in ihrer Eigenschaft als Religionsgemeinschaft sei ihnen die Gleichberechtigung gewährt, und jede andere Auffassung müsse dazu führen, die Juden zur Auswanderung zu veranlassen. Auch Mommsen, obschon ein Gegner des gehässigen Kampfes gegen die Juden, fordert als Lösung des Judenproblems das Aufgehen des Juden im Christentum. Christentum, meint der große Historiker, sei mit europäischer Kultur und Gesittung identisch, und da die Juden diese erstrebten, müßten sie auch jenes annehmen und sich »ihrer Sonderart« völlig entledigen. Ihm nahe in der Zielsetzung kommt der Philosoph Eduard v. Hartmann, der in seiner Schrift »Das Judentum in Gegenwart und Zukunft« (1885) vor allem verlangt, daß die Juden ihr natürliches »Stammesgefühl«, ihr Bewußtsein von der Solidarität untereinander aufgeben und sich völlig dem Deutschen und der deutschen Kultur einordnen.

Bei dem »Philosophen« Düring beginnt diejenige moderne Literatur gegen die Juden, die auf die objektive Wertung eines Tatbestandes verzichtet und dafür das Werturteil einsetzt, wobei als Wertmaßstab der Wille genommen wird, das eigene Volkstum und den eigenen Glauben zum Maß aller Dinge zu machen. Das nicht vermeidbare Ergebnis ist, daß alles andere minderwertig sein muß. So kommt auch Düring in seiner Schrift »Die Judenfrage als Rassen-, Sitten- und Kulturfrage« zu dem Ergebnis, daß die Juden der minderwertigste Zweig der semitischen Rasse seien, daß sie geistig unschöpferisch seien und daß sie das, was sie geistig besäßen, anderen Völkern gestohlen hätten. Das Judentum erstrebe die Herrschaft über die Welt. Man müsse sie, um dem vorzubeugen, aus der Schule, der Presse und dem Wirtschaftsleben verjagen. Vor allem müsse man sich gegen die »Verjudung des Blutes« wehren, die durch die Mischehen herbeigeführt werde. Wenn in diesem Buche das abschätzige Urteil noch zu sichtbar als Selbstzweck hervortritt, so wird solcher Schönheitsfehler bald darauf korrigiert durch die »Grundlagen des XIX. Jahrhunderts« von H. St. Chamberlain, der den ganzen Verlauf der Kulturgeschichte auflöst in einen Kampf des vollwertigen Ariers gegen den unwertigen Semiten und der für seine Epoche darstellt, wie der Homo judaicus im Begriff sei, den Homo europaeus zu verderben. Dieses Buch, das wegen seines vorgesetzten Zweckes außerhalb jeder Diskussionsmöglichkeit steht und in dem die verantwortungsbewußte Sachlichkeit durch Belesenheit und eine Überfülle von Argumenten ersetzt wird, ist Hunderttausenden zum Evangelium ihres National- und Rassengefühls geworden.

Den gleichen Alarmruf wie Chamberlain stößt Wilhelm Marr aus in seiner Schrift »Der Sieg des Judentums über das Germanentum«. Er beweist von Neuem die auf Weltbeherrschung ausgehenden Pläne der Juden, schildert das verjudete Deutschland und das besiegte Germanentum und ruft zur Bekämpfung der »sozialpolitischen Gefahr« auf, »um das deutsche Vaterland vor der vollständigen Verjudung« zu retten. Daß die Sachlichkeit und Haltbarkeit solcher antijüdischen Publikationen keineswegs als Voraussetzung für ihren Erfolg nötig war, beweist ferner der »Talmudjude« von August Rohling, Kanonikus und Theologieprofessor zu Prag, einer Schrift, die aus Talmudzitaten den gefährlichen, minderwertigen und verbrecherischen Charakter der Juden und des Judentums beweist. Daß der deutsche Gelehrte Franz Delitzsch die Ignoranz des Verfassers und vielfache Fälschungen und Entstellungen in einem Prozeß nachwies, hatte auf die Glaubensfreudigkeit der Leser dieses Buches keinen Einfluß.

Die soeben erwähnte Schrift des Marr führt von der literarisch-kulturellen zur politischen Propaganda über. Marr gründet 1879 die Antisemiten-Liga. In ihr und ihrer Einflußsphäre entsteht die sogenannte

Petitionskampagne gegen die Juden. Sie motiviert sich wie folgt: Das jüdische Volkselement in Deutschland überwuchere das deutsche. Durch das Überhandnehmen des Judentums würden die nationalen Vorzüge des Deutschen zum Verkümmern gebracht. Die jüdische Rasse habe es verstanden, »ihren unheilvollen Einfluß beständig zu steigern, so daß derselbe heute nicht allein die wirtschaftlichen Verhältnisse und den Wohlstand des deutschen Volkes, sondern auch seine Kultur und Religion mit den ernstesten Gefahren bedroht«. Es werden zur Bekämpfung dieser gefährlichen Zustände von der Regierung vier Maßnahmen verlangt: Beschränkung der Zuwanderung ausländischer Juden; Reinhaltung aller verantwortlichen Staatsämter von Juden, insbesondere Entfernung aus den Ämtern als Einzelrichter; Einstellung von nur christlichen Lehrern in den Volksschulen und nur ausnahmsweise die Zulassung von Juden zu Lehrämtern in den Mittel- und Hochschulen; und endlich Einrichtung einer besonderen Judenstatistik. Dabei muß erwähnt werden, daß die Petenten keiner Utopie nachjagten, sondern eigentlich nur einen in der Praxis der Verwaltungen längst verwirklichten Tatbestand referierten. Welche Motive in Wirklichkeit hinter dieser Petition standen, werden wir später sehen. Sie fand rund 300 000 Unterschriften und wurde im März 1881 Bismarck überreicht.

Die sowohl politische wie geistige Organisation des Antisemitismus erfolgte bald darauf auf dem »Internationalen Antisemiten-Kongreß« in Dresden, dessen Internationalität allerdings nur durch Vertreter aus Deutschland und Österreich-Ungarn gebildet wurde. Die geistige Leitung des Kongresses und der Bewegung hatte der Hofprediger Stöcker, der Vorkämpfer der konservativen Opposition gegen Bismarck. Er legt dem Kongreß eine Reihe von Thesen vor. Er betont darin die Notwendigkeit, gegen das Überhandnehmen des Judentums einen internationalen Verband zu gründen. Die Judenfrage sei nicht nur eine religiöse Frage und eine Rassenangelegenheit, sondern auch eine kulturhistorische, wirtschaftliche und sittliche; die Juden häuften Kapital an, um damit die christlich-soziale Ordnung zu untergraben; als eigene Nationalität könnten sie nie organischer Bestandteil der christlichen Umwelt werden; die Judenemanzipation widerspreche dem Wesen des christlichen Staates; die Juden seien gleichzeitig die Schrittmacher des Kapitalismus und des revolutionären Sozialismus.

Seine Politik wird ergänzt und teils als unzureichend bekämpft von Politikern von der Art eines Liebermann von Sonnenberg, Otto Böckel und Rektor Ahlwardt, populäre Lieblinge des deutschen Kleinbürgers, dem sie das Heil durch Bekämpfung der Juden verheißen. Für die von ihnen erhoffte Gesetzgebung lehnen sie sich an die mittelalterlichen

Kirchenkanons an und demonstrieren ihren politischen Willen durch Radau.

Von dem Nachbarland Österreich gilt für die Grundhaltung, besonders in Wien, das gleiche wie für Deutschland, nur mit dem Unterschied, daß die Regierung von der antisemitischen Bewegung nicht sehr erfreut war, während in Deutschland diese Bewegung unter stillschweigender, aber sehr betonter Duldung und Förderung Wilhelms I. und Bismarcks vor sich ging. Die Erfolge waren überall die gleichen, wie sie in den Forderungen der antisemitischen Petition dargestellt wurden. Mit den Jahren verbesserte sich zwar die Form, und der Antisemitismus wurde von der Straße in die Wohnstube verlegt, aber der Widerstand blieb, sowohl als Grundhaltung des deutschen Bürgers wie im Verhalten der Verwaltungen, die – bis auf Bayern – Militär, Justiz und Lehrämter nach Möglichkeit den Juden verschlossen. Nur einen Augenblick lang, zu Beginn des Weltkrieges, als man angeblich keine Parteien mehr kannte, gab man ihnen angesichts des Todes die volle Gleichberechtigung. Aber schon 1916 veranstaltete man in der deutschen Armee die »Judenzählung«, um festzustellen, ob das bisherige Verhalten des offiziellen und des inoffiziellen Deutschland gegenüber den Juden von ihnen auch mit der genügenden Anzahl von Blutopfern gedankt worden sei.

Zur Abrundung des Bildes, das wir uns von den Erscheinungsformen des Antisemitismus machen müssen, gehört noch der Bericht über die Bewegung, die sich in Frankreich im Anschluß an den Krieg 1870/71 entwickelte. Die Gegner der Juden sind hier im wesentlichen identisch mit den Gegnern der Dritten Republik. Auch sie wird als verjudet dargestellt. Edouard Drumont unternimmt den Nachweis in seinem sehr erfolgreichen Buche »La France Juive«. Es gibt nichts, wofür nicht eine Schuld der Juden nachzuweisen wäre. Vor allem bedrohen sie Frankreich. Die Juden und die Freimaurer stehen im Dienste Preußens, um Frankreich niederzuhalten. Zur Bekämpfung dieser Gefahr gründet Drumont die »Nationale Antisemitenliga Frankreichs«. Das war die Atmosphäre, in der sich der Dreyfusprozeß abspielte. In ihm wird der einzige Jude im französischen Generalstab, Dreyfus, wegen Spionage zugunsten Deutschlands im Dezember 1894 von einem französischen Kriegsgericht zur Degradation und zu lebenslänglichem Kerker verurteilt. Zwei Jahre später entdeckt der Oberst Picquart den wahren Schuldigen, den Major Esterhazy. Gegen die Aufdeckung des Justizmordes wehrt sich der Freund des Spions, der Eskadronchef Henry, der selbst durch Fälschung eines Schriftstückes an der Verurteilung des Dreyfus mitschuldig war. Das Kriegsministerium ist endlich, da sich die Öffentlichkeit der Sache bemächtigt hat, gezwungen, Esterhazy vor Gericht zu stellen. Er wird 1898 freigesprochen, weil man den Beweis seiner Schuld nicht erbringen will. Dagegen protestiert Zola in seinem berühmten »J'accuse«. Dafür wird er zu einem Jahr Gefängnis verurteilt. Auch Picquart, der den Kampf fortsetzt, landet im Gefängnis. Henry gesteht endlich die Wahrheit und begeht im Gefängnis Selbstmord. Esterhazy flieht in das Ausland. Diese Entwicklung der Dinge beantworten die Klerikalen und Antisemiten mit wütenden Hetzen gegen die Juden. Es läßt sich aber nicht vermeiden, daß der Prozeß gegen Dreyfus 1900 wiederaufgenommen wird. Trotz der inzwischen erfolgten Enthüllungen wird er erneut zu 10 Jahren Festung verurteilt, allerdings zugleich begnadigt. Um weiteren Aufklärungen vorzubeugen, wird für alle, die sich in diesem Verfahren schuldig gemacht haben, ein Amnestiegesetz erlassen. Erst 1906, als Dreyfus, unterstützt durch das unablässige Bemühen von Männern wie Clémenceau und Jaurès, Revision des Prozesses verlangt, wird er durch Freisprechung rehabilitiert.

Die übrigen Länder kommen für diese Darstellung des Antisemitismus nicht in Betracht. Man mag noch Belgien erwähnen, das eine Zeitlang den Antisemitismus von Frankreich übernahm und wo im Juli 1898 der belgische Klerus eine feierliche Prozession veranstaltete zur Erinnerung an den Hostienprozeß, der im Jahre ... 1370 stattgefunden hat; ein Beweis für das gute Gedächtnis der Kirche.

Nach dieser allgemeinen Sachdarstellung müssen wir uns einer Untersuchung der Motive zuwenden, deren sich der Antisemitismus für seine Begründung bedient. Sie teilen sich, so sehr sie auch unter sich variieren mögen, in zwei Kategorien, von denen die eine Motive des Zweckes umfaßt und die andere Motive der Verschuldung. Wir wollen dabei nicht aus dem Auge lassen, daß hier Motive und wahrer Grund durchaus nicht zusammenfallen, daß es vielmehr ein Wesensmerkmal des Antisemitismus ist, daß er seinen wahren Grund hinter einem Zweck- oder Verschuldensmotiv verschleiert.

Unter den Zweckmotiven nimmt die erste Stelle dasjenige ein, das uns schon bei der Frage der Emanzipation der Juden in Deutschland begegnete: Auflösung des jüdischen Bestandes in der umgebenden Mehrheit. Diese Auflösung wird verlangt, um die Homogenität der Bevölkerung des Staates darzustellen. Natürlich ist eine solche Homogenität nirgends erreichbar und auch nirgends unter der nichtjüdischen Bevölkerung eines Landes selbst zu finden; denn auch das Deutschland der Emanzipation, und besonders das Deutschland nach dem Deutsch-Französischen Kriege, bestand rassenmäßig, gesellschaftlich und politisch aus Extremen. Ja die deutsche Glanzzeit des Antisemitismus steht ausgesprochen unter dem Gesichtspunkt des erbitterten Kampfes von Machtgruppen gegeneinander. Trotz der Reichsgründung, trotz der Herstellung einer scheinbar machtvollen Einheit lebten die alten militärischen, dynastischen, kirchlichen, agrarischen und bürokratischen Gewalten noch fort. Mit ihnen sollte nach Bismarcks Plan geschehen, was mit den Juden geschehen sollte. Sie sollten so unter der Gewalt eines Kaisertums zu einer Einheit gezwungen werden, wie die Juden unter der Gewalt der deutschen Nation und Kultur zur Aufgabe ihrer Sonderart gezwungen werden sollten. Beides veranlaßt jene Kämpfe, in denen gegen die Juden praktisch und gegen Katholiken und Sozialdemokraten gesetzlich der rechtliche Ausnahmezustand hergestellt wird. Aber so wenig es Bismarck gelang, aus den widerstrebenden Schichten des deutschen Volkes eine Einheit zu machen, so wenig konnte es dem Deutschtum gelingen, aus Juden und Deutschen eine Einheit zu machen. Dabei war der Widerstand der Juden gegen eine Verdeutschung im allgemeinen weniger stark als beispielsweise der der altkonservativen Deutschen gegen das »evangelische Kaisertum«.

Das gleiche Zweckelement in der Behandlung der Judenfrage haben wir bereits für Frankreich, Österreich-Ungarn und Rußland festgestellt. In der habsburgischen Monarchie liegen die Dinge besonders kompliziert, weil in diesem Konglomerat von Nationen jede einzeln die Tendenz hat, sich gegenüber den anderen Nationen und speziell gegenüber dem Juden als alleinherrschend durchzusetzen. Die Deutschen in Nieder- und Oberösterreich, die Tschechen in Böhmen und Mähren, die Polen in Galizien und die Magyaren in Ungarn stehen in ihren Gebieten in schärfster Kampfstellung zueinander, und von dem Juden wird jeweils seine unbedingte Hingabe an das nationale Ideal der Majorität verlangt.

Der so erstrebte Assimilationsvorgang setzt auch tatsächlich ein, am stärksten in Frankreich, am schwächsten in Rußland. Man kann sagen, daß die Assimilation umgekehrt proportional ist der Masse der Juden und der Dichte ihrer Siedlungen. Aber eine vollständige Assimilierung tritt dennoch nicht ein. Überall wird von ihr im wesentlichen nur eine finanzielle oder intellektuelle Oberschicht ergriffen, dagegen bleibt es für die Masse teils, wie in Deutschland und Österreich, bei einer starken Annäherung an die deutsche Kultur, teils, wie in Polen und Rußland, bei einer konsequenten Ablehnung jeder Assimilation. Aber mitten in diesen Vorgang sowohl der völligen wie der teilweisen Angleichung bricht eine Bewegung, die wir schon bei dem Kampfe der spanischen Gesellschaft gegen die zwangsgetauften Juden kennengelernt haben: der krampfhafte Versuch der Umgebung, sich gegen die Folgen der geforderten Assimilierung zu wehren. Gegen diese lächerliche Minorität von Juden erhebt sich in Frankreich, Deutschland, Österreich, Polen, Rußland der Schreckensruf: Verjudung! Es macht keinen Unterschied, wie die soziale und kulturelle Situation der Juden sich in Wirklichkeit darstellt. Auch in Rußland, wo von 6 Millionen Juden 90 Prozent kaum wissen, wovon sie am nächsten Tage leben sollen, ertönt der Warnungsruf: »Der Jüd marschiert!« Das Verlangen der Umgebung nach Aufhebung der jüdischen Isolierung ist sicher in seinen Ursprüngen ernsthaft gemeint gewesen. Aber es erweist sich als nicht ausführbar. Die Umgebung selbst stellt es fest, indem sie den Ruf von der Verjudung erhebt und damit zum Ausdruck bringt, daß ihr etwas geschieht, ein Leid, ein Unrecht, etwas Gefährliches, Vernichtendes. Und zwar geschieht jeder Nation etwas Spezifisches, dem Franzosen etwas anderes als dem Deutschen und ihm wieder etwas anderes als dem Russen. Aber alle fühlen sich bedroht, und alle wünschen, daß der frühere Zustand der Isolierung der Juden wiederhergestellt werde.

Dabei ist es wichtig, festzustellen, daß diese Alarmrufe in einem zeitlichen und zugleich organischen Zusammenhang stehen mit besonders einschneidenden und wichtigen Vorgängen und Bewegungen im Leben der einzelnen Nationen. Der Antisemitismus in Frankreich entsteht nach dem verlorenen, der in Deutschland nach dem gewonnenen Kriege 1870/71; in Österreich-Ungarn tritt er auf im Verfolg der verschärften Kämpfe der einzelnen Nationen um ihre kulturelle und politische Selbständigkeit; in Rußland ist er ein direktes Ergebnis des reaktionären Regimes und seines Kampfes gegen die revolutionäre Bewegung im Volke. Immer ist also der Antisemitismus in der Nachbarschaft eines nationalen Problems, und es wird eine Relation hergestellt zwischen der Anwesenheit und Wirksamkeit des Juden und diesem jeweiligen nationalen Problem. Und hierbei geht es schon nicht mehr um die Herstellung einer objektiven Beziehung, sondern um eine wertende, um eine negativ abschätzende, um die Aufstellung eines Schuldmotivs. Vor allem tragen die Juden die Schuld an den verlorenen Kriegen. Sie haben für Frankreich den Verlust des Krieges 1870/71, für Rußland den Verlust des Krieges mit Japan und für Deutschland durch den Dolchstoß von hinten den Verlust des Weltkrieges verschuldet. Wo es sich, wie in Deutschland nach 1871, einmal um einen gewonnenen Krieg handelt, bleibt dennoch ein Vergehen gegen die Nation bestehen; dasselbe tritt ein mit Bezug auf die Nationalitätenkämpfe der Polen, Tschechen, Deutschen und Magyaren in Österreich-Ungarn und in bezug auf die Teilnahme der russischen Juden an der freiheitlichen, beziehungsweise revolutionären Volksbewegung. Überall und in jedem Falle tritt eine negative Wertung des Juden in bezug auf die umgebende Nation ein.

Die Aussage darüber, worin dieses generelle Verschulden des Juden gegenüber der jeweiligen Nation besteht, fällt je nach ihrem Problem verschieden aus. Am einfachsten liegen die Verhältnisse noch in dem zaristischen Rußland. Die Devise Alexanders III.: »Rußland den Russen!« ist primitiv, aber aufrichtig. Sein und seiner Nachfolger Bestreben, alle freiheitlichen Elemente in ihren Kämpfen gegen das hemmungslose Selbstherrschertum zu knebeln, ist brutal, aber klar. Insoweit fallen die Motive und die wahren Gründe für den Antisemitismus zusammen. Aber schon taucht daneben ein Motiv auf, das sich mit den Tatsachen nicht deckt, das also unwahr, erfunden, zu einem bestimmten Zwecke konstruiert ist: der Jude bedroht das Russentum. Das heißt: er gefährdet oder vernichtet gar diejenigen Eigenschaften des Russen, die sein Spezifikum und seinen Wert ausmachen. Er tut das durch das »Eindringen in die christlichen Kreise«. Es verschlägt nichts, daß die christlichen Kreise den Juden fast hermetisch verschlossen waren und daß die Zahl derer, die – gerufen und also gekommen – wirklich »eindringen«, außerordentlich gering ist. Daß dennoch ein Volk von vielen Millionen in seinem altererbten Kulturbestand durch einige zehntausend Juden mit der Vernichtung bedroht werden kann, muß sich entweder als Unwahrheit herausstellen oder aber unter eine Begründung gestellt werden, die man nicht zu beweisen, sondern nur aufzustellen braucht. Und das geschieht. Es geschieht durch die Generalidee von der Minderwertigkeit der jüdischen Rasse. Nicht alle Völker sind so gründlich wie die Deutschen, die aus dieser Idee eine »Wissenschaft« gemacht haben. Für andere Länder genügt im allgemeinen die Behauptung selbst, und wir werden späterhin sehen, wie dieses Schuldmotiv seinerseits wieder zum Zweckmotiv wird. Rußland hat noch ein konkreteres Motiv zur Verfügung: die ganze Freiheitsbewegung im Lande ist eine jüdische Angelegenheit, und die Pogrome gegen die Juden sind ein Protest des Volkes gegen das Verlangen der Juden, Sozialisten und Sozialrevolutionäre nach einer Konstitution. Wir brauchen uns nur zu erinnern, daß die Regierung selbst die Veranstalterin dieser Pogrome war, um die Behauptung vom Volksprotest Lügen zu strafen. Aber auch die Freiheitsbewegung war – selbst für die Regierung erkennbar – nichts anderes als der Erfolg ihres eigenen Systems. Aber die selbstverständliche Beteiligung der Juden an der Freiheitsbewegung mußte dazu dienen, den offiziellen Regierungskurs von der Last seiner Verantwortung zu befreien und die allgemeine Unzufriedenheit auf die Juden abzulenken. In zwei anderen Motiven hingegen wird auf alle Heimlichkeit und Verschleierung verzichtet: in der Religion und in der Wirtschaft, diesen beiden Gebieten, die nichts miteinander zu tun haben und die sich immer wieder vermählen, wenn es gegen den Juden geht. Statt aller Einzelheiten möge eine Randglosse mitgeteilt werden, mit der Alexander III. noch im Jahre 1890 eine Denkschrift über die elende Lage der russischen Juden versieht: »Wir dürfen aber nie vergessen, daß die Juden unseren Heiland gekreuzigt und sein kostbares Blut vergossen haben.« Andererseits bringt der wirtschaftliche Erfolg der Juden selbst gegenüber der geringen Menge, die ihn aufweisen kann, das Argument hervor, daß der Jude sich der russischen Wirtschaft bemächtige und die Bevölkerung ausbeute. Das wurde, wie wir sahen, auch der schwer um ihre Existenz kämpfenden Masse der armen und ärmsten Juden vorgeworfen.

Wie die Motivierungen in Polen verlaufen müssen, ist aus dem bisher über die polnische Geschichte Mitgeteilten schon ohne weiteres abzuleiten. Zu den Gegensätzen Religion und Wirtschaft wird für die Zeit des aufgeteilten Polen der nationale Gegensatz hinzugenommen. Überhaupt genügt für die Nationalitäten in Österreich-Ungarn die Tatsache der Existenz, der Anwesenheit der Juden, um sie zu Feinden und zu Verrätern an der Nation der Majorität zu stempeln. Es nützt dabei nicht einmal, daß sich die Juden, wie in Ungarn, so weit magyarisieren, als es eben gehen mag. Dennoch konnte Ungarn, als es nach dem Weltkrieg seine nationale Unabhängigkeit erhielt, ein Land des blutigsten Antisemitismus werden, und das heutige Österreich hat nach wie vor seine breite antisemitische Bewegung. Österreich hat allerdings einen Krieg verloren, während man von Ungarn und Polen fast sagen kann, daß sie einen Krieg gewonnen haben. Dennoch sind die Ergebnisse, soweit sie den Antisemitismus angehen, die gleichen.

Wenden wir uns jetzt den Motivierungen zu, die das klassische Land der antisemitischen Ideologie, Deutschland, zur Begründung seiner Judenfeindschaft in den 80er Jahren des vorigen Jahrhunderts hervorgebracht hat. Wir haben es da mit den Äußerungen eines Siegervolkes zu tun, in dem das Gefühl der Kraft hypertrophiert und dem die formell hergestellte Einheit des Reiches einen besonderen Begriff vom Wesen des Staates vermittelt. Staat ist unleugbar mehr als ein Zweckverband von Menschen. Er ist die Organisationsform für das Zusammenleben und die Kraftentfaltung von Menschen. Das Deutschland von 1870/71 machte aber etwas anderes daraus. Es begriff ihn als mit Leben erfüllten Selbstzweck. Alle politischen Kämpfe im Inneren hinderten nicht das Wiederauftauchen der frühesten mittelalterlichen Idee von der sakrosankten Natur des Staates und von der Verbundenheit einer weltlichen mit einer kirchlichen Gewalt und Herrschaft. Die immer zärtlich umhegte Kaiseridee ist verwirklicht, nur daß ihr kein Papsttum koordiniert ist. Es wird ersetzt durch die Idee des »christlichen Staates«. Der Staat ist Persönlichkeit geworden. Sein Inhalt ist die Summe aller im Volke, in der Nation vorhandenen Kräfte. Nimmt man dazu, daß diese Nation gesiegt hatte, so versteht man, daß sie sich in ihrem Staate der Ausschließlichkeit verschrieb, sich mit ihm identifizierte und keine anderen Götter neben sich dulden konnte. In diesem Raume entfaltet sich die germanische Idee der Auserwähltheit, die – in der praktischen Auswirkung jedenfalls – die jüdische um ein Vielfaches übertrifft. Gegen alles, was die Einordnung in diesen sieghaften Nationalismus nicht restlos vornimmt, wird der Kampf angesagt. Daß er sich auch gegen den Juden richtet wie etwa gegen den Polen, ist nur konsequent. Aber sogleich stoßen wir wieder auf die vorhin festgestellte Erscheinung, daß gegen die Einordnung, die Angleichung und Assimilierung, sobald sie wirklich erfolgt, leidenschaftlicher Protest erhoben wird. Die schon referierten Äußerungen des offiziellen Deutschland zeigen, daß ein Teil für und ein Teil durchaus gegen eine Vermischung ist. Nirgends ist der Alarmruf von der Verjudung lauter erhoben worden als in Deutschland, und nirgends bedeutet er stärker als hier den Widerruf der einmal geforderten Assimilation. Man erkennt jetzt nicht nur die Unvereinbarkeit des Juden mit der deutschen Nationalität, sondern stellt fest, daß schon in den Rassen selbst eine Unterschiedlichkeit liege, die eine Angleichung ausschließt. Auf diese deutsche Rassenforschung kann ernsthaft um deswillen nicht eingegangen werden, weil sie zu ihrer Voraussetzung nichts hat als den vorweggenommenen Beweis, als den absoluten Willen, ein germanisches Ideal zu formen und nachträglich zu beweisen; vor allem aber: weil von allem Anfang an mit dem Werturteil operiert wird. Auf diesem vorweggenommenen Werturteil basiert auch die Folgeerwägung, daß das Semitentum und insbesondere sein minderwertigster Zweig, der Jude, sich in stetem Kampf gegen das Germanentum befände.

Alle diese Motivierungen haben also ursprünglich zur Voraussetzung nichts anderes als die Existenz des Juden. Aber dabei behält es nicht sein Bewenden. Zu diesem gleichsam passiven Verschulden des Juden tritt sein aktives, und da taucht ein Argument auf, das uns auch nicht zum erstenmal in unserer Geschichte begegnet: der Jude will den Germanen besiegen; er will überhaupt die christlich-soziale Ordnung untergraben; er strebt nach der materiellen Herrschaft über die ganze Welt. Die Beweise dafür sind oft sehr mühsam, aber sie werden für alle erdenklichen Gebiete geführt. Vor allem wird die wirtschaftliche Verfassung der Juden untersucht und festgestellt, daß ihr Aufstieg nicht etwa die natürliche Auswirkung von Fähigkeiten ist, sondern Folgeerscheinungen einer »goldenen Internationale« der Juden in der ganzen Welt. Daß nach dem Aufhören der patriarchalischen Zustände im Wirtschaftsleben der wirtschaftliche Ausgleich sich im Kampf um *die Leistung* vollzieht, leugnet die Umgebung nicht. Aber daß der Jude im Kampf um die Leistung so oft der Stärkere bleibt, wird ihm dennoch als Verschulden und als zweckbewußtes Handeln zugerechnet. Es wird vor allem darauf hingewiesen, daß der Jude der Schrittmacher des Kapitalismus sei. Dabei wagt selbstverständlich niemand zu leugnen, daß der Kapitalismus eine notwendige Entwicklungsform der Weltwirtschaft darstellt, daß er folglich auch entstanden wäre, wenn die Juden sich in Handel und Industrie überhaupt nicht betätigt hätten. Damit nun das eigene Urteil nicht widersinnig werde, wird aus dem Arsenal der nicht beweisbedürftigen Werturteile das Argument geholt, daß der Jude – wie etwa im deutschen Urteil der Engländer – seinem Wesen, seiner ganzen seelischen Veranlagung nach ein »Krämervolk« darstelle. Im gleichen Atem wird aber auch dem Juden vorgeworfen, daß er der Schrittmacher für das Gegenteil des Kapitalismus, für die sozialistische Arbeiterbewegung und die auf Weltrevolution gerichteten Bewegungen sei. Hier wird die Argumentation noch verwickelter, denn neben dieser Behauptung wird gleichzeitig – und gerade in der hier interessierenden Epoche des Bismarckschen Kulturkampfes – die These aufgestellt, in den Großstädten werde das Industrieproletariat »vom Kapitalismus und vom Judentum« unterdrückt, und es sei Pflicht des preußischen Königtums und der evangelischen Kirche, diesen Armen zur Hilfe zu kommen. Es nimmt nicht Wunder, daß Stöcker der Verfechter dieser These ist, denn in seinen Folgerungen haben wir bereits das letzte Argument gefunden, das allen diesen Widersprüchen die letzte und nicht beweisbedürftige Auflösung gibt: eben das Streben des Juden nach der Zerstörung der christlich-sozialen Ordnung. Aber die Anhänger der von ihm gegründeten »Christlich-sozialen Partei« haben seine Argumente weniger geistig als vielmehr praktisch ausgelegt und sich einer Formel von ungewöhnlich aufklärender Deutlichkeit bedient: Konkurrenz. Wo solche Folgerung aus Gründen der Schamhaftigkeit nicht angebracht war, blieb es bei dem geistigen Schlagwort. Daß die liberale Presse, die viele Juden zu ihren Mitarbeitern zählte, wegen ihrer lebendigen Gestaltung der konservativen Presse den Rang ablief, führte zu der bis heute existierenden Idee von der »Verjudung der Presse«. Daß Juden im öffentlichen Wirken und im Staatsdienst Fortschritte machten, verlangte gebieterisch nach ihrer Zurückdrängung und der Freihaltung des öffentlichen Lebens von einem nicht deutsch-christlichen Einfluß.

Bis hierher zusammenfassend, kann also schon folgendes gesagt werden: der Antisemitismus entnimmt seine Begründung dem Nationalen, dem Staatlichen, der Religion und dem Rassenmäßigen. Er paßt die Formulierung im Einzelnen den jeweiligen Bedürfnissen an. Er bedient sich beweisbarer, unbeweisbarer und einander widersprechender Argumentationen. Er hat die sachliche Begründung so gut wie das Werturteil und das Ressentiment. Er belebt sich nach Siegen und nach Niederlagen so gut wie in Zeiten wirtschaftlicher Hochkonjunktur und wirtschaftlicher Depressionen. Er wird damit erkennbar ein Problem der nichtjüdischen Umgebung, das sich wie folgt darstellt: Steigt die Kurve des nationalen, religiösen und rassenmäßigen Gefühls eines Volkes, so duldet das entstehende Hochgefühl den Juden nicht und verlangt seine Isolierung aus dem Gesichtspunkt der Minderwertigkeit und Schädlichkeit; sinkt die Kurve dagegen, so wird die Schuld daran dem Juden zugeschrieben und seine Isolierung aus Vorsorge und zur Strafe verlangt. Die bündige literarische Formel dafür hat der hellsichtige Lessing gefunden: »Tut nichts: der Jude wird verbrannt.«

Gleichwohl ist diese klassische Formulierung für das historische Begreifen unzureichend, denn sie umschreibt nur den Zustand, nicht seine Gesetzmäßigkeit, mit der allein wir es zu tun haben. In allem, was wir jetzt betrachtet haben, sind die Vergangenheiten eingefangen. Es ist alles im Ablauf der jüdischen Diasporageschichte schon einmal dagewesen, sowohl die Argumente wie die Tatsachen. Daß die christliche Religion das Judentum bekämpft, als Katholizismus, als griechisch-orthodoxer Glaube und als Protestantismus, ist seit Paulus ein Bestandteil der jüdischen Geschichte. So genau kopieren die Jahrhunderte einander, daß selbst im Rußland des 20. Jahrhunderts die Judenmorde noch mit Vorliebe auf das Osterfest verlegt werden; ein instinktmäßiger historischer Konnex. Daß der christliche Staat den Juden bekämpft, ist die allererste seiner Manifestationen seit seiner Entstehung unter Konstantin. Auch hier ist die Kopie getreu, und es ist kein Unterschied zwischen den zu Staatsgesetzen erhobenen Kirchenkanons, wonach der Jude kein öffentliches Amt bekleiden dürfe, das ihm Autorität über einen Christen verleiht, und der Praxis einer modernen Verwaltung, eine solche Autorität auch ohne Ausnahmegesetz zu verhindern. Vom genau gleichen Alter ist der Kampf jedes Landes in jedem denkbaren Zustand seiner wirtschaftlichen Reife gegen den Juden wegen seiner wirtschaftlichen Betätigung. Und allen Zeiten seit der Entstehung der christlichen Welt ist die Behauptung gemeinsam, daß das Judentum sein Ziel in einer Vernichtung des Christentums erblicke.

Also ist eines klar: der Antisemitismus ist ein historisches Problem und zugleich ein zeitloses. Aber auch historische Zustände haben – über alle Imponderabilien ihrer Entstehung hinaus – einen Augenblick, in dem sie der Umwelt sichtbar werden. Wir haben diesen Moment bereits festgestellt. Er ist in dem Augenblick eingetreten, als Judentum und Griechentum einander begegneten, als die beiden extremen Möglichkeiten des Verhaltens zu Gott und zur Welt einander gegenüberstanden, als das Griechentum auf die andere Seite seines Selbst stieß, die ihm zugleich verhaßt und verweigert war. Völker haben ein Geltungsbedürfnis so gut wie der einzelne Mensch. Wird ihr Bedürfnis nach Anerkennung durch andere dadurch verletzt, daß ihnen die Erfüllung dieses Anspruches konsequent verweigert wird, so finden sie ihre Überkompensation im Haß und in der

Entwicklung eines übermäßigen Selbstbewußtseins. Das ist es im Grunde auch, was lange unterdrückten Nationen – man denke an die Polen und die Ungarn – auch bei geringsten Kulturleistungen ihre überquellende, chauvinistische Selbsteinschätzung gibt. Daß der Jude den Griechen stillschweigend und ausdrücklich, durch seine geistig-religiöse Verfassung und durch sein nationales Verhalten ablehnte, negierte, als nicht gleichwertig weit und energisch von sich abhielt, und daß das Griechentum weder Mittel des Geistes noch der effektiven Macht hatte, dem Judaismus den Stempel des Hellenismus aufzudrücken, war die Geburtsstunde des Judenhasses. Sogar sein primitivstes Argument, von Antiochus Epiphanes aufgestellt, daß die Juden in ihrem Tempel einen Griechen mästeten, um ihn ihrem Gotte als Opfer zu schlachten, hat seine Lebenskraft für die Dauer von 2200 Jahren bewahrt. In dem gleichen Zeitraum macht der Judenhaß eine Reihe von Wandlungen durch, ohne jedoch dieses Grundgefühl des nicht respektierten Geltungsbedürfnisses jemals zu verlieren. Rom, die Fortsetzung Griechenlands mit unzulänglichen Mitteln, entnahm seinen Judenhaß der verweigerten Anerkennung seines Imperiums und seiner zu Göttern avancierten Monarchen. Das Christentum, die religiöse Beschließung sowohl von Griechenland wie von Rom, schöpft seine ungeheure Kraft zu Angriff und Haß aus ebendieser verweigerten Anerkennung. Es ist ganz unbestreitbar, daß im Anfang der Entwicklung das Christentum dem Judentum als etwas Werbendes gegenübertritt, das von der Wahrheit und Einzigartigkeit seiner religiösen Erkenntnis durchdrungen ist. Aber das dauert – historisch gesehen – nur eine Sekunde. Dann wird die Front gegen das sich Versagende, gegen den Juden und den Heiden gebildet. Der Heide wird unterworfen, der Jude bekämpft. Es bildet sich alsbald eine religiöse Tradition heraus, die ihre Stabilität in dem Augenblick bekommt, in dem die christliche Religion zur Kirche erstarrt. Denn damit erwuchs ein Machtproblem, und von neuem wurde ein Gegensatz sichtbar, der wiederum und für Jahrhunderte zu der Verweigerung einer Anerkennung führte: eben das christlich-kirchliche Problem der Macht gegenüber dem jüdischen Problem der Gewaltlosigkeit. Macht aber kann nur Machtergebnisse aus sich entlassen und kann in Zeit und Ewigkeit keine andere Begründung finden als sich selbst, als fortwirkend Gewalt. Darum ist die christliche Umwelt nicht nur an ihre Tradition des Judenhasses gebunden, sondern findet auch den Ausweg nicht. Er wäre gefunden worden, wenn es in dem Ablauf von fast zwei Jahrtausenden nur ein einziges Mal einen Augenblick gegeben hätte, in dem die Diskrepanz zwischen Leben und Religion nicht bestanden hätte. Aber sie bestand und besteht. Darum ist der Anspruch der christlichen Welt, daß der Jude sich ihr bedingungslos unterordne, alle Zeit illegitim gewesen. Das muß im Unterbewußtsein aller Zeiten deutlich empfunden worden sein, denn nur von dort aus ist das unsterbliche Argument zu verstehen, daß das Judentum es in allen seinen Bestrebungen auf die Vernichtung des Christentums abgesehen habe. Das ist nichts anderes als ein Reflex des schlechten Gewissens, das »Haltet den Dieb!« dessen, der den Gedanken an die Vernichtung des Judentums von ungezählten Generationen her ererbt hat. Die letzte Herausbildung von alledem, das Fremdheitsgefühl, ist also kein sachliches, sondern ein persönliches Problem, keines, das in greifbaren Dingen, sondern eines, das in geistigen Veranlagungen und geistigen Möglichkeiten beschlossen liegt. Das wird oft nicht klar erkannt, weil die Fülle und Bedenkenlosigkeit der antijüdischen Argumente sich jedes beliebigen Tatbestandes zu bedienen vermag. Darum haben sogar vielfach Juden die Auffassung vertreten, der Jude selbst könne am konkreten Tatbestand des Antisemitismus etwas ändern. Das ist unrichtig, denn er ist kein konkreter, sondern ein abstrakter Tatbestand, und er ist nicht das Problem des Juden, sondern das des Nicht-Juden. Der Jude kann an Bestand und Wesen des Antisemitismus nichts ändern. Daran kann nicht einmal der Zionismus etwas ändern, insoweit er von der Aufhebung der Diaspora für den Kern des Judentums ein Schwinden des Antisemitismus erwartet. Das würde nur zutreffen, wenn das antijüdische Gefühl durch die Diaspora entstanden wäre. Aber es ist vorher entstanden. Die Diaspora hat nur dazu dienen können, es in Permanenz zu erklären und ihm seine zeitlose und für das Erdulden des Juden furchtbare Aktualität zu geben. Hier erst setzt der wahre Anteil der Judenheit am Problem ein: in seinem Erdulden. Bis in unsere Gegenwart schlägt man Menschen tot, weil sie Juden sind. Die geistvollste Begründung des Antisemitismus wird diese Erscheinung nicht aus der Welt schaffen. Nur in seinen Auswirkungen ließe sich der Antisemitismus vermindern und eindämmen, sobald es nicht mehr ungefährlich wäre, die unzufriedenen Instinkte von Menschen und Nationen auf eine Minderheit zu entladen.

Wenn es je zu einer Auflösung des antijüdischen Gefühls kommen sollte, so müßte es von daher erfolgen, von wo wir seinen Ursprung feststellten. Und der liegt im Menschlichen. Es gibt im Leben des Einzelnen und der Völker Vorstellungen, Gefühle und Reaktionen, die wider die bessere Erkenntnis gepflegt und beibehalten werden. Sie bedeuten für den Einzelnen und für die Nation nicht das, was ihnen verweigert ist, sondern das, was sie sich selbst verweigern. Der Antisemitismus ist eines der Fremdheitsgefühle, dessen sich die Menschheit bedient, um zwischen sich und der letzten Erfüllung ihrer menschlichen Verpflichtungen eine Schranke aufzurichten.

Zentralisation

Das ausgehende 19. Jahrhundert bedeutet für das Judentum den Zeitraum der Entscheidungen und der Scheidungen, der Auflösungen und der Lösungen. Es ist der letzte historisch erfaßbare Abschnitt der jüdischen Geschichte. In ihm vollzieht sich die Zentralisation, das Streben nach Mittelpunkten, geistig und geographisch. Das Streben geht nicht nach einem einzigen Mittelpunkt, und zuweilen liegt er nicht im jüdischen Volke selbst, sondern außerhalb, irgendwo in der Umwelt oder der Welt. Aber auch da, wo das Suchen nicht zum Volkstum hin, sondern von ihm fort strebt, ist es noch in jedem Sichversagenden, in jedem Renegaten und in jedem Assimilanten das jüdische Streben nach der Einbezogenheit in den Umkreis irgendeiner geistigen Idee in der Welt, der leidenschaftliche Wille, nicht Einzelgänger zu sein, der die Welt höhnisch als sein Objekt betrachtet, sondern Mit-Mensch, der mit anderen sich der Welt oder einem Gedanken aus ihr verdingt. Im Guten wie im Bösen sind sie alle der Idee des Gemeinsamen verhaftet.

Die antisemitische Bewegung, die wir soeben dargestellt haben, hat, obgleich wir sie als das Problem des Nicht-Juden darstellten, dennoch im praktischen Ergebnis einen Einfluß auf die jüdische Ideologie insofern, als sie den Gedankengängen und Interessen der jüdischen Assimilanten einen Widerstand entgegensetzt, um dessen Überwindung sie sich bemühen. Ihr Verhalten ist durchaus konsequent. Die Umgebung forderte bei der Gewährung der Emanzipation vom Juden den Verzicht auf seine nationale Absonderung und Haltung, und alsbald reagierte das westliche Judentum darauf durch die Abtrennung der jüdischen Religion von ihrem nationalen

Bestande. Auf dieser Ebene liefert sie sich der Assimilation aus. Jetzt richtet der Antisemitismus zwischen ihnen und der Umgebung von neuem mit nationaler Begründung eine Schranke auf. Sie kann nur eingerissen werden, wenn der Jude nun seinerseits betont, mit welcher Entschiedenheit und Ausschließlichkeit er sich zum jeweiligen Nationalismus bekenne. Damit geben sie stillschweigend zu, daß die Existenz einer Gruppe von Menschen nur als religiöser Gemeinschaft in einer national organisierten Umgebung gar nicht möglich ist. Die Tragik ihrer Konsequenz ist aber, daß das nationale Argument der Umgebung nicht Selbstzweck war, sondern nur einer der Vorwände für eine erneute Manifestation des Fremdheitsgefühles gegenüber dem Juden, daß also die Motivierung in dem Augenblick, in dem sie gegenüber der weitgehenden nationalen Assimilation der Juden nicht mehr zutreffend ist, einfach durch eine andere Motivierung ersetzt wird. Hier rächt sich für den Juden der Verlust des historischen Augenmaßes, und er wird so gezwungen, Energien für einen hoffnungslosen Kampf zu entfalten und zu verschwenden. Er tut es in vierfacher Weise: durch Abwehr, durch Apologie, durch den weiteren Ausbau der Idee des nationslosen Judentums und, als indirekte und direkte Folge, durch Verminderung des effektiven und des geistigen Bestandes des Judentums.

Unter dem ersten Ansturm der antisemitischen Bewegung versucht insbesondere der Jude in Deutschland, ihr durch Vorstellungen bei den Regierungen zu begegnen. Da die Regierungen, einschließlich Bismarck, aber die politischen Nutznießer des Antisemitismus waren, ergab sich die Erfolglosigkeit von selbst. Auch die literarische Polemik, die das Nichtvorhandensein eines nationalen Judentums energisch und gutgläubig betonte, konnte unmöglich auf eine Bewegung einwirken, die zu ihrer Begründung keines sachlichen Argumentes bedurfte, folglich auch zu ihrer Widerlegung keiner sachlichen Argumentation zugänglich war. Es spielt dabei keine Rolle, daß der Antisemitismus von einer objektiv richtigen Behauptung – der der Existenz einer jüdischen Nation – ausging, denn er mißbrauchte die objektive Tatsache ja nur zur Begründung eines subjektiven Werturteils. Viel wichtiger als ihre Wirkungslosigkeit nach außen ist diese literarische Polemik in ihrer Wirkung nach innen; denn die Absage an das Volkstum im Judentum, von gewichtigen Stimmen wie denen eines Lazarus und eines Hermann Cohen erhoben, schafft unter der westlichen Judenheit tatsächlich eine Atmosphäre, in der auf den Anruf eines lebendigen Volkskörpers nichts mehr antwortet und dem Bewußtseinsinhalt nach nichts mehr antworten kann. Es ist eine Bewußtseinsverlagerung eingetreten, die dennoch unvollkommen ist, weil sie auf ein Unrecht, das irgendwo in der Welt dem Juden als

Juden geschieht, immer noch spontan und aus schicksalhafter Verbundenheit reagiert.

Es soll gerechterweise nicht mit Stillschweigen übergangen werden, daß in Deutschland und in Österreich (1890-1891) unter der Teilnahme klangvoller Namen Vereine zur Abwehr des Antisemitismus gegründet wurden, in denen Nichtjuden eine führende Rolle spielten. Ihre Mühewaltung ist anerkennenswert und ihre Hilflosigkeit gegenüber dem Problem als solchem verständlich. Die Juden entschlossen sich dann auch zu einer eigenen organisierten Abwehr im »Zentralverein deutscher Staatsbürger jüdischen Glaubens«. Er hat getan, was gegenüber dem Antisemitismus getan werden kann: im Einzelfall den rechtswidrigen Angriff mit den Mitteln des Rechts abwehren. In diesem Umfange sind seine Verdienste erheblich. Daß er am Problem selbst nichts Grundlegendes ändern kann, fällt ihm nicht zur Last, weil es dazu keine Möglichkeit gibt. Aber er ist in hohem Grade mitverantwortlich dafür, daß eine der stärksten Resistenzkräfte des Juden: sein Bewußtsein der Zusammengehörigkeit mit dem Juden in aller Welt, untergraben wurde. Ein Kardinalsatz seiner Motivierung ist: »Wir haben mit den Juden anderer Länder keine andere Gemeinschaft als die Katholiken und Protestanten Deutschlands mit den Katholiken und Protestanten anderer Länder.«

Diese Maxime wurde mehr als die Losung eines Vereins. Sie wurde zum Maßstab für das Verhalten des größten Teils der westlichen Juden. Sie war das Schlußergebnis einer hundertjährigen Entwicklung und das nationale Glaubensbekenntnis einer Generation, die in den nationalen Schulen des Landes aufgewachsen war. Sie wird auch, ohne es eigentlich zu wollen, der Ausgangspunkt für die fortgesetzte Auflösung des jüdischen Bestandes im Westen. Sie ist die Formel, die den Übergang von der kulturellen Angleichung bis zum völligen Ausscheiden aus dem Judentum beschleunigt und ermöglicht. Der Begriff Assimilation verliert seine Eindeutigkeit. Er bedeutet immer weniger den produktiven Vorgang der Aufnahme von Kulturgütern der Welt. Er wird immer mehr die Bezeichnung für die Flucht aus dem Judentum. Die geistige und die rassenmäßige Assimilation in diesem Sinne wird zu einer Dauererscheinung im westlichen Judentum. Übertritte zum Christentum erfolgen gleichmäßig weiter. Die Mischehen nehmen zu. Schon im Jahre 1899 ist in Deutschland jede fünfte jüdische Ehe eine Mischehe. Der Substanzverlust des jüdischen Volkes durch Mischehen in den letzten 50 Jahren ist, allein in Deutschland, ungewöhnlich groß. So waren, um ein Beispiel zu geben, von 103 000 jüdischen Ehen, die 1900-1927 geschlossen wurden, 33 800 Mischehen, also rund ein Drittel. Daß dennoch der Weltbestand an Juden für das Jahr 1925 mit rund 15 000 000 zu errechnen ist, ist sicher nicht auf Konto der westlichen

Judenheit zu setzen. Es kann aber aus solcher Zahl höchstens etwas gefolgert werden für das allgemeine Problem der Weltjudenheit: ihre Verteilung, ihre Dichte, ihre Berufsgliederung, ihre rechtliche und soziale Lage; nicht aber für das, was uns das Wesentliche sein muß: ihr aktives oder passives Verhalten als Juden im Bewußtsein ihrer jüdischen Zugehörigkeit. Das Assimilationsproblem hat das Judentum mit einem ganz neuen Typ belastet, mit dem passiven Juden, der nicht zur Taufe und zur Mischehe geht, aber dessen Beziehung zum Judentum nur noch auf dem Beharrungsvermögen beruht. Es gibt kein von Juden bewohntes Land der Welt, das nicht solche Schichten aufzuweisen hätte, besonders Länder wie Österreich, Ungarn, Deutschland, die Schweiz, Frankreich, Holland, England, Italien. Die Atomisierung des Judentums ist effektiv vollzogen. Im Weltkrieg ist ihr Gelegenheit gegeben worden, sich praktisch zu erweisen. Auf allen Fronten standen Juden gegen Juden. Das war eine Tragik, die dennoch von niemandem zu verantworten war und die sich wiederholen kann, solange es noch Kriege gibt und Juden ihren Gastnationen gegenüber zur Erfüllung ihrer staatsbürgerlichen Verpflichtungen gehalten sind. Aber es geschah damals auch das Ungeheuerliche, daß Rabbiner, »jüdische Feldgeistliche«, die Waffen segneten, die zum Mord am Nebenmenschen und am Juden jenseits der Grenze bereit lagen. Das ist ein Verbrechen, das wir alle zu verantworten haben. Was der im Weltkriege bekundete leidenschaftliche Wille der Juden zur Assimilation sonst für sie an Wirkungen und Vorteilen bedeutet, ist historisch noch nicht greifbar. Die Opfer, die draußen und daheim gebracht wurden, sind groß. Am Judenhaß haben sie nichts geändert. So tragen diese Opfer für die verschiedenen Vaterländer einen Sinn, der uns einstweilen noch verborgen ist. –

Wir waren genötigt, die Atomisierung des Judentums als eine vollzogene Tatsache anzusehen. Es kommt also nunmehr darauf an, festzustellen, ob das Judentum in seiner Gesamtheit diese Erscheinung widerspruchslos und ohne Gegenwehr aufgenommen hat. Die Geschichte hat bereits die Antwort erteilt in der nationalen Bewegung im Judentum. Sie ist der andere Zentralisationsgedanke dieser Epoche: die Hinwendung zum eigenen Volkstum als gewolltem und erlebtem Mittelpunkt der Existenz. Diese Bewegung umfaßt alle diejenigen Juden, die den Weg der Assimilation, der Auflösung im Bestand der Umgebung, nicht gehen können und nicht gehen wollen, weil sie ihre Gemeinschaft als ein nach eigenen Gesetzen lebendes Volk erkannt haben und den Glauben an die schöpferische Kraft dieses Volkstums noch nicht verloren haben. Es handelt sich also hier um eine der Entscheidungen, die das Judentum selbst in seiner Krisensituation getroffen hat. Die Beweggründe für die einzelnen, aus denen sie zu solcher Entscheidung kamen, sind verschiedenartig. Nicht überall stand das Erlebnis »Volk« mit spontaner Gewalt auf. Vielmehr ist der Anteil der Umwelt an dieser Neuorientierung sehr groß. Ihre Art, auf den Juden in allen erdenklichen Situationen und mit jeweils allen erdenklichen Mitteln zu reagieren, mußte notwendig zu der Erkenntnis führen, daß es der Umwelt um eine friedliche und objektive Lösung der Judenfrage gar nicht zu tun war, daß es also – insbesondere auf dem Wege der Assimilation – diese Lösung gar nicht gab. Es konnte daher, solange ein Lebenswille im Judentum überhaupt noch bestand, nur der Weg zu sich selbst gegangen werden, im vollen Bewußtsein dafür, daß auch diese Hinwendung zu sich selbst und zum eigenen Volkstum dieselben feindlichen Reaktionen hervorrufen würde wie die Wegwendung von sich selbst und zu einem fremden Volkstum. Wenn die Fremdheit von Art zu Art ein Naturgesetz zu sein scheint, erweist sich die Aufgabe der Eigen-Art als ein törichtes und unfruchtbares Opfer.

Das wurde zuerst im Osten, insbesondere in Rußland, von denjenigen erkannt, die in Gemeinschaft mit den russischen Liberalen und Fortschrittlern an einer freiheitlichen Ausgestaltung Rußlands arbeiteten und die sich der Russifizierung im weitesten Umfange verschrieben hatten. Aber die Ereignisse belehren sie über die Unmöglichkeit, auf dem Wege der Russifizierung mehr als ihr eigenes, persönliches Problem zu lösen. Die große Masse, die diesen Weg nicht hat und auch nicht gehen will, ist hoffnungslos der Bedrückung und Vernichtung preisgegeben. Im Anfang ihrer Erwägungen steht das Bewußtsein von der ungeheuren Judennot, die man beseitigen muß. Ihr Ziel ist Hilfe, nicht Restauration. Aber sie müßten nicht Juden sein, um nicht von der Erwägung, wie im Augenblick zu helfen sei, zu dem Gedanken fortzuschreiten, wie generell zu helfen sei; und solches fortschreitende Denken kann nur dazu führen, die Gesetzmäßigkeit im Juden und in seiner Umwelt zu entdecken, aus der die Sonderheit von beiden und ihrer Beziehung zueinander sich ergibt. Leon Pinsker ist der erste, der in seiner Schrift »Autoemanzipation« (1882) zwischen der Tatsache der Diaspora und dem verkümmerten Leben des jüdischen Volkes eine Beziehung herstellt. Sein Vorschlag geht dahin, daß die Juden in Palästina oder in Amerika ihr schattenhaftes Dasein wieder zu etwas Wirklichem gestalten sollten. Die Idee einer neuen und bewußten Zentrumsbildung wird akut. Sie richtet ihr Augenmerk auf die beiden Länder, die den Juden allein noch Möglichkeiten verheißen: auf Amerika als das Land der praktischen und auf Palästina als das Land der ideellen Möglichkeiten.

Einstweilen lag der Ideologie Amerika noch näher als Palästina, weil die Tatsachen ihr vorausgeeilt waren. Amerika war ein jüdisches Einwanderungsland geworden. Auf jede neue Bedrückung in Europa reagierte das

Judentum durch Abwanderung nach Amerika. Es war das Land, in dem man den nationalen Hochmut noch nicht kannte und in dem keine kirchliche Tradition Macht über die Seelen besaß, ihre Gläubigkeit in Judenhaß zu verwandeln. Aber es war nicht nur das Land der Freiheit, sondern auch zugleich der Konzentration. Schon um 1880 betrug die Zahl der Juden in Amerika rund 250 000, davon allein 60 000 in New York. Mit suggestiver Gewalt zog diese neue Siedlung die Juden an. Ganz instinktmäßig wendet sich eine in die Millionen gehende jüdische Wanderung dorthin, Jude zu Jude hingezogen, in Fortsetzung des nicht ausgestorbenen Dranges nach Nähe und kompakter Gemeinschaft. Es beginnt die zahlenmäßig größte Wanderung, die das Judentum je vorgenommen hat. Hier ist in jedem Sinne des Wortes eine »Völkerwanderung« gegeben, denn so wandern nur Völker, nie Religionsgemeinschaften. Was in Galizien unter dem polnischen Druck des Boykotts nicht mehr existieren kann, flieht nach Amerika. Was in Rumänien unter den legalen Pogromen nicht mehr leben will, flieht nach Amerika. Nach dem russischen Gemetzel von 1881 brechen viele Tausende in überstürzter Hast nach Amerika auf. Das gleiche geschieht nach dem Pogrom von 1882. Unter der Gegenreform Alexanders III. ist die jährliche Auswanderung im Durchschnitt 30 000 Seelen stark, in den beiden Jahren 1891 und 1892 über 100 000, von 1903 bis 1905 über 125 000. Ein Volk hat sich in Bewegung gesetzt und den großen Rückschwung der Pendelbewegung eingeleitet, in der die jüdische Geschichte in der Diaspora verläuft.

Obgleich ökonomische Ursachen an dieser Wanderungsbewegung entscheidenden Anteil haben, ist sie ihrem Wesen und ihrer inneren Konstitution nach eine nationale Wanderung, nicht nur der Zahl nach, sondern auch der Idee nach, die sich in zweifacher Weise ausdrückt: einmal durch die Bildung einer geschlossenen Wohnsiedlung in der Down Town von New York, sodann durch die Überzeugung, daß der Jude zum Ackerbau zurückkehren müsse. Wenn die ungewöhnlichen Schwierigkeiten, eine neue Existenz aufzubauen und die Unerfahrenheit der ersten Kolonisten dieser letzteren Idee auch nur eine geringe Wirklichkeit bereiten, so ist doch der Impuls wieder sichtbar geworden, der der Heimatlosigkeit die radikalste Auflösung: eben die Verankerung mit dem Grund und Boden entgegensetzen will. Von diesem Gesichtspunkt geht auch die großzügige Aktion aus, die Baron Moritz Hirsch 1891 in die Wege leitet. Sein ursprünglicher Plan war, die Judenheit Rußlands durch organisierte Abwanderung um ein Drittel zu vermindern und gleichzeitig die Emigranten als Ackerbauer anzusiedeln. Zu diesem Zwecke läßt er in Argentinien, wohin schon 1889 Juden ausgewandert waren, Land ankaufen. Im Herbst 1891 gründet er die Jewish Colonisation Association, die eine

Massensiedlung russischer Juden in den amerikanischen Ländern, vor allem Argentinien, durchführen sollte. Zu einer wirklichen Massensiedlung konnte das Projekt aus verschiedenen Gründen nicht führen. Es fehlten nicht nur die Mittel für die zu groß gesteckte Aufgabe, sondern es wurden auch erhebliche Fehler in der Verwaltung gemacht. Entscheidend aber war, daß lediglich die Aussicht auf ein unangefeindetes Leben für die Juden keinen genügenden Anreiz bot. Unter zwei Lebensmöglichkeiten wird der Jude stets die schlechtere wählen, wenn mit ihr die Nähe und Nachbarschaft anderer Juden und damit die Möglichkeit einer Gemeinschaftsbildung verbunden ist. Darum brachten es die argentinischen Siedlungen bis 1900 nur auf einen Bestand von etwa 7000 Seelen.

Aber der Ruf nach dem Lande, seit undenkbaren Zeiten zum ersten Male im Judentum erhoben, verstummte nicht mehr. Er bedeutet eine grundlegende Revolutionierung des Judentums, weil dieses aus der Landwirtschaft erwachsene Volk seit Jahrhunderten, freiwillig und unfreiwillig, vom Boden abgedrängt war; unfreiwillig durch Gesetzgebung; freiwillig, weil sie als »Land« nur Palästina begriffen, und weil sie jetzt wieder einen Zusammenhang begriffen zwischen Land und Schicksal. Land war doch die Verheißung, mit der das Judentum als Volk aufgewachsen war. Das »Heilige Land« ist ein jüdischer Begriff und eine jüdische Denkart. In der Rückkehr zu diesem Begriff und dieser Art des Denkens liegt die Rückkehr zum Anfang des Werdens beschlossen. Jenseits aller Parteieinstellung ist hierin der wiedererwachende Gestaltungswille einer Gemeinschaft zu erblicken und zu respektieren.

Zu einer Bewegung verdichtet sich der Ruf nach dem Lande schon 1882, als in Charkow junge Menschen, meist Studenten, die Bilu gründeten, die sich die Errichtung landwirtschaftlicher Kolonien in Palästina als Ziel setzten. Über die russischen Ansiedlungsrayons hin breiten sich die Vereine der »Palästina-Freunde«, der Chowewe Zion aus. Im Sommer 1882 landen die ersten Bilu-Leute in Palästina. Wenn irgend das Wort Pionier in seinem opfervollen Sinne angewendet werden kann, so hier auf diese Menschen, die in harter Arbeit das Ödland aufbereiten. Langsam und unter schwersten Bedingungen entstehen Kolonien. Es kommen Gruppen rumänischer Juden und siedeln sich an. Sie haben alle mit den Krankheiten des Anfangs zu kämpfen. In der größten Not springt der Pariser Edmond Rothschild ein. Er bestellt für die Kolonien eine eigene Verwaltung, die die Kolonisten entlohnt und den Gründungen, wenn auch über viele Entartungserscheinungen hinweg, doch ihre Fortexistenz ermöglicht. Nach und nach, unter Opfern und Rückschlägen, zieht sich ein Netz von jüdischen Kolonien über das Land. Bei Ausbruch des Krieges waren es 43. Zu dieser Zeit waren sie bereits in den Interessen- und Wirkungskreis einer Bewegung geraten, die sich aus den Elementen der nationalen Ideologie zu einer organisierten Form entwickelte: des Zionismus.

In den Ideen eines Heß, eines Kalischer, eines Pinsker und aller derer, die sich um eine praktische Lösung der Judenfrage auf der Grundlage ihrer wirklich historischen Voraussetzungen bemühten, war der Zionismus dem Kern nach schon enthalten. Er mußte jetzt nach den Gesetzen der Entwicklung so notwendig entstehen, wie seine entgegengesetzte Bewegung, die Tendenz zur Auflösung des Judentums, entstanden war. Er mußte auch, da er der assimilatorischen Bewegung aller Grade diametral entgegengesetzt war, die Feindschaft jener Kreise hervorrufen, die die Voraussetzung des Zionismus, die nationale Grundlage des jüdischen Volkes, verneinen. So sehr auch innerhalb des nur als religiös begriffenen Restjudentums über die Religion selbst Differenzen zwischen den Liberalen und den Orthodoxen bestehen, über eines sind sie sich einig: daß die zionistische Bewegung ihres nationalen Gehaltes wegen zu bekämpfen sei. So bekundet sich die Sonderheit des jüdischen Schicksals auch darin, daß es das erste und einzige Volk ist, das in dem Kampf um seine schöpferische Neugestaltung die erbittertsten Feinde im eigenen Lager findet. Aber es bleibt – jenseits jedes Ressentiments – festzustellen, daß wir es hier mit zwei historischen Fakten zu tun haben, die die extremen Möglichkeiten eines Volkes verkörpern und einander daher notwendig feind sein müssen.

Die Entstehung der zionistischen Bewegung ist unlösbar verknüpft mit dem Namen Theodor Herzl. Er entstammte einem bürgerlichen, liberalen und assimilierten Hause in Budapest und unterschied sich wenig von anderen intelligenten Juden seiner Zeit und seines Milieus, bis ihm die Vorgänge im Dreyfus-Prozeß, die er als Journalist erlebte, zum entscheidenden Anstoß wurden. Von da an datiert er selbst seine Abkehr vom Assimilationsjudentum und seine Hinwendung zur nationalen Idee. Der Impuls dieser Abkehr und Umkehr ist so stark, daß er sich in ihm alsbald zu konkreter Formulierung verdichtet. Er begreift die Judenfrage und demgemäß ihre Lösung zunächst streng als politisches Problem. »Sie ist eine nationale Frage, und um sie zu lösen, müssen wir sie vor allem zu einer politischen Weltfrage machen, die im Rate der Kulturvölker zu regeln sein wird.« Als Ziel stellt er auf: »Eine öffentlich-rechtlich gesicherte Heimstätte für jene zu schaffen, die sich nicht assimilieren können oder wollen.« Er verfaßt über seine Idee eine Schrift, »Der Judenstaat«, die 1896 erscheint und das Problem zur öffentlichen Diskussion stellt. In diesem Werke ist er noch unentschieden, ob Argentinien oder Palästina das Land der Heimstätte werden solle; aber aus dem Echo, das zu ihm dringt, begreift er, daß es nur Palästina sein kann. Dieses Problem: Palästina oder ein anderes Land, fand später noch einmal seine Aktualität, als die britische Regierung den Zionisten in Uganda (in Britisch-Ostafrika) Land für die Massenansiedlung von Juden zur Verfügung stellte. Nach leidenschaftlichen Kämpfen innerhalb der Partei wurde das Angebot abgelehnt. Die Ablehnung war folgerichtig. Auch in der rein politischen Fassung, die Herzl dem Zionismus in seinen Anfängen gegeben hatte, schwang doch die ganze Unzahl der Imponderabilien mit, die das Blut der Bewegung darstellten: die Gebundenheit an das Land, für das das Judentum so viel Blut verloren hat, wie kein Volk für kein Land verloren hat; in dem zu leben es auch in der Zerstreuung nie aufgehört hatte. Es ist möglich, daß für eine jüdische Siedlung andere Länder technisch geeigneter sind. Es fehlt ihnen aber die seelische Eignung.

Im Jahre 1897 schafft die zionistische Bewegung sich ihre Publizität und ihre Repräsentanz. Im August tritt in Basel der erste Kongreß zusammen, auf dem das Programm seine bis heute gültige Fassung erhält: »Der Zionismus erstrebt für das jüdische Volk die Schaffung einer öffentlich-rechtlich gesicherten Heimstätte in Palästina.« Es entsteht die Exekutive, die erste Ausdrucksform einer wirklichen jüdischen Internationale. Die Kongresse werden zu einer regelmäßigen Institution, und alle Wandlungen, die die zionistische Idee in der verhältnismäßig kurzen Dauer ihres Bestandes durchmachte, finden dort den oft leidenschaftlichen Ausdruck. Schon der zweite Kongreß (Basel 1898) zeigt auf, daß sich im Zionismus eine wirkliche *Bewegung* bekundet, daß bei gleichem Richtungssinn der Idee die Ansichten über Mittel und Methoden weit auseinandergehen. Während die einen die praktische Aufbauarbeit in Palästina betont wissen wollen, erhoffen die anderen alles von politischen Aktionen. Solche Aktionen finden auch statt. Herzl betätigt sich unermüdlich. Er versucht wiederholt bei der türkischen Regierung einen Charter, einen Freibrief für die jüdische Ansiedlung in Palästina zu erreichen. Er hat keinen Erfolg. Der Zionismus hat in der Vorstellung der Herrschenden noch keine Weltgeltung; darum müssen die politischen Aktionen erfolglos sein. Aber nicht nur die Idee, sondern auch die verstärkte Judennot des Ostens verlangen, daß über den politischen Versuchen die praktische Arbeit nicht unterlassen werde. So beginnt die Arbeit am Ausbau der jüdischen Kolonien in Palästina. Schon auf dem 10. Kongreß erklärte der neue Präsident David Wolffsohn: »Nicht einen Judenstaat wollen wir schaffen, sondern eine Heimstätte auf dem alten Boden unserer Urahnen . . .« Dieser Erklärung kommt eine besondere Wichtigkeit zu. Man hat sie oft als die offizielle Rückzugserklärung des politischen Zionismus ausgegeben. Aber ihre Bedeutung scheint uns darin zu liegen, daß sie der Ausdruck einer besonderen Erkenntnis ist, der Erkenntnis nämlich, daß ein Staat in dem Sinne, wie ihn der nationale Egoismus der Völker seit je begriffen hat, für die

Entwicklung eines jüdischen Zentrums weder eine notwendige noch eine adäquate Form ist. Dennoch blieb – auch bei Aufgabe der Charterpolitik – der Zionismus im Rahmen des Judentums eine politische Bewegung. Aber als solche wiederum, als nur politischen Zielen dienende Bewegung konnte er unmöglich für das Judentum und für den gestaltenden Willen in ihm repräsentativ sein. Politik ist nur die Technik der Verwirklichung. Bei ganz hohem Niveau ist sie unter Umständen eine Dienerin der Idee. Das wurde im nationalen Judentum schon sehr früh erkannt. Es konnte nicht genügen, zu erkennen, daß im Judentum und in seiner Geschichte ein Sinn und ein Geistiges beschlossen lagen. Es war mehr denn je nötig, Sinn und Geist des Judentums zu schöpferischer Entfaltung wieder bewußt zu machen, damit jede Bewegung, die sich unterfing, die Judenfrage zu lösen, nicht im Praktischen verhaftet bleibe.

In der Persönlichkeit eines Achad Haam findet diese Idee von der geistigen Fundamentierung des Zionismus ihren ersten präzisen Ausdruck. Ihm geht es nicht darum, daß man ein Land für ein Volk vorbereite, sondern das Volk für das Land. Ihm geht es nicht um Siedlung, sondern um Heimkehr. »Das nationale Zentrum muß eine Zufluchtsstätte sein nicht für die Juden*heit*, sondern für das Juden*tum*.« Diese Formulierung hat zugleich zur Voraussetzung die Erkenntnis, daß schon aus technischen Gründen ein Land wie Palästina nicht geeignet sein kann, alle Juden der Welt in sich aufzunehmen; und immer ist es eines der stärksten Argumente gegen den Zionismus gewesen, daß die neue Heimat eben nicht alle Juden aufnehmen könne. Aber es bedienen sich dieses Argumentes meistens nur die, die überhaupt von der Idee der Heimkehr nichts wissen wollen. Und sie verwechseln die Idee mit der Masse von Menschen, die an ihrer technischen Verwirklichung teilhaben können. Es ist damit so wie mit dem religiösen Gefühl. Hat es überhaupt erst einmal einen Gott begriffen, so kann es zu ihm beten im Tempel und außerhalb des Tempels. Aber begreifen muß man ihn zuvor.

Um dieses Begreifen geht es auch bei den Forderungen eines Achad Haam. Er trägt in den Zionismus das Element der Evolution hinein. Er hat damit auf die Zeitlosigkeit des Problems hingewiesen und den Gegensatz sichtbar gemacht zu einer nur auf politische Konzessionen gestützten Einrichtung eines Siedlungszentrums. Als diese politische Konzession dann eines Tages erteilt wurde, konnte sie der Idee nicht mehr gefährlich werden, da die Idee schon so eigenlebig geworden war, daß der politische Erfolg sie nicht mehr zu einem Kolonisationsunternehmen degradieren konnte. Der entscheidende Vorgang liegt in einem Schreiben, das Lord Balfour am 2. November 1917 im Namen der englischen Regierung an Lord Rothschild in London richtet. Es lautet:

Foreign Office, 2. November 1917

Geehrter Lord Rothschild,
mit großem Vergnügen übermittle ich Ihnen namens Seiner Majestät Regierung folgende Sympathieerklärung mit den jüdischen zionistischen Bestrebungen, die dem Kabinett unterbreitet und von diesem genehmigt wurde: Seiner Majestät Regierung betrachtet mit Wohlwollen die Errichtung einer nationalen Heimstätte für das jüdische Volk in Palästina und wird die größten Anschaffungen machen, die Errichtung dieses Zieles zu erleichtern, wobei selbstverständlich nichts unternommen werden soll, was den bürgerlichen und religiösen Rechten bestehender nichtjüdischer Gemeinschaften in Palästina oder der staatsbürgerlichen Rechtsstellung der Juden in irgendeinem anderen Lande Abbruch tun könnte.

Ich wäre Ihnen dankbar, wenn Sie diese Erklärung zur Kenntnis der Zionistischen Föderation bringen wollten.

Ihr ergebener

Arthur James Balfour.

Auf der Basis dieser Erklärung und der neugeschaffenen Institution der Mandate wird nach dem Weltkrieg Palästina unter englisches Mandat gestellt. Mit den Folgen können wir uns nicht befassen. Sie sind Gegenwart. Sie haben noch zu erweisen, wie und ob sie in die Geschichte eingehen.

Aber in die Geschichte eingegangen und unverlierbarer als die Tatsachen, die morgen schon überholt sein können ist die geistige Situation, die sich aus der Belebung des nationalen Gedankens ergeben hat. Dieser jüdische Nationalismus hat nichts mit Chauvinismus gemein, denn er stellt sich nicht abgrenzend im Werturteil anderer Nationen gegenüber. Der jüdische Nationalismus wird nie Kriege erzeugen, denn er vertritt kein Imperium. Er ist Fortsetzung einer Geschichte; weiter nichts. Er ist nicht Auflösung der Diaspora in ihrem effektiven Bestande, aber er sieht in ihr auch nicht, wie seine Gegnerschaft im Judentum es in Abwehr des nationalen Gedankens tut, die eigentliche Mission des Judentums. Die Diaspora ist eine Schicksalsform des Judentums; aber weder sein Inhalt noch seine Aufgabe, weder seine Sendung noch seine Erfüllung. Die Diaspora ist nur der Raum geworden, in dem die große Scheidung der Geister sich vollzogen hat und die im Bekenntnis liegt, im Bekenntnis zum Volk als lebendiger Einheit oder als Atom; politisch formuliert: zwischen dem Nationaljuden und dem Assimilationsjuden. Dieser reagiert auf fremde Bedingungen, jener schafft eigene Bedingungen; dieser assimiliert sich der fremden Kultur, jener assimiliert sich die fremde Kultur; diesem wird gleichwohl von der Umwelt die Einheit verweigert, jener darf sie sich selber schaffen; dieser lebt an der Peripherie des Judentums, jener in seinem erfühlbaren Zentrum; jener wendet hier und da ein Stück Erinnerung, Tradition oder Verpflichtung an sein Judentum, dieser müht sich um die Einsetzung des Ganzen. Der uralte Gegensatz, den wir durch die ganze jüdische Geschichte sich ziehen sahen, der zwischen Halacha und Haggada, zwischen Gesetz und Legende, taucht in veränderter Form wieder auf. Die einen rufen nach einer Formel für ihr Judentum, nach einer Norm, an die man nur zu glauben braucht, um geborgen zu sein. Die anderen lassen sich vom geheimen Leben überrennen und dichten ihr Judentum weiter. Es ist im tiefsten Grund eine Frage der Liebe und der Gläubigkeit.

Epilog

> Wenn eine Literatur reich genannt wird, die wenige klassische Trauerspiele besitzt, welcher Platz gehört dann einer Tragödie, die anderthalb Jahrtausende währt, gedichtet und dargestellt von den Helden selber?
>
> Zunz

Wir haben versucht, aus drei Jahrtausenden Geschichte eines Volkes den Kern zu enthüllen, wie er sich unserem Wissen und unseren Ahnungen darstellt. Wir erkennen dabei als das Wesentliche und Bezeichnende niemals den Zustand, sondern immer die Bewegung. Die innere und die äußere Geschichte dieses Volkes verläuft in Bewegungen, die sich im geistigen und im weltlichen Raum vollziehen. Zeit, sagt Bergson, ist Bewegung im Raume. So gesehen, steht die Geschichte des Judentums in der ›Zeit‹ schlechthin.

Von den religiösen Uranfängen, die als erste in der Geschichte der Menschheit mit der ahnungsmäßigen Vorstellung der Einheit verknüpft waren, geht der Jude zum scharf umrissenen Begriff des Eingottes über. Von da aus versucht er, sein Dasein unter den Formen der Theokratie zu verwirklichen. Er trägt sie nicht zu Ende, sondern substituiert ihr den weltlichen Repräsentanten, den König. Das ist der Weg, auf dem sie sich den weltlichen Formen und damit den umweltlichen Inhalten nähern, der Weg, auf dem die Gemeinschaftsform aller Völker nachgeahmt wird und der religiöse Synkretismus, die Hereinnahme fremder Kultvorstellungen in den strengen Monotheismus erfolgen kann. Es ist die verweigerte Konsequenz und die verweigerte Ausschließlichkeit. Der größte Teil des Volkes, die zehn Stämme im Reiche Samaria, fallen dem zum Opfer. In dem Rest, dem Reiche Juda, bereitet sich unter dem Druck dieses Geschickes eine geistige Umkehr vor, die den Begriff Gott über die Eigenschaft eines Stammes- oder Volksgottes hinaushebt und ihn als Gott des Universums begreifen will. Im Schwunge dieser Idee explodiert die Kraft, die wir Prophetie nennen und die in dem Augenblick, da ein Gottesbegriff die Herrschaft über die Welt antreten wollte, notwendig entstehen mußte. Um aber wirklich die Welt und nicht das kleine Land Judäa als den Ort Gottes begreifen zu können, mußten sie aus dem engen Zentrum heraus bis an die Peripherie gerückt werden; denn die Sammlung des Blickes von einem Punkte der Peripherie zum Zentrum hin ist stärker als vom Zentrum aus zu einem beliebigen Punkt der Peripherie hin. So wurde über sie das babylonische Exil verhängt. Hier formt sich die jüdische Idee vom Dasein in der Theokratie zu der verpflichtenden Erkenntnis der Auserwähltheit, zu dem universalistischen Gedanken vom Geltungsbereich der Herrschaft *eines* Gottes für die ganze Welt. Mit diesem neuen geistigen Bestand wieder in die Heimat entlassen, beginnen sie den Zeitraum des Erweises und der Bewährung. Aber unmäßig früh rücken die großen Kräfte der Welt an und machen sich ihrem Wirken nach anheischig, den Gegenbeweis gegen die jüdische Idee zu erbringen. Es gelingt ihnen nicht. Es gelingt ihnen nur die Zerstörung der staatlichen Gemeinschaft, das Zerbrechen einer Form, die im ewigen Versagen vor den Anforderungen des Alltags nur selten der Idee adäquat war. Es beginnt die Diaspora, in die der Jude jetzt entlassen wird mit der doppelten Aufgabe, immer eine neue Form für sein Dasein und immer eine neue Bewährung seiner selbst und seines Verhaltens zu seiner Idee zu finden. Er hat sich für dieses Bemühen ein zweischneidiges Werkzeug geschmiedet: das verpflichtende ethische Gesetz der Thora, der Weisung, und die Ableitungen aus ihr, die sich im Talmud zu einem ehernen Zaun zusammenschließen. Vom Gesetz getragen, wird er doch endlich vom Gesetz unterjocht, weil in der Welt des Religiösen die freie Hingabe des Herzens immer nötiger ist als die freie Unterordnung des Wollens, der Gehorsam. So ringen diese beiden Kräfte im Juden miteinander und werden beide zur Last, der Gehorsam und die Gläubigkeit, das Gesetz und die Mystik. Sie werden zur Last, weil beiden durch die Jahrhunderte hin der Lebensraum verkürzt ist, den sie zu einem gestaltenden Leben gebrauchen und den sie auf die Dauer nicht durch eine Fiktion ersetzen können. Dennoch liegt in der Tragik dieser Situation schon die Auflösung begriffen, denn dieses zwangsweise

Verweilen in aller Welt hat dem Juden endlich doch ein neues Weltgefühl vermittelt, und er kann – Mensch des Geistigen – den Teil der Welt, den er aus voller Seele durchdringen und erfüllen will, als Lebensraum und Heimat betrachten. Er kann – im geistigen Bezirk – aus jedem Punkte der Weltperipherie ein Zentrum machen und sich dort so bemühen, wie er es als seine Aufgabe begreift. Die Wirklichkeit, die er dazu als Vorbild braucht, ist in der alten und niemals aufgegebenen Heimat im Entstehen begriffen.

Zu dieser inneren Bewegtheit der jüdischen Geschichte gesellt sich die äußere, und auch sie ist in ihrer Auswirkung mit der ganzen Welt und ihren großen Bewegungen verbunden. In das judäische Gebiet, in dieses konzentrierte Stück Orient, bricht am Wendepunkt unserer Geschichte das Abendland ein mit Griechenland und Rom. Aus dieser Begegnung des Westens mit dem Osten entsteht eine doppelte Bewegung in der Welt: die Wanderung des Christentums und die Wanderung des Judentums, jene als Eroberung, diese als Zerstreuung. Damit verbindet sich eine politische Bewegung: der Kampf des Christentums gegen das Judentum, des West-östlichen gegen das östliche. Der große Rückschlag der Pendelbewegung erfolgt in dem Einbruch des Morgenlandes in das Abendland, den der Islam einleitet. Auch der Jude macht diese Bewegung mit, aber er hält sie für sich fest, wie das Abendland wieder seinerseits den Rückstoß gegen den Orient in den Kreuzzügen und in der Verdrängung der Araber aus Spanien vollzieht. So liefert sich der Jude dem Abendland aus und macht es zum Raum seiner Bewegungen. Aber damit ist er zugleich ausgeliefert. Der Westen vertreibt ihn in blutigen Verfolgungen nach dem Osten, der Osten jagt ihn in unerhörten Metzeleien durch die ganze Welt, bis die große Wanderung nach Amerika und die kleine Wanderung nach Palästina einsetzen, jene zur Rettung des Körpers, diese zur Rettung der Seele; beide, damit sie sich eines Tages ausgleichen und ergänzen können.

Mit der Summe dieser Bewegungen ist der Jude, immer auf der Suche nach einem Zentrum, zugleich der Welt einverleibt. Das ist mehr als ein tatsächlicher Vorgang, denn er hat Folgen geistiger Art, für den Juden und für den Nichtjuden: sie können einander nicht mehr neutral begegnen. Der Nichtjude kann nicht neutral sein, weil er aus seinen eigenen Hemmungen heraus mit dem Fremdheitsgefühl dem Juden gegenübersteht. Noch weniger kann der Jude neutral sein. Jahrhundertelang wurden Entscheidungen von ihm gefordert, von innen und von außen, von Gott und der Welt, vom Eigenen und vom Fremden; und immer waren es Entscheidungen, die um nicht mehr und nicht minder gingen als um seine Existenz. Man darf sich nicht wundern, daß er unter solchen Umständen zugleich anschmiegsam und apodiktisch geworden ist, zugleich demütig und hochmütig, ein geistig Freier und ein bürgerlich Gebundener, Kapitalist und Sozialrevolutionär, der gläubigste Mensch der Welt und der größte Nihilist im Geistigen. Keinem Anruf der Welt hat er die Antwort verweigern können; denn immer, wo etwas rief, war er gemeint. Andere Völker dürfen schweigen oder negieren, wenn ein Ruf zu ihnen kommt, den sie nicht hören wollen oder hören dürfen. Der Jude darf es nicht, denn es gibt keine Idee in der Welt, die er – Mensch universalistischen Erlösungsglaubens – nicht auf ihren Gehalt an Erlösendem prüfen müßte; und es gibt keine Idee in der Welt, für die er – Mensch der Gewaltlosigkeit – nicht Opfer in jeder Form hätte bringen müssen. Gegen ihn haben sich alle Wehen der Welt entladen, darum muß er alle Geburten und Mißgeburten der Welt zu sich einlassen.

Er hat es nicht leicht gehabt und hat es heute noch nicht leicht, aus solcher Belastung einen Weg zu finden, der *sein* Weg ist und der ihn zu einer Fortsetzung führt. Zu vielfach haben das kleine und das große Elend sich an ihn herangemacht und ihn aus Not und Vorsorge in die kleinen Seitenwege, in die Sackgassen der Entwicklung gejagt. Wir konnten, wenn wir hier die Vergangenheit eines Volkes rekonstruierten, unmöglich an dem gehäuften Leid und an dem Massenmartyrium vorübergehen, das dem Juden von der Umwelt und immer wieder über das Medium des Christentums hinweg zugefügt worden ist; wir durften die Millionenzahl erschlagener und ermordeter Juden nicht verschweigen, ohne uns der Fälschung schuldig zu machen. Aber wo es für uns um den Ausblick in das Zukünftige geht, ist es nicht unsere Aufgabe, die Last der Erinnerungen mit uns zu schleppen, so wenig es unsere Aufgabe ist, den Haß in der Welt zu verewigen. Nicht wir haben für den Ausgleich dieses Unrechts zu sorgen. Geschichte ist kein Tatsachenvorgang mit mechanischer Verknüpfung von Ursache und Wirkung, von Reaktion und Gegenreaktion. Geschichte ist Projektion einer Lebensidee, einer aus dem Kosmos entlassenen Ideenkraft auf die Lebensrealität von Gemeinschaften. Das Einzelleben verläuft im kosmischen Bezug; das Gesamtheitsleben tut das gleiche. Das Vergehen des Einzelnen und das Vergehen von Gesamtheiten haben den gleichen Sinn: Störung des kosmischen Ablaufs. Sie haben auch die gleiche Folge: Rückschlag des gestörten Ablaufs, oder das, was wir Vergeltung nennen. So werden Sünden vergolten nicht, weil sie ein Wüten gegen den anderen sind, sondern ein Wüten gegen sich selbst. Das hat auch der Jude je und je an sich selbst erfahren und erfährt es noch heute. Daß er dieses Gesetz auch an denen sich erfüllen sieht, die ihm das Martyrium der Jahrhunderte bereitet haben, kann ihm nichts anderes bedeuten als das Wissen, daß er selber, als Teil eines Ganzen, in den Plan des kosmischen Ablaufs einbezogen ist. Das mag Romantik sein; doch entstammt sie der Wirklichkeit.

Unser Judentum ist eine Wirklichkeit und zugleich ein Postulat, ein mangelhaftes Dasein mit dem Ziel eines vollkommenen. Vor unserem Willen zur Fortsetzung dieses Daseins versagt sich uns jede Formel und jede Formulierung, was wir nach Gramm und Lot sind und was wir – wie auf einer abgesteckten Rennbahn – erreichen wollen. Das Leben kennt nur bewegliche Ziele. Aber das Wissen um den Ausgangspunkt, um den organisch gewachsenen Grund, um den Wurzelgrund der Seele ist in unseren Tagen schon wieder lebendig geworden. Wir nennen es, wenn wir historisch sehen, Nation. Man kann ihm jeden anderen Namen geben, wenn er nur die Lebensgesetze dieser Gemeinschaft nicht verneint, ihr Biologisches und ihr Utopisches, ihr Soziologisches und ihr Religiöses, ihre historische Objektivität und ihre messianische Schöpferkraft. Das sind Weltkräfte, die zwar überall enthalten sind, die aber im Judentum eine Zusammenraffung erfahren haben, die durch alles Versagen hindurch eines Tages Wirklichkeit werden möchten. Es gibt etwas, das man das Fluidum der Weltgeistigkeit nennen kann. In diesem Fluidum wird alles Widerstrebende sich eines Tages auflösen müssen.

So stehen wir also da: vielfach entartet und vielfach bemüht, vielfach geschwächt und vielfach vom übermäßigen Willen gespannt, vielfach befeindet und vielfach hoffend; mit unendlicher Vergangenheit, mit geringer Gegenwart und mit einer Zukunft, die nur in der Gestaltungskraft jüdischer Herzen eine Wirklichkeit hat. So vom Wunderbaren und vom Grauenhaften, so vom Notwendigen und Zufälligen, so vom Ewigen und vom Zeitlichen ist diese Geschichte eines Volkes erfüllt, daß man ihr nicht nahen kann, ohne über alles Dogma der Religion hinweg im tiefsten Sinne gläubig zu werden.

So helfe Gott uns weiter.

Copyright © 2020 / FV Éditions
Bild : Pixabay.com
Paperback ISBN : 979-10-299-1069-2
Hardcover ISBN : 979-10-299-1070-8
Alle Rechte Vorbehalten